Paul Kegan

Abhandlungen der königlichen Gesellschaft der Wissenschaften in Göttingen

Philologisch-Historische Klasse Band 2

Paul Kegan

Abhandlungen der königlichen Gesellschaft der Wissenschaften in Göttingen
Philologisch-Historische Klasse Band 2

ISBN/EAN: 9783744655392

Hergestellt in Europa, USA, Kanada, Australien, Japan

Cover: Foto ©ninafisch / pixelio.de

Weitere Bücher finden Sie auf **www.hansebooks.com**

ABHANDLUNGEN

DER

KÖNIGLICHEN GESELLSCHAFT DER WISSENSCHAFTEN

ZU GÖTTINGEN.

PHILOLOGISCH-HISTORISCHE KLASSE.

NEUE FOLGE. BAND II.

AUS DEN JAHREN 1897—1899.

Mit 2 Tafeln und 7 Karten.

BERLIN.

WEIDMANNSCHE BUCHHANDLUNG.

1899.

Inhalt.

ABHANDLUNGEN
DER KÖNIGLICHEN GESELLSCHAFT DER WISSENSCHAFTEN ZU GÖTTINGEN.
PHILOLOGISCH-HISTORISCHE KLASSE.
NEUE FOLGE BAND 2. Nro. 1.

KRATEUAS.

Von

M. Wellmann
in Stettin.

Mit zwei Tafeln.

Berlin,
Weidmannsche Buchhandlung.
1897.

Krateuas.

Von

M. Wellmann in Stettin.

Mit zwei Tafeln.

Vorgelegt von Herrn F. Leo in der Sitzung vom 20. März 1897.

Von dem botanisch-pharmakologischen Werke des Krateuas, des Leibarztes des grossen Mithridates VI Eupator, sind zwar Bruchstücke in nicht geringer Zahl von Dioskurides, Plinius, Galen und von den Commentatoren des Theokrit und Nikander erhalten, sie sind aber bis auf wenige Ausnahmen so wenig umfangreich, dass sie einen volleren Einblick in seine Art der Behandlung jenes seit dem Beginn des 4. Jhs. oft genug von den Aerzten tractierten Zweiges der medicinischen Wissenschaft nicht gestatten. Die Erkenntnis, die wir durch sie gewinnen, dass er die von ihm behandelten Pflanzen beschrieben [1]), mit Synonymen versehen [2]) und ihre medicinischen Wirkungen angegeben hat [3]), ist nur insofern von Bedeutung, als sie uns zu der Schlussfolgerung zwingt, dass sein Werk im Allgemeinen in der Behandlung des Stoffes dem des Dioskurides geglichen hat. Der Titel lautete nach dem unanfechtbaren Zeugnis des Scho-

1) Vgl. Diosk. praef. 2. I 28, 43. II 153, 271. II 185, 296. Schol. Nik. Ther. 617 = D. IV 162, 651. Schol. Nik. Ther. 856. 860. Schol. Theokr. II 48. Vgl. Herm. Köbert de pseudo-Apulei herb. medicaminibus, Bayreuther Programm 1888, 17.

2) Plin. XIX 165. D. II 185, 296. IV 35, 531. IV 75, 569. Schol. Nik. Ther. 617. 656. 858. 860.

3) Plin. XXIV 167 = D. IV 116. Plin. XX 63 = D. II 165. Plin. XXII 75. Schol. Nik. Ther. 680. 683. Schol. Theokr. XI 46. D. II 185, 296.

liasten zu Nikander Ther. 681 *ῥιζοτομικόν*[4]) d. h. Wurzel- oder Kräuterbuch, ein Titel, der ihm den Beinamen des Kräutersammlers (*ῥιζοτόμος*) *κατ' ἐξοχήν* einbrachte, und über die Bücherzahl erfahren wir von dem Verfasser der pseudogalenischen Schrift de virtute centaureae, dass es aus mindestens drei Büchern bestanden hat. Mit diesem Titel ist eine Notiz des Galen (XV 134) unvereinbar, in der ausdrücklich von ihm auch die Behandlung der medicinischen Wirkungen der Metalle in der Art des Dioskurides bezeugt wird: *ἐγὼ μὲν γὰρ οὐ φεύγω τὰ παλαιὰ κριτήρια καὶ τὴν συμφωνίαν τῶν ἱστορησάντων, καὶ μάλιστα ἂν ἔμπειρος τῆς ἱστορουμένης ὕλης εἴην, ὥσπερ Εὔδημος μὲν καὶ Ἡρόφιλος ἀνατομῆς, Κρατεύας δὲ καὶ Διοσκουρίδης τῶν μεταλλικῶν φαρμάκων.* Gestützt wird dies Zeugnis des Galen durch die Charakteristik, die Dioskurides in der Vorrede seines Werkes von ihm giebt: „Jollas von Bithynien und Herakleides von Tarent haben diese Materie nur oberflächlich abgehandelt, da sie die Beschreibungen der Pflanzen gänzlich bei Seite gelassen sowie die Metalle und Specereien nicht alle behandelt haben. Krateuas dagegen der Rhizotom und Andreas der Arzt, welchen das Verdienst gebührt, dass sie die Arzneimittellehre genauer als alle übrigen behandelt haben, haben viele sehr wirksame Wurzeln und einige Pflanzen unbeschrieben (*ἀπαρασημειώτους*)[5]) gelassen". Hätten die beiden zuletzt genannten Vorgänger die Metalle und Specereien überhaupt nicht behandelt, so hätte Dioskurides ihnen nicht das wenn auch nicht uneingeschränkte Lob den beiden zuerst genannten Aerzten gegenüber zu Teil werden lassen. Die Thatsache lässt sich also durch keine Ausflucht aus der Welt schaffen, dass Krateuas die Specereien und naturgemäss auch die daraus zusammengesetzten Salben sowie die Wirkungen der Metalle behandelt hat. Mithin kann das von Dioskurides und Galen benützte Werk nicht dasselbe sein, dessen Titel wir dem Nikanderscholiasten verdanken, sondern entweder hat Krateuas neben seinem Kräuterbuch noch eine zweite pharmakologische Schrift *περὶ μεταλλικῶν φαρμάκων καὶ ἀρωμάτων* verfasst, oder wir haben anzunehmen, dass er ausser dem *ῥιζοτομικόν* noch ein umfassenderes pharmakologisches Werk in der Art der dioskurideischen Schrift *περὶ ὕλης ἰατρικῆς* verfasst hat[6]).

---

4) Vgl. Ps.-Galen de virtute centaureae Vol. XIII (ed. Charterius Lutetiae, Paris. 1679), 1010: ut Crateuas dicit in tertio libro eorum, quae eradicantur. Dieser Titel ist dem Kräuterbuch des Diokles von Karystos (Schol. Nik. Ther. 647) entlehnt, das die letzte für uns erreichbare Quelle (etwa 380) auf diesem Gebiete ist. Vgl. M. Wellmann, das älteste Kräuterbuch der Griechen, Festgabe für Prof. Susemihl Leipz. 1897 S. 1 ff. *ῥιζοτομικά* schrieb der Uebersetzer des Mago Cassius Dionysius (Steph. v. Byz. s. *Ἰτύκη*), *ῥιζοτομούμενα* Mikkion (1. Jh. v. Chr.), eine *ἐπιτομὴ ῥιζοτομουμένων* Metrodoros (unter Augustus, vgl. Plin. XX 214), ein *ῥιζοτομικόν* ein sonst unbekannter Eumachos aus Korkyra und mehr in lexikalischer Art der Glossograph Amerias (Ath. XV 681 f.). Des Andreas Hauptwerk führte den Titel *νάρθηξ* (Arzneikästchen).

5) Die richtige Erklärung dieses Wortes hat H. Köbert gegeben a. a. O. 17. Vgl. dagegen E. Meyer Geschichte der Botanik I 251.

6) Die Behauptung von Rosenbaum-Sprengel Gesch. d. Med. I 593 A. 43, dass in der Wiener Hofbibliothek eine Schrift des Krateuas unter dem Titel *Ἰατροσόφου* (sic) *Κρατεύου τοῦ*

Wenn endlich Plinius an berühmter Stelle seiner Naturgeschichte (XXV 8) ein illustriertes Herbarium des Krateuas erwähnt, so versteht es sich von selbst, dass es von dem *ῥιζοτομικόν* des Nikanderscholiasten sowie von dem Quellenwerk des Dioskurides und Galen verschieden ist. Dies folgt weniger aus dem völligen Schweigen der betreffenden Schriftsteller von solchen Abbildungen als aus der verschiedenen Anlage dieses Herbariums: das Quellenwerk jener Autoren enthielt nach ihrem eigenen Zeugnis Pflanzen**beschreibungen**, in dem illustrierten Herbarium des Krateuas dagegen waren nach dem unantastbaren Zeugnis des Plinius die Beschreibungen durch Pflanzen**abbildungen** ersetzt.

Die Originalwerke dieses Rhizotomen sind für uns unwiderbringlich verloren, trotzdem die Anführungen bei Galen es ausser Zweifel setzen, dass er noch um die Mitte des zweiten Jahrhunderts gelesen wurde: sie wurden allmählich von der epochemachenden Pharmakopoe des Dioskurides verdrängt.

Der bekannte Paduaner Botaniker Luigi Anguillara aus der Mitte des 16. Jahrhunderts hatte in seiner kleinen Schrift über die einfachen Arzneimittel (Semplici dell' eccellente Luigi Anguillara Vinegia 1561) eine Reihe von angeblichen Bruchstücken des Krateuas aus einer griechischen Handschrift herausgegeben [7]), und seit der Zeit mühten sich die modernen Botaniker, die von ihm benützte Handschrift aus dem Staube der italienischen Bibliotheken hervorzuziehen. C. Sprengel [8]) glaubte sie mit einer von seinem Freunde Dr. Weigel auf der Markusbibliothek in Venedig eingesehenen Hds. identificieren zu dürfen: dass seine Meinung irrig war, hat E. Meyer in seiner Geschichte der Botanik [9]) schlagend erwiesen. Ich kann nach genauer Prüfung der in Betracht kommenden Handschriften versichern, dass sich auf der Markusbibliothek keine Krateuashds. befindet, wohl aber zwei Dioskurideshdss., die allerdings mehrere der vom Constantinopolitanus bewahrten Krateuasfragmente enthalten, aber nicht die von Anguillara edierten [10]). Die Handschrift des Anguillara ist also ver-

---

ῥιζοτόμου περὶ ὕλης ἰατρικῆς erhalten sei, beruht auf einem Missverständnis der citierten Stellen aus den Commentarien des Lambecius. Darnach wird im cod. histor. gr. 98 (beschrieben im Supplementum Kollarii sub no. CXXXIII) fol. 33r unter den Schätzen des Antonius Cantacuzenus eine Hds. mit folgendem Inhalt angeführt: „*Βιβλίον ια'· Ἰατροσόφιον ἕτερον. βιβλίον μεγάλο. καὶ ἔχει ἀρχὴ τοῦ γαληνοῦ. τοῦ ξενῶνος. μελετίου τοῦ σοφοῦ. κρατεύα τοῦ ῥιζοτόμου μερικὸν εἰς τὴν ὕλην τὴν ἰατρικήν*“ etc. Ich verdanke die Richtigstellung dieses Irrtums der liebenswürdigen Mitteilung des Herrn Custos der k. k. Hofbibliothek Dr. Alfred Göldlin von Tiefenau.

7) Vgl. Semplici p. 27: mi ritrovo nelle mani alcuni fragmenti di diversi autori Greci scritti à penna antichi, ne'quali si legge quanto dell' asaro scrisse Crateua.

8) Gesch. d. Med.[4] S. 593.

9) Vgl. S. 253 f.

10) Die beiden Hds. sind: cod. Marc. CCLXXI s. XV (v_1), ein Vertreter der interpolierten Handschriftenklasse, und der cod. Marc. XCII s. XIII (v), der den alphabetisch umgearbeiteten Dioskurides enthält fol. 92v ff. Auf fol. 1 dieser Hds. steht ein von moderner Hand beigefügtes Inhaltsverzeichnis, das zu dem in ihr fol. 36r—38v enthaltenen *λεξικὸν τῆς τῶν βοτανῶν ἑρμηνείας κατὰ στοιχεῖον* die willkührliche Zusatzbemerkung trägt: forse di Crateua. In Wirklichkeit

schollen, keine Kunde hat sich von irgend einer Bibliothek erhalten, die je diese Bruchstücke besessen hätte. Ihr Verlust wäre an sich ein bedauerliches Factum; wenn nun aber die Confrontation der von Anguillara angeführten Proben mit dem Texte des alphabetisch umgearbeiteten Dioskurides zu dem überraschenden Ergebnis führt, dass die Mehrzahl seiner angeblichen Krateuasfragmente aus dieser Quelle geflossen, also auf den Namen des Krateuas gefälscht sind, so zerfallen die hochgespannten Erwartungen, die sich an das Wiederauffinden dieser Handschrift geknüpft haben, in Nichts.

Das umfänglichste der von Anguillara angeführten Bruchstücke handelt von der Haselwurz (*ἄσαρον* Asarum europaeum L. Fraas 267) und lautet nach ihm S. 27: *βοτάνη εὐώδης, στεφανωματική, καυλία γωνιοειδῆ, φύλλα δασέα, ἄνθη δὲ πορφυρᾶ, εὐώδης ῥίζα* (sic). *ὁμοία τῇ τοῦ ἐλλεβόρου, ἐοικυῖα τῇ ὀσμῇ κιναμώμῳ. γεννᾶται δὲ ἐν τραχέσι χωρίοις καὶ ἀνίκμοις; ταύτης ἡ ῥίζα ἑψηθεῖσα ἐν ὕδατι βοηθεῖ ῥήγμασι σπάσμασι, δυσπνοίᾳ, βηχὶ χρονίᾳ, δυσουρίᾳ. ἄγει δὲ καὶ ἔμμηνα καὶ θηριοδήκτοις χρήσιμος σὺν οἴνῳ διδομένη. τὰ φύλλα στυπτικὰ ὄντα καὶ καταπλασσόμενα ὠφελεῖ εἰς κεφαλαλγίαν, ὀφθαλμῶν φλεγμονὰς καὶ αἰγίλωπας ἀρχομένους καὶ μαστοὺς ἐκ τόκων φλεγμαίνοντας καὶ ἐρυσιπέλατα. ἔστι δὲ καὶ ὑπνοποιὸς ἡ ὀσμή.* Darüber dass die Worte des Krateuas so hätten lauten können, wird Niemand Zweifel hegen; aber eine vortreffliche, unantastbare Ueberlieferung bezeugt, dass sie thatsächlich anders gelautet haben. Sein Bericht ist im Constantinopolitanus[11]) auf fol. 31ʳ unter dem Text des Dioskurides erhalten:

Κρατεύας ῥιζοτομικός (mit roter Tinte)
Ἄσαρον δύναμιν ἔχει θερμαντικὴν καὶ διουρητικήν, ἁρμόζουσαν ὑδρωπικοῖς, ἰσχιάδι χρονίᾳ· ἄγουσιν ⟨αἱ ῥίζαι⟩ καὶ ἔμμηνα· μετὰ μελικράτου δὲ ποθεῖσαι πλῆθος ἓξ ὡς ἐλλέβορος λευκὸς καθαίρουσι· μίγνυνται δὲ καὶ μύροις καὶ ἀντιδότοις.

1 *ἁρμόζουσα* C v. *ἁρμόζουσαν* die in Minuskeln (14. Jh.) beigefügte Umschrift sowie p und v_1. 2 *ἰσχιαδικοῖς χρονία* C v. *ἰσχιαδικοῖς χρονίοις* p. v_1. *ἄγουσιν* C. *ποθεῖσα* C v. *ποθεῖσαι αἱ ῥίζαι* p. v_1. 3 *καθαίρει* C v. ΜΗΓΕΨΕΤΑΙ so C. *ἕψεται* v_1.

Sonach ist es sonnenklar, dass die von Anguillara angeführten Worte nicht aus der Feder des Krateuas geflossen sind. Vielmehr stammt das ganze Bruchstück aus dem alphabetisch umgearbeiteten Dioskurides, dessen Text ich der Controlle wegen nach den beiden ältesten Hdss., dem Constantinopolitanus (C) und dem Neapolitanus (N) herzusetzen für geboten halte:

ist es ein spätes Machwerk. Vgl. über diese Hds. Mingarelli Graeci codices manu scripti apud Nanios patricios Venetos asservati, Bononiae 1784 S. 445.

11) Aus derselben Ueberlieferung ist dies Bruchstück des Krateuas in den Text des Dioskurides übergegangen. Zeugen dafür sind die beiden Hauptvertreter der nach der alphabetischen Umarbeitung interpolierten Handschriftenklasse, der bereits erwähnte cod. Marc. n. CCLXXI und der illustrierte cod. Paris. gr. 2183 s. XV, in denen das Kapitel über die Haselwurz folgenden Schluss hat: *καὶ Κρατεύας ῥιζοτομικὸς εἰς τὸ αὐτό· Ἄσαρον δύναμιν ἔχει κτλ.*

βοτάνη εὐώδης, στεφανωματική· ἧς τὰ φύλλα μέγεθος ἔχοντα μεταξὺ ἴου ἢ φλ . . . υ· καυλία γωνιοειδῆ, ὑποτραχέα, ἀραιά, φύλλα δασέα· ἄνθη δὲ πορφυρᾶ, εὐώδη· ἡ ῥίζα ὁμοία τῇ τοῦ μέλανος ἐλλεβόρου, ἐοικυῖα τῇ ὀσμῇ κινναμώμῳ· φιλεῖ δὲ τραχέα χωρία καὶ ἄνικμα. Ταύτης ἡ ῥίζα ἑψηθεῖσα ἐν ὕδατι βοηθεῖ ῥήγμασι, σπάσμασι, δυσπνοίᾳ, βηχὶ χρονίᾳ, δυσουρίᾳ· ἄγει δὲ καὶ ἔμμηνα καὶ θηριοδήκτοις χρήσιμος σὺν οἴνῳ διδόμενον· τὰ δὲ φύλλα στυπτικὰ ὄντα καταπλασσόμενα ὠφελεῖ κεφαλαλγίαν, ὀφθαλμῶν φλεγμονὰς καὶ αἰγίλωπας ἀρχομένους καὶ μαστοὺς ἐκ τόκων φλεγμαίνοντας καὶ ἐρυσιπέλατα· ἔστι δὲ καὶ ὑπνοποιὸς ἡ ὀσμή.

---

1 *μετοξὺ* (α *über* ο) *ἴου καυλία* C *μεταξὺ ἴου ἢ φλ . . . υ* N (die drei Buchstaben sind abgesprungen) 2 *ὑποτραχέα ἔχων κερεαψυλλαδασαια* C *ὑποτραχέα ἀρε . φύλλα δασέα, ἐφ' ὧν ἄνθη* N. 2 *πορφυρᾶ λεπτὰ εὐώδη* N. 3 *ῥίζαι ὅμοιαι* N. *ταῖς* für *τῇ* CN. 4 ѾΦΕΛΕΙ so C, in dem von späterer Hand: *γενᾶτε δὲ ἐν τραχέσι χωρίοις καὶ ἀνίγμοις* übergeschrieben ist. 7 *ὄντα καὶ* C. *κεφαλαλγίας καὶ* N.

Die Uebereinstimmung dieser Fassung des dioskurideischen Textes mit dem angeblichen Krateuasbruchstück des Anguillara zwingt uns zu der Schlussfolgerung, dass beide identisch sind, und wenn Anguillara die Worte: *ἧς τὰ φύλλα — καυλία* fortgelassen hat,' so schliesse ich daraus, dass sie in seiner Hds. in derselben unverständlichen Fassung gestanden haben wie in C. Demnach sind wir berechtigt den allgemeinen Schluss zu ziehen, dass seine angeblichen Krateuasfragmente, den Text des alphabetisch umgearbeiteten Dioskurides repräsentieren, wobei ich die Frage offen lasse, ob sie in seiner Handschrift fälschlich den Namen des Krateuas trugen oder aber von ihm vielleicht auf Grund der in seiner Hds. beigefügten Illustrationen vermutungsweise für Bruchstücke des Krateuas ausgegeben worden sind. Was die von ihm benützte Hds. anlangt, so führt uns abgesehen von sonstigen kleinen Textesabweichungen die von ihm aufgenommene Lesart: *γεννᾶται δὲ ἐν τραχέσι χωρίοις καὶ ἀνίκμοις* zu der Annahme, dass sie weder der cod. C noch der cod. N gewesen ist, sondern eine dritte Hds. derselben Klasse, nach welcher der Corrector des Constantinopolitanus die Variante angemerkt hat.

Damit jedoch jeder Zweifel an dem von mir aufgedeckten Thatbestande von vornherein erstickt wird, scheint es geraten, die übrigen Bruchstücke des Anguillara in Gegenüberstellung mit dem Texte des alphabetischen Dioskurides folgen zu lassen.

Ang. 125:

Δρακοντία μεγάλη φύεται ἐν συσκίοις καὶ φραγμοῖς· καυλὸν δὲ ἔχει λεῖον, ὀρθόν, ὡς διπηχυαῖον καὶ παχὺν ὡς βακτηρίαν, ποικίλον κατὰ τὴν χρόαν, ὡς ἐοικέναι

C. fol. 96v. N. fol. 64. vgl. D. II, 195, 307.

Δρακοντία μεγάλη.

Synonyma.

φύεται ἐν συσκίοις καὶ φραγμοῖς· καυλὸν δ' ἔχει λεῖον, ὀρθόν, ὡς διπηχυαῖον καὶ

---

2 *δέ* fehlt N. *διπηχαιον* C *διπηχεως* N. *καὶ* fehlt N.

δράκοντι, καὶ πλεονάζει μὲν ἐν τοῖς διαπορφύροις σπίλοις· φύλλα δὲ ὡς λαπαθοειδῆ ἀντεμπλεκόμενα.

παχὺν ὡς βακτηρίαν, ποικίλον κατὰ τὴν χρόαν, ὡς ἐοικέναι δράκοντι, καὶ πλεονάζει μὲν ἐν τοῖς διαπορφύροις σπίλοις· φύλλα δ' ὡς λαπαθοειδῆ ἀντεμπλεκόμενα.

3 κατὰ χρῶαν C. 4 καί fehlt in N, dafür πλεονάζει δέ. 6 λαπάθου N.

In den beiden Wiener Handschriften schliesst sich an die ausgeschriebenen Worte die Beschreibung der Frucht und Wurzel, die sich mit derjenigen deckt, die Dioskurides vom δρακόντιον [12]) gab. Dass sie auch in der Hds. des Anguillara zu lesen war, beweisen seine eigenen Worte: il resto del testo, che seguita è di Dioscoride.

Ang. 125:

Δρακοντία μικρὰ φύλλα ἀνίησι τοῖς τοῦ δρακοντίου ὅμοια ἀσπίλωτα· καυλὸν σπιθαμιαῖον, ὑπόπυῤῥον, ἐφ' οὗ ὁ καρπὸς κροκίζων· ῥίζαν λευκὴν πρὸς τὴν τοῦ δρακοντίου, ἥτις καὶ ἐσθίεται ἧττον οὖσα δριμεῖα· ταριχεύεται δὲ τὰ φύλλα.

C fol. 97ᵛ N. fol. 65.

Δρακοντία μικρά.

Synonyma.

φύλλα ἀνίησι τοῖς τοῦ δρακοντίου ὅμοια ἀσπίλωτα· καυλὸν σπιθαμιαῖον, ὑπόπυῤῥον, πιπεροειδῆ, ἐφ' οὗ ὁ καρπὸς κροκίζων· ῥίζαν λευκὴν πρὸς τὴν τοῦ δρακοντίου, ἥτις ἕψεται καὶ ἐσθίεται ἧττον οὖσα δριμεῖα· ταριχεύεται δὲ τὰ φύλλα εἰς βρῶσιν.

6 Die Worte ταριχεύεται — βρῶσιν fehlen in N.

Ang. 141:

Κροκοδείλιον ὅμοιόν ἐστι τῷ μέλανι χαμαιλέοντι, φύεται ἐν τόποις δρυμώδεσι, ῥίζαν ἔχον μακράν, δριμεῖαν, ὀσμὴν δὲ ὁμοίαν καρδάμῳ· ζεσθεῖσα δὲ ἡ ῥίζα ἐν ὕδατι καὶ πινομένη ἄγει αἷμα πολὺ διὰ ῥωθώνων (ῥωθῶν A.).

C. fol. 177ᵛ. N. fol. 55. vgl. D. III 10, 354.

Κροκοδιλέα (N: ἡ κροκοδίλεον) ὅμοιόν ἐστι τῷ μέλανι χαμαιλέοντι· φύεται δ' ἐν τόποις δρυμώδεσι, ῥίζαν ἔχον μακράν, δριμεῖαν, ὀσμὴν ὁμοίαν καρδάμῳ· ζεσθεῖσα δ' ἡ ῥίζα ἐν ὕδατι καὶ πινομένη ἄγει αἷμα πολὺ διὰ ῥωθώνων· δίδοται δὲ καὶ τοῖς σπληνικοῖς ἐνεργῶς ὠφελοῦσα.

1 δέ fehlt in C. 4 Δύναται δ' ἡ ῥίζα ζεσθεῖσα ἐν ὕδατι . . . ἄγειν N. 5 διὰ τῆς ρεινης N. 6 δέ fehlt in C. τοῖς fehlt in C.

Ang. 149:

Ἀτρακτυλίς· ἄκανθά ἐστιν ἐοικυῖα κνίκῳ, μικρότερα δὲ πολλῷ, φύλλα ἔχουσα ἐπ' ἄκρων τῶν ῥαβδίων· τὸ δὲ πλεῖον γυμνόν,

C. fol. 63ʳ. N. fol. 22. vgl. D. III 97, 445.

Ἀδρακτυλλίς.

Synonyma.

Ἄκανθά ἐστιν ἐοικυῖα κνήκῳ, μικρότερα

12) Dioskurides unterscheidet nach der besten handschriftlichen Ueberlieferung zwischen dem δρακόντιον und ἄρον: die Unterscheidung von δρακοντία μεγάλη und μικρά, deren Text dem des dioskurideischen ἄρον entspricht, ist ihm unbekannt. Vgl. de herbis fem. ed. Kästner Herm. XXXI 619.

τραχύ, ᾧ καὶ αἱ γυναῖκες χρῶνται· ἔχει δὲ κεφάλια ἐπ' ἄκρου ἀκανθώδη· ἄνθος πορφυροῦν, ἐνίοις (sic) τόποις ὠχρόν.

δὲ πολλῷ φύλλα ἔχουσα ἐπ' ἄκρων τῶν ῥαβδίων· τὸ δὲ πλεῖον γυμνόν, τραχύ, ᾧ καὶ αἱ γυναῖκες χρῶνται ἀντὶ ἀδράκτου· ἔχει δὲ κεφάλια ἐπ' ἄκρου ἀκανθώδη· ἄνθος πορφυροῦν, ἐνίοις (sic) τόποις ὠχρόν.

7 ἔνωχρον N.

Ang. 171.

Θερηπίδιον φύεται ἐπὶ λίθων καὶ ὀστράκων παρὰ θάλασσαν, θριδακῶδες, ἰσχνὸν καυλὸν (sic), ἱκανῶς ὀπτικόν (sic), ποιοῦν πρὸς φλεγμονὰς καὶ ποδάγρας τὰς στύψεως δεομένας.

C. fol. 79 v. N. fol. 33. vgl. D. IV 197, 591.

βρύον θαλάσσιον [1])

Synonyma.

Φύεται ἐπὶ λίθων καὶ ὀστράκων παρὰ θάλασσαν· θριδακῶδες, ἰσχνόν, ἄκαυλον ἱκανῶς στυπτικόν, ποιοῦν πρὸς φλεγμονὰς καὶ ποδάγρας τὰς στύψεως δεομένας.

1) So ist dies Capitel in N überschrieben. In C ist versehentlich der Text des βρύον θαλάσσιον für den der βρυωνία λευκή eingesetzt.

Auffällig ist in dem zuletzt ausgeschriebenen Text des Anguillara das sonst in der Litteratur nicht nachweisbare Synonymon θερηπίδιον für den Meersalat (ulva lactuca L.). Es findet sich, soweit meine Kenntnis reicht, nur noch in einer Randnotiz, die in C von der Hand des Correctors zu der bildlichen Darstellung des βρύον θαλάσσιον auf fol. 80r hinzugefügt ist: τοῦτο οὐκ ἐγράφη (Irrtum!)· τινές φασιν αὐτὸ θεραπίδιον, das heisst doch wohl, in einer andern Hds. heisst diese Algenpflanze θεραπίδιον. Dadurch erhält meine obige Vermutung eine erwünschte Bestätigung, dass die Excerpte des Anguillara aus einer dem Constantinopolitanus verwandten, seinem Corrector (15. Jh.) bekannten Hds. entnommen sind.

Schwierigkeiten macht nur ein von Anguillara S. 145 angeführtes Bruchstück: αἰγίπυρός ἐστιν ἀκανθῶδες φυτὸν ἢ εἶδος βοτάνης· τὸ δὲ φύλλον ἔχει ὥσπερ φακὸς γλαυκίζουσα. Anguillara identificiert diese Pflanze des Krateuas mit der ἀνωνίς (ὀνωνίς) des Dioskurides (III 18, 360): in C und N fehlt sowol die Beschreibung der ἀνωνίς wie die des αἰγίπυρος. Bevor man aber dies Bruchstück dazu verwertet, an dem von mir gewonnenen Resultat zu rütteln, prüfe man die angeführten Worte einmal genauer. Ist es denkbar, dass ein Botaniker von Fach, der unzählig viele Pflanzen gesehen und beschrieben hat, eine Pflanze mit folgenden Worten beschrieben hätte: „der αἰγίπυρος ist ein dorniges Gewächs oder eine Art Pflanze u. s. w.?“ Mich dünkt, diese Art von Pflanzenbestimmung verräth vielmehr ganz unzweideutig den um den richtigen Ausdruck verlegenen Grammatiker, der die Pflanze, die er kurz und knapp beschreiben will, niemals zu Gesicht bekommen hat. Es gehört nunmehr nicht viel Belesenheit dazu, um in diesem Bruchstück die keineswegs verächtliche Grammatikernotiz zu der von

Theokrit im 4. Idyll (v. 25) erwähnten Pflanze dieses Namens wiederzuerkennen, deren Wortlaut nach dem Ambrosianus folgender ist: ἀκανθῶδες φυτὸν ἢ εἶδος βοτάνης, τὸ δὲ φύλλον ἔχει πλατὺ ὥσπερ φακός· ἔστι δὲ γλαυκίζουσα, εἰς ἕλκη φλεγμαίνοντα ἀγαθή. Ich will gerne zugeben, dass die Angaben über die charakteristische Beschaffenheit des Blattes sowie über die Farbe dieser Pflanze aus Krateuas entlehnt sein können, zumal sich verschiedentlich Spuren seiner Doctrin in diesem Scholiencorpus nachweisen lassen, aber in der Fassung, in der sie der Scholiast verwertet, kann das Scholion nimmermehr aus seiner Feder geflossen sein.

Hiernach ergiebt sich als sicheres Resultat der vorstehenden Untersuchung, dass für eine Reconstruction des pharmakologischen Werkes des Krateuas die von Anguillara angeführten Bruchstücke wertlos sind. Diese schwere Einbusse an scheinbar wertvollem Material wird aber reichlich aufgewogen durch die unzweifelhaft echten Bruchstücke dieses Rhizotomen, die uns im Codex Constantinopolitanus erhalten sind [13]). Diese kostbar ausgestattete, für die Juliana Anicia, die Tochter des weströmischen Kaisers Flavius Anicius Olybrius geschriebene Pergamenthandschrift der wiener Hofbibliothek [14]) aus dem Ende des 5. Jhs. enthält von fol. 12ᵛ bis fol. 387ʳ alphabetisch geordnete Beschreibungen officineller Pflanzen mit vorzüglich erhaltenen Abbildungen derselben. Sie ist von fol. 16ʳ bis fol. 82ᵛ in der Weise angelegt, dass unter dem vielfach gekürzten und teilweise umgearbeiteten Text des Dioskurides von derselben Hand nur in kleinerer Uncialschrift, natürlich mit häufigen Auslassungen, die Parallelüberlieferung aus Galens Schrift περὶ δυνάμεως φαρμάκων und aus Krateuas [15]) steht mit der regelmässig wiederkehrenden, mit roter Tinte geschriebenen Ueberschrift: Γαληνός und Κρατεύας ῥιζοτομικός. Da sie auf denselben Archetypus zurückgeht wie der gleichfalls illustrierte Neapolitanus derselben Bibliothek, so fällt die Entstehungszeit dieser ursprünglich compilatorisch angelegten illustrierten Pharmakopöe in das 3. oder 4. Jh., d. h. in jene Zeit, der die grossen medicinischen Compilationen eines Philumenos, Philagrios, Oribasios und die landwirtschaftliche Compilation des Anatolios angehören. Trotz ihrer geringen Zahl sind die Bruchstücke des Krateuas, die der treffliche leipziger Arzt Dr. G. Weigel am Ende des vorigen Jhs. collationiert hatte und in seinen Anecdota Bibliothecae Vindobonensis herausgeben wollte [16]), von dem grössten

13) Auf der Wiener Hofbibliothek giebt es noch eine zweite Hds. mit Bruchstücken des Krateuas. Es ist der cod. med. gr. V, eine im 16. Jh. geschriebene Papierhds. von 10 Folioseiten, deren Excerpte aus Krateuas, Galen περὶ δυνάμεως φαρμάκων und Dioskurides dem Constant. entnommen sind.

14) Die genauere Beschreibung der Hds. behalte ich mir für meine spätere Abhandlung über die Hdss. des Dioskurides vor.

15) Diese Bruchstücke kehren zum Teil wieder in späteren Hdss. dieser Sippe, so in dem bereits erwähnten cod. Marc. n. XCII (v).

16) Vgl. K. Sprengel, Beiträge zur Geschichte der Medicin. Halle 1796 S. 268 f.

Wert für die Würdigung der litterarischen Bedeutung dieses Mannes und für die richtige Beurteilung der Arbeitswerke des Dioskurides.

Es muss auf den ersten Blick auffällig erscheinen, dass diese Bruchstücke nur die medicinischen Wirkungen der Pflanzen behandeln, ohne sie einzeln zu beschreiben. Das stimmt aber vortrefflich zu dem Bilde, das wir uns nach den Worten des Plinius XXV 8 von dem mit Abbildungen versehenen Herbarium des Krateuas machen müssen: pinxere namque effigies herbarum (sc. Crateuas, Dionysius, Metrodorus) atque ita subscripsere effectus. Mich dünkt, dies sicher nicht zufällige Zusammentreffen ist ein schlagender und jeden andern entbehrlich machender Beweis, dass die Krateuasbruchstücke des Const. aus seinem illustrierten Herbarium entnommen sind.

Das erste Bruchstück handelt von der Heilwirkung der Osterluzei, von welcher Krateuas im Anschluss an die ältere Botanik, vermutlich an Diokles, zwei Abarten kannte, in deren Bezeichnung er allerdings insofern von der alten, noch bei Nik. Ther. 509 f. vorliegenden Tradition abwich, als er sie nach der charakteristischen Beschaffenheit ihrer Wurzeln als *ἀριστολοχία μακρά* und *στρογγύλη* benannte.

C. fol. 18^{v}:

Κρατεύας ῥιζοτομικός.

Ἀριστολοχία μακρὰ ποιεῖ πρὸς ἑρπετὰ καὶ θανάσιμα, ὁλκὴ πινομένη μετ' οἴνου καὶ καταπλασσομένη· τὰ δ' ἐν μήτρᾳ συνιστάμενα λόχια καὶ ἔμμηνα καὶ ἔμβρυα ἐκβάλλει ποθεῖσα μετὰ πεπέρεως καὶ σμύρνης· καὶ ἐν πεσσῷ δὲ προστεθεῖσα τὸ αὐτὸ δρᾷ.

2 *ἀριστολόχιος* C *v.* vgl. Ps. Diosc. de herb. fem. ed. Kästner Herm. XXXI 597: aristolochium. So C im folgenden Bruchstück. Es ist dies eine spätere Form. Nach Aristoteles soll das Kraut von einem Weibe entdeckt sein (schol. Nik. Ther. 509), nach einer späteren Version von dem Ephesier Aristolochos (Schol. Nik. Ther. 937). Die Beischrift der Pflanzendarstellung in C ist *ἀριστολοχία μακρά. ἕρπετας* C (*ἕρπητας* Umschrift des Correctors in C) *ἑρπετά v.* 3 ΘΑΝΑ$\overset{M}{\text{C}}$Α so von derselben Hand in C verbessert.

D. III 4, 344[17]):

Ποιεῖ δὲ πρὸς μὲν τὰ ἄλλα φάρμακα ἡ στρογγύλη, πρὸς δὲ τὰ ἑρπετὰ καὶ θανάσιμα ἡ μακρά, δραχμῆς μιᾶς ὁλκὴ πινομένη μετ' οἴνου καὶ καταπλασσομένη· καὶ τὰ ἐν μήτρᾳ συνιστάμενα πάντα λόχια καὶ ἔμμηνα καὶ ἔμβρυα ἐκβάλλει, ποθεῖσα μετὰ πεπέρεως καὶ σμύρνης· καὶ ἐν πεσσῷ δὲ προστεθεῖσα τὰ αὐτὰ δρᾷ.

1 *τὰ λοιπὰ φάρμακα καὶ* C. 3 *δραχμῆς ὁλκὴ πιν.* C <*ὁλκή* v_1 p. 5 *ἐν τῇ μήτρᾳ* C *πάντα* fehlt in C. 6 *λόχεια* PHFV *λόχια* C

17) Ueber die Hdss. des Dioskurides genügen für diesen Zweck folgende Bemerkungen: die beste Ueberlieferung, die sich mit den Excerpten des Oribasius (B. XI—XIII nach cod. Paris. 2189 s. XVI = O) deckt, wird durch 4 Hds. vertreten:

P = cod. Paris. 2179, Pergamenthds. s. IX unvollständig.

V = cod. Marc. n. 273 s. XII Pergamenthds. unvollständig, stammt aus P.

F = cod. Laur. LXXIV 23 s. XIV vollständig.

C fol. 19v:

Κρατεύας ῥιζοτομικός.

Ἀριστολοχία ⟨στρογγύλη⟩ πινομένη μετ' οἴνου μέλανος ποιεῖ πρὸς ἑρπετῶν δήγματα· χωρεῖ δὲ καὶ εἰς ἀντιδότους τὰς θηριακάς, χωρεῖ καὶ εἰς τὰς ποδαγρικὰς συνθέσεις, ἔτι δ' ἐμπλάστρους· ἄγει δὲ καὶ ἔμμηνα καὶ ἔμβρυα ἐκβάλλει· βοηθεῖ ἄσθματι, λυγμῷ, ῥίγει, σπληνί, ῥήγμασι, σπάσμασιν· ποθεῖσα δὲ μεθ' ὕδατος ἀνάγει σκόλοπας, ἀκίδας· λεπίδας ὀστῶν καταπλασσομένη ἀφίστησι καὶ σηπεδόνας περιχαράσσει καὶ τὰ ῥυπαρὰ καθαίρει ἕλκη· σμήχει δὲ καὶ ὀδόντας καὶ οὖλα.

2 ἀριστολόχιον πιννομένη δὲ οἴνου C. ἀριστολοχία πινομένη μετὰ οἴνου Umschrift.

D. III 4, 345:

Ἡ δὲ στρογγύλη ποιεῖ μὲν πρὸς ἃ καὶ ἡ προειρημένη· ἐκ περισσοῦ δὲ βοηθεῖ ἄσθματι, λυγμῷ, ῥίγει, σπληνί, ῥήγμασι, σπάσμασιν, ἀλγήμασι πλευρᾶς, ποθεῖσα μεθ' ὕδατος· ἀνάγει δὲ σκόλοπας, ἀκίδας· λεπίδας ὀστῶν καταπλασσομένη ἀφίστησι καὶ σηπεδόνας περιχαράσσει καὶ τὰ ῥυπαρὰ περικαθαίρει ἕλκη καὶ τὰ κοῖλα πληροῖ σὺν ἴριδι καὶ μέλιτι· σμήχει δὲ καὶ οὖλα καὶ ὀδόντας. Δοκεῖ δὲ καὶ ἡ κληματῖτις πρὸς τὰ αὐτὰ ποιεῖν· ἐλαττοῦται μέντοι τῇ δυνάμει τῶν προειρημένων [18]).

1 ἡ πρὸ αὐτῆς C. 3 αἵματι C 4 πλευρᾶς ἀλγήμασι C ποθεῖσα μεθ' ὕδατος die beste Ueberlieferung und Ps. Diosc. de herbis fem. a. a. O. 598, 14. 6 ἀφίστησι fehlt in C 7 σηπεδόνας ἥτις παρὰ Λατίνοις ποστε^μα περιχαράσσει V nach P: σηπεδόνας (postema) καθαίρει C p v_1. 8 τὰ δὲ κοῖλα σαρκοῖ C. 10 Die Worte Δοκεῖ - προειρημένων fehlen in C.

Diese Wirkungen der heilkräftigen Osterluzei waren zum Teil schon der älteren Pharmakologie bekannt: der Athener des 4. Jhs. wusste aus seinem Kräuterbuch, dass er gegen Schlangenbiss ein Absud ihrer Wurzel in säuer-

H = cod. Vaticano-Palatinus 77 s. XIV interpoliert.

Dazu kommen als älteste Vertreter der alphabetischen Umarbeitung des D. die beiden Wienerhds. C und N und als Hauptvertreter der dritten Handschriftenklasse, die mit Hilfe des alphabetischen D. interpoliert ist:

p = cod. Paris. 2183 s. XV } aus derselben Quelle.
v_1 = cod. Marc. CCLXXI s. XV }

18) Hier schliesst das Capitel in der besten Ueberlieferung des Dioskurides. Die bei Sprengel 345 in den Text aufgenommene Interpolation, die bis auf den Schlusssatz in p, v_1 im Text und in *H* am Rande erhalten ist, stammt in ihrem ersten Teil, der die Pflanzensynonyma giebt, aus dem alphabetisch umgearbeiteten Dioskurides. Vgl. C, doch sind p und v_1 reichhaltiger, der beste Beweis dafür, dass C nicht die Quelle dieser Interpolation ist. Der zweite Teil der Interpolation scheint aus der Paraphrase des uns leider unvollständig erhaltenen carmen de herbis geflossen zu sein, aus dem eine sicher nachweisbare, in p v_1 und *H* erhaltene Interpolation III 6, 349 steht. Vgl. carm. de herbis c. 9. Der Schlusssatz: καὶ Κρατεύας ὁ ῥιζοτομικὸς καὶ Γαληνὸς (Γαλός *H*) τὰ αὐτὰ περὶ αὐτῆς εἰρήκασι καὶ ὅτι τοῖς παδαγρικοῖς ὠφελεῖ, der nur in *H* am Rande erhalten ist, stammt wieder aus der alphabetischen Umarbeitung.

lichem Wein zu trinken oder die Wurzel auf die Bisswunde zu legen habe [19]), desgleichen kannte er ihre Verwendung als Schlafmittel, gegen Blutungen und gegen Erkrankungen der Gebärmutter [20]). In den folgenden Jahrhunderten wurde dann die Arzneimittellehre wie um die Unterscheidung neuer Abarten so auch um neue Verwendungen der beiden Hauptarten bereichert. Das pharmakologische Material, das Krateuas beibringt und das bei Dioskurides in so wörtlicher Uebereinstimmung wiederkehrt, dass die direkte Benützung des Krateuas durch ihn kaum mehr zweifelhaft sein kann, lesen wir auch bei Plinius in den beiden Büchern XXV und XXVI, als dessen Hauptquelle für die mit Dioskurides übereinstimmenden Partieen nach meinen Ausführungen im Hermes [21]) nach wie vor Sextius Niger gelten muss [22]). Auch in der Beschreibung der Osterluzei, die leider in der Fassung des Krateuas nicht erhalten ist, sind die Uebereinstimmungen zwischen Plinius (XXV 95 sicher Niger, nach dem nostri zu schliessen) und Dioskurides a. a. O. nicht so auffallend, dass ihre Herleitung aus derselben Quelle ohne weiteres als notwendig erscheint [23]). Zunächst beachte man, dass Plinius vier Abarten unterscheidet, während Dioskurides nur drei kennt; sodann finden sich zwischen beiden Berichten verschiedene, keineswegs unerhebliche Abweichungen, die sich unter der Voraussetzung, dass beide dieselbe

19) Vgl. Theophr. h. pl. IX 20, 4. IX 13, 3 (aus Diokles). Die genauere Dosis von einer Drachme stand beim Jologen Apollodor: aus ihm schöpfen Numenios (Schol. Nik. Th. 517) und Nik. Th. 517.

20) Theophr. a. a. O. Schon in der Ilias Λ 846 wird die Wunde des Eurypylos mit der *πικρὴ ῥίζα* geheilt, wozu der Scholiast bemerkt: *λέγουσιν αὐτὴν εἶναι τὴν καλουμένην ἀριστολοχίαν, ἣν καὶ ἴσχαιμον καλοῦσιν.* Andere Erklärer verstanden unter der *πικρὴ ῥίζα* die gleichfalls blutstillende Schafgarbe.

21) Herm. XXIV 530 f.

22) Die bei Plinius versprengten Notizen mögen hier in Zusammenstellung folgen:

XXV 97: maxime tamen laudatur Pontica (sc. aristolochia) et in quocumque genere ponderosissima quaeque, medicinis aptior rotunda, contra serpentis oblonga. XXV 101: datur ad ictus (sc. serpentium) aristolochia radicis drachma in vini hemina, sed saepius bibenda. prodest et inlita ex aceto. XXV 109: scorpionibus (se. adversatur) aristolochia. XXV 128: Poto veneno aristolochia subvenit eadem mensura qua contra serpentes. XXVI 154: plurimis tamen modis aristolochia prodest; nam et menses et secundas ciet et emortuos partus extrahit, murra et pipere additis pota vel subdita. XXVI 33: stomacho et dyspnoeae medetur . . . aristolochia vel agaricum obolis ternis ex aqua calida aut lacte asini potum. XXVI 41: Singultus hemionium sedat, item aristolochia. 177: et aristolochia perfrictionibus resistit. 75: aristolochia ut contra serpentes (sc. bibitur contra lienem). 137: ruptis convolsisque . . . aristolochia pota (sc. adversatur). 59: Ischiadici . . . sanantur . . . aristolochiae decocto folii. XXV 141: Vulneribus capitis medetur aristolochia, fracta extrahens ossa et in alia quidem parte corporis, sed maxime capite . . . XXVI 142: aristolochia quoque putria ulcera exest, sordida purgat cum melle vermesque extrahit, item clavos in ulcere natos et infixa corpori omnia, praecipue sagittas et ossa fracta cum resina, cava vero ulcera explet per se et cum iride, recentia volnera ex aceto . . . .

23) Man vergleiche dagegen nur die dioskurideische Beschreibung mit Nik. Ther. 509 f. Aus dieser Uebereinstimmung ergiebt sich, wie ich an einem andern Orte bewiesen zu haben glaube, dass die Urquelle des Dioskurides das *ῥιζοτομικόν* des Diokles ist.

Quelle benützen, nur schwer erklären lassen: die Blätter der runden Abart sind nach Plinius halb wie Malve, halb wie Epheu, aber dunkler und weicher, Dioskurides vergleicht sie nur mit denen des Epheus; die Wurzel der langen Abart hat nach Plinius die Dicke eines Stabes, nach Dioskurides die eines Fingers, woraus ihr Name *δακτυλῖτις* erklärt wird, der Plinius unbekannt ist; die dritte Art ist nach Plinius die wirksamste, nach Dioskurides steht sie in ihrer Wirksamkeit hinter den anderen zurück; alle drei Arten haben nach Plinius kurze Stengel und eine purpurfarbige Blüte, Dioskurides giebt dagegen der runden Osterluzei lange Stengel und eine weisse Blüte. Wenn trotz dieser Abweichungen noch genug Uebereinstimmungen vorhanden sind, so meine ich, sind sie so zu erklären, dass die Quelle des Plinius, Sextius Niger, dieselbe Vorlage benützte wie Dioskurides, d. h. den Krateuas. Natürlich ist die Möglichkeit ausgeschlossen, dass die Vorlage des Dioskurides die illustrierte Pharmakopöe dieses Arztes gewesen ist; er benützte vielmehr die von mir auf Grund von ganz sicheren Kriterien gewonnene pharmakologische Hauptschrift dieses Rhizotomen, und für die illustrierte Pharmakopöe desselben Verfassers ergiebt sich daraus die weitere Schlussfolgerung, dass sie nach jener Schrift verfasst ist und lediglich den Wortlaut des pharmakologischen Teiles mit Beschränkung auf die mit Abbildungen versehenen Pflanzen wiedergab.

Das zweite Bruchstück behandelt die Heilwirkungen der zur Gattung Achillea gehörigen Schafgarbe (*ἀχίλλειος* vgl. Fraas 215), deren Name damit erklärt wurde, dass Achilleus ihre wundenheilende Kraft entdeckt habe [24]). Die Alten legten den Namen fünf verschiedenen Pflanzen bei: Dioskurides kennt nur eine Pflanze dieses Namens und stimmt wieder in seinem pharmakologischen Abschnitt mit Krateuas:

C fol. 25[r]:

Κρατεύας ῥιζοτόμος.

Ἀχίλλειος· ταύτης τῆς βοτάνης ἡ κόμη λεία ἐναίμων ἐστὶ κολλητικὴ καὶ ἀφλέγμαντος αἱμοῤῥαγίας τε ἐφεκτικὴ καὶ τῆς ἐκ μήτρας ἐν προσθέτῳ· καὶ τὸ ἀφέψημα δ' αὐτῆς ἐστιν ἐγκάθισμα ῥοϊκαῖς· πίνεται καὶ πρὸς δυσεντερίαν· χλωρὰ δὲ κοπεῖσα μετ' ἀξουγγίας παλαιᾶς τὰ παλαιὰ

3 *λια* C *λίαν* Umschrift 6 *ῥικοῖς* C *ῥοικαῖς* Umschrift 8 *στέατος* für *ἀξουγγίας* v 9 *δυςαπουλοτα* C *δυςαπόλωτα* v.

Plin. XXV 4°:

Aliqui et hanc (sc. Achilleon) panacen Heracliam, ali sideriten et apud nos millefoliam vocant, cubitali scapo, ramosam, minutioribus

D. IV 36, 532:

Καλοῦσί τινες καὶ τὴν ἀχίλλειον σιδηρίτην· φέρει δὲ ῥαβδία σπιθαμιαῖα ἢ καὶ μείζω, ἀτρακτοειδῆ, καὶ περὶ αὐτοῖς φυλλάρια λεπτά, ἐντομὰς πυκνὰς ἐκ πλαγίων ἔχοντα, προσεμφερῆ κορίῳ, ὑπόκιῤῥα, γλίσχρα, πολύοσμα, οὐκ ἀηδῆ, φαρμακώδη δὲ τὴν ὀσμήν· σκιάδιον ἐπ' ἄκρου περιφερές, ἄνθη λευκά, εἶτα χρυσί-

2 *φει δέ* P. *φύει δέ* V. 2 *δισπιθαμιαῖα* CN *σπιθαμιαῖα* Umschrift in C. 3 *αὐτοῖς* PFCN *αὐτόν* V, *αὐτά* die übrigen Hds. 4 *λεπτὰ ἐκ πλαγίων ἐντομὰς ἔχοντα πυκνάς* CN 6 *ὑπόκιῤῥα* PFVH Orib. *ὑπόμικρα* C. *ὑπόπικρα* N. 8 *εἶτα χρ.* PFVH Orib. *ἄνθη λευκὰ καὶ πορφυρᾶ καὶ χρυσίζοντα* C p. *ἄνθη λευκὰ ἢ πορφ. ἢ χρ.* N.

24) Vgl. Plin. XXV 42. Ps. Apul. 88. Kästner de herb. fem. a. a. O. 613.

τῶν ἑλκῶν καὶ δυσαπούλωτα θεραπεύει· ξηρὰ δὲ κοπεῖσα καὶ μέλιτι μιγεῖσά ἐστιν ἀνακαθαρτική.

quam feniculi folis vestitam ab imo . . .
XXVI 131: Sistit (sc. sanguinis profluvia) et ischaemon et Achillia.
XXVI 151: menses nimios sistit Achillea inposita et decoctum eius insidentibus.

ζοντα· φύεται ἐν εὐγείοις τόποις. Καὶ τούτου ἡ κόμη λεία ἐναίμων ἐστὶ κολλητικὴ καὶ ἀφλέγμαντος αἱμοῤῥαγίας τε ἐφεκτικὴ καὶ τῆς ἐκ μήτρας ἐν προσθέτῳ· καὶ τὸ ἀφέψημα δ' αὐτῆς ἐστιν ἐγκάθισμα ῥοϊκαῖς· πίνεται δὲ καὶ πρὸς δυσεντερίαν.

12 ἐν μήτρας P ἐν μήτρᾳ VCN. 15 δυςεντερίας CN. N fügt folgende Worte hinzu: παύει δὲ καὶ φλεγμονὰς σφόδρα λεῖον μεθ' ὕδατος καταχριόμενον· διαφορεῖ ψυκτικὸν ὑπάρχον.

Von dem zur Familie der Ranunculaceen gehörigen Windröschen kannten die alten Botaniker zwei Arten, das wildwachsende, das bei Theophrast (VI 8, 1) wieder in zwei Abarten (ὀρεία und λεμωνεία) vorkommt und das zahme. Dioskurides (II 207, 323) nennt sie in Uebereinstimmung mit Plinius (XXI 165) ἀνεμώνη ἀγρία (Kranzwindröschen? Anemone coronaria Fraas 130) und ἥμερος (Gartenwindröschen, Anemone hortensis L.), Krateuas dagegen nach der Blütenfarbe μέλαινα und φοινικῆ (Schol. Theokr. V 92). Bei dieser Pflanze sind wir in der glücklichen Lage mit Hilfe der parallelen Ueberlieferung bei Plinius ein sicheres Urteil über die Arbeitsweise des Dioskurides zu gewinnen. Die Uebereinstimmung, die zwischen beiden Autoren sowohl in der Beschreibung als auch im pharmakologischen Teil besteht, beweist, dass der plinianische Bericht aus Sextius Niger entlehnt ist. Andrerseits tritt aber in dem pharmakologischen Teil der dioskurideischen Beschreibung dem Plinius gegenüber eine viel nähere, nicht blos auf die Reihenfolge der Heilwirkungen, sondern auch auf die Fassung seiner Darstellung bis in die einzelne Wendung hinein bezügliche Uebereinstimmung mit Krateuas so deutlich zu Tage, dass die directe Benützung dieses Rhizotomen durch Dioskurides als eine unanfechtbare Thatsache bezeichnet werden muss.

C fol. 26r:

Κρατεύας.

Ἀνεμώνη ἡ φοινικῆ.

Ἀνεμώνη δύναμιν] ἔχει δριμεῖαν, ὅθεν ὁ χυλὸς τῆς ῥίζης αὐτοῦ γίγνεται ἔγχυτος πρὸς κεφαλῆς κάθαρσιν· μασηθεῖσα δ' ἡ ῥίζα ἄγει φλέγμα· ἑψηθεῖσα

D. II 207, 323:

Δύναμιν δ' ἔχουσι δριμεῖαν ἀμφότεραι· ὅθεν ὁ χυλὸς τῆς ῥίζης αὐτῶν ῥινὶ ἐγχυθεὶς πρὸς κεφαλῆς κάθαρσιν ἁρμόζει· καὶ μασηθεῖσα δ' ἡ ῥίζα ἄγει φλέγμα· ἑψηθεῖσα δ' ἐν γλυκεῖ καὶ καταπλασσομένη ὀφ-

Plin. XXI 164

Duo eius genera: prima silvestris, altera cultis nascens, utraque sabulosis . . . . prosunt anemonae capitis doloribus et inflammationibus, vulvis mulierum, lacti quoque et men-

3 ῥινεγχύτης C ῥεινεγχυθείς N 4 ἁρμόζει fehlt CN.
6 φλέγματα CN.

δ' ἐν γλυκεῖ καὶ καταπλασσομένη ὀφθαλμῶν φλεγμονὰς αἴρει· ὁμοίως καὶ τὰς οὐλὰς ἀποσμήχει· τὰ δὲ φύλλα καὶ οἱ καυλοὶ συνεψηθέντα πτισάνῃ καὶ ἐσθιόμενα γάλα κατασπᾷ· ἐν προσθέτῳ δ' ἔμμηνα ἄγει· καταπλασθεῖσα δὲ λέπρας ἀφίστησιν.

θαλμῶν φλεγμονὰς ἰᾶται· καὶ τὰς ἐν ὀφθαλμοῖς οὐλὰς ἀποσμήχει ἀνακαθαίρει τε καὶ τὰ ῥυπαρὰ τῶν ἑλκῶν· τὰ δὲ φύλλα καὶ οἱ καυλοὶ συνεψηθέντα πτισάνῃ καὶ ἐσθιόμενα γάλα κατασπᾷ· ἐν προσθέτῳ δ' ἔμμηνα ἄγει· καταπλασθέντα δὲ λέπρας ἀφίστησιν.

strua cient cum tisana sumptae aut vellere adpositae. radix commanducata pituitam trahit, dentes sanat. decocta oculorum epiphoras et cicatrices.

9 οὐλὰς καὶ ἀμβλυωπίας ἀποσμᾷ CN οὐλὰς καὶ ἀμβλυωπίας ἀποσπᾷ p. v_1. ἀποσπᾷ V. 11 δὲ καί CN p. 12 συνεψηθέντες HC 13 σὺν πτισάνῃ CN.

Drei weitere Bruchstücke des Krateuas, die von den medicinischen Wirkungen des Affodill, der Haselwurz und der beiden Gauchheilarten handeln, bestätigen voll und ganz das gewonnene Resultat. Ein gegenüberstellender Abdruck der drei Massen wird zur Darlegung des Verwandtschaftsverhältnisses genügen.

(C fol. 27r[25]).

Κρατεύας ῥιζοτομικός.

Ἀσφόδελος· τούτου αἱ ῥίζαι δύναμιν ἔχουσι διουρητικὴν καὶ ἐμμήνων κατασπαστικήν· θεραπεύει καὶ ποδάγρας ἀλγήματα καὶ σπάσματα καὶ βῆχας καὶ ῥήγματα μία τὸ πλῆθος τῆς ῥίζης ἐν οἴνῳ πινομένη· ποιεῖ καὶ ⟨εὐεμεστέρους ὅσον ἀστράγαλος βρωθεῖσα καὶ⟩ ἑρπετοδήκτοις δίδοται ὠφελίμως πλῆθος τριῶν· καταπλάσσειν δὲ δεῖ τὰ δήγματα ὅλῃ τῇ βοτάνῃ σὺν οἴνῳ· θεραπεύει ⟨καὶ⟩ τὰ ῥυπαρὰ καὶ νεμόμενα ἕλκη· ποιεῖ καὶ πρὸς μαστῶν καὶ διδύμων φλεγμονὰς

D. II 199, 312:

. . . κινοῦσι (sc. αἱ ῥίζαι) δὲ καὶ οὔρησιν καὶ ἔμμηνα ποθεῖσαι· ἰᾶται καὶ πλευρᾶς ἀλγήματα καὶ βῆχας καὶ σπάσματα καὶ ῥήγματα δραχμῆς μιᾶς τὸ πλῆθος τῆς ῥίζης ἐν οἴνῳ πινομένης· ποιεῖ δὲ καὶ εὐεμεστέρους ὅσον ἀστράγαλος βρωθεῖσα καὶ ἑρπετοδήκτοις δίδοται ὠφελίμως ὅσον δραχμῶν τριῶν τὸ πλῆθος· καταπλάσσειν δὲ δεῖ τὰ δήγματα τοῖς τε φύλ-

Plin. XXII 68:

folia quoque inlinuntur venenatorum volneribus ex vino. bulbi nervis articulisque cum polenta tunsi inlinuntur. prodest et concisis ex aceto lichenas fricare, item ulceribus putrescentibus ex aqua imponere, mammarum quoque et testium inflammationibus. decocti in faece vini oculorum epiphoris

3 κατασπαστικήν C 7 ποιεῖ καὶ ἑρπετοδήκτοις ΛΙΜΟΥC πλῆθος C

3 ἀποθεῖσαι F. ἰᾶται II fehlt in C 5 δραχμῆς πλῆθος C 7 φασὶ δὲ καὶ εὐεμέτους (in der Umschrift ist ποιεῖν eingeschaltet) ὅσον ΛCΤΡΛΛΟC βρωθεῖσα καὶ ἑρπ. δὲ δίδοται C 10 ὠφελίμως πλῆθος ὅσον δραχμαὶ τρεῖς C 11 τό fehlt in F

25) Ein kleiner Teil des Krateuasfragmentes ist in die interpolierte Handschriftenklasse übergegangen. p und v_1 machen folgenden Zusatz: καὶ Κρατεύας δὲ ὁ ῥιζοτομικὸς τὰ αὐτὰ εἶπε καὶ ὅτι θεραπεύει ἡ ῥίζα μετ' οἴνου πινομένη <α' ποδάγρας ἀλγήματα.

καὶ φύματα καὶ δοθιῆνας συγκαθεψομένη τρυγὶ οἴνου ἡ ῥίζα· πρὸς δὲ τὰς προσφάτους φλεγμονὰς μετ' ἀλφίτου· ὁ δὲ χυλὸς τῆς ῥίζης προσλαβὼν οἴνου παλαιοῦ τι γλυκέος καὶ σμύρνης καὶ κρόκου συνεψηθέντα ἐπὶ τὸ αὐτὸ ἔγχριστον γίγνεται ὀφθαλμῶν καὶ πρὸς ὦτα πυοῤῥοοῦντα σὺν λιβάνῳ καὶ μέλιτι . . . . .

λοις καὶ τῇ ῥίζῃ καὶ τοῖς ἄνθεσι σὺν οἴνῳ· καὶ τὰ ῥυπαρὰ καὶ νεμόμενα ἕλκη καὶ μαστῶν καὶ διδύμων φλεγμονὰς καὶ φύματα καὶ δοθιῆνας συγκαθεψομένης τρυγὸς οἴνου τῇ ῥίζῃ· πρὸς δὲ τὰς προσφάτους φλεγμονὰς μετ' ἀλφίτου· ὁ δὲ χυλὸς τῆς ῥίζης προσλαβὼν οἴνου παλαιοῦ ⟨τι⟩ γλυκέος καὶ σμύρνης καὶ κρόκου συνεψηθέντα ἐπὶ τὸ αὐτὸ ἔγχριστον γίνεται ὀφθαλμοῖς φάρμακον· καὶ πρὸς ὦτα πυοῤῥοοῦντα καθ' ἑαυτὸν καὶ σὺν λιβανωτῷ καὶ μέλιτι καὶ οἴνῳ καὶ σμύρνῃ χλιανθεὶς ἁρμόζει κτλ.

supposito linteolo medentur. . . . . prodest et urinae pota modice radix et menstruis et lateris doloribus, item ruptis, convolsis, tussibus drachmae pondere in vino pota. eadem et vomitiones adiuvat commanducata.

14 δοθιόνας C 15 τρυγός C τρυγί Umschrift.
XY
17 ΚΑΥΛΟC mit ausradiertem *K* C.
σμυρ
18 ΠΕΡΝΗC so C. σμύρνης Umschrift.
21 ποιωρο . . . τα C πυοῤῥόοῦντα Umschrift.

20 ΟΙΟΝΙ so C 25 συνεψηθέντων C. συν . . . α FHp.
26 ΕΝΑΡΕΤΟΝ ΠΙΝΕΤΑΙΟΦΘΑΛΜΩΝΦΑΡΜΑΚΩΝ so C
31 λιανθείς C.

C. fol. 31r.

Κρατεύας ῥιζοτομικός.

Ἄσαρον δύναμιν ἔχει θερμαντικὴν καὶ διουρητικήν, ἁρμόζουσαν ὑδρωπικοῖς, ἰσχιάδι χρονίᾳ· ἄγουσιν ⟨αἱ ῥίζαι⟩ καὶ ἔμμηνα· μετὰ μελικράτου δὲ ποθεῖσαι πλῆθος 𐅻 ἓξ ὡς ἐλλέβορος λευκὸς καθαίρουσι· μίγνυνται δὲ καὶ μύροις καὶ ἀντιδότοις.

D. I 9, 19:

Δύναμις δ' αὐτῶν (sc. τῶν ῥιζῶν) οὐρητική, θερμαντική, ἁρμόζουσα ὑδρωπικοῖς, ἰσχιάδι χρονίᾳ· ἄγουσι δὲ καὶ ἔμμηνα· μετὰ μελικράτου δὲ ποθεῖσαι πλῆθος οὐγγιῶν ϛ' ὡς ἐλλέβορος λευκὸς καθαίρουσι· μίγνυνται δὲ καὶ μύροις.

Plin. XXI 134:

Asarum iocinerum vitiis salutare esse traditur uncia sumpta in hemina mulsi mixti. alvum purgat ellebori modo. hydropicis prodest . . . in mustum si addatur, facit vinum urinis ciendis.

3 ἁρμόζουσα Cv ἰσχιαδικοῖς χρονία Cv 5 ποθεῖσα Cv 6 καθαίρει Cv ΜΗΓΕΨΕΤΑΙ so C.

2 διουρητική v_1. p. vor ἁρμόζουσα in v_1. p: καὶ ἐμετική· 4 In *H* steht hinter χρονίᾳ noch καὶ ῥηχί. δέ fehlt *H*. 5 μετὰ δέ *H*. 7 F: ЄƷ.

C. fol. 40r.

Κρατεύας ῥιζοτομικός.

Ἀναγαλλίδες ἀμφότεραι τραυματικαί, ἀφλέγμαντοι· σκολόπων τε ἐπισπαστικαὶ ⟨καὶ⟩ νομῶν ἐφεκτικαί· ὁ δὲ χυλὸς αὐτῶν ῥινὶ ἔγχυτος ὀδόντων πόνον παύσει, ἐὰν εἰς τὸν ἀντικείμενον μυξωτῆρα τοῦ ἀλγοῦντος ἐγχέῃς· καθαίρει καὶ ἄργεμα μετὰ μέλιτος ἀττικοῦ καὶ ἀμβλυωπίαις βοηθεῖ· φασὶν δ' ἔνιοι τὴν μὲν ἔχουσαν τὸ κυανοῦν ἄνθος πρόπτωσιν δακτυλίου στέλλειν, τὴν δὲ φοινικοῦν ἐξερεθίζειν καταπλασθεῖσαν· χρῶνται δ' αὐτῇ καὶ εἰς τὰς Δημοκρίτου δυνάμεις.

D. II 209. 327:

Εἰσὶ δ' ἀμφότεραι τραυματικαί, ἀφλέγμαντοι, σκολόπων ἐπισπαστικαί, νομῶν ἐφεκτικαί· ὁ δὲ χυλὸς αὐτῶν ἀναγαργαριζόμενος ἀποφλεγματίζει κεφαλὴν καὶ ῥισὶν ἔγχυτος [ἐστι] καὶ ὀδόντων πόνον παύει, ἐὰν εἰς τὸν ἀντικείμενον μυξωτῆρα τῷ ἀλγοῦντι ἐγχέῃς· καθαίρει δὲ καὶ ἄργεμα μετὰ μέλιτος ἀττικοῦ καὶ ἀμβλυωπίαις βοηθεῖ· ὠφελεῖ καὶ ἐχιοδήκτους μετ' οἴνου πινόμενος καὶ νεφριτικοὺς καὶ ἡπατικοὺς καὶ ὑδρωπιῶντας· φασὶ δ' ἔνιοι τὴν μὲν ἔχουσαν τὸ κυανοῦν ἄνθος προπτώσεις δακτυλίου στέλλειν, τὴν δὲ ⟨τὸ⟩ φοινικοῦν ἐρεθίζειν καταπλασθεῖσαν.

Plin. XXV 144:

... utriusque sucus oculorum caliginem discutit cum melle et ex ictu cruorem et argema rubens, magis cum attico melle inunctis ... sucus caput purgat per nares infusus ... bibitur et contra angues suci drachma in vino.
XXVI 35: iocineri anagallides mire prosunt. 144: praestant hoc et anagallides cohibentque quas vocant nomus et rheumatismos, utiles et recentibus plagis, sed praecipue senum corpori.
XXV 166: (ad colluendos dentes): colluuntur et peucedani suco cum meconio vel radicum anagallides magis feminae suco ab altera nare quam doleat infuso.
XXVI 90: anagallidum caerulea procidentiam sedis retro agit, e diverso rubens proritat.

5 *ῥινένχυτος* C 6 *παύσεις* C
Υ
7 ΤΟ ΑΛΓΟΥΝΤΟϹ so C.
11 *κυάνεον* C.

1 *ἀμφότερα πραϋντικὰ καὶ ἀφλέγμαντα* CNpv_1. 2 *σκολόπων τε* CN. 3 *νομῶν — κεφαλήν* fehlen in CN. 7 *ῥισὶν ἔγχυτός ἐστι καὶ* PVFH. *καὶ ῥινενχυτης καὶ* C. *καὶ ῥειεγχυτικὴ καὶ* N. *ὀδόντος* V. 11 *ἐπιχέῃς* PVFH. *ἐνχέῃς* CN. 14 *δὲ καί* V. *ἐχιοδ. πινόμενον μετὰ οἴνου καὶ ὑδρωπικούς· φασι* C. *ἐχιοδ. πινόμενον μετ' οἴνου καὶ ὑδρωπικοὺς καὶ ἡπατικούς* N. 19 *Κυάνιον* C *κυανον* N. 21 *τό* steht in CNp.v_1.

C fol. 30r ist ein kurzes Bruchstück über den Wegetritt erhalten[26]): *Ἀρνόγλωσσον δύναμιν ἔχει τηκτικὴν καὶ ἀφλέγμαντον· κοπεῖσα γὰρ μετὰ στέατος καὶ*

26) Der cod. med. gr. V der Wiener Hofbibliothek bietet ein recht artiges Beispiel dafür, wie grosse Vorsicht späteren Hdss. gegenüber geboten ist. Er ist nämlich scheinbar reichhaltiger in diesem Bruchstück als der Const., auf *σχεδόν* folgen in ihm noch folgende Worte: *καὶ πτύσεις*

(*κ* in C, *καί* Umschrift) *ἐπιτιθεμένη τοῖς τὰ χειρώνια ἔχουσιν εὐθετεῖ· πρὸς δὲ τὰ λοιπὰ ποιεῖ σχεδὸν* (*σχε* C *σχεϑ*" Umschrift) . . . . . . Dies Fragment füllt zusammen mit dem bedeutend gekürzten Excerpt aus Galen *περὶ δυνάμεως φαρμάκων* (XI 838 K.) etwa das untere Viertel der Seite. Es unterliegt für mich keinem Zweifel, dass der Schreiber des Constantinopolitanus es wegen Raummangels willkührlich abgebrochen hat: der Bericht des Krateuas war ohne Zweifel viel reichhaltiger. Ob aber die grosse Fülle des pharmakologischen Teiles der dioskurideischen Beschreibung (II 152, 268 ff.) aus ihm entlehnt ist, ist mir zweifelhaft, zumal wir von Plinius (XXV 80) erfahren, dass der spätere Themison, der Stifter der sogenannten methodischen Schule in augusteischer Zeit, die Heilkräfte dieser Pflanze in einem besonderen Werke ausführlich behandelt hat. Ich glaube deshalb, aus der doch immerhin bemerkenswerten Thatsache, dass das kurze Fragment des Krateuas nicht die auffallende enge Berührung mit Dioskurides aufweist wie die vorhergehenden, den Schluss ziehen zu dürfen, dass Dioskurides in diesem Capitel den reicheren, auf der Schrift des Themison aufgebauten Bericht des Sextius Niger dem des Krateuas vorgezogen hat.

Nicht so sehr für die Quellenanalyse des Dioskurides von Wichtigkeit, aber um so mehr durch die Seltenheit des Inhalts ausgezeichnet sind die beiden letzten von den Heilwirkungen der Argemone und der kleinen Aster (aster Amellus L. Fraas 210) handelnden Bruchstücke, die keine Parallele bei Dioskurides haben, aber, da sie das Material bereichern, von der interpolierten Ueberlieferung (p v_1) in den Text des Dioskurides aufgenommen worden sind:

C fol. 29^r. vgl. D. II 208, 326.

Κρατεύας ῥιζοτομικός.

Ἀργεμώνη· αὕτη ἡ βοτάνη κοπεῖσα μετ' ἀξουγγίας χοιράδας διαλύει· ποιεῖ καὶ

1 *ὀξυγγίου* v_1 p.

ἐπέχει αἵματος πρός τε τὰ ἐν κύστει μετὰ γλυκέος· φασὶ δὲ τὰς ῥίζας τρεῖς ποθείσας ὅλας ἴσου τριταίῳ βοηθεῖν, τεταρταίῳ δὲ τέσσαρας ῥίζας· πρὸς χοιράδας καὶ διαφοροῦσι: — Das Plus findet darin seine Erklärung, dass der Schreiber nicht den Majuskeltext, sondern die Umschrift desselben in Minuskeln benützt hat, die in C fol. 29^v zu beiden Seiten der Illustration in folgender Weise verzeichnet ist:

		Umschrift des Galen
	Darstellung	. . . . .
Umschrift des Dioskurides		. . . . .
		. . . . .
. . . . . .	des	Umschrift des Krateuas
. . . . . .		. . . . .
. . . . . .	*ἀρνόγλωσσον*	. . . . .
. . . .		Fortsetzung
. . . .		der Umschrift
. . . .		des Dioskurides.

Der Schreiber hat also versehentlich den unteren Teil der Umschrift des Dioskuridestextes, der rechts von der Pflanzendarstellung steht, für Fortsetzung des darüber stehenden Krateuastextes gehalten.

πρὸς ἀλφοὺς μέλανας μετὰ νίτρου καὶ θείου ἀπύρου ξηρὰ κοπεῖσα καὶ σησθεῖσα· ἐν βαλανείῳ ⟨δὲ⟩ τοὺς χρωμένους θεραπεύει προξηροτριβηθέντας· ποιεῖ καὶ πρὸς ψώραν.

3 δέ fehlt in C.

C fol. 33r. vgl. D. IV 118, 605.

Κρατεύας ῥιζοτομικός.

Ἀστέριον· αὕτη χλωρὰ κοπεῖσα μετ' ἀξουγγίας παλαιᾶς ποιεῖ πρὸς λυσσοδήκτους ⟨καὶ⟩ βρογχοκηλικούς· ὑποθυμιωμένη δὲ φυγαδεύει θηρία.

2 καί fehlt in C. erhalten in p. v_1.

Wir haben oben gesehen, dass von dem botanisch pharmakologischen Werke des Krateuas die illlustrierte Pharmakopöe verschieden ist, von der in der Litteratur der einzige Plinius (XXV 8) Kunde erhalten hat: *Praeter hos Graeci auctores prodidere quos suis locis diximus, ex his Crateuas, Dionysius, Metrodorus ratione blandissima, sed qua nihil paene aliud quam difficultas rei intellegatur. pinxere namque effigies herbarum atque ita subscripsere effectus. Verum et pictura fallax est coloribus, tam numerosis praesertim in aemulationem naturae, multumque generat transscribentium fors varia. praeterea parum est singulas earum aetatis pingi, cum quadripertitis varietatibus anni faciem mutent.*

Plinius unterscheidet drei Klassen von botanisch-medicinischen Schriften, je nachdem in ihnen die Pflanzen abgebildet oder beschrieben oder mit Verzicht auf Abbildung und Beschreibung nur benannt waren. Zu der ersten dieser Klassen rechnet er die Werke des Krateuas, Dionysios und Metrodoros; sie waren also in ihrer Anlage völlig gleichartig, d. h. an die Stelle der Beschreibungen waren in ihnen die Abbildungen der Pflanzen getreten, unter denen ihre medicinischen Wirkungen verzeichnet standen. Der älteste dieser drei Pharmakologen ist Krateuas [27]): folglich ist durch ihn in der pharmakologischen Litteratur die Vereinigung von Bild und Wort inauguriert worden, und wenn Plinius a. a. O. ausdrücklich als Nachteil dieser Behandlungsweise die vielfache Entstellung des Originals durch die verschiedene Geschicklichkeit der Abschreiber hervorhebt, so werden wir nicht irren, wenn wir die illustrierten Pharmakopöen des Dio-

27) Der an dieser Stelle genannte Dionysios ist der bekannte Cassius Dionysius aus Utika, der Verfasser der griechischen Uebersetzung des magonischen Werkes über den Ackerbau. Dass er auch ῥιζοτομικά geschrieben, bezeugt Steph. v. Byz. s. v. Ἰτύκη, wo Meineke statt des überlieferten Διοκλῆς ohne Zweifel richtig liest: ἀφ' οὗ Διονύσιος ὁ Ἰτυκαῖος ῥιζοτομικῶν πρώτῳ. Vgl. Kühn addit. ad elench. med. vet. a Fabricio exhibitum XIV 8. Vgl. Schol. Nik. Ther. 519 (Diosk. III 113. Plin. XXI 152). Aerzte des Namens Metrodoros kennen wir drei: den Lehrer des Erasistratos, Schüler des Chrysipp von Knidos (Sext. Empir. 657, 23 f. Bekk. Vgl. R. Helm Herm. 29, 163), den Schüler des Sabinos aus dem Ende des 1. Jh. v. Chr. (Gal. XVII A 877. 508) und einen Schüler des Asklepiades (Gal. XI 432. 442). Dieser war unzweifelhaft der Verfasser der illustrierten ἐπιτομὴ ῥιζοτομουμένων (Plin. XX 214). Vgl. Plin. Ind. 20—27. E. Meyer Gesch. der Botanik I 257.

nysios und Metrodoros als Wiederholungen seines epochemachenden Werkes ansehen. Da diese drei illustrierten Herbarien oder wie man sie nennen will in der späteren Fachlitteratur ausser bei Plinius keinerlei Berücksichtigung gefunden haben, so glaube ich annehmen zu dürfen, dass sie in der Art der illustrierten Pflanzenkunden der Humanistenzeit eine mehr für das Bedürfnis des Volkes bestimmte, populäre Form der *ῥιζοτομικά* darstellen. Ueber die Anordnung der illustrierten Pharmakopöe des Krateuas liegt kein direktes Zeugnis vor: doch macht es seine Bestimmung wahrscheinlich, dass sie in der Art der Botanik des Pamphilos alphabetisch geordnet gewesen ist. Dass diese Art der Anordnung auf ältere Werke zurückgeht, folgt aus der Einleitung des Dioskurides I, 3: *Ἥμαρτον δὲ καὶ περὶ τὴν τάξιν· οἳ μὲν ἀσυμφύλους δυνάμεις συγκρούσαντες, οἳ δὲ κατὰ στοιχεῖον ἀναγράψαντες διέζευξαν τῆς ὁμογενείας τά τε γένη καὶ τὰς ἐνεργείας αὐτῶν, ὡς διὰ τοῦτο ἀσυμμνημόνευτα* (so F) *γίνεσθαι*. Dioskurides polemisiert hier gegen die Anordnung des Stoffes, die seine Vorgänger befolgt hatten. Er kennt von ihnen eine doppelte Behandlungsweise: entweder hatten sie die Pflanzen alphabetisch oder nach rein äusserlichen Merkmalen abgehandelt. Da nun Dioskurides nur zwei Quellenschriftsteller benutzt hat, Niger und Krateuas, und das Werk des Niger nach den von Plinius erhaltenen Excerpten thatsächlich den Eindruck einer ungeordneten Compilation macht, so ist meines Erachtens die Annahme nicht von der Hand zu weisen, dass Krateuas die alphabetische Behandlung des Stoffes wenn auch nicht aufgebracht, so doch angewandt und in seinen beiden Werken befolgt hat. Das dioskurideische Werk *περὶ ὕλης ἰατρικῆs* gehört zu der zweiten der von Plinius charakterisierten Klassen von botanisch-medicinischen Schriften: die Bäume und Pflanzen sind einzeln beschrieben und ihre medicinischen Wirkungen angegeben. Der Fortschritt, den es den älteren Werken gegenüber bezeichnet, besteht in der grösseren Vollständigkeit der behandelten Materie und in der originellen Anordnung des Stoffes[28]). Die Thatsache, dass er die Pflanzen beschrieben hat, schliesst also von vornherein die Möglichkeit aus, dass er seinen Beschreibungen Abbildungen der Pflanzen beigegeben hat. Wenn nun trotzdem eine ganze Reihe von illustrierten Hdss. des Dioskurides erhalten sind, so kann es keinem Zweifel unterliegen, dass die Illustrationen spätere Zuthat sind.

Die in Betracht kommenden Hdss. zerfallen in zwei Gruppen, deren eine durch die alphabetische Umarbeitung des Dioskurides vertreten ist, während die andere die illustrierten Hdss. des vollständigen Dioskurides umfaßt. Diese zweite Gruppe ist wiederum zweiteilig, je nachdem die Hdss. nach der alphabetischen Umarbeitung interpoliert sind oder nicht. Zu der ersten Gruppe gehören:

1. Die beiden alten Pergamenthdss. der Wiener Hofbibliothek, der Constantinopolitanus (C) in Folio und der aus dem Augustinerkloster S. Giovanni di Carbonaria zu Neapel stammende Neapolitanus (N) in Quart. In beiden Hdss. ist nicht nur die ursprüngliche Anordnung der Blattlagen gestört, sondern sie haben

28) R. Kobert, über den Zustand der Arzneikunde. Halle 1887, 8 ff.

auch im Innern, besonders C, verschiedene Blattverluste erlitten. C enthält 387 alte Pergamentblätter (0,312 m. breit, 0,376 m. hoch), die Illustrationen beginnen auf fol. 12v mit dem ἀείζων τὸ μέγα und schliessen fol. 387 r mit der Darstellung des ὤκιμον. Auf fol. 1v stehen die aus Lambecius (II c. 7, 519) bekannten bildlichen Darstellungen, die an anderer Stelle ausführlicher zu behandeln sind, und das in Majuskeln abgefasste Verzeichnis der behandelten Pflanzen nebst der Minuskelumschrift. Die Handschrift enthält im Ganzen 380 Darstellungen, die von der Hand des späteren Correctors (saec. 15.) durchnumeriert sind: bei einer Reihe von Pflanzen fehlt infolge von Blattausfall die Illustration, bei andern der Text. In den weitaus meisten Fällen nimmt die bildliche Darstellung eine eigene Seite ein, ebenso der Text, bisweilen sind die verschiedenen Arten einer Gattung auf einer Seite vereinigt, z. B. fol. 152v κόνυζα λεπτόφυλλος und κόνυζα πλατύφυλλος, vereinzelt ist auch der Text der bildlichen Darstellung beigefügt. Illustrationen und Text tragen als Ueberschrift den Namen der Pflanze (rot geschrieben), ausserdem stehen unter den Pflanzenbildern die arabischen Namen und nicht selten am oberen Rande mit κοινῶς oder ἰδιῶται eingeleitet ein weiterer griechischer Name von der Hand des 15. Jh. Der Text beginnt fast regelmässig mit den Pflanzensynonyma, die in dieser Fassung nichts mit Dioskurides zu thun haben. Die alphabetische Anordnung ist innerhalb der einzelnen Buchstaben nur selten gewahrt. Der Neapolitanus (0,14 m. breit, 0,297 m. hoch) aus dem 7. Jh. besteht aus 172 Pergamentblättern, von denen meist nur die Vorderseite beschrieben ist. Auf der oberen Hälfte jeder Seite befinden sich die Pflanzenbilder, zwei, doch auch drei und vier auf einer Seite, im ganzen 409. Unter jeder Pflanze steht der Pflanzenname mit roter Tinte und darunter der Text wie in C mit den Synonyma beginnend. In den meisten Fällen sind die Pflanzendarstellungen mit weiteren Namensbeischriften versehen, die von zwei verschiedenen Händen herrühren, fast ausschliesslich in lateinischer Schrift. Die Abbildungen sind in beiden Hdss. farbig, jedoch in C weit vorzüglicher und prächtiger als in N und zum Teil der Natur entsprechend; daneben giebt es aber auch eine Reihe von monströsen Pflanzendarstellungen. Die Abbildungen und der Text stammen in beiden Hdss. aus demselben Original, dessen Entstehung in die Zeit nach Galen und vor 450 fällt.

2. cod. Bononiensis gr. bibl. univers. n. 3632. Es ist eine Papierhds. aus dem 16. Jh.[29]), deren Blätter 0,296 m. hoch und 0,219 m. breit sind. Vgl. die Beschreibung von Olivieri codices graeci bononienses in den Studi italiani di filologia classica Vol. III Firenze-Roma 1895, 387. Die Hds. enthält von fol. 385r an bis 416v farbige, mit ziemlicher Sorgfalt des Details gemalte Pflanzenbilder, der Text des Dioskurides fehlt. Die durchnumerierten Illustrationen sind willkührlich geordnet, auf jeder Seite stehen höchstens 6, mindestens 2 Darstellungen, je nach der Grösse der dargestellten Pflanze. Jeder Darstellung ist der Pflanzenname, nicht selten auch die Synonyma beigefügt. Auf fol. 417r—418r,

29) Vgl. H. Schöne Apollonius von Kitium XXXVII f.

425v, 428v, 377r, 377v, 378r stehen dieselben bildlichen Darstellungen (Aerztedarstellungen, Auffindung der Mandragoraswurzel u. s. w.) wie in C fol. 2v—6v, auf fol. 380v, 381v, 382v, 383r, 384v dieselben Bilder von giftigen Tieren und Schlangen wie in C fol. 394r ff. zu der Eutekniosparaphrase von Nikanders Theriaka. Die Uebereinstimmung dieser Illustrationen mit dem Constantinopolitanus setzt es ausser Zweifel, dass sie Kopieen dieser Handschrift sind, doch sind sie in den seltensten Fällen in der Grösse des Originals ausgeführt.

3. Cod. Marcianus XCII, eine Bombycinhds. des 13. Jh. in Octav (0,145 m. hoch, 0,10 m. breit), 168 Blätter. Auf fol. 92r beginnt der Text des Dioskurides mit der Ueberschrift: *Διοσκορίδου περὶ βοτανῶν καὶ ζῴων θαλαττίων καὶ χερσαίων*. Fol. 163v schliesst der Text des Dioskurides mit der Mandragoraswurzel. Am Rande stehen flüchtige Federzeichnungen der behandelten Tiere und Pflanzen. Die Pflanzenbilder des Originals waren farbig ausgeführt: der Schreiber hat häufig die Farben in griechischer Sprache seinen Federzeichnungen beigefügt, gegen Ende werden die Zeichnungen spärlicher.

4. Athoshandschrift vom Kloster Lavra[30]). Es ist eine Pergamenthds. des 12. Jahrhunderts (0,235 m. hoch, 0,185 m. breit), 292 Blätter enthaltend. Sie geht wegen ihrer Anlage auf eine ähnliche Vorlage zurück wie der eben besprochene Marcianus. Die Hds. enthält 404 Illustrationen: sie sind farbig, durchschnittlich 5—12 cm. hoch und mit den Namen versehen. Sie stehen im Text des Dioskurides, meistens zwei oder drei neben einander. Abbilden wollte der Schreiber alle, er hat für alle Platz gelassen und die Namen beigeschrieben: es fehlt aber eine Reihe von Darstellungen. Die Hds. ist sehr beschädigt: mit der rechten unteren Ecke derselben sind Stücke der Illustrationen verloren gegangen. Auf mehreren Bildern ist ein Mann mit einem Beil der Pflanzendarstellung beigefügt (z. B. *αἶρα*, *ἀμπελόπρασον*, *βούνιον*) oder zwei Männer (*ἐπίθυμον*) oder Mann und Frau (*ἐρύσιμον, ἔλυμος, εὐφόρβιον*) oder zwei Frauen mit Gefässen (*ἴον πορφυροῦν*) oder eine Frau mit einem Zweig und einem Heiligenschein (*ἀρτεμισία*).

Die zweite Gruppe umfasst drei Handschriften:

5. Cod. Parisinus n. 2179, die beste Hds. des Dioskurides. Sie ist eine Pergamenthandschrift in Uncialschrift (0,267 m. breit, 0,35 m. hoch) aus dem 9. Jh. mit 171 Blättern. Sie enthält den Text des Dioskurides von II c. 204 — V 124 mit häufigen durch Blattverlust entstandenen Auslassungen. Jedes Capitel ist mit Pflanzenbildern versehen, die im Texte stehen und deren Zahl sich genau nach dem Texte des Dioskurides richtet. Sie sind farbig, aber ziemlich ungeschickt in der Ausführung, zum Teil monströs und mit arabischen Zahlen und arabischen und lateinischen Pflanzennamen (von drei verschiedenen Händen)

30) Die Beschreibung der Athoshds. verdanke ich der Liebenswürdigkeit des Herrn Dr. C. Fredrich, der die Hds. für mich eingesehen hat. Eine verwandte Hds. ist der cod. Philipp. 21975, Pergamenthds. des XI. Jh. in Cheltenham, dessen Nachweis ich einer liebenswürdigen Mitteilung des Herrn Prof. V. Rose verdanke. Die zahlreichen Pflanzen und Tierbilder stammen nach den Mitteilungen Roses aus der alphabetischen Umarbeitung des Constantinopolitanus.

versehen. Es sind 402 Pflanzenabbildungen; sie reichen bis zum Ende des 4. Buches, in 6 Fällen ist ihnen wie im Athous die Gestalt eines Mannes beigefügt:

Fol. 2ʳ: Die ἀναγαλλίς hat zwei Darstellungen, die eine mit blauer, die andere mit roter Blüte. Links von der ersten Darstellung steht eine männliche Figur mit goldener Chlamys, die L. zur Pflanze erhoben, die R. auf dem linken Knie ruhend.

Fol. 3ᵛ: χελιδόνιον μέγα. R. von der Darstellung liegt eine männliche Figur mit goldenem Heiligenschein, in einen hellfarbigen Mantel gehüllt.

Fol. 4ᵛ: ὀθόννα. R. von dem Bilde eine in ein bläuliches Fell gehüllte männliche Figur mit einem Stab in der Rechten, auf den sie sich stützt.

Fol. 5ʳ: μυὸς ὦτα. L. unter der Pflanze liegt eine männliche Figur auf die R. gestützt, die L. zum Gesicht erhoben, die Beine an den Körper gezogen. Die Brustbekleidung ist goldfarben, die Beinkleider und Aermel blau.

Fol. 5ᵛ: τηλέφιον mit zwei Pflanzendarstellungen. R. von der zweiten eine knieende männliche Figur mit goldfarbener Kopfbedeckung und gleichfarbigem Mantel, die R. nach der Pflanze ausgestreckt.

Fol. 7ᵛ: γεντιανή. Eine knieende männliche Figur l. von der Darstellung, welche mit beiden Händen nach derselben greift. Vgl. Bordier, Description des peintures et autres ornements contenus dans les manuscrits grecs de la biblioth. nat. Paris 92.

6) Cod. Paris. n. 2183, Papierhds. aus dem 15. Jh. 165 Blätter (0,21 m. breit, 0,28 m. hoch), interpoliert nach der alphabetischen Umarbeitung des Dioskurides. Am Rande steht zu den meisten Capiteln die Parallelüberlieferung aus Galen περὶ δυνάμεως φαρμάκων von jüngerer Hand (16. Jh.). Die in Wasserfarben ausgeführten Pflanzendarstellungen beginnen auf fol. 1ᵛ und stehen am Rande der Hds., 3—4, bisweilen 6 auf einer Seite in verkleinertem Massstabe. Auf fol. 27ᵛ bei dem Capitel περὶ ἰτέας (I 135, 130 Spr.) hören die Darstellungen des 1. Buches auf bis auf drei Darstellungen auf fol. 33ᵛ und 35ᵛ. Mit fol. 34ʳ beginnt das zweite Buch, am Rande stehen zu Anfang des Buches einfache Federzeichnungen der von Dioskurides behandelten Tiere. Die farbigen Pflanzendarstellungen beginnen erst wieder fol. 46ʳ mit dem Capitel περὶ πυρῶν (II c. 107, 233 Sp.), und reichen bis zum Ende des vierten Buches.

7) Cod. Paris. n. 2180, Papierhds. des XV. Jahrhunderts, bestehend aus 109 Blättern, die eine Grösse von 0,285 m. × 0,397 m. haben. Die Hds. ist nach der Subscription von der Hand des Georgius Midiates (c. 1481) geschrieben. Sie enthält von fol. 5ʳ—56ᵛ, fol. 67ʳ—72ᵛ Auszüge aus Dioskurides, die zum Teil mit farbigen Abbildungen versehen sind; wo sie fehlen, ist Raum gelassen. Die Darstellungen sind ziemlich flüchtig angefertigt und entsprechen am meisten denen der Bologneser Handschrift.

Die Uebereinstimmung der in sämmtlichen illustrierten Handschriften erhaltenen Pflanzenabbildungen zeigt, dass ihnen dieselben Vorbilder zu Grunde gelegen haben. Da nun der echte Dioskurides ursprünglich nicht illustriert gewesen ist, der alphabetisch umgearbeitete dagegen, wie sich später ergeben wird, den Illustrationen seine Entstehung verdankt, so bietet sich die Vermutung von selbst und darf wohl für Gewissheit gelten, dass die Uebereinstimmung in den Illustrationen sämmtlicher Handschriften daraus zu erklären ist, dass diejenigen des alphabetischen Dioskurides den Grundstock der Pflanzenbilder der anderen Handschriftengruppe bildeten und daß sich an sie später die im alphabetischen Dioskurides fehlenden Illustrationen nach dem Texte des Dioskurides angegliedert haben. Von der Gemeinsamkeit der Herkunft der Illustrationen kann sich ein Jeder durch die auf den beigegebenen Tafeln reproducierten Bilder des *μῶλυ* und der *λυχνὶς στεφανωματική* (Agrostemma coronaria L.) überzeugen.

Durch die bisherige Erörterung haben sich zwei wichtige Thatsachen ergeben: erstens dass der Grundstock der Illustrationen in den Bilderhandschriften des Dioskurides auf ein und dieselbe Vorlage zurückgeht und zweitens, dass diese Vorlage die alphabetische Umarbeitung des griechischen Textes des Dioskurides gewesen ist. Dass die Aehnlichkeit der Bilder häufig nur noch schwer zu erkennen ist, ist einzig und allein auf Rechnung des häufigen Copierens, das sie durchzumachen hatten, zu setzen, ein Uebelstand, den schon Plinius a. a. O. in seiner Kritik der illustrierten Pharmakopöen zu rügen wusste.

Demnach hat sich die Untersuchung über die Herkunft dieser Abbildungen auf die älteste der uns erhaltenen Handschriften des alphabetischen Dioskurides, auf den Constantinopolitanus zu beschränken. Da ergiebt sich zunächst die Frage: sind die Illustrationen im Anschluss an den Text des Dioskurides entstanden? Diese Frage ist mit grosser, an Gewissheit grenzender Wahrscheinlichkeit dahin zu beantworten, dass die Pflanzenbilder das gegebene waren und dass der dioskurideische Text nach ihnen umgearbeitet worden ist. Wenn die Pflanzenbilder zur Illustrierung des Textes hätten dienen sollen, so wäre es doch höchst wunderbar, dass nur eine verhältnissmässig geringe Zahl von Pflanzen illustriert worden ist. Später ist doch der vollständige Dioskurides bis auf das letzte von den Kunstproducten und Metallen handelnde Buch illustriert worden! Warum, so fragt man weiter, musste zu diesem Zweck der Text alphabetisch umgearbeitet werden, warum sind die Illustrationen grade auf die in einem *ῥιζοτομικόν* zu behandelnden Kräuter und Sträuche beschränkt worden? Ferner fällt ins Gewicht, dass mehrere der mit Abbildungen versehenen Pflanzen im Dioskurides vollständig fehlen[31]) und dass ihre Beschreibungen aus andern Quellen entlehnt werden mussten, die dann später in den Text des Dioskurides interpoliert worden sind.

Weitaus am Wichtigsten aber ist es, dass die den Pflanzenabbildungen und dem Text beigefügten Namen zum Teil eine andere Ueberlieferung repräsentieren als die des Dioskurides. Denn dass der Schreiber des Originals diese Namen willkührlich geändert haben sollte, ist bei der bemerkenswerthen Thatsache, dass

31) So die *ἀργεμώνη ἑτέρα* C fol. 58r (vgl. D. 326), das *λευκόϊον θαλάσσιον* C fol. 69r und 203v, wo die Darstellung steht (vgl. D. 471), und das *σαξίφραγον* C fol. 290r (vgl. D. 518).

sie sich in den meisten Fällen durch anderweitige Ueberlieferung als unantastbares Gut des Altertums erweisen, schlechterdings undenkbar.

Dioskurides (IV 88, 584 f. vgl. Plin. XXV 160) beschreibt drei Hauswurzarten (Sempervivum L.), das *ἀείζωον τὸ μέγα*, *ἀείζωον τὸ μικρόν* und das *τηλέφιον*, der Verfasser des Constantinopolitanus nennt die dritte Art *ἀείζωον τὸ λεπτόφυλλον*. Dem Text des D. konnte er diese Benennung nach der Beschaffenheit der Blätter nicht entnehmen, weil D. beim Telephion davon redet, dass seine Blätter behaart und ziemlich breit seien wie die des Portulak. Dazu kommt, dass die in C (fol. 14ᵛ Text, fol. 14ʳ Darstellung) beigefügten Synonyma: *οἱ δὲ ἀείζων τὸ μικρόν*, *οἱ δὲ πετροφυές*, *οἱ δὲ ἀείζων ἄγριον*, *Ῥωμαῖοι σεμπερβίβουμ μίνους* die Identificierung mit dem *τηλέφιον* ausschliessen, was noch dadurch bestätigt wird, dass das *τηλέφιον* in C fol. 356ᵛ beschrieben und mit Darstellung versehen ist. Folglich kannte die Vorlage von C einschliesslich des Telephion vier bildliche Darstellungen von Hauswurzarten, und es ist uns hier einmal vergönnt, an einem urkundlichen Beispiel zu zeigen, dass nicht Dioskurides, sondern die mit Namen versehenen Illustrationen für den Verfasser der Vorlage des Constantinopolitanus das Gegebene waren. Daraus erklärt sich am einfachsten, dass dieser Pflanzendarstellung ein Text beigefügt ist, der im Dioskurides fehlt [32]) und höchst wahrscheinlich vom Verfasser in seiner Verlegenheit von demjenigen der zweiten Art abgeleitet ist: *φύεται καὶ αὐτὸ* (wie das *ἀείζωον τὸ μικρόν*) *ἐν τοίχοις καὶ πέτραις καὶ θριγκοῖς· καυλία περίπλεα φυλλαρίων [μικρῶν] μακρῶν, ὑποστρογγύλων· δύναμιν δ' ἔχει καὶ αὐτὸ τὴν αὐτὴν τοῖς προειρημένοις.*

Zur Familie der Nachtschattengewächse gehören nach D. fünf Arten: das *στρύχνον κηπαῖον*, *στρύχνον ἁλικάκκαβον*, *στρύχνον ὑπνωτικόν*, *μανικόν* und das *δορύκνιον* (D. IV 71, 565 f.), während in C nur drei Arten mit Illustrationen und Text versehen sind: *στρύχνος μέλας κηπαῖος* (fol. 292ᵛ, 293ʳ), *φυσαλλίς* (fol. 359ᵛ, 360ʳ) und der *ἁλικάκκαβος* (fol. 35ᵛ, 36ʳ). Die *φυσαλλίς*, deren Name dem Dioskurides unbekannt ist [33]), ist ohne Zweifel mit dem *στρύχνον ἁλικάκκαβον* des D. identisch, da dieser Pflanze nach der dioskurideischen Beschreibung eine blasenartige Fruchthülle eigenthümlich ist, aus der sich der Name *φυσαλλίς* zur Genüge erklärt. Mithin ist der *ἁλικάκκαβος* des Constantinopolitanus von dem *στρύχνον ἁλικάκκαβον* des D. verschieden, und wenn ihm trotzdem der Text dieser Abart beigegeben ist, so ist dies Versehen nur daraus zu erklären, dass

32) Im cod. Marc XCII fehlt dieser Text, trotzdem dieselbe Dreiteiluug zu Grunde liegt. Er unterscheidet aber ausdrücklich wie C das *τηλέφιον* vom *ἀείζωον λεπτόφυλλον* und beschreibt eine vierte Art mit folgenden Worten: *ἕτερον δὲ γεννᾶται ἐν τῇ Ἰνδίᾳ· φύεται δὲ καὶ ἐν τῇ Ἀσίᾳ καὶ ἐν τοῖς παραθαλασσίοις τόποις καὶ νήσοις.*

33) Der Anfang von c. 72 lautet nämlich im echten Dioskurides: *Ἔστι δὲ καὶ ἕτερον στρύχνον, ὃ ἰδίως ἁλικάκκαβον καλοῦσι* (so PFH *οἱ δὲ ἁλ. καλ.* Orib.)· *φύλλοις ὅμοιον τῷ προειρημένῳ κτλ.* Das Synonymon *φυσαλλίς*, das wir im Texte der Sprengelschen Ausgabe lesen, ist also spätere Interpolation.

der Text des Dioskurides später hinzugefügt ist, also zur Illustrierung des gegebenen Bildes hat dienen sollen. Der ἀλικάκκαβος des Const. ist vielmehr mit dem στρύχνον ὑπνωτικόν identisch, das nach der besten Ueberlieferung des D. (567) gleichfalls diesen Namen führte: στρύχνον ὑπνωτικόν· οἱ δὲ ἀλικάκκαβον, οἱ δὲ καλλίαν (so Orib. vgl. Plin. XXI 177 καккαλίαν PV κακκαλίδα F) καλοῦσι· Eine erwünschte Bestätigung für diese Identificierurg ist es, dass die Synonyma, die in C zum ἀλικάκκαβος erhalten sind, in dem interpolierten Dioskurides thatsächlich zum στρύχνον ὑπνωτικόν gezogen sind, wie p und vi bezeugen: στρύχνον ὑπνωτικόν· οἱ δὲ ἀλικάκκαβον· οἱ δὲ δίρκαιον· οἱ δὲ στρύχνον μανικόν· οἱ δὲ δορύκνιον· οἱ δὲ καλλίαν (καλλαΐδα p vi fehlt in CN)· Ῥωμαῖοι ἀπολλινάρις μίνορ· οἱ δὲ ἕρβα οὐατικάνα (οὐλτικάνα p vi)· οἱ δὲ ὀψάγινεμ (ὀψαγέν C ὀψαγέμ N)· Δάκοι κοικολίδα[34]) (so N, κοικοδίλα C κυκωλίδα p vi)· Ἄφροι κακκαβούμ. Dass die Unterscheidung von drei Nachtschattenarten nicht etwa willkührliche Aenderung des Verfassers von C ist, sondern auf guter Ueberlieferung beruht, beweist Plinius (XXI 177 f.), der ebenfalls nur drei Arten kennt. Eine ganze schwache Spur scheint sogar auf den Urheber dieser Einteilung zu führen. Zu Anfang des vom δορύκνιον handelnden Capitels (IV 75, 569) des D. lesen wir: Δορύκνιον, ὃ Κρατεύας ἀλικάκκαβον ἢ καλλίαν καλεῖ· θάμνος ὅμοιος ἐλαίᾳ ἀρτιφυεῖ. Krateuas identificierte also das δορύκνιον mit dem ἀλικάκκαβος: dasselbe geschieht in der Synonymenüberlieferung von C und nun wird es auch mit einem Schlage klar, weshalb das δορύκνιον in C keine bildliche Darstellung hat.

Die λιβανωτίς (D. III 79, 422. C fol. 176ʳ. N fol. 56), von der D. nach älterem Vorgange (Theophr. IX 11, 10. Zopyros bei Orib. II 555. 591) zwei Hauptarten unterscheidet, die fruchttragende und fruchtlose, führt in C den Namen Κάχρυ. Da dieser Name für die ältere Zeit der griechischen Botanik, für Aerzte wie Hippokrates[35]) (II 558 K.), Apollonios aus Memphis (Gal. XIV 188), Andreas (Gal. XIV 181), Herakleides von Tarent (Gal. XIV 182) und Zopyros (Orib. II 553) zur Genüge beglaubigt ist, von Dioskurides aber nur zur Bezeichnung der Frucht verwandt wird, so kann er unmöglich dem Text des Dioskurides entnommen sein.

Die Eselsdistel (Onopordon illyricum L. Fraas 205) heisst bei Dioskurides (III 157, 494) ἀνάγυρον· οἱ δὲ ἀνάγυριν, οἱ δὲ ἄκοπον καλοῦσι (so PVFH ἀνάγυρον, οἱ δὲ ἄκοπον Orib.), in C fol. 251ᵛ und in N fol. 98: ὀνόγυρος. Dass dieser Name auf antike Ueberlieferung zurückgeht, bezeugt Nik. Ther. 71: ἄγνου τε βρύα λευκὰ καὶ ἐμπρίοντ' ὀνόγυρον, wozu der Scholiast folgendes bemerkt: ὁ δὲ ὀνόγυρός ἐστιν εἶδος βοτάνης [καὶ ὀνόγυρος δὲ εἶδος θάμνου. καλοῦσι δὲ αὐτὸν οἱ μὲν ἀνάγυρον, οἱ δὲ ὀνόγυρον, οἱ δὲ ἄκοπον, οἱ δὲ ἀγνάκορον, οἱ δὲ ὀξόγυρον G.].

Das Mutterkraut (Matricaria Parthenium Fraas 214) führt in C fol. 31ᵛ und 32ʳ (vgl. N fol. 7) den Namen ἀμάρακον, bei Dioskurides (III 145, 485. Vgl.

34) Vgl. Tomaschek, die alten Thraker II. Sitzungsberichte der Wiener Akademie Bd. CXXX Wien 1893 S. 31.

35) Dierbach, die Arzneimittel des Hippokrates S. 192.

Plin. XXI 176) den Namen *παρθένιον*; doch macht derselbe Dioskurides den Zusatz, dass er von einigen Autoren auch *ἀμάρακον* genannt werde: *παρθένιον· οἱ δὲ ἀμάρακον, οἱ δὲ λευκάνθεμον καὶ τοῦτο καλοῦσι.* Daraus dürfen wir getrost den Schluss ziehen, dass die Ueberlieferung, welche die den Illustrationen in C beigefügten Namen repräsentieren und damit auch die Bilder einer älteren von Dioskurides benützten Ueberlieferung angehören.

Der Erdrauch (Fumaria officinalis L. Fraas 125) hat in C als Beischrift sowohl der Abbildung als auch des Textes (C fol. 156ᵛ, 157ʳ = N fol. 46) den Doppelnamen: *καπνὸς ἢ κορυδάλλιον.* Von dem zweiten Namen hat sich bei D. IV 108, 599 nicht die geringste Spur erhalten. Vgl. Plin. XXV 156.

Das grosse Löwenmaul (Antirrhinum maius) heisst bei D. (IV 131, 614) *ἀντίῤῥινον, ἀνάῤῥινον, λυχνὶς ἀγρία,* in C (fol. 159ᵛ, wo die Darstellung und fol. 166ʳ, wo die Beschreibung steht, vgl. N fol. 51) *Κυνοκεφάλιον.* Dieser Name des Löwenmauls steht in unserer Ueberlieferung nicht vereinzelt da, sondern ist sicher verbürgt durch den Scholiasten zum Oribasius (cod. Par. 2189 s. XVI zu Buch XI, herausgegeben von Bussemaker und Daremberg Orib. II 744: *'Αντίῤῥινον ἢ κυνοκεφάλιον· Διοςκουρίδης καὶ Σωρανὸς οὐ μέμνηνται αὐτῆς* (d. h. unter dem Namen *κυνοκεφάλιον*)· *ὁ δὲ 'Ροῦφος ἐν βοτανικῶν γ' καὶ Πάμφιλος ἐν τῷ περὶ βοτανῶν μέμνηνται αὐτῆς· ὁ δὲ Θεόφραστος* (IX 19, 2) *ἀντίῤῥιζον αὐτὴν καλεῖ ἐν φυτικοῖς· ὁ δὲ Γαληνὸς ἐν ἁπλοῖς ἀντίῤῥινον* (*ἄμπρινον* hds.) *ἢ ἀνάῤῥινον. Ξενοκράτης . . . . ἢ κυνοκεφάλιον, καὶ Πάμφιλος.* Dem Xenokrates, Rufus und Pamphilus war also der Name geläufig; demnach empfiehlt sich angesichts der Thatsache, dass diese drei Aerzte in ihren botanischen Werken auf alter Tradition fussen, die Vermutung, dass der Vertreter dieser Ueberlieferung der Zeit vor Dioskurides angehört.

Das *ζωόνυχον* des Constantinopolitanus (fol. 124ʳ Darstellung, fol. 123ᵛ Text) heisst bei Dioskurides nach der besten, durch Plinius (XXVII 57) gestützten Ueberlieferung *κῆμος.* Vgl. D. IV 129, 612: *κῆμος διδάκτυλόν ἐστι βοτάνιον, ἔχον φυλλάρια στενά, ἰσχυρά, ὡς τεσσάρων δακτύλων καὶ τριῶν τὸ μῆκος κτλ.* (So PFH, wo am Rande *λεοντοπόδιον* steht, was C 123ᵛ zusammen mit *κῆμος* als Synonymon von *ζωόνυχον* anführt). Der Name *ζωόνυχον* ist dem Dioskurides fremd, also auf Rechnung einer anderen Ueberlieferung zu setzen. Das *παγκράτιον* des Dioskurides (II 203, 318. Vgl. Plin. XXVII 118. Pancratium maritimum) hat wieder in C (fol. 126ᵛ Text, fol. 127ʳ Darstellung) einen Doppelnamen: *ἡράκλειον ἢ παγκράτιον.*

Vom Berufkraut (Erigeron viscosum und graveolens Fraas 209) unterscheidet Dioskurides III 126, 468 drei Abarten: *Κόνυζα μείζων, μικρά* oder *λεπτή,* die dritte ist unbenannt. C (fol. 152ᵛ. N fol. 49) kennt nur zwei Abarten mit den Namen: *κόνυζα λεπτόφυλλος* und *πλατύφυλλος,* während unter den Synonyma die dioskurideische Bezeichnung: *κόνυζα μικρά* und *μεγάλη* (fol. 153ʳ) wiederkehrt. Dass die Bezeichnung der beiden Arten nach der charakteristischen Blattform nicht aus den Fingern gesogen ist, wird Jeder zugeben.

Das *σκολοπένδριον* in C (fol. 290ᵛ Darstellung, fol. 291ʳ Text) heisst bei

Dioskurides (III 141, 480) ἄσπληνον, ebenso bei Plin. XXVII 34: Asplenon sunt qui hemionon vocant, und das war zu jener Zeit der gebräuchliche Name; jedoch erwähnt D. den Namen σκολοπένδριον unter den Synonymen: οἱ δὲ σκολοπένδριον, οἱ δὲ ἡμιόνιον, οἱ δὲ σπλήνιον, οἱ δὲ πτέρυγα καλοῦσι (so PFH) und C den des ἄσπληνον in seiner Synonymenliste: οἱ δὲ ἄσπληνον, οἱ δὲ σπλήνιον, οἱ δὲ ἡμιόνιον, οἱ δὲ πτέρυγα, οἱ δὲ λογχῖτις, οἱ δὲ ἀτούριος (so N vı p ἀτεύκριος C), οἱ δὲ φρυγία, οἱ δὲ φρυγῖτις, οἱ δὲ φιλτροδότις, προφῆται αἷμα γαλῆς. Die Benennung dieser Pflanze als σκολοπένδριον rührt von keinem geringeren her als dem Arzte Andreas, dem Verfasser des νάρθηξ, einem Vorgänger des Dioskurides (Schol. Nik. Th. 684), und wenn die bildliche Darstellung in C diesen Namen trägt, so liegt darin ein urkundlicher Beweis, dass sie auf guter Tradition, die älter ist als Dioskurides, beruht.

Vom Feldbeifuss unterscheidet Dioskurides (III 117, 463) zwei Arten, beide strauchartig, die eine mit breiteren Blättern und Zweigen, die andere mit dünnen Zweigen und kleinen, feinen, weissen Blüten von unangenehmen Geruch. Er verzeichnet aber ausdrücklick die abweichende Tradition, nach der unter artemisia eine im Binnenlande wachsende Pflanze zu verstehen sei mit einem einzigen dünnen, sehr kleinen Stengel, der voll von wachsfarbenen, feinen Blüten sitzt: Ἔνιοι δὲ τὸ ἐν μεσογείοις λεπτοκαρφότερον (so PV Orib. CN λεπτόκαρφον FH) βοτάνιον, ἁπλοῦν τῷ καυλῷ, σφόδρα μικρόν, ἄνθους περίπλεον τὴν χρόαν κηροειδοῦς (so PV Orib.), λεπτοῦ καλοῦσιν ἀρτεμισίαν. Vgl. Plin. XXV 73. Wenn nun in C (fol. 20ʳ. 20ᵛ. 21ʳ. N fol. 3) Darstellung und Text die Beischrift: ἀρτεμισία μονόκλωνος und ἀρτεμισία ἑτέρα πολύκλωνος haben, so sieht jeder, dass dieser Unterscheidung die von Dioskurides bekämpfte Ueberlieferung zu Grunde liegt, d. h. dass die Darstellungen und Beischriften mit Dioskurides nichts zu thun haben, sondern auf eine ältere von Dioskurides benützte Ueberlieferung zurückgehen.

Vom περιστερεών unterscheidet C (fol. 268ʳ und 268ᵛ) zwei Arten: περιστερεὼν ὀρθός und ὕπτιος. Es sind dieselben beiden Arten, die Dioskurides (IV 60, 61, 548) kennt, aber folgendermassen benennt: IV 60: περιστέριον· φύεται ἐν τοῖς ἐφύδροις τόποις (so PVFH Orib.). IV 61: ἱερὰ βοτάνη· οἱ δὲ περιστερεῶνα ἐκάλεσαν· ῥάβδους ἀνίησι πηχυαίους (so PFHV). Vgl. Plin. XXV 105. Schol. Nic. Ther. 860.

Der wilde Knoblauch heisst bei Dioskurides (II 181, 290) ὀφιόσκορδον, in C (fol. 116ʳ) ἐλαφόσκορδον und das allium ampeloprasum bei Diosk. (II 179, 289) ἀμπελόπρασον, in C (fol. 209ʳ) λυκόσκορδον.

Diese Zusammenstellung, die auf Vollständigkeit keinen Anspruch machen will, erhebt die Annahme, dass die Abbildungen nicht nach dem Text des Dioskurides gearbeitet sind, zur Gewissheit. Sie beweist, dass das Verhältnis von Text und Illustrationen vielmehr ein umgekehrtes ist: es sollte nicht der Text durch die Illustration, sondern die bildliche Darstellung durch den nicht selten zurechtgeschnittenen Text des Dioskurides erläutert werden. Weiter hat sie ergeben, dass die botanische Doctrin, die den Illustrationen in C zu Grunde liegt, auf eine vor Dioskurides liegende, von ihm benützte Ueberlieferung zurückgeht. Mich dünkt, bei diesem Thatbestand ist der weitere Schluss vollauf berechtigt, dass in den Abbildungen des Constantinopolitanus ein illustriertes Herbarium vorliegt in der Art und aus der Zeit des Krateuas, Dionysios und Metrodoros. Bedenkt man nun, was ich im ersten Teil dieser Abhandlung (S. 11) erwiesen habe, dass der Verfasser der Vorlage des Constantinopolitanus thatsächlich das illustrierte *ῥιζοτομικόν* des Krateuas für die von ihm hinzugefügte Parallelüberlieferung dieses Arztes benützt hat und dass die Anlage der illustrierten Pharmakopöe in allen Stücken derjenigen des Krateuas entspricht, so ist der Schluss ganz unabweislich, dass die Illustrationen des Constantinopolitanus auf eine Copie der Illustrationen jenes Werkes zurückgehen [36]).

Wie wahrscheinlich nun auch für jeden Verständigen diese Zurückführung sein mag, so seien doch noch mehrere Zeugnisse hervorgehoben, welche für die den Illustrationen beigefügten, von Dioskurides abweichenden Benennungen den Krateuas als Quelle gewährleisten.

Das Windröschen kommt nach Dioskurides in zwei Arten vor, die er *ἀνεμώνη ἀγρία* und *ἥμερος* nannte: von der Waldanemone kennt er eine Abart mit dunklen Blättern. Seine Beschreibung lautet folgendermassen (II 207, 323): *Ἀνεμώνη· οἱ δὲ ἡγεμόνιον, οἱ δὲ ἠρέμιον* (so VFH. Plin. XXI 184: fremion RV fremeon g) *καλοῦσι· διϭσή, ἡ μὲν ἀγρία, ἡ δ' ἥμερος· καὶ τῆς ἡμέρου ἡ μέν τις φοινικᾶ φέρει τὰ ἄνθη, ἡ δ' ὑπόλευκα, γαλακτίζοντα ἢ πορφυρᾶ* (so Orib. VCX)· *φύλλα δὲ κοριοειδῆ, λεπτοσχιδέστερα πρὸς τῇ γῇ· καυλία χνοώδη, λεπτά, ὑπὲρ ὧν τὰ ἄνθη ὥσπερ μήκωνος καὶ μέσα κεφάλια μέλανα ἢ κυανίζοντα· ῥίζα κατὰ μέγεθος ἐλαίας ἢ μείζων, οἱονεὶ γόνασι διειλημμένη. Ἡ δ' ἀγρία κατὰ πάντα μείζων τῆς ἡμέρου καὶ τοῖς φύλλοις πλατυτέρα καὶ σκληροτέρα καὶ τὴν κεφαλὴν ἐπιμηκεστέραν ἔχει· ἄνθος φοινικοῦν, ῥιζία λεπτὰ καὶ πλείω· ἡ δέ τις ἔχει φύλλα μέλανα, δριμυτέρα οὖσα.* Plin. XXI 164 f., der sich im Wesentlichen mit Dioskurides deckt, unterscheidet gleichfalls zwischen dem angepflanzten und wildwachsenden Windröschen. In C (fol. 25ᵛ Abbildung der *ἀνεμώνη ἡ φοινικῆ* = N fol. 12. C fol. 26ʳ Darstellung der *ἀνεμώνη ἀγρία μέλαινα* = N fol. 12) sind dagegen die beiden Abbildungen mit der Beischrift versehen: *ἀνεμώνη ἡ φοινικῆ* und *μέλαινα*. Dass diese Benennung aus der Beschreibung des Dioskurides entnommen sei, halte ich aus dem einfachen Grunde für ausgeschlossen, weil er beiden Arten gleichfarbige Blüten zuschreibt. Wenn nun der Scholiast zu Theok. V 92 auf das unzweideutigste erklärt, dass diese Unterscheidung nach der Blütenfarbe auf Krateuas zurückgehe: *Κρατεύας δὲ δύο φησι* (sc. *ἀνεμώνας*), *τὴν μὲν ἄνθος ἔχουσαν μέλαν, τὴν δὲ φοινίκεον*, ein Zeugnis, das eine erwünschte Bestätigung durch die Ueberschrift des in C (fol. 26ᵛ) aus Krateuas bewahrten Bruchstückes erhält, so lässt diese Uebereinstimmung keinen Zweifel, dass jene Benennungen in C und damit auch die Pflanzendarstellungen auf ihn zurückgehen.

36) Vgl. E. Bethe, Rh. Mus. 48, 97 A. 1.

Die zweite Uebereinstimmung bezieht sich auf die Osterluzei (aristolochia). Dioskurides (III 4, 343) unterscheidet drei Abarten dieser heilkräftigen Pflanze, die ἀριστολοχία θήλεια, ἄῤῥην, die er auch στρογγύλη und μακρά oder δακτυλῖτις nennt, und endlich die ἀριστολοχία κληματῖτις, zu denen bei Sextius Niger (Plin. XXV 95) als vierte Art die πλειστολοχία tritt. Krateuas kannte dagegen nach dem Vorgange der älteren Botanik (Nikander Ther. 509 f. Quelle Diokles) nur zwei Arten, die er im Gegensatz zu Nikander nach der charakteristischen Beschaffenheit ihrer Wurzel: μακρά und στρογγύλη nannte. Das folgt wieder aus den Ueberschriften der Krateuasfragmente in C (fol. 18r): Κρατεύας ῥιζοτομικός· ἀριστολοχία μακρά κτλ. Wenn fol. 19v in dem von der zweiten Art handelnden Bruchstück des Krateuas nur der Name der Pflanze erhalten ist, so macht meines Erachtens der Gegensatz zu der ersten Art die Ergänzung des der bildlichen Darstellung beigefügten Adjectivs στρογγύλη zu jenem Namen sehr wahrscheinlich [37]). Nunmehr wird es mit einem Schlage verständlich, wie der Verfasser des alphabetischen Dioskurides dazu kam, nur zwei Abarten abzubilden und sie als ἀριστολοχία μακρά (fol. 17r. N fol. 1) und ἀριστολοχία στρογγύλη zu unterscheiden.

Die rot- und schwarzfrüchtige Zaunrübe nannte Dioskurides (IV 181. 182, 673 ff.) nach dem Vorgange des Theophrast (IX 20, 3) ἄμπελος λευκή und μέλαινα. In C und N (C fol. 79r. 82r. N fol. 30) heissen die beiden Arten βρυωνία λευκή und μέλαινα, Namen, die unter den Synonymen dieser beiden Kürbispflanzen bei Dioskurides wiederkehren. Wieder ist uns von Krateuas dieselbe Benennung überliefert, diesmal vom Scholiasten zu Nik. Ther. 858: καλεῖσθαι δέ φησιν ὁ Κρατεύας (sc. τὴν βρυωνίαν) ὑπὸ μέν τινων σταφυλῖνον, ὑπὸ δὲ ἄλλων ἄμπελον ἀγρίαν καὶ ὑφ' ἑτέρων χειρώνειον, und es lässt sich beweisen, dass sie in der älteren Medicin die gebräuchliche gewesen ist: so wird sie von Andreas (Gal. XIV 180), Nikander (Ther. 859) und Herakleides von Tarent (Gal. XIV 186) d. h. Apollodor genannt.

Von der wilden Münze (καλαμίνθη) zählt Dioskurides (III 37, 383) drei Arten auf: die erste wächst hauptsächlich auf Bergen, ihre hellen Blätter gleichen denen der Basilie, die Stengel sind kantig und die Blüten purpurfarbig. Die zweite Art ist dem stinkenden Polei ähnlich und heisst deshalb auch wilde Poleimünze, die dritte ist die grösste von allen und hat mit der Gartenmünze die meiste Aehnlichkeit: sie hat die geringste Wirksamkeit. Der gemeinsame Standort sind Felder, Berge und feuchte Niederungen. In C (fol. 153v. N fol. 48) stehen nur zwei Abbildungen von der καλαμίνθη ὀρεινή und der καλαμίνθη, trotzdem in dem dazu gehörigen Text nach Dioskurides drei Arten aufgeführt werden. Die Bestimmung der Quelle dieser Zweiteilung hat von Nikander Ther. 59 f. auszugehen, der die Wasserminze (ὑδρηλὴ καλαμίνθη) gegen Schlangenbiss empfiehlt [38]). Der Scholiast zu dieser Stelle kennt wie C nur

37) In der Unterscheidung des ἀριστολοχία μακρά und στρογγύλη ging dem Krateuas schon der Arzt Herakleides von Tarent voraus: vgl. Gal. XIV 186. Dieselbe Benennung bei Damokrates Gal. XIV 193.

38) Ebenso Ael. h. a. IX 26 aus Sostratos.

zwei Arten: die Berg- und Wassermünze: *ὑδρηλὴν δὲ εἶπεν* (sc. Nikander), *ἐπειδή ἐστι καὶ ὀρεινὴ πόα. διαστέλλει δὲ τὸ εἶδος. τινὲς δὲ ἀγρίαν γλήχωνα αὐτὴν καλοῦσι. πάντα δὲ τὰ εἰρημένα βαρύοδμα καὶ θερμὰ καὶ θεραπεύει. ἡ δὲ καλάμινθος ἐν ὀῤῥῷ γάλακτος πινομένη ἐλεφαντίασιν καὶ χοιράδας καταπλαττομένη ἰᾶται. μετὰ οἴνου δοθεῖσα ἴκτερον παύει.* Dass der Scholiast von Dioskuridos unabhängig ist, beweist der Zusatz, dass die Münze auch angeschwollene Drüsen heilt. der nach Plinius XX 146 in der beiden gemeinsamen pharmakologischen Quelle zu lesen war. Andrerseits beweist die nahe Berührung des Scholiasten mit Dioskurides besonders in der Notiz über die Wirksamkeit des mit Molken genossenen Krautes gegen Elephantiasis dem Berichte des Plinius gegenüber, dass er nicht aus Niger geschöpft hat. Wir haben also anzunehmen, dass der pharmakologische Teil der Beschreibung des Dioskurides und der Scholiast auf die Quelle des Sextius Niger d. h. auf Krateuas zurückgehen. Mithin ist die zweite der von Dioskurides angeführten Arten, die er wie der Scholiast mit der *ἀγρία γλήχων* identificiert, die Wassermünze, und Krateuas die Quelle der Zweiteilung, die den Darstellungen im Constantinopolitanus zu Grunde liegt.

Zum Schluss will ich noch auf eine Uebereinstimmung verweisen, die zwischen einem direkten von Plinius erhaltenen Zeugnis über eine Abbildung jener alten illustrierten Herbarien und der entsprechenden Illustration in C besteht und die in diesem Zusammenhang einige Beachtung verdient. Es handelt sich um das Kraut *μῶλυ*, unter dem die Alten eine Alliumspecies verstanden, dessen Blüten Dioskurides (III 47, 395) nach alter Ueberlieferung (vgl. Hom. *κ* 302) als hellfarbig (*γαλακτόχροα*) beschreibt, während sie nach Plin. XXV 27 in den illustrierten Herbarien des Krateuas und seiner Copisten mit orangegelber Farbe dargestellt waren: Graeci auctores florem eius luteum pinxere, cum Homerus candidum scripserit. Nun weisen thatsächlich die Blüten des *κῶλυ* auf der bildlichen Darstellung von C und auch der meisten übrigen Hdss. abgesehen von P, dessen Schreiber die Bilder seiner Vorlage dem Text des Dioskurides anzupassen sich bemühte, eine rötlich braune, ins orangegelbe spielende Farbe auf. Sollte das wirklich nur ein tückisches Spiel des Zufalls sein? Ich für meine Person sehe darin eine willkommene Bestätigung des im Vorhergehenden gewonnenen Resultates, dass die Illustrationen der Vorlage des Constantinopolitanus und Neapolitanus Copien der illustrierten Pharmakopöe des Krateuas sind.

Hiermit bin ich am Ende meiner Untersuchung. Sollte sich das überraschende Resultat als stichhaltig erweisen, so wäre es im Interesse der Wissenschaft dringend zu wünschen, dass endlich mit der Publication der Illustrationen des Constantinopolitanus Ernst gemacht würde: der dioskurideische Text ist in C trotz seines hohen Alters wie so oft in wertvolleren Bilderhandschriften abgesehen von den Synonymenlisten von untergeordnetem Wert und eine kostspielige Publikation desselben überflüssig.

ABHANDLUNGEN
DER KÖNIGLICHEN GESELLSCHAFT DER WISSENSCHAFTEN ZU GÖTTINGEN.
PHILOLOGISCH-HISTORISCHE KLASSE.
NEUE FOLGE BAND 2. Nro. 2.

Das hebräische Fragment

der

Weisheit des Jesus Sirach

herausgegeben

von

Rudolf Smend.

Berlin.
Weidmannsche Buchhandlung.
1897.

2

Das hebräische Fragment der Weisheit des Jesus Sirach

herausgegeben

von

Rudolf Smend.

Vorgelegt in der Sitzung am 19. Juni 1897.

Auf einer Studienreise, die ich mit Unterstützung des vorgesetzten hohen Ministeriums unternahm, habe ich vom 22. März bis zum 2. April d. J. die Oxforder Blätter mit der Cowley-Neubauer'schen Ausgabe[1]) verglichen. Sodann habe ich Photographien dieser Blätter untersucht, die ich der Liberalität der Clarendon Press verdanke. Das Cambridger Blatt hat S. Schechter von neuem sehr sorgfältig verglichen und mir das Gefundene mit höchst dankenswerther Gefälligkeit zur Verfügung gestellt. Ausserdem beschenkten Mrs. Lewis und Mrs. Gibson mich wie manche Fachgenossen mit ausgezeichneten Photographien dieses Blattes, die fast jeden Buchstaben mit Sicherheit erkennen lassen. Was S. Schechter vor mir gelesen hat, habe ich als sein Eigentum bezeichnet[2]). Uebrigens bin ich A. Cowley, A. Neubauer und S. Schechter auch dafür verpflichtet, dass sie mir nachträglich mehrfache Anfragen bereitwilligst beantworteten. Meine Abweichungen von Cowley-Neubauer's Lesungen schienen mir eine eigene Ausgabe zu erfordern, überdies musste ich mir einen Text schaffen, auf den ich in einem demnächst zu veröffentlichenden Commentar verweisen kann. Dem Verdienst der Oxforder Ausgabe trete ich damit nicht zu nahe. Viele Stellen der Handschrift sind so schwer zu lesen, dass die erste Lesung unmöglich überall das Richtige treffen konnte.

1) The Original Hebrew of a portion of Ecclesiasticus. Oxford, Clarendon Press, 1897.

2) S. Schechter, dem das Verdienst gebührt, den hebräischen Sirach zuerst entdeckt zu haben, beabsichtigte das Cambridger Blatt, das er im Expositor (1896 Juli S. 1 ff.) nur in vorläufiger Lesung bekannt gemacht hatte, zum zweiten Male herauszugeben. Ich würde ihm hierfür den Vortritt gelassen haben, wenn er mir nicht ausdrücklich erklärt hätte, dass er vorerst zu sehr anderweitig beschäftigt sei. Uebrigens möchte ich bei dieser Gelegenheit bemerken, dass das Verdienst der Auffindung des Cambridger Blattes ebenso sehr der Mrs. Gibson wie der Mrs. Lewis gebührt.

Von den 9 Oxforder Blättern bilden die 8 ersten eine Quaternion. Aber das neunte wird ebenso mit dem Cambridger Blatt zusammengehören, das ungefähr in derselben Art wie jenes am unteren Rande beschädigt ist. Es liegt also wohl eine Quinion vor und zwar die fünfte einer vollständigen Sirach-Handschrift. Jede Seite enthält auf 18 Zeilen 36 Stichen, im Ganzen enthielt diese Quinion also etwa 720 Stichen. Der griechische Text hat im Codex B dafür 724 Stichen. Der Umfang der vollständigen Handschrift lässt sich daraus aber nicht sicher erschliessen. Der griechische Text hat im Codex B für 1, 1—39, 14 nach meiner Zählung 2333 Disticha. Diese Zahl ist für drei Quinionen zu gross (2333 : 3 = 778) und für vier zu klein (2333 : 4 = 583). Vielleicht enthielt aber die Handschrift für 1, 1—39, 14 viel mehr Stichen als der griechische Vulgärtext. Eine Gruppe von griechischen Handschriften weist nämlich für diesen Theil des Buches ein Plus von etwa 120 Stichen auf, die sich grossentheils deutlich als aus dem Hebräischen übersetzt verrathen, dabei aber für secundär gelten müssen. Sie gehören einer zweiten griechischen Uebersetzung an, die auf einer erweiterten Gestalt des Buches beruht. Vielleicht ist aber nur ein Theil dieser späteren Zusätze in den griechischen Handschriften erhalten.

Für das Alter der Handschrift ist eine obere Grenze damit gegeben, dass eine Papierhandschrift vorliegt. Sie könnte deshalb schon aus dem 9. Jahrhundert stammen. S. Schechter und A. Neubauer datiren sie aber an das Ende des elften oder den Anfang des zwölften Jahrhunderts. Mir steht zu wenig paläographische Erfahrung und auch zu wenig Material zu Gebote, um hierüber urtheilen zu können [1]).

Als die Heimath der Handschrift betrachtet man wegen der beiden persischen Glossen auf foll. 1 recto und 5 verso (Oxford) das persische Sprachgebiet. Aber die Glosse auf fol. 1 ist im Einzelnen bisher nicht befriedigend erklärt. A. Bevan (Athenaeum vom 3. April 1897 S. 445) fordert dort Z. 4 כין für כא. Indessen steht das fehlerhafte כא wirklich da und übrigens ist die Glosse auf fol. 5, wenngleich vom Schreiber selbst, nachträglich corrigirt. Vielleicht ist

1) In erster Linie kommt hierfür der Ductus der Randnoten in Betracht. Dagegen sind mir im Ductus des Textes folgende Eigenthümlichkeiten aufgefallen. Der rechte Arm des א ist meistens ein wenig nach oben ausgebogen. Die untere Spitze des ג ist regelmässig nach links umgebogen, kaum einmal geht sie nach rechts über die Verticale hinaus. Bei ה ist die linke Stütze zuweilen stark geschwungen, öfter (besonders am Schluss) steht sie mitten unter dem Oberstrich. Der Kopf des ו ist stets nach rechts geneigt. Der horizontale Oberstrich des ח geht nie über die linke Stütze hinaus, meistens aber die letztere über die ersteren. Die rechte (obere) Spitze des ט liegt zuweilen fast horizontal. Bei נ ist die untere Horizontale lang und zuweilen unter 135 Grad geneigt. Der linke Arm des ע ist nach aussen gebogen, der Fuss lang und liegt meist ganz horizontal. Der rechte Arm von צ reicht weit über die Grundlinie hinaus. Bei ת ist der linke Fuss in der Horizontale lang gezogen. An den Fuss von ב כ נ ע פ צ ת sind ר ד ה ו ה ד ר oft eng angeschlossen. Bei ב, כ und namentlich bei ע reicht die Fussspitze oft an die eines nachfolgenden ל. Die Schweife der Finalbuchstaben ך ן ף ץ sind meistens stark geschwungen und laufen unten spitz aus, dagegen ist das untere Ende des ק fast immer gleichmässig stark und gerade. ס hat unten links eine Spitze.

also nur eine Vorlage der Handschrift aus dem persischen Sprachgebiet herzuleiten [1]).

Die Blätter sind 19. 0—19. 3 cm hoch und 16, 9—17. 2 cm breit und in Abständen von 5. 5—5. 6 mm in ihrer ganzen Breite liniirt. Diese Abstände sind an beiden Seiten durch doppelte Nadelstiche vorgezeichnet. Ausserdem ist der Rand rechts und links ebenfalls durch Linien abgeschiert. Der Text steht unter der Linie. Er ist übrigens stichisch geschrieben und zwar so. dass zwischen den beiden Stichen in der Regel ungefähr derselbe Raum freigelassen ist. Der Anfang des zweiten Stichus verschiebt sich deshalb je nach der Länge des ersten. Aber überall ist dies Gleichmass nicht eingehalten. Ausserdem ist zuweilen der zweite Stichus ohne Zwischenraum an den ersten angeschlossen. Dreimal ist das bei Versen von gewöhnlicher Länge geschehen (42, 8. 46, 8^{cd}. 49. 7^{b}), öfter da. wo mehr als zwei Stichen in eine Zeile zusammengedrängt sind (43, 30. 45, 26. 46, 11^{cd}. 12^{b}. 46, 19. 46, 20. 48, 23^{ef}). Hierbei fällt der Schreiber am Schluss der Zeilen öfter in die Form der Notenschrift. Augenscheinlich beruhen diese und andere Verstösse gegen die stichische Schreibung auf Nachlässigkeit des Schreibers resp. seiner Vorgänger. — Abschnitte sind zweimal durch Ueberschriften (41, 14. 44, 1), zweimal nur durch Freilassung einer Linie bezeichnet (42. 9. 42. 15).

Mit den heiligen Texten theilt der vorliegende den Sof Pasuk, der 43, 30. 46, 19. 20, wo mehr als zwei Stichen in der Zeile stehen, auch mitten in der Zeile vorkommt (vgl. auch 42, 6^{a}). Vocalzeichen finden sich 39, 15. 40, 9. 10 und öfter in ייְי. an anderen Stellen könnten sie unkenntlich geworden sein. Auffällig ist aber, dass sie sich gerade am Anfang des Cambridger und des Oxforder Fragmentes finden. Bei 42, 3^{a} ist es zweifelhaft, ob ein Zakef oder ein sog. babylonisches Cholem vorliegt. Uebrigens kommt der Sof Pasuk noch im 12. Jahrhundert in nichtbiblischen Texten vor (vgl. z. B. Palaeographical Society ed. W. Wright, London 1875—83, Pl. XV).

Von besonderem Interesse sind die Correcturen und Randnoten der Handschrift, sofern man annehmen darf, dass sie hierin einigermassen den vormassorethischen Handschriften der kanonischen Bücher ähnlich ist.

Correcturen sind mehrfach dadurch bewerkstelligt, dass die Correctur in den Text über (42, 8^{b} unter) das Corrigendum gesetzt ist (41, 5. 43, 3. 8. 47, 10). In derselben Weise ist aber auch 41, 20 ein Buchstabe (das ה in מהחריש) und 43, 21 und in der persischen Glosse auf fol. 5^{b} ein Wort nachgetragen. Nur wird das Addendum mitten über den Zwischenraum zwischen den beiden Buchstaben oder Wörtern gesetzt, zwischen denen es eingeschaltet werden soll. Unmöglich ist das aber, wenn das erste der beiden Wörter mit ל schliesst. In diesem Fall sind Correctur und Addendum äusserlich nicht zu unterscheiden (43, 21). — 43, 3^{a}. 9^{a} sind einzelne Buchstaben durch einen verticalen Strich getilgt.

---

1) Dieser Zweifel wird mir durch eine briefliche Mittheilung S. Schechters einigermassen bestätigt. Er fand das Cambridger Blatt unter einem Haufen von Stücken, von denen manche als in Fostat geschrieben bezeichnet sind (vgl. Jewish Quarterly Review IX S. 115 f.).

Auf Randlesarten wird durch einen Ring verwiesen. Weicht die Randlesart lediglich in Betreff eines einzelnen Buchstabens ab, so steht der Ring wie in der Bibel sehr oft über eben diesem Buchstaben. Beziehen sich auf ein Wort zwei (oder drei) Randlesarten, so erhält das betr. Wort zwei (oder auch drei) Ringe (vgl. z. B. 43, 26[a]. 41, 2[a]). Bezieht sich eine Randlesart auf mehrere auf einander folgende Wörter, so erhält zuweilen jedes der betreffenden Wörter einen Ring (z. B. 43, 8[a]). Aber meistens steht in diesem Fall ein Ring über dem Zwischenraum der beiden Wörter (41, 6[a]), oder bei mehreren zwischen dem ersten und zweiten und dem zweiten und dritten (40, 14[a]). Zuweilen steht der Ring dann aber auch über dem Anfang des zweiten Wortes (40, 18). Ueber dem Zwischenraum zweier Wörter bedeutet der Ring ausserdem auch die Einschaltung eines Wortes (47, 9[a]) und ebenso steht er vor dem Stichus (44, 1[b]. 47, 8[c]) und am Schluss (44, 7[a]). 43, 22 steht er zwischen zwei Stichen, um eine andere Abtheilung der Stichen anzuzeigen. Oefter sind ganze Stichen oder auch ein oder mehrere Verse an den Rand geschrieben, ohne dass ihre Stelle im Text bezeichnet wäre. Die Randlesarten stehen wie die Zeile des Textes selbst regelmässig unter, seltener über der Linie. Ihre Reihenfolge entspricht fast immer (doch vgl. 41, 12[b]) der der Texteswortc. Ausnahmsweise steht eine Randnote wegen Mangel an Raum auch wohl auf dem rechten Rande statt auf dem linken (41, 6[b]). Wie viel Textfehler aber aus dieser Art von Correctur und Glossirung entstehen mussten, leuchtet ein.

Die meisten Varianten sind jedenfalls der Handschrift entnommen, die nach der Randbemerkung auf fol. 5[b] nur bis 45, 9 reichte. Augenscheinlich war diese Handschrift selbst schon mit Varianten versehen. Später finden sich Randlesarten nur vereinzelt (47, 8. 9. 15). Die Schrift der Randnoten gleicht meistens durchaus der des Schreibers da, wo er am Schluss längerer Stichen des Raumes wegen in kleineren Characteren schreibt. Aber der Ductus der Randnoten bleibt sich nicht überall gleich. Möglicher Weise rühren einzelne Randnoten (z. B. das מטמין 41, 15[b]) von anderer Hand her.

Leider ist die Handschrift stark beschädigt. An manchen Stellen ist sie so mit Schmutz überzogen, dass man nur mit Mühe die Buchstaben erkennt. Im Text ist die Tinte zuweilen auf die gegenüberstehende Seite abgekleckst, noch öfter hat sie das Papier durchfressen, so dass manche Zeilen ganz oder theilweise herausgefallen sind. Nicht immer gestatten dann Reste von Buchstaben, die an den Rändern der Löcher erhalten sind, eine sichere Lesung. Allerdings sind die Stellen des Textes, an denen das Papier erhalten ist, fast alle mit Sicherheit zu entziffern. Wo die Ausgaben im Text statt der Buchstaben Puncte haben oder Buchstaben in Klammern ergänzen, handelt es sich deshalb fast überall um Löcher. Dagegen ist die Schrift der Randnoten vielfach verblichen, manche sind kaum noch zu entziffern. Einige habe ich vielleicht ganz übersehen, weil auch die Ringe, die auf Randnoten verweisen, nicht immer sicher zu erkennen sind. Freilich ist dieser Schaden vielleicht nicht allzu gross, weil die Randlesarten meistens werthlos sind.

Meine Abweichungen von der Cowley-Neubauer'schen Ausgabe habe ich grossentheils schon in der Theologischen Literaturzeitung (1897, 265 ff.) mitgetheilt [1]). Auf eine vollständige Aufzählung glaube ich hier verzichten zu dürfen, da ich für die Correctheit des Druckes einstehen zu können glaube.

Im Folgenden gebe ich den Text der Handschrift, wie ich ihn gelesen habe. Ich setze dabei wie Cowley-Neubauer, deren grosse Mühwaltung mir auch hierin zu Statten kam, die Randnoten an dieselbe Stelle, die sie in der Handschrift einnehmen. Bezüglich der zweifelhaften Buchstaben, der Lücken und ihrer Ergänzung bitte ich die Anmerkungen am Schluss zu beachten. Unter dem Text theile ich Emendationen mit, die ich für sicher oder wahrscheinlich halte [2]). Dass der Text noch an vielen anderen Stellen verderbt ist, brauche ich nicht hervorzuheben.

Zunächst hoffe ich dieser Ausgabe eine hebräische Concordanz zu dem Fragment und den rabbinischen Citaten sowie eine griechisch-syrisch-hebräische Concordanz zum ganzen Buche folgen zu lassen.

---

1) Ich bitte dort zu 45, 20a das ף zu streichen, das auf einem Versehen beruht.

2) Vgl. dazu Nöldeke im Expositor 1897 Mai S. 347 ff., bes. S. 356 f. Halévy, Revue Sémitique 1897 April S. 148 ff. Israel Lévy, Revue des Études juives XXXIV. S. 1 ff. F. Perles, Wiener Zeitschr. f. d. Kunde des Morgenl. XI S. 95 ff. und die Nachträge von D. H. Müller ebenda S. 103 ff. S. Fränkel, Monatschr. für Gesch. u. W. d. Judenth. XLI S. 380 ff.

Eccli. XXXIX. 15^{c}—28^{d}.

(Cambridge, recto.)

	XXXIX. 15c	בש ורות :בל וכלי מינ׳	וכן תאמר בתרועה :	
הכל	16	מ׳עש׳ אל כלם טובים	וכל צורך בעתו יספיק :	לכל צ־ך ב׳ יספיקו:
	17c	ב׳ד ברו יעדיך על עכרים	וכמוצא פיו ארצרו :	
	18	תחתיו רצונו יצליח	ואין מעצור לתשועתו :	
	19	מעשה כל בשר נגדו	ואין נסתר מנגד עיניו :	מסיתר
	20	מעולם ועד עולם יביט	על כן לא סגורים לתשועתו :	
	20c	אין קטן ומעט עמו	ואין נפלא וחזק ממנו :	
	21	אין לאמר זה למה זה	כי הכל לצרכו נבחר :	בעתו יגבר:
	21c	אין לאמר זה רע מזה	כי הכל בעתו יגבר :	
ב . . .	22	ברכות כיאר הציפה	וכנהר תבל ריותה :	
הוריש	23	כן זעמו גוים יוריש	ויהפך למלח משקה :	
[א]רחותיו בת׳ בם׳עש׳ב	24	[א]רחו[ת]ת תמים יישרו	כן לזרים יסתוללו :	
	25	[ט]וב לטוב חלק מראש	כן לרעים טוב ורע :	לרע:
	26	. . . כול חיי אדם מים	ואש וברזל ומלח :	
	26c	[ח]לב חטים חלב ודבש	דם ענב יצהר ובגד :	
	27	כל א[לה] ל[ט]ובים ייטיבו	כן לרעים לרעה נהפכו :	לזרא
:עש׳ב	28	יש ר[ו]חות . . . . [נו]צרו	. . . . . . [הר]ים יעתיק[ו :]	
	28c	. . . .	. . . .	

XXXIX. 15^{c} מינים. — 15^{d} תאמרו (Gr. Syr.). — 16^{b} יספיקו und wohl auch לכל (v. 33). — 17^{c} יעמדו על עֲמדים (2 Chr. 30, 16. Neh. 13, 11). Gr. *ἔστη ὡς θημωνιὰ* (= עמרים?) *ὕδωρ*. — 17^{d} ובמוצא (Gr. Syr.). — 20^{b} Statt תשועתו ein Derivat von שעה (Wellh. D. H. Müller). — v. 21 hinter v. 16 (Gr.). — 22^{a} ברכתו (Gr. Syr.). — הציף hier = überfliessen (wie Syr. [illegible]). — 24^{a} ארחותיו לתמים (Gr.). — 24^{b} לזדים (Gr. Syr.: Frevler) und יתפתלו (? vgl. Ps. 18, 27 und Syr. [illegible]). — 25^{b} לרע (cf. Syr. [illegible]). — 26^{a} מים gehört zu b. — 26^{c} Syr. [illegible] (leg. [illegible]); vgl. Ps. 81, 17. 147, 14.

Eccli. XXXIX. 29—*XL.* 8[b].

(Cambridge, verso.)

Rand	Vers	a	b	Rand
	29	אש וברד רע ודבר	גם אלה למשפט נב[ראו:]	להיים
	30	חית שן עקרב ופתן	וחרב נקמות להחרים . . .	ח[ב נו]קמת [למש]פט ר
גם נבחרו	30[c]	כל אלה לצורכם נבראו	והמה באוצר ולעת יפקדו:	באוצרו לעת
	31	בצותו אתם ישישו	ובחקם לא ימרו פיו:	פיהו
	32	על כן מראש התיצבתי	והתבוננתי ובכתב הנחתי:	
הכל	33	מעשה אל כלם טובים	לכל צורך בעתו יספוק:	צריך
אין מזה	34	אל לאמר זה רע מה זה	כי הכל בעתו יגביר:	יגבר
ופה	35	עתה בכל לב הרנינו	וברכו את שם [ה]קדוש:	קדשו
עליון	XL. 1	עסק גדול חלק אל	ועול כבד על בני אדם:	
	1[c]	מיום צאתו מרחם אמו	עד יום שובו אל אם כל חי:	אל כ ה
מע־כן	3	מיושב כסא לגבה	עד לשוב עפר ואפר:	ליבש לבש
	4	מעוטה צניף וציץ	ועד עוטה שמלת שי[ער:]	ועד עיב[ת] . . . . .
	5	אך קנאה דאגה ופחד	אימת מות תחרה ו . . .	מ תה וריב
	5[c]	ועת נוחו על משכבו	שינת לילה [ת]שנה . . . :	ת דעתו
לתנומ[ת]	6	מעט לרוק כרגע ישקוט	ומביך בחל[מות יש]גש:	
	6[c]	מעט טע מחוץ נפשו	משריד ב[ורח מפני] רודף:	
	7	ועד עורך מ . . . יקיץ	ומראה . . . . מנגה:	
	8	. . . .	. . . .	

XXXIX. 29[a] רעב (Gr. und vgl. 40, 9). — 33[a] מעשי und יספיקו oder הכל und יספיק (vgl. v. 16). — 34[a] מזה (Gr. Syr. vgl. v. 21). — 35[a] add. ופה (Gr.). — XL. 3[b] לָשַׁח בעפר (Gr.). — 5[a] אף (Cowley-Neubauer nach Gr. Syr.). — 5[b] תחרה (Syr.). — 6[a] לָרַחַת? — 6[b] וּמַבִּין (ומבכין) = καὶ ἀπ' ἐκείνου? — Der Armenier drückt nach Edersheim (ἐν?) ἐνυπνίοις und κοπιᾷ aus. — 6[c] מעט fehlerhaft aus 6[a] eingedrungen (Nöld.). — 7[a] עורר?

Eccli. XL. 9—26ᵇ.

(Oxford, fol. 1 recto.)

. . . . . ר	9 [דב]ר ודם חרחר וחרב	שד ושבר רעה ומות :	
	10 על רשע נבראה רעה	ובעבור תמוש כלה :	ובעבורו ת׳ רעה :
. . . .	11 כל מארץ אל ארץ ישוב	ואשר ממרום אל מרום :	וים׳
חיל מחיל	13 מחול אל חול כנחל איתן	ומאפיק אדיר בחזיז קולות :	וכאפיק
עם שאתו	14 עם עם שאתו כפים יגילו	כי פתאם לנצח יתם :	כ
	15 נוצר מחמס לא ינקה	כי שורש חנף על שן סלע :	
	16 כקרדמות על גפת נחל	מפני כל מטר נדעכו :	לפני נדעכה :
	17 וחסד לעולם לא ימוט	וצדקה לעד תכון :	[·]צדק לע׳ ה׳
יותר שכל	18 חיי יין ושכר ימתקו	ומשניהם מוצא אוצר :	סימה
	19 ילד ועיר יעמידו שם	ומשניהם מוצא חכמה :	
	19ᶜ שגר ונטע יפריחו שם	ומשניהם אשה נחשקת :	
	20 יין ושכר יעליצו לב	ומשניהם אהבת דודים :	
והליל	21 [ח]ל[י]ל ונבל יעריבו שיר	ומשניהם לשון ברה :	
	22 י[ופי ונע]ם [י]עמידו עין	ומשניהם צמחי שדה :	ש־־
	23 ע[מית] . . . . ל[ע]ת ינהגו	ומשניהם אשה משכלת :	
	24 אח ושׁ[ותף] . . . . . . ת צרה	ומשניהם צדק מצלת :	צדקה
	25 זהב וכסף מ[כיני]ם [רג]ל	ומש[ניהם]	
	26 חיל וכח יגילל[ו] ללב	ומשניהם יראת אלהים :	
	. . נצ .		

40. 9ᵇ רעב (Gr. vgl. 39, 29). — 10ᵇ ובעבורו (vgl. Gr.). — 13ᵃ חיל מעול (vgl. Gr. Syr.). — 13ᵇ וכאפיק (vgl. Gr. Syr.). — 14ᵃ del. עם 2⁰. — Sprich כֵּפִים (Jer. 4, 29) und lies יְגֻלָּה (= Syr. ܢܬܓܠܐ). — 14ᵇ כן (Gr.). — 15ᵃ נֵצֶר חמס (vgl. Gr. Syr.). — לא יֵנֵק בו = οὐ πληθυνεῖ κλάδους (Hos. 14, 7 LXX). — 16ᵃ כקורמים. Vgl. Buxtorf s. v. קורמין und Gr. ἄχει ἐπὶ παντος ὕδατος = x + מים. — 16ᵇ לפני (Gr. Syr.) und רטב oder besser חציר (Job. 8, 12) für מטר (Gr. Syr.). — 17ᵃ וחסד כעדן ברכה = aber die Frömmigkeit gedeiht wie Eden (vgl. Gr. Syr.). — 18ᵃ חיי יוֹתֵר וְשׂכֵר = das Leben dessen, der Ueberfluss hat, und dessen, der etwas verdient. Vgl. Gr.: ζωὴ αὐτάρκους ἐργάτου. — 22ᵃ יחמידו (Cowley-Neubauer). — 24ᵇ צדקה. — In der Glosse unten rechts Z. 3 כרמים לכרמו.

Eccli. XL. 26c—*XLI.* 9.

(Oxford, fol. 1 verso.)

Rand	Vers			Rand
	26c	אין ביראת ייי מחסור	ואין לבקש עמה מֿעין:	. . . . . ן
	27	יראת אלהים כעדן ברכה	וכן כל כבוד חפתה:	. . . ל
בני	28	מֿני חיי מתן אל תחי	טיב נאסף ממסתולל:	
	29	איש משגיח על שלחן זר	אין חייו למנות חיים:	אין . . . . .
מעגל נפשו מטעמי זבד	29c	מעגל נֿפש מטעמו ס . . ד	ולאיש יודע סֿוד מֿעים:	. . . . ן · יסיר מעים
עז נפשית ממתיק	30	לאיש עז נפש תֿמתיק שאלה	ובקרבו תבער כמו אֿש:	כאש בוערת
XLI. חיי	1	חֿיים למות מה [מ]ר יברך	לאיש שוק[ט] על מעונתו:	
	1c	איש שליו ומצליח בכל	ועוד ב[ו ח]יל לקבל תענוג:	
הוק הוק הוקי	2	האח למות כי טוב חֿקֿיֿד	לאיש אונים וחסר עצמה:	
ויניקש	2c	איש כושל ינקֿש בכל	סרב ואבד תקוה:	2cd איש כושל ונוקש בכל אבד המראה ואבד תקוה: איש נוקש ומושל בכל אבד המראה ואבד תקוה:
	3	אל תפחד ממות חוקיך	זכור כי ראשנים ואחרנים עמך:	
	4	זה חלק כל בשר מאל	ומה תמאס בתורת עליו[ן:]	
	4c	לאלף שנים מאה ועשר	אישֿ תוכחות בש[אול ע]ל חיים:	אין
כי כן נמאס דבת עיים כבין על	5	נֿין נֿמאֿס דבֿר רֿעים	ונכד אויל . . ג . . . . ע:	
	6	מבן עול ממשלת רע	ורש . . . . ד[:]	
	7	אב רשע יקֿו[ב י]לד	כי [בג]לל[ו] . . .	
	8	. . . ל	. . . . [עלי]ון:	
חפרו	9	אם תמ . . . . ידי אסון	[ו]אם ת[ו]לידו לאנחה:	

XL. 27b ועל für וכן (Gr. Syr.). Am Rande stand vielleicht כי על, was Israel Lévi conjicirt. — 28a בני (Gr. Syr.). — 29c מגעל (Cowley-Neubauer nach Gr. Syr.) und . . . מטעמי. — 29d יַסִּיר (vgl. Syr.). — 30a בפי (Gr. Syr.) für לאיש (das aus v. 29d eingedrungen ist) und עַז (vgl. Gr. Syr.). — XLI. 1a הוי und זכרך (beides Cowley-Neubauer nach Gr.). — 2b Zu אונים vgl. Neuhebr. אֲוִינָה (Syr. ܐܘܢܐ). — 2c איש שב וכושל (Nöld.) und ונוקש (in der aram. Bedeutung = anstossend). — 2d אפס סבר (שֶׁבֶר) für כרב (vgl. die Randlesart und Syr.). — 4b בחוקת? — 5a דור? — 5b אוי לו oder אוי להם (Syr.). — 9a חפרו על ידי (vgl. Gr.).

Eccli. XLI. 9—22a.

(Oxford, fol. 2 recto.)

Rand					Rand
		[א]ם תכשלו לשמחת עולם	9b	ואם תמותו לקללה :	לקללתה
כל מאונם א׳ אינם בני	10	כל מאפס אל אפס ישוב		כן חנף מתהו אל תהו :	כן
	11	הבל אדם בגויתו		אך שם חסד לא יכרת :	
	12	פחד על שם כי הוא ילוך		מאלפי אוצרות חכמה :	חמדה
טוב חי מספר ימים	13	טובת חי ימי מספר		וטובת שם ימי אין מספר :	וטיב
וסימה מסותרת	14b	חכמה טמונה ואוצר מוסתר		מה תועלה בשתיהם :	תעלה
[מ]טמין	15	טוב א[י]ש מצפין אולתו		מאיש מצפין חכמתו :	מאדון
		מוסר בשת שמ		מוסר בשת :	
	14a	מוסר בשת שמעו בנים	16	והכלמו על משפטי :	משפטו
	16b	לא כל בשת נאה לשמר		ולא כל הכלם נבחר :	
על פחז	17	בוש מאב ואם אל זנות		מנשיא יושב אל כחש :	ושר על
	18	מאדון וגברת על שקר		מעדה ועם על פשע :	
משיתף ממקום	18c	מח[ובר] ורע על מעל	19	וממקום תגור על זר :	ונגיד על זר :
	19b	משנ[נות א[לה וברית		ממטה אציל אל לחם :	
	19d	על . . . . שאלה	21	מהשב אפי רעך :	מי השע פי
	21b	מהש[. . . מ[חלקות מנה	20	מ[ש]אולי שלום מחריש :	משאל
	20b 21c 22ab	מהביט א		תומהתקמ . אל	. . רח :
אשה דבר חסד	22c	מאוהב על [דב]רי חרפה		ומאחרי מתת אל תנאץ :	שאלה

10a כל מאירם אל אירם

19b ממיעט מחת שאלה 21a מי הפע מי יעדך : 21b מחשבות מחלקות מנה 20a משאול שלום האורישי

XLI. 11a אֲבַל (Gr.). — 12b חמדה. — 13a חיים für חי. — 17a על. — 17b ושר על (Gr.). — 19a זר? — 19d Rand. ממועט = ἀπὸ σκορακισμοῦ? — 21a מהשיב פני (Gr.)? — 21b מחשבות. — 22ab Rand. נערה (Cowley-Neubauer)?

Eccli. XLII. 1—11[d].

(Oxford, fol. 2 verso.)

XLII. 1 משנות דבר תשמע   ומחסוף כל סוד עצה [ס[ת]ר:]   על א־־

1[c] והיית בוש באמת   ומצא חן בעיני כל חי:

אל   1[e] אך על אלה אל תבוש   ואל תשא פנים וחטא:

אל   2 על תורת עליון וחוק   ועל מצדיק להצדיק רשע: משפט

(וארח)

ע־ית   3 על חשבון חובר ואדון   ועל מחלקות נחלה ויש: ויש־

4[a] ועל שחק מאזנים ופלס   ועל תמהות איפה ואבן: תמירת

־מבין   4[b] על מקנה בין רב למעט   5[a] ועל ממהיר [מ]מכר תגר: אפה ואפה: מיס־

מפשה   6 על אשה רעה חיתם: חכם   ומקום ידים רפות תפתח:

מפקד יד תספיב   7 על מקום תפקד יד תספור   ומתת ולקח הכל בכתב: ושאה ותתה

מורית   8 על מוסר פותה וכסיל ושב יושיש   ונוטל עצה בזנות: ושב כישל ועינה בזנות:

(ושואל)

8[c] והיית זהיר באמת   ואיש צנוע לפני כל חי:

מטמין   9 בת לאב מטמנת שקר   דאגה תפריע ש. . . :   ודאגתה

9[c] בנעוריה פן תגור   ובבתוליה פן . . . .

תתפתה . . . . .   10 בבתוליה פן תפותה   ובבית [בע[ל]ה] ל[א תש[טה: . . . .

א' אחוה   10[c] בבית אביה פן . . . .   ובבית א[יש]ה [פן תע[צר:

11 . . . ל . . . ל . . . ק . . ט . . . . שם סרה: סרה:

11[c] דבת עיר וקללת עם   והושבתך [בע[דת שער: והוביששך

6 ע אשה ר חיתם ימ יד ר תפתה: 10 בבית אביה פ[ן ת יב]בית בע ל תנשה
בבתוליה ב תתפתה יבב אש ב תעצר
11 בני ע ב החזק משמר ב תל מ לא
רבת ע וק ע והבישת
בעדת שע־

XLII. 1[b] עצת כחר (cf. Gr.). — 1[e] לְחָטא (Cowley-Neubauer nach Gr.). — 2[b] משפט für מצדיק (Gr.). — 3[a] חשבון את חובר? — וארח für ואדון (Gr.). — 4[a] שחק (Gr. ἀκριβεία = Infinitiv, denominativ von שחק (Jes. 40, 15)? — 4[b] הַמְּחוֹת (Neuhebr. = prüfen) für תמהות. — 5[a] המחיר (Gr. διάφορον = מחיר) oder תמחיר (= feilschen)? — 6[a] del. חכם:? — 6[b] רבות (Gr.) und מַפְתֵּחַ (= κλεῖσον). — 7[a] Jedenfalls מפקד und wohl auch מספר (vgl. Gr.). — 8[b] Nach der Randlesart, nur ohne ו vor עונה (= κρινομένου; vgl. Job. 5, 1 und Wellhausen zu Mal. 2, 12 sowie Lateinisches respondere vom Angeklagten). — 8[c] צנוע = klug (Nöld.). — 9[a] שקד (Gr.). — 9[c] חבגור (so auch Israel Lévi; vgl. בגרה im talmudischen Citat) = παρακμάσῃ? — 9[d] ובעולה und ergänze תשנא (Gr. Syr.). Am Rande Z. 1 für תנשה entweder תנשא oder תשטה. — 10[c] In der Lücke stand im Text eher הזנה, lies aber תהרה (Gr.). — 10[d] תֵּעָצֵר (= στειρώσῃ). — Der hebr. Text ordnet die Stichen von v. 9. 10 richtig. — 11[d] והובישתך (Gr.)

Eccli. XLII. 11ᵉ—23ᵇ.

(Oxford, fol. 3 recto.)

Rand	V.			Rand
תסב	11ᵉ	[מ]קום תגור אל יהי אשנב	ובית מביט מבוא סביב:	[ם]סביב:
מתנכרי	12	לכל זכר אל תתן תאר	ובית נשים אל תסתויד:	תסתיד
	13	כי מבגד יצא עש	ומאשה רעת אשה:	
	14	מטוב רוע איש מטיב אשה	ובית מחרפת תביע אשה:	
	15	אזכר נא מעשי אל	וזה חזיתי ואספרה:	
מעשיו	15ᶜ	באומר אלהים רצ[ו]נו	ופועל רצונו לקחו:	לקחו:
	16	שמש זו[רח]ת על כל נגלתה	וכבוד ייי על כל מעשיו:	
	17	לא הספיקו קדושי אל	לספר נפלאות ייי:	גבורותיו
אימץ	17ᶜ	אומץ אלהים צבאיו	להתחזק לפני כבודו:	להחזיק
	18	תהום ולב חקר	ובכל מערומיהם יתבונן:	
ונהיות	19	מחוה חליפות נהיות	ומגלה חקר נסתרות:	
	20	ל[א נ]עדר ממנו כל שכל	ולא חלפו כל דבר:	חלף מני כ דבר:
גבורות	21	ג[ב]ורות חכמ[ת]ו תכן	אחד הוא מעולם:	מהעולם
	21ᶜ	לכ[ן] לא[ ]. ק . ולא נאצל	ולא צריך לכל מבין:	צריך
קיב	23ᵃ	הוא ח[ ]י ועומ[ ]ד ל[עד]	25ᵃ זה על [ז]ה חלף טובו:	23ᵇ לכל צריך הכל נשמע:
	25ᵇ	וימי ישב[ע] ל[הביט תואר]	. . . . ל	

XLIII. 1ᵇ ועצם שמי[ם] להביט הדרו XLII. 23ᵇ ולכל צורך הכל ישמע:

XLII. 11ᶠ חבות für מביט = und wo sie übernachtet, (sei kein) Zugang ringsum. Aram. בית מְבָתָא = Schlafraum. — 14ᵃ טוב für מטוב und מטוב für מטיב (Gr.). — 14ᵇ ובת מחפרת תביע בשת (Gr.). — 15ᶜ מעשיו für רצונו (Gr. Syr.). — 15ᵈ לְחֻקּוֹ (Gr. cod. Sᶜᵃ κατὰ κρίμα). — 19ᵃ ונהיות (Gr.). — 21ᶜ נוקר (= es wurde schwerer gemacht)? Es ist von den Werken Gottes die Rede und תכן v. 20 kann „abwägen" bedeuten. Dann müsste freilich v. 21ᵈ מבין (Gr. συμβούλου) falsch sein. Vgl. die Anmerkungen am Schluss z. St. — 23ᵃ הכל für הוא (so auch Halévy nach Gr. Syr.). — Hinter 23ᵃ gehören 23ᵇ. 24. 25. — 24ᵃ שְׁנַיִם und etwa נגד זה für מזה (beides nach Gr. Syr.). — 25ᵃ חֲלִפַת טוב = schöne Abwechslung? — XLIII. 1ᵃ Rand. רקיע טהר (Gr.). — 1ᵇ עצם und vielleicht מַבַּט הדר (Gr.).

Eccli. XLII. 24—XLIII. 17[b].

(fol. 3 v.)

24 כלם שונים זה מזה ולא עשה מהם שוא אור:

XLIII. 2 שמש מביע בצרתו חמה מה נורא מעשי ייי:

3 בהצהירו ירתיח תבל לפני חרבו מי יתכלכל:

4 כור נפיח מחם מציק שלח שמש ידליק הרים:

4c לשאון מאור תגמר נושבת ומנירה תכוה עין:

5 כי גדול ייי עושהו ודבריו ינצח אביריו:

6 וגם ירח עתות שבות ממשלת קץ ואות עולם:

7 בם מועד וזמני חוק חפץ עלה בתקופתו:

8 חדש בחדשו הוא מתחדש מה נורא בהשתנותו:

8c כלי צבא נבלי מרום מרצף רקיע מזהירתו:

9 תואר שמים והדר כוכב ואורו מזהיר במרומי אל:

10 בדבר אל יעמד חק ולא ישח באשמרותם:

11 ראה קשת וברך עשיה כי מאד נאדרה בכבודה:

12 חוק הקיפה בכבודה ויד אל נטתה בג . . . . . .

13 גבורתו תתוה ברק ותנצח זיקות . . . . . .

14 למען ברא אוצר ויעף עבים כעפירים:

. . . . [16a [במר אהו . . . . . . ר געשי:

17 קול רעמו יחיל ארצו זלעפות צפון סופה וסערה:

XLII. 24 s. S. 11. — XLIII. 2[a] מביע בצאתו (= Gr.). — 2[b] Für כה entweder כלי (Nöld.) oder בָּן (so auch Fränkel, nach Gr. Syr.). — מעשה (Gr. Syr.) — 3[a] בהצהירו von צהרים (Bevan, Fränkel); ebenso Hiob 24, 11 (G. Hoffmann). — 4[a] מֵחֹם? — ביצק. — 4[b] שלוש (Nöld. Halévy; vgl. 48, 3). — 4[c] כעשן מאור (vgl. Gr. ἀτμίδας πυρώδεις und Syr. ܐܝܟ ܥܛܢܐ ܕܢܘܪܐ)? — חֲמִירוֹ (vgl. Syr. ܚܡܝܪܐ und חֲמַר של חַמָּה und חמיר ש׳ לבנה bei Buxtorf s. v.). — נושבת (vgl. שביב) gehört wohl zu d (Nöld. vgl. Gr. Syr.). — 4[d] מנירה. — תכהה (Halévy nach Gr.). — 5[a] גדול. — 5[b] ובדבריו (Gr. Syr.). — ארחו (Gr. Syr.)? — 7[b] חופע oder dgl. statt הופץ (Gr. φωστήρ. Syr. ܢܘܗܪܐ)? — 8[a] כשמו für חדשו (Gr. Syr.). — 8[c] del. נבלי (Cowley-Neubauer, Nöld. nach Gr. Syr.). — 8[d] בזהירתו. — 9[a] הדר (Gr. Syr.). — 9[b] ועדי (Gr. Syr.). — 10[a] יעמדו כחק (Nöld. Halévy nach Gr. Syr.). — 10[b] ויישנו (Cowley-Neubauer). Syr. las wohl ישנו. — 12[a] חוג (Cowley-Neubauer, Nöld. cf. Gr.). — 14[a] למענהו (cf. Gr.). — 17[a] יחיל. — 17[b] זעים oder יזיע (Gr. σαλευθήσονται)? — 16[b] Rand. באמרתו? (Gr. ἐν θελήματι αὐτοῦ) und תחלף? — 17[b] כלעול (Gr. καταιγίς).

Eccli. XLIII. 17c—33b.

(Oxford, fol. 4 recto.)

17c . . ב רשף יניף שלגו   וכארבה ישכון רדתו:
18 תואר לבנה יגהה עינים   ומטרו יהמה לבב:
19 וגם כפור כמלח ישכון   ויציץ כספיר ציצים:
20 צינת רוח צפון ישיב   וכרקב יקפיא מקורו:
20c על כל מעמד מים יקרים   וכשרין ילבש מקוה:
21 יבול כחרב ישיק   ונוה צמחים כלהבה:
22 מרפא כל מערף ענן טל   פורע לדשן שרב:
23 מחשבתו יעשיק רבה   ויט בתהום איים:
24 יורדי הים יספרו קצהו   לשמע אזננו נשתומם:
25 שם פלאות תמהי מעשהו   מין כל חי וגבורות רבה:
26 למענו יצלח מלאך   ובדבריו יפעל רצון:
27 עוד כאלה לא נוסף   וקץ דבר הוא הכל:
28 נגדל לה עוד כי לא נחקור   והוא גדול מכל מעשיו:
29 נורא ייי מאד מאד   ונפלאות דבריו:
30 מגדלו ייי הרימו קול בכל תוכלו כי יש עוד: 30c מרומים תחליפו כח ואל תלאו כי לא תחקרו:
32 רוב נסתר גדולות מאלה   מעט ראיתי ממעשיו:
33 את הכל . . . . .   ל . . . .

XLIII. 17c כרשף (Gr.). — 17d רדתו (Gr.). — 19a ישפך (Gr.). — 20b וקרח für וכרקב (? Nöld. nach Gr.) und מקרו (Nöld.) oder vielleicht besser וכרקיע und מקוה (Wellh. Bacher) — 22a טל zu b. — 23a במחשבתו (Gr.) und רהב. — 23b ויטע (Cowley-Neubauer). — 25b רגה (Gr.). — 29b גבורתו (Gr.). — 30c מרוממים החליפו.

Eccli. XLIV. 1—16^{b}.

(Oxford, fol. 4 verso.)

שבח אבות עולם:

XLIV. 1 אהללה נא אנשי חסד   אבותינו בדורותם: את

לחם   2 רב כבוד חלק עליון   וגדלו מימות עולם:

רודי   3 דורי ארץ במלכותם   ואנשי שם בגבורתם: בגבירים

יו׳   3c היועצים בתבונתם   וחוזי כל בנבואתם:

4 שרי גוים במזמתם   ורזנים במחקרותם:

במס׳   4c חכמי שיח בספרתם   ומושלים במשמרותם:

ק׳   5 חוקרי מזמור על חוק   נושאי משל בכתב:

6 אנשי חיל וסומכי כח   ושוקטים על מכונתם:

נכבדו   7 כל אלה בדורם   ומימיהם תפארתם: בימיהם

8 יש מהם הניחו שם   להשתענות בנחלתם: להשתעות להשעית

9 ויש מהם אשר אין לו זכר   וישבתו כאשר שבתו:

9c כאשר לא היו היו   ובניהם מאחריהם:

10 ואולם אלה אנשי חסד   ותקותם לא [תשב]ת:

11 עם זרעם נאמן טובם   ונחלתם לב[נ]י בנים:]

13 עד עולם יעמד זכרם   וצדקותם ל[א] . . . . ל[עד:]

14 . . . . [בש]ל[ום] . . . . ל[דור] ידיר:

15 חכמתם תשנה עדה   ותהלתם יספר קהל:

16 חנוך נמצא תמים והתהלך עם ייי ונלקח אות דעת לדור ודור:

XLIV. 3^{a} רודי (Gr.) — 3^{c} יועצים. — 4^{b} Etwa מחקותם (vgl. Prv. 8, 15). — 6^{a} וסמוכי (Cowley-Neubauer nach Gr. Syr.). — 7^{a} add. נכבדו (Gr. Syr.). — 7^{b} ובימיהם (Gr. Syr.). — 8^{b} להשתעות und בנחלתם (beides nach Gr. Syr.). — 10^{b} וצדקתם (Gr. Syr.) und תשבח (Gr.). — 13^{b} וצדקתם ist Fehler für תפארתם oder dgl. (nach Gr. Syr.). — 16 del. נמצא תמים ו als aus v. 17 eingedrungen (Halévy, D. H. Müller; vgl. Gr.). Der erste Stichus endet mit ונלקח.

Eccli. XLIV. 17—XLV. 4[b].

(Oxford, fol. 5 recto.)

	17	[נ]ח צדיק נמצא תמים	לעת כלה היה תחליף:	ב
	17^{c}	בעבורו היה שארית	ובבריתו חדל מבול:	
כרית	18	באות עולם נכרת עמו	לבלתי השחית כל בשר:	
	19	אברהם אב המון גוים	לא נתן בכבודו מום:	ריבוי
	20	אשר שמר מצות עליון	ובא בבריתת עמו:	
	20^{c}	בבשרו כרת לו חק	ובניסוי נמצא נאמן:	
	21	על כן בש[בו]עה הקים לו	לברך בזרעו גוים:	כל עמים:
	21^{e}	להנחילם מים ועד ים	ומנהר ועד אפסי ארץ:	
כן	22	וגם ליצחק הקים בן	בעבור אברהם אביו:	
נתן	22^{c}	ברית כל ראשון נתנו	23 וברכה נחה על ראש ישראל:	
יכנהו	23^{b}	ויכוננהו בברכה	ויתן לו נחלתו:	
בבכורת ויס[י]מ[הו]	23^{d}	ויציבהו לשבטים	לחלק שנים עשר:	. ל . . ל .
	23^{f}	[ויוצ]א ממנו איש	מוצא חן בעיני כל חי:	ומצא
.... XLV.	1	א[הוב א]להים ואנשים	משה זכרו לטובה:	
ויכ׳ ייי	2	[ויכבדהו כא]להים	ויאמצהו במרומים:	במוראים
בדברו פיו	3	בד[בר פיהו] א[ותות] מהר	ויחזקהו לפני מלך:	
	3^{c}	ויצוהו [א]ל . . .	ויר[אהו]	
בענותנותו	4	באמונתו ובענותו	בחר בו מכל ב[ני ב]ש[ר:]	

XLIV. 22[a] כן (Gr.) — 22[c] ובריתות? — 23[b] ויכנהו בבכורה (Syr.). — 23[d] add. אב vor לשבטים (Syr.)? — 23[e] לשנים (vgl. Gr. Syr.) = damit er zutheilte den Zwölfen (Gen. 49)? — XLV. 2[b] במוראים (Gr. Syr.) — 3[c] אל עמו (Cowley-Neubauer nach Gr. Syr.).

Eccli. XLV. 5—13d.

(Oxford, fol. 5 verso.)

Marg.			Marg.
	5 וישמיעהו את קולו	ויגישהו לערפל:	
ייתן	5c וישׂם בידו מצוה	תורת חיים ותבונה:	
ל׳׳	5e ללמד ביׄעקב חקיו	ועדותיו ומשפטיו לישראל:	
	6 וירם קדוש את אהרן למטה לוי	7 וישימהו לחק עולם:	
לׄ הוד׳	7b ויתן עליו° הוד	וישרתהו בכבׄדו:	בברכה
תוא׳	7d ויאזרהו בתועפות ראׄם	וילבישהו פעמוׄנים:	תעיזה
תפארת׳	8 וילבישהו כליל תפאׄרת	ויפארהו בכבוד ועוז:	
	8c מכנסים כתנות ומעיל	9 ויקיפהו פעמונים:	
	9b ורמונים המון סביב	לתת נעימה בצעדיו:	
	9d להשמיע בדביר קולו	לזכרון לבני עמו:	
	10 בגדי קדש זהב תכלת וארגמן	מעשה חשב:	
	10c חשן משפט אפוד ואזור	11 ושני תולעת מעשה אורג:	
	11b אבני חפץ על החשן	פתוחי חותם במלואים:	
	11d כל אבן יקרה לזכרון בכתב חרות	למספר שב[טי יש]ראל:	
	12 עטרת פז מעיל ומצנפת	וציץ [פתוחי חות]ם קדש:	
	12c הוד כבוד ותהלת עז	מחמ[ד עי]ן ומ . . . [י]ופי:	
	13 ל[פנ]י[ה]ן ל[א] . . . . ן	כן [עד] עולם ל[א] . . . .[כ]ל זר:	
	13c הוא בן . . . לבניו כזה	וכן בניו לדורותם:	

XLV. 6 add. כמוהו hinter קדוש (Nöld. nach Gr. Syr.). Zwei Stichen. — 7b ויתן לו כהנת עם (Gr.)? — 7c ויאשרהו (? Nöld. nach Gr. *ἐμακάρισεν*). — 7d בחליפות תואר (Gr. *στολὴν δόξης*. Syr. ܒܐܣܛܠܐ ܕܫܘܒܚܐ)? — 7e del. (Nöld.). — 8b ויפארהו = *ἐστερέωσεν* (leg. *ἐστεφάνωσεν* = VL coronavit). — בִּכְלֵי עוז für בכבוד ועוז (Nöld. nach Gr. Syr.). — 8c ומעיל = *καὶ ἐπωμίδα* (leg. *διπλοΐδα*)? Vom Efod darf hier noch nicht die Rede sein. — 9ab Vertausche פעמונים und רמונים (Nöld. Halévy nach Gr.). — 10a ותכלת (Gr.) und וארגמן zu b. — 10c אורים ותמים für אפוד ואזור (? Nöld. nach Gr.). — 11a שני (Gr.). — 11b del. על החשן (Gr.). — 11c פתוחי חותם zu b (Gr.), i. f. add. מעשה חרש אבן (Gr. vgl. Ex. 28, 11). — 11d del. כל אבן יקרה (Gr.). — 12a מֵעַל מצנפת (so auch Halévy nach Gr.). — 13a לא היה כָּהֵן (Cowley-Neubauer nach Gr.).

Eccli. XLV. 14—23b.

(Oxford, fol. 6 recto.)

14 [מנ]חתו כליל תקטר   וכל יום תמיד פעמים:
15 [וי]מלא משה את ידו   וימשחהו בשמן הקדש:
15c ותהי לו ברית עולם   ולזרעו כימי שמים:
15e לשרת ולכהן לו   ולברך את עמו בשמו:
16 ויבחר בו מכל חי   להגיש עלה וחלבים:
16c ולהקטיר ריח ניחח ואזכרה   ולכפר על בני ישראל:
17 ויתן לו מצותיו   וימשילהו בחוק ומשפט:
17c וילמד את עמו חק   ומשפט את בני ישראל:
18 ויחרו בו זרים   ויקנאו בו במדבר:
18c אנשי דתן ואבירם   ועדת קרח בעזוז אפם:
19 וירא ייי ויתאנף   ויכלם בחרון אפו:
19c ויבא להם אות   ויאכלם בשביב אשו:
20 ר . . . . אלאהרן כבודו   ויתן לו נחלתו:
20c ת[רומות] קדש נתן לו לחם   21a אשי ייי יאכלון:
20d . . . . חלקו   21b ומתנה לו ולזרעו:
22 אך . . . . לא ינחל   ובתוכם לא יחלק נחלה:
22c אשי יי[י] . ל . . . . ל . . . . ישראל:
23 וגם פינחס [ב]ן אלעזר   בגבורה נחל [כבוד] שלישי:

XLV. 14b תמיד = Nomen (Bevan). — 19c ויברא (nach Syr. und Num. 16, 30). — 20c תרומות (nach Num. 18, 8). — 20d לחם מערכת חלקו (Nöld. nach Syr.). — 22a אך בארץ העם לא י׳ (vgl. Gr. Syr. und Num. 18, 20)? — 22c Vgl. Num. 18, 20: אני חלקך ונחלתך בתוך בני י׳.

Eccli. XLV. 23c—XLVI. 6d.

(Oxford, fol. 6 verso.)

23c	בקנאו לאלוה כל	ויעמד בפרץ עמו:
23e	אשר נדבו לבו	ויכפר על בני ישראל:
24	לכן גם לו הקים חק	ברית שלום לכלכל מקדש:
24c	אשר תהיה לו ולזרעו	כהונה גדולה עד עולם:
25	וגם בריתו עם דוד	בן ישי למטה יהודה:
25c	נחלת איש לפני כבודו	ב . . נחלת אהרן לכל זרעו:
25e	ועתה ברכו נא את ייי הטוב	המעטר אתכם כבוד:
26	ויתן לכם חכמת לב 26c למען לא ישכח טובכם ותפארתכם לדורות עולם:	
XLVI. 1	גבור בן חיל יהושע בן נון	משרת משה בנבואה:
1c	אשר נוצר להיות בימיו	תשועה גדלה לבחיריו:
1e	להנקם נקמי אויב	ולהנחיל את ישראל:
2	מה נהדר בנטותו ידו	בהניפו כידון על עיר:
3	מי הוא לפניו יתיצב	כי מלחמות ייי נל[ח]ם:
4	הלא בידו עמד השמש	יום אחד [ל[ש]נים] . . . :
5	כי קרא אל אל עליון	כאכפה ל[ו] . . . . . [מסבי]ב:
5c	ויענהו אל עליון באבני	בר[ד] . . . . ל . . ש:
6	. . . . ל	יב . . . . כנען:
6c	למען [דע]ת כל גוי חרם	כי צופה ייי מלחמתם:

XLV. 25c נחלת מלך לאיש מבניו לבדו (vgl. Gr. Syr.)? Jedenfalls will er sagen, dass die hohepriesterliche Succession genau der königlichen entspricht. — 25d לו ולזרעו für לכל ז' (Syr.). — 26b nach Gr. und Syr. einzusetzen. — 26c ישבח nach ἀφανισθῇ des Gr. (טוב = Glück). — XLVI. 1b vgl. Ex. 33, 11. — 1a כשמו für בימיו (so auch Nöld. nach Gr.). — 5c באבני zu d. — Am Schluss אלגביש (Nöld. Halévy nach Ez. 13, 11. 13)? — 6b ובמורד (Cowley-Neubauer nach Gr.). — 6c Zu חרם vgl. Syr. zu 16, 9.

Eccli. XLVI. 6e—18.

(Oxford, fol. 7 recto.)

6e וג[ ]ם כי מלא אחרי אל   7 ובימי משה עשה חסד:
7b הוא וכלב בן יפנה   להתיצב בפרע קהל:
7d להשיב חרון מעדה   ולהשבית דבה רעה:
8 לכם גם הם בשנים נאצלו   משש מאות אלף רגלי:
8c להביאם אל נחלתם ארץ זבת חלב ודבש:
9 ויתן לכלב עצמה   ועד שיבה עמדה עמו:
9c להדריכם על במתי ארץ   וגם זרעו ירש נחלה:
10 למען דעת כל זרע יעקב   כי טוב למלא אחרי ייי:
11 והשופטים איש בשמו   כל אשר לא נשא לבו:
11c ולא נסוג מאחרי אל   יהי זכרם לברכה 12b ושמם תחליף לבניהם:
13 אוהב עמו ורצוי עושהו   המשואל מבטן אמו:
13c נזיר ייי בנבואה   שמואל שופט ומכהן:
13e ב[ד]בר אל הכין ממלכת   וימשח נגידים על עם:
14 ב . . . . [צ]וה עדה   ויפקד אלהי יעקב:
15 ב[אמונ]תו דרש חזה   וגם בדברו נאמן רועה:
16 וגם ה[וא קרא א]ל [א]ל   [כאכפה] ל[ו א]ויביו מסביב:
16c בעלתו [טלת ח]ל[ב]   17 ויר[עם] . . . . ייי:
17b בפקע אדיר נשמע קולו 18 ויכנע נציבי צר   ויא[בד את] כל סרני פלשתים:

XLVI. 7c בפרץ (Syr.; vgl. 45, 23). — 8a לכן und נצלו (Cowley-Neubauer mit Gr. Syr.). — 9c להדריכו (Cowley-Neubauer mit Gr. Syr.). — 12b Es fehlen wahrscheinlich drei Stichen (cf. Gr. Syr.). — 13a אהוב (Cowley-Neubauer). — 13b המושאל (Cowley-Neubauer)? — v 14b אלהים (אל) את י׳ (Gr.). — 15 Vgl. 1 Sam. 9, 9. — 15b רואה (Cowley-Neubauer; vgl. Gr.) — 16c בהעלתו (Gr. Syr.) und טלה חלב (Cowley-Neubauer nach 1 Sam. 7, 9). — Es fehlt ein Stichus.

Eccli. XLVI. 19—*XLVII.* 10d.

(Oxford, fol. 7 verso.)

19 ועת נוחו על משכבו העיד ייי ומשיחו : 19c כופר ונעלם ממ[י לקח]תי וכל אדם לא ענה בו :

19e וגם עד עת קצו נבון נמצא בעיני ייי ובעיני כל חי :

20 וגם אחרי מותו נדרש ויגד למלך דרכיו : 20c וישא מארץ קולו בנבואה :

XLVII. 1 וגם אחריו עמד נתן — להתיצב לפני דוד :

2 כי כחלב מורם מקדש — כן דויד מישראל :

3 לכפירים שחק כגדי — ולדובים כבני בשן :

4 בנעוריו הכה גבור — ויסר [חר]פ[ת] עולם :

4c בהניפו ידו על קלע — וישבר ת[פא]רת גלית :

5 כי קרא אל אל עליון — ויתן בימינו עז :

5c להדף את איש יודע מלחמות — ולהרים את קרן עמו :

6 על כן ענו לו בנות — ויכנוהו ברבבה :

6c בעטותו צניף נלחם — 7 ומסביב הכניע צר :

7b ויתן בפלשתים ערים — ועד היום שבר קר[נם :]

8 בכל מעשהו נתן הודות — לאל עליון ב . . . [כ]בוד :

דויד 8c בכל לבו אוהב עשהו — ובכל נ[פשו] . . . . [הש]יב :

הכין 9 נגינות שיר ל[פני] מזבח — וקול ומ . . . נבלים תיקן : נבל

10 . . ל . . . . . — . . . . . . שנה :

10c בהלל[ם] את שם קדשי — לפני בקר ירון משפט : (מקדש)

קול מזמור ונעלים 9b

XLVI. 19c ונעלים (? Cowley-Neubauer nach Gr. und 1 Sam. 12, 4 LXX). — 20c Es fehlt ein Stichus (Gr. Syr.). — XLVII. 3b צאן für בשן (auch Halévy nach Gr. Syr.). — 4b חרפה מעם (Halévy nach Gr. Syr.). — 8c אהב (nach Gr.). — 9b וקול מזמור נ' — 10d מקדש (Gr.).

Eccli. XLVII. 11—23b.

(Oxford, fol. 8 recto.)

11 ג̄[ם] ייי העביר פשעו   וירם לעולם קרנו:
11c [ויתן] לו̄ חק ממלכת   וכסאו הכין על ירושלם:
12 ו̄בעבו̄רו עמד אחריו   בן משכיל שוכן לבטח:
13 שלמה מלך בימי שלוה   ואל הניח לו מסביב:
13c אשר הכין בית לשמו   ויצב לעד מקדש:
14 מה חכמת בנעריך   ותצף כיאר מוסר:
15 ארץ כ̄סית ב̄ . . . . ד   ותקלס̄ ב̄מרום שירה:
17 בשיר מ[ש]ל חידה ומליצה   עמים הסערתה:
18 נקראת בשם הנכבד   הנקרא על ישראל:
18c ותצבר כברזל זהב   וכעפרת הרבית כסף:
19 ותתן לנשים כסליך   ותמשילם בגויתך:
20 ו[ת]תן מום בכבודך   ותחלל את יצועיך:
20c ל[הבי]א̄ אף על צאצאיך   ואנחה על משכבך:
21 ל̄ . . . . לשני שבטים   ומאפרים ממלכת חמס:
22 . . . . [א]ל לא יטוש חסד   ולא יפיל מדבריו ארצה:
22c לא . . . . ר̄ נין ונכד   . . . [אוה]ביו לא ישמיד:
22e ויתן ל . . . .   ול . . . .
23 וישכב שלמה̄ מ̄יואש   ויעזב אח[ריו] בן̄ מ̄נו̄ן:

XLVII. 11d ישראל für ירושלם (Nöld. nach Gr. Syr.). — 15b כמו ים (vgl. כמו 40, 30) für במרום. — 17b הסערת. — 18a Vgl. 2 Sam. 12, 25. — 20d ופחתך

2

Eccli. XLVII. 23c—XLVIII. 12d.

(Oxford, vol. 8 verso.)

Kap.	Vers		Vers	
	23c	רחב אולת וחסר בינה		רחבעם הפריע בע[צתו] עם:
	23e	עד אשר קם אל יהי לו זכר ירבעם בן נבט אשר ח[ט]א והח[ט]יא את ישראל[:]		
	23g	ויתן לאפרים מכשול	24b	להדיחם [מ]אדמתם:
	24a	ותגדל חטאתו מאד	25	ולכל רעה התמכר:
XLVIII.	1	עד אשר קם נביא כאש		ודבריו כתנור בוער:
	2	וישבר להם מטה לחם		ובקנאתו המעיטם:
	3	בדבר אל ע[צ]ר שמים		גם ה וריד ש[ל]וש[אשות:
	4	מה נורא אתה אליהו		ואשר כ[מו]ך יתפאר:
	5	המקים גוע ממות		ומשאול ברצון ייי:
	6	המוריד מלכים על שחת		ונכבדים [מ]מטותם:
	8	המושח מלא תשלומות		ונביא תחליף תחתיך:
	7	והשמיע בסיני תוכחות		ובחורב משפטי נקם:
	9	הנלקח בסערה מעלה		ובגדודי אש [שמימ]ה:
	10	הכתוב נכון לעת		להשבית אף לפנ[י] . . . . :
	10c	להשיב לב אבות על בנים		ולהכין ש[ב]טי ישרא[ל]:
	11	אשר ראך ומת		[ו]אש[רי נפש]ך [כי חיה תח]יה:
	12	[א]ל[יהו] . . . . [נ]סתר		. . . ל . . . . . [אליש]ע:
	12c	פי ש[נים] אתות הרבה		מופתים כל מוצא פיהו:

XLVII. 23e ויקם für עד אשר קם (nach 48, 1 verderbt). — ירבעם ב' נ' ist der zweite Stichus. — 24a vor 24b. — חטאתם (Gr. Syr.). — 25 התמכרו (cf. Gr.). — XLVIII. 1a Etwa: עד אשר נקם יבא עליהם: ויקם נביא וגו (nach Gr.). — 6a אל für על (Halévy). — 8 hinter 7. — 7a השומע (Gr.). — 8a מלכי (Gr.). — 10d יעקב für ישראל (Nöld. nach Gr. Syr. und Jes. 49, 6). — 11a אשרי. Allerdings ist der Sinn: selig, wer . . . aber seliger du selbst usw. — 12a נסתר = ἐσκεπάσθη. — 12b Vielleicht: ויקבל נבואה (cf. Syr.).

Eccli. XLVIII. 12e—23.

(Oxford, fol. 9 recto.)

12e	מימיו לא זע מכל	ולא משל ברוחו כל בשר:
13	כל דבר לא נפלא ממנו	ומתחתיו נברא בשרו:
14	בחייו עשה נפלאות	ובמותו תמהי מעשה:
15	בכל זאת לא שב העם	ולא חדלו מחטאתם:
15c	עד אשר נסחו מארצם	ויפצו בכל הארץ:
15e	וישאר ליהודה מזער	ועוד לבית דוד קצין:
16	יש מהם עשו יושר	ויש מהם הפליאו מעל:
17	יחזקיהו חזק עירו	בהטות אל תוכה מים:
17c	ויחצב כנחשת צורים	ויחסום הרים מקוה:
18	בימיו עלה סנחריב	וישלח את רב שקה:
18c	ויט ידו על ציון	ויגדף אל בגאונו:
19	. . [נ]מוגו בגאון לבם	ויחילו כיולדה:
20	וי[קר]או אל אל עליון	ויפרשו אליו כפים:
20c	וי . . . בקול תפלתם	ויושיעם ביד ישעיהו:
21	. . . . . [מ]חנה אשור	ויהמם במגפה:
22	. . . . . . [יחז]קיהו את הטו[ב]	[ו]יחזק בדרכי דוד:
22c	. . . .	
23	.	

XLVIII. 13b נבא (Gr.). — 17c בנחשת (Gr.). — 17d המים (cf. Gr.)? — 19a אז (τότε). — 20c וישמע (cf. Gr. Syr.).

Eccli. XLVIII. 24—XLIX. 12.

(Oxford, fol. 9 verso.)

24 ברוח גבורה חזה אחרית — וינחם אבלי ציון:

25 עד עולם הגיד נהיות — ונסתרות לפני ביאן:

XLIX.

1 שם יאשיהו כקטרת סמים — הממלח מעשה רוקח:

1c בחך כדבש ימתיק זכרו — וכמזמור על משתה היין:

2 כי נחל על משובתינו — וישבת תועבות הבל:

3 ויתם אל אל לבו — ובימי חמס עשה חסד:

4 לבד מדויד יחזקיהו — ויאשיהו כלם השחיתו:

4c ויעזבו תורת עליון — מלכי יהודה עד תמם:

5 ויתן קרנם לאחור — וכבודם לגוי נבל נכרי:

6 ויציתו קרית קדש — וישמו ארחתיה:

6c ביד ירמיהו 7 כי ענוהו — והיא מרחם נוצר נביא:

7b לנתוש ולנתוץ ולהאביד להרס וכן לבנות לנטע ולהשיב:

8 יחזקאל ראה מראה — ויגד זני מרכבה:

9 וגם הזכיר את איוב נשיא — המכלכל כל דרכי צדק:

10 וגם שנים עשר הנביאים — תהי עצמתם פרחת מת]חתם:

10c אשר החלימו את יעקב — וישעוהו בית . . . .

11 מה . . ל . . . . ל . . . .

12 . . . .

XLIX. 2[a] נחלה (Cowley-Neubauer nach Am. 6, 6)? — 5[a] לאחר (Nöld.) und ויתנו (Gr. Syr. vgl. 1 Macc. 2, 48). — 5[b] del. נבל (Gr. Syr.)? — 7[b] ולהרס. — 9[a] Jedenfalls אזכיר und wahrscheinlich נביא (Gr. ἐν ὄμβρῳ, Syr. om.).

Bezüglich auffälliger Abweichungen von der Oxforder Ausgabe, schwieriger und zweifelhafter Lesungen sowie der Ergänzung von Lücken, soweit ich dafür in Spuren von Buchstaben Anhalt habe, bemerke ich Folgendes.

XXXIX. 15^{c} Von בש scheinen die Grundlinien und von ש der linke Arm erhalten zu sein. — Vielleicht stand hinter מיני ein ם. — 16^{a} Am Rande liest Schechter הכל (vgl. v. 33). Ich kann es auf der Photographie nicht erkennen. — 17^{c} Das ע in על hat schon Schechter erkannt. Von ל ist der obere Schweif nicht sicher zu erkennen, die Spitze meine ich aber unter der rechten Ecke von ט (in טובים) zu sehen. Möglich wäre sonst ד, aber der Fuss von ד wird nicht durch den von ע gezogen, wie das hier der Fall ist. Statt עכרים las Schechter früher ערכם, wogegen Cowley-Neubauer hier nichts zu erkennen meinen. Aber namentlich das ר ist unbestreitbar und m. E. auch das etwas tiefer stehende י. — 17^{d} וכמוצא scheint auf Correctur zu beruhen, ursprünglich stand da vielleicht ממוצא, das Schechter annimmt. — 20^{b} Auf ן in כן machte mich Schechter aufmerksam. — 23^{a} כן hat Schechter erkannt. — 26^{a} Von כ ist nur die untere Horizontale und die obere z. Th. erhalten. Möglich wäre auch ם (statt כר), aber vor ל ist für die linke obere Spitze eines ם kein Raum. ל steht zu weit von ח ab, um Präfix zu sein. — 26^{c} Von ט ist die untere linke Ecke, von י der untere Schweif, von ם die Grundlinie angedeutet. — 28^{a} Auf נעשים wurde ich durch Schechter geführt. — 28^{b} Wie viel vor הרים fehlt, ist ungewiss. — 29^{b} נבראו vermuthete schon Schechter. — 30^{b} Am Rande übernehme ich חרב נוקמת von Cowley-Neubauer, auf der Photographie erkenne ich davon nichts. — Vor פט ist ein Loch, doch erkennt man am unteren Rande Spuren, die למשפט zulassen. — 32^{a} In התנצבתי ist das נ in sofern unsicher, als die Vertikale nicht klar ist. Es ist aber eine untere Horizontale da, die nicht für die Verlängerung des Fusses von ח gelten und des Raumes wegen wohl nur einem נ gehören kann. Von צ sind nur die oberen Spitzen und die Grundlinie da, ע erscheint aber als unmöglich. Für ב wäre כ denkbar. — 33^{b} Vielleicht steht nur ספיק da.

XL. 4^{b} Von ש, dessen Stelle ein Loch einnimmt, scheint die rechte und linke obere Spitze erhalten zu sein. Auf י folgt vor einem weiteren Loch scheinbar eine Verticale, wie von ר oder dgl. Aber über dem Loch findet sich eine Spitze, wie die eines ע, dessen unteres linkes Ende hinter dem Loch erhalten zu sein scheint. Die Vertikale kann auch auf einem Schmutzflecken beruhen. — 6^{a} Statt ר wären auch ח (Cowley-Neubauer) oder ת denkbar. — 6^{b} Vor ל ist ח wenigstens wahrscheinlicher als ה. Hinter ל meine ich die vordere untere Spitze und schattenhaft auch die Grundlinie von מ zu erkennen. Dahinter scheint auch die obere und die untere Spitze von ו erhalten zu sein. Vor ש eine untere Horizontale, die einem ג gehören kann. ישגש ergänzten auch Cowley-Neubauer. — 6^{d} Auf ב folgt zunächst wahrscheinlich ein ו, dahinter sind zwei obere Horizontalen zu erkennen. — 7^{a} Die oberen Spitzen von וע scheinen erhalten zu sein. — Am Schluss stand schwerlich ויקץ, das Cowley-Neubauer vermuthen, sondern eher יקיץ. Davor eine obere

Horizontale. — 7^{b} Denkbar wäre auch מראו. oder מחאו. — Der vorletzte Buchstabe kann kein ו sein, weil der Abstand nach vorn zu gross wäre, der letzte kein ח, weil die Horizontale über die linke Stütze hinausreicht. Die rechte Stütze ist nicht klar. Vorher habe ich נ angenommen, weil die Folge נכ in sich unwahrscheinlich ist. Aber der Fuss des Buchstabens ist zerstört. — 8 Am Rande stand v. 8 in abweichender Lesart. Aber nur die Anfangsworte der beiden Stichen sind erhalten, der Rest ist wie der Text selbst zerstört. — 9^{a} Das Patach im Chatef ist nicht deutlich. Vielleicht war der ganze Stichus vocalisirt. — 18^{b} Möglich wäre auch כומה (vgl. 41, 12^{b} am Rande). — 19^{c} In שגר erscheint mir ש jetzt als sicher. — 21^{a} Ueber וחליל steht am Rande entlang eine Note, die vielleicht bis zu יותר שכל sich erstreckt, übrigens unlesbar ist. — 23^{a} Das ע am Anfang scheint corrigirt zu sein, der untere Strich ist doppelt da. Von dem nachfolgenden מ ist die untere Horizontale erhalten. Von ל ist das untere Drittel erhalten, der obere Schweif unsicher. Davor erlauben Spuren die Ergänzung וחובר. — 24^{a} Das ו ist zwischen אין und ש[ותף] eingezwängt, als ob es nachgetragen wäre. Uebrigens ist nur die obere Spitze deutlich, die zur Noth auch einem י gehören könnte. Von ף scheint der Schweif erhalten zu sein. — Vor ה֯ an erster, zweiter und vierter Stelle untere Horizontalen. Die erste könnte einem ע gehören. — 25^{a} Hinter וכסף die untere rechte Ecke eines Buchstabens, die am ersten einem מ gehören kann. Vor ל[רג] eine untere und vielleicht auch eine obere Horizontale. Der Raum reicht eher für מכינים als für מקימים. — 26^{a} In יגילו ללב ist vom zweiten ל nur die Ecke erhalten, die die Horizontale mit dem unteren Strich bildet, und ausserdem vielleicht die untere Spitze des letzteren. Vom dritten ל ist nur der untere Strich da. Zwischen diesen beiden ל wäre für ו Raum. — 26^{d} In מעין fehlt von מ die obere linke Spitze und die Nase. Nicht ausgeschlossen sind כ oder auch ב. Von ע ist das (linke) Fussende, die linke und die rechte Spitze da. Letztere kann kaum ein י sein. Wozu die unlesbare Randnote gehört, ist unklar. — 27^{b} (Rand). Ob hinter ל noch Buchstaben folgten, ist nicht festzustellen.

XLI. 2^{b} אנינים ist sicher nach der Photographie. — 4^{d} :חיים ist kleiner geschrieben und Cowley-Neubauer betrachten es als Randlesart. Aber das ל vor חיים steht zu nahe an ח, als dass ein Sof Pasuk dazwischen Platz hätte, und zu weit von בש, als dass es das ל von שאול sein könnte. Ueberdies steht unter ל die linke Fussspitze eines ע oder dgl. — 5^{a} Im Text steht über רעים ebenfalls ערים. — 7^{b}. 8^{a} Das Ende der Stichen ist nicht zu bestimmen. — 8^{b} Der Anfang des Stichus ist nicht zu bestimmen. — 18^{c} Eine dritte Randnote zum ersten Wort ist wenigstens nicht mehr zu lesen, wenn sie überhaupt da stand. — 19^{b} Von ש ist der rechte Arm und ein Theil der Grundlinie erhalten, dahinter eine Fussspitze wie von einem ב. — 22^{ab} Das ו steht auf der Fussspitze eines Buchstabens, der nur ח oder ב sein kann. Es gehört mit ihm zu einem Wort. Davor noch unsichere Buchstabenreste. Wahrscheinlich folgten die Stichen auf einander ohne Zwischenraum. Vom zweiten ה֯ ist der Oberstrich, die rechte Stütze und vielleicht der linke Fuss erhalten. Von dem מ hinter ק ist nur die obere linke Spitze erhalten. Zur Noth wäre auch א denkbar. Von dem folgenden א ist auch nur die obere linke Spitze erhalten. Doch erscheint hier מ als ausgeschlossen. — Das :רה, das Cowley-Neubauer zu [נע]רה ergänzen, ist so gross geschrieben, dass es noch zum Text gehören könnte. Aber der Ring über der Zeile spricht dagegen.

XLII. 1^b Hinter עצה ist ein Loch, das den Raum von etwa zwei Buchstaben einnimmt. An seinem oberen Rande findet sich links eine Horizontale, wie von ח, unten in der Mitte eine Spitze wie von ו, die aber auch einem כ gehören könnte. Hinter dem Loche ist für ein ר kaum noch Platz. Aber einen Schatten von ר meine ich zu sehen. — 3^a Hinter השבון steht für sich allein ein durchgestrichenes ב. Ueber וארון steht וארח. — 5^a Der letzte Buchstabe in ממהיר kann des Raumes wegen kein ו sein. — 8^b Unter ונוטל steht im Text ושואל. — 9^c Hinter חגור steht für sich allein ein durchstrichenes ר oder dgl. — 10^b Am Schluss wäre vor ה statt ט auch ש oder ס möglich, nur die linke untere Ecke des Buchstabens ist erhalten. — 10^c Die Randlesart ist nicht mehr zu entziffern. — 10^d Von צ nur der Fuss erhalten. Ich habe צ der Randlesart wegen angenommen. Uebrigens scheint vor צ der Fuss von ע erhalten zu sein. — 11^a Hierher gehört die Variante א' פחזה, die des Raumes wegen nicht neben ihrer Zeile steht. — 11^b Der Anfangspunct des Stichus ist nicht zu bestimmen. — 21^c Auf ל folgte ein כ oder מ (die untere rechte Ecke scheint erhalten zu sein). Von ק ist nur der untere Schaft erhalten, der aber wegen seiner Gestalt wohl nur einem ק gehören kann. Vorher an zweiter (dritter) Stelle vielleicht die linke untere Spitze eines א. Dann folgt eine untere Horizontale, die wohl einem נ gehören könnte. Aber zwischen ihm und dem ק stand wohl noch ein י oder ו. Hinter ק die Fussspitze eines ר oder ד oder dgl. (aber nicht ו). — 24^b In שישאיר ist ר kaum zweifelhaft.

XLIII. 1^a Der Stichus ist fast ganz zerstört. Der Anfang ist vielleicht erhalten, aber unlesbar, weil 42, 11 darauf abgekleckst ist. — 1^b In להביט ist von ל nur die untere Spitze erhalten (vgl. Syr. ܠܡܚܙܐ in 43, 2^a, eher = 43, 1^a Gr.). —7^b ה und פ sind so gut wie sicher. בחשובתו gehört zu 7^b. — 8^d Das ע in מערץ ist etwas zweifelhaft, vielleicht könnte man auch פ annehmen. — Hinter 14^b ist von ן nur die untere Spitze erhalten. — 16^a Von א ist nur der linke Fuss erhalten, dann folgt ד oder ר oder ה. Vor א ist ein grosses Loch. — 21^a Ueber כחרב steht הרים. — 30 Von ג ist die untere Spitze erhalten.

XLIV. 2^a Der Ring steht mehr über der rechten Spitze des ע, als über der Lücke, soll aber doch wohl die Einschaltung von להם bedeuten. — 13^b Von ל ist nur die untere Spitze da, diese aber unverkennbar. — 15^a (Rand). Das נ in חשנה ist deutlich, die Füsse des ה sind wunderlich geschwungen. Aber für חשמע (Cowley-Neubauer) reicht schon der Raum nicht. — 16 נ in ונלקח fast ganz erhalten. — 19^b Der Ring steht zwischen den beiden Wörtern. — 23^e Rand. Wie viel hinter dem zweiten ל noch folgte, ist unklar.

XLV. 2^a Vor אלהים stand ein Präfix. Im anderen Fall wäre der Ring, der zwischen beiden Wörtern stehen muss, viel zu weit nach vorn gesetzt. Wirklich ist die obere Horizontale von כ erhalten. — 3^c Die Länge des Stichus ist nicht zu bestimmen. — 8 In der Randbemerkung ist חא über der Zeile nachgetragen. — 12^b Hinter ציץ an zweiter Stelle die Fussspitzen eines Buchstabens, die zur Noth einem ח gehören können. Von ם ist die untere Horizontale und die linke untere Ecke erhalten. Obere und untere Schweife sind nicht zu erkennen. — 12^d Von ן ist der untere Schweif und vielleicht die obere Spitze erhalten, davor obere Spitzen wie von עי. Hinter ן vielleicht die obere Spitze von י und sodann eine untere Horizontale und darüber vielleicht die Spitzen von מ. Dahinter sind obere oder untere Schweife nicht zu erkennen. — 13^a Von מכ und ה scheinen die oberen Spitzen erhalten zu sein. Dahinter ist nur für ן (nicht ם) Raum. Am Schluss ist von ן nur die untere Spitze erhalten. — 13^b Hinter dem ersten ל eine obere Horizontale, die einem ם gehören kann. Vorher sind obere Spitzen wie von ער sichtbar. Weiter rückwärts ist anscheinend von einem zweiten ע die rechte obere Spitze erhalten. Von כ ist die untere Horizontale nicht ganz klar. — Vor זר scheint sich die untere Spitze eines ל mit einer Horizontale zu schneiden. Der obere Schweif des ל ist nicht zu erkennen, die betr. Stelle ist völlig schwarz. Vorher ist übrigens ילבש unmöglich. — 13^c Oberstrich und Spitze von הו sind nicht deutlich. בן sieht genau so aus wie 48, 23^b. Dann folgen wahrscheinlich zwei untere Horizontalen und dann die Fussspitze eines ל oder ד oder ר oder ו oder ח. An erster Stelle wären ע oder ש oder auch ל oder י mit noch einem Buchstaben denkbar. Der obere Rand der Zeile ist hier zerstört. — 20^c Von ח ist nur die rechte Hälfte erhalten, ein ח ist mir aber wahrscheinlicher als ein ר. — 20^d Vor חלקו eine obere Horizontale, die einem ח oder ם gehören könnte. Vorher Spuren, nach denen מערכת nicht unwahrscheinlich ist. Am Anfang der Zeile Spuren, die (חם)ל nicht ausschliessen. — 22^c Wahrscheinlich hatte der Stichus die angegebene Länge. Ausser den beiden ל keine oberen Schweife. — 22^d Vor ישראל Spuren, die בית (Syr.) zulassen. Der Anfangspunct des Stichus ist nicht zu bestimmen. Keine oberen Schweife. — 23^b An zweiter Stelle hinter נחל eine horizontale Grundlinie und weiter vielleicht eine Fussspitze wie von ד. — 25^{cd} Statt בֿ könnte man vielleicht auch כ annehmen und sogar zweifeln, ob dort überhaupt etwas stand. Aber der Abstand zwischen כבודו und נחלת wäre unverhältnissmässig gross und auf dem ganzen Zwischenraum finden sich Tintenspuren (sofort hinter ו anscheinend der Rest einer Verticalen), die von der gegenüberstehenden Columne nicht abgekleckst sein können. — Uebrigens steht über dem ה von אהרן (unter dem ו von יהודה) ein ת, vor dem noch eine untere Horizontale zu erkennen ist.

XLVI. 4^b Vor ש ein Loch, das in seinen Umrissen der unteren Hälfte eines ל entspricht. Aber darüber ist der Schweif nicht zu erkennen. Am Schluss eine Verticale und eine obere Horizontale, die einem ם (ימים), aber auch einem ה (היה) gehören können. — 5^b Unter ב noch ein zweiter Horizontalstrich, der ebenfalls einem ב gehören wird (vgl. v. 16^b). — 5^d Von ש ist nur die linke untere Ecke erhalten. Für גחלי אש (Cowley-Neubauer), das mit Jos. 10, 11 nicht stimmen würde, ist auch der Raum zwischen ל und ש reichlich gross. — 13^a Vor אל scheinbar noch Spuren von בר. — 16^b An zweiter bis vierter Stelle vor ל sind die oberen Ränder von Buchstaben erhalten, die stark an אכס in כאכפה v. 5 erinnern. Davor vielleicht noch der Schatten von כ.

XLVII. 8^d Vor י ein Buchstabe mit horizontaler Grundlinie darüber vielleicht die Spitzen von ש. — 9^b Auf וקול folgt die Fussspitze eines ו und dann die Grundlinie und die untere Ecke eines מ. — 10^{ab} Wie viel hinter ל und vor שנה stand, ist nicht zu bestimmen. — 10^c Die Stelle von ם 1^0 nimmt ein Loch ein, das seinen Umrissen entspricht. — 10^d In ירון ist das ו sicher, die obere Spitze passt zu נ nicht. — Ueber משכם steht im Text מקדש. — 15^a Zwischen ב und ך keine Buchstaben mit oberen oder unteren Schweifen. — 15^b Für ט, dessen Raum grossenteils ein Loch einnimmt, könnte man auch כ (Cowley-Neubauer ergänzen es) lesen wollen. Ich erkenne aber auf der Photographie rechts oben den Bogen des ט. Statt ב wäre auch כ möglich. — 22^d Wahrscheinlich stand vor אוהביו noch ein kurzes Wort. — 23^a In מיועש ist מ kaum zweifelhaft. Von ע ist der linke Arm nicht klar, aber der rechte und die Basis sind deutlich und schliessen jeden anderen Buchstaben aus. Vielleicht ist der Buchstabe aber corrigirt. — 23[b] In מכון sind von מכו die Füsse und von מ auch die untere Spitze erhalten.

XLVIII. 3[b] Von ג ist der untere Schweif und die (rechte) untere Ecke, von כ die obere und untere Horizontale, von ה die obere Horizontale und die Ecke und von ר die obere Horizontale erhalten. — 11[a] Auf מת folgt ein grosses Loch. Ob da noch etwas stand, ist zweifelhaft. Allerdings ist der Abstand der beiden Stichen im anderen Fall ungleichmässig gross. — 11[b] א steht unter einem Schmutzflecken. Deutlich sind aber der rechte obere Arm und die Enden der Diagonale. Von ש ist das erste Drittel erhalten. Dann folgt ein Loch, das sich bis zu יה erstreckt. Erhalten ist der Schweif eines Finalbuchstabens, der eher einem ך oder ף als einem ן oder ץ gehört. Davor die Spur einer nach vorn geneigten unteren Horizontale (wie von ש oder ב). Weiter rückwärts sind die Grundlinien zweier Buchstaben, die sehr wohl נם sein können, durcheinandergezogen. Davor bleibt Raum für רי oder wenigstens für ר. — 12[a] Am Schluss die linke untere Spitze eines ס (oder ט oder ש), weiter links der linke Fuss eines ת mit nachfolgendem ר (oder ד oder ו). — 12[b] Wie viel vor ל fehlt, ist nicht zu bestimmen. — 20[c] Von ב ist nur die untere linke Spitze erhalten. Denkbar wäre auch ת. — 22[cd] 23 sind ganz zerstört.

XLIX. 9[a] In נשׂיא sind נ.יא nach der Photographie sicher, über ש lässt die Hs. kaum einen Zweifel. — 10[d] Der letzte Buchstabe könnte auch ד, ר, ה oder מ sein. Die Länge des Stichus ist nicht zu bestimmen. — 12 ist ganz zerstört.

Während des Druckes ging mir das Juli-Heft der Jewish Quarterly Review zu, in dem A. Cowley und A. Neubauer zu den von mir in der Theologischen Literaturzeitung (a. a. O.) veröffentlichten Lesungen Stellung genommen haben (S. 563—67). Unsere Differenz ist z. Th. eine prinzipielle. Die Oxforder Blätter mussten behufs sicherer Lesung gereinigt [1]) und wegen der Brüchigkeit des Papiers mit transparentem Papier überklebt werden. Vorsichtshalber hat man aber die Blätter vorher photographirt und von den Platten sind die Kohledrucke genommen, die ich neben meiner in Oxford angefertigten Collation benutzt habe. Die Herausgeber sind nun der Meinung, dass die von mir auf den Kohledrucken gelesenen Buchstaben und Wörter nicht für sicher gelten könnten, wenn sich Spuren von ihnen nicht auch in der Handschrift selbst nachweisen liessen, was sie betreffs mancher meiner Lesungen bestreiten. Ich bin nun vorläufig nicht in

1) d. h. gebürstet. Ich war ungenau berichtet, wenn ich in der Theologischen Literaturzeitung (a. a. O.) von Waschung der Blätter redete.

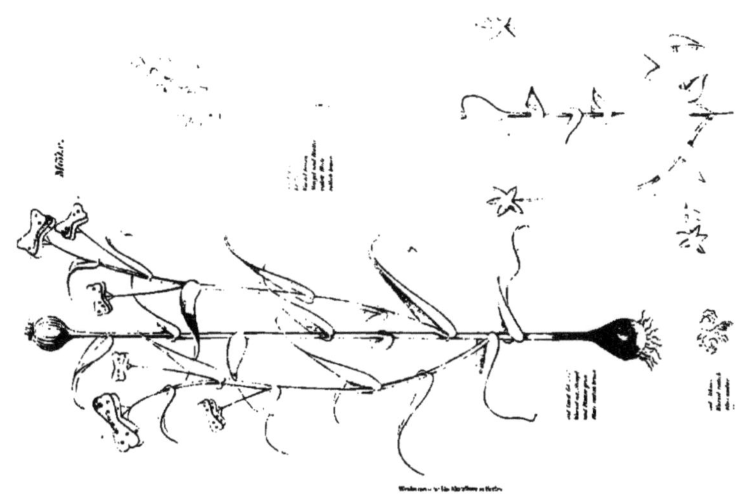
Mohn.

der Lage, die Kohledrucke, die mir nach Deutschland nachgesandt wurden, selbst mit der Handschrift zu vergleichen. Indessen sind photographische Platten für gewisse Farbentöne weit empfindlicher als das menschliche Auge. Sodann kann die Handschrift, nachdem sie überklebt ist, unmöglich in demselben Maasse die Buchstaben erkennen lassen wie vorher. Uebrigens kommt alles auf den Grad von Deutlichkeit an, in dem die Photographie einen Buchstaben erkennen lässt, ob sie an der betreffenden Stelle lediglich Schwärze oder auch die Spuren des Federzuges aufweist. Eben das letztere muss ich bezüglich der von mir nur auf der Photographie gelesenen, aber als sicher bezeichneten Buchstaben behaupten. So ist z. B. das א in שישאיר 42, 24[b], von dem die Herausgeber in der Handschrift keine Spur entdecken können, auf dem Kohledruck mit zweifelloser Sicherheit zu erkennen. Ich hebe das hervor, weil die vorstehende Ausgabe noch manche Lesung aufweist, die ich nur aus den Photographien gewonnen habe.

Die von den Herausgebern bestrittenen oder bezweifelten Lesungen habe ich noch einmal mit den Photographien verglichen. Von meinem Zweifel an שגר 40, 19[c] und ל[פנ]י[ה]ן 45, 13[a] war ich inzwischen selbst zurückgekommen, über das Versehen zu 45, 20[a] bitte ich oben S. 7 Anm. 1 zu vergleichen, übrigens halte ich an meinen Lesungen fest und verweise dafür im Allgemeinen auf die vorstehenden Anmerkungen. Im Einzelnen bemerke ich noch Folgendes. 40, 22[b]. Vorn ist י deutlich auf der Photographie. Vor יעמידו sind zwei untere Horizontalen und über der ersten auch eine obere erhalten, die י[כ]עם gestatten. — 41, 2[b] אננים. Der Fuss des ersten נ ist deutlich auf der Photographie. — 41, 6[b]. Am Anfang ist ז unmöglich, weil der Kopf des Buchstabens nach links geneigt ist; vgl. oben S. 4 Anm. (Aus demselben Grunde kann 49, 7[b] in להשיב kein ז statt י angenommen werden). — 41, 19[d] Rand ממרעט. Von der inneren Spitze des ט ist die Tinte abgesprungen, aber die Spur der Feder ist zu erkennen. Zwischen den Armen von ע reicht ein Riss im Papier vertical durch den ganzen Buchstaben, mir erscheint aber ע als sehr wahrscheinlich. In Betracht käme höchstens noch ט, aber der Fuss des Buchstabens spricht dagegen. — 41, 21[a]. In מהשב ist ה sicher und ח unmöglich (vgl. über die Gestalt des ח oben S. 4 Anm.). — 42, 9[b] הפריע ש (fol. 2 v.). Hier sollen nach Meinung der Herausgeber ע ש auf der Photographie durchscheinen von ב ש 41, 4[d] (fol. 1 v.). Aber die Blätter sind einzeln photographirt und ע ist auf der Photographie vollkommen deutlich. Der rechte Arm ist auch in der Handschrift noch erhalten, das Weitere stand auf einem Fetzen, der beim Reinigen der Hs. verloren gegangen ist. Gr. hat hier wie 47, 23 für הפריע ἀφίστημι, was ich übrigens erst nachträglich bemerkt habe. — 42, 10[b]. Die bei meiner Ergänzung entstehende grammatische Construction entspricht dem von mir angenommenen und vom Zusammenhang geforderten Sinn. — 42, 10[c] Rand Z. 2. In חעצר ist צ m. E. zweifellos und ק dafür unmöglich. — Ebenda Z. 3. Statt ה̇ kann kein abgekürztes ת̇ angenommen werden, weil die beiden Verticalstriche oben, aber nicht unten verbunden sind. — 43, 7[b] הופך עיפה. Am ו 1° ist oben links der Haken deutlich. Sodann stehen die beiden ersten Verticalen erheblich weiter von einander ab, als die dritte von der zweiten. Da schliesslich der Oberstrich von der ersten bis zur dritten Verticale reicht und von der mittleren nicht berührt wird, so kann nur הוסץ gelesen werden. Ferner ist ע, das auch die Herausgeber früher (jetzt שׂ:ה) annahmen, dadurch gesichert, dass der zweite Arm des Buchstabens senkrecht steht, was bei dem mittleren Arm von ש nie der Fall ist. Weiterhin ist : unmöglich, weil die rechte (untere) Ecke des : nie eine solche Rundung hat. Der mittlere Horizontalstrich des ס scheint mir deutlich vorzuliegen. — 43, 23ᵃ יעשיק. Der rechte Arm und der Fuss von ע sind deutlich, der (linke) Fuss eines ח, den die Herausgeber darin sehen, ist ganz anders gestaltet. Uebrigens scheint mir auch der linke Arm des ע unbestreitbar zu sein. — 45, 13ᵇ Der Raum reicht für עד עולם, 48, 25 nehmen dieselben, dort ziemlich weit geschriebenen, Worte einen nur um 1 mm grösseren Raum ein.

An einzelnen Stellen habe ich in den textkritischen Anmerkungen auf die in demselben Heft der Jewish Quarterly Review enthaltene Abhandlung von W. Bacher (S. 543 ff.) verwiesen. Mit Recht ist dort übrigens für 39, 17ᵈ ארצרות (Gr. ἀποδοχεῖα ὑδάτων) statt ארצרו gefordert.

Schliesslich bitte ich S. 5 Z. 21 hinter 40, 9. 10 nachzutragen „41, 17ᵇ (Rand)" und Z. 24 hinter 42, 3ᵃ nachzutragen „und 42, 18ᵃ".

Göttingen, Druck der Univ.-Buchdruckerei von W. Fr. Kästner.

Bei der Correctur, die ohne mein Verschulden überstürzt werden musste, habe ich folgende Druckfehler übersehen.

39, 16^{b} Rand lies צריך
41, 5^{a} lies נמאס
41, 19^{b} Rand lies 41, 19^{d}
42, 17^{c} lies אימץ
48, 12^{d} lies ומופתים.

Sodann sind im Reindruck eine Reihe von Buchstaben und Zeichen wenigstens in vielen Exemplaren gar nicht oder schlecht gekommen.

40, 14^{b} Rand lies כן
43, 30^{cd} Rand lies מרוממיו
ebenda lies ואל תלאו
44, 7^{b} Rand lies ובימיהם
44, 15^{b} Rand lies ותהלתם
44, 23^{b} Rand lies ויכנהו
45, 13^{b} lies כן.

Schlecht gekommen ist ו

40, 28^{b} in טוב	46, 6^{b} in וב
42, 6^{a} in חותם	46, 15^{a} in דרוש
43, 20^{a} in רוח	47, 10^{c} in קדשו
44, 14^{b} in ודור	47, 19^{b} in ותמשילם
44, 19^{a} in המון	47, 22^{b} in ולא
44, 19^{b} in בכבודו	47, 23^{b} in ויעזב
44, 20^{c} in בבשרו	48, 14^{b} in ובמותו
44, 22^{b} in אביו	48, 15^{c} in נסחו
45, 1^{b} in זכרו	48, 18^{c} in וים
45, 19^{b} in ויכלם	49, 7^{a} in ענוהו
45, 26^{cd} in טובכם und לדורות	49, 7^{b} in לנתוש.

Die Abkürzungspuncte oder -striche, die in den Randlesarten stets stehen, sind öfter nicht gekommen. So z. B. 42, 6 Rand über ע und ר und מ und ר. Ein Punct steht aber auch 41, 21^{a} Rand (rechts) über dem ה in השע.

Nicht gekommen sind öfter auch die Striche über den Buchstaben, die die Unsicherheit der Lesung anzeigen.

39, 21^{b} in נבחר	44, 16^{a} in נמצא
40, 7^{a} in יקיץ	45, 12^{d} in ומ
41, 21^{a} Rand (links) in השע	45, 25^{d} in . . . ב
42, 10^{b} in ובבית	46, 16^{a} in וגם ה
In der Zeile hinter 43, 14 in ן	47, 23^{d} in עם.
44, 11^{b} in לב[ני]	

Im Uebrigen entspricht der Druck meinen Lesungen.

ABHANDLUNGEN
DER KÖNIGLICHEN GESELLSCHAFT DER WISSENSCHAFTEN ZU GÖTTINGEN.
PHILOLOGISCH-HISTORISCHE KLASSE.
NEUE FOLGE BAND 2. Nro. 3.

Die LEX MANCIANA,

eine afrikanische Domänenordnung.

Von

Adolf Schulten.

Berlin.
Weidmannsche Buchhandlung.
1897.

Die lex Manciana, eine afrikanische Domänenordnung.

Von

Adolf Schulten.

Vorgelegt von F. Leo in der Sitzung vom 17. Juli 1897.

Dem regen archäologischen Interesse der französischen Offiziere, die mit der topographischen Aufnahme der Regentschaft Tunis beschäftigt sind, verdanken wir eine neue Inschrift aus dem Bereich der „saltus", der kaiserlichen Domänen am Bagradasflusse (Medjerda). Herr Lieutnant Poullain fand auf einer topographischen Streife in Henchir Mettich ca. 10 Kilometer nordwestlich von Testur [1]) einen grossen auf den vier Seiten mit Inschriften bedeckten Kalksteinblock. Um den Fund zu sichern, vergrub er ihn so gut es ging und erstattete Anzeige. Daraufhin wurde der 800 Kilo wiegende Stein „à bras d'homme" auf die Strasse, die Testur mit der nächsten Station Medjez-el-Bab verbindet, und auf ihr zu Wagen weiter nach Medjez gebracht, um von da mit der Bahn nach Tunis zu gelangen. Dort hat er in dem prächtigen Bardomuseum — einem ehemaligen Palais des Bey — neben der in Aïn Wassel gefundenen „ara legis Hadrianae" (vgl. meinen Commentar im Hermes 1894 p. 204 f.) einen Ehrenplatz erhalten. Ueber den wichtigen Fund berichtete R. Cagnat im März der Académie des Inscriptions. Der Freundschaft Herrn Paul Gaucklers, des „directeur au Service des Antiquités de la Tunisie", verdanke ich die Zusendung eines Abklatsches und einer ausgezeichneten Photographie der vier Inschriftseiten des Steins.

Der Stein ist ein harter Kalkstein von gelblicher Farbe, der ein vortreffliches Baumaterial abgiebt, aber zur Anbringung einer Inschrift sich schlecht eignet, weil er zu kristallinisch ist und an der Oberfläche leicht abblättert. Dementsprechend sind alle vier Seiten mehr oder weniger lädirt, am meisten die vierte. Oben und unten erbreitert sich der Steinkörper in der üblichen Weise zu einem Pyramidenstumpfe; der untere ruht noch auf einer rechteckigen Basis. Während auf der Basis nur unterhalb der ersten Fläche eine Inschrift und zwar ein Vermerk

1) Testur (frz. Testour) das römische Tichilla (s. C. VIII Suppl. I. p. 1449, Tissot, Géogr. comp. de l'Afr. rom. II. 334) liegt etwas östlich der Einmündung des Wed Siliana in den Medjerda.

über die Niederschrift der „lex“ angebracht ist, beginnt auf der vierten Seitenfläche die Schrift schon auf dem Aufsatz, offenbar weil der Raum sonst nicht gereicht hätte. Eine der oberen Ecken des Steins ist abgebrochen, wodurch der obere Teil der vierten Seite beschädigt ist. Obwohl auch die dritte Seite durch diesen Schaden verstümmelt ist, hat doch ihre Inschrift keinen Schaden genommen, weil sie erst unterhalb der abgebrochenen Kante beginnt. Daraus folgt, dass die Ecke schon vor Anbringung der Inschrift abgebrochen gewesen sein muss, welchem Schaden man aber nur auf der dritten Seite Rechnung trug, während man auf der vierten die Inschrift auf der wiederaufgesetzten Kante beginnen liess, um Raum zu sparen. Die Schriftcolumne ist auf der ersten Seite 71, auf der zweiten 70, auf der dritten 61 und auf der vierten Seite 77 cm. hoch[1]). Die Breite der Columnen beträgt bei der ersten Seite 49, bei der zweiten 45, bei der dritten 47 und bei der vierten 45 cm.

Der Ort, an dem der Stein gefunden worden ist, heisst bei den Arabern Henchir Mettich. Die Gegend des Fundorts ist ödes Hügelland, nur hier und da stehen einige wilde Oliven, der verkümmerte Rest der in der Inschrift genannten Olivenwälder. Hr. Mettich liegt in nächster Nähe von Aïn Wassel, dem Fundort der ara legis Hadrianae. Wir haben durch die neue Inschrift einen Ansatz für die östliche Ausdehnung des grossen Domanialgebietes am Bagradas gewonnen. Der westlichste Punkt ist bisher der Fundort der Inschrift des saltus Massipianus (C. VIII, 14603) bei Schemtu (Simittu). Schemtu ist in gerader Linie c. 80 Kil. von Testur entfernt. Der nördlichste Punkt ist der Fundort des Grenzsteins C. VIII, 10567 bei Vaga (s. über diese Inschriften meinen obengenannten Aufsatz über die ara legis Hadrianae p. 204 f.). Die kaiserliche Domäne umfasste offenbar das ganze Gebiet des Medjerda bis hinauf zu der Höhe der Berge, die das Thal begrenzen, d. h. im Norden bis Vaga, im Süden bis zu dem Plateau, auf dessen Nordostrand Thubursicum, und auf dessen Südwestrand Sicca Veneria (El Kef) liegt. Man wird die bisher bekannte Ausdehnung dieses Domänengebiets annähernd darstellen können, indem man als seine Länge die Entfernung von Schemtu bis Testur = c. 80 Kil. und als seine Breite die von Béja (Vaga) bis Thebursuk (Thubursicum) = c. 50 Kil. annimmt[2]).

1) Da ich keine Angaben nach dem Original zur Verfügung habe, gebe ich die obigen Maasse nach dem Abklatsch; sie sind also nur annähernd genau.

2) Das bedeutet eine Fläche von 4000 □ Kil. oder c. 72 □ Meilen, wenn es erlaubt ist die bezeichnete Fläche als Rechteck aufzufassen. Den Umfang dieser Domäne wird am Besten ein moderner Vergleich klar legen. Das Staatsgut des preussischen Staates umfasst c. 1,5 Mill. Morgen Domänen und ca. 8 Millionen Morgen Forsten, also zusammen c. 9,5 Mill. Morgen; das Gut der Krone und kgl. Familie nur c. $^1/_2$ Million Morgen. Der ganze in königlicher Verwaltung befindliche Domänenbestand beträgt also c. 10 Millionen Morgen. (Ich entnehme die Zahlen dem Werke von A. Meitzen, d. Boden u. d. landwirtschaftl. Verhältnisse d. preuss. Staats, I. Band (1868) p. 521 und 522). 4000 □ Kil. sind 1600000 Morgen. Allein die Domäne des Bagradasthales beträgt also ein Fünftel des gesammten Domänenbestandes des preussischen Staates. Ich brauche kaum zu sagen, dass diese Zahlen nur eine ungefähre Schätzung geben sollen. Trotz seiner Ausdehnung ist dieses Domanialgebiet des Sahel — so nennt man das

Die Domäne, auf die sich die vorliegende Urkunde bezieht, die „Villa Magna sive Mappaliesiga“ muss an die in der Inschrift von Aïn Wassel genannten saltus (Thusdritanus, Lamianus, Domitianus, Blandianus, Udensis) angegrenzt haben, da Aïn Wassel und Henchir Mettich nahe beieinander liegen. Wir kennen bisher folgende saltus des grossen Domänencomplexes zwischen Schemtu und Testur: saltus Philomusianus (Schemtu), saltus Burunitanus (Suk-el-Khmis), die fünf saltus der ara legis Hadrianae und die Villa Magna genannte Domäne. Unbekannt ist der Name der Domänen, auf die sich die Inschriften von Gasr Mezuar (Bittschrift der Colonen), Aïn Zaga und der Grenzstein von Vaga beziehen (s. Abdruck bei mir a. a. O.). Für eine Specialkarte dieses Domänencomplexes würde man den französischen Gelehrten zu Danke verpflichtet sein.

Die Inschrift ist geschrieben in Capitalschrift mit cursiven Elementen. Cursiv sind die Buchstaben A, B, D, G, M, Q, R, S. Die Aehnlichkeit der Buchstaben A mit R, und I, L, E, F mit S, die Nachlässigkeit der Schrift, die vielen Fehler und die zahlreichen Beschädigungen machen die Lesung der Inschrift zu einer ziemlichen Geduldsprobe. Mit Hülfe der ausgezeichneten Photographie — der Abklatsch versagte an schwierigen Stellen — ist es mir gelungen fast ebenso viel zu lesen, wie die Herren Cagnat, Toutain und Gauckler vor dem Stein selbst gelesen haben; an einigen Stellen glaube ich sogar über die Lesungen Cagnats[1]) hinausgehen zu können. In der That kommt eine Photographie wie die mir vorliegende dem Original sehr nahe. Ich glaube nicht, dass eine Nachvergleichung des Steins viel Neues ergeben wird.

Ich gebe nun den Text der Inschrift zuerst in grossen Buchstaben als Facsimile, dann mit den Herstellungen in gewöhnlicher Schrift. Die Punkte unter den Buchstaben bedeuten, dass die Lesung unsicher oder der Buchstabe schlecht geschrieben ist. Die Ziffern in den Lücken geben in etwa die Zahl der zu ergänzenden Buchstaben an.

---

nördliche Tunesien, den fruchtbaren Teil des Landes — nur der zwölfte Teil des gesammten Domänenbestandes gewesen: Plinius (Nat. Hist. XVIII, 6 § 35) sagt an der berühmten Stelle über die Latifundien „sex domini semissem Africae possidebant, cum interfecit eos Nero princeps“ also die durch Nero confiscirten Latifundien nahmen die Hälfte der Africa proconsularis ein. Nun beträgt das Areal des heutigen Tunesien, welches man mit der Africa proconsularis annähernd identifiziren darf, 91600 □ Kil. (s. Hübner, Geogr. stat. Tabellen 1896 p. 19); der „*semissis Africae*“ umfasste also c. 50000 □ Kil. d. h. 12mal mehr als das Domänengebiet am Bagradas. Ausser diesen saltus kennen wir bisher in der Proconsularis noch die Domänen östlich von Tebessa: den saltus Beguensis, Massipianus und den des Iunius Faustinus Postumianus (s. meine Schrift „d. röm. Grundherrschaften“ p. 32). Wir kennen also, wenn auch nach Nero viel Domanialland an Städte vergeben worden ist, nur einen kleinen Teil der saltus von Africa proconsularis.

1) Ich habe meine Lesarten noch mit der Publikation der Inschrift durch Herrn Cagnat (Comptes rendus de l'Académie d. I. Mars—Avril 1897 p. 146 f.) vergleichen können. Die französische Publikation giebt die Inschrift in Facsimile wieder und fügt eine von H. Toutain verfasste Uebersetzung bei. In letzter Stunde konnte ich noch den ausführlichen Commentar der Inschrift von H. Toutain in den „Mémoires présentés par divers savants à l'Académie des Inscr. et Belles L. Ière série tome XI, Ière partie (55 pp. mit Lichtdrucktafeln der Inschrift) einsehen. Ich habe die wichtigsten Differenzen zwischen H. Toutain und mir am Schlusse erörtert.

I 1 [Pro salu]TE
2 a]VGN[imp]CAESTRAIANI .....
2ª TOTIVSQV[e]DOMVSDIVINE
3 op]TIMIGERMANICIPA[r]THICIDATAALICINIO
4 ma]XIMOETFELICIOREAVGLIBPROCCADEXEMPLV[m
5 leg]ISMANCIANEQVIEORVM[i]NTRAFVNDOVILLAEMAG
6 n]EVARIANIIDESTMAPPALIASIGALISEOSAGROSQVISV
7 bc]ESIVASVNTEXCOLEREPERMITTITVRLEGEMANCIANA
8 . . 3 . .] ITAVTEASQVIEXCOLVERITVSVMPROPRIVMHABE
9 AT EXFRVCTIBVSQVIEOLOCONATIERVNTDOMINISAV[t
10 CONDVCTORIBVSVILICISVEEIVSFPARTESELEGEMA
11 NCIANAPRESTAREDEBEBVNTHACCONDICIONECOLONI
12 FRVCTVSCVIVSQVECVLTVREQVOTADAREADEPORTARE
13 e]TTEREREDEBEBVNTSVMMASDE[fer]ANTARBITRATV
14 s]VOCONDVCTORIBVSVILICIS[veei]VSFETSICONDVCT[o
15 r]ESVILICISVEEIVSFINASSEM[. . 10 . .]ICASDATVR
16 ASRENVNTIAVERINTTABEL[lis ..... 10 .....]ESCAVEA
17 NTEIVSFRVCTVSPARTESQV[.... 12 ....]DEBENT
18 CONDVCTORESVILICISVEEIVS[. . 3 . .]ONICOLONIC
19 ASPARTESPRESTAREDEBEANTQVI[i]NFVILLAEMAG
20 NAESIVEMAPPALIASIGAVILLASHABENTHABEBVNT
21 DOMINICASEIVSFAVTCONDVCTORIBVSVILICISV[e
22 EORVMINASSEMPARTESFRVCTVMETVINEAMEX
23 CONSVETVDINEMANCIANECVIVSQVEGENE
24 RISHABETPRESTAREDEBEBVNTTRITICIEXA
25 REAMPARTEMTERTIAMHORDEIEXAREAM
26 parte]MTERTIAMFABEEXAREAMPARTEMQV
27 inta]MVINVDELACOPARTEMTERTIAMOL
28 eico]ACTIPARTEMTERTIAMMELLISINALVE
29 ism]ELLARISSEXTARIOSSINGVLOSQVISVPRA

30 H]ECLEXSCRIPTAALVRIOVICTOREODILONISMAGISTROETFLAVIO GEM
31 INIODEFENSOREFELICEANNOBALISBIRZILIS.

Annotatio critica.

2a *totiusqu[e] domus divine* ist über Zeile 3 übergeschrieben und soll hinter *Parthici* eingeschoben werden.

6 IDEST. Das Iota ist sehr unsicher; doch kann, da DEST ziemlich deutlich ist, kaum etwas anderes angenommen werden. Statt SV|bc]ESIVA las ich in INSILVA aber H. Cagnat schreibt mir, dass SV|..ESIVA sichere Lesung ist. Die Photographie zeigt den Rest des C nicht. Hinter SV ist ein freier Raum, BC stand aber am Anfang der folgenden Zeile.

8 vor ITA ist der Stein beschädigt.

9 vor EXFRVCTIBVS freier Raum.

12 QVOT. Der Buchstabe ist kaum ein S.

13 DE[fer]ANT. Cagnat giebt R[edd]ANT. Mir scheint der erste Buchstabe ein D, nicht ein R zu sein.

16 CAVEA. So auch Cagnat. Statt des ersten A ist bei der grossen Aehnlichkeit der beiden Buchstaben vielleicht ein R zu lesen; denn die unterscheidende Haste ist gekrümmt: λ, während die des letzten Buchstaben grade ist: Λ. Cagnat liest TABELLIS. Ich dachte zuerst an LABES . . .

16/17. AS. So glaube ich zu lesen. Cagnat lässt die Lesung offen.

20 VILLAS. Das S ist ziemlich sicher, ebenso das Schluss-A in *Mappaliasiga*.

23 *Manciane* ist sicher.

30 Statt [h]ECLEXSCRIPTA las ich zuerst: [el]EGEEXSCRIPTA was sachlich — s. unten — sehr verführerisch ist. LVRO; Cagnat: LVRIO, aber das i fehlt.

Toutain hat folgende Abweichungen:

Die über der zweiten Zeile sichtbaren Buchstaben liest T.: TE und ergänzt [*ex auctoritat*]*te*. Die Lesung ist glücklich aber die Ergänzung verfehlt: es muss natürlich [*pro salu*]te ergänzt werden, wegen des folgenden „*domusque divinae*."

Z. 2a] *divinae* statt, wie auf dem Stein steht, *divine*.

5 [*u*]*ltra* wäre epigraphisch möglich, geht aber sachlich nicht, da es sich überall um innerhalb (*intra*) der Villa gelegene Ländereien handelt. *intra* steht sicher: III 17; IV 23.

6 T. liest: *Mappaliasiga eis* ... Die Lesung ist in der That ebenso gut möglich wie *Mappaliasigalis*.

11 T.: *condecione*.

12 *quota dare adpportare*. Aber 1) ist das relativische *quot* notwendig und 2) wird man trotz aller Fehler der Inschrift nicht unnötig *adpportare* annehmen wo *quot ad area*(*m*) *deportare* gute Lesung ergiebt; 3) ist der Buchstabe vor PORTARE kein P sondern ein T.

16 Für *datur* | *as* liest T. *detur* | *et* (?).

30 Das in LVRO fallende Iota soll nach T. über R und O nachträglich zugesetzt sein.

31 T.: *Gem* | *nio*, aber vor *nio* steht doch wohl noch ein Iota.

II
QVINQVEALVEOS
HABEBITINTEMPOREQV[ovin
DEMIAMELLARIAFACT[a erit .....
DOMINISAVTCONDVCTO[ribusvili
CISVEEIVSFQVIINASSEM[... 7 ...
DDSIQVISALVEOSEXAMINAA[pesvasa
MELLARIAEXFVILLAEMAGNESIVEM
APPALIESIGEINOCTONARIVMAGRV[m
TRANSTVLERITQVOFRAVSAVTDOMINISAV[t
CONDVCTORIBVSVILICISVEEISQVAMFIATA ..
TISEXAMAAPESVASAMELLARIAMELQVIIN[... 3
ERVNTCONDVCTORIBVS ... ORVMVEINASSEM[.. 3 ..
FERVNTFICVSARIDEARBOR[es . . . q]VEEXTRAPOM[a
RIOERVNTQVAPOMARIV[... 9 ...]VILLAMIPS[. . 3 ..
CITVTNONAMPLIVSIV[... 15 ...]ATCOL[on
ISARBITRIOSVOCO[... 15 ...]MCON[ducto
RIVILICISVEEIVSFPAR[tes ... 10 ...]FICETAVE[te
RAETOLIVETAQVEANTEHAC[... 3]MFDI[... 3]VICONSVET[u
DINEMFRVCTVMCONDVCTORIVILICISVEEIVSPRESTAR[ed
EBEATSIQVODFICETVMPOSTEAFACTVMERITEIVSFIC
FRVCTVCTVMPERCONTINVASFICATIONESQVINQVE
ARBITRIOSVOEOQVISERVERITPERCIPEREPERMITTITVR
POSTQVINTAMFICATIONEMEADEMLEGEMQVASSEST
CONDVCTORIBVSVILICISVEEIVSFPDVINEASSERERE
COLERELOCOVETERVMPERMITTITVREACONDICIONE[ut
EXEASATIONEPROXIMISVINDEMISQVINQVEFRVCTV[s
EARVMVINEARVMISQVIITAFVERITSVOARBITROPER
CIPEATITEMQVEPOSTQVINTAVINDEMIAQVAMITASATA[fu
ERITFRVCTVSPARTESTERTIASELEGEMANCIANACONDVC
TORIBVS

1 QVINQVE. Das Q hat eine ungewöhnlich lange Hasta O\ und V ist mit derselben durch einen Strich verbunden: OχV, sodass es wie ein N aussieht. Mit ALVEOS endet die Zeile, da die Randleiste der oberen Verzierung des Steins in schräger Linie die Columne abschneidet.

3 FVE[rit]: Cagnat; vielleicht ist FACT[a erit] zu lesen, denn vor dem vermeintlichen V ist noch der Rest einer schrägen Hasta sichtbar (/V) und die zweite Hasta des V ist gekrümmt, also ⅄C nicht V.

6 A[pes]. Nur A ist erhalten; von PES sind noch die unteren Teile der Hasten zu sehen.

10 EIS sicher, ebenso QVAM. Der Buchstabe hinter FIAT muss wegen der z. Teil erhaltenen schrägen Haste ein A oder R gewesen sein. Hinter FIAT ist Raum für drei Buchstaben.

11 TIS. Das T scheint sicher.

12 Auf *conductoribus* kann nicht *vilicisve eorum*, wie sonst, gefolgt sein. ORVM ist ziemlich sicher also [e]ORVM: vorher könnte nur der Anfang von vilicisve, etwa VIL gestanden haben, wahrscheinlich aber mit Auslassung von *vilicis* nur *ve*. VI[licor]VM (Cagnat) ist nicht wahrscheinlich. Die beiden Buchstaben VE hinter ORVM sind das fälschlich wiederholte *ve* (*vilicisve eorumve*). Hinter INASSEM ist noch eine senkrechte Hasta sichtbar; Cagnat schreibt E[ius], aber „in assem e[ius] ferunt“ verstehe ich nicht.

14 VILLAM. LAM ist sicher; statt [vil]lam könnte auch [nul]lam gelesen werden. Auch Cagnat liest VILLAMIPS[am].

15 Cagnat giebt AMPLIVSQ[uam]. Das Q scheint mir nicht sicher. Vor ATCOL[oni] sind zwei Buchstaben sichtbar also vielleicht FIAT?

16 Vor *con[ductor]* sind noch einige Buchstaben sichtbar, der letzte scheint mir ein M zu sein.

17 PAR[tes] scheint sicher.

20 Hinter FIC, wo der Stein abgesprungen ist, könnte nur ein Buchstabe gestanden haben; doch ist wohl FIC(eti) zu lesen.

22 EO QVI. Da das O sicher ist kann nur EO gelesen werden.

Toutain hat folgende Abweichungen:

10/11 *fiat a[lve]is.*

11 T.: *mel qui in [iis?] erunt.*

12 T.: *v[ili]corumve in assem e[ius | f(undi) erunt*

13 T.: *ar[b]o[rum earum?] que.*

15 T.: *sit.* Aber der erste Buchstabe scheint mir ein C zu sein.

16 T.: *co[. . . .]ci.*

23 T.: *eadem lege M(anciana).* Diese Lesung ist vielleicht anzunehmen, nicht so T.'s Ansicht, dass *eadem l. M. qua s. s. est* stehe für *„lege M. idem quod s. s. et,“* denn was hindert *eadem* als Accusativ Pluralis (statt *idem*) zu nehmen? aber *eadem legem* ist wohl nur ein Schreibfehler.

III 1 V[ilicis]VEEIVSINASSEMDAREDEBE
2 BV[nto]LIVETVMSERERECOLEREIN
3 EOLOC[o]QVAQVISINCVLTVMEXCOLV
4 ERITPERMITTITVREACONDICIONEV
5 TEXEASATIONEEIVSFRVCTVSOLIVETIQ
6 VIDITASATVMESTPEROLIVATIONESPRO
7 XIMASDECEMARBITRIOSVOPERMITTE
8 REDEBEATITEMPOS[t]OLIVATIONESOLE[i
9 COACTIPARTEMTERTIAM[c]ONDVCTO
10 RIBVSVILICISVEEIVSFDD[q]VIINSERVE
11 RITOLEASTRAPOST . . . 12 . . . | . NQVEPAR
12 TEMTERTIAMDD . . . 12 | . . . INF
13 VILLEMAGNEVAR[iani]SI[vem | app]ALIAE
14 SIGESVNTERVNT . . . 9 . . . | AGROSQVI
15 VICIASHABENTEORVM[a | gr]ORVMFRVCT
16 VSCONDVCTORIBVSVILICISV[edebe]NTVRCVSTODESE
17 XIGEREDEBEBVTPROPECORA [. . .]NTRAFVILLEM
18 AGNEEMAPPALISIEG[e]PASCENTVRINPECORASIN
19 GVLAAERAQVATTVSCONDVCTORIBVSVILICISVEDO
20 MINORVMEIVSFPRESTAREDEBEBITSIQVISEXFVILLE
21 MAGNESIVEMAPPALIESIGEFRVCTVSSTANTEMPEN
22 DENTEMMATVRVMIMMATVRVMCAECIDERITEXCIDER
23 ITEXPORTAVERITDEPORTAVERITCONBVSERITNSEQVEA
24 . . . 11 . . .]ENIIDETRIMENTVMCONDVCTORIBVSVILICISVEEIV[s]F

10 DD ist deutlich zu lesen; Cagnat ergänzt es.

11 Der senkrechte Strich in den Zeilen 11 f. bezeichnet einen Riss, den der Stein an dieser Stelle zeigt.

13 Statt [Mapp]aliesige steht hier deutlich [Mapp]ali*ae*sige; Cagnat schreibt Mappaliesige.

15 Die Lesung VICIAS verdanke ich der französischen Publikation.

16 VILICISV[e debe]NTVR. Die Lesung ist sicher; Cagnat giebt V[e eius f.].

17 DEBEBVT. Das N fehlt.

18 MAGNEE. Das E ist doppelt gesetzt.

19 QVATTVS. Die Lesung steht fest.

22 CAECIDERIT. Cagnats Lesart CRECIDERIT ist wohl Druckfehler.

23 EXPORTAVERIT. Cagnat schreibt IAPORTAVERIT aber EX steht da, nur ist die eine Haste des X etwas kurz geraten, sodass es einem ⅄ freilich sehr ähnlich sieht. — Cagnat liest CONTVSERIT aber der vierte Buchstabe ist kein T und das Perfect von contundo heisst contudi. Man kann auch CONBVSEASINT (NT legirt) lesen. Fast möchte man *co<m>-bus(s)erit* (von *comburere*) vermuten, vgl. „*usserit*" in der p. 30 angeführten Digestenstelle (L. 27 § 5 D. 9, 2).

24 Vor *detrimentum* steht eine Reihe von Buchstaben, die gut erhalten, aber unverständlich sind.

25 Auf dem Sockel des Steines stehen die Buchstaben V und F; sie gehören zur letzten Zeile und es ist VILICISVE EIV[s] F(undi) [d. d.] zu lesen (s. den Commentar).

Toutain hat folgende Abweichungen:

7 *permittere* hält T. wohl mit Recht für Schreibfehler statt *percipere*.

18 [*n*]*ascentur* statt *pascentur*.

19 *quae jus*(?) (est) statt *quattus*. T. giebt QVATIVS und bezeichnet selbst seine Vermutung als sehr unsicher.

23/24 *contuserit deseque*[*rit* | *et si quid* ...? ? *detrimentum*.

IV
COLONIERITEICVIDET[. . . 25 . . .
TANTVMPRESTARED[ebebit . . . 25 . . . mag-
NESIVMAPPALIESIG[e . . . 25 . . . se-
VERVNTSEVERIN[t . . . 27 . . .
QVIELEGITIM[a . . . 25 . . .
TESTAMEN [. . . 23 . . . sup-
ERFICIES . . . OTEMPVSLEGEMA[nciana . . . 12 . . .
RITV [. 3 .] FIDVCIEVEDATASVNTDABVNTVR[. . . 10 . . .
. . 5 . .] VSFIDVCIAELEGEMANCIANESERVA[. . . 10 . . .
su]PERFICIEMEXINCVLTOEXCOLVITEXCOLVE[rit . . . 10 . . .
. 2 .] TAEDIFICIVMDEPOSVITPOSVERITEIVEQVI[. . . 10 . . .
DESIERITPERDESIERITEOTEMPOREQVOITAEASVPERFI[cies
COLIDESITDESIERITEAQVOFVITFVERITIVSCOLENDIDVMT [. 3 .
DBIENNOPROXIMOEXQVADIECOLEREDESIERITSERVATV[r
. SERVABITVRPOSTBIENNIVMCONDVCTORESVILICISVEEOR[um
e]ASVPERFICIESQVEPROXIMOANNOFCVLTAFVITETCOLI[desi-
ERITCONDVCTORVILICVSVEEIVSFEASVPERFICIESESSED[icit-
VRDENVNTIETSVPERFICIEMCVLTAMESSEEACONEGESTV . . .
DENVNTIATIONEMDENVNTIATVRX . . . SIGALISEST . . .
. ITEMQVENNSEQVENTEMANNVMSIGALIASINTQVE . . .
AEIVSEIVSFPOSTBIENIVMCONDVCTORVILICVSVECOLE[reiu-
BETONEQVISCONDVCTORVILICVS[vecoru]MINQVILINV[m . . .
FCOLONIQVIINTRAFVILLEMAGN[esivemappa]LIESIGEHA[bit
ABVNTDOMINISAVTCONDVCT[oribusvilicisveeorumin]ASSEM [q-
u[ODANNISINHOMINIBVS[. . . 13 . . .] NESOPER
ASNIIETINMESSEMOP[eras . . . 10 . . .] EGENERIS
s]INGVLASOPERASBIN[as]PR[estaredebebun]TCOLONI
INQVILINIEIVSFINTRA[. . . 20 . . .] ANNIN
OMINASVACONDVCTORIBV[svilicisveeorumi]NCVSTO
DIASSINGVLASQV[. . . RTI . . . 25 . . .] NENT
RATAMSEORSVM[. . . VM . . . 25 . . .] SVM
STIPENDIARIOR[. . . 25 . . .] MAPPA
LIESIGEHABITAB[. . . 25 . . .] VASC
ONDVCTORIBVSVIL[icisveeorum . . . 25 . . .]ICVS [t
ODIASSERVISDOMINIC[. . . 20 . . .] VEST
. . 4 . .]MSINGVLAR[um . . .
GRA
. . P par]TEM
QVINTAM

1 Vielleicht ist COLONIS RESTITVIDE[bent] zu lesen. Die Buchstaben der abgebrochenen Ecke sind so wenig differenziert, dass man jeden Augenblick etwas anderes zu lesen glaubt. Zeile 1—4 stehen auf dem sonst freigelassenen oberen Rand des Steins.

3 SIV. Das E fehlt.

5 QVIELEGITIM[a]. Cagnat: QVIELEGEIIA. *qui e legitim[a]* giebt einen Sinn und passt völlig zu den Buchstaben.

6 Cagnat: IISTRABIA.

7 Cagnat: IIMIVSIICOIA.

8 Cagnat: ISDVLIIVIDATASVNT.

14 Das D vor *bienn(i)o* ist sicher. DVMT am Ende der Z. 13 kann wohl nur zu DVMT[axat] ergänzt werden. Sollte DVMT[axa]D geschrieben worden sein? — EXQVADIE nicht *ex quo die* wie Cagnat giebt.

16 ANNOF. Cagnat giebt statt F S. Beides ist möglich. Liest man ANNOS so liegt die Emendation nahe: „ea superficies que (decem?) proximo(s) annos culta fuit . .“

20 Statt INSEQVENTEM ist NNSEQVENTEM geschrieben.

22 Nach VILICVS würde man VEEIVSF (vgl. Z. 17) erwarten; statt dessen scheint aber mindestens . . . VM also *[serv]um* oder *[cor]um* vor *vilicu[m]* sicher zu sein; dann ist nur noch für *vilicus[ve]* Raum.

23 Der erste Buchstabe scheint mir ein F nicht ein E (Cagnat) zu sein. Cagnat liest Z. 22/23: *[ser]v[u]m inquilinu[mv* | *e;* ich: *cor]um inquilinu[m eius* | *f(undi)*.

26 ETINMESSEM. Cagnat setzt irrtümlich IN doppelt.

40 QVINTAM ist mit Ligatur geschrieben: WΛM Cagnat und Toutain haben es nicht gelesen. C. giebt IANTMI.

Toutain hat folgende Abweichungen:

5 T.: *qui e lege ita*(?).

6 T.: *testamen[to*.

11 Statt EIVEQVI liest T.: *elocavit* [*locaverit*], was kaum wahrscheinlich ist.

13/14 *dumta[xa]t*. Aber in Zeile 14 steht sicher *d* nicht *t*.

14 *ea qua die*: das *x* in *ex qua die* ist deutlich, die eine Hasta durchschneidet die andere also nicht ⅄ wie T. meint, sondern X.

18 . . *ua denuntiet.* — *cultum eius non egis nav* . . .

19/20 „*Siga iis testa* . . . | *s itemque in sequentem annum* [*et si vac*]*at ea*(?) *sine quer*[*el*]*a eius f*(*undi*)“. — *quer*[*el*]*a* ist sehr bestechend, passt aber nicht in den Zusammenhang besonders nicht zu *eius fundi.*

22 *ne quis servum inquilinu*[*m v*]*e coloni* . . . [*prestare cogat*].

[ ] bezeichnet Ergänzungen zerstörter Partien;
( ) Ergänzung von Abkürzungen, z. B. vilicisve eius f(undi), und Auslassungen.
In ⟨ ⟩ sind zu beseitigende Buchstaben gesetzt, z. B. fruct⟨uct⟩um.
Emendationen sind *cursiv* gedruckt (ohne Klammer).

I 1 [*Pro salu*]te
2 *A*]ug. n. i[*mp.*] Caes. Traiani . . . . .
2ª totiusqu[*e*] domus divine
3 *op*]timi Germanici Pa[r]thici]: (lex) data a Licinio
4 *Ma*]ximo et Feliciore Aug. lib. proc. ad exemplu[*m*
5 *leg*]is Manciane: **(§ 1)** Qui eorum [*i*]ntra fundo villae Mag-
6 *na*]e Variani id est Mappaliasigalis eos agros qui su-
7 *bc*]esiva sunt (excolere volunt) excolere permittitur lege Manciana
8 . . ita ut eas qui excoluerit usum proprium habe-
9 at. Ex fructibus, qui eo loco nati erunt, dominis aut
10 conductoribus vilicisve eius f(undi) partes e lege Ma-
11 nciana prestare debebunt hac condicione: coloni
12 fructus cuiusque culture, quot ad area(m) deportare
13 et terere debebunt, summas de[*fer*]ant arbitratu
14 *s*]uo conductoribus vilicis[*ve ei*]us f(undi) et si conduct[*o*-
15 res vilici⟨s⟩ve eius f. in assem [*partes colon*]icas datur-
16 as renuntiaverint tabel[*lis coloni* . . .]es cavea-
17 nt eius fructus partes, qu[*as prestare*] debent,
18 conductores vilici⟨s⟩ve eius [*f. col*]oni⟨coloni⟩c-
19 as partes prestare debeant. **(§ 2)** Qui [*i*]n f. villae Mag-
20 nae sive Mappaliesiga (!) villas habent habebunt
21 dominicas (dominis) eius f. aut conductoribus vilicisv[*e*
22 eorum in assem partes fructum et vinea(ru)m
23 ex consuetudine (legis) Manciane cuiusque gene-
24 ris habet prestare debebunt: tritici ex a-
25 ream partem tertiam, hordei ex aream
26 *parte*]m tertiam, fabe ex aream partem qu-
27 *in*]tam, vinu(!) de laco partem tertiam, ol-
28 *ei co*]acti partem tertiam, mellis in alve-
29 *is m*]ellaris sextarios singulos. **(§ 2ª)** Qui supra

II 1 *q*]uinque alveos
2 habebit in tempore qu[*o vin*-
3 demia mellaria fact[*a erit*
4 dominis aut conducto[*ribus vili*-
5 cisve eius f(undi) QVI (?) in assem [*partem tertiam?* . . . . .
6 d. d. **(§ 3)** Si quis alveos examina a[*pes vasa*

7 mellaria ex f(undo) villae Magne sive M-
8 appaliesige in octonarium agru[*m*
9 transtulerit, quo fraus aut dominis au[*t*
10 conductoribus vilicisve eis (!) quam fiat, a . . .
11 ṭis exam(in)a, apes, vasa mellaria, mel qui in [*tul-*
12 erunt conductoribus (vilicis)v[*ee*]orum⟨ve⟩ in assem [*d. d.* (§ 4) *Quae in*
13 f(undo) erunt ficus aride arbor[*es* . . . *q*]ue extra pom[a-
14 rio erunt, qua pomariu[*m apud vil?*]lam ips[*am*
15 sit, ut non amplius [. . . . . .] at, col[*on-*
16 is arbitrio suo co[*lere licebit nec fructu*]ṃ con[*ducto-*
17 ri vilicisue eius f. par[*tes d(are) d(ebebunt)*]. (§ 5) Ficeta ue[*te-*
18 ra et oliveta, que ante[*hoc tempus sata sunt, iuxta?*] consuet[*u-*
19 dinem fructum conductori vilicisve eius prestar[*e d-*
20 ebea(n)t. (§ 6) Si quod ficetum postea factum erit, eius fic(eti)
21 fruct⟨uct⟩um per continuas ficationes quinque
22 arbitrio suo e⟨i⟩ qui seruerit percipere permittitur,
23 post quintam ficationem eadem legem (!) qua s. s. est
24 conductoribus vilicisve ẹịus (?) p(artes) d(ebebit). (§ 7) Vineas serere
25 colere loco veterum permittitur ea condicione [*ut*
26 ex ea satione proximis vindemis quinque fructu[*s*
27 earum vinearum is qui ita fuerit suo arbitro (!) per-
28 cipeat (!) itemque post quinta(m) vindemia(m) quam ita sata [*fu-*
29 erit fructus partes tertias e lege Manciana conduc-
30 toribus

III 1 v[*ilicisv*]e eius (f.) in assem dare debe-
2 bu[*nt*]. (§ 8) [*O*]livetum serere colere in
3 eo loc[*o*] qua quis incultum excolu-
4 erit permittitur ea condicione u-
5 t ex ea satione eius fructus oliveti q-
6 uid ita satum est per olivationes pro-
7 ximas decem arbitrio suo permitte-
8 re debeat item pos[*t*] olivationes (decem) ole[*i*
9 coacti partem tertiam [*c*]onducto-
10 ribus vilicis eius f. d. d. (§ 9) [*Q*]ui inserue-
11 rit oleastra post [*annos quinque par-*
12 tem tertiam d. d. (§ 10) [*Agri herbis consiti qui*] in f(undo)
13 ville Magne Var[*iani*] si[*ve Mapp*]aliae (!)-
14 sige sunt erunt [*praeter*] agros, qui
15 vicias habent, eorum a[*gr*]orum fruct-
16 us conductoribus vilicis[*ve debe*]ntur; custodes e-
17 xigere debebut (!). (§ 11) Pro pecora [*que i*]ntra f. ville M-
18 agne⟨e⟩ Mappaliesig[*e p*]ascentur, in pecora sin-

19 gula aera quattu⟨or⟩ conductoribus vilicisve do-
20 minorum eius f. prestare debebit. (§ **12**) Si quis ex f. ville
21 Magne sive Mappaliesige fructus stantem pen-
22 dentem, maturum immaturum caec[*ide*]rit excider-
23 it, exportaverit deportaverit CONBVSERIT N seque[*n*
24 *tis quinque*?]nii detrimentum conductoribus vilicisve eiu[*s*] f. [*p. d.*

IV 1 *Culpa si*?] coloni erit, ei, cui de[*trimentum factum est*?
2 tantum prestare d[*ebebit*]. — (§ **13**) [*Si qui in f. ville Mag-*
3 ne sive Mappaliesig[*e* . . . . *se-*
4 verunt severint [. . . . .
5 qui e legitim [. . . . .
6 les tamen [. . . . . (§ **14**) . . . . *sup-*
7 erficies [. . . . . . tempus(?) lege Ma[*nciana* . . . . .
8 RI . . . [f]iduciеve data sunt dabuntu[r . . . . . .
9 . . . . . fiduciae lege Manciane serva[*buntur*] . . (§ **15**) [*Qui*
10 *su*]perficiem ex inculto excoluit excoluer[*it ibique*
11 . . . aedificium deposuit posuerit ⟨is⟩ve qui [*coluit postea*
12 desierit per(?) desierit eo tempore, quo ita ea superfi[*cies*
13 coli desit desierit, ea quo fuit fuerit ius colendi dumt[*axa*
14 d bienno(!) proximo ex qua die colere desierit servatu[*r*
15 . servabitur, post biennium conductores vilici⟨s⟩ve eor[*um c*(*olere*) *d*(*ebebunt*)?
16 (§ **16**) *E*]a superficies, que proximo anno f. (?) culta fuit et coli [*desi-*
17 erit conductor vilicusve eius f. (ei, cuius) ea superficies esse d[*icit-*
18 ur denuntiet superficiem cultam ESSE EACONEGESTV . . .
19 denuntiationem denuntiatur . . A . . SIGALISTEST
20 . itemque ⟨i⟩nsequentem annum SIGALIASINTQVE
21 .]a eius ⟨eius⟩ f. post bienium (!) conductor vilicusve co[*lere iu*(?)-
22 beto. — (§ **17**) Ne quis conductor vilicus[*ve e*]orum inquilinu[*m eius*
23 f. . . . (fehlt mehreres). — (§ **18**) Coloni, qui intra f. ville Magn[*e sive*
Mappa]liesige ha[*bit-*
24 abunt dominis aut conduct[*oribus vilicisve eorum in*] assem [*q-*
25 uodannis in hominibus [*singulis in arati*]ones ope-
26 ras n(umero) II et in messem op[*eras n. II. et in sarritiones cuiusque*] generi-
27 *s*] singulas operas bin[*as*] pr[*estare debebunt*]. — (§ **19**) Colon[*i*
28 inquilini eius f. intra [. . . . . . .] anni n-
29 omina sua conductor[*ibus vilicisve eius f. edere et operas i*]n custo-
30 dias singulas qu[*attuo*]r [*praestare debent*; . . . . . . *perti*?]nent
31 ratam scorsu[*m* . . . . *seor*]sum
32 (§ **20**) Stipendiarior[*um qui in f. ville Magne sive M*]appa-
33 liesige habitab[*unt* . . . . *operas s*]uas c-
34 onductoribus vil[*icisve eius f.* . . . .]t cus[*t*
35 odias servis dominic[*is* . . . .] VEST

. . . M singular[*um* . . . .
. . . .
. . . . GRA
. . . . [*par*]tem
quintam.

Auf der Plinthe steht unter der ersten Seitenfläche: „h]ec lex scripta a Lurio Victore Odilonis magistro et Flavio Geminio defensore; Felice Annobalis Birzilis“.

Zur Beurteilung der Ergänzungen bemerke ich, dass die Zahlen innerhalb der Klammern, durch die ich die Zahl der zu ergänzenden Buchstaben bezeichnet habe, für den ganzen Raum der Klammern gelten, dass also die ergänzten Buchstaben mit in Anrechnung zu bringen sind.

Die Inschrift beginnt mit der Formel „[*pro salu*]te . . . Traiani“ und dem Vermerk über die Aufstellung der Inschrift. Die Entzifferung der Praescription macht grosse Schwierigkeiten, doch ist sicher der Name CAES. TRAIANI und die Cognomina GERMANICI PARTHICI. Dann ist die Urkunde niedergeschrieben nach dem 29. August 116, seit welchem Tage der Kaiser „*Parthicus*“ heisst (Dessau, inscr. lat. sel. 297) und vor dem August 117, in welchem Monat der Kaiser starb.

Dass zwischen *Germanici, Parthici* das sonst stets an zweiter Stelle stehende Cognomen *Dacici* fehlt, ist höchst auffallend, doch ist die Lesung sicher und unsere Inschrift reich an Absonderlichkeiten.

Auf die Praescription folgt: „*data a Licinio* [*Ma*]*ximo et Feliciore Aug. lib. procc. ad exemplu*[*m leg*]*is Mancianae*“. Zu *data* ist *lex* zu ergänzen. Gesagt wäre also, dass zwei — PROCC ist sicher — kaiserliche Freigelassene nach einer *lex Manciana* (*ad exemplum l. M.*) eine neue lex zusammengestellt haben. Durch diesen Passus wird meine Vermutung, dass am Anfang der ara legis Hadrianae zu lesen sei: „ . . *legem infra scriptam intulit* (*ad*) *exemplum legis Hadrianae*“ bestätigt (s. Hermes 1894 p. 230).

Wie der „*sermo procuratorum*“ der Inschrift von Aïn Wassel einer lex Hadriana, so ist die Verfügung der beiden Procuratoren unserer Inschrift einer *lex Manciana* entnommen. Das ist so zu verstehen: die lex Hadriana und Manciana waren allgemeine Verfügungen über die Domänen (*lex saltus*); ihnen entnahmen die Procuratoren des Saltus die für ihre Zwecke passenden, d. h. für die vorliegende Controverse zwischen Colonen und conductores entscheidenden Paragraphen. Bei dem grossen Umfang des Originalstatus ist es naturgemäss, dass nicht auf jedem fundus des Guts eine Copie der ganzen lex stand, sondern nur in besonderen Fällen einzelne Kapitel derselben „*ad exemplum*“ der lex aufgestellt wurden.

Das Original der *lex saltus* befand sich im Archiv der kaiserlichen Domänen in Rom, wo der Generaldirektor, der „a rationibus“, seinen Sitz hatte. Eine Copie davon auf Kupfer war auf der Domäne [1]) angeschlagen. Eine solche wird im Dekret des Commodus erwähnt, eine andere ist als *lex metalli Vipascensis* erhalten. Bei Controversen wurde nach ihr entschieden und eine Abschrift der betreffenden Kapitel im Bereich der Parteien aufgestellt. Die vorliegende Inschrift ist davon das fünfte Beispiel (1. Dekret des Commodus, 2. Ara legis Hadrianae, 3. Inschrift von Gasr Mezuar, 4. Inschrift von Aïn Zaga; s. Hermes 1894 p. 204 f.). Die Urkunde giebt sich als eine *lex data a procuratoribus*. Schon aus der *ara legis Hadriana* lernten wir dies Verfügungsrecht der procuratores saltus kennen. Es ist von dem des Kaisers und den *epistulae* der procc. tractus (Dekret des Commodus) scharf zu scheiden. Neue Verfügungen konnte nur der kaiserliche Grundherr erlassen, nicht als Kaiser, sondern als dominus praediorum, wie jeder Private seinem Eigentum eine *lex* geben kann.

Die beiden uns bekannten Erlasse der freigelassenen Procuratoren sind Auszüge aus der *lex saltui dicta* und sicherlich hat das *ius dicendi legisque dandae* dieser Beamten nicht weiter gereicht.

Von den beiden Freigelassenen scheint zunächst der eine Licinius Maximus, der andere mit blossem Cognomen Felicior zu heissen. Doch würde die Ungleichheit der Nomenclatur so auffallend sein, dass man das Gentile *Licinio* wohl auch auf Feliciore beziehen muss. Die anderen uns bekannten procuratores saltus, alles wie hier Freigelassene, führen nur das Cognomen (s. Mommsen a. a. O. p. 400). Das ist die gewöhnliche Nomenclatur der Freigelassenen. Daneben führen Freigelassene auch den vollen aus Praenomen, Nomen und Cognomen bestehenden Namen oder auch zwei Cognomina in der Form: Calamus Ti. Claudii Caes. lib. Pamphilianus (Dessau 1820), aber nur sehr selten Gentile und Cognomen wie hier. Als Beispiele nenne ich Dessau 1669: Aurelius Alexander und 1678: Aurelius Symphorus.

Die *lex Manciana* erscheint hier zum ersten Mal. Benannt ist sie nach einem Träger des Cognomen *Mancia*, welches ich im Corpus nur an folgenden Stellen finde: CIL. IX 5107: *C. Licinius C. f. Val. Mancia* (Interamna), V 7601: *L. Geminio L. f. Cam. Manciae* (Alba Pompeia). Im Bereich der Aristokratie kenne ich nur einen Mancia, nämlich den Consul suffectus des Jahres 55, der im J. 56 *legatus exercitus Germaniae superioris* war (Tacitus Ann. XIII 56; s. über ihn Prosopographia imp. Romani I unter „Curtilius"). Seinen weiteren „cursus honorum" kennen wir nicht; es ist sehr gut möglich, dass er später Proconsul von Afrika war und als solcher die lex Manciana gegeben hat. Das Auftreten einer nach einem Magistrat benannten, also nicht vom Kaiser sondern vom Volk gegebenen *lex* auf dem Gebiet der kaiserlichen Domanialverwaltung erklärt sich nur, wenn man annimmt, dass die lex Manciana als *„lex praediis populi Romani data"* ursprünglich auf einer zum Aerarium gehörigen Domäne stand, die dann in kaiserliches Eigentum übergegangen ist. Die lex M. könnte auch eine *lex data,* ein statthalterlicher

1) Im Dekret des Commodus für den Saltus Burunitanus wird gesagt, dass sich die *„litterae procuratorum"* „in tabulario tractus Karthaginiensis" befinden (Mommsen, Hermes 1880, p. 388). Was von den die lex ergänzenden litterae procc. gilt, gilt nicht von der lex selbst: sie steht „in aere incisa ab omnibus undique vicinis visa" (Dekret des Commodus) auf der Domäne.

Erlass sein (s. Mommsen, Staatsrecht III 309), vergleichbar der lex Pompeia für Bithynien und Pontus, aber die Angelegenheiten ihrer Domänen wird doch wohl die Regierung in Rom selbst geregelt haben. Die lex M. entspricht völlig der für Sizilien geltenden *lex Hieronica*, d. h. der aus der Verwaltung König Hieros übernommenen *lex agraria*. Andere Ordnungen der Art kenne ich nicht: die lex agraria vom Jahre 111 v. Chr. gilt für den ganzen ager publicus, während die l. Manciana doch wohl nur für Afrika gegeben ist. Singulär ist die Benennung einer lex nach dem Cognomen, wo doch sonst stets das Nomen den Gesetzesnamen giebt (Staatsrecht III 315).

Während auf der Domäne Villa Magna die lex Manciana gilt, finden wir sowohl im saltus Burunitanus als auf den fünf *saltus*, welche die „ara legis Hadrianae" nennt, die *lex Hadriana*. Das wird sich nur mit der Annahme erklären lassen, dass Hadrian mit seiner lex Hadriana, die in der Zeit des Commodus (Dekret des Commodus) und Septimius Severus (ara l. Hadr.) auf den Domänen galt, ein neues Domanialstatut geschaffen hat.

Ueber die Zeit der lex Manciana ist kaum etwas auszumachen. Ihr Inhalt liefert irgendwelche Indizien nicht. Sie kann sehr wohl aus republikanischer Zeit sein, vielleicht eine der vielen leges agrariae der zweiten Hälfte des VII. Jahrhunderts der Stadt.

Mit Zeile 5 beginnt die Verordnung, sonderbarer Weise relativisch eingeleitet: § 1.
„*qui eorum . . . excolere permittitur*". Zu *qui* ist als Prädikat zu ergänzen etwa „*excolere vult*". Auf EOS AGROS folgt QVI SV‖bc]ESIVA SVNT. Die Lesung su[bc]esiva ist keines der geringsten Verdienste der um die Entzifferung der Inschrift hochverdienten Herren Cagnat, Gauckler und Toutain. *Subsiciva*, wofür auch sonst noch *subcisiva* (oder *subcesiva*) vorkommt[1]), sind in der Sprache der Agrimensoren die „Centurienschnitzel": das Wort stammt aus dem Schuhmachergewerbe und bedeutet ursprünglich „Lederschnitzel" (von *subsecare*) (s. Rudorff in Schriften d. röm. Feldmesser II 390 f.). Solche Schnitzel entstehen an der Grenze der assignierten Feldflur, da bei der krummlinigen Begrenzung derselben zwischen den äussersten *limites* und dem *finis* unvollständige Centurien übrig bleiben. Dies ist die eigentliche Bedeutung von *subsiciva*. Der Begriff ist dann übertragen worden auf das Land, welches innerhalb einer vollen Centurie nicht assigniert wurde, weil es unbrauchbar war. Ich möchte die eigentlichen *subsiciva* als s. limitationis und die zweite Klasse als s. assignationis bezeichnen: die linea subsecans ist im ersteren Falle die Grenze der Stadtflur, im zweiten die der assignierten Loose[2]). Dass das

---

1) *subcisivorum* hat die Handschrift des Feldmessercorpus R (Rostochiensis) Feldm. I p. 369, 18 in den Exzerpten aus Isidorus.

2) Die *saltus* sind, weil limitiert aber nicht assigniert „*ager per extremitatem mensura comprehensus.*" Die Limitation des Domaniallandes ist auch sonst bezeugt (s. Feldmesser II p. 300; Mommsen, Hermes XXVII p. 87). Die „*partes quae ex Lamiano et Domit*[*iano* *saltu iun*]*ctae Thusdritano sunt*" (Ara l. Hadr.) sind mit den einem städtischen Territorium aus dem Territorium der Nachbargemeinde zugefügten „*praefecturae*" (s. Feldm. II p. 403) zu vergleichen. Das Domaniallaud war abgesehen von der hier fehlenden Assignation dem Colonialland völlig gleichartig.

Domaniallaud am Bagradas centuriiert war, lehrte schon die ara legis Hadriana, in der *centuriae [finitim]ae saltus Blandiani Uden[sis]* vorkommen (Col. II 2). Die Zugehörigkeit der subsiciva spielt in der römischen Agrargeschichte eine grosse Rolle. Vespasian vindicierte die subsiciva als nicht assigniertes Land dem fiscus als dem *auctor assignationis*, aber Domitian gab alle italischen subcisiva den Besitzern, vgl. Hyginus de gen. contr. (Feldm. I 133, 9—13): „cum divus Vespasianus subsiciva omnia quae non venissent . . sibi vindicasset, . . Domitianus per totam Italiam subsiciva possidentibus donavit" (vgl. Sueton, Dom. 9: *subsiciva . . . veteribus possessoribus . . . concessit*). Wir besitzen noch einen Brief dieses Kaisers an die Gemeinde Falerio in Picenum, in dem er in diesem Sinne entscheidet (Bruns fontes [6] p. 242). Durch die vorliegende Stelle wird klar, dass in der ara l. Hadr. die „partes agrorum . . quae in centu[*riis finitim*]is saltus Blandiani Uden[*sisque*] . . sunt" solche *subsiciva* waren. Dadurch wird die Ergänzung [*finitim*]is gesichert, denn die subsiciva sind unvollständige *centuriae finitimae*.

„*intra fundo villae Mag[nae] Variani sive Mappaliasigalis*". Dies ist der volle Name der Villa, der nur noch einmal vorkommt (III 13); gewöhnlich [1]) heisst sie nur „villa Magna sive Mappaliesiga" [2]) (oder wie hier Mappaliesigalis). Eine andere *Villa Magna* kennen wir aus der Inschrift C. VIII p. 113 und den Bischofslisten. Diese Villa Magna liegt bei Leptis Magna. Der Genetiv *Variani* stammt von dem ersten Eigentümer Varius her. Villa Magna Variani ist der römische, Mappaliesiga [3]) der einheimische Name der Villa. Solche zugleich den Namen des römischen Possessor und den punischen Lokalnamen tragende Güter kommen in Afrika häufiger vor z. B. „Megrada villa Aniciorum" (It. Anton. p. 62 Parthey), Minna villa Marsi (It. Antonini p. 29 Parthey). Der Ausdruck „*intra fundo villae Magnae*" bestätigt meine Ausführungen über die Einteilung der saltus in fundi (Grundherrsch. 105). Im *saltus Horreorum* bei Sitifis werden die *coloni* nach den *castella* benannt (coloni castelli Dianensis), im saltus Massipianus nach fundi (C. VIII 11735: coloni fundi Ver. . .). Die fundi entsprechen den pagi, die castella den vici der Stadtflur: die ländlichen Gemeinden werden bald nach ihrer Ortschaft bald nach deren Gebiet benannt.

Da die Domäne Villa Magna aus mehreren fundi besteht, giebt es auch mehrere villae, vgl. I 18: „que in f(undo) villae Magnae . . villas habent habebunt dominicas . . ." Zu jedem fundus gehört eine villa, denn die villa ist „pars fundi" vgl. L. 15 § 2 D. 33,7: „villa autem sine ulla dubitatione pars fundi habetur."

1) Der Name steht an folgenden Stellen: I 6; 20; II 7; III 13; 18; 21; IV 2; 23; 32.

2) Es kommt auch Mappaliasiga vor: I 6; 20. Dagegen steht Mappaliesiga: II 8; III 13 (mit -*ae*), 18, 21; IV 3; 23; 33. Statt des Genetivs *Mappalie(a)sig(a)e* steht zweimal (I 6; 20) Mappaliasiga und zwar an den Stellen, die auch im Innern des Wortes *a* (Mappaliasiga) schreiben. Offenbar ist das zweite *a* dem ersten assimiliert.

3) Der erste Teil des Wortes erinnert an das bei den römischen Autoren vorkommende punische Wort *mapalia* = Hütten, das dem punischen *magalia* (magaria) zu entsprechen scheint, (Schröder, d. phöniz. Sprache p. 104). Der zweite Theil des Wortes *siga* kommt als Städtenamen vor: so heisst z. B. die Hauptstadt des Bocchus von Mauretanien (Schröder p. 94), vgl. den Meilenstein C. VIII 10470: POMAR(io) M. P. XXVIII SIG(am).

Auf *„excolere permittitur“* folgt die nähere Bestimmung des *ius colendi*: *„ita ut eas qui excoluerit usum proprium habeat.“*

Der Occupant, der *„cultor agri rudis*[1])“, soll also den persönlichen *usus* des urbar gemachten Ackerlandes haben, d. h. Fruchtgenuss nur zum Unterhalt, nicht zum Gewinn durch Verkauf etc. Für *eas* (qui excoluerit) müsste *eos* oder *ea* stehen, da sich das Relativ auf *agros* oder *subcesiva* bezieht. Vor *ita ut* ist noch Raum für ein kleines Wort; ich kann es nicht finden, und sachlich wird es nichts ausgemacht haben.

Vor dem nächsten Satz ist ein kleiner Raum freigelassen, leider nur hier, während sonst alle Sätze ohne Absatz auf einander folgen, was das Verständnis der Urkunde erschwert. Der folgende Satz lautet: „ex fructibus qui eo loco nati erunt dominis aut conductoribus vilicisve eius f(undi) partes e lege Manciana prestare debebunt hac condicione.“ Von den Früchten des umgebrochenen Landes soll der Emphyteuta also Quoten entrichten. Wie sind diese Quoten aufzufassen? Sind sie von der ganzen Ernte oder abzüglich des *usus* zu verstehen? Ich glaube letzteres, denn auch in der Ara legis Hadrianae sollen Quoten nur von den zu verkaufenden Früchten geleistet werden, also „salvo usu“, s. Col. III 12: „nec alia pom(a) in divisione(m) umquam cadent qu(a)m quae venibunt a possessoribus.“ Die Analogie ist frappant. Was sollte auch sonst die Zusicherung des „usus proprius,“ wenn derselbe sich nur auf den Anteil des Occupanten an der Ernte bezog: dessen usus hatte er ja eo ipso. Eine Pandectenstelle scheint mir meine Ansicht zu bestätigen L. 42 D. de usufructu (7. 1): „si alii usus fructus eiusdem rei legatur id percipiat fructuarius quod usuario supererit.“ Der Fall ist ganz analog, nur dass „id quod usuario supererit“ wegen der colonia partiaria zwischen coloni und conductor geteilt wird. Den Begriff *partes fructuum* kennen wir aus der „ara legis Hadrianae“, wo bestimmt wird, dass der Occupant nicht bebauten Landes *„tertias partes“* leisten soll [2]).

Zu entrichten sind die Quoten an die *domini* oder *conductores* (resp. ihre vilici) des fundus, innerhalb dessen *„ager rudis“* bebaut worden ist. *Dominus* steht hier durchaus synonym mit *conductor*, da der wirkliche dominus, der Kaiser, seine Domäne nicht selbst bewirtschaftet. Die Bezeichnung der conductores als *„domini“* ist aus dem Codex Justin. sattsam bekannt[3]): die langjährige Pacht des conductor machte ihn zum factischen dominus der Domäne. Die Formel „dominis aut conductoribus vilicisve eius f.“ steht an folgenden Stellen: II 4; 9[4]); IV 24[5]), sonst wird das in der That überflüssige *dominis* fortgelassen. Ein-

1) „de rudibus agris“ ara l. Hadr. II 12.

2) Im Dekret des Commodus sind die *„partes agrariae“* doch wohl mit Mommsen (a. a. O. p. 402) als „Ackerfrohnden“ (opera iugave) zu fassen, da, wie Kornemann (Berl. Phil. Wochenschrift, 5. Juni 1897, Sp. 719) hervorhebt, im Dekret des C. nur von den Frohnden nicht von Fruchtquoten die Rede ist. Demnach ist p. 97 meiner Schrift, „d. röm. Grundb.“ zu corrigieren.

3) Vgl. Kuhn, Städt. u. bürg. Verf. d. röm. Reichs I. p. 273.

4) Statt *eius f(undi)* steht hier EIS, offenbar ein Fehler; vor *dominis* ist das dem zweiten *aut* entsprechende *aut* hinzugefügt.

5) Dominis aut conduct[oribus vilicisve eius f.).

mal (III 14) kommt vor „conductoribus vilicisve dominorum eius f(undi).“ Auch hier ist der Begriff dominorum überflüssig, da der conductor natürlich conductor eines dominus ist. I 21 ist dominis vor „aut conductoribus vilicisve eorum“ zu supplieren. Statt „conductores vilicive eius f.“ kommt dreimal „conductor vilicusve eius f.“ vor (IV 17; 21; 22).

Der (*servus*) *vilicus* ist wie der *actor* der Vertreter des conductor, der Intendant. Er kommt nur vor, wo sein Herr nicht selbst auf dem Gute lebt und ist nicht etwa ein blosser mit dem conductor zugleich wirtschaftender Beamter, denn er wird hier genannt als Inhaber der Rechte, also als Vertreter des conductor. Ebenso erscheint in der lex metalli Vipascensis der *actor*: es heisst dort „conductori socio actorive eius.“ Zu dem vilicus und actor, die Sklaven sind, tritt als dritte Art von Intendanten der procurator, ein Freigelassener, hinzu. Er ist von den beiden anderen nur graduell verschieden: was auf kleinen Betrieben actor und vilicus sind, ist im Grossen der procurator. So werden z. B. die kleineren Güter des Kaisers von vilici oder actores, die grösseren — wie die afrikanischen *saltus* — von Procuratoren verwaltet[1]). Pächter haben meist keinen Procurator sondern einen vilicus oder actor. Bekannt sind die vilici und actores der Zollpächter der illyrischen und asiatischen Zölle[2]).

Der Plural *conductores* ist wohl so zu verstehen, dass die Domäne von einer *societas* gepachtet war, was bei der Grösse des Pachtobjekts das Natürliche ist.

Der Inhalt des Satzes Zeile 11 f. ist nach meiner Herstellung folgender: die Colonen müssen den gesammten Betrag (*summas*) der Ernte dem conductor angeben (*de[fer]ant*), und wenn die conductores auf Grund dieser Angabe die Anteile der coloni ([*partes colon*]*icas*) festgestellt und mitgeteilt haben (*renuntiaverint*), sollen die coloni schriftlich (*tabellis*) sich zur Ablieferung der den conductores zu liefernden Quoten verpflichten (*caveant*) und die conductores sollen ihrerseits den coloni ihre Anteile gewähren (*partes colonicas praestare debeant*). Ich denke, dass diese Interpretation der schwierigen und schlecht erhaltenen Stelle gerecht wird. Einzuwenden wäre nur eins, dass nämlich nach meiner Auffassung die Teilung der Früchte zwischen conductores und coloni vor der *deportatio in aream*, zu der die coloni verflichtet sind (Z. 12), stattfindet und nicht, was man naturgemässer finden könnte, *in re praesenti*. Aber man muss bedenken, dass die Teilung notwendigerweise auf die volle Ernte, d. h. auf die separierten Früchte gestellt ist, nicht auf das perzipierte Quantum, welches vielleicht durch den Transport oder etwaige Schäden reduziert ist, denn das Recht der conductores auf die Früchte ist durchaus das des Grundeigentümers, der durch die Separation der Früchte ihr Herr wird (Dernburg, Pandecten I 474). Da nun aber die coloni *partiarii*, Teilpächter sind, müssen auch ihre Anteile gleich nach der Separation berechnet werden. Als gewöhnliche Pächter würden sie freilich erst durch Perzeption in den Besitz der Früchte gelangen. Ueber das Rechtsverhältnis dieser Colonen

1) Kaiserliche vilici und actores bei Dessau, Inscript. sel. p. 341 f.

3 2) Dessau, Inscr. sel. p. 368 f. actor ist griechisch πραγματευτής, vilicus οἰκονόμος.

wird unten zu handeln sein: hier ist nur festzustellen, dass sie wie die *conductores* die ihnen zufallenden *partes fructuum* mit der Separation erwerben, also dasselbe Recht wie jene haben, dass sie darum äusserlich mit ihnen in *societas* stehen. Denn so sieht ein auf *divisio fructuum* zielendes Rechtsgeschäft aus. Freilich sind sie darum nicht weniger *coloni*, also Pächter der conductores: das Rechtsverhältnis des *colonus partiarius* ist eben äusserlich *societas*, innerlich *locatio conductio*.

§ 1 behandelt also die *divisio*, die Teilung der Ernte zwischen Occupant (*colonus*) und conductor. Schon die ara legis Hadriana lehrte uns den Begriff kennen: Col. III 12: *„nec alia pom(a) in divisione(m) umquam cadent quam quae venibunt a possessoribus"*.

Den Grund der Fruchtteilung gleich nach der Separation, also „par distance", bevor die Früchte noch geborgen sind, habe ich angegeben; dass es so üblich war, zeigt eine Parallele aus hadrianischer Zeit, nämlich das Edict Hadrians über die von den attischen Oelbauern der Stadt zu verkaufenden *tertiae partes* (C. I. Attic. III 1 p. 21 N. 38): auch hier geschieht die Berechnung der Quote „par distance" und der Bauer muss eidliche Garantie für seine Angaben leisten.

Ich bespreche nun das Einzelne: *colonicae partes* sind die dem Colonen zufallenden Quoten: wie wir unten sehen werden, meist zwei Drittel der Ernte, während der conductor ein Drittel bekommt (*tertiae partes*). DATVRAS (Z. 15/16) macht Schwierigkeiten: Es muss hier eine Corruptel vorliegen. Für *conductores vilicisve* ist offenbar *conductores vilicive* zu emendieren, nicht etwa *conductor(ibus) vilicisve*, denn vilicisve ist Assimilation an die Formel *conductoribus vilicisve*, während bei *conductores* kein Grund vorliegt, eine Corruptel anzunehmen.

Aus § 1 geht hervor, dass der Anbauer der *subsiciva* in die Rechtsstellung des colonus partiarius eintritt, ganz wie der Occupant des *„ager rudis sive per decem annos continuos incultus"* der lex Hadriana, nur dass er nicht wie dieser sein Recht vererben kann, also nicht *Emphyteuta* im vollen Sinne wird. Noch ein Unterschied ist der, dass in der „lex Hadriana" der Emphyteuta wie der Colone behandelt wird, während in der Domäne Villa Magna der Emphyteuta selbst Colone ist. Auffallend ist nur, dass der Begriff *colonus* nicht gleich am Anfang des Paragraphen, sondern erst mitten inne auftritt.

Uebersehen wir nun den ersten Abschnitt der Inschrift, so ist in ihm die Rede von den Normen, die auf den Emphyteuta *„eorum agrorum qui subcesiva sunt"* anzuwenden sind. Dieses Rodeland heisst in der lex Hadriana *„ager rudis."* Ich habe das „is qui excoluerit" wiedergegeben mit „Emphyteuta", denn so muss man jeden, der gegen eine Fruchtquote unbebautes Land besät oder bepflanzt, bezeichnen. Andere Paragraphen der Inschrift (§ 6 f.) geben denn auch das andere charakteristische Merkmal des E.: die Abgabenfreiheit für eine Reihe von Jahren. Sie beziehen sich auf die Emphyteuse von Baumland. Offenbar hat der Emphyteuta von Ackerland keine Zinsfreiheit für die folgenden Jahre, was sich daraus erklärt, dass Ackerland nicht erst wie Baumpflanzungen nach Jahren sondern sofort Frucht giebt.

Die Quoten sollen von den Früchten zu entrichten sein, welche die Colonen zur Tenne bringen und dreschen sollen (Z. 11). Scheinbar ganz entsprechend wird unten gesagt (Z. 24 f.): *„tritici ex arcam partem tertiam“* etc., aber es ist ein Unterschied, denn die Quoten werden nach § 1 abgemessen nicht auf der Tenne, d. h. nicht von den perzipierten Früchten, sondern gleich nach der Separation. Die Differenz erklärt sich aus der verschiedenen Rechtsstellung der in § 1 und in § 2 f. behandelten Personen: in § 1 ist die Rede vom Occupanten der subsiciva, dagegen betrifft § 2 die Inhaber einer villa, also die ordentlichen Pächter. Der Occupant wird Eigentümer der Früchte durch die Separation, leistet also die Quoten von den separierten Früchten, der gewöhnliche Pächter dagegen wird Eigentümer erst durch die Perzeption, leistet also die Quoten *ex area*, d. h. nach der Perzeption.

§ 2. Zeile 18 beginnt der zweite Paragraph: er geht bis Col. II 13. Das von ihm betroffene Rechtssubject sind *„qui in f(undo) villae Magnae . . villas habent habebunt dominicas.“* Von ihnen gilt, wie folgt: *„(dominis) eius f(undi) aut conductoribus vilicisve eorum in assem partes fructum et vinea(ru)m ex consuetudine (legis) Manciane cuiusque generis habet prestare debebunt: tritici ex aream partem tertiam“* etc. Vor *eius f.* ist zweifellos *dominis* zu ergänzen wie das folgende *aut* zeigt. Da die *partes fructuum* an die conductores zu leisten sind, können die Inhaber der *villae dominicae* d. h. der zu jedem fundus gehörigen Höfe [1]) nur Colonen oder eine ihnen gleichstehende Kategorie sein. Die conductores bewohnen also nicht selbst die Gutshöfe, sondern überlassen sie den Colonen. Dieser Zustand bestätigt vollständig meine Ansicht (Grundherrschaften p. 88 f.), dass die Colonen Afterpächter der conductores also Inhaber der Domäne und die conductores Pächter der von den Colonen zu leistenden Gefälle gewesen seien [2]). Es ist klar, dass nicht jeder eine villa dominica bewohnte — die Colonen wohnen in den *casae colonicae* oder in den *castella* — aber jedenfalls gab es unter ihnen solche: es müssen das die Pächter des Hoflandes der verschiedenen fundi gewesen sein, welches hiernach der Conductor nicht selbst inne hat. Der Ausdruck *„partes in assem praestare“* kam schon oben vor (Z. 14). Er bedeutet „die Quoten unvermindert, ohne irgend welchen Abzug leisten“.

Statt *cuiusque — habet* würde man *cuiuscunque — habet* erwarten. *Quisque* kommt relativisch gebraucht auch sonst vor z. B. C. IV 1937: „quisque me ad cenam vocarit v(aleat)“ und C. XIV 1736: „quisque heres meus corpus meum in hoc sarcophago non adiecerit“; (man vergleiche die Indices des Corpus unter „Grammatica“). Für VINEAM ist wohl vinea(ru)m zu schreiben. Aehnlich steht Col. II 11 statt examina EXAMA. *„Ex consuetudine (legis) Mancianae“* soll

1) Vgl. Columella IX praef.: „dominicas habitationes“ (= villas).

2) Kornemann führt in der oben citierten Rezension meiner Schrift dagegen an, dass die Colonen des saltus Burunitanus sich dem Kaiser gegenüber als *„rustici tui vernulae“* bezeichnen, also als Bauern des Kaisers, nicht der conductores. Aber der devote Ausdruck bezeichnet doch nur das Unterthanenverhältnis der kleinen Pachtbauern dem kaiserlichen Grundherrn gegenüber, nicht das Pachtverhältnis. *„Vernulae“* ist doch auch nicht wörtlich zu nehmen.

heissen „gemäss der Praxis der l. M." Streng genommen ist *lex* und *consuetudo* ein Widerspruch.

Zu „*fabae ex arcam*" vergleiche man L. 14 D. de aliment. et cib. leg. (34, 1): „. . vel areae tuae ad frumenta ceteraque legumina exprimenda utendi". Auf der Tenne werden nicht allein die Halmfrüchte (*frumentum*) gedroschen, sondern auch die Hülsenfrüchte (*legumina*) enthülst. Die beiden Gattungen gehören überhaupt zusammen (vgl. L. 77 D. ad mun. 50, 16). Der Zusatz „ex area" bedeutet, dass der Colone von den zum Gebrauch fertigen Früchten, nicht von dem Rohmaterial, den Dritten geben soll, wie er entsprechend auch vom gekelterten Wein, vom gepressten Oel und vom flüssigen Honig seine *partes* zu leisten hat.

Dem „*triticum, hordeum, faba ex area*" entspricht „*vinum de laco*". *Lacus* ist der Behälter, in den der ausgepresste Traubensaft fliesst (s. Varro r. rust. I, 54 Keil; Columella d. r. r. XII 19). OL | . . ACTI ist sicher in ol[*ei co*]acti zu ergänzen: *oleum cogere* kommt z. B. bei Cato 64, 144 (Keil) vor. Der Honig soll flüssig in den Honigbehältern (*alvei mellarii* = unten (Z. 11) „*vasa mellaria*") zur *divisio* gelangen. Die *alvei mellarii* sind nicht mit den *alvei* oder *alvearia*, den Bienenstöcken, zu verwechseln. Von den zur Aufnahme des flüssigen Honigs dienenden *alvei* handelt Columella IX 15: „*deinde ubi liquatum mel in subiectum alveum defluxit. . . .*" „*In alveis mellaris*" ist dem „*ex area*" und „*de laco*" correlat, und bezeichnet die Art der Lieferung wie jene Zusätze. Diese Auslegung erfordert die Analogie, ausserdem sind die *alvei mellarii* kein Maass. Beim Honig wird also nicht eine „*pars quota*" sondern ein „*quantum*" geleistet, nämlich ein sextarius pro Gefäss. Diese Anomalie erklärt sich wohl daraus, dass man bequemer aus jedem Honigtopf einen sextarius abmessen als die ganze Honigmenge in partes teilen konnte. Der Fall ist lehrreich, denn er zeigt, dass die Grenze zwischen Pacht gegen merces und Teilpacht (colonia partiaria) da, wo die merces in einem Fixum an Früchten statt an Geld zu leisten ist, sehr unbestimmt ist [1]. Diese Normirung der Honigleistung steht thatsächlich in der Mitte zwischen einem bestimmten Quantum und einem bestimmten Quotum: Die Quote nähert sich dem Quantum dadurch, dass sie als Quantum, nämlich so viele Sextare als Töpfe voll werden, angegeben ist, sie bleibt Quote, weil jeder Topf einen Teil der ganzen Ernte darstellt. Unterscheidbar ist Quantum und Quotum stets dadurch, dass das Quantum schon vor, das Quotum erst nach der Ernte feststeht.

An die Angabe der vom Honig zu entrichtenden *partes* schliesst sich ein Zusatz an: „*qui supra quinque alveos habebit . . . . . conductoribus . . d(are) d(ebebit).*" In Col. II Zeile 5 muss hinter „*in assem*" die Angabe der partes gestanden haben wie sonst immer. Es kann in der Zusatzbestimmung wohl nur gestanden haben, dass, wer mehr als fünf alvei — das heisst doch wohl auch hier Honiggefässe — nach der Ernte (*vindemia mellaria*, s. Columella IX 15) besitzt, davon so und so viel *partes* entrichten soll — während die vorstehenden Colonen, also wer weniger als fünf *alvei* hat, pro alveus einen Sextar

1) Ueber die Identifizierung des rechtlichen Charakters von *pars quota* und *p. quanta* s. Waaser, col. part. p. 24.

abzugeben haben. *Qu[o vin]demia mellaria fact[a erit]* nicht fue[*rit*] ist zu lesen. Das ist auch sachlich besser, da die Zeit nach der Ernte mit *facta erit* schärfer bezeichnet ist als mit *fuerit*. *Alvei* müssen auch hier die Honigtöpfe sein, weil es sich um die *fructus apium*, nicht um den Bestand an Bienenkörben, die sonst auch *alvei* heissen, handelt [1]). Die bei einer Ernte von mehr als fünf *alvei* zu leistenden *partes* werden wohl *tertiae partes*, d. h. die normale Quote gewesen sein. Sie kam offenbar in Anwendung, wenn die Ernte erheblich mehr betrug, als der Colon zum eigenen *usus* gebrauchte: ein Sextar pro *alveus* müsste demnach eine geringere Quote als ein Drittel sein. Leider wissen wir nicht, wie viele Sextare ein *alveus* enthielt.

Was QVI in Z. 5 (Col. II) ist, weiss ich nicht.

Man kann kaum zweifeln, dass „*in tempore quo vindemia mellaria fact[a erit]*“ zu „*alveos habebit*“ und nicht zu „*dare debebit*“ gehört.

§ 3. Zeile 6 beginnt ein neuer, der dritte Paragraph.

Auch er betrifft die Bienenkultur. Die Rede ist von solchen Colonen, die in unrechtlicher Absicht — „*quo fraus conductoribus fiat*“ — Bienenschwärme und zur Honigbereitung gehörige Geräte von dem fundus entfernen. Da diese Dinge zum „*instrumentum fundi*“ gehören [2]), schädigt ihre Entziehung und damit die ihrer Früchte den conductor. Die „*alvei*“ sind, da *vasa mellaria* nachher genannt werden, diesmal nicht die obengenannten *alvei mellarii*, sondern die *alvearia*, die Bienenkörbe. Aus dem fundus villae Magnae bringen die Colonen die Bienen und das Gerät „*in octonarium agrum*“ (Z. 8). Was ist das für eine Kategorie von Grundstücken? Der Zusammenhang zeigt, dass die Colonen die Bienen dorthin bringen, um sich der Leistung der partes zu entziehen. Der *oct. ager* muss also ausserhalb des fundus villae Magnae, ausserhalb des Bereiches der conductores liegen. *Octonarius* kann alles mögliche heissen, je nach dem zu *octoni* zugehörigen Nomen: *octonaria fistula* z. B. (Frontin de aquaed. 28, 42) ist ein Wasserrohr von acht *digiti* Umfang. Unter den *nomina agrorum* der Feldmesser (I p. 246) kommt *oct. ager* nicht vor.

Im Nachsatz steht, dass die Colonen im Falle doloser Entfernung der Bienen etc. „*conductoribus .. in assem* [... *partes d. d.*]“ So ist der Rest sicher zu ergänzen, aber die Modifikation dieser Leistung wegen des begangenen *dolus* ist mir nicht gelungen herzustellen, da ich nicht weiss, was zwischen *fiat a* .. und .. *tis exam(in)a* gestanden haben kann. Vielleicht war gesagt, dass im Falle einer solchen Defraudation die ganzen „*in octonarium agrum*“ deportierten Objecte confisziert werden sollen. Man könnte auch A[*b ill*]is vermuten und annehmen, dass wie so oft statt des Ablativs examinibus, apibus etc. der Accusativ gesetzt sei. Dass die Colonen auch von den entwendeten fructus Quoten leisten sollen, war eine sehr natürliche Bestimmung. Freilich würde man vor „*ab illis*“ *etiam* erwarten.

1) Toutain fasst *alveus* stets als Bienenkorb („ruche“): „pour le miel en ruches“; „ceux qui auront plus de cinq ruches“.

2) L. 10 D. *de instructo et instrumento legato* (33, 7): *si reditus etiam ex melle constat, alvei apesque continentur* (*scil. instrumento fundi*).

Der vierte Paragraph (Z. 12—17) enthält Bestimmungen über „*ficus aridae arbores*[1])“. Das sind doch wohl dürre, oder nicht mehr ganz fruchtbare Feigenbäume und nicht etwa solche Feigenbäume, deren Früchte getrocknet werden, denn *arbores fici* sind Bäume, die Feigen tragen, „*aridae arbores fici*“ würden also Bäume, die trockene Feigen tragen, sein, welche allein mögliche Interpretation auch Herrn Toutain, der „figues sêches provenant d'arbres . .“ übersetzt, nicht gefallen wird. Freilich trägt auch ein dürrer Baum (*arida arbor*) nach dem Sprichwort keine Früchte, aber *aridus* braucht nicht zu scharf genommen zu werden. Hinter *arbores* ist wohl nicht „*et oleae*“ zu ergänzen (obwohl im folgenden Paragraphen Feigen- und Oelbäume zusammen auftreten), sondern etwa [*aliaeve arbores*]. § 4.

Die betreffenden Bäume scheinen ausserhalb des Obstgartens (*extra pomario*) gestanden zu haben.

Der Relativsatz „*qua pomarium* . . .“ wird eine nähere Bestimmung des *extra* enthalten haben, etwa die Angabe der *passus*, welche das *pomarium* von der *villa* entfernt war. Offenbar sollen von solchen entfernt von der *villa* gelegenen Pflanzungen geringere Leistungen gegeben werden, wie ja auch in der Constitution „*de omni agro deserto*“ (Cod. 11, 59) „*agri deserti*“ und „*longe positi*“ zusammen genannt werden (L. 8). Auf solche entlegenen Kulturen, deren Bewirtschaftung vom Hofe aus lästig war, wurden naturgemäss emphyteutische Bestimmungen angewendet wie auf das Oedland, denn überall da setzt die Emphyteuse ein, wo der Inhaber der Villa das Land liegen lässt. Daraus folgt doch wohl, dass von diesen Bäumen keine Quoten zu entrichten waren. Etwas anderes — etwa dass (wie im folgenden Paragraphen steht), die Colonen während einiger Jahre die ganze Ernte haben und erst dann partes leisten sollen — kann im Nachsatz nicht gestanden haben —, denn für eine solche Zeitbestimmung ist in den Lücken kein Raum. Man kann nur ergänzen: „col[*on*]is arbitrio suo co[*lere licebit nec fructuu*]m conductori vilicisue eius f. par[*tes d*(*are*) *d*(*ebebunt*)“.

Für Z. 14 liegt die Herstellung nahe: „qua pomariu[*m extra vil*]lam ips[*am*] sit“.

Der folgende Paragraph bestimmt über die von vor oder nach Erlass der neuen Ordnung gepflanzten Oel- und Feigenbäumen zu leistenden Abgaben. *Postea* und *ante* [*hanc legem*?] kann nur auf die neue Ordnung bezogen werden. § 5.

Zwischen „oliveta quae ante“ und „consuetudinem“ ist etwa zu supplieren [*hanc legem sata sunt iuxta*]. Zu *fructu*(*u*)*m* muss *partes* suppliert werden. Zu *consuetudinem* ist zu vergleichen oben I 23: „partes fructum . . . ex consuetudine Manciane . . prestare debebunt“.

Die Anordnung, dass für alte Bestände von Feigenbäumen und Oliven die bisher üblichen Normen gelten sollen, ist an sich völlig klar, scheint aber überflüssig zu sein, da schon oben (§ 2) von den *partes olei*, welche die Inhaber der *villae* ex consuetudine legis M. leisten sollen, gehandelt ist. Die „oliveta et ficeta partem“ müssen deshalb entweder nicht im Bereich jener villae gelegen gewesen sein,

1) *arbor fici* (wie pecus ovium) oft bei den Scriptores rei rust.

oder der Satz ist überflüssig und nur Einleitung zum folgenden, der im Gegensatz zu den alten Beständen auf dem Gebiet der Villa von Neupflanzungen handelt.

§ 6. Der folgende Paragraph (§ 6) schliesst sich unmittelbar an den vorstehenden an und bestimmt, dass von später (*postea*), d. h. nach Publikation der Urkunde angelegten Feigenpflanzungen — im Gegensatz zu den *ficeta vetera*, den bereits vorhandenen — der Colone während der ersten fünf Feigenernten (*ficationes*) die Früchte selbst behalten und erst dann Quoten leisten soll. Hinter *arbitrio suo* lese ich EOQVISERVERIT; man würde erwarten „ei qui severit". Z. 27 wird der Pflanzer bezeichnet mit „is qui ita fuerit", was ebenso unverständlich, aber sicher überliefert ist.

Neu ist der Ausdruck *ficatio* für Feigenernte, wogegen *olivatio* (III 6) durch eine Glosse [1]) belegt ist.

Dieser Paragraph ist unzweifelhaft eine Bestimmung über die Emphyteuse, deren charakteristische Merkmale das *serere* (*φυτεύειν*) und die mehrjährige Freiheit vom Pachtzins sind. Die beiden vorstehenden Paragraphen (4 und 5) sind nur der Ordnung der Emphyteuse vorausgeschickte Normen für unbrauchbares Baumland. Fünf Jahre Vollgenuss der Früchte wird auch in der bekannten Inschrift von Thisbe [2]) dem *καταλαβών* (= occupator agri inculti) garantiert. Schon oben im ersten Paragraphen unserer Inschrift fanden wir Emphyteuse und zwar bei Umwandlung von „subsiciva" in Ackerland, aber ohne andere Angaben als: 1) „agros qui su[bc]esiva sunt excolere permittitur", 2) „usum habeat", 3) „partes c. l. Manciana dare debebit". Dass dort von dem bezeichnendsten Merkmal der Emphyteuse, dem Erlass des Pachtzinses für mehrere Jahrgänge keine Spur ist, habe ich bereits dadurch erklärt, dass für den sich sofort rentierenden Getreidebau keine mehrjährige Abgabenfreiheit am Platze war.

§ 7—9. Um gleich die folgenden, ebenfalls die Emphyteuse behandelnden Paragraphen heranzuziehen, so wiederholt § 7 die Normen des § 6 für Wein- und § 8 für Oliven-Anpflanzungen; nur sind letztere statt für fünf, für zehn Jahre zinsfrei. § 9 bestimmt, dass, wer wilde Olivenbäume (oleastri) pfropft, *tertiae partes* nach fünf Jahren — also wie bei Feigen- und Weinanpflanzungen — geben soll.

Diese Normen stimmen in frappanter Weise mit denen der „lex Hadriana de rudibus agris" (Hermes 1894 p. 203 f.) überein [3]). Auch nach der lex Hadriana sind die Oliven 10 Jahre frei; dagegen die anderen Bäume (poma) nur sieben Jahre, während nach der lex Manciana Feigen- und Weinpflanzungen nur fünf Jahre zinsfrei sind. Die fünfjährige Freiheit vom Pachtzins kommt wohl von der bei locatio conductio üblichen fünfjährigen Pachtzeit, dem quinquennium her. Dass für Olivenpflanzungen die doppelte Zeit Zinsfreiheit gegeben wird,

1) Glossae ed. Goetz II p. 224: „*ἐλαιοποιία*. olivatio".

2) Dittenberger im Ind. lect. von Halle 1891/1892.

3) „de oleis quas quisq[ue e possesso]ribus posuerit aut oleastris, [quas in se]ruerit, captorum fructum nu[lla pars] decem proximis annis exigat[ur] set nec de pomis septem annis proximis. . . . . . quas partes aridas fructum quisque debebit dare eas proximo quinquennio ei dabit, in cuius conductione agr(um) occupaverit, post it tempus rationi[bus]".

möchte ich damit erklären, dass die römischen Landwirte nur auf jedes zweite Jahr eine gute Olivenernte rechneten, s. Columella V 8: „nam quamvis non continuis annis, sed fere altero quoque (olea) fructum afferat —“.

Die nach Ablauf der fünf (zehn) Jahre zu leistende Quote ist ein Drittel, wie ja auch der Inhaber einer „villa dominica“ von Weizen, Gerste, Bohnen, Wein und Oel *tertiae partes* zu geben hat (I 24 f.).

Der folgende (zehnte) Paragraph handelt offenbar von den mit Futterkräutern § 10.
(*pabulum*) bestellten Aeckern. Das geht 1) aus der Erwähnung der Wicken (*viciae*), 2) daraus hervor, dass im anschliessenden Paragraphen von dem für Viehweide im fundus villae Magnae zu entrichtenden Weidegeld gehandelt wird. Hierzu kommt die Negative, dass das mit Getreide bestellte Land oben behandelt ist (I 24). Da alle Futterkräuter an die conductores abzuliefern sind und für die Viehweide ein Weidegeld zu zahlen ist, erhellt, dass das Weideland Regal der conductores war. Es war offenbar Prinzip der conductores, die viel Arbeit erfordernden Betriebe, also die Getreide- und Baumkultur, zu verpachten, dagegen die extensiven Wirtschaftsarten, die Viehzucht und den dazu gehörenden Bau der Futterkräuter in eigener Regie zu behalten. Auch dies zeigt, dass die conductores, ebenso wie die „Possidenti“ des modernen Italien, keine Landwirte, sondern Kapitalisten sind, bedacht, ihr Kapital gegen feste, wenn auch vielleicht kleine Rente arbeiten zu lassen und die landwirtschaftliche Arbeit auf die Afterpächter abzuwälzen.

In Col. III Z. 16 hat sicher gestanden VILICISV[e debe]NTVR und nicht, wie Cagnat ergänzt, VILICISV[e eius f.]. NTVR ist deutlich zu erkennen. Auch ist „*fructus conductoribus . . custodes exigere debebunt*“ sprachlich unzulässig: es müsste heissen „*pro conductoribus*“. Ferner folgt auf den Dativ „*conductoribus vilicisve*“ stets der Begriff *debere*. Warum sind aber die Wicken ausgenommen? ich denke, weil, wie der folgende Paragraph zeigt, auch die Colonen Vieh haben, also Futterung für dasselbe bedürfen.

Die *custodes* sind vom conductor zur Ueberwachung der Ernte und richtigen Ablieferung der Leistungen angestellte Leute. Solche stellt auch Plinius — nach der berühmten Stelle epist. IX 27 [1]) — an, um die richtige Leistung der Fruchtquoten zu überwachen. Das Amt des custos ist das „exigere fructus“. Unten (§ 19) erscheinen die *custodiae* unter den *operae* der gutsherrlichen Leute.

Wie sich § 10 mit den Futterkräutern, so beschäftigt sich § 11 mit dem Vieh, § 11.
welches innerhalb der Domäne weidet [2]). Für jedes Stück sollen vier As [3]), also ein Sesterz Weidegebühr an die conductores als Inhaber der Weide (s. o.) zu

---

1) medendi una ratio si non nummo sed partibus locem ac deinde ex meis aliquos operis *exactores custodes* fructibus ponam.

2) Es steht da „pecora [quae . . . p]ascentur“, nicht „pecora [quae colonus] pascit“, obwohl Toutain übersetzt „Quant aux troupeaux que l'on fera paître“.

3) AERA QVATTVS ist natürlich in „*aera quattuor*“ zu emendieren. Toutain übersetzt statt dessen: „les colons devront payer pour chaque tête de bétail *la redevance due* aux locataires“ und liest: *quae ius (est)*.

entrichten sein. Der Begriff der *scriptura*, des Weidezinses, ist aus der lex agraria vom Jahre 111 v. Chr. wohl bekannt (s. Zeile 19: „.. proque scriptura pecoris“); doch haben wir andere Angaben über seinen Betrag nicht. Vier As = 1 Sesterz ist wenig genug und wohl nur der übliche Recognitionsschilling, wie er bei dem die Schenkung involvierenden Scheinverkauf vorkommt. Ich verstehe die beiden Paragraphen so: Dafür, dass die Colonen alle Futterkräuter an die conductores ablieferten, hatten sie das Recht der Viehweide[1]).

§ 12. Der folgende § 12 handelt von solchen, die auf der Domäne Villa Magna hängende (Baum-) oder stehende (Feld-)Früchte, einerlei ob reife oder unreife, abschneiden (caedere, excidere) und ausführen (exportare, deportare). Der Begriff *detrimentum* in Z. 24 zeigt, dass bestimmt wurde, wer den Schaden zu tragen habe.

Betrachten wir zunächst die Behandlung eines solchen Falles in den Rechtsquellen, um mit Hülfe der Analogie das Dunkel dieses Paragraphen zu erhellen, so gilt den Juristen Wegnahme stehender oder hängender, also noch nicht percipierter Früchte als *damnum* und wird lege Aquilia de damno belangt; vgl. L. 27 § 25 D. ad l. Aq. (9. 2): si olivam immaturam decerpserit vel segetem desecuerit immaturam vel vineas crudas Aquilia tenebitur ... sed si collecta haec interceperit, furti tenetur“ [2]).

Die Klage hat sowohl der Pächter als der Eigentümer, vgl. L. 27 § 14 cit.: „.. si lolium aut avenam in segetem alienam inieceris non solum quod vi aut clam dominum posse agere vel, si locatus fundus sit, colonum sed et in factum agendum et si colonus eam exercuit, cavere eum debere amplius non agi, scilicet ne dominus amplius inquietet“. Die Klage ging auf „quanti ea res erit in diebus triginta proximis“, vgl. L. 27 § 5 cit.: „tertio autem capite ait eadem lex Aquilia: ceterarum rerum praeter hominem et pecudem occisos si quis alteri damnum faxit quod usserit, fregerit, ruperit iniuria quanti ea res erit ...“ etc. Wenn die Klage nun nicht zum Ziele führt, so erhebt sich die Frage, ob der Colone vom Gutsherrn — oder hier dem conductor, der ja *domini vicem* ist — Entschädigung beanspruchen kann, wie sie ihm wegen *vis maior* zusteht. Die Pandektenjuristen entscheiden zu Gunsten des wirtschaftlich Schwachen, des Colonen, wie aus folgenden Stellen folgt: L. 9 § 4 D. locati conducti (19. 2): „si capras latrones citra tuam fraudem abegisse probari potest iudicio locati casum praestare non cogeris atque temporis, quod insecutum est, mercedes ut indebitas reciperabis“; ähnlich L. 15 § 2 cit.: „idemque (damnum domini futurum) dicen-

1) Freie Viehtrift wird auch in der p. 38 abgedruckten Stelle aus Dio von Prusa dem Emphyteuta garantiert. Eine höchst interessante, auf Viehweide bezügliche Inschrift ist in Henchir Sguigga (s. C. VIII 819) in der Nähe von Zaguân (Tunisie) gefunden worden, s. Rev. Arch. 1894 p. 413 (aus Bull. arch. du Comité 1893 p. 231). Sie enthält eine Beschwerde, welche Possessoren im Gemeinderat darüber führen, dass ihre Aecker durch fremdes Vieh geschädigt würden. Als Anlage wird ein kaiserliches Rescript mitgeteilt. Leider ist die Inschrift augenblicklich nicht aufzufinden (Mitteilung von Gauckler), sodass eine genaue Revision mit Hülfe eines Abklatsches noch aussteht.

2) Zum furtum von Früchten vgl. L. 83 § 1 D. de furtis (47. 2).

dum si exercitus praeteriens per lasciviam aliquid abstulit". Dagegen vertritt der Codex Iustinianus das Recht des Verpächters: L. 1 C. de locato et cond. (4. 65): „dominus horreorum periculum vis maioris vel effracturam latronum conductori praestare non cogitur" und L. 12 cit.: „damnum, quod per adgressuram latronum in possessionibus locatis rei tuae illatum esse proponis, a domina earundem possessionum . . sarciri nulla ratione desideras".

Im vorliegenden Paragraphen war sicherlich zunächst die Rede von dem *praestare debere* des Schadenstifters, denn in der ganzen Inschrift wird von der Leistung, welche das Subject des mit *si quis* oder *qui* beginnenden Satzes schuldet, gehandelt. Dem „*si quis . . . exciderit*" etc. könnte als Nachsatz a priori „*tantum praestare d[ebebit]*" (Col. IV 2), was ja völlig zu der oben besprochenen Rechtspraxis passt, entsprechen, aber „*conductoribus vilicisve eiu[s] f(undi)*" (III 24) und *coloni* (IV 1) kann nicht wohl im selben Satze gestanden haben — denn das ergäbe „*conductoribus . . coloni praestare d[ebent]*", was sinnlos ist, da der Colone doch zunächst selbst von dem damnum betroffen wird; auch ist die Wortstellung unerhört: es heisst stets „*coloni conductoribus p. d.*". Mir scheint es unzweifelhaft, dass hinter „*conductoribus vilicisve eiu[s] f.*" wie auch sonst stets „*praestare debebit*" gestanden hat. Die beiden Buchstaben P. D. (s. II 24) müssen wie V[s] F. auf dem unteren Rande gestanden haben. Nur wenn der Schreiber noch das Satzende auf die Seite bekommen wollte, versteht man, dass er die letzten Buchstaben, also VS.F.P.D auf den Sockel schrieb.

Es fragt sich nun, was der Schadenstifter zu prästieren hat. Am Ende der Zeile steht SEQVE; vor *detrimenti* ist ENII sicher, ich möchte also lesen SEQVENTIS QVINQVENII oder, da vor ENII eine grade Hasta steht, die zu keinem V zu passen scheint, BIENII. Dann würde der Beschädiger also den aus der Beschädigung entstehenden Verlust für die folgenden zwei (?) Jahre zu ersetzen haben, das heisst für die direct beschädigte Ernte und die folgende, die ja auch in dubio durch gewaltsames Abreissen der Früchte geschädigt ist. Den folgenden Satz möchte ich so herstellen: „*[culpa si]* coloni erit ei cui de*[trimentum factum erit]* tantum praestare d*[ebebit]*", das heisst: wenn ein Colone sich des Feldfrevels schuldig gemacht hat, so soll er dem Beschädigten, d. h. dem anderen Colonen, den Verlust ersetzen [1]).

Der Fall würde also processualisch so liegen, dass ein fremder Schadenstifter den conductores, ein Colone dem geschädigten Colonen selbst den Schaden zu ersetzen hat. Ich hoffe, dass diese Construction befriedigt: es scheint mir völlig normal, dass die Colonen sich für Beschädigungen gegenseitig haften, dagegen fremde Beschädiger den conductores als den Vertretern der Domäne nach aussen.

---

1) Die Uebersetzung Toutains umgeht die Schwierigkeiten: „Si quelqu'un coupe, détruit . . . quelque récolte sur pied ou en branches mûre ou non mûre, et si quelque préjudice est causé de ce fait aux locataires ou aux régisseurs [dudit fundus] . . . . à celui qui aura souffert ce préjudice l'auteur devra payer une somme équivalente au préjudice causé".

§ 13. Col. IV Zeile 2 beginnt ein neuer Paragraph (13). Von seinem Inhalt ist jedoch nur soviel erhalten, dass man sagen kann, es ist in ihm von *serere* ([*se*]-verunt severint: Zeile 4) die Rede. In Z. 7 erscheint der Begriff *superficies*, der im Folgenden öfter genannt wird, zuerst. Man wird also annehmen dürfen, dass
§ 14. mindestens in Z. 6 der auf die superficies bezügliche Paragraph (14) begonnen hat. Der Anfang ist jedoch schlecht erhalten: man sieht nur, dass von Grundstücken — *superficies* ist hier, wie das Folgende zeigt, die Bodenfläche, nicht, was es technisch bedeutet, das Gebäude superficiarischen Rechts — *„quae fiduciae data sunt dabuntur“* (Z. 8) gehandelt und bestimmt wird, dass eine solche fiduciarisch verpfändete superficies auf Grund der lex Manciana in diesem Rechtszustand bleiben soll (. . *fiduciae lege Manciana serva*[*buntur*]).
§ 15. Erst von Zeile 10 an wird der Zusammenhang deutlich. Mit „[*is qui sup*]*erficiem ex inculto excoluit* . .“ wird ein neuer Paragraph (15) beginnen, denn im Folgenden kommt der die vorstehenden Zeilen beherrschende Begriff der *„fiduciae data superficies“* nicht mehr vor, sondern es ist von *agri derelicti* die Rede. Der § 15 ist vollkommen klar: wenn jemand eine unbestellt gelassene Bodenfläche in Kultur genommen (*ex inculto excoluit*) oder ein Gebäude angelegt hat (*aedificium deposuit*) — doch wohl zu landwirtschaftlichen Zwecken — dann aber die Exploitierung eingestellt hat, so soll er noch auf zwei Jahre hinaus das Recht des Anbaus behalten (*ius colendi servatur*), dann aber soll es an die conductores übergehen. Das zu *conductores* gehörige Verbum ist leider nicht erhalten, doch kann dem Sinn nach nur *„conductores vilici⟨s⟩ve* [*id ius habeant*]“ suppliert werden.

Wie bei der lex Hadriana de rudibus agris stehen wir auch hier vor dem Fall, die Normen des Domanialstatuts in den kaiserlichen Constitutionen des IV. Jahrhunderts wiederzufinden.

Der vorliegende Paragraph gleicht sehr der L. 8 C. de omni agro deserto (11. 59), einer Constitution der Kaiser Valentinianus Theodosius und Arcadius (388—392): „qui agros domino cessante desertos vel longe positos vel in finitimis ad privatum pariter publicumque compendium excolere festinat, voluntati suae nostrum noverit adesse responsum: ita tamen, ut, si vacanti ac destituto solo novus cultor insederit, ac vetus dominus intra biennium eadem ad suum ius voluerit revocare, restitutis primitus quae expensa constiterit facultatem loci proprii consequatur. Nam si biennii fuerit tempus emensum, omni possessionis et dominii carebit iure qui siluit“.

Nur in einem Punkte differieren die beiden Fälle: in der Constitution ist von bereits bebautem, aber vom einstigen Bebauer verlassenem Land die Rede, während der Paragraph der Inschrift sich auf terra vergine (*ager rudis*) bezieht, die jemand in Kultur genommen, dann aber wieder liegen gelassen hat. Dementsprechend handelt es sich in jenem Fall um das Recht des ersten und des zweiten Bebauers, in diesem Fall um das Recht des ersten Bebauers und des conductor. Man könnte geneigt sein, den vorliegenden Paragraphen mit der Constitution in diesem Differenzpunkte auszugleichen und anzunehmen, auch hier würde ein erster und zweiter *cultor* unterschieden. Das geht jedoch nicht, denn sonst müsste am Schlusse stehen: *„ius colendi a conductoribus veteri cultori servabitur“*: es ist aber für einen Nachsatz des Inhalts, dass der conductor den zweiten Bebauer in sein Recht einsetzen werde, wenn sich innerhalb zweier Jahre der erste nicht gemeldet haben sollte, kein Raum; vielmehr kann *conductores vilici(s)ve* . . . nur durch [*id ius habeant*] dahin ergänzt werden, dass bei wieder eingestellter Possession das Land des Possidenten an den Conductor fallen soll.

In der ara legis Hadrianae wird die Occupation von *„ager per decem annos incultus“* freigegeben, da solches Land dem *ager rudis* gleich galt. Es ist bemerkenswert, dass die spätere Gesetzgebung wieder auf die strenge Praxis der lex Manciana zurückgeht, offenbar hatte sich gezeigt, dass die zehnjährige Frist zu lang war. Durch die Festsetzung des *biennium* wird die Pflicht des Bebauers accentuirt, während beim *decennium* nur die Verjährung in Frage kommt. Ich möchte sagen, dass im Falle des Bienuium der Bebauer für culpa levis, in dem des Decennium für culpa lata einstehen muss.

In Z. 11 muss für EIVE *isve* gelesen werden, denn Zeile 11/12 muss gestanden haben: [*is*]ve qui [*coluit postea*] desierit . .

Was in dem Wort PER (Z. 12) zwischen dem ersten und dem zweiten *desierit* steckt, weiss ich nicht[1]. Zu *eo tempore* (Z. 12) ist *ex* zu supplieren. In Z. 14 wird noch einmal der Zeitpunkt, mit dem das *ius colendi* verfällt, angegeben: von solchen Nachlässigkeiten strotzt die Urkunde.

Der folgende Satz (Zeile 16) scheint zunächst nur die nähere Ausführung § 16.
des vorhergehenden zu geben, denn soviel ich sehe, stand in ihm etwa Folgendes: „Wenn ein Grundstück im letzten Jahre (*proximo anno*) bebaut, dann aber liegen gelassen wurde, so soll der conductor dem Besitzer ((*ei, cuius*) ea superficies esse d[*icit*]ur) ansagen, sein Grundstück habe einen neuen Bebauer gefunden (*denuntiet superficiem cultam esse*); diese Denuntiation soll er im nächsten Jahre wiederholen; wenn auch dann der ehemalige Besitzer noch nicht reagiert, soll der conductor dem Occupanten das Grundstück übergeben (cole[*re iu*]beto)“.

Dieser Satz schliesst sich also freilich unmittelbar an den vorhergehenden an, ist aber doch nicht etwa eine Fortsetzung desselben, was abgesehen von dem oben Angeführten schon aus der Unmöglichkeit, *„conductores vilici(s)ve“* in Zeile 15 und *„conductor vilicusve“* in Zeile 17 in einen Satz zu bringen, hervorgeht. Der Satz ist vielmehr erstens dadurch vom vorigen verschieden, dass er sich nicht auf Rodeland (ager rudis) sondern wie die eben citierte Constitution und der Paragraph der lex Hadriana auf seit längerer Zeit bebautes Land bezieht und zweitens dadurch, dass, wenn dasselbe unbebaut gelassen wird, der conductor zwei Jahre hindurch dem Inhaber die Occupation denuntiieren muss, während der *ager rudis qui coli desiit* nach zwei Jahren ohne vorherige Denuntiation dem conductor anheimfällt nach dem Satze: „dies interpellat pro homine“. Der Emphyteuta ist also prozessualisch vor dem gewöhnlichen *cultor* benachteiligt: mit Recht, denn Besitz geht über Occupation.

1) Toutain giebt es durch „complètement“ wieder, aber *per* kommt nicht so absolut vor.

§ 18. Mit Zeile 23 (coloni . .) beginnt ein neuer Paragraph, der von den *operae*, den Felddiensten der Colonen handelt. Zwischen diesem und dem eben besprochenen Paragraphen steht aber noch ein mit: „*Ne quis conductor vilicusve* . . .“ beginnen-
(§ 17?) der Satz, der unmöglich mit dem folgenden zusammenhängen kann: es genügt darauf hinzuweisen, dass die Nennung der Villa Magna stets den neuen Paragraphen bezeichnet [1]). C a g n a t liest hinter vilicusve: SERVVMINQVILINVMVE. In der That ist . . . M IN · VILINV . . . lesbar. Ich möchte aber statt „vilicusve [*servu*]m“: „vilicusve [*eoru*]m“ lesen; *servum* ist durchaus unsicher. Ferner ist der letzte Buchstabe nicht E sondern F: [*v*]e ist also falsch und eher . . *inquilinu*[*m eius*] *f*(*undi*) zu lesen. Auch hat in dem Rest der Zeile mehr als MV gestanden: MEIVS füllt den Raum gut aus. Welches Prädikat *conductor vilicusve* gehabt hat, ist mir völlig unklar.

Der mit „*coloni qui*“ beginnende § 18 ist inhaltlich völlig klar. Er fixiert die aus den Inschriften von Suk-el-Khmis und Gasr Mezuar (s. H e r m e s 1894 p. 205) wohlbekannten Frohndienste, welche die Colonen dem conductor zu leisten haben.

Zu leisten sind „quod annis in hominibus [*singulis*[2]) *in arati*]ones operae n(umero) II et in messem op[*erae II et in sarritiones cuiusque*] generis singulas operae bin[*ae*]“. Die Ergänzungen sind ziemlich sicher, denn sowohl im Dekret des Commodus als in der Inschrift von Gasr Mezuar werden drei Arten von Frohnden genannt: *operae aratoriae*, *sar*(*i*)*toriae*, *messiciae* (*messoriae*: Dekret des Commodus). Statt *duas* steht hinter „[. . *in* . . . *cuiusque*] generis singulas“: bin[*as*] dem vorhergehenden *singulas* entsprechend. Bedenklich ist nur, dass die Jätetage (sarritiones) nicht wie es in den beiden anderen Inschriften geschieht, und wie es sich gehört, vor, sondern hinter den Erntetagen genannt sein sollen. Andererseits können sie nicht wohl ausgelassen und vor „. . *cuiusque generis*“ eine andere Feldarbeit genannt sein.

§ 19. Im folgenden Paragraphen (19) scheint gesagt zu sein, dass die *coloni* und *inquilini* innerhalb einer bestimmten Jahreszeit (*intra* [. . . .] *anni*) ihre Namen bei den conductores angeben und bei den custodiae Dienste leisten sollen. Die *custodiae* sind schon oben besprochen: es handelt sich um die Ueberwachung der Colonen bei der Ernte und Ablieferung der *partes fructuum*. Die *inquilini* werden zusammen mit den *servi* vielleicht schon in Zeile 22 genannt, ohne dass sich der

1) Die französische Uebersetzung umgeht die Schwierigkeiten. Es heisst dort: „Q'aucun locataire ou regisseur n'oblige un esclave ou un inquilinus d'un colon . . . à fournir . . . aux propriétaires ou aux locataires ou aux regisseurs dudit fundus plus de deux journées de travail. . .“ Es ist aber völlig ausgeschlossen, dass im Original gestanden hat: „ne quis conductor vilicusve . . servum inquilinu[m ve] coloni . . dominis aut conductoribus . . . quod annis . . operas *praestare cogat*.“ Wie kann überhaupt gesagt sein, dass d e r c o n d u c t o r d e m c o n d u c t o r eine Leistung verschaffen oder nicht verschaffen soll? ! *conductor* und *conductoribus* kann nie in demselben Satz stehen. Es ist vielmehr klar, dass von Leistungen der Colonen an die conductores die Rede ist: „coloni . . conductoribus . . praestare debento.“

2) Vgl. lex Ursonensis cap. 94: „. . dum ne amplius in annos singulos *inque homines singulos* . . . operas decernant.“

Zusammenhang feststellen liesse. *Coloni, inquilini* ist ein Asyndeton, denn die Inquilinen sind bei aller Aehnlichkeit keine Colonen. Sie kommen in den nachconstantinischen Rechtsquellen oft vor und nehmen dort eine Mittelstellung zwischen Sklaven und Colonen ein [1]).

Die Inquilinen unterscheiden sich wohl von den Sklaven durch ihre *libera condicio*, und von den Colonen dadurch, dass sie nicht eigentlich Bauern, sondern Handwerker sind (His, „d. Domänen d. röm. Kaiserzeit" p. 89). Sie gehören als solche zum „instrumentum fundi" wie die unten angeführte Digestenstelle (L. 112 D. 30) deutlich zeigt, während die Colonen nicht Inventar sind: denn das Gut kann auch ohne Pächter, nämlich durch eigene Regie, bewirtschaftet werden.

In Zeile 30 scheint hinter *singulas* QV[attuo]R zu lesen zu sein: vor *custodias singulas qu[attuo]r* muss das zugehörige *operas* gestanden haben; man vergleiche Zeile 27: „*[in sarritiones*(?) *cuiusque]* generis singulas operas bin[*as*]." *Singulae* gehört zu *custodiae* wie Z. 27 zu *sarritiones*, *qu[attuo]r* zu *operae* wie Z. 27 zu *bin[as]*: für jede einzelne Feldarbeit oder Wachtdienst sind so und so viel Tage angesetzt. Demnach hätten also die Inquilinen doppelt soviel *operae* zum Wachtdienst als die Colonen zur Feldarbeit leisten müssen.

Von den im folgenden genannten *stipendiarii* scheinen ähnliche *operae in custodias* verlangt zu werden. Weiteres lässt sich aus den wenigen hier erhaltenen Buchstabenresten kaum entnehmen.

Bei dem Wort *stipendiariorum* erinnert man sich der in der lex agraria vorkommenden „*stipendiarii*" d. h. der ausserhalb der Gemeinde stehenden eingeborenen Grundherren (s. Weber, röm. Agrargesch. p. 187). Damit ist natürlich nicht gesagt, dass die *stipendarii* unserer Inschrift mit jenen identisch seien. *Stipendiarius* ist vielmehr jeder das Stipendium zahlende Provinziale, also jeder Bewohner der stipendiären Provinz Africa proconsularis. Wahrscheinlich haben wir es also mit innerhalb der Domäne ansässigen Eingeborenen zu thun, mit „*Afri qui consistunt in saltu Villa Magna*", wie eine solche Gemeinde heissen würde [2]).

---

1) Man vergleiche L. 11 C. 3, 26: . . colonus aut inquilinus aut servus; L. 11 C. 3, 38: . . servorum vel colonorum adscripticiae condicionis seu inquilinorum; L. 6 C. 11, 48: colonus vel inquilinus; L. 12: servus vel tributarius vel inquilinus; L. 1 C. 11, 53: colonus inquilinusque; s. Gothofredus zu L. un. C. Th. de inquil. et col. 5, 10. In den Digesten kommen die I. vor L. 112 D. de fideicom. 30: „siquis inquilinos sine praediis quibus adhaerent legaverit."

2) In Hr. Bent-el-Bey (bei Thuburbo Maius) im Süden der Régence de Tunisie ist folgende Inschrift gefunden worden (Bull. arch. du Comité des trav. hist. 1893 p. 222):

fl[AMINIO SABINIA[no
centurioni ?] LEG VII CL. CIVES S . . . .
consistentes in]SALTV FECERVNT
idemqu[E DEDICAVERVNT.

Auch diese Gemeinde consistiert auf einem saltus. Solche Gemeinden wird es bei dem quasimunicipalen Charakter der gutsherrlichen Territorien noch mehr gegeben haben; bekannt ist mir nur dies Beispiel.

In welchem Zusammenhang die *servi* in Zeile 35 auftreten, lässt sich nicht sagen. — Am Ende der Inschrift steht [par]TEM QVINTAM. —

Zu guter Letzt ist die auf dem unteren Rande der ersten Seite angebrachte Inschrift zu besprechen. Sie lautet: „[*he*]c lex scripta a Lur(i)o Victore Odilonis magistro et Flavio Geminio defensore; Felice Annobalis Birzilis.“ Diese Lesung scheint den Vorzug zu verdienen vor „[*e leg*]*e exscripta*“, wie ich zuerst las. „*E lege exscripta*“ bedeutet „ausgezogen aus der lex“ nämlich der l. Manciana. Der Vermerk entspräche dann völlig dem Passus am Anfang der Urkunde: „(lex) data . . ad exemplum legis Mancianae“ und der gleichartigen Angabe der Inschrift von Ain Wassel: „. . . legem infra scriptam intulit [ad] exemplum legis Hadrianae“. Die „lex Manciana“ befand sich auf Kupfer geschrieben im Bereiche der Domäne wie die lex Hadriana, von der es im Brief der Colonen des saltus Burunitanus heisst: „utpote cum in aere incisa et ab omnibus omnino undique versum vicinis visa perpetua in hodiernum forma praescriptum.“ „[*h*]ec lex scripta“ wäre die einfache Angabe der Niederschrift. Die Niederschrift ist angefertigt von dem *magister* Lurius Victor Odilonis (filius) und dem *defensor* Flavius Geminius. Ausserdem wird eine dritte Person mit punischem Namen genannt ohne Zusatz, so dass ich nicht weiss, in welcher Beziehung sie zu der Urkunde steht[1]). Der *magister* ist der Vorsteher der gutsherrlichen Leute: wir kennen ihn aus dem Dekret des Commodus, wo am Schluss der Vermerk steht: „feliciter consummata et dedicata . . . cura agente C. Julio [*Pel*?]ope Salaputi magistro.“ Ausserdem kommt ein *magister* der „plebs fundi . . . itani“ in der Inschrift aus Hr. Salah (bei Kairuan) vor (s. meine „Grundherrschaften“ p. 39). Der *defensor* ist als gutsherrlicher Beamter neu. Er kann seinem Namen nach kaum etwas anderes gewesen sein als ein Beamter, der die Colonen gegen Uebergriffe der conductores schützen sollte, ganz ebenso wie der *defensor plebis* des IV. Jahrhunderts[2]) die städtische plebs, das Gegenstück der Gutsunterthänigen, gegen die Statthalter schützen sollte. Das Auftreten einer solchen Behörde ist ein ebenso beredtes Zeugnis für die gedrückte Lage der kaiserlichen Colonen schon unter Traian wie die Klageschrift der Colonen des saltus Burunitanus. Und was sind denn alle die bisher bekannten Urkunden von den saltus anderes als Regelungen der den Colonen abzufordernden Leistungen an Früchten und Frohnden? Jede dieser Urkunden setzt eine Controverse zwischen Colonen und conductores voraus, von der ja in der Inschrift von saltus Burunitanus und der von Gasr Mezuâr (s. Hermes 1894 p. 204) ausdrücklich geredet wird. Weil diese Abschriften oder Auszüge „ad exemplum“ der auf der Domäne geltenden *lex* die Interessen

---

1) Toutain giebt ihr den Titel defensor; dagegen muss Flavius Geminius protestieren, da ihm 1) der Stellung nach 2) weil er Römer ist wie der magister, das Amt zukommt. Vielleicht ist Felix, Sohn des Annobal, Enkel des Birzil, der quadratarius: einem Punier möchte man die vielen Fehler der Urkunde am ehesten zutrauen. Der Name Annobal findet sich z. B. C. VIII 9129, der Name Birzil ebenda 2564, 4925, 5315, 6402.

2) L. uu. C. 1, 47; Marquardt, R. St.-Verw. I² p. 214.

der Colonen vertreten, werden sie von den Vorstehern der Colonen angefertigt, nachdem der kaiserliche Procurator in diesem Sinne verfügt hat.

Die Inschrift, an deren Schlusse wir nun angelangt sind, zerfällt nach meiner Herstellung in 20 Paragraphen.

§ 1 (Col. I 5—19): Erlaubnis der Kultur von „agri qui su[*bc*]esiva sunt" und Bestimmungen über die Leistungen von denselben.

§ 2 (I 19—29): Fruchtquoten der Inhaber einer *villa dominica* an Weizen, Gerste, Bohnen, Wein, Oel und Honig.

§ 2[a] (I 29—II 6): Quoten im Falle einer Ernte von mehr als fünf Honigtöpfen.

§ 3 (II 6—12): Busse für den, der Bienen und Bienengeräte aus der Domäne auf einen „*ager octonarius*" überträgt.

§ 4 (II 12—17): Leistungen von „*ficus aridae arbores extra pomarium*".

§ 5 (II 17—20): Leistungen von „*ficeta vetera et oliveta.*"

§ 6 (II 20—24): Leistungen von neugepflanzten Feigenbäumen.

§ 7 (II 24—III 2): Dasselbe von Weinpflanzungen.

§ 8 (III 2—10): Dasselbe von Olivenpflanzungen.

§ 9 (III 10—12): Dasselbe von gepropftem Oleaster.

§ 10 (III 12—17): Mit Futterkraut (ausser Wicken) bestellte Aecker.

§ 11 (III 17—20): Weidegeld für Vieh.

§ 12 (III 20—IV 2): Busse für Felddiebstahl.

§ 13 (IV 2—6?): qui severunt, severint . . .

§ 14 (IV 6?—9?): Fiduciarisch verpfändete Grundstücke.

§ 15 (IV 9?—15): qui superficiem ex inculto excoluit et postea colere desiit.

§ 16 (IV 16—22): qui superficiem cultam colere desiit.

? § 17 (IV 22—23): si quis conductor vilicusve [*eor*]um inquilinum eius f. (?) . . . .

§ 18 (IV 23—27): Frohnden der Colonen.

§ 19 (IV 27—31?): Frohnden der *inquilini.*

§ 20 (IV 32?—?): Frohnden der *stipendiarii.*

Fragen wir nun nach der Disposition dieser verschiedenartigen Bestimmungen, so giebt die Inschrift selbst eine gewisse Disposition an, indem die Formel „in fundo villae Magnae sive Mappaliesige . ." nicht in jedem Satz, sondern nur an folgenden Stellen steht:

§ 1 (I 5): Qui eorum intra fundo V. M. Variani sive M. eos agros qui su[*bc*]esiva sunt (excoluerit).

§ 2 (I 19): Qui in f. V. M. sive M. villas habent habebunt dominicas.

§ 3 (II 6): Si quis alveos . . ex f. villae M. sive M. in octonarium agrum transtulerit . . .

§ 10 (III 12): [*agri pabulo consiti qui*] in f. villae M. Variani sive M. sunt erunt . . .

§ 11 (III 17): Pro pecora [*qui i*]ntra f. villae M. M. pascentur . . .

§ 12 (III 20): Si quis ex f. villae M. sive M. fructus stantem pendentem . .

§ 13 (IV ?): [*Si qui in f. villae Mag*]*ne* siv(e) Mappaliasig[*e . . . . se*]verunt severint . . .

§ 18 (IV 23): Coloni qui intra f. villae M. sive M. habitabunt . . .

Offenbar ist die Einleitung grade dieser Paragraphen durch die volle Formel kein Zufall, denn jeder dieser Paragraphen beginnt abgesehen von § 3 einen neuen Abschnitt: § 1 handelt von der Occupation der „agri qui su[*bc*]esiva sunt", § 2 im Gegensatz dazu von dem unter Kultur befindlichen Land. Dass mit § 3 ein neuer Abschnitt beginnt ist auffallend; es hätte vielmehr bei § 4, wo die Bestimmungen über die Baumpflanzungen beginnen, oder sowohl bei § 3 als bei § 4 ein Abschnitt bezeichnet werden müssen. Bei § 10 beginnt mit Recht ein neuer Teil (Futterkräuter), ebenso mit § 11 (Viehweide), § 12 (Felddiebstahl) und § 13 (*qui severunt severint*). Dass erst wieder in § 18 die einen neuen Abschnitt bezeichnende Formel gesetzt wird, ist wichtig: es wird dadurch deutlich, dass § 13—17 zusammen gehören. Es muss also in ihnen allen von e i n e r Kategorie, nämlich von dem, der Land angebaut (. . *qui severunt*) aber dann liegen gelassen hat, gehandelt sein.

Wenn wir ausser § 3 auch noch bei § 4 einen Abschnitt machen, können wir die durch die Formel „qui in f. villae M. sive M. sunt" gegebene Einteilung durchaus annehmen. Die Urkunde zerfällt demnach in folgende Hauptteile:

I. (§ 1): Bestimmungen über Occupation von Ackerland.
II. (§ 2—3): Ueber Kulturland.
III. (§ 4—9): Ueber Emphyteuse von Baumpflanzungen.
IV. (§ 10 u. 11): Ueber Futterland und Viehweide.
V. (§ 12): Ueber *deportatio fructuum.*
VI. (§ 13—17): Ueber unbestellte *superficies.*
VII. (§ 18—Ende): Ueber Frohnden (*operae* und *custodiae*) der Colonen, Inquilinen, *stipendiarii.*

Die neue Inschrift ist mit Recht im Musée du Bardo an der Seite der *Ara legis Hadrianae* aufgestellt worden, denn die beiden sind Schwestern. Beide Urkunden sind von den kaiserlichen Procuratoren erlassen worden, um die Erlaubnis zur Occupation und die Rechte des Occupanten von *ager rudis sive per tot annos incultus* d. h. von wildem und von mehrere Jahre hindurch vernachlässigtem Land zu ordnen.

Während sich die *ara legis Hadrianae* nur mit den *partes fructuum* beschäftigt, giebt die neue Inschrift ein Reglement sowohl über die Fruchtquoten als über die *operae*. Das Dekret des Commodus wiederum behandelt nur die Frohndienste. So bilden denn die drei wichtigen Inschriften eine Gruppe von Dokumenten, wie wir sie so leicht nicht für einen anderen Zweig der römischen Verwaltung besitzen. Die Ara l. Hadr. schliesst sich einerseits an die neue Urkunde an, weil auch sie die Occupation auf den kaiserlichen Domänen behandelt, andererseits gehört sie zum Dekret des Commodus, weil sie wie dieses Bestimmungen der lex Hadriana giebt, während das neue Dokument einen Auszug aus einer älteren Domanialordnung, der *lex Manciana*, bildet. Die neue Inschrift ist das älteste bisher vorliegende Dokument aus dem Bereich der afrikanischen saltus, denn sie ist noch unter Traian niedergeschrieben worden. Sie ist damit zugleich das älteste Zeugnis, wenn auch nicht für die Emphyteuse, so doch für das Occupationsrecht, aus dem sich die E. entwickelt hat. Aus der ara legis Hadriana lernten wir, dass Hadrian über *„ager rudis sive per X annos continuos incultus“* (Col. II 13) Verfügungen erlassen hatte; jetzt sind wir einen Schritt weiter geführt und wissen, dass schon vor Hadrian, vielleicht lange vor Hadrian, auf den Domänen dies Occupationsrecht existierte.

Der bekannte Erlass des Proconsuls von Achaia an die Stadt Thisbe zeigt uns die Emphyteuse — ohne den Namen, der ausser bei Ulpian (s. u.) zuerst in der Constitution vom Jahre 315 (L. 1 C. 11, 62) vorkommt — als geltende Praxis im Bereiche einer griechischen Stadtgemeinde [1]. Das Edict scheint etwa um die Wende des II./III. Jahrhunderts erlassen zu sein [2]. Die thisbensische Emphyteuse ist durchaus auf griechischem Rechtsgebiet entstanden: das zeigen deutlich die Ausdrücke *πιπράσκειν*, *μεταπωλεῖν* für „verpachten“: das griechische Recht ist zu einer Scheidung der *locatio conductio* von der *emptio venditio* bezeichnender Weise nicht vorgedrungen. Diese griechische Emphyteuse kennt schon Ulpian, der von einem ius *ἐμφυτευτικόν* vel *ἐμβατευτικόν* spricht (L. 3 § 4 D. 27, 9), ohne Näheres mitzuteilen.

Das Recht des thisbensischen *καταλαβών* — so heisst der Occupant oder Emphyteuta in der Inschrift — unterscheidet sich, wie His (d. Domänen d. röm. Kaiserzeit p. 100) richtig anführt, von dem Recht des Occupanten der ara legis Hadrianae, aber nicht in den Punkten die er anführt, sondern in anderen. Dass der Occupant der *ara l. H.* nur zum Anbau nicht zum *φυτεύειν* verpflichtet gewesen sei (p. 100) ist falsch: denn 1) ist er zu nichts verpflichtet, sondern hat, wenn er occupiert, das Recht des Fruchtgenusses gegen eine Fruchtquote, 2) ist ebenso wie von *aridae fructus* (Getreide), von partes olei und pomarum die Rede, galt dies Recht also so gut für Anpflanzungen wie für Ackerland.

Als zweiten Unterschied bezeichnet His die verschiedene Dauer der Immunität — in Thisbe fünf. in der l. Hadriana sieben Jahre für *poma* und zehn für Oliven. Diese Differenz ist ohne jede Bedeutung, denn in der lex Manciana finden wir wieder andere Immunitätsfristen.

Es bleibt dagegen als fundamentaler Unterschied bestehen, dass im Erlass

---

1) Ein sehr interessantes Zeugnis für die griechische E. finde ich in dem für die Volkswirtschaft des sinkenden Griechenland so überaus wichtigen „*Εὐβοικός*“ des Dio Chrysostomus (p. 233 Reiske). Der Gegner des Sykophanten empfiehlt zum Anbau des unbenutzt liegenden Gemeindelandes die E. wie folgt: *„ἐπὶ δέκα μὲν οὖν ἔτη προῖκα ἐχόντων, μετὰ δὲ τοῦτον τὸν χρόνον ταξάμενοι μοῖραν ὀλίγην παρεχέτωσαν ἀπὸ τῶν καρπῶν, ἀπὸ δὲ τῶν βοσκημάτων μηδέν. Ἐὰν δέ τις ξένος γεωργῇ πέντε ἔτη καὶ οὗτοι μηδὲν ἀποτελούντων, ὕστερον δὲ διπλάσιον ἢ οἱ πολῖται.“* Wie in der Inschrift von Thisbe gelten auch hier für den *ξένος* andere Normen, als für den *πολίτης*. Quinquennium und Decennium sind wie sonst die Fristen der Immunität.

2) Dittenberger, Index scholarum v. Halle W. S. 1891/92 p. VIII.

des Proconsuls eine schriftliche Anzeige (βιβλίον) des Occupanten über die beabsichtigte Emphyteuse verlangt wird, während in der lex Hadriana der Occupant durch die Occupation emphyteutisches Recht bekommt. Die schriftliche Anzeige ist bezeichnend für den griechischen Rechtsbrauch, der ja Schriftlichkeit liebt — ich verweise auf die χειρόγραφα und die συγγραφή — während das römische Recht concludenten Handlungen und mündlichen Abreden Rechtskraft verleiht.

Einen anderen wesentlichen Unterschied — den His übersehen hat — macht die Art, wie der Pachtzins, der *canon emphyteuticarius*, geleistet wird: der thisbensische καταλαβών entrichtet ein bestimmtes Quantum von Früchten, so und soviel vom πλέθρον, wogegen der Occupant vom Domänenland nach der lex Hadriana — und ebenso nach der lex Manciana — *partes fructuum*, Fruchtquoten, giebt. Der eine gewöhnliche *merces*, allerdings in Naturalien, leistende griechische Emphyteuta steht dem gewöhnlichen Pächter, z. B. dem ägyptischen Pächter, der so und soviel pro ἄρουρα leistet[1]), sehr nahe; dagegen ist der Occupant der beiden Domanialordnungen als *colonus partiarius* ein Mittelding zwischen *colonus* und *socius*[2]).

Die Verbindung der *colonia partiaria* mit der Emphyteuse ist eine ausserordentlich wichtige Erscheinung. Der Emphyteuta des IV. Jahrhunderts leistet einen festen Canon, keine Quoten. Unter Septimius Severus (ara legis Hadrianae) gilt noch die Teilpacht; im Lauf des III. Jahrhunderts hat man sie also aufgegeben. Das entspricht ganz der kapitalistischen Entwicklung der römischen Finanzverwaltung: man wollte lieber eine feste Rente als die schwankenden Fruchtquoten haben.

Vergleicht man die Bestimmungen über die Occupation in den beiden *leges*, der lex Hadriana und Manciana, so ergänzen sie sich vollkommen. Wie nach der l. Hadriana es Emphyteuse für *„agri rudes"* und *„agri per X annos inculti"* gab, so finden wir in der neuen Inschrift in den §§ 1 und 4—9 das *ius colendi* für Getreide- (oder Bohnen-) und Baumkultur auf *ager rudis*, in § 13—16 für *„ager per duos annos incultus"* geregelt. Zwischen diesen beiden Hauptteilen stehen die für die gewöhnliche Teilpacht geltenden Normen (§ 2 und 3). Diesem Teil ent-

1) Ueber die in Aegypten übliche Pacht gegen ein Quantum von Früchten sind wir durch die Papyri ausgezeichnet unterrichtet. Der erste Band des Corpus Papyrorum Rainer (Wien 1895) bietet eine Menge von Pachturkunden. Es sind das eben solche βιβλία wie sie in der Inschrift von Thisbe gefordert werden, d. h. schriftliche Anzeigen des Pächters, dass er so und soviel Land auf so und so lange Zeit für ein bestimmtes Quantum (ἐκφόριον) (2—5 und mehr Artaben pro Arura) pachten wolle. Die thisbensische Emphyteuse ist offenbar an diese Pacht gegen ein Fixum von Naturalien angelehnt; die emphyteutische ist von der gewöhnlichen Pacht nur durch die Immunität und die längere Pachtzeit — aus der das (übrigens in der I. von Thisbe ziemlich beschränkte) Veräusserungsrecht folgt — verschieden.

2) Bekanntlich hat Waaser (die *colonia partiaria* Berlin 1890) die c. p. für eine Spielart der societas erklärt. Trotz allem Scharfsinn ist der Nachweis nicht gelungen: die colonia p. ist und bleibt bei aller äusserlichen Aehnlichkeit mit *societas* eine colonia, ein Pachtverhältnis. Von der Pacht gegen ein Quantum von Früchten bis zur Pacht gegen eine Quote (col. p.) war nur ein Schritt: durch diese Modifikation wird die Pacht noch nicht zur societas!

spricht der Schlussteil (§ 18—20), der die von den Gutsinsassen zu leistenden Frohnden angiebt. Die Inschrift behandelt also sowohl die Pflichten des Occupanten als die des gewöhnlichen Teilpächters, während sich die ara legis Hadrianae nur auf die Occupation bezieht. Bei der mangelhaften Disposition der römischen Gesetze kann es nicht auffallen, dass die zusammengehörigen Teile: Occupation von Acker- und Occupation von Baumland einer-, Teilpacht der Colonen und Frohnden andererseits nicht zusammenstehen, sondern abwechseln.

Aber in einem wichtigen Punkte unterscheidet sich die Occupation der lex Manciana von der der lex Hadriana: in der lex Manciana fehlt die Garantie des „*ius heredi relinquendi*", die Vererblichkeit des Rechts, welche die lex Hadriana (Col. II 9) ausdrücklich zusichert. Die lex Manciana kennt also noch keine Erbpacht, aber ihr *ius colendi* ist durch nichts als die Länge der Pachtfrist von dem der lex Hadriana und damit von der E. unterscheiden. Wir sind gewöhnt in der Vererblichkeit ein Hauptmerkmal der Emphyteuse zu sehen und das trifft auch für die ausgebildete E. gewiss zu, aber der neuen Inschrift verdanken wir die Einsicht, dass dieses Recht erst später zu den übrigen Merkmalen der E. hinzugetreten ist. Die ara legis Hadriana bleibt für die E. das erste Zeugnis [1]), aber wir haben in der neuen Urkunde eine Institution vor uns, die unbedingt als directe Vorstufe der Emphyteuse zu bezeichnen ist. Der Occupant der lex Manciana ist nämlich nur durch die Immunität des ersten Quinquennium vom gewöhnlichen Colonen unterschieden; nach Ablauf dieser Frist ist er Colone wie jeder andere. Die Identität ist frappant: der Occupant entrichtet *tertiae partes* wie der Colone. Aus der ara legis H. konnten wir nur entnehmen, dass der Emphyteuta dem Colonen gleichgestellt sein sollte (Col. III 1: . . *nec maiores partes fruc[tuum qua]m co[loni dare debe]bit*); in unserer Inschrift wird der Aubauer von Rodeland klar und deutlich als „*colonus*" bezeichnet (I 11). Es ist ja auch ganz natürlich, dass der Colone ausser seinem Pachtland noch wildes oder verwildertes Land in Kultur nehmen durfte; that er dies, so wurde er damit zum Pächter auch dieses Landes. Ein Grund, ein neues Rechtsverhältnis zu schaffen, lag nicht vor: nur wurde ihm für das nächste Jahr der Pachtzins erlassen, wenn das neuumgebrochene Land — also z. B. das Baumland — erst nach Jahren Früchte gab; wo er Getreide säte, hatte er natürlich schon im nächsten Jahre die üblichen Quoten zu leisten. Zeigte schon die Emphyteuse der Inschrift von Thisbe

---

1) Herodian schreibt (II 4, 6) die Erlaubnis der Occupation von *ager rudis sive incultus* dem Pertinax zu: „*πρῶτον μὲν γὰρ πᾶσαν τὴν κατ' Ἰταλίαν καὶ ἐν τοῖς λοιποῖς ἔθνεσιν ἀγεωργητόν τε καὶ παντάπασιν οὖσαν ἀργὸν* (= *agrum incultum sive plane rudem*) *ἐπέτρεψεν ὁπόσην τις βούλεται καὶ δύναται, εἰ καὶ βασιλέως κτῆμα εἴη, καταλαμβάνειν* (= *occupare*), *ἐπιμεληθέντι τε καὶ γεωργήσαντι δεσπότῃ εἶναι. Ἔδωκε τε γεωργοῦσιν ἀτέλειαν πάντων εἰς δέκα ἔτη καὶ διὰ παντὸς δεσποτείας ἀμεριμνίαν.*" Die erste Bestimmung über die Emphyteuse im justinianischen Corpus rührt von Aurelian her (L. 1 C. 11, 59). Wir haben nun folgende Daten für die Emphyteuse auf den kaiserlichen Domänen: 1) lex Manciana (die neue Inschrift aus der Zeit Traians), 2) lex Hadriana (Ara l. H. aus der Zeit des Sept. Severus), 3) die Herodianstelle über Pertinax, 4) ara l. H. des Procurators Patroclus (Sept. Severus), 5) Constitution Aurelians.

die grösste Aehnlichkeit mit der aus den Papyri bekannten griechischen Pacht gegen ein Fruchtquantum (s. oben), so kann man das *ius colendi* der *lex Manciana* nicht anders denn als eine modifizierte Teilpacht bezeichnen. Nichts als die Remission der Pachtzinsen unterscheidet dieses Recht von der Pacht, und Remission des Pachtzinses tritt ja auch bei der gewöhnlichen Pacht unter Umständen ein, freilich nicht bei der gewöhnlichen Teilpacht, denn *„partiarius colonus quasi societatis iure et damnum et lucrum cum domino fundi partitur"* (L. 25 § 6 D. loc. cond. 19, 2). So enthält denn das Occupationsrecht der lex Manciana kein Element, welches der Pacht fremd wäre.

Man hat bisher die Emphyteuse aus dem griechischen Städterecht ableiten wollen, und den Namen haben die Juristen Constantins zweifellos dem griechischen Rechtsgebiet entlehnt. Dass aber aus der *colonia* eine rein römische E. entwickelt wurde und zwar durch Hadrian, das zeigt die neue Urkunde und dadurch macht sie, wenn ich nicht irre, in der Rechtsgeschichte Epoche.

In der unter Traian auf den afrikanischen Domänen geltenden lex Manciana giebt es eine Emphyteuse, eine Erbpacht noch nicht, aber das *ius colendi* dieser Urkunde unterscheidet sich in nichts von dem *ius colendi* der lex Hadriana als in dem Fehlen des *„ius heredi relinquendi."* Die Verwandlung des *ius colendi* in die Erbpacht ist also mit absoluter Sicherheit dem Kaiser Hadrian zuzuschreiben. Er ist der Schöpfer der domanialen Emphyteuse.

Hadrian hat sein *ius colendi* dem griechischen Recht sicher nicht entnommen, denn sonst würde es den Namen Emphyteuse führen, aber auch dem als zweite Quelle der E. genannten *„ius in agro vectigali"*, der municipalen Erbpacht, ist dieses Recht nicht entnommen, denn das *ius i. a. v.* ist eine ordentliche Pacht, keine Occupation. Das charakteristische Moment des *ius colendi* der lex Manciana und Hadriana: die Immunität vom Pachtzins lässt sich für uns wohl in der späteren Emphyteuse wieder finden, aber nicht vorher, also nicht vor Traian nachweisen. Dass es sich an die gewöhnliche fünfjährige Pacht angeschlossen hat, zeigt m. E. der mit der Pachtzeit identische Zeitraum der Immunität. Die fünf Jahre Immunität für Baumfrüchte sind eine Pachtperiode, die zehn Jahre für Oliven zwei. Die siebenjährige Freiheit, welche die ara legis Hadriana für die *poma* gewährt, ist offenbar ein Mittelding zwischen den sonst für *poma* üblichen fünf und den für Oliven üblichen zehn Jahren.

Das *„ius heredi relinquendi"* an und für sich könnte Hadrian sehr wohl dem *„ius in agro vectigali"* entlehnt haben, wie ja so vieles in der Verwaltung der Domänen dem Municipalwesen entlehnt ist (s. Grundherrschaften p. 107 f.), aber wir finden die Erbpacht oder besser den unbefristeten aber kündbaren Besitz in einer anderen Institution, die dem *ius colendi* näher steht als die municipale Erbpacht: ich meine das alte Occupationsrecht auf dem ager publicus, wie es Appian an der berühmten Stelle (*ἐμφ.* I 7) schildert. Mit dem Recht der Possessionen auf den ager publicus zur Zeit der Gracchen hat das *ius colendi* der lex Hadriana nicht nur wie die municipale Erbpacht die Erblichkeit, sondern auch, was dem *ius i. a. vect.* fehlt, das Moment der Occupation d. h. der Bebauung wilden Landes gemeinsam. Man wird nicht juristisch ganz ungleichartige Dinge wie Occupation mit Erblichkeit und Erbpacht d. h. ordentliche Pacht auf unbefristete oder sehr lange Zeit (100 Jahre und mehr [1])) zusammen werfen dürfen. Dasselbe ist über die übliche Herleitung der Emphyteuse aus dem *ius i. a. v.* zu sagen. Erblicher Besitz von Rottland ist etwas ganz anderes als erblicher Besitz angebauten Landes: durch den Anbau bisher nutzlosen Bodens hat sich der Bebauer ein Anrecht darauf erworben, das dem Pächter guten Landes fehlt. Man sollte die Emphyteuse fortan nur noch mit den verschiedenen occupatorischen Rechtsverhältnissen, von denen die römische Agrargeschichte weiss, vergleichen, aber nicht mehr mit der Verpachtung vollwertigen Gemeindelandes; ein solcher nur auf der Erblichkeit beider Rechte beruhender Vergleich ist doch sehr oberflächlich.

Das *ius colendi* der lex Manciana und Hadriana kommt dem alten Possessionsrechte noch in einem Punkte sehr nahe: hier wie dort hat der Occupant eine Fruchtquote zu leisten. Sie betrug nach Appian (a. a. O.) den Zehnten von den Halm- und den Fünften von den Baumfrüchten. (. . *δεκάτῃ μὲν τῶν σπειρομένων, πέμπτῃ δὲ τῶν φυτευομένων*), während die afrikanischen Occupanten *tertiae partes* von Wein und Oel geben sollen (II 24 f.), über welche Produkte allein Angaben vorliegen [2]).

In der That war ja auch bei dem Risico der Bebauung von „*ager rudis sive incultus*“ die Leistung einer Quote angemessener als die eines Quantums.

Man muss das Occupationsrecht gegen Quote unterscheiden von der Pacht gegen Quoten, der Teilpacht (*colonia partiaria*).

Für beide giebt uns die neue Inschrift einen neuen Beleg, indem in ihr sowohl von dem „*qui agros qui subcesiva sunt excoluerit*“ also dem Occupanten, als denen „*qui villas habent dominicas*“, also den ordentlichen Pächtern, *tertiae partes* verlangt werden. —

Die Leistung der *tertiae partes* an die conductores sowohl seitens des Inhabers einer villa, als seitens des Occupanten bestätigt meine Auffassung der conductores als Generalpächter der Domäne d. h. sowohl des Hof- als des an Colonen vergebenen Pachtlandes. Während der conductor auf dem Hofland selbst wirtschaftet, giebt er die anderen *fundi* in Afterpacht oder pachtet vielmehr, da die Colonen bereits auf den fundi sitzen, die von ihnen zu leistenden Quoten, ist also auf diesem Teil der Domäne Gefällpächter (s. Grundherrschaften p. 90 f.). Als Pächter nur des Hoflandes (Mommsen) können die conductores unmöglich die Quoten der Colonen einziehen; den Pachtzins leistet der Pächter an den locator: also müssen die Colonen Pächter der conductores, mithin, da diese selbst Pächter sind, Afterpächter (dem Kaiser gegenüber) sein [3]). Die Frohnden

---

1) Hygin (Feldmesser I 116): „. . qui superfuerunt agri vectigalibus subiecti sunt alii per annos XXX alii vero mancipibus ementibus id est conducentibus in annos centenos.“

2) Die partes von den fructus „*agrorum qui subcesiva sunt*“ (I 8) sind unklar; die Colonen „*qui villas habent dominicas*“ entrichten von den Producten des zugehörigen also nicht neuumgebrochenen Landes ebenfalls den Dritten; ebenso die Occupanten der lex Hadriana (III 3).

3) Meiner Auffassung hat sich R. His (d. Domänen d. röm. Kaiserzeit) angeschlossen (p. 11 f.).

im Dekret des Commodus konnten gewiss als dem Hofland und damit seinen Inhabern, den conductores, gebührende Dienste aufgefasst werden wie es Mommsen gethan hat, aber der Pachtzins des Occupanten der lex Hadriana und erst recht der des Colonen der lex Manciana können nicht dem Hofland sondern nur dem conductor als Pächter der Gefälle zukommen. Der Ausweg, dass die conductores für den Kaiser die ihm zu leistende Quote erhoben hätten, ist auch versperrt, denn der Vertreter des Kaisers ist der Procurator, nicht der conductor. Eine weitere Bestätigung meiner Auffassung giebt eine bei Khenchela (Mascula) in Algerien gefundene Inschrift, die ich schon im Nachtrag der „Grundherrschaften" p. 134 abgedruckt habe. Sie lautet:

SALV /// IN HIS PRAEDIIS PRIVATIS
Iu]NIANI MARTILIANI C. V.
VECTIGALIA LOCANTVR.

Die vectigalia können, wie Gsell (Mélanges d'arch. et d'hist. 1893 p. 470) richtig gesehen hat, nichts anderes sein, als die von den Colonen zu leistenden Pachtzinsen, denn diese *vectigalia* sind das Abbild der dem römischen Volk von den Provinzialen, oder einer Gemeinde von den Pächtern des Gemeindelandes zu leistenden Gefälle (einerlei ob Quanta oder Quoten)[1]). Wer kann denn nun der Pächter dieser „*vectigalia quae locantur*" anders sein als die *conductores*? Sie entsprechen durchaus den *mancipes* der staatlichen oder municipalen[2]) vectigalia. Besonders in der Exploitierung sind die Domänen ein getreues Abbild der städtischen Territorien. Wie die städtischen Beamten und die des römischen Staates, so schreiben die Procuratoren der Domänen die Pacht der von den Gutsinsassen zu leistenden Gefälle (*vectigalia*) aus. Dafür zahlen die *conductores* (= mancipes, publicani) einen festen Canon und stehen nun den Colonen als Inhaber der zu leistenden Quoten gegenüber. Die Uebereinstimmung sowohl des städtischen als des domanialen Pachtwesens mit der Erhebung der *vectigalia populi Romani* ist frappant. Das Prius ist natürlich die Verpachtung der staatlichen *vectigalia*: ihr ist, als die Municipien aus *vici* der Stadt Rom ihr Abbild wurden, die städtische Pacht, das *ius i. a. vect.*, nachgebildet und dieser wiederum die domaniale. Dass die conductores den ganzen *saltus* innehaben oder vielmehr Pächter der Regie desselben sind, zeigt ferner die Bezeichnung „*dominis sive conductoribus*", die mehrfach vorkommt (s. o.). *Domini vicem* sind die conductores nur als Inhaber der ganzen Domäne, nicht als blosse Pächter des Hoflandes[3]). —

1) *vectigal* kommt noch einmal auf domanialem Boden vor: in der lex metalli Vipascensis Zeile 60, wo von dem *conductor vectigalis puteorum* d. h. dem Pächter des Grubenmonopols die Rede ist.

2) Hygin (Feldm. I 116): „*mancipes vero qui emerunt lege dicta ius vectigalis ipsi per centurias locaverunt aut vendiderunt.*"

3) Es ist interessant, die Exploitierung der afrikanischen *saltus* mit der lex metalli Vipascensis zu vergleichen. Wie die lex Manciana und Hadriana die Rechte und Pflichten der Colonen, so ordnet die lex. met. Vipac. die der einzelnen *conductores vectigalis* (vectigal s. Zeile 60) d. h.

Die neue Inschrift bietet auch Belege für die Stellung der Colonen. In § 2 (Col. I 19 f.) wird festgesetzt, dass die Inhaber der villa dominica d. h. des zum *fundus* gehörigen Hofes den conductores tertiae partes geben sollen. „*Qui . . . villas habent habebunt dominicas*" können nur die Colonen sein: also zerfällt die Domäne Villa Magna in fundi mit villae, welche die Colonen gepachtet haben. Die Teilung des Gutes in Pachtparzellen war schon von Mommsen (Hermes XV 404) aus dem Nebeneinander von conductores und Colonen geschlossen worden, indem er darin die dem Hof- und dem Pachtland entsprechenden Rechtssubjecte erkannte. Der eben genannte Paragraph bringt ein deutliches Zeugnis für die Teilung der *saltus* in *fundi*, deren jeder eine *villa* hat. Ueber das vom conductor bewirtschaftete Hofland erfahren wir leider neues nicht, denn von den ein Hofland voraussetzenden Frohnden der Colonen wussten wir bereits. Da die Colonen ein Hutgeld zahlen müssen, muss die Weide Regal der conductores gewesen sein. Daraus erklärt sich auch, dass alle Futterkräuter ihnen gehören (s. § 10). —

Es erübrigt noch einiges über die Fruchtquoten, die *tertiae partes* zu sagen. Während sonst die Teilpacht sehr selten gewesen sein muss — sie wird in den Rechtsquellen nur einmal erwähnt [1]) — ist sie nach der lex Manciana und Hadriana das stehende Verhältnis sowohl für das *ius colendi* und den Colonat der lex Manciana als auch für die Emphyteuse der lex Hadriana. Vielleicht ist es kein Zufall, dass gleichzeitig mit der neuen Inschrift, unter Traian, Plinius d. J. den Entschluss fasst seine Güter „*partibus*" zu verpachten (epist. 9, 37); vielleicht hat damals die Teilpacht grössere Ausdehnung gewonnen.

Der Seltenheit der *colonia partiaria* im Gebiete des Privatrechts gegenüber bedarf ihre typische Erscheinung auf der kaiserlichen Domäne einer Erklärung; ich glaube sie gefunden zu haben: Die Bebauung von Land gegen Fruchtquoten ist zu Hause nicht auf dem Boden des Privatrechts, sondern auf publizistischem Gebiet; sie ist üblich bei der Ueberlassung des *ager publicus* in Italien und bei der Besteuerung der Provinzen Sizilien und Asien unter der Republik. Wie das Occupationsrecht vom ager publicus und die Gefällpachtung von den provinzialen *vectigalia* auf die domaniale Verwaltung übergegangen ist (s. oben), so auch die Anwendung der Fruchtquoten. Der Kaiser ist ja auch als Inhaber des Fiskus auf dem ager publicus in den Provinzen der directe Nachfolger des *populus Romanus*; als solcher übernahm er das dort geltende Bifancrecht mit den

der Pächter des Nutzungsrechts der einzelnen Betriebszweige innerhalb des Bergwerks. Wie es auf den Domänen ebensoviel Colonen als *fundi* giebt, so im *metallum Vipascense* ebensoviel *conductores* als *vectigalia* (*fulloniae, tonstrini, sutrini, puteorum, praeconii* etc.). Ob die Pachtzinsen aller dieser Betriebe wiederum von einem Generalpächter gepachtet waren, wie auf den Domänen, ist nicht zu sagen. Zu bemerken ist, dass *vectigal* in der l. met. Vipasc. (Z. 60) nicht die für die Betriebe zu zahlenden Gefälle, sondern die Betriebe selbst, das Monopol des Friseurs, Schusters etc. bezeichnet.

1) L. 25 § 6 D. locati cond. (19, 2): „. . alioquin partiarius colonus quasi societatis iure et damnum et lucrum cum domino fundi partitur."

Fruchtquoten zunächst für die Domänen des Fiscus und dann auch wohl für die anderen direct kaiserlichen Domänen (patrimonium und res privata).

Wir können nicht sicher sagen, wo die *partes fructuum* zuerst erscheinen, ob auf dem *ager publicus* als Entgelt für die Possession oder auf dem *ager decumanus* der Provinzen Sizilien und Asia. Zuerst bezeugt sind die Fruchtquoten als Leistung der Provinzen an den römischen Staat und zwar in Sizilien. Dass die dortige *decuma* aus der Verwaltung Hierons übernommen ist, ist bekannt. Wenn ich recht sehe, hat man bisher angenommen, dass der asiatische Zehnte dem sizilischen nachgebildet ist. Diese Annahme ist schon a priori bedenklich, denn in allen anderen Provinzen hat die römische Republik eine feste Grundsteuer eingerichtet, warum sollte sie in Asien sich statt dessen die *decima Hieronica* zum Vorbild genommen haben? In Sizilien hat sie sich an die bestehende Ordnung der Grundsteuer angeschlossen, aber schon bei der nächsten Provinz Sardinien ein anderes System gewählt; warum kehrt man bei Asien zu jenem älteren zurück? Die Frage konnte schon früher so formuliert werden, aber beantwortet haben sie erst die pergamenischen Inschriften, die uns zeigen, dass es auch im Reich der Attaliden einen Zehnten gab: diese δεκάτη wird in der Inschrift über die Ansiedlung der Söldner (Inschr. v. Perg. I 158) erwähnt. Ebenso gab es eine δεκάτη im Reich der Seleuciden — denn in der grossen Söldnerinschrift (Dittenberger, Sylloge 171) wird den Soldaten ein κλῆρος ἀδεκάτευτος, also ein von der δεκάτη immunes Landloos zugesichert (Zeile 101) — und ebenfalls im Reich der Ptolemäer. Der von den Unterthanen zu leistende Zehnte der Feldfrüchte war also die den hellenistischen Staaten eigentümliche Steuer, und Rom hat wie so viele auch diese Institution dem Verwaltungswesen der Diadochen und Epigonen entnommen: für Sizilien dem Reiche Hierons, für Asien dem der Attaliden. Die hier behauptete Wechselbeziehung zwischen einer privatrechtlichen Institution, der *colonia partiaria*, und dem Staatsrecht liesse sich weiter ausführen: ist doch auch das Quinquennium der Pacht mit dem *lustrum*, der Steuerperiode, zusammenzustellen. Hier scheint umgekehrt die fünfjährige sicher uralte Pacht das Prius: das primitive Staatsrecht ist ja überall dem Privatrecht nachgebildet.

Die von den Possessoren des *ager publicus* zu leistenden Fruchtquoten werden zuerst erwähnt in der Geschichte der gracchischen Bewegung (Appian a. a. O.). Ob es Zufall ist, dass auch diese Leistung den Zehnten der Ernte beträgt oder ob sie darum als ebenfalls der griechischen δεκάτη entlehnt zu gelten hat, will ich nicht entscheiden. Für den bisherigen Stand unserer Kenntnisse ist jedenfalls die Institution der Fruchtquote als Pacht- und Occupationszins, also die *colonia partiaria*, heimisch auf den kaiserlichen Domänen und als Grundsteuer ist sie in Sizilien und Asien sicher entlehnt dem hellenistischen Verwaltungswesen. Da nun andererseits die Verwaltung der Domänen, in vielen Dingen der der Provinzen nachgebildet ist, so ist vielleicht die Vermutung gestattet, dass die Leistung von Fruchtquoten in letzter Linie mit der δεκάτη zusammenzustellen und die *colonia partiaria* als eine griechische Institution zu betrachten ist, wie ja auch die Emphyteuse wenigstens zum Teil griechische Wurzeln hat. Während das römische Pachtrecht ein Quantum in Früchten nur als Ausnahme kennt (Waaser, col. part. p. 23), zeigen uns die griechischen Papyri, dass dies auf griechischem Rechtsboden, wenigstens in Aegypten, die übliche Form der *merces* war. Ich habe schon oben angedeutet, dass von der Pacht gegen ein Quantum von Früchten zu der gegen eine *pars quota*, also zur *colonia partiaria*, nur ein Schritt ist (s. zu § 2). Wenn die Teilpacht griechisch war, so erklärt sich ihr sehr seltenes Auftreten, ebenso wie das der Emphyteuse vor Constantin, die ja auch nur einmal (von Ulpian) erwähnt wird. Die *politio* Catos[1]) ist bekanntlich nicht als col. part. zu betrachten.

Ueber die Anwendung der Teilpacht im griechischen Recht werden noch Untersuchungen anzustellen sein: in der Staatsverwaltung der hellenistischen Reiche (Sizilien, Pergamon) ist sie nachgewiesen und die Pacht gegen ein Fruchtquantum ist in Aegypten üblich. Wird es dazu noch gelingen, die reine Teilpacht im griechischen Rechtsgebiet zu constatieren — und ich zweifle nicht daran —, dann dürfte meine Vermutung, dass die *colonia partiaria* griechischen Ursprungs ist, als begründet anzusehen sein. —

Mit froher Gewissheit kann man es aussprechen, dass noch andere Inschriften aus den afrikanischen *saltus* uns über das Pachtrecht, welches hier galt, über Emphyteuse und *colonia partiaria* aufklären werden. Aus der vorliegenden Urkunde glaubte ich das Gesagte entnehmen zu müssen. Unser Wissen von der Bewirtschaftung der kaiserlichen Domänen war bis zum Jahr 1880, bevor Theodor Mommsen das Dekret des Commodus erläuterte, geringer denn Stückwerk: Mommsens Commentar erschloss ein neues Forschungsgebiet und der unermüdliche Eifer der französischen Archäologen hat seitdem drei Inschriften zu Tage gefördert, die uns umfangreiche Details der afrikanischen Domanialverwaltung mit urkundlicher Treue darzustellen ermöglichen. Ist unser Wissen schon jetzt nicht mehr so sehr wie vor 20 Jahren Stückwerk, so dürfen wir sicher hoffen, uns der vollkommenen Einsicht noch mehr zu nähern. Auch fernerhin wird jede Untersuchung auszugehen haben von dem Commentar zum Dekret des Commodus, mit dem Mommsen den Grundstein dieser Forschungen gelegt hat.

Möge uns Afrika aus seinem an Inschriften unerschöpflichen Boden bald eine vollständige *lex saltus* schenken, die ganze *lex Hadriana* oder *Manciana*, von denen wir bisher nur Bruchstücke haben. Jeder neue Hektar Bodens, den der französische Colonist unter den Pflug nimmt oder mit Oliven bepflanzt, bedeutet zugleich einen Gewinn für die Archäologie; denn in Nordafrika folgt dem Colonisten, der dem Lande seine alte Kultur wiedergeben soll, der Archäologe, der die Reste dieser Kultur erforscht.

In keinem anderen Lande ist die Archäologie so aktuell als im französischen Afrika: die Aufnahme der antiken Ruinen bildet einen Teil der topographischen Aufnahme, und der prächtige „Atlas archéologique de la Tunisie“ ist im Wesentlichen eine Leistung der „brigades topographiques“. Vielleicht das beste Bei-

1) s. Waaser, col. part. p. 9.

spiel für das Zusammengehen praktischer und archäologischer Interessen bietet die vom französischen Ministerium veranlasste Erforschung der römischen Bewässerungsanlagen. Sie hat zwar den praktischen Zweck, von jenen Arbeiten zu lernen, aber auch den ideellen Erfolg, dass man die antiken Reservoirs, Aquäducte etc. studiert. Von diesem Zusammenwirken materieller und ideeller Ziele ist für die Kenntnis des römischen Afrika noch viel zu erhoffen.

Nachtrag.

Die Erläuterung der Inschrift von Henchir Mettich, welche Herr Toutain der Académie des Inscriptions vorgelegt hat, weicht in einigen wesentlichen Punkten von dem oben Vorgetragenen ab. Zunächst besteht eine einschneidende Divergenz in der von H. Toutain vorgetragenen Ansicht, dass die *villa Magna* die Domäne eines privaten Grundherrn gewesen sei. T. kommt zu dieser Auffassung durch die irrige Interpretation der Worte „*fundus villae Magnae*" die er zunächst als einen Begriff fasst = „der fundus Villa Magna"; da nun *fundus* ursprünglich das private Grundstück bezeichnet, glaubt er, dass auch der fundus V. M. nur eine private Besitzung sein könne. Zunächst ist dieser Schluss an und für sich nicht richtig, da doch *fundus* ganz promiscue mit *saltus* gebraucht wird, ebenso wie *praedium*, welches ja auch ursprünglich das private Grundstück bezeichnet (vgl. Grundherrschaften p. 20). Aber hier könnte ja immerhin ein *fundus villae M.* eine gewöhnliche Privatbesitzung sein wie andere fundi, z. B. in Afrika der „fundus Sallustianus" bei Cirta (C. VIII 7148). Aber wir haben es eben nicht mit einem „*fundus villa Magna*", sondern mit verschiedenen innerhalb der Domäne V. M. gelegenen *fundi* zu thun; „*in fundo villae Magnae*" ist nicht gleichbedeutend mit „*in fundo Villae Magnae*": Villae Magnae ist nicht der sogenannte „Genetivus explicativus", sondern „Genetivus partitivus" und *fundus villae Magnae* bedeutet „der in der v. M. gelegene fundus". Ueber die Einteilung der grossen Landgüter in *fundi* habe ich oben gesprochen.

Die irrige Interpretation der Bezeichnung „fundus villae Magnae" war das πρῶτον ψεῦδος; ohne sie wäre T. nicht zu der seltsamen Erklärung des Auftretens kaiserlicher Procuratoren auf privatem Grund und Boden gekommen, die er vorträgt. Er glaubt, die villa Magna sei von den Procuratoren einem privaten Possessor assigniert worden und die *lex a procuratoribus data* das Grundgesetz der neuen Domäne (p. 29).

Offenbar hat die glückliche Lesung su[*bc*]esiva einen Anteil an dieser Ansicht: subsiciva treten bei Assignation auf, also schien hier Assignation vorzuliegen. Aber die *subsiciva* haben mit der Assignation zunächst nichts zu thun, sondern gehören zur *divisio*, der ersten agrimensorischen Manipulation bei Vergebung öffentlichen Landes.

Doch, gesetzt den Fall, die villa Magna sei eine vom Kaiser einem Privaten assignierte Possession, wie kann der Kaiser oder sein Procurator dieser Possession eine Ordnung, wenn auch eine noch so partielle geben? T. hat zuerst ausser der Auffassung der *lex* als Gründungsstatut noch erwogen, ob sie nicht die procuratorische Entscheidung einer Controverse zwischen dem Possessor der villa M. und den umwohnenden peregrinen Bauern sein könne (p. 26). Diese Hypothese war an und für sich bedeutend besser als die zweite, denn in der That regeln ja die Procuratoren eine Controverse, nur nicht eine Controverse zwischen Possessor und Peregrinen, sondern zwischen *conductores* und *coloni*. Zwischen einem Gutsherrn und seinen Nachbarn hatte in Africa proconsularis nicht der Kaiser, sondern der Proconsul zu entscheiden, denn hier gebietet der Senat[1]).

Die Lesung „*ultra fundo villae M.*“ (I Zeile 5) statt *intra* führt Toutain zu der Annahme, dass sich die Urkunde auf aus ihren Sitzen vertriebene Peregrine beziehe — der Name Mappaliesiga, aus dem T. zuviel Kapital schlägt, hat seinen Teil an dieser Auffassung. Die „mappalia Siga“ (sic!) sind die ehemaligen Wohnstätten einer peregrinen Bevölkerung (p. 23) — also muss diese vertrieben worden sein. Nun wird auch der *defensor*, welches Amt dem Punier *Felix Annobalis Birzilis* zugeschrieben wird, zum Vertreter eines Gaues von Peregrinen — hinzu kommt, dass in der Inschrift C. VIII 8270 ein *defensor gentis* genannt wird. Alle diese Combinationen sind an und für sich nicht übel, entbehren aber jeder Begründung. Dass die Colonen auf eigenem Boden zu grundherrlichen Leuten gewordene Eingeborene gewesen seien, wie T. meint (p. 23 f.), ist gänzlich hypothetisch und nur eine Combination aus dem Namen *Mappaliasiga*.

---

1) Es giebt Ausnahmen von dieser Regel: 1) in Senatsprovinzen: in dem Grenzstreit zwischen dem delphischen Heiligtum und den angrenzenden Stadtgemeinden terminiert auf Befehl des Kaisers ein legatus Aug. pr. pr. (C. III 567). Dies ist nicht etwa ein Statthalter, denn Achaia steht unter dem Proconsul, sondern ein besonderer kaiserlicher Mandatar mit Specialauftrag (C. III p. 107 zur Inschrift). Ferner ist in Mustis in Africa proconsularis folgende Inschrift gefunden worden (Carton, Découvertes en Tunisie p. 62): „Ex auctoritate et sententia imp. Caesaris T. Aelii Antonini Aug. Pii determinatio facta publica Mustitanorum“. Also auch hier geht die Grenzregulierung und Termination des Stadtgebiets vom Kaiser aus. 2) in kaiserlichen Provinzen: C. III 591; 749. Im übrigen ordnet diese Verhältnisse der Statthalter, also in einer senatorischen Provinz der Proconsul (C. III 586: Controverse zwischen Hypata und Lamia vom Proconsul Macedonicus entschieden), in einer kaiserlichen der legatus Aug. pr. pr. (vgl. die zahlreichen im Auftrage des leg. Aug. pr. pr. von Dalmatien gesetzten Grenzsteine C. III 2882; 8472; 9864a [Suppl. II]; 9938 [Suppl. II]; 9933 [S. II]). Ausnahmen kamen natürlich nur vor, wenn Stadtgemeinden in einem Grenzstreit lagen; zwischen Privaten — wie zwischen dem von Toutain angenommenen Possessor der villa Magna und seinen peregrinen Nachbarn — wird stets der Statthalter entschieden haben und selbst wohl zwischen einer Gemeinde und einem Privaten. Wenigstens kenne ich keinen Fall kaiserlicher Judication in einer solchen Controverse. Mommsen (Staatsrecht III 234) nimmt sie auch hier an.

Sehr schlecht will dazu passen, dass T. diesen Colonen Sklaven und *inquilini* zuweist, indem er IV 22 liest *„servum inquilinumve coloni.“*

Bestimmend für die Annahme von Peregrinen, die, aus ihrem Wohnsitze vertrieben, ausserhalb der villa Magna siedelten, ist, wie schon gesagt, die Lesung *„ultra* (statt *intra*) *fundo villae Magnae“*, was T. übersetzt „au delà, c'est-à-dire en dehors et autour du fundus“ (p. 22). Nun kann aber *ultra* ganz unmöglich diese Bedeutung haben; es heisst jenseits aber nicht ausserhalb, und das sind trotz des *c'est-à-dire* sehr verschiedene Dinge. Ausserhalb und im Umkreis der villa angesiedelte Peregrinen sitzen *„extra f. villae M.“*; nur *extra* wird dem von T. der Stelle untergelegten Sinn gerecht.

Die dem Colonen zugesicherte Immunität von Fruchtquoten für *„quinque ficationes, vindemiae* etc.“ (II 20 f.) interpretiert T. zu subtil: er nimmt an, dass *„post quintam ficationem“* etc. nicht mit *„post quinque* (*septem, decem*) *annos“* — auf welchen Zeitraum in der ara legis Hadrianae Immunität gegeben wird — identisch sei, sondern dass nach des Wortes schärfster Bedeutung erst nach fünf (oder zehn bei Oliven) wirklichen Ernten, also z. B. für Oliven, da diese erst nach 10 Jahren eine Ernte geben (s. Toutain p. 40), nach 20 Jahren Quoten zu leisten seien (p. 40). Diese recht scharfsinnige Interpretation ist nichtsdestoweniger verfehlt, da die Berechnung der Ernten eine äusserst vage, weil ungemein subjective Norm gewesen wäre. Wann gilt denn eine Ernte als solche? Wenn der conductor sie als genügend bezeichnet oder wenn der Pächter es thut? Auf einem an Controversen so reichen Gebiet, wie es die Leistungspflicht der Colonen an den conductor war, bedurfte es deutlicher, jeder Missdeutung unzugänglicher Bestimmungen. Wollte man wirklich von den Colonen erst nach mehreren guten Ernten Quoten fordern, so musste die Zeit der Immunität gleichwohl in Jahren ausgedrückt werden, also für Oliven, die erst nach etwa 10 Jahren eine gute Ernte geben, etwa 10 + 10 = 20 Jahre Abgabenfreiheit stipuliert werden. In epigraphischen Dingen hat die Analogie, nicht die Anomalie zu herrschen und wenn in der ara legis Hadrianae Immunität auf eine Reihe von Jahren, in der lex Manciana auf ebensoviele Ernten garantiert wird, so müssen Jahrgänge und Ernten identische Begriffe sein. Toutain traut der Domanialgesetzgebung ausserdem doch zu viel Liberalität zu, wenn er annimmt, sie habe den Colonen fünf oder zehn volle Ernten geschenkt; es ist keine Frage, dass die Immunität nur für die Zeit gegeben wurde, während der die Pflanzungen keinen oder keinen normalen Ertrag liefern. Wie erklärt es denn Toutain, dass nicht auch für die *fructus aridae* (triticum, hordeum, faba) mehrere Ernten freigegeben werden? Man versteht das sofort, wenn man die Immunität nur für die Zeit der Ertraglosigkeit gelten lässt, da Getreide etc. gleich eine Ernte giebt.

Die *ficus aridae* (II 12 f.) fasst T. als getrocknete Feigen auf, während doch der Zusammenhang zeigt, dass es sich nur um *ficus aridae arbores*, um alte Feigenbäume handeln kann.

Den § 10 (II 12) interpretiert T. (p. 41) so, als ob in ihm nur von dem mit Wicken (*viciae*) bebauten Land gehandelt würde, während doch der Accusativ *agros* zeigt, dass die Wickenfelder von den anderen — mit Futterung bestellten — Feldern ausgenommen waren: vor *agros* kann nur *praeter* gestanden haben.

Auch den folgenden von dem Vieh handelnden Paragraphen (11) erklärt T. (p. 43) nicht glücklich, weil ihm die Emendation *quattuor* statt des überlieferten *quattus* entgangen ist. Die Annahme, dass es sich auch hier um eine Teilung der *fructus* handele, führt ihn vor die Aporie, dass statt der Quoten „*aera quae ius* (*est*)“ — so für *quattus* — stipuliert werden, allerdings eine seltsame Art von Fruchtquoten! Schuld an dieser Zwangslage, das für das Vieh zu leistende Kopfgeld mit den Fruchtquoten in Einklang bringen zu müssen, ist die Lesung [*n*]*ascentur* statt [*p*]*ascentur*, wie T. mit Cagnat zuerst richtig ergänzt hatte.

Toutain verbindet (p. 47) den Satz, in dem die *inquilini* — und vielleicht auch *servi*, wenn die Lesart SERVVM feststände — vorkommen, mit dem folgenden, der von den *coloni* und den Frohnden handelt (IV 22 f.), und liest „servum inquilinu[mv]e coloni“, glaubt also, dass die Colonen *inquilini* und Sklaven gehabt haben, woran doch gar nicht zu denken ist. Sklaven der Colonen, ja das wäre noch denkbar, aber *inquilini colonorum* ist ein Unding. Die *inquilini* stehen in unseren Quellen den Colonen durchaus gleich, sind, wie der Name sagt, Gutsinsassen wie jene. Auch hier machte die Analogie den Weg schwer verfehlbar: wir wussten bereits aus zwei Urkunden [1]), dass die Frohnden (*operae*) von den Colonen zu leisten waren. Schon die sich aus der Vereinigung der Accusative „*servumque inquilinumve*“ mit *coloni* ergebende Construction „ne quis conductor .. inquilinum coloni . . . [plus quam tot] operas pr[estare cogat]“ hätte den Irrweg zeigen sollen, denn in der ganzen Urkunde heisst es stets: „*coloni* — oder hier *inquilini* — *conductoribus praestare debebunt*“. Was in dem unvollständigen Satz „*ne quis* . . .“ gestanden hat, wissen wir nicht; es genügt festzustellen, dass er unvollständig ist.

Ausser diesen wichtigeren Divergenzen finde ich bei T. noch einige Versehen: Licinius Maximus soll *procurator tractus* (*Carthaginiensis*) sein (p. 26). Das ist gänzlich unmöglich, da er mit dem zweiten Procurator als *lib*(*ertus*) *proc*(*urator*) bezeichnet wird, denn *procc.* = procuratores steht da, wie auch T. liest. Eine solche lex wie die vorliegende wird, wie die ara legis Hadrianae zeigt, von dem *procurator saltus* erlassen. Die Cooperation der beiden Procuratoren schliesst, ganz abgesehen von der Bezeichnung *lib. proc.* und der Analogie mit der ara legis Hadrianae, den höheren Rang des Licinius aus.

Aus *ex aream*, wie die Urkunde statt *ex area* schreibt, macht T. (p. 16) ein neues Adjectiv *exareus, a, um* (*exaream partem tertiam*), wo doch die Verwechslung der Casus einer der Hauptfehler der fehlerreichen Inschrift ist [2])! *Olivatio* kommt nicht hier zum ersten Male vor, wie T. (p. 17) meint, sondern bereits in der oben citierten Glosse, die übrigens im Forcellini abgedruckt ist (s. v. olivatio).

1) Dekret des Commodus und Inschrift von Gasr Mezuar (s. Hermes 1894 p. 205).

2) intra fundo (I 5); ad area (I 12); post quinta vindemia (II 25); pro pecora (III 17).

ABHANDLUNGEN
DER KÖNIGLICHEN GESELLSCHAFT DER WISSENSCHAFTEN ZU GÖTTINGEN.
PHILOLOGISCH-HISTORISCHE KLASSE.
NEUE FOLGE BAND 2. Nro. 4.

Die Prolegomena

ΠΕΡΙ ΚΩΜΩΙΔΙΑΣ

Von

Georg Kaibel

Berlin,
9 Weidmannsche Buchhandlung.
1898.

Die Prolegomena *ΠΕΡΙ ΚΩΜΩΙΔΙΑΣ*

Von

Georg Kaibel.

Vorgelegt in der Sitzung am 30. October 1897.

Von zusammenhängender litterarhistorischer Forschung des Alterthums ist nur wenig auf unsere Zeit gekommen: um so mehr Beachtung verdienen die Prolegomena zur griechischen Komödie, die zur Einführung in die Aristophaneslectüre bestimmt byzantinischer Fleiss uns in zahlreichen Handschriften des Komikers aufbewahrt hat. Eine ernstliche Prüfung dieser reichlichen und werthvollen Darstellungen ist bisher kaum versucht worden. Männer wie Platonios, Andronikos oder Tzetzes sind für uns entweder keine Persönlichkeiten oder doch keine Autoritäten. Wir fragen nach ihren Quellen und werden uns nicht dabei begnügen, Namen durch Namen zu ersetzen. Eine Quelle zu finden, deren Name sich nennen lässt, deren Ursprung aber dunkel, deren Werth unbestimmbar bleibt, ist geringer Gewinn: lieber verzichtet man auf einen Namen, wenn sich dafür das Alter der Quelle, ihr Character, ihre Zuverlässigkeit leidlich klar herausstellt. Wenn ein Byzantiner Weisheit schöpfen will, so wissen wir dass er sich nicht auf den mühsamen Weg der Forschung begiebt; er durchsucht nicht den Wald nach vereinzelt fliessenden Quellen, er sucht ein Bassin, das von vielen Zuflüssen gespeist wird. Sehen wir einen Byzantiner mit ungewöhnlicher Gelehrsamkeit prunken, so gilt es zunächst das Bassin zu finden aus dem er geschöpft: von da erst können wir den Quellen selbst nachgehen.

Aus einer Mailänder Handschrift hat HKeil im Rhein. Museum VI (1848) S. 108 ff. einen Doppeltractat über die Komödie herausgegeben mit der Aufschrift *Βίβλος Ἀριστοφάνους Τζέτζην φορέουσ' ὑποφήτην*. Es sind zwei Vorreden (*προοίμια* nennt sie der Verfasser selbst) zur Interpretation des Aristophanes, ich bezeichne sie mit *Ma* und *Mb*. Da beklagt sich Tzetzes über die Unzuverlässigkeit seiner Gewährsmänner Dionysios, Krates und Eukleides, denen er einst falsches über die Komödienparabase nachgeredet habe (p. 116 K): *ἀλλὰ ταῦτα μὲν οἱ κομψοπρεπεῖς ἐξηγηταὶ καὶ διδάσκαλοι· οἷς εἴ που κἂν ⟨μέχρι⟩ μιᾶς λέξεως* ἐπείσθην, εὐθὺς κατ' αὐτοὺς ἀνηρτημένος μετέωρος ἰκρίων τοῦ ψεύδους ἀρίδηλος γέγονα (er meint ἐγεγόνη ἄν), 'τόργοισιν αἰώρημα φοινίοις δέμας' (Lyk. 1080). ὡς ἄρτι ποτὲ τὴν ἔφηβον ἡλικίαν πατῶν (so Nauck für πασῶν) καὶ τὸν αἰθέριον ἐξηγούμενος Ὅμηρον πεισθεὶς Ἡλιοδώρωι τῶι βδελυρῶι εἶπον συνθεῖναι τὸν Ὅμηρον ἐπὶ Πεισιστράτου ἑβδομήκοντα δύο σοφούς, ὧν εἶναι καὶ τὸν Ζηνόδοτον καὶ Ἀρίσταρχον. Das berichtigt er nun, indem er die vier Leute nennt, die wirklich unter Peisistratos den Homer zusammengesetzt hätten, Epikonkylos (so), Onomakritos von Athen, Zopyros von Herakleia und Orpheus von Kroton, während Zenodot und Aristarch in weit spätere Zeit fielen: ταῦτα μέν μοι Ἡλιοδώρωι (erg. πεισθέντι) συμπέπτωκε, τοῖς δὲ τὰς τραγικὰς βίβλους ἐξηγησαμένοις πεισθείς, οἷς καὶ οὗτοί φασι ταὐτά, εἶπον Ὀρέστην καὶ Ἄλκηστιν Εὐριπίδου καὶ τὴν Σοφοκλέους Ἠλέκτραν εἶναι σατυρικὰ δράματα κτλ. Ebenso nochmals *Mb* (p. 118 K): κἂν ὁ πεφυρμένος καὶ βδελυρὸς Ἡλιόδωρος οὐκ εἰδὼς ὅτι ληρεῖ φύρηι πάντα καὶ (φ. καὶ πάντα Cod.) σύμμικτον κυκεῶνα μᾶλλον δὲ κοπρεῶνα ποιῆι, ἐπὶ Πεισιστράτου τὸν Ὅμηρον συντεθῆναι καὶ ὀρθωθῆναι ληρῶν παρὰ τῶν οβ', ἐπικριθῆναι δὲ πάντων τὴν Ζηνοδότου καὶ Ἀριστάρχου σύνθεσίν τε καὶ διόρθωσιν, καὶ ἡμᾶς ἔτι νεάζοντας καὶ πρώτους ὑπηνήτας τελοῦντας ἔπεισεν οὕτως εἰπεῖν ἐξηγουμένους τὸν Ὅμηρον κτλ. Nun besitzen wir noch einen zweiten ganz ähnlich zusammengesetzten Doppeltractat Περὶ κωμωιδίας, den zuerst Cramer Anecd. Par. I 3 aus einer Pariser Handschrift, dann aus anderen und besseren Handschriften Studemund Philologus XLVI 1 herausgegeben hat. Da hier wirklich Zenodot und Aristarch mit aller Unbefangenheit als Zeitgenossen des Peisistratos angesetzt werden, so dürfen wir die auffällige Aehnlichkeit der Anlage, des Inhalts, vor allem des Stils nicht für Zufall halten, sondern müssen in den beiden Pariser Prooemien eine Jugendleistung desselben Tzetzes erkennen[1]): ich werde sie demnach mit Tzetzes' Namen als *Pa* und *Pb* citiren.

Zu der falschen Ansetzung des Aristarch und Zenodot ist Tzetzes durch Heliodor verführt worden. Das war unmöglich der Homeriker oder der Metriker, sondern sicher ein Spätling, der genau soviel von der Ptolemäerzeit wusste wie Tzetzes: es kann, wie Ritschl gesehen hat (Opusc. I 33 u. a.) nur der Scholiast des Thrakers Dionysios sein, dessen Zeit zwar nicht genau bestimmbar ist, der aber sicherlich nach Choiroboskos lebte, also wahrscheinlich nach dem VI. Jahrhundert (vgl. Reitzenstein, Gesch. d. griech. Etymol. S. 190, 4). In den Scholien hatte demnach Tzetzes denselben Unsinn gelesen, wie wir ihn heute noch in

---

1) Freilich wol nicht die erste Jugendleistung: denn wenn es *Pb* § 26 heisst τὰς Ὁμηρικὰς βίβλους οβ' γραμματικοὶ ἐπὶ Πεισιστράτου τοῦ Ἀθηναίων τυράννου διέθηκαν οὑτωσὶ σποράδην οὔσας τὸ πρίν· ἐπεκρίθησαν δὲ κατ' αὐτὸν ἐκεῖνον τὸν καιρὸν ὑπ' Ἀριστάρχου καὶ Ζηνοδότου, ἄλλων ὄντων τούτων τῶν ἐπὶ Πτολεμαίου διορθωσάντων, so zeigt dieser Vermittlungsversuch deutlich, dass Tzetzes zwei verschiedenen Ueberlieferungen rathlos gegenüber steht, und da er in *Mb* p. 118 eingesteht, er habe den chronologischen Irrthum mehrfach begangen — ἅπαξ καὶ δὶς τοῦτο παθών, also wol recht oft — so stellt *Pb* schon einen ersten Schritt zur langsam erwachenden Erkenntniss dar.

den Scholien des Diomedes lesen können, (Bekker p. 767, 11; Villoison Anecd. II 182), mit denen Tzetzes mehrfach bis aufs Wort übereinstimmt.

Der andere Irrthum, zu dem sich Tzetzes bekennt, die Meinung, der Orest und die Alkestis des Euripides, ebenso die Elektra des Sophokles seien Satyrdramen, wird *τοῖς τὰς τραγικὰς βίβλους ἐξηγησαμένοις* auf die Rechnung gesetzt, aber Tzetzes hat das nicht selbst in den Tragikerscholien gefunden, sondern bei den *οὗτοι*, die mit jenen Scholien übereinstimmten, d. h. die jene Scholien citirt hatten. Diese *οὗτοι* können, wie Nauck richtig erkannte (Lex. Vindob. p. 242), keine anderen sein als die vorhergenannten drei Männer, die ihn zu einer falschen Erklärung der Komödienparabase verführt hatten, Dionysios, Krates und Eukleides. Er nennt sie *κομψοπρεπεῖς ἐξηγηταὶ καὶ διδάσκαλοι*, also Scholiasten und Lehrer (der Grammatik), ihre Scholien werden den Tragikerscholien entgegengesetzt, sind also selbst keine Tragikerscholien. Tzetzes nennt die drei Leute häufig zusammen, auch in den Iamben (Cramer An. Ox. III 347 23), wo er *ὁ Εὐκλείδης καὶ Κράτης ἄλλοι τε πολλοί* citirt, sind keine anderen gemeint, und Tzetzes' eigenes Scholion zu dieser Stelle *Διονύσιος ὁ Ἁλικαρνασσεὺς καὶ ἕτεροι κατὰ τὸν Τζέτζην* beweist nur, dass er selbst nicht wusste, welcher Dionys es war (Consbruch, Comment. Studem. S. 225); ebenso sind eben jene drei in denselben Iamben p. 343, 8) zu verstehen, *ὁ Εὐκλείδης τε καὶ λοιποὶ πόσοι ἔγραψαν, ἄνδρες ἐν λόγοις διῃρμένοι*. Häufiger wird in den Iamben nur Eukleides allein genannt, ein deutliches Zeichen, wie ich meine, dass er nur Scholien dieses Mannes zur Hand hatte, dass Dionys und Krates in diesen Scholien citirt waren, und darum die drei Männer für Tzetzes eine unlösbare Einheit bildeten. Das dreifache Citat brachte ihn in den rühmlichen Verdacht unerhörter Gelehrsamkeit.

In dem einen Falle war es Heliodor, der Dionysscholiast, der die Unschuld des Tzetzes verführte, in dem anderen war es Eukleides, gleichfalls ein Verfasser von Scholien, wir wissen nicht zu welchem Schriftsteller. Beidemal konnte Tzetzes sein Vergehen wieder gut machen, er verräth nicht aus welcher Quelle. Ein dritter Fall liegt etwas anders. In den Iamben *Περὶ τραγικῆς ποιήσεως* (p. 345, 30 Cram.) zählt Tzetzes die Bestandtheile der Tragödie auf: *ἄκουε πάντα νῦν μέρη τραγῳδίας, ἃ πρὶν ὁ Εὐκλείδης τε καὶ λοιποὶ πόσοι γράψαντες ὡς γράφουσι συμπεφυρμένως καὶ συνθολοῦσι πάντας ἠκροαμένους, μέρη λέγοντες ἐννέα πεφυκέναι, ἄλλα μὲν ἄλλος κτλ.* Ohne die Verwertlichkeit dieser Neuntheilung nachzuweisen, fährt Tzetzes fort (p. 346, 31) *ἄλλοι δέκα λέγουσι ... τάδε· πρόλογον, ῥῆσιν, ἀμοιβὴν καὶ ἄγγελον ἐξάγγελόν τε, σκηνικὴν ᾠδὴν ἅμα, πρὸς οἷσπερ ἄλλη τῶν μερῶν τετράς, κούρισμα, σάλπιγξ, καὶ σκοπὸς χοροῦ μέτα.* Es folgt die Einzelerklärung derjenigen Theile *ἅπερ παρειάθησαν Εὐκλείδῃ*. Diese Probe stumpfsinniger Systematik findet sich nur einmal noch wieder, in den Scholien zur Dionysianischen *Τέχνη* (§ 2), die Cramer aus einer Handschrift des Brittischen Museums Anecd. Oxon. IV 308 herausgegeben hat. Es ist die merkwürdigste aller Scholiensammlungen, die uns weiterhin in erster Linie beschäftigen wird; der Autorname ist nicht überliefert, denn die glücklich erhaltene Beischrift (p. 322) *ταῦτα Λούκιος* (so) *ὁ Ταρραῖος παρατίθεται* bezieht sich nur auf einen kleinen Theil der Scholien, vgl. Hörschelmann, Act. soc. Lips. IV 333. Nach Uhlig Dion. Thr. p. XXXVI gehört die Cramer'sche Scholienmasse dem Melampus (Diomedes) und Stephanos, aber die Namen lehren uns nichts. Der Scholiast hat vom Epos und von der Lyrik geredet und geht darauf ohne weiteres zur Tragödie über, indem er ihre Bestandtheile aufzählt und zugleich erklärt. Ich stelle seinen Text dem des Tzetzes gegenüber:

Scholien:	Tzetzes Iamben:
1. πρόλογος ⟨λόγος⟩ ἐστὶ προαναφωνητικὸς τῶν διὰ τοῦ δράματος εἰσάγεσθαι μελλόντων.	(πρόλογος) πρῶτον λόγον δὲ τυγχάνειν γίνωσκέ μοι τῶν ὧν θέλει λέγειν τις ἔκθεσιν λόγων (p. 346, 7).
2. ῥῆσις λόγος διεξοδικός, ὑπό τινος τῶν ὑποκριτικῶν προσώπων λεγόμενος πρὸς τὸν ὄχλον.	ῥῆσις λόγος τίς ἐστιν ἐξηγημάτων ὑποκριτοῦ λέγοντος ὡς πρὸς τοὺς ὄχλους (p. 347, 12).
3. ἀμοιβὴ δὲ τῶν εἰσαγομένων προσώπων διάλογος.	ἡ δ' ἐξ ἀμοιβῆς πρὸς λόγους ἐστὶν λόγος (p. 346, 27).
4. ἄγγελος ὁ τῶν πεπραγμένων ἔξω τῆς πόλεως ἢ τῆς οἰκίας ἀπαγγελίαν ποιούμενος.	ὃς δ' ἂν τὰ ἔξω τοῖς ἔσωθι μηνύει, εἴληχεν οὗτος ἀγγέλου κλῆσιν φέρειν· ἐκ δεξιῶν βαίνει δὲ πρὸς λαιὸν μέρος (p. 346, 10).
5. Der ἐξάγγελος ist durch ein Versehen ausgefallen.	ἐξάγγελος πάλιν δὲ τὴν κλῆσιν φέρει, τοῖς ἐκτὸς ὅστις μηνύει τὰ τῶν ἔσω· διὰ στοᾶς δ' ἔβαινε τῆς λαιᾶς τότε (p. 346, 13).
6. σκηνικὴ δὲ ᾠδὴ ἐξ ὑποκριτικοῦ προσώπου λεγομένη.	τὸ σκηνικὸν δὲ τυγχάνειν εἶναι νόει, ὑποκριτοῦ πρόσωπον ἂν ᾠδὴν λέγῃ (p. 346, 28).
7. κούρισμα δὲ ᾠδὴ πένθους μετέχουσα καὶ συμφορᾶς ἀποκεκαρμένων τὰς τρίχας.	κούρισμα δ' ᾠδὴ συμφορᾶς πληρεστάτη, ταύτην ἀιδόντων τὰς τρίχας κεκαρμένων (p. 347, 16).
8. σάλπιγξ δὲ λόγος περιέχων τὰ πολεμικά.	σάλπιγξ λόγος δὲ συμβολὰς μαχῶν λέγων,
9. σκοπὸς δὲ ὁ τῆς (l. τῶν ἐξ) ἀλλοδαπῆς χώρας ἐρχομένων τὴν ἀπαγγελίαν ποιούμενος πόρρωθεν.	σκοπὸς δ' ὁ δηλῶν ἐκ ξένης παρουσίαν, πόρρωθεν αὐτοὺς εἰσορῶν καὶ προβλέπων (p. 347, 18).
10. χορὸς δὲ σύστημα πλειόνων ἐμμελῶς τὰ προσκείμενα φθεγγόμενον.	χορὸς δέ τι σύστημα πρὸς μέλος λέγον.

Der Scholiast fügt eine Definition der Tragödie hinzu: *τραγῳδία δὲ βίων καὶ λόγων ἡρωικῶν μίμησις ἔχουσα σεμνότητα μετ' ἐπιπλοκῆς τινος*, dieselbe welche von Tzetzes so wiedergegeben wird (p. 348, 30): *ἄκουε λοιπὸν τί τέλος τραγῳδίας· μίμησις ἠθῶν πράξεων παθημάτων ἡρωικοῦ τρόπου τε τῆς τραγῳδίας, σεμνοπρεπὴς λέξις τε καὶ διῃρμένη.* Vgl. Aristot. Poet. 6 p. 1450 a 16.

Es leuchtet ein, dass Tzetzes entweder die Quelle der Scholien oder die Scholien selbst in reichlicherer Fassung vor Augen gehabt haben muss. Ich kann nicht umhin auf Tzetzes' Iamben genauer einzugehen als sie es an sich verdienen. Er will über die Tragödie lehren was er gesammelt hat ἐξ ὧν ὁ Εὐκλείδης τε καὶ λοιποὶ πόσοι ἔγραψαν. Zwei Bestandtheile scheidet er, τὰ σκηνικά und τὰ χορικά, der Form nach λέξις und ᾠδή. Die σκηνικά zerfallen in πρόλογος, ἐπεισόδιον und ἔξοδος, dazu τὰ ἀπὸ σκηνῆς (die σκηνικὴ ᾠδή), die χορικά in πάροδος, στάσιμον, ἐμμέλεια, κόμμος und ἔξοδος. Das ist nichts als eine üble Erweiterung des Aristotelischen Capitels (Poet. 12). Die Theile werden nach der Reihe besprochen, zum Theil mit deutlichen Anklängen an Aristoteles, wobei gleich bemerkt wird, dass Eukleides (nur er wird citirt) nicht von einer λέξις sondern von einer ᾠδὴ χοροῦ rede, dass er neben der πάροδος noch eine ἐπιπάροδος ansetze, dass er die ἐμμέλεια nicht erwähne (er nennt sie nämlich ὑπόρχησις). Darauf berichtet Tzetzes von der Theilung des Eukleides und anderer, nicht ohne sie gleich von vornherein als verwirrt und verwirrend zu schelten. Nach Eukleides sind es neun Theile: πρόλογος, ἄγγελος, ἐξάγγελος, πάροδος, ἐπιπάροδος, στάσιμον, ὑπορχηματικόν, ἀμοιβαῖον und σκηνικόν (d. h. τὰ ἀπὸ σκηνῆς). Die Ordnung ist die, dass zunächst die Stücke die ein einzelner Schauspieler, dann die welche der Chor allein vorträgt, aufgezählt werden; darauf folgen Dialogpartien mehrerer Schauspieler und Wechselgesang zwischen Chor und Schauspieler. Das anordnende Element ist also die redende oder singende Person. Diesem System wird ein anderes gegenüber gestellt, das zehn Theile scheidet (ἄλλοι δέκα λέγουσιν), nämlich πρόλογος, ῥῆσις, ἀμοιβαῖα, ἄγγελος, ἐξάγγελος, σκηνικὴ ᾠδή, κούρισμα, σάλπιγξ, σκοπός, χορός. Hier sind also die Stücke, an denen der Schauspieler betheiligt ist, noch weiter specialisirt (κούρισμα ist im Grunde nichts als κόμμος), während die Chorpartien gar nicht in Classen zerlegt werden sondern eine Einheit bilden. Auch dies schöne System findet Tzetzes' Beifall nicht: οὕτω μὲν οὗτοί φασι συμπεφυρμένως· ὅταν ὁ Εὐκλείδης δὲ καὶ Κράτης γράφων ἄλλοι τε πολλοὶ τῶν λόγοις διῃρημένων, ἄνθρωπε, κἂν κράζωσι τοῖς στροφοῖς λόγων, τὰ σκηνικὰ γράφοντες ἐμπεφυρμένως, μάθῃς δὲ μηδὲν ἐξ ἐκείνων ὧν θέλεις, dann, sagt er, wende dich an Tzetzes, der wird dir das rechte ebenso kurz wie klar auseinandersetzen. Es wäre sehr voreilig zu glauben, dass wie die Neuntheilung auf Eukleides, so die Zehntheilung auf Krates zurückzuführen sei. Nur soviel lässt sich mit einiger Wahrscheinlichkeit sagen, dass die Zehntheilung aus der Neuntheilung mit Hilfe pedantischer Erweiterung herausgewachsen und somit später sei; durch Parcellirung der χορικά hätte sie leicht noch stattlicher werden können. Die Weisheit endlich, die Tzetzes selbst vorträgt (πρόλογος, ῥῆσις, ἐπεισόδιον, ἔξοδος, ἀμοιβαῖα, κουρίσματα, σκηνικά, πάροδος, ἐπιπάροδος, στάσιμον, ὀρχηματικόν), dürfen wir auf sich beruhen lassen; das ist eigenes Gewächs, nicht etwa eine quellenmässige Berichtigung des Eukleides und Genossen.

Die Zehntheilung hatte, wie wir sahen, mehreres mit der Neuntheilung des Eukleides gemein, πρόλογος, ἄγγελος, ἐξάγγελος und ἀμοιβαῖον. Zunächst hat nun Tzetzes die neun Theile des Eukleides einzeln erläutert, so dass er nachher nur noch fünf Stücke der zweiten Reihe zu erklären brauchte. In den Cramer'schen Scholien dagegen, wo nur die Zehnerreihe erhalten ist, finden sich hintereinander die zehn Erklärungen, die Tzetzes theils gleich der Reihe des Eukleides beigegeben, theils auf die Zehnerreihe verspart hat. Wenn nun ferner Tzetzes gleich bei der ersten, wesentlich Aristotelischen Liste der Tragödientheile schon beiläufig Abweichungen des Eukleides notirt, sieht das alles nicht aus, als hätte er den ganzen Apparat in einer und derselben Vorlage zusammengefunden? Da wir nun weiter wissen, dass Eukleides, der Eponymus seiner Quellen, Scholien geschrieben hat und zudem als Lehrer (der Grammatik) bezeichnet wird, da ferner ein beträchtliches Stück der Tzetzischen Weisheit in den Londoner Dionysscholien, und sonst nirgendwo, erhalten ist, wird es nicht wahrscheinlich, dass die Scholien des Eukleides eben Dionysscholien waren? wird es nicht noch wahrscheinlicher dadurch, dass Tzetzes überhaupt die Scholien mit dem Namen des Verfassers bezeichnen kann? gerade das ist für die Dionysscholien characteristisch, dass sie in vielen Handschriften den Verfassernamen an der Stirn tragen, dass also niemals eine eigentliche Schlussredaction wie bei anderen Schriftstellern stattgefunden hat. Man hat nur gesammelt und jedem Manne sein Autorrecht gewahrt, so wenig dazu Veranlassung war, da immer einer den anderen ausschrieb. Für die Umfänglichkeit dieser Scholien, die wir noch heute freudig oder ärgerlich anerkennen, schickt sich die Fülle variirender Gelehrsamkeit am besten. Für Leute die keine eigene Ansicht haben oder haben können ist die Aufzählung dessen was andere gemeint haben der Gipfel des Verdienstes. Tzetzes hat seine Iamben noch als leidlich junger Mann, sicher vor dem Tode seines Bruders Isaak geschrieben († 1138), etwa 25—30 Jahre alt. (Giske De Ioannis Tzetzae scriptis ac vita 1881). Das war die Zeit, wo er (*ἐν μέτροις Μα* p. 116 K) sich zu allerhand Thorheiten verführen liess durch Heliodor und Eukleides, Thorheiten die er erst später aus besseren Quellen umlernen konnte. Ich möchte in der That glauben, dass ebenso wie Heliodor so auch Eukleides einer der vielen Verfasser oder Zuschneider von Dionysscholien war. Sein Name ist freilich aus dem wüsten Trümmerhaufen jener Scholienlitteratur bisher nicht emporgetaucht, aber so gut wie Wachsmuth im Codex Burbonicus (Rhein. Mus. XX 379) einen bis dahin unbekannten Antonius gefunden hat, so wage ich zu hoffen, dass sich ein Eukleides finden wird. Im Grunde kommt ja nur wenig darauf an: die Namen der Dionyscommentatoren, Diomedes (Melampus) Stephanos Heliodor Porphyrios Antonius, sind für uns nur leerer Schall, Compilatoren ohne Persönlichkeit, von Werth nur für den zukünftigen Herausgeber, dem sie die Ordnung der Scholienmassen erleichtern werden. Für die eigentliche Quellenfrage ist es in letzter Linie gleich, ob Tzetzes Dionysscholien oder die Quelle der Scholien benützt hat: vielleicht hat er beides gethan. Aber soviel musste hier betont werden, dass während er seinen Irrthum über Aristarchs und Zenodots Zeit und über die Natur des Satyrdramas durch Anziehung besserer Ueberlieferung wieder gut machen konnte, ihm zur Berichtigung von Eukleides' Tragödiensystematik, die er für verwirrt erklärt, keine bessere Quelle zu Gebote stand als seine eigene Entscheidung.

Was unter Eukleides' Namen überliefert ist, bedarf zunächst der Prüfung. In *Pb* § 29 und ungefähr gleichlautend in *Mb* (p. 115 K) lesen wir folgendes: ἔτι ἰστέον ὅτι κατὰ Διονύσιον καὶ Κράτητα καὶ Εὐκλείδην μέρη κωμωιδίας εἰσὶ τέσσαρα· πρόλογος, μέλος χοροῦ, ἐπεισόδιον καὶ ἔξοδος. καὶ πρόλογος μέν ἐστι τὸ μέχρι χοροῦ τῆς εἰσόδου, ἡ δὲ ἅμα τῆι εἰσόδωι τοῦ χοροῦ λεγομένη ῥῆσις μέλος καλεῖται χοροῦ, ἐπεισόδιον δέ ἐστι μέλος μεταξὺ (l. ἐστι τὸ μεταξὺ) μελῶν καὶ ῥήσεων δύο χορικῶν. ἔξοδος δέ ἐστιν ἡ πρὸς τῶι τέλει τοῦ χοροῦ ῥῆσις. Soweit ist es unvermischte Aristotelische Lehre, von der Tragödie auf die Komödie übertragen. Es geht sogleich weiter: μέρη δὲ παραβάσεως ἑπτά. ἑπτάκις γὰρ ὁ χορὸς ὠρχεῖτο, ἐπειδὰν εἰς τὴν ὀρχήστραν εἰσήρχετο, ἣν δὴ καὶ λογεῖον καλοῦσιν. ἡ μὲν οὖν πρώτη ὄρχησις κομμάτιον ἐλέγετο, ἡ δὲ δευτέρα παράβασις ὁμωνύμως τῶι γένει ἐκαλεῖτο (καὶ γὰρ τὸ ὅλον τοῦτο τὸ ἑπτάστροφον σχῆμα παράβασις ἐκαλεῖτο)[1], ἡ δὲ τρίτη μακρόν, ἡ δὲ τετάρτη ὠιδὴ καὶ στροφή, ἡ δὲ πέμπτη ἐπίρρημα, ἡ δὲ ἕκτη ἀντωιδὴ καὶ ἀντίστροφος, ἡ δὲ ἑβδόμη ἀντεπίρρημα. εἰσελθὼν οὖν ὁ χορὸς εἰς τὴν ὀρχήστραν μέτροις τισὶ διελέγετο τοῖς ὑποκριταῖς καὶ πρὸς τὴν σκηνὴν ἑώρα τῆς κωμωιδίας. ἂν οὖν ὡς ἐκ πόλεως ἐβάδιζε πρὸς τὸ θέατρον, διὰ τῆς ἀριστερᾶς ἁψῖδος ἔβαινεν, ἂν δ' ὡς ἀπ' ἀγροῦ, διὰ τῆς δεξιᾶς· τετραγωνιζόμενός τε ὁ χορὸς πρὸς μόνους ἑώρα τοὺς ὑποκριτάς. ἀπελθόντων δὲ τῶν ὑποκριτῶν πρὸς ἀμφότερα τὰ μέρη τοῦ δήμου ὁρῶν ἐκ τετραμέτρων δεκαὲξ στίχους ἀναπαίστους ἐφθέγγετο, καὶ τοῦτο ἐκαλεῖτο στροφή. εἶτα ἑτέρους τοιούτους ἐφθέγγετο καὶ ἐκαλεῖτο ἀντίστροφος, ἅπερ ἀμφότερα οἱ παλαιοὶ ἐπίρρημα ἔλεγον. ὅλη δ' ἡ πάροδος τοῦ χοροῦ ἐκαλεῖτο παράβασις. συμβαίνει δὴ τὸ ἐπίρρημα πέντε σημαίνειν, αὐτό τε τὸ οἰκεῖον σημαινόμενον καὶ τὴν στροφὴν καὶ ἀντίστροφον καὶ ὠιδὴν καὶ ἀντωιδήν, ἐπειδὴ ἡ μὲν στροφὴ τὴν ὠιδὴν σημαίνει, ἡ δὲ ἀντίστροφος τὴν ἀντωιδήν. Dass nicht nur die Theile der Komödie, sondern auch die Theile der Parabase der Dreimännerquelle (Eukleides) entnommen sind, wird in *Mb* ausdrücklich gesagt, wo Tzetzes über den Unsinn, den er ausgeschrieben hat, gerechte Entrüstung an den Tag legt.

Zunächst liegt, wie schon bemerkt, auf der Hand, dass die Viertheilung der Komödie der Aristotelischen Tragödie (Poet. c. 12) genau nachgebildet ist, und dass ebenso wie bei Aristoteles so hier die Theile erst aufgezählt, dann einzeln beschrieben werden. Nur silbenweis weicht von diesem Abschnitt der Coislinianische Tractat ab, in dem Bernays (Zwei Abhandlungen S. 150) Aristotelische Spuren zu finden gemeint hat. Diesen Tractat also oder seine Quelle haben die Dreimänner gekannt und benützt. Die Parabasentheile sind offenbar in Verwirrung gerathen. Der Grundfehler ist der, dass der Chor sogleich nachdem er die

---

1) In *Mb* befremdet ein Rechenfehler: τὸ δὲ ἑπτάστροφον ὄρχημα τοῦτο παράβασις ἐκαλεῖτο τῶι γένει. καὶ ἡ πρώτη δὲ ὄρχησις ὁμωνύμως τῶι γένει παράβασις, τὸ τρίτον μακρὸν καὶ πνῖγος κτλ. Man würde an den Ausfall eines Satzes denken, wenn nicht derselbe Fehler schon in den Iamben (p. 341, 20 Cr) vorläge. Er hat also hier die gleiche Quelle oder die gleichen Excerpte aus seiner früheren Quelle benützt, in *P* also eine andere. Von Belang ist nur, dass *Mb* ebenso wie die Iamben den Doppelnamen μακρόν und πνῖγος bewahrt hat.

Orchestra betreten die Parabase vorgetragen habe: es ist also Parodos und Parabase miteinander verwechselt worden, nicht von Tzetzes, sondern von seinem Gewährsmann, wie sich aus dem zeigt was Tzetzes anderswo (*Mb* p. 121 K) in seiner Unwissenheit und Verzweiflung sagt: *τὴν δὲ εἰσέλευσιν ταύτην οὐ μέλον ἐστί μοι ὅπως ἂν καὶ καλέσειας, εἴτε εἴσοδον ἢ εἰσέλευσιν ἢ ἐπήλυσιν ἢ ἐπίβασιν ἢ πάροδον ἢ παράβασιν ἢ ἄλλως πως σημαίνων ταὐτό.* Die Art der Verwirrung ist auch äusserlich noch ganz wol erkennbar, wenn es nach der tadellosen Aufzählung der Parabasentheile weiter heisst *εἰσελθὼν οὖν ὁ χορὸς εἰς τὴν ὀρχήστραν κτλ.* Es wird der Einzug des Chors beschrieben, sein Verhalten zu den Schauspielern, seine Stellung der Bühne gegenüber. Nun sollte, wie die Worte *ἀπελθόντων τῶν ὑποκριτῶν* lehren, die wirkliche Parabase folgen. Da sie aber schon an Stelle der Parodos vorweggenommen war, steht hier etwas andres völlig sinnloses. Nicht viel besser ist was der Anonymus VII (Dübner Schol. Aristoph. p. XVII) bewahrt hat: *ὁ χορὸς ὁ κωμικὸς εἰσήγετο ἐν τῆι ὀρχήστραι τῶι νῦν λεγομένωι λογείωι. καὶ ὅτε μὲν πρὸς τοὺς ὑποκριτὰς διελέγετο, πρὸς τὴν σκηνὴν ἀφεώρα, ὅτε δὲ ἀπελθόντων τῶν ὑποκριτῶν τοὺς ἀναπαίστους διεξήιει. πρὸς τὸν δῆμον ἀπεστρέφετο, καὶ τοῦτο ἐκαλεῖτο στροφή. ἦν δὲ τὰ ἰαμβεῖα τετράμετρα. εἶτα τὴν ἀντίστροφον ἀποδόντες πάλιν τετράμετρα ἐπέλεγον ἴσων στίχων· ἦν δὲ ἐπὶ τὸ πλεῖστον ις´. ἐκαλεῖτο δὲ ταῦτα ἐπιρρήματα· ἡ δὲ ὅλη πάροδος τοῦ χοροῦ ἐκαλεῖτο παράβασις. Ἀριστοφάνης ἐν Ἱππεῦσιν* (507) '*εἰ μέν τις ἀνὴρ τῶν ἀρχαίων κωμωιδοδιδάσκαλος ἡμᾶς ἠνάγκαζεν λέξοντας ἔπη πρὸς τὸ θέατρον παραβῆναι*'. Dies Stück hat, da es im Venetus steht (und nur wenig abweichend in jüngeren Handschriften), das eine vor Tzetzes voraus, dass seine Fassung hundert oder mehr Jahre älter und darum etwas besser ist. Hier ist zwar auch schon Parodos und Parabase verwechselt, aber die glücklich erhaltenen Worte *τὴν ἀντίστροφον ἀποδόντες* zeigen deutlich, dass es sich nicht um ein bestimmtes Chorlied, sondern um die epirrhematische Composition schlechthin handelt. Das wird unzweifelhaft durch die Glosse Et. M. 363, 46 *ἐπιρρήματα· ἐν τοῖς χορικοῖς ὅτε στροφὴν ἄισειαν μέλος* (l. *μέλους*, vgl. Hephaest. p. 139, 18), *ἐπέλεγον ποιημάτιον ις´ στίχων. εἶτα τὴν ἀντίστροφον ἀποδόντες ἐπέλεγον πάλιν τετράμετρον ποιημάτιον τῶν ἴσων στίχων. ἐκαλεῖτο δὲ ταῦτα ἐπιρρήματα.* Es hätte auch heissen können *ἐπιρρηματικὴ συζυγία*, wie Schol. Ar. Ritt. 1263. Die Corruptelen des Anon. VII sind für uns völlig belanglos geworden: in den Worten *ἦν δὲ τὰ ἰαμβεῖα τετράμετρα* war nur gesagt, dass auf die *ὠιδή* eine Anzahl von Tetrametern folgte.

In der Quelle des Tzetzes war also — abgesehen von später entstandenen Wirrungen — vernünftiger Weise dreierlei behandelt: die Parodos des Chors nebst seinem Verhältniss zur Bühne, die Parabase, endlich die der Komödie eigenthümliche epirrhematische Composition, nicht der Scenen, sondern der Chorvorträge. Aehnliches lag Hephästion vor de carm. p. 134, 16, vgl. p. 139, 13. Diese drei Punkte ordneten sich offenbar einem der vier Theile der Komödie, dem *χορικόν* unter; ihre Behandlung schliesst sich also eng an den bei Tzetzes vorangehenden Abschnitt über die vier Komödientheile an, ganz so wie die

Theile der Tragödie bei Aristoteles (c. 12) behandelt werden. Die Vermuthung, dass die Quelle eine Art Poetik war, drängt sich schon hier auf.

Die beiden Pariser Tractate (*Pa Pb*) geben im grossen und ganzen die Quelle des Tzetzes, wenn auch nicht am vollständigsten, so doch am genauesten wieder. *Pa* zerfällt in drei Abschnitte. Der erste handelt vom Ursprung der Komödie, er endet mit einer Etymologie des Wortes *κωμωιδία* und einer Begriffsbestimmung des komischen Dramas im Gegensatz zum tragischen. Dabei hatte sich eine Theilung der Komödie in drei Perioden, *ἀρχαία μέση νέα*, ergeben. Der zweite Abschnitt kennt nur zwei Entwicklungsperioden, die *ἀρχαία* und *νέα*, ihre unterscheidenden Merkmale werden von besonderen Gesichtspunkten aus erläutert. Der dritte Abschnitt bespricht die Quellen des *γελοῖον*. Diese drei Capitel nun decken sich genau mit den drei anonymen Tractaten *Περὶ κωμωιδίας*, IV. V. VI bei Dübner, und zwar mit V und VI bis aufs Wort genau. N. V und VI stehen mit jedesmaliger Ueberschrift *Περὶ κωμωιδίας* schon im Venetus hintereinander, ebenso im Venetus *G*, der die Prolegomena zu Aristophanes nicht aus *V* hat, ebenso auch in zwei anderen nicht direct von einander abhängigen Handschriften, im Vaticanus und im Estensis, ebenso endlich in der Aldina. N. IV ist nur im Ambrosianus, dem nah verwandten Laurentianus *Θ* und in der Aldina erhalten, in ersteren beiden vor N. VI (V fehlt), in der Aldina durch einen *Βίος Ἀριστοφάνους* von N. V. VI. VII. VIII getrennt, zusammen mit N. III, einem Tractat, den ausserdem nur der Estensis erhalten hat[1]). Da nun V und VI in keinem erkennbaren Zusammenhange stehen, so scheint es als ob sie von Anfang getrennte Abhandlungen gewesen und nur von Tzetzes, der sie getrennt etwa in seinen Aristophaneshandschriften fand, unpassend zusammengesetzt wären. Aber das ist nicht nur an sich unglaubhaft — wer schreibt solche Miniaturabhandlungen —, es ist auch nachweisbar unrichtig. N. VI ist bekanntlich nur ein kleiner, wenn auch ausgeführter Theil des Coislinianischen Tractats (X d. Dübner), von N. V lässt es sich wahrscheinlich machen, dass diese merkwürdige Begründung der zweitheiligen Komödie dereinst mit N. IV oder einem Tractat ähnlichen Inhalts verbunden war. N. V beginnt mit den Worten *τῆς κωμωιδίας τὸ μέν ἐστιν ἀρχαῖον, τὸ δὲ νέον, τὸ δὲ μέσον.* Weil aber hier nur von der *ἀρχαία* und *νέα* die Rede ist, hat Meineke *τὸ δὲ μέσον* tilgen wollen, mit Recht zugleich und mit Unrecht. Tzetzes hat den thörichten Zusatz ebenfalls, wie ihm auch eine böse Lücke im Text mit dem Tractat N. V gemeinsam ist. Man möchte glauben, dass er Lücke wie Zusatz eben einer Aristophaneshandschrift verdankt, aber so liegt die Sache nicht. Tzetzes leitet das Stück mit den Worten ein (§ 14) *καὶ πάλιν καθ' ἑτέραν διαίρεσιν τῆς κωμωιδίας τὸ μέν ἐστιν ἀρχαῖον κτλ.* So kann kein selbständig gewordener Tractat beginnen, sondern nur ein Capitel, das im Gegensatz zu einer Dreitheilung der Komödie jetzt von der Zweitheilung handeln sollte. Da bei Tzetzes die Worte sinnlos sind — denn er hat eben vorher von etwas ganz anderem geredet, vom Wesen der

1) Zacher, Fleckeis. Jahrb. Suppl. Bd. XVI 505 ff.

Komödie und Tragödie — so hat er sie verständnisslos aus seiner Quelle abgeschrieben, seine Quelle waren also nicht zusammenhangslose Tractate, sondern eine einheitliche Darstellung von den Entwicklungsperioden der Komödie. Nehmen wir an — die Annahme wird sich nachher bestätigen — die Quelle sei eine Scholiensammlung zu Dionysios Thrax gewesen: der erste Scholiast hatte nach einem litterarhistorischen Handbuch ausführlich über die Komödie gehandelt, auch über ihre verschiedenen Perioden, erst über die Dreitheilung, dann über die Zweitheilung. Diese Stücke wurden — das ist nachweislich geschehen — auseinandergerissen, in der einen Scholienbearbeitung erhielt sich nur das eine, in einer anderen das andere, so aber dass das andere Stück die einleitenden Worte *πάλιν καθ' ἑτέραν διαίρεσιν*, obwol sie nicht mehr passten, mit mechanischer Treue bewahrte. Solche Dinge sind ganz anderen Schriftstellern als den Dionysscholiasten passirt. Das zweite Stück wurde also selbständig und nun schrieb einer, dém die dunkle Erinnerung an eine *μέση κωμωιδία* auftauchte, diese wie er meinte nothwendige Ergänzung dazu. Das war in der Quelle geschehen, die den anonymen Tractaten *Περὶ κωμωιδίας* und den Prooemien des Tzetzes gleichermassen zu Grunde liegt.

Der zweite Abschnitt des Tzetzes (= Anon. V) setzt demnach wegen der Eingangsworte *πάλιν καθ' ἑτέραν διαίρεσιν* eine andere Abhandlung über die Dreitheilung voraus, und die ist nun nicht nur im Anon. IV und bei Tzetzes (*Pa* § 1—11) sondern auch in den Dionysscholien erhalten (p. 747, 24 Bekk, vgl. III p. 1166. Sturz Et. Gud. p. 666. Gaisford Heph. I 376, letzterer aus dem vortrefflichen Baroccianus 166). Offenbar sind die Scholien Quelle des Tzetzes: sein Text weicht nur in ganz belanglosen Zusätzen, Auslassungen oder Wortveränderungen ab. Selbst die Einleitungsworte, die das Stück deutlich als Scholion characterisiren [1]), sind beiderseits dieselben: *κωμωιδίαι λέγονται τὰ τῶν κωμικῶν ποιήματα, ὡς τὰ τοῦ Μενάνδρου καὶ Ἀριστοφάνους καὶ Κρατίνου καὶ τῶν ὁμοίων* [2]). Der Anon. IV ist sehr viel kürzer — er lässt z. B. ausser dem Einleitungssatz den Susarion als *ἀρχηγὸς τῆς ἐμμέτρου κωμωιδίας* ganz bei Seite — im übrigen steht er bald zum Scholion bald zu Tzetzes in näherer Beziehung; der wichtigste Punkt, in dem er von beiden abweicht, ist dass er die ersten primitiven Komödienspiele nicht auf das Theater (*ἐπὶ θεάτρου*) sondern auf den Markt (*ἐπὶ μέσης ἀγορᾶς*) verlegt. Eine gemeinsame Quelle, Dionysscholien oder deren Quelle, ist trotzdem für alle drei Fassungen sicher.

Die Erzählung selbst, wie die Komödie entstanden sei, ist sehr eigenartig. Landleute, die von den Bürgern geschädigt worden sind, ziehen nächtlicher Weile

---

1) Vgl. die gleichen Scholienanfänge p. 733, 21 *ποιηταὶ λέγονται οἱ τὰ ἔμμετρα γράψαντες* und p. 751, 9 *ἔπος κυρίως ὁ ἔμμετρος λόγος λέγεται*. Beide Scholien tragen im Burbonicus den Namen des Diomedes. Vgl. die nächste Anmerkung.

2) Das Scholion gehört dem Diomedes, dem im Burbonicus ausdrücklich das entsprechende und fast mit den gleichen Worten beginnende Scholion über die Tragödie zugewiesen wird (p. 746, 1 B) *τραγωιδία λέγεται τὰ τῶν τραγικῶν ποιήματα, ὡς τὰ τοῦ Εὐριπίδου καὶ Σοφοκλέους καὶ Αἰσχύλου καὶ τῶν τοιούτων*. An sonstigen Aehnlichkeiten der beiden Scholien fehlt es nicht.

in die Stadt und erheben vor den Häusern ihrer Bedrücker Klage. Dadurch kommen die Angeklagten in üblen Ruf, so dass sie sich bessern. Die Väter der Stadt finden das nützlich und veranlassen die Dorfleute in Zukunft ihre Klage öffentlich vorzubringen, auf der Bühne oder auf dem Markt. Das thun sie, aber aus Furcht vor den reichen Bürgern thun sie es maskirt. Susarion giebt dem Scheltlied, das jetzt üblich wird, künstlerische Form. Auf die Erzählung selbst werde ich später zurückkommen. Hier genügt es zunächst eine wesentliche Eigenthümlichkeit hervorzuheben: der Erzähler operirt mit einer doppelten Etymologie des Wortes *κωμωιδία*. Dörfler sind es (*κωμῆται*), die bei der Nacht (*περὶ τὸν καιρὸν τοῦ καθεύδειν*) in die Stadt ziehen. Die Zeit des Schlafes heisst *κῶμα*. Beide Etymologien stehen nebeneinander Schol. Dion. p. 749, 20 B: *εἴρηται δὲ κωμωιδία οἱονεὶ ἐπὶ τῶι κώματι ὠιδή· καὶ γὰρ περὶ τὸν καιρὸν τοῦ ὕπνου ἐφευρέθη· κῶμα γὰρ ὁ ὕπνος. ἢ ἡ τῶν κωμητῶν ὠιδή. κῶμαι γὰρ λέγονται οἱ μείζονες ἀγροί* (nicht Aecker, sondern Bauerngüter oder Complexe von Bauerngütern). Wer *κώμη* und *κῶμα* gleichzeitig zur Erklärung des Wortes benützt, muss beide Nomina von derselben Wurzel ableiten. Das ist die Art des Philoxenos (vgl. Reitzenstein, Gesch. d. gr. Etym. 186), und wirklich besitzen wir was Philoxenos über die gemeinsame Wurzel gelehrt hat. Wie er ein Urverbum *γῶ* (= *χωρῶ*) ansetzte, um davon *γῆ γυνή γαστήρ* u. a. abzuleiten, so galt ihm *κῶ* als Urelement (*ἀρχή*) für *κώμη κῶμος κῶμα* u. a. Vgl. Orion p. 119, 19 *ὀρεσκῶιος· παρὰ τὸ κῶ δηλοῦν τὸ κοιμῶμαι, οὗ ὁ μέλλων κώσω, ῥηματικὸν ὄνομα κώς* (d. i. *κῶας*), *σύνθετον ὀρεσκώς κτλ. οὕτω Φιλόξενος*, besonders aber Steph. Byz. 400, 22 M. *κώμη· ἐν ταῖς μακραῖς ὁδοῖς* (auf den Heerstrassen) *μέσα* (l. *μείζω*) *χωρία ἔκτισαν πρὸς τὸ κοιμᾶσθαι νυκτὸς ἐπιγιγνομένης, ὅθεν καὶ ἐπικέκληται, ὡς Φιλόξενος.* Vgl. Pollux IX 11. 37. Die Zeitbestimmung der Etymologie, die sich daraus ergiebt, nützt uns für die Zeitbestimmung der Erzählung nichts, da diese auch ohne die Etymologie bestehen konnte und aller Wahrscheinlichkeit lange vor ihr bestanden hat. Wol aber finden wir die gleiche Ableitung an einer anderen Stelle wieder, die uns mehr lehren wird. Das Et. M. 764, 1 hat eine grosse litterarische Doppelglosse unter d. W. *τραγωιδία* bewahrt. In der That geht die Glosse die Komödie ebenso sehr an wie die Tragödie, nur dass beide nicht ganz gleichartig behandelt werden. Zunächst steht da eine Definition der Tragödie: *ἔστι βίων τε καὶ λόγων ἡρωικῶν μίμησις*, also ein Bruchstück der bei Tzetzes sowie in den Cramer'schen Dionysscholien erhaltenen Definition (S. 6). Dann folgen verschiedene Etymologien von *τραγωιδία*, die sich alle in den Bekker'schen Dionysscholien wie bei Tzetzes wiederfinden. Ebenso werden verschiedene Etymologien von *κωμωιδία* verzeichnet, und im Zusammenhang damit die Erfindung der Gattung erzählt: *ἡ ἐπὶ τῶι κώματι ὠιδή. ἐπειδὴ ἐπὶ* (l. *περὶ*) *τὸν καιρὸν τοῦ ὕπνου τὴν ἀρχὴν ἐφευρέθη. ἢ ἡ τῶν κωμητῶν ὠιδή· κῶμαι γὰρ λέγονται οἱ μείζονες ἀγροί.* Das ist wörtlich das Dionysscholion, mit dem fast ebenso wörtlich die nun folgende Erzählung vom Ursprung der Komödie stimmt, nur dass im Et. M. nicht mehr als der Anfang ausgeschrieben ist. Dies alles würde kaum Beachtung verdienen, wenn nicht ein neues hinzuträte: (τραγωιδία) ἀπὸ τῆς τρυγὸς τρυγωιδία. ἦν δὲ τὸ ὄνομα τοῦτο κοινὸν καὶ πρὸς τὴν κωμωιδίαν, ἐπεὶ οὔπω διεκέκριτο τὰ τῆς ποιήσεως ἑκατέρας, ἀλλ' εἰς αὐτὴν (vielleicht ἀλλ' ἑκατέρας) ἓν ἦν τὸ ἆθλον ἡ τρύξ. ὕστερον δὲ τὸ μὲν κοινὸν ὄνομα ἔσχεν ἡ τραγωιδία, ἡ δὲ κωμωιδία ὠνομάσθη, ἐπειδὴ πρότερον κατὰ κώμας ἔλεγον αὐτὰ ἐν ταῖς ἑορταῖς τοῦ Διονύσου καὶ τῆς Δήμητρος. Das ist ein Versuch, wie er uns in mehrfachen Fassungen erhalten ist, die beiden verwandten Gattungen auf einen gemeinsamen Ursprung zurückzuführen, ein Versuch zu dem sich mancher Litterarhistoriker, nach Anleitung des Aristoteles zwar, aber doch im Widerspruch mit ihm, verlockt fühlen musste. Dieselbe Combination in noch weiterem litterarhistorischen Zusammenhang bietet Tzetzes in den Iamben Περὶ διαφορᾶς ποιητῶν (v. 57), wo es vom Drama insgemein heisst: κλῆσις δὲ τοῖς σύμπασιν ἦν τρυγωιδία· χρόνωι διηιρέθη δὲ κλῆσις ἐς τρία, κωμωιδίαν ἅμα τε καὶ τραγωιδίαν καὶ σατυρικὴν τῶνδε τὴν μεσαιτάτην. ὅσον μὲν οὖν ἔσχηκε τὴν θρηνωιδίαν, τραγωιδίαν ἔφασαν οἱ κριταὶ τότε· ὅσον δὲ τοῦ γέλωτος ἦν καὶ σκωμμάτων, κωμωιδίαν ἔθεντο τὴν κλῆσιν φέρειν. ἄμφω δὲ πρὸς σύστασιν ἦσαν τοῦ βίου· ὁ γὰρ τραγικὸς τῶν πάλαι πάθη λέγων — τοὺς ζῶντας ἐξήλαυνεν ἀγερωχίας, ὁ κωμικὸς δέ πως γελῶν κωμωιδίαις ἅρπαγά τινα καὶ κακοῦργον καὶ φθόρον τὸ λοιπὸν ἡδραίωσεν εἰς εὐκοσμίαν. Das stimmt allerdings nur in ganz wenigen und nicht sehr wesentlichen Punkten mit dem Tragödienscholion des Diomedes (p. 746 B), aber trotzdem spricht vielerlei dafür, dass Tzetzes für diese sehr leichtfertige Litteraturgeschichte entweder ausschliesslich oder hauptsächlich Dionysscholien benützt hat. Diomedes sagt von den Tragikern (p. 746, 5) θέλοντες ὠφελεῖν κοινῆι τοὺς τῆς πόλεως und von den Komikern (p. 748, 29) genau dasselbe, Tzetzes aber von beiden Dramen (v. 24) ἄμφω πρὸς ὠφέλειαν εὕρηνται βίου, und wenn er in der vorher ausgeschriebenen Stelle dafür behauptet ἄμφω δὲ πρὸς σύστασιν ἦσαν τοῦ βίου, so ist das einer seiner vielen Fehler; die Quelle hatte nur von der Komödie behauptet, sie sei συστατικὴ τοῦ βίου. Ferner nimmt Tzetzes ohne weiteres die Korinna in den Kanon der Lyriker auf (v. 19) und stellt so eine δεκὰς ἀρίστη παντελὴς πληρεστάτη her. Sonst pflegt man sich mit neuen Lyrikern zu begnügen, nur in dem kleinen Verzeichniss bei Boeckh Pind. II 1, 7 heisst es vorsichtig τινὲς δὲ καὶ τὴν Κόρινναν, und nur in den Dionysscholien (p. 751, 26) wird Korinna als zehnte Muse zugelassen[1]). Es liesse sich noch mehr anführen, aber das was hier in Betracht kommt bedarf keines Beweises weiter, dass der Anonymus IV, die Dionysscholien, Tzetzes und die Glosse des Etym. M. einer und derselben Quelle gehören und dass diese Quelle eine litterarhistorische war, die Tragödie, Komödie und Satyrdrama auf einen gemeinsamen Ursprung zurückführte. Die gleiche Entstehungsweise wurde vornehmlich durch die ähnliche Form der drei Gattungen gestützt, nach Auffassung jenes Litterarhistorikers auch durch die ähnliche Tendenz: das führte mit Nothwendigkeit zu einem Vergleich der drei Gattungen

1) Bei Bekker fehlt Ἀλκαῖος, der aber im Burbonicus an richtiger Stelle hinter Ἀλκμάν genannt wird. Das Verzeichniss ist alphabetisch, nur Korinna als Eindringling fällt aus der Reihe (καὶ δεκάτη Κόριννα).

4

unter einander, und diesen Vergleich finden wir in der That bei Tzetzes (*Pb* § 27. *Mb* p. 119), verbunden mit einer Inhaltsangabe des Euripideischen Syleus. Tzetzes bringt das vor, um seine frühere irrige Ansicht vom Satyrdrama richtig zu stellen. Die Scholien des Eukleides hatten den Irrthum veranlasst (S. 5), die Berichtigung stammte also aus einer anderen Quelle, wie sich jetzt sagen lässt, aus einer litterarhistorischen Quelle.

Ebendahin führt eine weitere Spur. Wir sahen, dass die drei Theile des ersten Pariser Tzetzestractats (*Pa*) genau den drei Anonymi IV. V. VI entsprachen. Selbst darin kommen sie überein, dass sie den ersten, den historischen Abschnitt (Anon. IV) mit einer Begriffsbestimmung der Komödie und Tragödie beschliessen, an die sich nicht ganz bequem der zweite Theil (die Zweitheilung der Komödie, Anon. V), um so bequemer aber der dritte (über das Lächerliche, Anon. VI) anfügt.

Anon. IV.

καὶ τῆς μὲν τραγωιδίας τὸ εἰς ἔλεον κινῆσαι τοὺς ἀκροατὰς ἴδιον, τῆς δὲ κωμωιδίας τὸ εἰς γέλωτα. διό, φασίν, ἡ μὲν τραγωιδία λύει τὸν βίον, ἡ δὲ κωμωιδία συνίστησιν.

Schol. Dion. p. 747, 20 (Stephanos).

διαφέρει δὲ κωμωιδία τραγωιδίας, ὅτι ἡ τραγωιδία ἱστορίαν ἔχει καὶ ἐπαγγελίαν (l. *ἀπ-*) *πράξεων γενομένων, ἡ δὲ κωμωιδία πλάσματα περιέχει βιωτικῶν πραγμάτων.*

Tzetzes *Pa* § 12.

ἐστὶ δὲ κωμωιδία μίμησις πράξεως ...., καθαρτήριος παθημάτων, συστατικὴ τοῦ βίου, διὰ γέλωτος καὶ ἡδονῆς τυπουμένη. διαφέρει δὲ τραγωιδία κωμωιδίας, ὅτι ἡ μὲν τραγωιδία ἱστορίαν ἔχει καὶ ἀπαγγελίαν πράξεων γενομένων, κἂν ὡς ἤδη γινομένας σχηματίζηι αὐτάς, ἡ δὲ κωμωιδία πλάσματα περιέχει βιωτικῶν πραγμάτων, καὶ ὅτι τῆς μὲν τραγωιδίας σκοπὸς τὸ εἰς θρῆνον κινῆσαι τοὺς ἀκροατάς, τῆς δὲ κωμωιδίας εἰς γέλωτα.

Durch diese Erörterung wird der Zusammenhang von Anon. IV und V und ebenso der Zusammenhang bei Tzetzes gesprengt. Wenn jetzt folgte, was Tzetzes im dritten Theil und was der Anon. VI giebt 'die Quellen des Lächerlichen aber sind folgende' so wäre das ein natürlicher Fortschritt: es war aber auch der ursprüngliche, wie der Coislinianische Tractat deutlich zeigt (X d Düb): *κωμωιδία ἐστὶ μίμησις πράξεως γελοίου καὶ ἀμοίρου μεγέθους τελείου — ἔχει δὲ μητέρα τὸν γέλωτα; γίνεται δὲ ὁ γέλως ἀπὸ τῆς λέξεως — ἀπὸ τῶν πραγμάτων κτλ.* Also der Anonymus IV sowol wie Tzetzes haben das Stück an unrechter Stelle. Der Anonymus kann nicht von Tzetzes abhängen, weil er älter ist, Tzetzes nicht von jenem, weil er mehr hat. Diese Quelle war inhaltlich eine litterarhistorische oder eine Poetik, wie der Coislinianische Tractat; da aber in einer historischen oder systematischen Schrift eine derartige Verstellung unmöglich ist, so muss eine Mittelquelle angenommen werden, deren Beschaffenheit die Verwirrung glaublich macht. Das können nur Excerpte sein, am besten Scholien wie die zum Dionys: in der Bekker'schen Sammlung steht gerade das betreffende Stück

(p. 747, 20) noch heute an ungeschickter Stelle in einem ganz unmöglichen Zusammenhang.

Wie sich früher (S. 8) gezeigt hat, dass die Eukleidesquelle des Tzetzes die Theile der Komödie ganz nach Aristotelischem Vorbild sonderte, so finden wir hier die Definition der Komödie ganz der Aristotelischen Tragödiendefinition (c. 6) angeglichen. Aber daran ist nicht zu denken, dass die Komödiendefinition oben die verlorene des Aristoteles sei — Bernays (Zwei Abhandl. S. 145) hat einer derartigen Vermuthung den Boden entzogen — und ebenso erweist sich ein anderer verlockender Schein, als ob Tzetzes und der Anonymus in ihrer Quelle doch noch einen Rest vom echten Wortlaut der verlorenen Poetik vorgefunden hätten, sofort als trügerisch. Der namenlose Scholiast zur Rhetorik (p. 260, 1 Rabe) sagt: *πόσα εἴδη εἰσὶν καθ' ἃ κινῆσαι τις τοὺς ἀκροατὰς εἰς γέλωτα, εἴρηται ἐν τῶι Περὶ ποιητικῆς*, dieselben Worte also die wir bei Tzetzes und dem Anon. IV lesen. Das sieht in der That aus wie ein Citat aus der Poetik, aber wie sollte der späte und ungelehrte Scholiast zu einer so kostbaren Perle gekommen sein. Er hat vielmehr nur Aristoteles' eigene Worte vor Augen, Rhet. III 18 p. 1419 b 2 *περὶ δὲ τῶν γελοίων — εἴρηται πόσα εἴδη γελοίων ἔστιν ἐν τοῖς Περὶ ποιητικῆς*. Aber dass er den gleichen Ausdruck braucht *κινῆσαι τοὺς ἀκροατὰς εἰς γέλωτα*, der bei Tzetzes und dem Anonymus wiederkehrt, das beweist dass er die gleiche Quelle benützt, also die Reminiscenz an die Rhetorik nicht aus dieser selbst schöpft. Nun wird aber ein Aristotelesscholiast, wenn er eine Bemerkung über die Arten des Lächerlichen anbringen will, nicht gerade in den Dionysscholien nachschlagen, sondern am natürlichsten in einer Poetik oder Litteraturgeschichte. Auch diese unscheinbare Spur bestätigt uns, dass die Materialien, die in den Dionysscholien noch heute in Fülle vorliegen, dem Tzetzes aber noch in grösserer Fülle vorgelegen haben, auf eine sehr ergiebige litterarhistorische Quelle zurückzuleiten sind.

Verschwendung ist ebensowenig ein Beweis des Reichthums wie des guten Geschmacks. Es ist nicht wahrscheinlich, dass schon die ältesten Erklärer, die an sich sehr einfachen ersten Paragraphen der Dionysianischen *Τέχνη* mit einem Wust gelehrter Anmerkungen verbrämt haben, die zum besseren Verständniss des Textes nicht viel beitragen konnten, den Leser vielmehr langweilen und hemmen mussten. Was ein jeder der gelehrten Philosophen oder Grammatiker unter *τέχνη* verstanden, wie ein jeder Begriff und Umfang der Grammatik begrenzt, wie sie den Unterschied von *ποιήματα* und *συγγράμματα* gefasst und die Erfordernisse der *ἀνάγνωσις* bestimmt haben, das alles zu verzeichnen wurde erst für diejenige Zeit ein Bedürfniss, in der die einst lebendigen wissenschaftlichen Begriffe und Anschauungen abgestorben waren und durch fossile Gelehrsamkeit zu einem neuen Scheinleben zurückgerufen werden mussten. Litterarhistorische Forschung lag den Philologen nach Proklos' Zeit fern, sie waren mehr im modernen als im griechischen Sinne Grammatiker. Um so stattlicher aber sah es aus, wenn diese Helden der *Κανόνες* und *'Επιμερισμοί* zum Staunen ihrer Schüler altphilologische Gelehrsamkeit scheffelweise aus den Aermeln schüttelten. Natürlich durfte sie nicht viel kosten, und die verschwenderische Art, mit der die Scholiasten zu den ersten beiden Paragraphen des Dionys das alte Gut auf den Markt geworfen haben, zeigt deutlich wie bequem ihnen der Erwerb geworden und wie handliche und reichliche Quellen ihnen zu Gebote standen. Gerade diese Theile der Dionysscholien haben bisher am wenigsten Beachtung gefunden, was zwar aus vielen Gründen begreiflich, aber doch aus noch mehr Gründen bedauerlich genug ist. Nur wenige Leute können die theils noch ungehobenen, theils noch ungeordneten Schätze überschauen, und wir anderen mögen selbst auf die Gefahr hin bei lückenhaften Kenntnissen fehlzugreifen, das zugängliche Material nicht ungenützt liegen lassen. Der merkwürdigste Commentar zu Dionys § 2 (*Περὶ ἀναγνώσεως*) ist aus einer Handschrift des British Museum von Cramer Anecd. Oxon. IV 308 herausgegeben worden: einen Theil habe ich früher schon herangezogen (S. 6), jetzt verlangt das Ganze eine nähere Betrachtung. Eine gewisse Verwandtschaft mit den umfänglichen Bekkerschen Scholien ist überall zu spüren, ganze Sätze finden sich in beiden Sammlungen, öfters in wörtlicher Uebereinstimmung wieder. Das beweist den gemeinsamen, einheitlichen Ursprung aller dieser Commentare. Um so deutlicher aber zeigt die Londoner Handschrift, wie unendlich ausführlicher die Scholien dereinst gewesen sind, zumal das was sie bewahrt hat selbst schon durch Kürzungen und Auslassungen oft bis zum äussersten entstellt und völlig zusammenhangslos geworden ist.

An die Worte des Dionys (§ 2) *ἀνάγνωσίς ἐστι ποιημάτων ἢ συγγραμμάτων ἀδιάπτωτος προφορά* knüpft der Scholiast eine kurze Auseinandersetzung über den Unterschied von Prosa und Poesie, daran eine sehr ausführliche Darlegung des Begriffs, des Umfangs, der Gattungen und Arten der Poesie. Kurz es sind hier die Reste einer Systematik der griechischen Poesie, einer Poetik im Auszug erhalten. Eine ganz vorzügliche Quelle ist mechanisch ausgeschrieben, zu Anfang, wie es zu geschehen pflegt, reichhaltiger und genauer, allmälig immer flüchtiger, bis zur blossen Notirung einzelner Stichwörter. Schon dies allein beweist, dass eine einheitliche Quelle zu Grunde liegt: für den nächstliegenden Zweck, die Erklärung des Dionys, war das alles mehr oder weniger werthlos, der Scholiast excerpirt mit wachsendem Widerwillen und hört nur darum nicht früher auf zu excerpiren, weil seine Quelle nicht aufhört. Wieviele Stadien der Verdünnung und Verkürzung die Excerpte bis zu ihrem vorliegenden Zustand durchlaufen haben, lässt sich natürlich nicht sagen, aber Originalexcerpte sind es gewiss nicht. Ich meine, die Quelle des Scholiasten lässt sich mit Namen nennen, es ist dasselbe Handbuch der poetischen Litteratur, aus dem wir noch einen weiteren stark gekürzten Auszug besitzen. Von der Chrestomathie des Proklos hat Photios (Cod. 239) nur einen Auszug gelesen und aus diesem Auszug selbst wieder nur das wichtigste ausgezogen, das heisst das was ihm das wichtigste und lehrreichste zu sein schien. Sein Bericht, sehr ausführlich über die Einzelarten der lyrischen Dichtung, sehr kurz über das Epos, wie die Excerpte der Venezianischen Homerhandschrift zeigen, erweist sich als besonders ungenügend zu Anfang, wo Proklos allgemeine Fragen behandelt hatte. Dass die Chrestomathie im IX. Jahrhundert epitomirt vorlag, ist ein Beweis dafür, dass das nützliche Buch gelesen und gebraucht wurde, und nicht minder dafür, dass die ursprüngliche Fassung sehr ausführlich war: um so auffallender, dass so wenige Spuren von ihm übrig geblieben scheinen. Ich glaube aber, dass der Schein trügt, und dass in Wahrheit Proklos' Buch direct oder indirect allen folgenden Jahrhunderten die litterarhistorischen Kenntnisse vermittelt hat.

Aus dem ersten einleitenden Abschnitt des Proklos hat Photios nur ein paar zusammenhangslose Sätze mitgetheilt, die sogleich empfinden lassen, wieviele Bindeglieder er bei Seite gelassen hat. Er beginnt also: *καὶ ἐν μὲν τῶι α' λέγει ὡς αἱ αὐταί εἰσιν ἀρεταὶ λόγου καὶ ποιήματος, παραλλάσσουσι δὲ ἐν τῶι μᾶλλον καὶ ἧττον.* Dann folgen sogleich die drei Stilarten, ein Stück, das dem rhetorischen Interesse des Photios gemäss viel ausführlicher wiedergegeben wird, dann ganz kurz die *κρίσις ποιήματος*, endlich als Ueberleitung zum systematischen Theil die Gattungen der Poesie. Ich vergleiche zunächst, um festen Boden zu gewinnen, die breitere Behandlung der Stilarten mit dem betreffenden Capitel in den Cramer'schen Scholien:

Proklos:

καὶ ὅτι τοῦ πλάσματος τὸ μέν ἐστιν ἰσχνόν, τὸ δὲ ἁδρόν, τὸ δὲ μέσον. καὶ τὸ μὲν ἁδρὸν ἐκπληκτικώτατόν ἐστι καὶ κατεσκευασμένον μάλιστα καὶ ποιητικὸν ἐπιφαῖνον (l. *ἐμφαῖνον*) *κάλλος. τὸ δὲ ἰσχνὸν τὴν τροπικὴν μὲν καὶ φιλοκατάσκευον σύνθεσιν μεταδιώκει, ἐξ ἀνειμένων δὲ μᾶλλον συνήρτηται, ὅθεν ὡς ἐπίπαν τοῖς γοεροῖς ἄριστά πως ἐφαρμόττει. τὸ δὲ μέσον καὶ τοὔνομα* [*μὲν*] *δηλοῖ ὅτι μέσον ἐστὶν ἀμφοῖν. ἀνθηρὸν δὲ κατ' ἰδίαν οὐκ ἔστι πλάσμα, ἀλλὰ συνεκφέρεται καὶ συμμέμικται τοῖς εἰρημένοις, ἁρμόζει δὲ τοπογραφίαις καὶ λειμώνων ἢ ἀλσῶν ἐκφράσεσιν. οἱ δὲ τῶν εἰρημένων ἀποσφαλέντες ἰδεῶν ἀπὸ μὲν τοῦ ἁδροῦ εἰς τὸ σκληρὸν καὶ ἐπηρμένον ἐτράπησαν, ἀπὸ δὲ τοῦ ἰσχνοῦ εἰς τὸ ταπεινόν, ἀπὸ δὲ τοῦ μέσου εἰς τὸ ἀργὸν καὶ ἐκλελυμένον.*

Scholien:

ποιήματος πλάσματα ἁδρόν, ἰσχνόν, ἀνθηρὸν τὸ καὶ μέσον. ἁδρὸν τὸ διηρμένον (*διηρημένον* cod.) *ὄγκωι τῶι κατὰ φύσιν, οἷον τὸ 'ἀμφὶ δ' ἄρ' Αἴαντας δοιοὺς ἵσταντο φάλαγγες'* (*Ν* 126). *ἰσχνὸν τὸ συνεσταλμένον* [*ὄγκωι τῶι κατὰ φύσιν*] *οἷον 'ὡς δ' ὅταν ὠδίνουσαν ἔχηι βέλος'* (*Λ* 269). *ἀνθηρὸν τὸ μέσον ἀμφοῖν, οἷον 'ὡς δ' ὅτε Πανδάρεω κούρη'* (*τ* 518). *ἀνθηρὸν δὲ λέγεται ὅτι ἁρμόζει μάλιστα πρὸς ἀπαγγελίαν λειμώνων καὶ ἀνθέων. ἀντίκειται δὲ τῶι μὲν ἁδρῶι τὸ σκληρὸν καὶ τὸ παχύ, τῶι δὲ ἰσχνῶι τὸ ξηρὸν καὶ τὸ βραχύ, τῶι δὲ ἀνθηρῶι τὸ ἀγλαυκὲς* (l. *ἀγλευκὲς*) *καὶ τὸ λογοειδές.*

In dieser Behandlung der drei Theophrastischen Stilgattungen (*πλάσματα*, *figurae* beim Rhetor ad Herenn. IV 8, 11) sind bei vielfacher Uebereinstimmung die Erläuterungen selbst nur zum Theil gleich, aber man braucht nur andere Zeugen zu befragen, um zu erkennen, dass die gemeinsame Vorlage des Scholiasten und des Photios sich erst aus den Excerpten beider zusammensetzt.

Während der Scholiast nur die Definitionen wiedergiebt, weil sie voranstanden, hält Photios sich mehr an die Wirkungen der einzelnen Stilarten. Dabei hat ihm aber seine Flüchtigkeit einen bösen Streich gespielt: alles was Proklos vom *μέσον* oder *ἀνθηρόν* gesagt hatte, hat Photios auf das *ἰσχνόν* übertragen: schon die Form des Satzes ('zwar — aber') weist auf die Characteristik nicht eines Extrems sondern eines Mittleren. Das *μέσον* verwendet zwar Tropen und Wortschmuck, aber es ist kein überwältigender Prunk (*ἐκπληκτικόν*), sondern mild erfreuende Schönheit (*ἐξ ἀνειμένων*), wie es ganz ähnlich Quintilian ausdrückt (XII 10, 60): *medius hic et* (wol *etsi*) *translationibus crebrior et figuris erit iucundior, egressionibus amoenus, compositione aptus, sententiis dulcis, lenior tamen ut amnis lucidus quidem sed virentibus utrimque ripis inumbratus.* Eben dadurch eignet es sich für die Klage (*τὰ γοερά*) z. B. der Pandareostochter. wie der Scholiast richtig angiebt. Die Characteristik des *ἰσχνόν* ist bei Photios völlig ausgefallen, beim Scholiasten dafür durch eine Dittographie entstellt (*ὄγκωι τῶι κατὰ φύσιν* aus dem vorhergehenden wiederholt). Die Bemerkung, dass das *ἀνθηρὸν γένος* sich besonders für friedliche Naturbeschreibungen eigne, ist beiden gemeinsam, nur dass Photios *λειμώνων ἢ ἀλσῶν* sagt, der Scholiast *λειμώνων καὶ ἀνθέων*. Die Blumen möchte man schon um des Namens willen, den die Gattung trägt, nicht missen — ein Muster dieser Art war Chairemon, vgl. Athen. XIII 608 d —, die Haine werden zwar durch Diomedes nicht sicher gestellt (p. 483, 19 K), dessen Gewährsmann ja auch ähnlichen griechischen Vorlagen folgte, der aber hier die *amoenitas luci* nur auf Grund einer Vergilstelle heraushebt, trotzdem möchte man sie neben den *λειμῶνες* ebenso wenig wie die Blumen entbehren. Proklos hatte vermuthlich Wiesen und Haine, Blumen und Bäume, Flüsse und Quellen erwähnt. Nach Photios artet das *ἰσχνόν* bei ungeschickter Behandlung in das *ταπεινόν* aus[1]), nach dem Scholiasten in das *ξηρόν* und *βραχύ*. Die Vorlage hatte wahrscheinlich alle drei Ausdrücke, vgl. Demetr. de eloc. 236 (*χαρακτὴρ ὁ ξηρὸς καλούμενος*), Gellius VI 14 (*squalentes et ieiuni*), ad Herenn. IV 11, 16 (*veniunt ad aridum et exangue genus, quod non alienum est exile nominari*). Das *ἀνθηρόν* führt auf dem Wege der Entartung nach Photios zum *ἀργόν* und *ἐκλελυμένον*, nach dem Scholiasten zum *ἀγλευκές* und zum *λογοειδές*, letzteres ein ganz nothwendiger Zusatz, da es sich bei Proklos um den poetischen Stil handelte, wie auch Photios beim *ἁδρόν* hervorhebt, dass es *ποιητικὸν κάλλος ἐμφαίνει*. Von den übrigen Ausdrücken entspricht Photios' *ἀργὸν καὶ ἐκλελυμένον* dem *fluctuans* und *dissolutum, quod est sine nervis et articulis* beim Rhetor ad Herenn. IV 11, 16 (vgl. Gellius VI 14, 5 *incerti et ambigui pro mediocribus*); das *ἀγλευκές*,

1) Passend und gewiss der Vorlage entsprechend drückt Photius den Begriff der Entartung aus *οἱ δὲ ἀποσφαλέντες ἐτράπησαν κτλ.* So sagt Gellius *fallunt*, der Rhetor ad Her. *errantes perveniunt* oder *declinantur*, Demetrius (186) etwas anders *καθάπερ δὲ τῶι μεγαλοπρεπεῖ παρέκειτο ὁ ψυχρὸς χαρακτήρ, οὕτω τῶι γλαφυρῶι παράκειταί τις διημαρτημένος*. Danach könnte man versucht sein beim Dionysscholiasten *παράκειται* für das unangemessene *ἀντίκειται* zu vermuthen. Aber es wird besser sein nicht zu ändern: der Mann hat eben einen ganz allgemeinen Ausdruck gewählt, und es ist fraglich, ob er das Sachverhältniss überhaupt verstanden hat.

wenn richtig emendirt, kann ich sonst nicht nachweisen: es ist 'reizlos', also geradezu das Gegentheil vom *ἀνθηρόν*. Demetrius (186) fasst die Entartungen des *γλαφυρόν* in das eine Wort *κακόζηλον* zusammen. In welcher Weise die beiden Excerpte sich gegenseitig ergänzen, zeigen die drei Homercitate beim Scholiasten. Photios sagt, dass das *ἰσχνόν* (er meint das *ἀνθηρόν*) sich am besten für die Klage eigne: dafür deutet der Scholiast die Odysseestelle an, wo die Klage der Pandareostochter um ihren Itylos geschildert wird (τ 518), also einen Beleg für das *γοερόν*. Natürlich hatte Proklos die drei Homerstellen, vortrefflich gewählte Beispiele, ausführlich gegeben; sie sind nicht von ihm ausgesucht sondern stammen aus seiner Quelle, bei Diomedes (p. 483) sind sie durch Vergilcitate ersetzt.

Offenbar hat die Betrachtung der poetischen Stilgattungen nicht am Anfang der Chrestomathie gestanden, auch der eine Satz, den Photios aus dem vorhergehenden bewahrt hat, dass Prosa und Poesie sich nur durch ein Mehr oder Weniger gemeinsamer Eigenschaften unterscheiden, genügt nicht um die Lücke zu füllen. Es musste erörtert werden, was Poesie, was ein Gedicht, was ein Dichter sei, was die Poesie und mit welchen Mittel sie es bewirke. Genau diese Fragen werden in den Cramer'schen Dionysscholien mit wünschenswerther Deutlichkeit behandelt. Die scholastische Scheidung der drei Prosaarten (*συγγραφεύς, ἱστορικός, ῥήτωρ*) lasse ich hier bei Seite (vgl. p. 733, 18 B. Doxopater Rh. gr. II 199 W), ein anderer Geist aber spricht aus dem folgenden:

ποιητὴς δὲ κεκόσμηται τοῖς τέσσαρσι τούτοις, μέτρωι μύθωι ἱστορίαι καὶ ποιᾶι λέξει, καὶ πᾶν ποίημα μὴ μετέχον ⟨τῶν τεσσάρων⟩ τούτων οὐκ ἔστι ποίημα, εἰ καὶ μέτρωι κέχρηται [1]).

ἐστὶ δὲ μέτρον μὲν ποιὰ καὶ ποσὴ λέξεων ἀπηρτισμένων σύνθεσις κατά τε μέγεθος [ἀπηρτισμένως] καὶ τάξιν συλλαβῶν, ἐν ἰσότητι ἢ ὁμοιότητι ἢ οἰκειότητι ἤτοι τῶν μερῶν πρὸς ἄλληλα ἢ τοῦ ὅλου πρὸς ἕτερα (πρὸς τὰ μέρη?). ποιὰ δὲ ⟨λέξις⟩ λέγεται ἡ ὀνοματοπεποιημένη· πλάσμα δὲ τὸ μὴ ἀληθῶς πεποιημένον, ἀλλ' ὑπό τινος ἐσκευασμένον [2]). *ἱστορία δὲ πραγμάτων γεγονότων ἢ ὄντων ἐν δυνατῶι σαφὴς*

---

1) Diese Worte mögen ursprünglich eine andere Fassung gehabt haben. In den Bekker'schen Scholien p. 734, 14 heisst es nach *οὐκ ἔστι ποίημα* so: *ἀμέλει τὸν Ἐμπεδοκλέα καὶ Τυρταῖον οὐ καλοῦσι ποιητάς, εἰ καὶ μέτρωι ἐχρήσαντο, διὰ τὸ μὴ χρήσασθαι αὐτοὺς τοῖς τῶν ποιητικῶν* (l. *ποιητῶν*) *χαρακτηριστικοῖς*. Empedokles stammt bekanntlich aus Arist. Poet. c. 1, Tyrtaios befremdet zunächst, vgl. eine weitere Fassung bei Bekker p. 733, 13 *οὐκ ἔστι ποιητὴς ὁ μέτρωι μόνωι χρώμενος· οὐδὲ γὰρ Ἐμπεδοκλῆς ὁ τὰ φυσικὰ γράψας οὐδ' οἱ περὶ ἀστρολογίας εἰπόντες οὐδὲ ὁ Πύθιος ἐμμέτρως χρησμωιδῶν*. Aber die Liste der Nichtdichter konnte erheblich erweitert werden: nicht nur Xenophanes, Parmenides, Arat, Nikander gehörten dahin, sondern alle Didaktiker schlechthin, sogar Theognis (Plut. quomodo adulator p. 16 c); warum nicht auch Tyrtaios? Vgl. Diels Parmenides 5.

2) Der Wortlaut ist gewiss nicht in Ordnung, man erwartet *πλάσμα δὲ τὸ μὴ ἀληθές, ἀλλὰ πεποιημένον καὶ ὑπό τινος ἐσκευασμένον* oder dergl. Soviel ist sicher, dass *πλάσμα* hier in anderem Sinne steht als bald darauf: es ist was der Rhetor ad Herennium *figura oratoria* nennt (s. o. S. 18), die *λέξις*, die durch die Kunst des Dichters *ἔντεχνος, πεποιημένη, ποιά τις* wird. Der Satz ist also eng mit dem vorbergehenden verbunden.

ἀπαγγελία. μῦθος δὲ ξένων πραγμάτων ἀπηρχαιωμένη διήγησις ἢ ἀδυνάτων πραγμάτων παρεισαγωγή. πλάσμα τὸ δυνάμενον μὲν γενέσθαι, μὴ γενόμενον δέ.

ἱκανὸς δὲ ὁ μῦθος σιωπῆσαι δί ἡδονῆς[1]). *ἡ γὰρ μετὰ συλλογισμῶν ἀκρόασις πολλάκις τὸν ἀκούοντα πρὸς ἀντίρρησιν κινεῖ. ἡ δὲ ποιητικὴ ἔχει μὲν τὸ προσαγωγὸν ἐκ τῆς ἡδονῆς, δυσωπεῖ δὲ οὐκ ἐξ ἀγῶνος ἀλλ' ὥσπερ φυσικῶς ἐναντιουμένη. τοῦτον γοῦν τὸν τρόπον φαίνεται καὶ Ὅμηρος πεποιηκέναι· ἐν ὅσωι γὰρ ⟨ὁ⟩ ἀοιδὸς παρῆν τῆι Κλυταιμνήστραι, ἀπῆγεν αὐτὴν τοῦ περὶ πορνείαν ἔχειν, καὶ τοῦτο ὁρῶντα Αἴγισθον πρότερον ἐκβαλόντα τὸν ἀοιδὸν οὕτως ἀναπεῖσαι.*

ἐστὶ δὲ ποιητικὴ ἀπαγγελία πραγμάτων διὰ μέτρων καὶ ῥυθμῶν μετά τινος κατασκευῆς, τὸ μυθῶδες μετὰ καὶ τοῦ ἀληθοῦς ἐνίοτε συμπεπλεγμένον, μετὰ ⟨δὲ⟩ καὶ ἱστορίας ἐν ποιᾶι λέξει περιέχουσα. ποιητὴς δὲ ὁ κατὰ μετουσίαν τῆς ποιητικῆς ὄνομα ἐσχηκὼς τεχνίτης· ποίησις δὲ κυρίως ἡ διὰ μέτρων ἐντελὴς ὑπόθεσις, ἔχουσα ἀρχὰς καὶ μέσα καὶ πέρατα. ποίημα δὲ μέρος ποιήσεως[2]).

Zunächst fallen hier deutliche Anklänge an die Aristotelische Poetik auf. Nicht nur dass Empedokles von den Dichtern ausgeschlossen wird (S. 20 Anm. 1), auch die *ποίησις* wird definirt nach dem Muster der Aristotelischen Tragödiendefinition (Poet. c. 7), und dabei muss eine absichtliche Variation des Ausdrucks beachtet werden: anstatt *τελεία καὶ ὅλη πρᾶξις* sagt der Scholiast *ἐντελὴς ὑπόθεσις*, statt *ἀρχὴν καὶ μέσον καὶ τελευτὴν ἔχον* sagt er *ἀρχὰς καὶ μέσα καὶ πέρατα ἔχουσα.* Gleich daneben aber steht eine Definition der *ποιητική*, die Poseidonios *ἐν τῆι Περὶ λέξεως εἰσαγωγῆι* gegeben hatte, und die Diogenes L. VII 60 nur zum Theil wiedergiebt: *ποίημα ἐστι λέξις ἔμμετρος ἢ ἔνρυθμος μετὰ σκευῆς* (l. *κατασκευῆς*), *τὸ λογοειδὲς ἐκβεβηκυῖα.* [*τὸ*] *ἔνρυθμον δὲ εἶναι τὸ 'Γαῖα μεγίστη καὶ Διὸς αἰθήρ'.* Vervollständigen lässt sie sich dem Sinne nach aus Strabo I p. 20, der ganz nach Art des Poseidonios von Homer sagt: *οὕτως ἐκεῖνος ταῖς ἀληθέσι περιπετείαις προσεπετίθει μῦθον, ἡδύνων καὶ κοσμῶν τὴν φράσιν, πρὸς δὲ τὸ αὐτὸ τέλος τοῦ ἱστορικοῦ καὶ τοῦ τὰ ὄντα λέγοντος βλέπων.* Damit stimmt der Scholiast durchaus, wenn er mythische oder historische Zuthat verlangt, und zwar *ἐν ποιᾶι λέξει*, d. h. *μετὰ κατασκευῆς τὸ λογοειδὲς ἐκβεβηκυίαι*, vgl. Diog. L. a. O. 59 *κατασκευὴ δ' ἐστι λέξις ἐκπεφευγυῖα τὸν ἰδιωτισμόν.* Wahrschein-

---

1) Die Verbesserung wird sich später ergeben.

2) Aehnliches giebt Quintilian X 1, 28 mit freien Ausführungen wieder: *meminerimus tamen non per omnia poetas esse oratori sequendos nec libertate verborum nec licentia figurarum; genus <esse poesin> ostentationi comparatum et praeter id quod solam petit voluptatem eamque etiam fingendo non falsa modo sed etiam quaedam incredibilia sectatur, patrocinio quoque aliquo iuvari: quod alligata ad certam pedum necessitatem non semper uti propriis possit, sed depulsa recta via necessario ad eloquendi quaedam deverticula confugiat, nec mutare quaedam modo verba sed extendere corripere convertere dividere cogatur.* Die Lücke zu Anfang hat man verschieden ergänzt, dass das Wort *poesis* fehle, hat Halm richtig gesehen. An *genus* darf man nicht rühren, da eben Poesie und Prosa zwei Arten derselben Gattung sind. Der Poesie stilistisch verwandt ist die epideiktische Rede, die darum auch den dichterischen Ausdruck nicht verschmäht, den Gorgias sogar auf die politische Rede übertrug (Dionys bei Syrian I p. 10. 11 Rabe); Quintilian redet von der Epideixis genau wie von der Poesie (VIII 3, 11): *namque illud genus ostentationi compositum solam petit audientium voluptatem ideoque omnes dicendi artes aperit* u. s. w.

lich ist beim Scholiasten zu schreiben *ἐστὶ δὲ ποίημα ἀπαγγελία κτλ.*, wenn nicht etwa die Corruptel tiefer liegt, vielleicht besser *ἐστὶ δὲ ⟨ποίημα⟩ ποιητικὴ ἀπαγγελία.*

Das Buch des Poseidonios war *Περὶ λέξεως* überschrieben, handelte also nicht speciell vom poetischen Stil, sondern vom Stil überhaupt. Wenn er trotzdem zu einer Definition der Poesie veranlasst wurde, muss er von einer Vergleichung des prosaischen mit dem poetischen Stil, der Prosa mit der Poesie ausgegangen sein. Die Stoa hatte bekanntlich behauptet, dass Homer die Quelle und der Lehrer aller Künste und Wissenschaften sei: den umfassendsten Beweis für diese Behauptung liefert die Plutarchische Homerabhandlung. Eratosthenes hatte sich darüber lustig gemacht und Hipparch ihm zugestanden, dass es eine Uebertreibung sei (Strabon I p. 16): nur dürfe man wieder nach der anderen Seite nicht zu weit gehen und meinen, dass man vom Dichter nichts lernen könne, dass er gar nichts beitrage zur Bildung seiner Leser. Insbesondere, sagt er (p. 17 a. E.), *τὸ καὶ τὴν ῥητορικὴν ἀφαιρεῖσθαι τὸν ποιητὴν τελέως ἀφειδοῦντος ἡμῶν ἐστιν. τί γὰρ οὕτω ῥητορικὸν ὡς φράσις, τί δ' οὕτω ποιητικόν; τίς δ' ἀμείνων Ὁμήρου φράσαι; νὴ Δία, ἀλλ' ἑτέρα φράσις ἡ ποιητική. τῶι γε εἴδει, ὡς καὶ ἐν αὐτῆι τῆι ποιητικῆι ἡ τραγικὴ καὶ ἡ κωμική, καὶ ἐν τῆι πεζῆι ἡ ἱστορικὴ καὶ ἡ δικανική. ἆρα γὰρ* (oh *ἄρά γε*?) *οὐδ' ὁ λόγος ἐστὶ γενικός, οὗ εἴδη ὁ ἔμμετρος καὶ ὁ πεζός; ἢ λόγος μέν, ῥητορικὸς δὲ λόγος οὐκ ἔστι γενικὸς καὶ φράσις καὶ ἀρετὴ λόγου; ὡς δ' εἰπεῖν ὁ πεζὸς λόγος ὅ γε κατεσκευασμένος μίμημα τοῦ ποιητικοῦ ἐστιν.* Aus der poetischen Rede sei allmälig die Prosa hervorgewachsen; zuerst habe man das Metrum aufgegeben, die poetische Sprache aber beibehalten, dann sei auch diese von ihrer Höhe herabgestiegen, *καθάπερ ἄν τις καὶ τὴν κωμωιδίαν φαίη λαβεῖν τὴν σύστασιν ἀπὸ τῆς τραγωιδίας καὶ τοῦ κατ' αὐτὴν ὕψους καταβιβασθεῖσαν εἰς τὸ λογοειδὲς νυνὶ καλούμενον κτλ.* Das ist genau die Lehre des Poseidonios — Hipparch und er gehen in der interessanten Polemik des Strabon gegen Eratosthenes ganz in- und durcheinander —, da er die poetische Sprache für eine *λέξις ἔμμετρος ἢ ἔνρυθμος μετὰ κατασκευῆς τὸ λογοειδὲς ἐκβεβηκυῖα* erklärte. Wer so definirt und so argumentirt, muss auch gesagt haben, dass die Sprache der Poesie und der Prosa, da beide nur Arten derselben Gattung seien, des *λόγος γενικός*, sich nur durch ein Mehr oder Weniger unterscheiden, also, wie Photios aus Proklos citirt, *αἱ αὐταί εἰσιν ἀρεταὶ λόγου καὶ ποιήματος, παραλλάσσουσι δὲ ἐν τῶι μᾶλλον καὶ ἧττον*, wobei zu beachten ist, dass der Ausdruck *ἀρετὴ λόγου* auch bei Strabon wiederkehrt. Dieser Satz des Proklos verbindet sich also mit der beim Dionysscholiasten erhaltenen Definition des Poseidonios zu einer nothwendigen Einheit, so gut wie die ganze Darlegung Strabons eine Einheit bildet, aus der wir noch ein weiteres Stück heranziehen müssen, um die Quellen der Dionysscholien zu bestimmen.

Eratosthenes hatte behauptet *ποιητὴν πάντα στοχάζεσθαι ψυχαγωγίας, οὐ διδασκαλίας*, im Gegensatz zu den alten Philosophen, denen die Poesie als Philosophie galt, die die Jugend in das Leben einführe und sie *ἤθη καὶ πάθη καὶ πράξεις* lehre und zwar *μεθ' ἡδονῆς*. Daher denn auch die Stoiker lehrten, dass der Weise allein Dichter sein könne. *διὰ τοῦτο*, fährt Strabon fort (p. 15 a. E.), *καὶ τοὺς παῖδας αἱ τῶν Ἑλλήνων πόλεις πρώτιστα διὰ τῆς ποιητικῆς παιδεύουσιν, οὐ ψυχαγωγίας χάριν δήπουθεν ψιλῆς ἀλλὰ σωφρονισμοῦ.* Ebenso seien die Musiker, nach der Lehre nicht nur der Pythagoreer sondern auch des (Aristotelikers) Aristoxenos, *παιδευτικοὶ καὶ ἐπανορθωτικοὶ τῶν ἠθῶν*. Und Homer selbst habe die Sänger als *σωφρονισταί* angesehen, *καθάπερ τὸν τῆς Κλυταιμήστρας φύλακα, 'ᾧ πόλλ' ἐπέτελλεν Ἀτρείδης Τροίηνδε κιὼν εἴρυσθαι ἄκοιτιν', τὸν δὲ Αἴγισθον οὐ πρότερον αὐτῆς περιγενέσθας πρὶν ἢ 'τὸν μὲν ἀοιδὸν ἄγων ἐς νῆσον ἐρήμην κάλλιπεν, τὴν δ' ἐθέλων ἐθέλουσαν ἀνήγαγεν ὅνδε δόμονδε'.* Eratosthenes meinte, der Dichter habe es nur mit dem *μῦθος* zu thun, im Gegensatz zum Historiker, dessen Ziel die Wahrheit der Thatsachen sei; darum dürfe man von ihm keine thatsächliche Wirklichkeit, z. B. in geographischen Angaben, verlangen und seine Dichtung auch nicht *κρίνειν πρὸς τὴν διάνοιαν*; die Wirkung aber des Mythos sei *ἡδονή* und *ἔκπληξις* (p. 17). Was die Gegner unter Zustimmung Strabons erwiderten, haben wir gehört; dem *μῦθος* machten sie nur das Zugeständniss, dass er eine *καινολογία* und darum wie jedes *καινόν* ein *ἡδύ* sei, zu verwenden aber nur als *φίλτρον*, die Lernbegier des Knaben zu reizen und, insofern manche Mythen furchterregend seien, als Mittel ihn vom Bösen zurückzuschrecken (p. 19). Das ist im Grunde Aristotelische Lehre, nur zu einem anderen Ziel gewendet. Aristoteles sagt (Rhet. I p. 1371 a 29), jede Vergangenheit sei ein *ἡδύ*, weil sie sich von der bekannten Gegenwart (also als eine *καινολογία*) unterscheide: das Staunen vor dem Unbekannten reize die Lust es kennen zu lernen, die Lernlust überhaupt, und dies sei die Grundlage alles Vergnügens das man an den nachahmenden Kunstwerken empfinde, es reize den *συλλογισμός*, *ὅτι τοῦτο ἐκεῖνο, ὥστε μανθάνειν τι συμβαίνει*. Vgl. Poet. 4 p. 1448 b 15 *διὰ γὰρ τοῦτο χαίρουσι τὰς εἰκόνας ὁρῶντες, ὅτι συμβαίνει θεωροῦντας μανθάνειν καὶ συλλογίζεσθαι τί ἕκαστον, οἷον ὅτι οὗτος ἐκεῖνος*. Diesen nämlichen Ausdruck *συλλογισμός* finden wir beim Dionysscholiasten verwendet, der offenbar, wie schon die Odysseestelle zeigt, die zwischen Eratosthenes und Hipparch (oder Poseidonios) erörterte Streitfrage in seiner Quelle behandelt gefunden hatte: 'wenn das Hören einer Dichtung mit *συλλογισμός* verbunden ist, wird der Hörer oft zum Widerspruch gereizt', da er über das Gehörte, das als wissenschaftliche Belehrung gedacht ist, nachdenkt und dadurch beunruhigt wird. Das ist aber nicht die Aufgabe der Poesie, heisst es weiter: 'die Poesie (zumal der Mythos, der ihr Wesen ausmacht) hat die Fähigkeit zu fesseln (*τὸ προσαγωγόν*) und zwar dadurch dass sie aesthetisches Vergnügen bereitet (*ἐκ τῆς ἡδονῆς*), wenn sie aber daneben auch die Seele kritisch beunruhigt (*δυσωπεῖ*)[1], so thut sie das nicht *ἐξ ἀγῶνος* sondern

1) Die jüngere Gräcität braucht *δυσωπεῖν* als Synonym von *ὑφορᾶν* und *ὑποπτεύειν* oft genug, sowol transitiv wie intransitiv. Daneben aber steht es in der Bedeutung 'stutzig, kopfscheu machen', z. B. bei Sextus Emp. p. 152, 24 *τοὺς σκεπτικοὺς ἐντρέπουσι μὲν οἱ λόγοι, δυσωπεῖ δὲ καὶ ἡ ἐνάργεια*. Die classische Zeit scheint nur *δυσωπεῖσθαι* in der bekannten Bedeutung zu haben.

ὥσπερ φυσικῶς ἐναντιουμένη'. Wie das zu verstehen ist, lehrt Sextus Emp. (407, 4): οὐ μόνον τὰ καθ' Ἅιδην πλαττόμενα ἀλλὰ καὶ κοινῶς πάντα μῦθον μάχην παρεσχηκέναι συμβέβηκε καὶ ἀδύνατον εἶναι. Weil jeglicher Mythos etwas unmögliches enthält, erweckt er Widerspruch, seine innerste Natur ist der menschlichen Vernunftsnatur an sich entgegengesetzt. Der ἀγών also zwischen Vernunft und Mythos liegt nicht in der Absicht des Dichters, auf dass der Hörer durch das Unerhörte zu scharfsinnigem Widerspruch gereizt wird (οὐκ ἐξ ἀγῶνος), sondern ist in der Natur der Sache begründet. Das Excerpt des Scholiasten ist nicht genau genug, um den ganzen Gedankengang der Vorlage wiederherzustellen, aber soviel ist klar, dass ein Einwand gegen die allzu schroffe stoische Auffassung vorliegt, die Poesie sei nichts als διδασκαλία, der Dichter nichts als φιλόσοφος. Eine doppelte Wirkung wird ihr zugesprochen, das εὐφραίνειν und das δυσωπεῖν, das macht zusammen das ψυχαγωγεῖν aus, die Quelle beider Wirkungen ist der μῦθος. Diese Wirkung wird belegt durch die Homerstelle: der Sänger fesselt durch seine Erzählungen die Klytaimestra, so dass sie den Verführerkünsten des Aigisth keine Aufmerksamkeit schenkt; sie verfällt ihnen, sobald der Sänger entfernt wird. Nicht durch Einwirkung auf ihren Intellect, sondern auf ihre Seele hat der Sänger die Gattin des Agamemnon vor dem Verderben geschützt, er ist also für sie ein σωφρονιστής geworden und doch ein ψυχαγωγός geblieben. Das ist ein Mittelweg, auf dem beide Parteien zu ihrem Recht kommen sollen [1]). Ist diese Auslegung der Worte richtig, so kann auch die Verbesserung der entstellten Worte ἱκανὸς δὲ ὁ μῦθος σιωπῆσαι δι' ἡδονῆς mit Sicherheit gegeben werden. Usener (Rhein. Mus. XXV 608) schlug δυσωπῆσαι vor, aber der Begriff passt nicht zu δι' ἡδονῆς und ist auch nicht weit genug. Gemeint ist was die ἡδονή und das δυσωπεῖν umfasst, das ist ψυχαγωγῆσαι. Um diese Wirkung hervorzubringen, dafür ist der Mythos ausreichend, dafür wird dann der Beweis geführt. Der Scholiast giebt hier also eine nicht streng stoische Auffassung wieder, das passt für Poseidonios ebenso gut wie die peripatetische und unstoische Verwerfung des Empedokles und ähnlicher Dichter. Im übrigen kann man von einer Chrestomathie, wie die des Proklos war, nicht erwarten, dass sie eine bestimmte Beurtheilungsweise einschlägiger Fragen vertrete; wir werden sehen wie gern Proklos abweichende und selbst entgegengesetzte Meinungen zu Worte kommen liess.

Die vier Kennzeichen der Dichtung sind das Metrum (wobei der Rhythmos miteinbegriffen wird), der Mythos, die ἱστορία und die kunstvolle Sprache. Bei der Erläuterung aber dieser vier Momente tritt unangemeldet ein fünftes hinzu,

---

1) Das Beispiel der Klytaimestra hatte schon Dikaiarchos, aber schwerlich er zuerst, als Beleg dafür angeführt, dass die Alten den Sänger zu den Weisen rechneten (bei Philodem de mus. p. 20 Kemke); später ist das Beispiel immer wieder verwendet worden, ausser den von Kemke und Usener citirten Stellen vgl. noch Proklos zu Plat. Rep. p. 401 Bas. (Pitra Anal. sacra et class. V 235). Dikaiarchos hatte es natürlich in dem Sinne verwendet wie Aristoteles über die ethische Wirkung von Poesie und Musik geurtheilt hatte.

ausser *μῦθος* und *ἱστορία* noch das *πλάσμα*. Neben dem *μῦθος* hätte sich schon die *ἱστορία* wol entbehren lassen, da sie nur eine Art- nicht eine Gattungsverschiedenheit ausmacht. Wie sie hineingekommen ist, zeigt Poseidonios' Definition von der *ποίησις* (Diog. L. VII 60), sie sei ein *σημαντικὸν ποίημα μίμησιν περιέχον θείων καὶ ἀνθρωπείων*. Göttliche Geschichte enthält der *μῦθος*, menschliche die *ἱστορία*: weil es nun aber viele Gedichte giebt die sowohl menschliche wie göttliche Geschichten erzählen, weil im Gegentheil die allermeisten Gedichte beides enthalten, hat Poseidonios nicht gesagt *θείων ἢ ἀνθρωπείων* und danach nicht *μῦθος ἢ* sondern *μῦθος καὶ ἱστορία*[1]). Diese Zweitheilung aber zog als drittes das *πλάσμα* mit Nothwendigkeit nach sich. Die unbeglaubigte Göttersage und die sichergestellte Menschengeschichte erschöpft den Stoff nicht, so kommt die schlechthin erfundene Begebenheit hinzu.

Die Sonderung von *ἱστορία* und *πλάσμα* practisch verwendet fanden wir früher in einem bei Tzetzes etwas vollständiger erhaltenen Dionysscholion (s. o. S. 15), wo es von der Tragödie hiess, sie enthalte *ἱστορίαν καὶ ἀπαγγελίαν πράξεων γενομένων, κἂν ὡς ἤδη γινομένας σχηματίζηι αὐτάς*, von der Komödie, sie befasse sich mit *βιωτικῶν πραγμάτων πλάσματα*, d. h. mit solchen Stoffen, die zwar erfunden sind, aber doch als aus dem Leben gegriffene und wirkliche Geschehnisse dargestellt werden. Sowol die Anwendung auf verschiedene Poesiegattungen, aus deren Betrachtung die drei Theile ja doch abstrahirt sind, als auch die Definition der drei Theile, wie sie in den Cramer'schen Scholien vorliegt. begegnet zuerst bei einem viel älteren Gelehrten, bei Asklepiades von Myrlea[2]). Sextus Emp. wendet sich in seinem Kampf mit den Philologen p. 655, 21 auch gegen diesen angesehenen Grammatiker: *Ἀσκληπιάδης δὲ ἐν τῶι Περὶ γραμματικῆς τρία φήσας εἶναι τὰ πρῶτα τῆς γραμματικῆς μέρη, τεχνικόν, ἱστορικόν, γραμματικόν — τριχῆι ὑποδιαιρεῖται τὸ ἱστορικόν. τῆς γὰρ ἱστορίας τὴν μέν τινα ἀληθῆ εἶναί φησι, τὴν δὲ ψευδῆ, τὴν δὲ ὡς ἀληθῆ, καὶ ἀληθῆ μὲν τὴν πρακτικήν. ψευδῆ δὲ τὴν περὶ πλάσματα καὶ μύθους, ὡς ἀληθῆ δὲ οἷα ἐστὶν ἡ κωμωιδία καὶ οἱ μῖμοι.* Hier scheint ein Textfehler berichtigt werden zu müssen: es wird nicht gesagt womit sich die *ἱστορία ὡς ἀληθής* befasst, während der *ψευδὴς ἱστο-*

---

1) Ob demnach die *ἱστορία* nur auf das Streben nach Viergliedrigkeit zurückzuführen ist (Usener, Ein altes Lehrgebäude der Philologie. Münchener Sitzungsber. 1892 IV 607), möchte man bezweifeln.

2) Dass Asklepiades von Myrlea — an einen anderen kann und darf man nicht denken — Pergamener, speciell Krateteer gewesen sei, ist wenig glaublich, schon darum weil er (bei Athen. XI 490 e) den Meister des Plagiats beschuldigt und ihn nicht ohne ironischen Nebenton *ὁ κριτικός* nennt. Das Prädicat ist kein persönliches geblieben, sondern schon auf die nächsten Schüler übergegangen (Sextus p. 655, 1): wie sollte ein Hegelianer seinem Schulgenossen das Distinctiv 'der Hegelianer' geben können. Vorsichtig hat sich Lehrs ausgedrückt (Herod. scr. tria p. 434), eine Vermittlung Usener versucht (Münch. Sitzungsber. S. 590). Dass bei Suidas seine Zeit nach Attalos und Eumenes bestimmt wird, beweist nur dass er mit Pergamon irgend welche Berührung gehabt hat; eine freundliche braucht es nicht gewesen zu sein. Schuljahre in Alexandreia bezeugt Suidas ebenfalls.

ρία ein doppeltes Gebiet zugewiesen wird. Dass das nicht im Sinne des Asklepiades war, zeigt das folgende, das ich sogleich ausschreiben werde, die Aenderung scheint wenn auch gewaltsam doch nothwendig *ψευδῆ δὲ τὴν περὶ μύθους, ὡς ἀληθῆ δὲ τὴν περὶ πλάσματα, οἷα ἐστίν κτλ.* Diese Sätze nimmt Sextus als Grundlage für eine weitgesponnene Polemik, in deren Verlauf er die Worte des Gegners nochmals wiederholt (p. 658, 21): *πρὸς τούτοις ἐπεὶ τῶν ἱστορουμένων τὸ μέν ἐστιν ἱστορία, τὸ δὲ μῦθος, τὸ δὲ πλάσμα, ὧν ἡ μὲν ἱστορία ἀληθῶν τινῶν ἐστι καὶ γεγονότων ἔκθεσις — πλάσμα δὲ πραγμάτων μὴ γενομένων μὲν ὁμοίως δὲ τοῖς γενομένοις* (l. *γινομένοις*) *λεγομένων, ὡς αἱ κωμικαὶ ὑποθέσεις καὶ οἱ μῖμοι, μῦθος δὲ πραγμάτων ἀγενήτων* (nachher dafür *ἀνύπαρκτα*) *καὶ ψευδῶν ἔκθεσις* [1]) *κτλ.* Es ist ja wol kein Zweifel, dass genau die gleichen Erläuterungen von *ἱστορία μῦθος. πλάσμα* in den Cramerschen Dionysscholien vorliegen, und dass der Scholiast dies alles demselben Lehrbuch entnommen hat wie die Erörterungen über Poesie und Prosa, also aus Proklos' Chrestomathie. An weiteren Spuren des Asklepiades in diesem Bereich der Litteratur fehlt es nicht: wie sollte auch ein so umfangreiches Werk (das elfte Buch wird citirt), das mit einer Abhandlung über die Wissenschaft selbst begann (*Περὶ γραμματικῆς*) und dann eine lange Liste ihrer Vertreter behandelte (*Περὶ γραμματικῶν*), von einem Litterarhistoriker übergangen worden sein.

Drei von seinen vier Prooemien (*Pb Mab*) hat Tzetzes mit einer bald kürzeren bald längeren Einleitung über die Thätigkeit der ersten Alexandrinischen Philologen ausgestattet. Dass er seine Gelehrsamkeit den Dionysscholien verdankt, zeigt das Villoison'sche Anecdoton, nur eine bessere und reichere Fassung der Scholien hat er zur Hand gehabt. Hier liest man dieselbe merkwürdige Nachricht, die Tzetzes vermittelt, dass Orpheus von Kroton am Hofe des Peisistratos gelebt habe, mit Zopyros und Onomakritos zusammen an der Herstellung des Homer betheiligt. Den Gewährsmann dafür nennt uns Suidas (*Ὀρφεύς*), es ist *Ἀσκληπιάδης ἐν τῶι ἕκτωι βιβλίωι τῶν Γραμματικῶν.* Ist es Zufall, dass nur wenig später Cicero zuerst von der Peisistrateischen Homerausgabe zu berichten weiss? Aber möglicherweise geht noch viel mehr von dem was Tzetzes berichtet auf Asklepiades zurück, gewiss aber war er sowenig für die Dionysscholien wie für Tzetzes primäre Quelle. Es versteht sich, dass Asklepiades die Philologie nicht als eine gegebene Grösse behandelt, sondern nach ihrem Ursprung gefragt hatte. Nun haben wir noch ein paar sehr dürftige Scholien zu Dionys (Cramer p. 311, 5 = Bekker p. 729, 22), die diese Frage berühren. Die *γραμματιστική* sei schon vor dem Troischen Kriege bekannt gewesen, die *γραμματική* aber *ἀρξαμένη μὲν ἀπὸ Θεαγένους τετέλεσται ὑπὸ τῶν περιπατητικῶν Πραξι-*

1) Asklepiades hätte hinzufügen können, und hat vielleicht hinzugefügt *ὡς αἱ τραγικαὶ καὶ ἐπικαὶ ὑποθέσεις*, wie es bei Quintilian heisst (II 4, 2): *quia narrationum, excepta qua in causis utimur, tris accepimus species, fabulam* (*μῦθον*) *quae versatur in tragoediis atque carminibus non a veritate modo sed etiam a forma veritatis remota, argumentum* (*πλάσμα*) *quod falsum sed vero simile comoediae fingunt, historiam in qua est gestae rei expositio* u. s. w.

φάνους τε καὶ Ἀριστοτέλους. Die Erwähnung des Praxiphanes geht weit über das Niveau gewöhnlichen Wissens, sie deutet auf eine gelehrte Quelle; auch Aristoteles als Begründer der Wissenschaft ist keine landläufige Weisheit [1]. Bei Tzetzes nun steht ein reicheres Verzeichniss von Grammatikern (*Ma* p. 110 K): *ὕστερον δὲ ταύτας ἁπάσας (βίβλους) πολλοὶ ἀνεφάνησαν ὑποφητεύοντες καὶ ἐπεξηγούμενοι, Δίδυμοι Τρύφωνες Ἀπολλώνιοι Ἡρωδιανοί Πτολεμαῖοί τε Ἀσκαλωνῖται καὶ οἱ Κυθήριοι. πρότερος δ' ἦν Ζηνόδοτος ὁ Ἐφέσιος, πέμπτος δὲ ἡ τέταρτος μετ' αὐτὸν ὁ Ἀρίσταρχος, 'ἄλλη τ' ἄλλων γλῶσσα πολυσπερέων ἀνθρώπων'. μεθ' οὓς καὶ οἱ φιλόσοφοι Πορφύριος Πλούταρχος καὶ Πρόκλος, ὡς καὶ πρὸ πάντων αὐτῶν καὶ πρὸ τῶν χρόνων τῶν Πτολεμαίων φιλοσόφων ἑτέρων μερὶς οὐ μετρία καὶ ὁ ἐκ Σταγείρων αἰθέριος νοῦς κτλ.* Das Verzeichniss ist bunt genug, natürlich sind nicht nur Interpreten gemeint sondern Grammatiker überhaupt. Es werden weit jüngere Leute aufgezählt als Asklepiades sie kennen konnte, aber Aristoteles erscheint auch hier als Stifter der Wissenschaft. Ist es nun Zufall, dass am Anfang der Liste Didymos steht, dessen Buch *Περὶ λυρικῶν ποιητῶν* eine Hauptquelle des Proklos war, und am Schluss die drei grossen Platoniker in richtiger chronologischer Abfolge? Proklos ist der letzte, und doch gab es hinter ihm Volks genug das sich Grammatiker nannte und den Dionysscholiasten wahrlich näher stand als die Neuplatoniker. Proklos muss der Mann sein, der durch die Dionysscholien dies Verzeichniss und mithin die ganze gelehrte Abhandlung über die alexandrinische Philologie dem Tzetzes vermittelte. Seine Quelle kann in der Hauptsache recht wol Asklepiades gewesen sein.

Ein weiteres wird diese Vermuthung sichern. Proklos' Buch heisst *Χρηστομάθεια γραμματική.* Er musste nicht nur von der Geschichte der Grammatik, sondern auch vom Begriff derselben, also auch von ihrem Namen reden. Möglicherweise stammt der Dithyrambus, den der Dionysscholiast p. 725, 2 auf die Grammatik singt, von Proklos: *ἔχει δὲ ἡ γραμματικὴ καὶ ψυχαγωγίαν ἐμμελῆ. διδάσκουσα κάλλος ποιημάτων ἱστορίαις τε καὶ μύθοις κατάιδουσα.* Die Wissenschaft wird mit der Poesie auf eine Stufe gehoben, weil sie sich in erster Linie mit den Dichtern befasst: das ist der Standpunkt den Proklos einnehmen musste, da seine Chrestomathie ausschliesslich die griechische Poesie anging. In den Dionysscholien wird ausführlich von den *γράμματα* geredet, die der Grammatik den Namen gaben. Das Wort bedeutet vielerlei (Cramer p. 310, 13), Buchstaben, Schriften überhaupt, Dichtung im besonderen, Urkunde, Gemälde u. s. w., aber

1) Dions Rede *Περὶ Ὁμήρου* (II 109 v. Arn) beginnt mit einer Litteraturübersicht. Da heisst es *καὶ αὐτὸς Ἀριστοτέλης, ἀφ' οὗ φασι τὴν κριτικήν τε καὶ γραμματικὴν ἀρχὴν λαβεῖν*, nachdem zuvor die Homerinterpreten genannt waren, *οὐ μόνον Ἀρίσταρχος καὶ Κράτης καὶ ἕτεροι πλείους τῶν ὕστερον γραμματικῶν κληθέντων πρότερον δὲ κριτικῶν.* Etwas anders Sextus Emp. p. 608, 17 *γραμματικὴ τοίνυν λέγεται — ἣν συνήθως γραμματιστικὴν καλοῦμεν, ἰδιαίτερον δὲ ἡ ἐντελὴς καὶ τοῖς περὶ Κράτητα τὸν Μαλλώτην Ἀριστοφάνην τε καὶ Ἀρίσταρχον ἐκπονηθεῖσα.* — In den Dionysscholien sind natürlich verschiedene Versionen vertreten, bei Cramer p. 310, 26 steht auch das folgende: *φασὶ δὲ Ἀντίδωρον τὸν Κυμαῖον πρῶτον ἐπιγεγραφέναι αὐτὸν γραμματικόν, σύγγραμμά τι γράψαντα περὶ Ὁμήρου καὶ Ἡσιόδου.* Vgl. Susemihl Alex. Litt. II 664.

der Grammatiker heisst *ἀπὸ τοῦ δηλοῦντος τὸ ποίημα*. Ganz entsprechende Erörterungen finden sich bei Sextus p. 690, 5, der seine Quelle angiebt: *ὥς φασιν οἱ περὶ τὸν Ἀσκληπιάδην*[1]). Bekkers Meinung, dass die Scholien aus Sextus geschöpft hätten (vgl. auch Sextus p. 609, 47 mit Schol. p. 728, 12 B), ist unhaltbar, davon kann sich jeder leicht überzeugen: wie sollten diese Grammatiker auch von ihrem erbittertsten Gegner entlehnen was sie anderswo breiter und unparteiischer dargestellt finden konnten. Ein Buch wie das des Asklepiades, sei es das Original, sei es eine Bearbeitung oder ein Auszug, musste bei den Philologen weit verbreitet sein. Auch Sextus braucht es nicht selbst gelesen zu haben, wörtliche Citate oder eingehende Referate, die er in bequemen Handbüchern vorfand, konnten für seine Zwecke völlig genügen. Die Quellen des Sextus verlangen eine sorgfältige Untersuchung, die hier nicht gegeben werden kann.

Doch zurück zu den Excerpten des Cramerschen Scholiasten. Nach den Stilgattungen (*ἁδρόν, ἰσχνόν, ἀνθηρόν*) werden die *ποιήσεως χαρακτῆρες* aufgezählt. Es sind drei: *διηγηματικός, δραματικός, μικτός*. Es folgen die Erklärungen: *διηγηματικός ἐστιν ὁ κεχωρισμένος μὲν τῶν παρεισαγομένων προσώπων, ὑπ' αὐτῶν δὲ τῶν ποιητικῶν*[2]) *λεγόμενος. δραματικὸς δὲ ὁ κεχωρισμένος τοῦ ποιητικοῦ προσώπου, ὑπὸ δὲ τῶν παρεισαγομένων προσώπων λεγόμενος. μικτὸς δὲ ὁ ἐξ ἀμφοῖν συγκείμενος.* Dann die Arten: *εἴδη τοῦ διηγηματικοῦ καὶ μικτοῦ δ'· ἐπικόν, ἐλεγειακόν, ἰαμβικόν, μελικόν. τοῦ δραματικοῦ εἴδη γ'· τραγικόν κωμικόν σατυρικόν.* Bei Photios folgt auf die Stilgattungen dieses: *διαλαμβάνει δὲ καὶ περὶ κρίσεως ποιήματος, ἐν ὧι παραδίδωσι τίς ἤθους καὶ πάθους διαφορά. καὶ ὅτι τῆς ποιητικῆς τὸ μέν ἐστι διηγηματικόν, τὸ δὲ μιμητικόν, καὶ τὸ μὲν διηγηματικὸν ἐκφέρεται δι' ἔπους ἰάμβου τε καὶ ἐλεγείου καὶ μέλους, τὸ δὲ μιμητικὸν διὰ τραγωιδίας σατύρων τε καὶ κωμωιδίας.* Von der *κρίσις* wird später die Rede sein, zunächst von den Dichtungsarten. Dass Photios *μιμητικόν* sagt für *δραματικόν*, ist unanstössig, Proklos hatte wol beide Ausdrücke gebraucht (*activum vel imitativum* Diomedes p. 482, 14 K), aber ein starkes Stück ist es, dass er Epos, Iambos, Melos und Elegie zur rein erzählenden Gattung rechnet. Offenbar hatte er die dritte Classe, das *μικτόν*, aus Versehen übergangen (wie vorher unter den *πλάσματα* das *ἰσχνόν*), und so kamen ihre Arten unter die Gattung des *διηγηματικόν*. Der Dionysscholiast hat seine Sache besser gemacht, aber doch nicht gut, wie man

---

1) In den Bekkerschen Scholien p. 784, 6 (verkürzt Cramer p. 318) heisst es: *διὰ τοῦτο δὲ καὶ οὐκ ἄλλοις χαρακτῆρσι χρώμεθα τῶν στοιχείων ἀλλὰ τοῖς ἰωνικοῖς, ὡς μὲν Ἀσκληπιάδης ὁ Σμυρναῖος λέγει, διὰ τὸ κάλλος καὶ ὅτι πλεῖστα τῶν συγγραμμάτων τούτοις ἐγέγραπτο τοῖς χαρακτῆρσιν.* Wie kann man an der Emendation *ὁ Μυρλεανός* zweifeln. Das Citat hatte Lukillos von Tharra vermittelt, der als Quelle für das gesammte sehr gelehrte Scholion über die Buchstaben bei Cramer p. 322, 28 genannt wird.

2) Man kann wol leicht *προσώπων* ergänzen, aber glaublicher ist, dass im Original der Singular stand *ὑπ' αὐτοῦ δὲ τοῦ ποιητικοῦ (προσώπου)*. Die naheliegende Verbesserung *ὑπ' αὐτῶν δὲ τῶν ποιητῶν*, die auch Usener vorschlug, ist des folgenden wegen nicht wahrscheinlich.

meint. Usener (Münch. Sitzungsber. a. O. 615, 2) nahm einen Ausfall an und schrieb εἴδη τοῦ διηγηματικοῦ . . . ⟨εἴδη τοῦ⟩ μικτοῦ δ', wobei er das καὶ vor μικτοῦ aufgeben musste. Das ist ein Zugeständniss, dass die Aenderung gegen die Absicht des Scholiasten geht: ist sie aber der Absicht der Vorlage entsprechend? Natürlich musste Usener nun in die Lücke die Arten des διηγηματικόν einfügen, die bei Diomedes zu lesen sind (p. 482, 31) *exegetici vel enarrativi species sunt tres. angeltice historice didascalice*. Ist es aber wahrscheinlich, dass sowol Photios (den Usener hier nicht berücksichtigt) wie der Scholiast, wenn auch in verschiedener Form, so doch in sonderbarster Uebereinstimmung beide gerade die Arten des διηγηματικόν ausliessen oder beim Excerpiren übersahen? ist nicht vielmehr dies ein deutliches Zeichen, dass beide die gleiche Vorlage benützten und in eben dieser Vorlage keine weiteren Arten angeführt waren?

Eine systematische Gruppirung der sämmtlichen Poesiegattungen fand sich in Aristoteles' Poetik nicht: da trat eine andere Autorität für ihn ein. Platon theilt die Poesie, je nachdem der Vorgang in directer oder indirecter Nachahmung vergegenwärtigt wird, in zwei Klassen (Rep. p. 349 c): ἡ μὲν διὰ μιμήσεως ὅλη ἐστιν, τραγωιδία τε καὶ κωμωιδία, ἡ δὲ δι' ἀπαγγελίας αὐτοῦ τοῦ ποιητοῦ· εὕροις δ' ἂν αὐτὴν μάλιστά που ἐν διθυράμβοις. ἡ δ' αὖ δι' ἀμφοτέρων ἔν τε τῆι τῶν ἐπῶν ποιήσει, πολλαχοῦ δὲ καὶ ἄλλοθι. Die beiden Hauptklassen machen eine dritte Mischklasse nothwendig. Man braucht Platons allgemeine Andeutung nur zu specialisiren, so ergiebt sich was der Cramersche Scholiast sagt, zur Mischklasse gehöre das Epos, die Elegie, der Iambos und das Melos. Diese bequeme Auftheilung des Materials begegnet später fast überall, nur dass die Mischklasse bald μικτόν bald κοινόν heisst (Diom. p. 482), letzteres etwa auch nach Platon Rep. 396 e καὶ ἔσται αὐτοῦ ἡ λέξις μετέχουσα μὲν ἀμφοτέρων, μιμήσεώς τε καὶ τῆς ἄλλης (l. ἁπλῆς) διηγήσεως. Wie eng der Cramersche Scholiast oder vielmehr Proklos der Platoniker mit Platon zusammenhängt, zeigt auch die trotz des mangelhaften Griechisch noch an Platon anklingende Begriffsbestimmung der beiden Hauptgattungen. Während sonst überall das διηγηματικόν einfach so characterisirt wird, dass der Dichter allein rede, das δραματικόν so, dass der Dichter andere Personen reden lasse, das μικτόν endlich so, das bald der Dichter bald seine Personen reden, bewahrt der Scholiast noch eine Spur des gewählt anschaulichen Platonischen Ausdrucks Rep. III 393 c εἰ δέ γε μηδαμοῦ ἑαυτὸν ἀποκρύπτοιτο ὁ ποιητής: nur ist das hübsche ἀποκρύπτεσθαι zum trockenen Schulausdruck χωρίζεσθαι verunstaltet worden. — In der That sind dramatische Darstellung und Erzählung zwei wesentliche Unterscheidungsmomente, nur schade, dass wol die erstere aber nicht die zweite Art sich irgendwo in der Praxis rein und ungemischt findet. Platon nimmt zum Dithyrambos seine Zuflucht, aber er schränkt auch dies Beispiel durch ein vorsichtiges μάλιστά που ein: die späteren, die den jüngeren Dithyrambos erlebt hatten, konnten nichts weniger als den Dithyrambos zur erzählenden Gattung rechnen. Aber die Rubrik musste doch ausgefüllt werden: sehen wir, wie Diomedes' Gewährsmann sich hilft. a n g e l t i c e, sagt er, *est qua sententiae scribuntur, ut est Theogni-*

dis liber, item chriae. h i s t o r i c e *est qua narrationes et genealogiae componuntur, ut est Hesiodu Γυναικῶν κατάλογος et similia.* d i d a s c a l i c e *est qua comprehenditur philosophia Empedoclis (et Lucreti), item astrologia, ut Phaenomena Aratu (et Ciceronis et Georgica Vergilii et his similia).* Dass diese drei Arten die kümmerlichsten Nothbehelfe sind, Erfindungen eines verzweifelnden Systematikers, liegt auf der Hand; als ob Theognis sich von anderen Elegikern, Hesiods Frauenlieder sich von anderen Epen unterschieden hätten. Es bleibt eigentlich nur das Lehrgedicht, aber auch das beschränkt sich nicht in Folge eines inneren Zwanges auf die Erzählung: sobald der Dichter einen Mythos einflicht, also zum wichtigsten Ingredienz der Poesie greift, kann oder muss er Personen nicht nur handelnd sondern auch redend einführen. Eine rein erzählende Gattung giebt es in der Poesie nicht; will man aber a potiori eine Gattung dahin rechnen, so hat das Epos mit allen seinen Abarten das alleinige Anrecht auf den Platz. So richtig also Platon die beiden Formprincipien in der Poesie erkannt hatte, so falsch haben die späteren die Principien zur Grundlage einer Systematik gemacht: alle Gattungen sind diesen Principien unterworfen und haben Theil an ihnen, die Botenrede der Tragödie gehört doch wol zum διηγηματικόν. Und diese richtige Erkenntniss lag in der gemeinsamen Quelle des Photios und des Londoner Scholiasten, bei Proklos vor. Das Drama bildete eine Klasse für sich; dem gegenüber steht die ganze Masse der übrigen Poesie, sie ist entweder erzählend (betrachtend u. dgl.) oder aber erzählend und darstellend. Der Scholiast hat Recht: εἴδη τοῦ διηγηματικοῦ καὶ μικτοῦ δ᾽· ἐπικόν ἐλεγειακόν ἰαμβικόν μελικόν. Photios hat sich in diesen Gedankengang nur nicht hineinfinden können und hat darum das μικτόν beseitigt. Es hat mancherlei Versuche gegeben, den Inhalt der griechischen Litteratur zu systematisiren: so unberechtigt sie alle an sich sind und sein müssen, so interessant sind sie für die Geschichte unserer Wissenschaft. Ein weiteres System wird später zu besprechen sein.

Ueber die κρίσις ποιήματος, wie schon gesagt, hat Photios nichts weiter berichtet als den einen Satz: παραδίδωσι τίς ἤθους καὶ πάθους διαφορά. Das ist eine blosse Einzelheit, die beweist wie stark Photios gekürzt hat. Womit sich die philologische κρίσις zu befassen hat, sagt ein Dionysscholion bei Villoison (p. 175), von dem in der Bekkerschen Sammlung (p. 741) nur kärgliche Reste übrig sind: διαφέρει δὲ κρίσις συγκρίσεως· καὶ πρῶτον μὲν κρίσις, δεύτερον δὲ σύγκρισις. κρίνει μὲν γάρ τις ἕκαστον ἐκ τῶν ἰδίων, συγκρίνει δὲ ἕτερον ἐφ᾽ ἑτέρωι, ὥστε ἡ σύγκρισις ἐν αὐτῆι πρότερον τὴν κρίσιν (σύγκρισιν Cod.) ἔχει. ζητητέον ἄρα ὁ γραμματικὸς καλλίων ὢν τῶν ποιητῶν κρίνει αὐτῶν τὰ ποιήματα ἢ ἥττων· καὶ εἰ μὲν καλλίων, δῶμεν καὶ αὐτὸν εἶναι ποιητήν, ὅπερ ἀλλότριον γραμματικῆς· οὔτε γὰρ μέρος οὔτε ὄργανον τῆς γραμματικῆς τὸ ποιητικόν. εἰ δὲ ἥττων ὢν κρίνει, οὐχ ὡς ποιητὴς ἀλλ᾽ ὡς τεχνίτης τῆς ἐκείνων ὕλης ὁ γραμματικὸς ⟨κοινωνεῖ oder dgl.⟩. ὕλη γὰρ ποιη[μα]τικῆς μῦθος μέτρον λέξις ἱστορία γλῶσσα, καὶ τούτων τεχνίτης ὁ γραμματικός. κρίνει δὲ καὶ (ὡς Cod.) οὐ πότερον αὐτοῖς καλῶς γέγραπται ἢ οὔ, ἀλλὰ ποῖα ἀνόμοια ἢ ποῖα ὅμοια, καὶ ποῖα νόθα τῶν ποιητῶν καὶ ποῖα γνήσια[1]). κρίνεται δ' ἡ ποίησις χρόνωι λέξει ἱστορίαι πλάσματι συνθέσει κυριολογίαι οἰκονομίαι τάξει ἤθει προσώπωι. Die Fassung mag wol zum Theil sehr jung sein (schlimm ist das zweimalige καλλίων für κρείττων), aber der Inhalt ist alt und gut. Das wichtigste steht am Ende: nicht ob der Dichter schön geschrieben hat oder nicht schön, hat der Philologe zu beurtheilen, sondern ob ein Gedicht einheitlich in Erfindung, Auffassung, Sprache, Characterzeichnung u. a. ist, das heisst ob dem Dichter ein wirkliches Kunstwerk gelungen ist. Das Ethos der Charactere, der Situationen, des Stils, des sprachlichen Ausdrucks ist von grosser Bedeutung (vgl. auch das interessante Capitel Περὶ λόγων ἐξετάσεως in der Τέχνη des Pseudo-Dionysios p. 122 Us.), seine Schätzung ist nur möglich, wenn der Kritiker zwischen ἦθος und πάθος wol zu scheiden weiss. Den Unterschied hatte Photios bei Proklos behandelt gefunden und eben dies, weiter auch gar nichts angemerkt. Die Einzelheit ist in den Dionysscholien verschwunden.

Bei Photios folgt nun eine ausführliche Behandlung des Epos. Zuerst wird die Erfinderin des Verses genannt: ἐφεῦρε Φημονόη ἡ Ἀπόλλωνος προφῆτις, in wörtlicher Uebereinstimmung mit dem Cramerschen Scholion (p. 316, 6): καὶ ὁ στίχος (εὑρέθη) ὑπὸ Φημονόης ἱερείας τοῦ Ἀπόλλωνος. Dann wird erklärt, warum der Name ἔπος, der auch für andere Metra verwendet werde, auf den Hexameter beschränkt worden sei: ganz ähnlich dem Inhalt nach, zum Theil auch im Ausdruck das Scholion p. 751, 1 B. Im übrigen haben die Dionysinterpreten, da sie dazu auch wenig Anlass hatten, das Epos nicht besonders besprochen, nur die Geschichte von der Peisistrateischen Recension haben sie breit nacherzählt, vermuthlich so wie Asklepiades sie erzählt hatte, dessen Bericht aller Wahrscheinlichkeit nach ihnen durch Proklos vermittelt war (s. o. S. 26). Bei Photios sind, wie wir wissen, vom Reichthum des Proklos nur ärmliche Notizen über das Epos stehen geblieben[2]). Bei Tzetzes (aus den Dionysscholien) kehrt an vielen Stellen seiner verschiedenen Tractate (zu Hesiod, zu Lykophron, in den Iamben) die Namenreihe der hauptsächlichen epischen Dichter wieder, die bei Photios steht: Homer, Hesiod, Peisandros, Panyassis, Antimachos. Mit einem solchen Verzeichniss schliesst Photios jedes einzelne Capitel ab; Proklos hatte sich nicht mit den Namen begnügt, sondern, wie für die epischen Dichter Photios ausdrücklich bezeugt, von jedem ὡς οἷόν τε καὶ γένος καὶ πατρίδα καί τινας ἐπὶ μέ-

1) Vielleicht τῶν ποιημάτων für τῶν ποιητῶν, vgl. das Cramersche Scholion p. 315, 20 κρίσις ποιημάτων. πολλὰ γὰρ νοθευόμενά ἐστιν ὡς ἡ Σοφοκλέους Ἀντιγόνη (so)· λέγεται γὰρ εἶναι Ἀντιφῶντος (so) τοῦ Σοφοκλέους υἱοῦ. ὁμοίως τὰ Κυπριακὰ (so) καὶ ὁ Μαργίτης, Ἀράτου τὰ Θυτικὰ καὶ τὰ περὶ Ὀρνέων, Ἡσιόδου Ἀσπίς. Dass dies Scholion nur ein Theil des Villoison'schen ist, beide also zusammen erst eine Einheit bilden, zeigt Psellos, der die Prosa in Verse umgesetzt hat (Boissonade Anecd. gr. III 210). Maass (Aratea 242) musste also statt des Psellos die Scholien citiren. Uebrigens stimmt über die κρίσις mit den Dionysscholien genau Quintilian überein I 4, 3.

2) Dass die Chrestomathie über Rhapsoden und Rhapsodien belehren musste, versteht sich von selbst. Photios hat das nicht excerpirt, aber die Dionysscholien haben nicht weniges darüber erhalten (p. 765 ff. B). Die Etymologien, die hier vorgetragen werden, von ῥάπτω und ῥάβδος, kehren genau übereinstimmend bei Diomedes wieder (p. 484).

4

ρους πράξεις berichtet. Als Vertreter der Elegie nennt Photios Kallinos und Mimnermos, dazu Philetas und Kallimachos. Tzetzes (ad Lyc. p. 257 M) hat dieselbe Reihe, nur lässt er Kallimachos bei Seite. Fehlte bei ihm Philetas, könnte man an eine andere Auswahl denken, wer aber Philetas zählt, kann Kallimachos nicht übergehen. Es ist also nur eine mangelhafte Wiedergabe derselben vier Namen die Photios aus Proklos hat und die sich sonst nirgend finden. Im übrigen sagt Photios über die Elegie das folgende: *τὴν δὲ ἐλεγείαν συγκεῖσθαι μὲν ἐξ ἡρώιου καὶ πενταμέτρου στίχου, ἁρμόζειν δὲ τοῖς κατοιχομένοις· ὅθεν καὶ τοῦ ὀνόματος ἔτυχε· τὸ γὰρ θρῆνος ἔλεγον ἐκάλουν οἱ παλαιοὶ καὶ τοὺς τετελευτηκότας δι' αὐτοῦ εὐλόγουν. οἱ μέντοι γε μεταγενέστεροι τοῖς ἐλεγείοις πρὸς διαφόρους ὑποθέσεις ἀπεχρήσαντο.* Dies stammt aus Didymos *Περὶ ποιητῶν*, wie Orion p. 58 bezeugt, wenn auch vielleicht nicht direct. Sonderbar aber wäre es, wenn Proklos gegen seine sonstige Gewohnheit bei einem so strittigen Wort sich auf eine einzige Etymologie beschränkt hätte: er pflegt sonst vorsichtiger zu sein. Näher als Photios' Excerpt steht dem was Didymos lehrte der Dionysscholiast (*Διομήδους καὶ Στεφάνου* im Burbonicus) bei Bekker:

Didymos Et. M. 327, 1	Scholien p. 749, 27
Δίδυμος δὲ ὅτι διὰ τοῦτο τῶι ἡρώιωι ἐπῇιδον ὡς πεντάμετρον καὶ λειπόμενον[1]) *τοῦ ἡρώιου, μιμούμενοι τὴν τῶν ἀποθνησκόντων ἀπόπαυσιν· ἐπὶ γὰρ μόνοις νεκροῖς πάλαι ᾔιδετο πρὸς παραίνεσιν καὶ παραμυθίαν τῶν συγγενῶν καὶ φίλων τοῦ τεθνεῶτος.*	*ἐλεγεῖον ἔμμετρός ἐστι στίχος, ἐλλείπων ἑνὶ ποδὶ τοῦ ἡρωικοῦ στίχου, εἰς δύο πενθημιμερεῖς τεμνόμενος, οἷον 'νήιδες οἳ μούσης οὐκ ἐγένοντο φίλοι'* (Kallim. fr. 488) — *τούτωι οὖν τῶι τρόπωι πολλοὶ ποιηταί* (l. *ποιήματα*) *τινα γεγραφήκασιν, ἅτινα ἐπικαλεῖται ἐπικήδεια· πρὸς γὰρ παραμυθίαν τῶν συγγενῶν τούτου* (l. *τοῦ τεθνεῶτος*) *καὶ φίλων τῆι παραινέσει τὴν λύπην ἀνέστελλον.* p. 750, 23. *ἐπειδὴ οἱ τεθνηκότες ἔλλειψίν τινα ἔχουσιν ἤγουν τοῦ ζῆν, τούτου χάριν καὶ τὰ ἐλεγεῖα ὡς ἐπὶ τοῖς τεθνηκόσι λεγόμενα ἐλλείπουσι ποδὶ πρὸς τὸν δακτυλικὸν στίχον.*

Also Didymos, vermittelt durch Proklos, liegt den Scholien zu Grunde. Aber die Scholien haben noch mehr: *διὸ καὶ καλεῖται ἐλεγεῖα οἱονεὶ ἐλεεῖα τοῦ γ ἐκθλιβομένου, παρὰ τὸ ἐλεεῖν τὸν τετελευτηκότα· ἢ εὐλογεῖα, παρὰ τὸ εὖ λέγειν τὸν ἀποβιώσαντα.* Das sind Versuche, die auch in den Etymologika verzeichnet werden;

1) Der Text ist verderbt und lückenhaft (etwa *ἐπῇιδον καὶ πεντάμετρον ὡς <ἑνὶ ποδὶ> λειπόμενον*): den Wortlaut des Didymos hat Orion vielleicht aus directer Benützung besser bewahrt, den Dionysscholien steht der im Et. M. erhaltene Text, offenbar eine Ueberarbeitung des Didymos, weit näher. Der Ueberarbeiter ist eben Proklos gewesen.

sie sind dort aus derselben Quelle genommen wie das Didymoscitat. Proklos hatte also wirklich mehrere Etymologien angeführt[1]).

Ueber den Iambos, den Photios zunächst behandelt, findet sich heute in den Dionysscholien nichts. Dass niemals dort etwas zu finden gewesen sei, folgt daraus nicht, dass Dionys die iambische Poesie zu erwähnen, die Scholien also von ihr zu reden keine Veranlassung hatten. Die Scholiasten, die eine vielumfassende Quelle unbesehen abschreiben, haben nach dem Zweck ihrer Excerpte nicht viel gefragt, und es machte ihnen mindestens ebensoviel Mühe darüber nachzudenken, ob sie etwas vom Iambos sagen müssten, wie wenn sie einige Bemerkungen über ihn ausschrieben. Eine Spur möchte man überdies in den Londoner Scholien zu finden meinen. An der Stelle, wo Photios vom Iambos spricht, vor der lyrischen Poesie, steht das folgende: *σύνταγμά ἐστι λέξις διὰ μέτρων κολοβῶν ἐπὶ πολλὰ διατείνουσα· ἢ σύνταξις μέτρου κατὰ κολοβὸν ἀπηρτισμένου* (*-μένον* Cod.) *ἄνευ μέλους· ἢ μέτρον εἰς λόγους κολοβοὺς τετμημένον*. Ich bin weit davon entfernt das zu verstehen, aber das *ἄνευ μέλους* ebenso wie der Ausdruck *λέξις* scheint auf den Iambos zu weisen. *κολοβόν* heisst jedes in seiner natürlichen Form beeinträchtigte Metrum, der Spondeus sowol, der am Versschluss in Form eines Trochaeus erscheint, wie die Katalexe, Brachykatalexe und Hyperkatalexe. Im Grunde konnten auch Choliamben so genannt werden, wenn ich auch nicht weiss ob es geschehen ist. Die Hauptschwierigkeit liegt in *σύνταγμα*, das hier als technischer Ausdruck auftritt und doch sonst nicht so vorkommt. Es scheint ein Gedicht gemeint zu sein, in dem eine bestimmte Art von *κολοβὰ μέτρα* stichisch verwendet wird: das könnte ebensowol der katalektische iambische Tetrameter wie der anakreonteische Dimeter wie (eventuell) der hipponakteische Hinkiambos sein. Der zweite Satz drückt denselben Gedanken nur mit anderen Worten aus: ein Metrum das seine Begrenzung im *κολοβόν* findet ist eben ein *κολοβόν*. Der dritte Satz ist schwer verständlich: vielleicht ist es nur eine dritte Variante desselben Gedankens, aber wie kann ein *μέτρον* in *λόγοι κολοβοί* zerlegt werden? eine *λέξις εἰς μέτρα κολοβὰ τετμημένη* wäre einfach, aber zu emendiren wage ich nicht.

Aus Proklos' Abschnitt über die lyrische Poesie hat Photios sehr umfangreiche Excerpte bewahrt. Der Cramersche Scholiast beginnt hier karg und flüchtig zu werden, aber seine Fehler werden uns lehrreich sein, seine Lücken lassen sich zum Theil aus anderen Dionysscholien ergänzen. Photios beginnt so: *περὶ δὲ μελικῆς ποιήσεώς φησιν ὡς πολυμερεστάτη τ' ⟨ἐστὶν⟩ καὶ διαφόρους*

1) In den Londoner Scholien (Cram. p. 316) steht eine merkwürdige Geschichte von Elegos dem Sohn der Kleio, der bei seiner Hochzeit plötzlich stirbt: da verwandelt sich Freude und Tanz und Hochzeitslied in Klage, und *πάντες ἐθρήνουν μετὰ μέλους, καὶ αὐληταὶ καὶ κιθαρισταὶ καὶ τραγωιδοί* (?), *ἐκπλαγέντες ἐπὶ τῶι συμβεβηκότι τῶι Ἐλέγωι*. Das bekannte Motiv von Hochzeit und Tod könnte wol in einer alexandrinischen Elegie behandelt gewesen sein. Dass dies aus Proklos stammt, macht eine vollkommen analoge Geschichte von Hymenaios glaublich, die Photios bewahrt hat (p. 321 a 19): *ὑμέναιον δὲ ἐν γάμοις ᾄδεσθαί φασι κατὰ πόθον καὶ ζήτησιν Ὑμεναίου τοῦ Τερψιχόρας, ὃν φασι γήμαντα ἀφανῆ γενέσθαι*. Und dies kehrt wieder im Et. M. 776, 49.

ἔχει τομάς. ἃ μὲν γὰρ αὐτῆς μεμέρισται θεοῖς, ἃ δὲ ἀνθρώποις, ἃ δὲ εἰς τὰς προσπιπτούσας περιστάσεις· καὶ εἰς θεοὺς μὲν ἀναφέρεσθαι ὕμνον προσόδιον παιᾶνα διθύραμβον νόμον ἀδωνίδεια ἰόβακχον ὑπορχήματα. εἰς δὲ ἀνθρώπους u. s. w.. in langer Reihe werden die vielen Arten aufgezählt und dann im einzelnen erläutert. Aus diesen z. Th. sehr gelehrten Erläuterungen giebt der Cramersche Scholiast eine bescheidene Auslese. Bei Photios fehlt merkwürdiger Weise zu Anfang eine Definition der lyrischen Poesie, die Etymologie des Wortes λύρα, die Aufzählung der neun (oder zehn) lyrischen Dichter, alles Dinge, die beim Epos, Iambos und bei der Elegie eingehend berücksichtigt werden. Ich denke, die Bekkerschen Scholien werden das Deficit decken (p. 752, 4): εἴρηται δὲ λυρικὴ ἀπὸ τοῦ ἀξιοπιστ⟨οτάτ⟩ου ὀργάνου· οὐ μόνον γὰρ πρὸς λύραν ἐλέγετο ἀλλὰ καὶ πρὸς αὐλὸν καὶ βάρβιτον καὶ ἁπλῶς εἰπεῖν πρὸς πᾶν ὄργανον μουσικόν. ἀλλ' ἐπειδὴ τῶν ἁπάντων τὸ ἀξιοπιστότατον ὄργανον ἡ λύρα ἐστίν, ἀπὸ ταύτης ὠνομάσθη. εἴρηται δὲ λύρα ⟨παρὰ τὸ λύω⟩ λύτρα τις οὖσα· φασὶ γὰρ ὅτι ποτὲ Ἑρμῆς ἐν Ἀρκαδίαι ἀναστρεφόμενος εὗρε χελώνην καὶ διακόψας ἐποίησε κοιλίαν λύρας. ἡνίκα δὲ τοὺς Ἡλίου (l. Ἀπόλλωνος) βοῦς κλέψαι ἐβουλήθη καὶ διὰ τὸ μαντικὸν τοῦ θεοῦ οὐ δεδύνητο (l. οὐκ ἐδύνατο), ἀνελήφθη (l. συνελήφθη). εἰδὼς δὲ καὶ τοῦ θεοῦ τὸ μουσικὸν δέδωκεν ὑπὲρ ἑαυτοῦ τὴν λύραν λύτρον καὶ ἠλευθερώθη τοῦ ἐγκλήματος (vgl. Boisson. Anecd. IV 458). Und ferner (p. 751, 19): ἔστι τινὰ ποιήματα ἃ οὐ μόνον ἐμμέτρως γέγραπται ἀλλὰ καὶ μετὰ μέλους ἐσκέπτοντο (so) — γεγόνασι λυρικοὶ καὶ οἱ πραττόμενοι ἐννέα, ὧν τὰ ὀνόματα ἐστὶ ταῦτα κτλ. Es folgen zehn Namen, vgl. oben S. 14. Die Benennung der Lyrik a potiori erinnert an die Benennung des Epos wie Proklos sie erklärte. Bekannt ist, dass für die Lyrik die einzige oder doch die hauptsächliche Quelle des Proklos Didymos Περὶ λυρικῶν ποιητῶν war. Was nun im Etymologikon des Orion, der Proklos' Lehrer war, über lyrische Poesie steht, wird man gestützt auf das zweimalige directe Citat (p. 58, 14. 156, 7) mit Sicherheit auf dasselbe Buch des Didymos zurückführen (MSchmidt Didymi Fragm. p. 390), also auch die Glosse p. 96, 7 λύρα· παρὰ τὸ λύω, οὗ ὁ μέλλων λύσω. λύτρα (τις οὖσα Et. M.) ἐδόθη τῶι Ἀπόλλωνι παρὰ τοῦ Ἑρμοῦ ὑπὲρ ὧν ἔκλεψε βοῶν. Das deckt sich mit dem Dionysscholion.

Photios nennt eine Mischgattung: εἰς θεοὺς δὲ καὶ ἀνθρώπους παρθένια δαφνηφορικά ὠσχοφορικά εὐκτικά· ταῦτα γὰρ εἰς θεοὺς γραφόμενα καὶ ἀνθρώπων περιείληφεν ἐπαίνους. Der Scholiast bezieht diese Characteristik auf die eine Art, die ὕμνοι: ὕμνος ἐστὶ ποίημα περιέχων θεῶν ἐγκώμια καὶ ἡρώων μετ' εὐχαριστίας, wobei der letzte Zusatz möglicherweise echt ist, sonst aber einem christlichen Gemüth wol nachgesehen werden könnte [1]).

Vom ἐγκώμιον hat Photios nichts weiter erhalten (bei Proklos stand wol was Et. M. 311, 26 gesagt wird, vermuthlich aus Didymos, vgl. Hesych ἐγκώμιον)

1) Was Proklos über ὕμνος gesagt hatte, ist unter Didymos' Namen Et. M. 777, 9 erhalten. Dass bei Photios τὰ εἰς τοὺς ὑπερέχοντας (für τοὺς ὑπηρέτας) zu schreiben ist, liegt auf der Hand (so auch Bapp Leipz. Stud. VIII 137).

als dass es eine Unterart des *ὕμνος* sei. Der Scholiast scheint mehr zu wissen: *ἐγκώμιόν ἐστιν ποίημα ἢ σύγγραμμα περιέχον τῶν νενικηκότων ἐγκώμιον ἐπ' αὐτῆι τῆι νίκηι καὶ δι' αὐτὴν γεγονός*. Aber hier ist wol aus der Glosse selbst ein falsches Lemma entstanden, oder besser, es sind zwei Glossen miteinander verschmolzen worden. Die ersten Worte *ποίημα ἢ σύγγραμμα* passen in der That auf das poetische und rhetorische *ἐγκώμιον*. das übrige aber erklärt den *ἐπίνικος ὕμνος*, und zwar besser als bei Photios (321 a 2): *ὁ δὲ ἐπίνικος ὑπ' αὐτὸν τὸν καιρὸν τῆς νίκης τοῖς προτεροῦσιν ἐν τοῖς ἀγῶσιν ἐγράφετο*.

Vom *παιάν* hat nach Orion p. 133, 32 Didymos die Etymologie *παρὰ τὸ παύω παύων καὶ κατὰ τροπὴν τοῦ $\bar{υ}$ εἰς $\bar{ι}$* gegeben, d. h. weitergegeben. Darauf kann er sich nicht beschränkt haben. Photios sagt: *ὁ δὲ παιάν ἐστιν εἶδος ᾠδῆς εἰς πάντας νῦν γραφόμενος θεούς, τὸ δὲ παλαιὸν ἰδίως ἀπενέμετο τῶι Ἀπόλλωνι καὶ τῆι Ἀρτέμιδι ἐπὶ καταπαύσει λοιμῶν καὶ νόσων ᾀδόμενος. καταχρηστικῶς δὲ καὶ τὰ προσόδιά τινες παιᾶνας λέγουσιν*. Hier ist die Ableitung von *παύειν* nur noch verdeckt zu spüren (*ἐπὶ καταπαύσει*). Wenn dafür der Cramersche Scholiast sagt *παιάν ἐστι ποίημα πρὸς Ἀπόλλωνα καὶ Ἄρτεμιν ἔχον προσφώνησιν ἐπὶ παραιτήσει λοιμῶν ἢ στάσεων ἢ τῶν παραπλησίων*, so scheint zwar die Etymologie verschwunden zu sein, aber die *παραίτησις* zeigt, dass Apollon und Artemis nicht nur als Abwender von Pest und Seuche sondern auch als Urheber gedacht werden. Wir werden also annehmen dürfen, dass bei Proklos auch das gestanden hat was im Et. M. 657, 3 zu lesen ist: *παιάν· ὕμνος ⟨ἢ εἶδος⟩ ᾠδῆς ἐπὶ ἀφέσει λοιμοῦ ᾀδόμενος, ὡς τὸ 'καλὸν ἀείδοντες παιήονα κοῦροι Ἀχαιῶν μέλποντο Ἑκάεργον'* (*A* 473 mit Scholien). *οὕτω γὰρ ἰδίως αὐτοὺς τῶι Ἀπόλλωνι καὶ τῆι Ἀρτέμιδι προσέφερον (προσεφώνουν?) ὡς αἰτίοις τῶν λοιμικῶν παθῶν*. Das wird ausgeführt: Apollon als Helios, die Schwester als Selene verursachen Dürre. Pest und anderes Leid. Dann folgt die Etymologie von *παύειν*. Vgl. auch Photios p. 320 b 24, wo er *νόμος* und *παιάν* vergleicht: *ὁ μὲν γὰρ (παίαν) ἐστι κοινότερος εἰς κακῶν παραίτησιν γεγραμμένος κτλ.* Dass manche auch die *προσόδια* 'missbräuchlich' als Paeane bezeichnet hätten, scheint nur bei Photios überliefert zu sein: ganz ebenso beginnt der Schlusssatz in der Glosse Bekk. An. 296, 1 *καταχρηστικῶς δὲ (ὁ παιάν) καὶ εἰς ἄλλον θεόν τινα ὕμνος ἐπί τινι ἔργωι κατωρθωμένωι λεγόμενος*, vgl. Schol. Plat. Symp. p. 177 a. Aber ein Irrthum ist es nicht, wie wir sogleich sehen werden. Vom *προσόδιον* stimmt Photios' Bericht genau mit Didymos bei Orion p. 155 f. und im Et. M. 690, 33 [1]). Genau wie die Komödie von *κῶμα* und *κώμη*, so wird hier das *προσόδιον* doppelt abgeleitet, von *πρόσοδος* (*προσιέναι ναοῖς ἢ βωμοῖς*) und in falscher Orthographie von *προσωιδή* (*πρὸς αὐλὸν ᾄδειν*), und dann beide Ableitungen vereinigt. Bei Proklos muss aber mehr gestanden haben, man wusste doch noch anderes von den *προσόδια* als was die Etymologie lehrte: wenigstens eine geringe Entschädigung für das verlorene

---

1) Wo zu schreiben ist *προσωιδίας· παρὰ τὸ προσιόντας ναοῖς ἢ βωμοῖς πρὸς αὐλὸν ᾄδειν. ἰδίαι δὲ τῶν ὕμνων, ὅτι τοὺς ὕμνους πρὸς κιθάραν ἑστῶτες ᾄδουσιν.* Ueberliefert ist *διὰ δὲ τῶν ὕμνων*, falsch MSchmidt Didym. p. 390. Vgl. Phot. p. 320 a 15.

verdanken wir dem Cramerschen Scholiasten: *προσόδιόν ἐστι ποίημα ὑπὸ ἀρρένων ἢ παρθένων χοροῦ ἐν τῆι προσόδωι τῆι πρὸς τὸν θεὸν αἰδόμενον.* Darauf folgt ein werthvoller Zusatz: *φέρεται δὲ ἐν τούτωι τῶι γένει καὶ τὸ ἀποτρεπτικόν· ἔστι δὲ ποίημα σπαστικὸν κατὰ τὸν ἀπὸ τῶν θεῶν χωρισμὸν αἰδόμενον.* Das ist zunächst unverständlich, weil ein *ἀποτρεπτικὸν μέλος*, von dem sonst nichts bekannt ist, wenn es dem Processionslied untergeordnet wird, nur ein *παιάν* sein kann. Die sichere Emendation giebt das Et. M. 131, 37 *ἀποστεπτικὸν ἆισμα οὕτω καλούμενον ὅτι μετὰ τὸ ἀποστεφθῆναι τοὺς στεφάνους ἤιδετο ἐν τοῖς παιᾶσι μελλόντων ἀποπλεῖν.* Die letzten Worte weisen auf die heiligen Theorien zum Frühlingsfest der Delien: männliche und weibliche Chöre haben in festlicher Procession den Paian vorgetragen und kehren nun nach Hause zurück, da singen sie ein Abschiedslied, und damit es als eine Zugabe, nicht mehr als ein Theil ihrer religiösen Aufgabe erscheine, legen sie die Kränze zuvor ab. Es ist in der That freilich nicht ein *σπαστικόν* sondern ein *ἀσπαστικὸν ποίημα* (*ἀσπάζεσθαι* vom Abschiedsgruss z. B. Xen. Anab. VII 1, 8). Der Paian, der von den fremden Chören in Delos gesungen wird, kann wol ein *προσόδιον* genannt werden, wie Photios sagt. Es ist ein Preislied auf Apollon und Artemis (daher *κατὰ τὸν ἀπὸ τῶν θεῶν χωρισμόν*)[1]) für alles was sie den Menschen Gutes gethan, für ihren Schutz in aller Noth, *ῥύσια Ἀπόλλωνι*, wie es der Perieget Dionysios nennt (527), eine *ὠιδὴ ἐπ' εὐτυχίαι καὶ νίκηι* (Schol. Plat. Symp. p. 177 a), ein *ὕμνος ἐπί τινι ἔργωι κατωρθωμένωι λεγόμενος* (Bekk. An. 296, 1). Ich denke, all diese Grammatikerüberlieferung fügt sich zu einer Einheit zusammen, und diese Einheit war Proklos oder seine Quelle Didymos. Denn Didymos war, wie für alle litterarischen Glossen im Et. M., so gewiss auch für das *ἀποστεπτικὸν ἆισμα* der einzige Gewährsmann.

Ganz werthlos ist was beim Scholiasten über den Dithyrambos steht, aber bezeichnend für seine Compilationsweise: *διθύραμβός ἐστι ποίημα πρὸς Διόνυσον αιδόμενον· ἢ πρὸς Ἀπόλλωνα περιπλοκαὶ ἱστοριῶν οἰκείως.* Photios ist hier sehr ausführlich, und Proklos wird schwerlich viel mehr gesagt haben. Zunächst heisst es richtig *γράφεται μὲν εἰς Διόνυσον*, dann werden verschiedene Etymologien angeführt, dann der 'Erfinder' Arion. Darauf fährt er fort: *ὁ μέντοι νόμος γράφεται μὲν εἰς Ἀπόλλωνα.* Es folgt eine Geschichte der Entwicklung des *νόμος* (Chrysothemis, Terpandros, Arion, Phrynis, Timotheos), und daran knüpft sich ein Vergleich von *νόμος* und *διθύραμβος*, wobei es von letzterem heisst *κεκινημένος (ἐστί) καὶ πολὺ τὸ ἐνθουσιῶδες μετὰ χορείας ἐμφαίνων, εἰς πάθη κατασκευαζόμενος τὰ μάλιστα οἰκεῖα τῶι θεῶι.* Es ist also klar, dass der Scholiast diesen Vergleich vor Augen gehabt, Dithyrambos und Nomos in Folge dessen durcheinander geworfen und gar nichts verstanden hat. Die Worte *ἢ πρὸς Ἀπόλλωνα* beziehen sich auf den Nomos, die folgende Corruptel mag so zu verbessern

1) Aus der gleichen Quelle Pollux I 38 *αἱ δὲ εἰς θεοὺς ὠιδαὶ κοινῶς μὲν παιᾶνες ὕμνοι, ἰδίως δὲ Ἀρτέμιδος ὕμνος οὔπιγγος, Ἀπόλλωνος ὁ παιάν, ἀμφοτέρων προσόδια, Διονύσου διθύραμβος, Δήμητρος ἴουλος*, das letztere als Didymos' Erklärung bezeugt, s. u. S. 39.

sein περὶ παθ(ῶν) καὶ ἱστοριῶν οἰκείων, jedenfalls bezieht sich das auf den Dithyrambos. Aeltere Dionysscholien sind reicher und genauer gewesen. In dem litterargeschichtlichen Abriss, der die Einleitung zu Tzetzes' Lykophroncommentar bildet, werden erst die γνωρίσματα eines Dichters aufgezählt (μέτρον, μῦθος, ἱστορία καὶ ποιὰ λέξις), dann heisst es weiter: γεγόνασι δὲ ὀνομαστοὶ ποιηταὶ (er meint Epiker, die Dichter κατ' ἐξοχήν) πέντε, fast genau wie bei Photios (γεγόνασι δὲ τοῦ ἔπους ποιηταὶ κράτιστοι μὲν Ὅμηρος κτλ); die fünf Namen sind hier wie dort die gleichen. Tzetzes kommt weiter auf die Lyrik (p. 252 M): διθύραμβοι ἀπὸ τοῦ Διονύσου ἐλέγοντο τοῦ διὰ δύο θυρῶν βάντος, τῆς τε γαστρὸς Σεμέλης καὶ τοῦ μηροῦ τοῦ Διός. Aehnlich Photios: προσαγορεύεται δὲ (der Dith.) ἐξ αὐτοῦ (τοῦ Διονύσου) ἤτοι διὰ τὸ κατὰ τὴν Νύσσαν ἐπ' (l. ἐν) ἄντρωι διθύρωι τραφῆναι τὸν Διόνυσον — ἢ διότι δὶς δοκεῖ γενέσθαι, ἅπαξ μὲν ἐκ τῆς Σεμέλης, δεύτερον δὲ ἐκ τοῦ ⟨Διὸς⟩ μηροῦ. Die erste Etymologie scheint bei Tzetzes in den Worten διὰ δύο θυρῶν nachzuwirken. Tzetzes sagt ferner (p. 259) von den ἀισματογράφοι oder ἀοιδοί (so eine Verwechslung bringt nur er fertig), ihre eigenste Thätigkeit sei τὸ ἄισματα καὶ ὠιδὰς γράφειν πρὸς μουσικὴν καὶ φόρμιγγα καὶ βάρβιτον καὶ κιθάραν καὶ πᾶν ὄργανον μουσικῶς ἀιδόμενον: er führt Rhapsoden namentlich an und citirt, als hätte er ihn selbst gelesen, den Phalereer Demetrios, nämlich sein Buch Περὶ ποιητῶν (Diog. L. V 80). Aehnliches steht in Bekkers Dionysscholien (p. 752, 4), natürlich von den λυρικοί.

Ueber das σκολιόν hatte Didymos ἐν τρίτωι τῶν Συμποσιακῶν ausführlich gehandelt und verschiedene Etymologien (und Erklärungen) verzeichnet, nach dem Zeugniss des Orion (Ὧρος die Hdschr.) im Et. M. 713, 35. Wie reich das Material von ihm gehäuft war, zeigen Reitzensteins Zusammenstellungen Epigr. u. Skol. S. 3 ff. Proklos hatte einen grossen Theil dieser Gelehrsamkeit aufgenommen, Photios davon folgendes bewahrt: τὸ δὲ σκολιὸν μέλος ἤιδετο παρὰ τοὺς πότους· διὸ καὶ παροίνιον αὐτὸ ἔσθ' ὅτε καλοῦσιν. ἀνειμένον δέ ἐστι τῆι κατασκευῆι καὶ ἁπλούστατον μάλιστα. σκολιὸν δὲ εἴρηται οὐχ, ὡς ἐνίοις ἔδοξε, κατ' ἀντίφρασιν (τὰ γὰρ κατ' ἀντίφρασιν ὡς ἐπίπαν τοῦ εὐφημισμοῦ στοχάζεται, οὐκ εἰς κακοφημίαν μεταβάλλει τὸ εὔφημον) ἀλλὰ διὰ τὸ προκατειλημμένων ἤδη τῶν αἰσθητηρίων καὶ παρειμένων οἴνωι τῶν ἀκροατῶν τηνικαῦτα εἰσφέρεσθαι τὸ βάρβιτον εἰς τὰ συμπόσια καὶ διονυσιάζοντα ἕκαστον ἀκροσφαλῶς συγκόπτεσθαι περὶ τὴν προφορὰν τῆι ὠιδῆς. ὅπερ οὖν ἔπασχον αὐτοὶ διὰ τὴν μέθην, τοῦτο τρέψαντες εἰς τὸ μέλος σκολιὸν ἐκάλουν τὸ ἁπλούστατον. Die von Photios, d. h. von Proklos gebilligte Deutung stammt von seinem Lehrer Orion (Et. M. a. O; in unserem Orion fehlt die Glosse): ἀπὸ τοῦ μεθύουσι καὶ σκολιῶς ἔχουσι τὰ αἰσθητήρια ἄιδεσθαι. Photios muss stark gekürzt haben. Tzetzes nämlich giebt in den Iamben Περὶ κωμωιδίας, nachdem er über alte und neue Komödie und über das γελοῖον inhaltlich das gleiche erörtert hat wie wir es im Anonymus V und VI lesen, plötzlich und unvermittelt eine Erklärung der σκαμβὰ μέλη, d. h. der Skolien. Genau ebenso folgt in den Aristophaneshandschriften (Laur. Θ und Mediol.) auf den Anonymus VI ein Stück desselben Inhalts, das im Venetus und Estensis noch weit wunderlicher sich an die Aristophanesvita anschliesst. Im Venetus lautet es folgendermassen: 1. *σκολιὰ λέγεται τὰ παροίνια μέλη τὰ ἐν τοῖς συμποσίοις ἀιδόμενα. καὶ ὡς μὲν ἔνιοί φασιν ἐκ τοῦ ἐναντίου προσαγορεύθησαν· ἁπλᾶ γὰρ αὐτὰ ἐχρῆν εἶναι καὶ εὔκολα ὡς παρὰ πότον ἀιδόμενα. οὐκ εὖ δὲ τοῦτο· τὰ γὰρ δύσφημα ἐπὶ τὸ εὐθυμότερον* (l. *εὐφημότερον*) *μεταλαμβάνεται, οὐ τὸ ἔμπαλιν.* 2. *τί οὖν; ἐπάναγκες ἦν τὸ ἐν συμποσίοις ἅπασιν ἄιδειν μετὰ λύρας. ὅσοι δὲ οὐκ ἠπίσταντο λύραι χρῆσθαι, δάφνης ἢ μυρρίνης κλῶνας λαμβάνοντες ἦιδον.* [*ἐπὶ*] *τοῖς οὖν οὐκ ἐπισταμένοις μέλη πρὸς λύραν ἄιδειν σκολιὰ ἐδόκει· ὅθεν καὶ σκολιὰ ὠνομάσθησαν.* 3. *τινὲς δὲ οὕτως· οὐ κατὰ τὸ ἑξῆς φασι δίδοσθαι τὴν λύραν ἀλλ' ἐναλλάξ· διὰ τὴν σκολιὰν οὖν καὶ μὴ ἐπ' εὐθείας τῆς λύρας περιφέρειαν* (l. *περιφορὰν*) *σκολιὰ ἐλέγετο.* Genau die gleichen drei Erklärungen, nur die erste ohne Widerlegung, hat Tzetzes in den Iamben. Die gleiche Quelle für ihn und für die Anonymi stellt sich auch hier mit Sicherheit heraus[1]). Nun ist das erste Stück dieser Quelle so gut wie identisch mit Proklos, wobei zu beachten ist, dass die feine Bemerkung über den Euphemismus gewiss auf einen guten und alten Grammatiker weist: nirgend sonst als bei Proklos ist das Stück nachweisbar. Es hat doch alle Wahrscheinlichkeit für sich dass N. 2 und 3 aus derselben Quelle stammen, zumal wir wissen, wie fleissig Proklos, Dank seinen gelehrten Vorlagen, Meinungsverschiedenheiten gehäuft hat. Beide Erklärungen finden sich auch bei Plutarch Qu. symp. I 1, 5 p. 615 b zusammen, aus Dikaiarch und anderen Quellen (Reitzenstein S. 5), denselben offenbar, die Didymos benützte, vielleicht auch direct aus Didymos. Nach dem was sich uns bisher über die Quelle des Cramerschen Dionysscholiasten ergeben hat, dürfen wir mit seiner Hilfe den Reichthum des Proklos noch vermehren. Freilich hat sein kurzes Excerpt mit Photios nur sehr flüchtige Aehnlichkeit: *σκολιόν ἐστι ποίημα πρὸς συμποσίου συναγωγὴν εὐθέτως ἔχον, ἱστορίαις καὶ παιδιαῖς οἰκείαις πότωι συμπεπλεγμένον* (*-μέναις* Cod. verb. Reitzenstein). *καλεῖται δὲ παροίνιον* (*δὲ ἐπίνοιον* Cod.). Den Ausdruck *ἱστορίαι οἰκεῖαι* hatte Proklos beim *νόμος* gebraucht (s. o. S. 36 f.). Wichtig ist dass hier endlich einmal vom Inhalt der Skolien die Rede ist: die *ἱστορίαι* sind die Erwähnungen des Admet, des Telamon, des Harmodios und Aristogeiton, die *παιδιαί* etwa die lustige Fabel vom Krebs, der seinen Sohn geradeaus zu gehen lehrte, und dergleichen. In dem *εὐθέτως ἔχον πρὸς συμποσίου συναγωγήν* ist dem Sinne nach dasselbe enthalten was der Aristophanestractat sagte: *ἁπλᾶ γὰρ αὐτὰ ἐχρῆν εἶναι καὶ εὔκολα ὡς παρὰ πότον ἀιδόμενα.* Der letzte mit Proklos gut übereinstimmende Satz (*παροίνια*) beweist leider nicht allzuviel.

Sehr kurz sagt Photios vom *σίλλος*, dass er *λοιδορίας καὶ διασυρμοὺς πεφεισμένως ἀνθρώπων ἔχει* (dieselben Worte, diesmal aus Photios Et. M. 713, 14, mit dem Zusatz *μέλος δ' ἐστίν*), und noch kürzer der Londoner Scholiast *σίλλος ἐστὶ ποίημα λοιδορίας κατά τινος περιέχον.* Mit Unrecht hat man das Adverbium

1) Das Scholion zu Arist. Wesp. 1239 kann die Quelle trotz aller Aehnlichkeit nicht sein, da es weniger reichhaltig ist: vor allem aber erfordert die Methode, diese Bemerkungen von ebendaher abzuleiten von wo das vorhergehende stammt.

πεφεισμένως (den Griechen der Kaiserzeit geläufig wie φειδομένως 'mit Mass') verdächtigt und Wachsmuth Sillographorum reliquiae p. 7 die ebenso alte wie unverständliche Conjectur πεφασμένως vertheidigt[1]). Die gelehrte Erklärung bei Aelian Var. hist. III 40 (σάτυροι, τίτυροι, σιληνοί, nicht etwa aus Apollodor, vgl. Strabo IX p. 468) σιληνοὶ δὲ ἀπὸ τοῦ σιλλαίνειν· τὸν δὲ σίλλον ψόγον λέγουσι μετὰ παιδιᾶς δυσαρέστου giebt dieselbe Einschränkung: nicht ernsthafte Kritik ist der Inhalt der Sillen, sondern Spass und Spott.

Ueber die Todtenlieder hat Photios wiederum nur einen Theil dessen was er bei Proklos fand excerpirt: διαφέρει δὲ τοῦ ἐπικηδείου ὁ θρῆνος ὅτι τὸ μὲν ἐπικήδειον παρ' αὐτὸ τὸ κῆδος ἔτι τοῦ σώματος προκειμένου λέγεται, ὁ δὲ θρῆνος οὐ περιγράφεται χρόνωι. Eine Begriffs- und Inhaltsbestimmung fehlt. Die hat der Cramersche Scholiast wenigstens vom θρῆνος bewahrt: θρῆνός ἐστι ποίημα ὀδυρμὸν περιέχον καὶ ἐγκωμιαστικὸν τοῦ τετελευτηκότος, wo καὶ vielleicht zu streichen ist. Eine gemeinsame indirecte Quelle für den Scholiasten wie für Photios lässt sich nachweisen. Ammonios p. 54 Valck. sagt: ἐπικήδειον καὶ θρῆνος διαφέρει. ἐπικήδειον μὲν γάρ ἐστι τὸ ἐπὶ τῶι κήδει, θρῆνος δὲ τὸ ἐν ὠιδῆι (?). οὕτω Τρύφων (fr. 114 V). Ἀριστοκλῆς δὲ ὁ Ῥόδιος ἐν τῶι Περὶ ποιητικῆς τοὔμπαλιν. φησὶ γάρ 'θρῆνος δ' ἐστὶν ὠιδὴ τῆς συμφορᾶς οἰκεῖον ὄνομα ἔχουσα· ὀδυρμὸν ἔχει σὺν ἐγκωμίωι τοῦ τελευτήσαντος. τινὲς μὲν οὖν κοινῶς πάντα εἶπον θρήνους, οἳ δὲ διαφέρειν θρῆνόν τε καὶ ἐπικήδειον τῶι τὸν θρῆνον ᾄδεσθαι παρ' αὐτῆι τῆι συμφορᾶι πρὸ τῆς ταφῆς καὶ μετὰ τὴν ταφὴν καὶ κατὰ τὸν ἐνιαύσιον χρόνον τῆς κηδείας διδόμενον ὑπὸ τῶν θεραπαινίδων καὶ τῶν σὺν αὐταῖς, τὸ δ' ἐπικήδειον ἔπαινόν τινα τοῦ τελευτήσαντος μετά τινος μετρίου σχετλιασμοῦ (vgl. Eust. 1673, 48). Der Grammatiker Aristokles von Rhodos war ein Zeitgenosse des Strabo (XIV 655), vielleicht ein älterer Zeitgenosse, älter jedes Falls als Didymos (Erotian p. 32, 10 Kl), der ihn mithin citiren konnte. Bei Photios ist Tryphons Erklärung des ἐπικήδειον erhalten und beim Scholiasten Aristokles' Erklärung des θρῆνος. Die einfachste Annahme wäre, dass bei Proklos beides gestanden hätte, also Didymos den Aristokles wie den Tryphon citirt haben müsste. Nun ist es ja richtig, dass wir nur Belege dafür haben, dass Tryphon den Didymos citirt (Bapp Leipz. Stud. VIII 107); daraus folgt aber noch nicht dass das umgekehrte Verhältniss unmöglich war: es waren ja doch Zeitgenossen. Aber auch die Möglichkeit kommt in Betracht, dass Tryphons Meinung gar nicht zuerst von ihm vorgebracht war. Die Deutung der ἴουλοι als ταλασιουργῶν ὠιδή wird von Athen. XIV 618 c dem Tryphon zugeschrieben, aber Eratosthenes hatte vor ihm so gedeutet, und gegen Eratosthenes polemisirte Didymos (Schol. Apoll. I 972). Dass der Verfasser Περὶ ὁμοίων καὶ διαφόρων λέξεων (wol Herennius Philon, vgl. Cohn bei Pauly-Wissowa u. d. W.) Tryphons Ὀνομασίαι benützen musste, liegt auf der Hand, da fand er eine Fülle des Stoffes wie er ihn brauchte.

1) Sollte der Sinn sein μετ' ἐμφάσεως, wie Wachsmuth meinte, konnte niemand darauf rechnen, dass ein Leser πεφασμένως so verstehen würde. Man musste dann mindestens ἐμπεφασμένως corrigiren.

Dem Didymos lagen andere Quellen näher. Sicher aber scheint mir, dass der Dionysscholiast und Photios ein und dieselbe Vorlage wiedergeben. und dass diese, die Chrestomathie des Proklos, auch hier Didymos' Buch über die Lyriker ausschrieb.

Die letzte Gattung lyrischer Gedichte, die der Scholiast erwähnt, ist das *ὑπόρχημα*. Er sagt: *ὑπ. ἐστὶ ποίημα πρὸς ὄρχησιν γεγγραμμένον πρὸς τὸν αὐτὸν ῥυθμὸν* ὅς (Cod. ὅ) *δὴ ὑπορχηματικὸς* (-*κὸν* Cod.) *καλεῖται.* Mehr hat Photios: *ὑπόρχημα δὲ τὸ μετ' ὀρχήσεως ᾀδόμενον μέλος ἐλέγετο· καὶ γὰρ οἱ παλαιοὶ τὴν ὑπό ἀντὶ τῆς μετά πολλάκις ἐλάμβανον. εὑρετὰς δὲ τούτων λέγουσιν οἳ μὲν Κούρητας, οἳ δὲ Πύρρον τὸν Ἀχιλλέως, ὅθεν καὶ πυρρίχην εἶδός τι ὀρχήσεως λέγουσιν.* Wie sicher die beiden Excerpte Theile einer Einheit sind, zeigt das gelehrte Pindarscholion (Pyth. 2, 27): *διέλκεται δὲ ἡ τῆς πυρρίχης ὄρχησις, π ρ ὸ ς ἣ ν τ ὰ ὑ π ο ρ χ ή μ α τ α ἐ γ ρ ά φ η σ α ν* (so weit der Cramersche Scholiast). *ἔνιοι μὲν οὖν φασι πρῶτον Κ ο ύ ρ η τ α ς τὴν ἔνοπλον ὀρχήσασθαι ὄρχησιν, αὖθις δὲ Πύρριχον τὸν Κρῆτα συντάξασθαι* (cf. Strabo X p. 480) — *ἔνιοι δὲ οὐκ ἀπὸ Πυρρίχου τοῦ Κρητὸς τὴν πυρρίχην ὠνομάσθαι, ἀλλ' ἀπὸ Π ύ ρ ρ ο υ τ ο ῦ Ἀ χ ι λ λ έ ω ς π α ι δ ὸ ς ἐν τοῖς ὅπλοις ὀρχησαμένου ἐν* (l. *ἐπὶ*) *τῆι κατὰ Εὐρυπύλου τοῦ Τηλέφου νίκηι κτλ.* Vgl. Hesych *πυρριχίζειν* und Rose zu Aristot. fr. 471 (ed. 1863), der ohne Frage mit Recht Didymos für den Verfasser dieser gelehrten Uebersicht ausgiebt. Didymos wird in dem Buch über die Lyriker ähnliches zusammengestellt haben. Dass auch von dem Rhythmos der Hyporchemata (*ὑπορχηματικοὶ ῥυθμοί* Dion. de adm. Demosth. dicendi vi c. 4) d. h. von Kretikern bei Proklos die Rede war, versteht sich von selbst; davon hat der Scholiast wenigstens eine Spur bewahrt.

Vielleicht hat die Erwähnung des kretischen Rhythmos es veranlasst, dass an dieser Stelle der Dionysscholien eine Definition des *ῥυθμός* im allgemeinen steht. Denkbar ist es immerhin dass Zufall oder Versehen das nicht unwichtige Stück aus dem ursprünglichen Zusammenhang herausgerissen und aus der theoretischen Einleitung über die Poesie, da wo das *μέτρον* behandelt war, in diesen Winkel verschlagen hat. Nothwendig aber ist die Annahme nicht. Ich will die kurzen Sätze über *μέτρον* und *ῥυθμός* hier zusammenstellen.

Cram. p. 312, 16 *ἐστὶ δὲ μέτρον μὲν ποιὰ καὶ ποσὴ λέξεων ἀπηρτισμένων σύνθεσις κατά τε μέγεθος* [*ἀπηρτισμένως*] *καὶ τάξιν συλλαβῶν ἐν ἰσότητι ἢ ὁμοιότητι ἢ οἰκειότητι ἤτοι τῶν μερῶν πρὸς ἄλληλα ἢ τοῦ ὅλου πρὸς ἕτερα.*

Cram. p. 314, 18 *ῥυθμός ἐστι σύστημα συγκείμενον ἐκ χρόνων οὐ πάντων συγκειμένων πρὸς ἀλλήλους· οὐ γὰρ πᾶσα χρόνων σύνθεσις ἔρρυθμος κίνησις χρόνων ἐν μεγέθει τακτῶι συλλαμβανομένη, ἢ ἀναλογία μεταξὺ δύο λόγων κειμένη τάξις βραδέως τε καὶ ταχέως.*

Eine so umständliche Definition des *μέτρον* wie die hier gegebene ist mir sonst nicht bekannt. Sie lag Longin vor, der Proleg. zu Hephaest. p. 144 Gaisf. den Anfang citirt: *μέτρον δὲ οὐκ ἂν γένοιτο χωρὶς λέξεως ποιᾶς καὶ ποσῆς.* Aristoxenos (Westphal Gr. Rhythm. S. 40, 2) erklärt den Tact mit ähnlichem Ausdruck: *οὔτε γὰρ πόδας συντίθεμεν ἐκ χρόνων ἀπείρων ἀλλ' ἐξ ὡρισμένων καὶ πεπερασμένων μεγέθει τε καὶ ἀριθμῶι καὶ τῆι πρὸς ἀλλήλους ξυμμετρίαι τε καὶ τάξει.*

Er mag wol das Metrum wenigstens inhaltlich ähnlich bestimmt haben wie der Scholiast. *ἀπηρτισμένως* scheint, da eine Wiederholung des Particips (*ἀπηρτισμένων*) zum Verständniss nicht nothwendig ist, eine einfache Dittographie. Das übrige ist klar bis auf den Schluss, wo man für *πρὸς ἕτερα* vielmehr *πρὸς τὰ μέρη* erwartet. Um so schwieriger ist der schwer verderbte Abschnitt über den Rhythmos. Die Hauptsache, dass zu Anfang die Definition des Aristoxenos vorliegt, hat Usener erkannt (Rhein. Mus. XXV 608), das übrige aber schwerlich richtig behandelt. Aristoxenos sagt (Westphal a. O. 29, 20): *ἀκόλουθον δ' ἐστὶ — τὸ λέγειν, τὸν ῥυθμὸν γίνεσθαι ὅταν ἡ τῶν χρόνων διαίρεσις τάξιν τινὰ λάβηι ἀφωρισμένην· οὐ γὰρ πᾶσα χρόνων τάξις ἔρρυθμος*. Die Definition beim Scholiasten ist nicht aus dieser Stelle geschöpft, sie stimmt vielmehr zum Theil wörtlich mit Aristides Quintilianus (Westph. a. O. 47, 14): *ῥυθμὸς τοίνυν ἐστὶ σύστημά ἐκ γνωρίμων χρόνων κατά τινα τάξιν συγκείμενον*, woraus sich ergiebt, was der Scholiast mit *οὐ πάντων χρόνων* meinte: *οὐ πάντων ἀλλὰ γνωρίμων μόνον*. Usener hatte sich durch Marius Victorinus (p. 43, 3 *Aristoxenus autem ait non omni modo inter se composita tempora rhythmum facere*) verleiten lassen *οὐ πάντως* zu corrigiren. Das erledigt sich jetzt, zugleich aber erhellt, dass in den folgenden Worten nicht mehr zu dem Negativ *οὐ γὰρ πᾶσα χρόνων σύνθεσις ἔρρυθμος* ein Positiv gesucht werden darf. Es scheint eine weitere Definition des *ῥυθμός* zu folgen *⟨ἢ ῥυθμὸς⟩ κίνησις χρόνων ἐν μεγέθει τακτῶι συλλαμβανομένη*, vielleicht die des Nikomachos (Bacchios bei Westph. 66, 15 *χρόνων εὔτακτος σύνθεσις*) oder eine ähnliche. Was endlich noch übrig bleibt, bezieht sich offenbar gar nicht mehr auf den *ῥυθμός* im allgemeinen. Aristoxenos (S. 34, 6 W) sagt: *ὥρισται δὲ τῶν ποδῶν ἕκαστος ἤτοι λόγωι τινὶ ἢ ἀλογίαι τοιαύτηι ἥτις δύο λόγων γνωρίμων τῆι αἰσθήσει ἀνὰ μέσον ἔσται*, und gleich darauf: *ἔσται δ' ἡ ἀλογία μεταξὺ δύο λόγων γνωρίμων τῆι αἰσθήσει, τοῦ τε ἴσου καὶ τοῦ διπλασίου· καλεῖται δ' οὗτος χορεῖος ἄλογος*. Darauf fusst der Pariser Anonymus (S. 79, 1 W), der dem Text des Scholiasten noch näher zu kommen scheint: *ὡρισμένοι δ' εἰσὶ τῶν ποδῶν οἳ μὲν λόγωι τινὶ οἳ δὲ ἀλογίαι κειμένηι μεταξὺ δύο λόγων γνωρίμων· ὥστε εἶναι φανερὸν ἐκ τούτων, ὅτι ὁ πούς λόγος τίς ἐστιν ἐν χρόνοις κείμενος ἢ ἀλογία ἐν χρόνοις κειμένη εἰρημένον ἀφορισμὸν ἔχουσα*. Man wird also etwa so emendiren müssen: *⟨ὁ δὲ πούς ἐστιν ἢ ἐν λόγωι⟩ ἢ ἐν ἀλογίαι μεταξὺ δύο λόγων κειμένηι τάξις βραδέος τε καὶ ταχέος*, wobei unter den beiden *λόγοι ῥυθμικοί* der *ἴσος* und der *διπλάσιος* zu verstehen sind: der Daktylos heisst hier der schnelle, der Iambos der langsame (Anon. Paris. S. 79, 15 W). Ueber das enge Verhältniss zwischen *ῥυθμός* und *πούς* vgl. Westphal a. O. S. 201 f.

Also in welchem Ableitungsgrade auch immer, Aristoxenische Lehre hat der Scholiast ohne Frage vermittelt und damit aufs neue gezeigt, wie vortreffliche Quellen wir hinter seiner bettelhaften Dürftigkeit suchen dürfen und wie unersetzlich der Verlust seiner Vorlage, der Chrestomathie des Proklos, für uns ist.

Photios hat nur die beiden ersten Bücher des Proklos excerpirt; mit der Lyrik hatte das zweite Buch geschlossen. Dass das 3. Buch dem Drama zufiel, darüber ist kein Zweifel möglich: ein bescheidenes Bruchstück hat uns der Dionysscholiast bewahrt, indem er die Theile der Tragödie nebst einer Definition dieser Gattung excerpirte und zwar in fast wörtlicher Uebereinstimmung mit Tzetzes. Es hat sich gezeigt, dass ein umfängliches Stück über die Komödie bei Tzetzes und in den Dionysscholien sein Gegenstück in einer ähnlichen Abhandlung über die Tragödie hatte (dies nur in den Dionysscholien überliefert) und dass beide einem litterarhistorischen Zusammenhange entnommen waren, in welchem Komödie und Tragödie (und zweifellos auch das Satyrdrama) auf den gleichen Ursprung zurückgeführt wurden (s. o. S. 14). Die Vermuthung liegt nahe, dass Proklos auch hier als Quelle gelten muss.

Die Erzählung vom Ursprung der Komödie im Dionysscholion wurde schon früher berührt (S. 12 f.). Auf Grund einer falschen Etymologie, im Widerspruch mit Aristoteles wird die Komödie als Lied der Dorfleute gefasst, die sich über ihre städtischen Bedrücker beschweren. Aus dem gelegentlichen Vorfall wird eine dauernde, sogar eine staatliche Institution. Was hier an Thatsachen zu Grunde liegt, ist schwer zu sagen. Der bedrückte Bauersmann ist aus altattischer Zeit eine bekannte Figur, die Sitte der Spott- und Rügelieder hat in Attika sowenig wie sonst gefehlt; es ist möglich, dass das alles war. Das aus Combination und Construction zusammengesetzte Bild hat einige innere Aehnlichkeit mit der Eratosthenischen Erklärung der *φυλλοβολία* (Schol. Eur. Hek. 573): in beiden Fällen erkennen wir die peripatetische Neigung zur speculativen und intuitiven, zeit- und personenlosen Culturgeschichtsschreibung, wie sie besonders anspruchsvoll der manierirte Klearch betrieb. Die Erzählung konnte sich mit der einen Ableitung der Komödie von *κώμη* begnügen: die andere mit jener verbundene Ableitung von *κῶμα* konnte secundär hinzugetreten sein. In der vorliegenden Gestalt ist der Bericht freilich nicht älter als Philoxenos (s. o. S. 13), seine ersten Spuren finden wir, wenn ich nicht irre, bei Didymos. Didymos' Buch über die Lyriker war in Orions Lexikon und (vielleicht durch Orions Vermittlung) in Proklos' Chrestomathie ausgiebig benützt; eine grosse Reihe von Orionglossen sind ins grosse Etymologicum hinübergenommen worden. Es ist gewiss kein Zufall, dass in den Etymologica sich so gut wie keine litterarischen Artikel finden, die zum Epos oder zum Drama gehören, dagegen eine grosse Zahl von solchen die die Lyriker angehen. Didymos wird direct als Quelle genannt u. d. W. *ἔλεγος, προσῳδία, ὕμνος, παιάν, σκολιά*; mit Proklos zeigen mannigfache Berührung, und erweisen dadurch die Benützung des Didymos, die Glossen *Ἰάμβη, διθύραμβος, ὠσχοφόρια, ὑμέναιος*[1]). Ich denke, wir haben das Recht die übrigen Glossen ähnlicher Art derselben Quelle zuzuweisen,

1) Dagegen ist Et. M. 472, 26 *ἴουλος* ein Apolloniosscholion (I 972), und gerade was Didymos gegen Eratosthenes bemerkte, ausgefallen. Zur Wiederherstellung von Didymos' Buch ist auch das trockene Verzeichniss des Pollux IV 52 ff. zu verwerthen, das mancherlei deutliche Verwandtschaft mit Photios' Auszug zeigt; besonders aber die etwas inhaltreicheren Bemerkungen bei Pollux I 38 sind durchaus Didymeisch. Vgl. *Ἀρτέμιδος ὕμνος οὔπιγγος* und *Δήμητρος ἴουλος* mit Schol. Apoll. I 972, das übrige mit Photios.

ἰθύφαλλοι, θρίαμβοι, αἴλινος, ἱμαῖος, σίλλοι, νόμοι καθαρωιδικοί und ἐγκώμια; wenn die meisten der ebengenannten Lieder bei Photios fehlen, so beweist das natürlich nicht, dass sie auch bei Proklos gefehlt haben. Die Glosse ἐγκώμιον (Et. M. 311, 26) lautet so: παρὰ τὸ ἐν κώμαις ἄιδεσθαι. κώμας γὰρ ἔλεγον οἱ παλαιοὶ τοὺς στενωποὺς καὶ τὰ ἄμφοδα. ἤρχοντο γὰρ τῆι νυκτὶ οἵτινες παρά τινος μεγιστᾶνος ἐβλάβησαν, καὶ εἰς τὰ ἄμφοδα ἱστάμενοι ἐκακολόγουν καὶ ὕβριζον τὸν ἀδικοῦντα. [τὴν γὰρ νύκτα ἤρχοντό τινες καὶ ἔλεγον ὅστις ἐποίει κακὰ πράγματα καὶ ἐκακολόγουν αὐτούς]. Die doppelte Fassung liegt auf der Hand, und die Gräcität des ganzen ist der Art, dass man sie keinem alten Grammatiker zutrauen darf, aber der sachliche Bestand der Erklärung ist gut und alt; sie liegt im wesentlichen dem zu Grunde was Pollux IX 36 mit halbem Verständniss ausgeschrieben hat. Er redet von den ἀγυιαί: ταῦτα δὲ καὶ ἄμφοδα ἔστιν εὑρεῖν κεκλημένα (folgen Zeugnisse) — καλοῖτο δ' ἂν καὶ κῶμαι ταῦτα — δοκεῖ δέ μοι καὶ ὁ κῶμος (vgl. IX 11) ἀπὸ ταύτης ὠνομάσθαι τῆς κώμης καὶ τὸ ἐγκώμιον ἐπὶ ταῖς νίκαις ἐπαιδόμενον. Im Et. M. weist die doppelte Etymologie von κώμη und κῶμα (τῆι νυκτί) auf denselben Gewährsmann hin, der προσόδιον von προσωιδή zugleich und von πρόσοδος ableitete, die Erzählung selbst ist identisch mit der vom Ursprung der κωμωιδία. Aber die Glosse ist lückenhaft, sie enthält nur den Anfang der Erklärung. ἐγκώμιον ist ein Loblied, und hier wird es als κακολογία erklärt. Es ist eine oft wiederkehrende Scheidung, dass ὕμνος einen Gesang den Göttern zu Ehren, ἐγκώμιον aber ein Loblied für Menschen bedeute. Dazu sagt Eustathios (Dion. Perieg. p. 316, 22 Bernh.): ἔστι γὰρ ὅτε ὁ ὕμνος καὶ ἄλλως λέγεται καὶ οὐ μόνον ἐπὶ θείου ἐπαίνου. Πίνδαρος γοῦν τοὺς ἑαυτοῦ ἐπινικίους ὕμνους καλεῖ, καὶ Αἰσχύλος δὲ ἐξ ἀντιφράσεως τὸ κακολογεῖν ὑμνεῖν ἔφη κτλ. Ein ähnliches κατ' ἀντίφρασιν scheint man bei ἐγκώμιον angenommen zu haben, vgl. Hermog. Prog. I 35 W κέκληται δὲ ἐγκώμιον, ὥς φασιν, ἐκ τοῦ τοὺς ποιητὰς τοὺς ὕμνους τῶν θεῶν ἐν ταῖς κώμαις τὸ παλαιὸν ἄιδειν· ἐκάλουν δὲ κώμας τοὺς στενωπούς — μὴ ἀγνόει δὲ ὅτι καὶ τοὺς ψόγους τοῖς ἐγκωμίοις προσνέμουσιν, ἤτοι κατ' εὐφημισμὸν ὀνομάζοντες ἢ ὅτι τοῖς αὐτοῖς τόποις ἀμφότερα προάγεται. Durch ein κατ' ἀντίφρασιν hatte man dereinst auch das σκολιόν erklären wollen, ein Versuch, der schon bei Didymos widerlegt wurde: er wird ebenso das Unternehmen eines älteren Grammatikers, ἐγκώμιον und κωμωιδία auf eine gemeinsame Wurzel (als κακολογία) zurückzuführen, in angemessener Weise zurückgewiesen und die richtige Erklärung, die sich bei Theon Prog. I 227, 4 W findet, zu Ehren gebracht haben. Soweit konnte Didymos sich auf die Komödie einlassen, aber wir werden nicht glauben, dass er auch sonst an dem was etwa Proklos über die Komödie beigebracht hatte erheblich betheiligt war. Er kann wol in der Λέξις sowie in Commentaren öfters auf historische Fragen eingegangen sein, aber alles was wir haben geht auf eine historische Gesammtdarstellung, auf eine ganz bestimmte Auffassung vom Wesen und der Entwicklung der Komödie zurück: das kann Didymos gelegentlich benützt, widerlegt oder bestätigt haben, aber zusammengestellt hat er es nirgend.

Alle antiken Berichte über den Ursprung der Komödie tragen das gemeinsame Kennzeichen an sich, dass sie auf Aristoteles begründet sind und doch in den wichtigsten Punkten mit Aristoteles in Widerspruch stehen. Alle setzen, wie er, die Anfänge der Tragödie und Komödie in mehr oder weniger engen Zusammenhang, lassen sie, wie er, aus Improvisationen sich allmälig zu einer Kunstform entwickeln, nahmen, wie er, eine frühere Vollendung der Tragödie an, aber alle verwarfen die Ableitung von *κῶμος* (oder lassen sie höchstens secundär mitgelten) und billigen die von Aristoteles verworfene von *κώμη* und damit zugleich (indirect) den dorischen Ursprung beider Dramengattungen. Die Glosse des Et. M. (746, 13) betrachtete *τρυγωιδία* als den gemeinsamen Namen, der mit leichter Abänderung für die Tragödie bestehen blieb, während die Komödie ihren Namen erhielt von den Liedern, die bei den Festen des Dionysos und der Demeter auf den Dörfern üblich waren, d. h. bei der Wein- und der Feldernte. Aehnlich lautet die Ueberlieferung bei Athenaeus II 40 ab (aus unbekannter Quelle): *ἀπὸ μέθης καὶ ἡ τῆς κωμωιδίας καὶ ἡ τῆς τραγωιδίας εὕρεσις ἐν Ἰκαρίωι τῆς Ἀττικῆς κατ' αὐτὸν τὸν τῆς τρύγης καιρόν: ἀφ' οὗ δὴ καὶ τρυγωιδία τὸ πρῶτον ἐκλήθη ἡ κωμωιδία*, nur dass hier die Ableitung von *κώμη* nur möglich, nicht sicher ist. Von ländlichen Erntefesten geht auch der wüste Tractat des Euanthius *de comoedia* (ed. Reifferscheid. Ind. l. Vratisl. 1874/75) aus: man tanzte *pro fructibus vota solventes* um den Altar, opferte dem Dionysos (*Liber pater*) einen Bock und sang ihm ein Lied; das wurde nach dem Opfer *τραγωιδία* genannt. Oder aber es hiess zuerst *τρυγωιδία*, weil man sich das Antlitz mit Hefe beschmierte, in Ermangelung der erst von Aischylos erfundenen Masken. Die Komödie dagegen hiess *ἀπὸ τῶν κωμῶν καὶ τῆς ὠιδῆς*, von dem Gesange nämlich, der *circum Atticae vicos villas pagos et compita* dem *Ἀπόλλων Νόμιος* oder *Ἀγυιεύς* zu Ehren gesungen wurde, *pastorum vicorumque praesidi deo*. Der *Ἀπόλλων Νόμιος* ist einfach der Gott der ländlichen Bevölkerung, der *Ἀγυιεύς* ist aus der Erklärung von *ἀγυιά* = *κώμη* (vgl. Poll. IX 37, oben S. 43 und Hesych. *ἀγυιῆται· κωμῆται*) frei improvisirt[1]). Daneben wird die Ableitung von *κῶμος* acceptirt, *quod appotis* (so Leo: *a poetis* P) *sollemni die vel amatorie lascivientibus non absurdum est.* Ebenso wird eine weitere Etymologie von *τραγωιδία* verwendet: *itaque ut rerum ita etiam temporum ordine tragoedia primo prolata esse cognoscitur. nam ut ab incultu ac feris moribus paulatim perventum est ad mansuetudinem urbesque sunt conditae et vita mitior atque otiosa processit, ita res tragicae longe ante comicas inventae*[2]). Der behaglichen Erholung der *κωμάζοντες* wird die

1) Danach hat Tzetzes die Urkomödie *ἀγυιᾶτις* oder *ἀγοραία* genannt, im Gegensatz zur litterarischen (*λογίμη*), vgl. *Ma* p. 113 K.

2) Alles was bei Euanthius folgt ist Excerpt aus Aristoteles Poetik (c. 4), zum Theil mit groben Missverständnissen versetzt. Dann (p. 4, 13 R) wird von der Komödie weiter gesagt, sie sei ebenso wie die Tragödie ursprünglich ein *simplex carmen* (vgl. p. 5, 22), *quod chorus circa aras fumantes nunc spatiatus nunc consistens nunc revolvens gyros cum tibicine concinebat.* Gemeint sind *στροφή, ἀντίστροφος, ἐπωιδός*, vgl. Schol. Hephaest. p. 200, 17 Gaisf. Auf dieser dreifachen Bewegung scheint die sonderbare Dreitheilung aller lyrischen Poesie zu beruhen, die sich Et. M. 690, 43 findet: *προσόδια* (Weg zum Altar), *ὑπορχήματα* (Tanz um den Altar), *στάσιμα* (Stillstand vor dem Altar, als Erholung vom Tanz).

Tragödie als etwas roheres gegenübergestellt: zu Grunde liegt die Etymologie, die in den Dionysscholien p. 746, 24 steht: ἢ ὅτι τοῦ γ τρεπομένου εἰς χ νοεῖται τραχῳδία ἢ τραχεῖα ᾠδή· τραχύτερον γὰρ [καὶ φευκτέον καὶ δύσβατον] τὸ τῶν θρήνων εἶδος τοῦ γελωτοποιεῖν.

Alle diese Phantasien nehmen auf den Character der Komödie als Spottgedicht gar keine Rücksicht. Nicht so diejenigen denen sie die Etymologie von κώμη entlehnten: die Dorer stützten, wie Aristoteles bezeugt, ihr erstes Recht auf die Schöpfung der Komödie durch den Hinweis darauf, ὡς κωμῳδοὺς οὐκ ἀπὸ τοῦ κωμάζειν λεχθέντας ἀλλὰ τῆι κατὰ κώμας πλάνηι ἀτιμαζομένους ἐκ τοῦ ἄστεως (Poet. c. 3). Sie wussten also von Kränkungen zu erzählen und von Rügeliedern, die die Gekränkten gegen ihre Bedrücker sangen. Das ist genau was dem grossen Dionysscholion zu Grunde liegt und was in einzelnen Andeutungen auch bei den späteren nachklingt (z. B. bei Donat p. 8, 19 Reiff.), nur die Hauptsache scheint ganz unterdrückt, das dorische Local: die Vorgänge spielen überall in Attika. Das ist nicht ursprünglich und erst durch bequeme Lässigkeit hineingetragen, aber Spuren der richtigen Auffassung finden sich noch. Als Ergänzung des Bekkerschen Scholion muss uns das leider allzu kurze Cramersche dienen (p. 316): καὶ εὑρέθη ἡ μὲν τραγῳδία ὑπὸ Θέσπιδός τινος Ἀθηναίου, ἡ δὲ κωμῳδία ὑπὸ Ἐπιχάρμου ἐν Σικελίαι, καὶ ὁ ἴαμβος ὑπὸ Σουσαρίωνος. Hier hat also Epicharm seinen richtigen Platz: er ist der dorische Erfinder. dem Susarion wird nur ein formeller Fortschritt, der Gebrauch des Iambos zugeschrieben. Danach sollte man. da doch beide Dramengattungen desselben Ursprungs sind, auch für die Tragödie einen dorischen Erfinder erwarten. Den geben uns allerdings die erhaltenen Scholien nicht, wol aber einer der sie ausgeschrieben hat, Tzetzes Prol. Lyk. p. 255 M: τραγῳδοὶ δὲ ποιηταὶ Ἀρίων Θέσπις Φρύνιχος Αἰσχύλος Σοφοκλῆς Εὐριπίδης Ἴων Ἀχαιὸς καὶ ἕτεροι μυρίοι νέοι [1]), wobei ins Gewicht fällt, dass bei Proklos (Phot. p. 320 a 32) Arion nach Aristoteles' Vorgang als erster Dithyrambendichter verzeichnet war und die Tragödie, wiederum nach Aristoteles, aus dem Dithyrambos erwachsen ist. Arion und Thespis an der Spitze der Liste bedeuten keinen Widerspruch. Beides sind Erfinder: Arion hat für das μέλος gesorgt, Thespis für die iambische ῥῆσις. Die Parallele Arion der Dorer, Thespis der Athener und Epicharm der Dorer, Susarion der Athener (ὁ Ἰκαριεύς), leuchtet ein. Wer den Epicharm bei Seite liess, machte Susarion zum Megarer. Auch diese Version, d. h. der interpolirte Vers des Susarion, υἱὸς Φιλίννης, Μεγαρόθεν Τριποδίσκιος, ist nur in Dionysscholien überliefert.

So hat jemand gegen Aristoteles aber mit seinen Waffen die dorische Ehre gerettet: die tragischen Chöre und Arions Wirken in nordpeloponnesischen

1) Die sehr jugendliche Arbeit des Tzetzes zu Lykophron benützt dieselben Quellen wie die Iamben. An beiden Stellen kennt er nur einen Satyrdramendichter, Pratinas, wie er in den Iamben ausdrücklich gesteht, wenn er auch in den Prolegomena zu Lyk. etwas prahlerischer sagt: σατυρικὸς δὲ Πρατίνας καὶ ἕτεροι. Von Euripideischen Satyrdramen hatte er damals offenbar noch keine Ahnung.

Städten, andrerseits der Syrakusaner Epicharm waren die scheinbar unanfechtbaren Anhaltspunkte [1]). Für die Weiterentwicklung der Komödie sind verschiedene Versionen erhalten. Der vielgenannte Dionysscholiast erzählt von Susarion, den Aristoteles nirgend erwähnt hat, er habe zuerst für die bäuerlichen Improvisationen die iambische Kunstform gefunden, dann habe sich die Komödie in dreifacher Stufe entwickelt. Die erste Form, das *φανερῶς καὶ ὀνομαστὶ κωμῳδεῖν*, verbaten sich alsbald die Behörden (*οἱ ἄρχοντες*) und gestatteten nur noch verhüllte Polemik (zweite Stufe); schliesslich wurde auch dies lästig, und der Spott der Komiker musste sich auf *ξένοι, πτωχοί* und *δοῦλοι* beschränken (dritte Stufe). Als Vertreter der *ἀρχαία* werden Kratinos, Eupolis und Aristophanes genannt, als Vertreter der *μέση* dagegen nur Platon (*πολλοὶ γεγόνασιν, ἐπίσημος δὲ Πλάτων τις*), ebenso von der *νέα* nur Menander, '*ὃς ἄστρον ἐστὶ τῆς νέας κωμῳδίας*' [2]). Das ist eine äusserst dürftige und schiefe Darstellung, die durch ein paar gelehrte Brocken nicht viel stattlicher wird. Platon wird Dank seiner *Νὺξ μακρά* als Führer der mittleren Komödie bezeichnet; man hätte ja auch, wie andere es gethan, Aristophanes' *Κώκαλος* und *Αἰολοσίκων* nennen können, aber im System konnte das verwirrend wirken, da Aristophanes als Hauptvertreter der *ἀρχαία* genannt war. Ferner klingt sehr gelehrt Kratinos *ὁ καὶ πραττόμενος* — aber es regt sich der Verdacht, dass diese Worte nicht sowol für ihn wie für Aristophanes gemeint sind; von Platon wird ausdrücklich gesagt, dass seine Stücke verloren seien, dass die des Kratinos länger gelebt hätten, ist weder nachweisbar noch recht glaublich. Der Verfasser des Scholion hält eigensinnig daran fest, dass die Komödie stets geblieben sei was sie anfänglich war, eine *κακολογία, λοιδορία*, ein *σκωπτικὸν ποίημα*, selbst Menanders Sklaven und Kuppler hält er für Angriffsobjecte.

---

1) Aristoteles wäre wol sehr glücklich gewesen, wenn er die älteste Form der Komödie so genau gekannt hätte wie der Grammatiker im Liber glossarum (Usener Rhein. Mus. XXVIII 418): *sed prior ac vetus comoedia ridicularis extitit. postea civiles vel privatas adgressa materias — in scaenam proferebat, nec vetabantur poetae pessimum quemque describers — auctor eius Susarion traditur. sed in fabulas primi eam contulerunt <non> magnas, ita ut non excederent in singulis versus trecenos* (so der Monacensis, *tricenos* der Bernensis und die SGaller Hdschr.). Aristoteles hat solche Stücklein von 300 Versen sicher nicht gekannt, denn er sagt (Poet. 4): *ἤδη σχήματά τινα αὐτῆς ἐχούσης οἱ λεγόμενοι αὐτῆς ποιηταὶ μνημονεύονται.* Also aus der Zeit der Incunabeln waren ihm weder Dichter noch Dichtungen bekannt: konnte aber ein anderer nach ihm mehr davon wissen? Es ist ja peinlich eine so kostbare Nachricht zu verwerfen, aber nicht minder peinlich ist es denken zu müssen, dass Aristoteles sich nicht ordentlich nach so kostbaren Texten umgesehen haben sollte, bevor er daran verzweifelte die dunklen Anfänge der Komödie aufzuhellen. Ich halte trotz Useners Ausführungen die 300 Verse für eine Phantasie, eine zahlenmässige Präcisirung dessen was der Scholiast zu Arist. Eq. 537 von Krates sagt: *ποιητὴς ὀλιγόστιχα ποιήματα γράψας.* Dies aber ist nichts als falsche Erklärung von Aristophanes Worten *ἀπὸ σμικρᾶς δαπάνης*, wie ein anderes Scholion zeigt: *σμικρὰ ἐποίει.* Vgl. Leo Rhein. Mus. XXXIII 140.

2) *ὡς μεμαθήκαμεν* wird hinzugefügt: es war also ein Schulvers, etwa wie das Leben des Pindar zu Hexametern und Tetrametern verarbeitet in den Schulen gelernt wurde. An einen Vers aus Apollodors Chronik wird man nicht leicht denken.

Eine weitere Entwicklungsgeschichte neben dieser erzählt Tzetzes (*Pb* und *Ma*): die Tendenz und die Pointe ist die gleiche, der Stoff hat nur eine andere Gestaltung erfahren. Die erste Periode der *φανερὰ σκώμματα* beginnt mit Susarion und endet mit Eupolis' Bestrafung durch Alkibiades, dessen Psephisma dem *ὀνομαστὶ κωμῳδεῖν* ein Ende macht. Die zweite Periode (genannt werden ausser Eupolis selbst Kratinos, Pherekrates, Platon und Aristophanes) beschränkt sich auf *συμβολικὰ σκώμματα*. Die dritte endlich (Menander und Philemon) verhöhnte nur noch Fremde, Sklaven und Bettelvolk, die Bürger wurden verschont. Die durchgängige Verwandtschaft dieser zweiten Version mit der ersten kommt vielfach, sachlich wie sprachlich, zum Ausdruck, besonders auch darin dass Susarion mit seinen unechten Versen ganz auf gleiche Weise eingeführt wird. Der Verfasser kennt gleichfalls die Komödie nur als Spottgedicht, obwol er Menander erwähnt. Dass Eratosthenes die Anecdote, wie Alkibiades sich für Eupolis' *Βάπται* gerächt, als Fabel erwiesen hatte (Cic. ad. Att. VI 1), ist ihm wol bekannt, er schwächt daher die Erzählung, auf die er als einzige historische Thatsache nicht verzichten mochte, dahin ab, dass der Dichter nicht völlig ersäuft sondern mit dem Leben davon gekommen sei. Das ist ein Compromiss schlimmster Art, der in milderer Form auch in einer dritten die gleiche Richtung verfolgenden Abhandlung begegnet, in dem merkwürdigen Tractat des Platonios.

Der Verfasser beginnt nicht mit einer hypothetischen Entstehungsgeschichte der Komödie, sondern schildert ihre ungebundene Freiheit unter dem Schutz der Demokratie des 5. Jahrhunderts, sowie ihre Einschränkung durch die Oligarchie. Die klare und einfache Sprache, der leichte und anspruchslose Satzbau, die angemessene Verwendung politischer Kunstausdrücke (*ἰσηγορία*, *ἄδεια*, *ἐξουσίαν ἔχειν*, *ὁ δῆμος αὐτοκράτωρ καὶ κύριος τῶν πραγμάτων* u. a.), die Bemerkung endlich dass die Demokratie *φύσει ἀντίκειται τοῖς πλουσίοις* [1]), das alles zeugt von einer Quelle guter Zeit und von einem mit den geschichtlichen Verhältnissen wol vertrauten Verfasser; manches klingt geradezu an die Art der Aristotelischen *Πολιτεία Ἀθηναίων* an. Der Terrorismus der Oligarchen, der auch den Komikern die Zunge lähmte, wird durch die Eupolisanecdote belegt: aber Alkibiades wird nicht genannt (*ἀποπνιγέντα ὑπ' ἐκείνων εἰς οὓς καθῆκε τοὺς Βάπτας*), ein Zeichen dass Eratosthenes' Kritik vorausgegangen ist. Den Mangel an Chorliedern in der *μέση* mit dem Mangel an Choregen in Zusammenhang zu bringen (*ἐπέλιπον οἱ χορηγοί*) ist gewiss ein gescheidter Gedanke: dass aber die Athener aus Furcht vor den Oligarchen die Lust verloren Choregen zu wählen [2]), diese

1) Der ganze Satz *ὁ γὰρ δῆμος τὸν φόβον ἐξῄρει τῶν κωμῳδούντων φιλοτίμως τῶν τοὺς τοιούτους* (d. h. Strategen, Heliasten u. a.) *βλασφημούντων ἀκούων· ἴσμεν γὰρ ὡς ἀντίκειται φύσει τοῖς πλουσίοις ἐξ ἀρχῆς ὁ δῆμος καὶ ταῖς δυσπραγίαις αὐτῶν ἥδεται* erinnert lebhaft an die Worte des Oligarchen (Resp. Ath. II 18): *κωμῳδεῖν δ' αὖ καὶ κακῶς λέγειν τὸν μὲν δῆμον οὐκ ἐῶσιν, ἵνα μὴ αὐτοὶ ἀκούωσι κακῶς, ἰδίαι δὲ <καὶ> κελεύουσιν εἴ τίς τινα βούλεται, εὖ εἰδότες ὅτι οὐχὶ τοῦ δήμου ἔσται οὐδὲ τοῦ πλήθους ὁ κωμῳδούμενος ὡς ἐπὶ τὸ πολύ, ἀλλ' ἢ πλούσιος ἢ γενναῖος ἢ δυνάμενος.*

2) Die Thatsache der fehlenden *χορικά* hat den alten Grammatikern viel Kopfzerbrechens gemacht. Am sichersten konnten die urtheilen welche von Geschichte wie Litteraturgeschichte

Bemerkung zeigt von ebenso geringem Verständniss wie die andere, die Ὀδυσσῆς des Kratinos hätten keinen Chor gehabt, oder besser gesagt, sie bezeugen, dass der Compilator richtige und werthvolle Angaben seiner Quelle missverstanden und verwirrt hat, vgl. Hermes XXX 74 f. Auf Missverständniss beruht es auch, wenn er sagt, die mittlere und neue Komödie hätte die persönlichen Masken abgeschafft und allgemein komisch groteske eingeführt aus Furcht vor den Makedonen, ἵνα μηδὲ ἐκ τύχης τινὸς ὁμοιότης προσώπου συμπέσῃ τινὶ Μακεδόνων ἄρχοντι. Die Quelle konnte gesagt haben, dass in der Zeit der Makedonischen Besatzung scharfe Bemerkungen, an denen doch auch die μέση keinen Mangel hatte, vermieden wurde, und dass in jener Zeit die bürgerliche Komödie sich herausbildete, deren Masken typisch lächerliche Figuren (Greise, Kuppler, Sklaven u. a.) darstellten: ὁρῶμεν γοῦν τὰς ὀφρῦς ἐν ταῖς Μενάνδρου κωμῳδίαις ὁποίας ἔχει — da redet einer der Menander von der Bühne her kennt, also gewiss kein Byzantiner. Eine bedenkliche Verallgemeinerung enthält die durch ihre Einfachheit und wissenschaftliche Form imponirende Aeusserung τὰ μὲν γὰρ ἔχοντα τὰς παραβάσεις κατ' ἐκεῖνον τὸν χρόνον ἐδιδάχθη καθ' ὃν ὁ δῆμος ἐκράτει· τὰ δὲ οὐκ ἔχοντα τῆς ἐξουσίας λοιπὸν ἀπὸ τοῦ δήμου μεθισταμένης καὶ τῆς ὀλιγαρχίας κρατούσης. Das musste in der Quelle nothwendig eine vorsichtigere Fassung gehabt haben.

Der unglückliche Apriorismus, dass die Komödie ein Spottgedicht geblieben sei bis ans Ende, befremdet in einer so vernünftigen und historisch begründeten Darstellung; man wird nicht zweifeln, dass diese Anschauung, die den unwissenden Theoretiker verräth, erst nachträglich dem gesunden Stamm aufgepropft ist, oder richtiger gesagt, dass das was ein älterer Gewährsmann über den Unterschied der alten und mittleren Komödie gesagt hatte, dem System zu Liebe mit einiger Gewaltsamkeit auf die Komödie des Menander übertragen wurde. War der Gewährsmann aber in der Lage, der alten aggressiv politischen oder der friedlicheren Typenkomödie des 4. Jahrhunderts die neue gegenüberzustellen als etwas verschiedenes, als etwas das den Namen Komödie im Sinne der λοιδορία gar nicht mehr verdiente, warum konnten die späteren Ausschreiber nicht diese Characteristik ebenfalls von ihm übernehmen? war etwa der Gewährsmann so alt, dass er von der neuen Gattung noch gar nichts zu sagen wusste oder doch, da die Entwicklung noch im Fluss war, noch nichts zu sagen wagte? Man empfindet ja leicht, dass die drei verschiedenen Fassungen bei Tzetzes und Platonios, die einmüthig die Komödie als Spottgedicht fassen, auch darin übereinkommen, dass sie von der neuen Komödie nichts sagen als dass Menander und Philemon ihre Träger waren, und dass sie πτωχοί und δοῦλοι und ξένοι auf die

---

gleich wenig wussten, wie Euanthius p. 5, 25 R: *nam postquam otioso tempore fastidiosior spectator effectus esset et tum cum ad cantores ab actoribus fabula transibat consurgere et abire coepisset, admonuit poetas ut primo quidem choros tollerent locum eis relinquentes, ut Menander fecit hac de causa, non, ut alii existimant, alia: postremo ne locum quidem reliquerunt, quod Latini fecerunt comici* eqs. Die Vorlage war wol der Βίος Ἀριστοφάνους XI 72 Dübner.

Bühne brachte: das ist eine merkwürdig schiefe Summirung der Charactertypen, da man doch *γέροντες, νεανίαι, παρθένοι, ἑταῖραι, δοῦλοι* erwarten sollte, es sind eben nur constructiv gewonnene Gegensätze zu den *πολῖται* und den *πλούσιοι*, die als Ziel des Spottes der *ἀρχαία* galten[1]), ein kärglich improvisirtes Supplement zu dem was von der älteren Komödie gesagt war. Ja, bei Platonios ist von der *νέα* eigentlich überhaupt keine Rede: er weiss wol von ihrer Existenz, da er von der *μέση* spricht, aber er hebt kein einziges Moment hervor das die *νέα* von der *μέση* scheiden könnte; er spricht von den unpersönlichen Masken der *μέση* und *νέα*, und nur um ein Beispiel anzuführen, erwähnt er die verzerrten Masken des Menander. Also alle diese Darstellungen, deren gemeinsame Grundlage wol klar geworden ist, kennen eigentlich nur die *ἀρχαία* und die *μέση*, die sie, wenn sie nicht die *νέα* hätten anflicken wollen, eigentlich die *νέα* oder die *νεωτέρα* nennen mussten. Ich weiss den peripatetischen Gewährsmann nicht mit Namen zu nennen: man denkt an Theophrast, dessen Definition von Tragödie und Komödie bei Diomedes an hervorragender Stelle erscheint (p. 487. 88), auch Eratosthenes ist vielleicht nicht ausgeschlossen, vielleicht auch Chamaileon nicht[2]); von Eumelos dem Peripatetiker, dessen 3. Buch *Περὶ τῆς ἀρχαίας κωμωιδίας* die Scholien zu Aischines Tim. 39 citiren, weiss ich nichts, des Akademikers Krates Schrift über die Komödie hat, wie es scheint, keine Spuren zurückgelassen. Das Rathen hilft nichts. Wichtig ist ja auch nur, wenn meine Bemerkungen zutreffen, das Alter der Quelle.

Die ärgerlich verkehrte Auffassung der *νέα* in den bisher besprochenen Tractaten hat auf eine Quelle geführt, die ihres Alters wegen an der Verkehrtheit unschuldig war. Wir haben keine griechisch geschriebene Darstellung, die die Menandreische Komödie würdigen konnte und richtig gewürdigt hat. Dafür treten die Lateiner ein. Nur die Sprache scheidet diese von Tzetzes und Platonios; dass sie ganz ähnliche griechische Quellen benützt haben, liegt auf der Hand. Diomedes giebt schon da, wo er Komödie und Tragödie vergleicht als generellen Unterschied an, dass die eine *luctus exilia caedes*, die andere *amores, virginum raptus* enthalte (p. 488, 16); später scheidet er richtiger die *iocularia* der ältesten Periode (Susarion Myllos Magnes), die bitteren Angriffe der zweiten (Aristophanes, Eupolis, Kratinos) und endlich die Komödie des Menander, Diphilos und Philemon, *qui omnem acerbitatem mitigaverunt atque argumenta multiplicia*

1) Es scheint fast, als ob Platons Forderung zu der Auffassung mitgewirkt hat; er verlangt Leg. XI 935 a *ποιητῆι κωμωιδίας ἢ τινος ἰάμβων ἢ μουσῶν μελωιδίας μὴ ἐξέστω μήτε λόγωι μήτε εἰκόνι μήτε θυμῶι μήτε ἄνευ θυμοῦ μηδαμῶς μηδένα τῶν πολιτῶν κωμωιδεῖν.*

2) Chamaileon von Herakleia ist offenbar identisch mit einem der Gesandten, die seine Vaterstadt im J. 281 an Seleukos schickte (Memnon bei Phot. bibl. 226 a 16). Die Herakleoten waren widerspänstig und auf die heftigen Drohungen des Königs wagte Chamaileon zu antworten *Ἡρακλῆς κάρρων, Σέλευκε.* Der König verstand den Dialect nicht, und Chamaileon würde schwerlich dorisch geredet haben, wenn die Worte nicht ein Citat gewesen wären. Sophron (bei Apollon. de pron. p. 95 c) sagte *Ἡρακλῆς τεοῦς κάρρων ἦς.* Auf ein solches Citat konnte aber nur ein gelehrter Mann verfallen. Damit ist Chamaileons Zeit bestimmt.

Graecis erroribus (?) *secuti sunt.* Der Artikel des Liber Glossarum (Usener Rhein. Mus. XXVIII 418) lautet ähnlich: *postea autem omissa male dicendi libertate privatorum hominum vitam cum hilaritate imitabantur, admonentes quid adpetendum quidve cavendum esset.* Wichtiger aber ist was Euanthius von der Eigenart der νέα sagt (p. 5, 15): *quae argumento communi magis et generaliter ad omnes homines qui mediocribus fortunis agunt pertineret et minus amaritudinis spectatoribus et eadem opera multum delectationis afferret, concinna argumento, consuetudini congrua, utilis sententiis, grata salibus, apta metro.* Das ist nicht nur die Characteristik der νέα, sondern zugleich auch der μέση, die mithin zusammengefasst werden wie im Anonymus V. Die Bitterkeit des Spottes ist nur gemildert, nicht aufgehoben, der Stoff ist dem allgemeinen Menschenleben entnommen, die Handlung ist geschlossen und einheitlich, die Sprache ist die des Lebens (*consuetudo* = λέξις συνήθης) das Metrum ist der Iambos, der täglichen Rede also das verwandteste, der Witz (τὸ χαρίεν) geht zusammen mit sittlicher Belehrung (τὸ ὠφέλιμον). Das sind die gleichen Gesichtspuncte — ὕλη μέτρον διάλεκτος διασκευή — nach denen der Anon. V den Vergleich zwischen der παλαιά und νέα anstellt. Man muss es Euanthius lassen, dass er die gleiche Quelle besser und verständiger ausgenützt hat als der Anonymus. Des letzteren Quelle waren, wie zu zeigen versucht wurde, Dionysscholien, Euanthius führt auf ältere Zeit; dass die Vorlage eine pergamenische Schrift über die Komödie gewesen sei, möchte ich nicht mehr mit gleicher Bestimmtheit wie früher (Hermes XXIV 57) behaupten. Die Characteristik bei Euanthius setzt, wie gesagt, eine zweigetheilte Komödie voraus. Er unterscheidet freilich drei Theile, aber das ist nur der Schein. Zuerst nennt er die *quae — vixdum incipiens* ἀρχαία κωμῳδία *et* ἐπ' ὀνόματος *dicta est — etenim per priscos poetas non ut nunc ficta penitus argumenta sed res gestae a civibus palam cum eorum saepe qui gesserant nomine decantabantur: idque ipsum suo tempore moribus multum profuit civitatis, cum unusquisque caveret culpam, ne spectaculo ceteris extitisset et domestico probro. sed cum poetae licentius abuti stilo et passim laedere ex libidine coepissent plures bonos, ne quisquam in alterum carmen infame componeret lata lege siluere* (*statuere?*), *et hinc deinde aliud genus fabulae id est* s a t i r a *sumpsit exordium, quae a satyris quos in iocis semper* [*ac*] *petulantes deos scimus esse vocitata est.* Vergleicht man dies mit dem was über die νέα gesagt war, so wird man finden, dass die Characteristik der ἀρχαία auf einer ganz anderen Grundlage steht. Nicht nach Stoff, Composition, Sprache und Metrum, also nicht mit Rücksicht auf die anders geartete νέα wird die ἀρχαία geschildert, sondern an und für sich als Spottgedicht, das an ungebundner Freiheit mehr und mehr zunimmt, bis das Gesetz (*lex*) περὶ τοῦ μὴ ὀνομαστὶ κωμῳδεῖν ihr den Garaus macht. Das ist aber die Characteristik, die nicht der V. sondern der IV. Anonymus giebt, mit dem der lateinische Text wörtliche Uebereinstimmungen genug aufweist. Die Quelle des Euanthius hatte demnach die beiden Anonymi nebeneinander vor sich, wahrscheinlich in derselben Reihenfolge, wie sie noch jetzt in den Aristophaneshandschriften und bei Tzetzes (aus den Dionysscholien) hintereinander stehen. Also nicht erst in der Quelle der Dionysscholien, wenn das Proklos' Chrestomathie war, sondern viel früher schon waren die beiden Tractate zusammengerückt. Den zweiten leitete Tzetzes seiner Quelle folgend, wie wir sahen, mit den Worten *καθ' ἑτέραν διαίρεσιν* ein: das ging auf eine Zweitheilung gegenüber der voranstehenden Dreitheilung der Komödie. Nun vertritt zwar der IV. Anonymus eine dreigetheilte Komödie, aber wie sich gezeigt hat, die dritte Periode gehörte nicht zum ursprünglichen Bestand der Darstellung, die vielmehr nur eine Periode des *φανερῶς κωμωιδεῖν* und eine zweite des *αἰνιγματωδῶς* kannte. Es folgt dass der IV. Anonymus die üble Erweiterung schon beträchtliche Zeit vor Euanthius erlitten haben muss, da sich ihm sonst nicht die Zweitheilung des V. Anonymus hätte anschliessen können. Genauer lässt sich die Zeit nicht bestimmen. Die Worte des Euanthius *per priscos poetas non ut n u n c ficta penitus argumenta sed res gestae a civibus decantabantur* weisen zwar auf einen Mann, zu dessen Zeit die zweite Komödie noch am Leben war, ergeben aber, da diese Komödie sehr langlebig gewesen ist, keine nähere Zeitbegrenzung für ihn: er kann ganz wol ein Zeitgenosse des Menander oder seiner ersten Nachfolger gewesen sein.

Die erste Periode der Komödie, die des *φανερῶς κωμωιδεῖν*, nannte Euanthius die *κωμωιδία ἐπ' ὀνόματος*, eine Bezeichnung die sonst nirgend begegnet. Ihr gegenüber steht ein *iocus de vitiis civium sine ullo proprii nominis titulo*, also die Komödie der versteckten Anspielung (*συμβολικῶς, κατ' ἔμφασιν, αἰνιγματωδῶς*), und die nennt er *satira*, leitet den Namen von den Satyrn ab und lässt ihren ersten Vertreter Lucilius sein. Schlimmer kann sich der verständnisslose Compilator nicht verrathen. Dass die Ableitung der *satira* von den Satyrn und ebenso die geistige Verbindung des Lucilius mit der alten Komödie keinem anderen als Varro zur Last fällt, hat Leo gezeigt (Hermes XXIV 67 ff.), aber je deutlicher dieser Anachronismus bei Euanthius aus dem Zusammenhang herausfällt, desto sicherer ist, dass an diesem Zusammenhang Varro unschuldig war. Dass bei Isidor Orig. VIII 7 der Irrthum eine noch bösartigere Gestalt angenommen hat, ist natürlich ganz gleichgiltig. Aber immerhin muss doch eine zum Irren veranlassende Gelegenheit gedacht werden: daraus dass Varro die Satire des Lucilius aus der alten Komödie ableitete, wird nicht erklärt, dass die Satire für die zweite Periode der griechischen Komödie ausgegeben wird. Man hat zu bedenken, dass die Quelle des Euanthius (ebenso wie die Glosse des Et. M. *τραγωιδία*) die älteste Komödie nicht nur nicht von der Tragödie zu scheiden versuchte sondern geradezu unter dem gemeinsamen Namen *τρυγωιδία* mit ihr identificirte, dass ferner auch die *τραγωιδία* als Satyrngesang gedeutet wurde (Et. M. a. O.), also Satyrdrama in engste Beziehung zur Tragödie gesetzt werden musste. Nun wird das Satyrdrama in griechischen Quellen seinem Character nach zumeist erklärt als *παίζουσα τραγωιδία* (Demetr. de eloc. 169), als Gemisch von Scherz und Ernst, von Tragik und Komik (Horaz AP. 226 *vertere seria ludo*, vgl. Diomedes p. 491, 3). Das drückt Tzetzes auf verschiedene Weise aus: bald sagt er (*Pb* 26), die Eigenart des Satyrdramas bestehe in dem *καταντᾶν ἀπὸ πένθους εἰς χαράν*, bald (*π. διαφ. ποι.* 60) nennt er es ein Mitteldling zwischen Tragödie und Komödie (*τῶνδε τὴν μεσαιτάτην*). Sollte nicht dieser letzte Ausdruck oder ein dem ähnlicher jemanden verführt haben, das Satyrdrama (später die *satura*) für ein Mittelding zwischen der alten *τρυγωιδία* und der neuen *κωμωιδία* zu halten?

Wir haben einen dem Aristoteles zeitlich nahestehenden Mann ermittelt, der über Komödie und Tragödie geschrieben und beide auf dorischen Ursprung zurückgeführt hatte. Die Komödie hatte er seiner Zeit gemäss in zwei Perioden zerlegt, was er von der Entwicklung der Tragödie gesagt haben mag, lässt sich nicht errathen. Nirgend finden wir eine Spur von historischer Behandlung dieser Schwesterdichtung. Um so eifriger aber ist das ausgeschrieben, was jener Mann oder seine Nachfolger über Aehnlichkeit und Unähnlichkeit von Tragödie und Komödie gesagt hatten: überall treten sie uns als nach verschiedener Richtung hin entwickelte Formen eines und desselben Grundgedankens entgegen. Von diesem Vergleich konnte die dritte Gattung, das Satyrdrama, nicht ausgeschlossen werden. Nach Aristoteles (Poet. c. 4) ist es die eigentliche Vorstufe der Tragödie: *ἔτι δὲ τὸ μέγεθος ἐκ μικρῶν μύθων καὶ λέξεως γελοίας διὰ τὸ ἐκ σατυρικοῦ μεταβαλεῖν ὀψὲ ἀπεσεμνύνθη*. Daraus ergab sich die Mischung von Ernst und Scherz ganz von selbst. Dieser eine Gedanke wird in mannigfacher Gestalt immer wiederholt, am besten bei Diomedes p. 491, 3 *satyrica fabula, in qua item tragici poetae non heroas aut reges sed satyros induxerunt ludendi causa iocandique, simul ut spectator inter res tragicas seriasque satyrorum iocis et lusibus delectaretur, ut Horatius sensit* (folgt Citat von AP 220 ff.)[1]). Nur bei Tzetzes finden wir einiges mehr. Er hatte sich durch die Scholien des Eukleides verleiten lassen, alle Tragödien mit heiterem Ausgang für Satyrdramen zu halten und danach das Wesen des letzteren zu bestimmen als ein *καταντᾶν ἐκ πένθους εἰς χαράν*. Das widerruft er in *Ma* p. 116 K und in einem Scholion zu den Iamben *π. διαφ. ποι.* 93 folgendermassen: *ἐντυχὼν δὲ σατυρικοῖς δράμασιν Εὐριπίδου (πολλὰ δράματα Ma) αὐτὸς μόνος ἐπέγνων ἐκ τούτων σατυρικῆς ποιήσεως καὶ κωμωιδίας διαφοράν. ἡ μὲν οὖν κωμωιδία δριμέως τινῶν καθαπτομένη διαβολαῖς ἐπὶ λοιδορίαις κινεῖ γέλωτα· ἡ δὲ σατυρικὴ ποίησις ἄκρατον καὶ ἀμιγῆ λοιδορίας ἔχει τὸν γέλωτα πάνυ ἡδύτατον οἷον τὸν ἐν θυμέλαις*. Tzetzes hat besten Falls ein einziges Satyrdrama, den Kyklops lesen können, er schwindelt also. Die höchst unvollkommene Characteristik, die er als Frucht seiner Lectüre ausgiebt, gehört nicht ihm: sie kehrt wieder *Pb* 26 und *Mb* p. 119, und beidemal folgt als Beleg, mit *οἷον* eingeleitet, die Hypothesis des Euripideischen Syleus. Den hat er sicher nicht gelesen, und es ist klar dass die ganze Unterscheidung der drei Gattungen (denn in *Pb* und *Mb* tritt die Tragödie hinzu) aus einer und derselben Vorlage stammt, d. h. direct oder indirect aus Proklos. Ebenso wie Proklos den Inhalt der kyklischen Epiker nacherzählt hat, so mochte er auch die Inhaltsangabe einiger

1) Den Werth der Angabe Diom. p. 490, 18 *in satyrica fere satyrorum personae inducuntur aut si quae sunt ridiculae similes satyris Autolycus Busiris* will ich hier nicht prüfen. Vgl. Hermes XXX 72.

Dramen seiner Chrestomathie eingefügt haben. Die Verwechslung von Satyrdrama und Tragödie mit glücklichem Ausgang hat sich Tzetzes ausser in den ganz frühen Prolegomena zu Lykophron noch in den Iamben *π. διαφ. ποι.* 113 zu Schulden kommen lassen, aber schon im Pariser Tractat (*Pb*) ist der Irrthum beseitigt. Das andere Versehen betreffs Zenodot und Aristarch wirkt noch in *Pb* nach und wird erst in *M* berichtigt. Die Quelle der Irrthümer waren Dionysscholien, die des Eukleides und des Heliodor, die Quelle seiner Bekehrung verschweigt oder verhüllt Tzetzes. Vielleicht war Proklos sein Retter gewesen, dessen Buch ihm etwa später in die Hände gefallen war, das Original oder besser die Epitome, die Photios las. Proklos Quelle lässt sich nicht errathen: von Chamaileons Schrift *Περὶ σατύρων*, die ja ganz wol ein Seitenstück zur Schrift *Περὶ κωμωιδίας* gewesen sein kann, scheint nichts weiter erhalten als das Citat bei Suidas u. d. W. *ἀπώλεσας*, und das lehrt nichts.

Um so erfreulicher ist es, dass ein durchgeführter Vergleich von Tragödie und Komödie recht reichliche Spuren zurückgelassen hat. Sie finden sich einerseits verstreuter bei Tzetzes in den Theilen seiner Prooemien, wo er sich auf Eukleides und Genossen beruft, und in den Dionysscholien — wir werden diese beiden Wege nun wol als einen einzigen gelten lassen — ferner in den lateinischen Tractaten *de poematibus*, andrerseits dichter und geschlossener in dem schon mehrfach erwähnten Coislinianschen Tractat, den uns eine Handschrift des X. Jahrhunderts erhalten hat (Cramer An. Par. I 403, besserer Text bei Bernays Zwei Abhandl. S. 135). Das characteristische Kennzeichen dieser gemeinsamen Quelle ist, dass sie auf Aristoteles Poetik fussend die Lehre des Meisters bald zu erweitern, bald zu variiren oder zu corrigiren bemüht ist. Ich lasse die ersten Paragraphen des Coislin. Tractats zunächst bei Seite und beginne mit dem dritten.

Coislin. § 3	Tzetzes *Pa* 12
κωμωιδία ἐστὶ μίμησις πράξεως γελοίου καὶ ἀμοίρου μεγέθους τελείου, χωρὶς ἑκάστου τῶν μορίων ἐν τοῖς εἴδεσι δρῶντος καὶ δι' ἀπαγγελίας, δι' ἡδονῆς καὶ γέλωτος περαίνουσα τὴν τῶν τοιούτων παθημάτων κάθαρσιν. ἔχει δὲ μητέρα τὸν γέλωτα κτλ.	*ἐστὶ δὲ κωμωιδία μίμησις πράξεως . . . . καθαρτήριος παθημάτων, συστατικὴ τοῦ βίου, διὰ γέλωτος καὶ ἡδονῆς τυπουμένη. διαφέρει δὲ τραγωιδία κωμωιδίας ὅτι ἡ μὲν τραγωιδία ἱστορίαν ἔχει καὶ ἀπαγγελίαν πράξεων γενομένων, κἂν ὡς ἤδη γινομένας σχηματίζηι αὐτάς, ἡ δὲ κωμωιδία πλάσματα περιέχει βιωτικῶν πραγμάτων· καὶ ὅτι τῆς μὲν τραγωιδίας σκοπὸς τὸ εἰς θρῆνον κινῆσαι τοὺς ἀκροατάς, τῆς δὲ κωμωιδίας εἰς γέλωτα.*

Mit Tzetzes ist zunächst das Dionysscholion bei Göttling Theodos. p. 58, 31 zu vergleichen, das dieselbe Lücke zu Anfang in seiner Vorlage fand und sie zu verdecken bemüht war: *ἐστὶ δὲ κωμωιδία μίμησις πράξεως καθαρτικῶν παθημάτων καὶ τοῦ βίου συστατική, τυπουμένη δι' ἡδονῆς καὶ γέλωτος, οἷα ἡ τοῦ Ἀρι-*

στοφάνους ἢ τοῦ Μενάνδρου. καὶ ἡ μὲν κωμωιδία τὸν βίον συνίστησιν, ἡ δὲ τραγωιδία διαλύει. Ferner das Bekkersche Scholion p. 747, 20 διαφέρει δὲ κωμωιδίας, ὅτι ἡ τραγωιδία ἱστορίαν ἔχει καὶ ἀπαγγελίαν πράξεων γενομένων, ἡ δὲ κωμωιδία πλάσματα περιέχει βιωτικῶν πραγμάτων. Dieser Vergleich soll nicht nur bestätigen dass, was wir schon wissen, Tzetzes bessere Dionysscholien benützt hat sondern vor allem zeigen, dass die Quelle, aus der der Coislin. Tractat sowie die Dionysscholien geschöpft haben, sich nicht mit der Behandlung der Komödie begnügt sondern Komödie und Tragödie mit einander verglichen hatte. Diese wesentliche Eigenthümlichkeit der Quelle werden wir festhalten müssen. An die groteske Parodie auf die Aristotelische Tragödiendefinition [1]) schlossen sich Erörterungen über den stofflichen Unterschied von Komödie und Tragödie — mit Wendungen die wir bei Asklepiades und dann bei Proklos (in den Cramerschen Dionysscholien) wiederfanden — und über den verschiedenen Zweck der beiden Gattungen — mit einer Wendung, die ebenfalls wahrscheinlich Proklos vermittelt hatte (κινῆσαι τοὺς ἀκροατὰς εἰς θρῆνον, εἰς γέλωτα, vgl. S. 16). Die Zahl der Vergleichspuncte lässt sich vervollständigen aus Diomedes (p. 488), der einen besseren Wortlaut, und aus Euanthius (p. 7, 11), der einen vollständigeren Text hat. Den letzteren schreibe ich aus:

inter tragoediam autem et comoediam cum multa tum inprimis hoc distat,

(1) *quod in comoedia mediocres fortunae hominum, parvi impetus periculi* (*pericula* Cod.) *laetique sunt exitus actionum, at in tragoedia omnia contra, ingentes personae, magni timores, exitus funesti habentur.*

(2) *et illic prima turbulenta, tranquilla ultima, in tragoedia contrario ordine res aguntur.*

(3) *tum quod in tragoedia fugienda vita, in comoedia capessenda exprimitur.*

(4) *postremo quod omnis comoedia de fictis est argumentis, tragoedia saepe de historica fide petitur.*

---

1) Die Komödiendefinition war in den Dionysscholien wol nicht gekürzt sondern durch Schuld eines flüchtigen Abschreibers lückenhaft geworden; der Einschub von γελοίας hinter πράξεως genügt nicht. Aber auch der Text des Tractats ist nicht in Ordnung. Dass hinter μεγέθους τελείου die Worte ἡδυσμένωι λόγωι ausgefallen sind, ist eine einleuchtende Bemerkung Vahlens, unsicherer alsdann, ob nach dem Muster der Poetik χωρὶς ἑκάστου τῶν εἰδῶν ἐν τοῖς μορίοις zu verbessern ist. Sicher aber ist für δρῶντος καὶ δι' ἀπαγγελίας zu schreiben δρώντων καὶ <οὐ> δι' ἀπαγγελίας: die Komödie erzählt doch nicht. Mit Entschiedenheit dagegen sind die abenteuerlichen Gewaltthaten Bergks abzuweisen, der (Philol. XLI 581) zu Anfang herstellen wollte μίμησις πράξεως γελοίας καὶ ἀλοιδόρου μέγεθος ἔχουσα τέλειον. Aber das Wesen der alten Komödie ist λοιδορία und die alte Komödie hat keine abgeschlossene Handlung in demselben Sinne wie die Tragödie. Sie kann in einer beliebigen Anzahl von lustigen Scenen fortgesetzt werden, die mit zur Handlung gerechnet werden müssen, da sie aus der Haupthandlung hervorgehen und die Personen der Haupthandlung an ihnen betheiligt sind. Daraus wurde für die Komödie ein willkommenes Distinctiv gegenüber der Tragödie gewonnen. Die Thatsache ist von den alten Kritikern nicht unbeobachtet geblieben, wie die treffliche Glosse in Bekk. An. 253, 19 zeigt: ἐπεισόδιον κυρίως μὲν τὸ ἐν κωμωιδίαι ἐπιφερόμενον τῶι δράματι γέλωτος χάριν ἔξω τῆς ὑποθέσεως κτλ.

Der erste Satz giebt die Theophrastischen Definitionen wieder, die Diomedes griechisch bewahrt hat: τραγωιδία ἐστὶν ἡρωικῆς τύχης περίστασις und κωμωιδία ἐστὶν ἰδιωτικῶν πραγμάτων ἀκίνδυνος περιοχή. Nur der tragische resp. der heitere Ausgang ist hinzugefügt, oder besser aus Theophrasts Worten richtig herausgedeutet. Der zweite Satz liegt griechisch, soviel ich weiss, nicht vor. Der dritte übersetzt die 'tolle Antithese', wie Bernays meinte (S. 147), ἡ μὲν τραγωιδία λύει τὸν βίον, ἡ δὲ κωμωιδία συνίστησιν. Die λύπη, das Wesen der Tragödie (*proprium tragoediae* Diom. p. 488. 20), nicht als Unlustempfindung gefasst sondern als tragischer Stoff, ist ein ταραχῶδες, ein φθαρτικόν: der γέλως, das Wesen der Komödie, erweckt dem Menschen Lebenslust und macht ihn zufrieden und glücklich. Endlich der vierte Satz bei Euanthius entspricht genau den oben citirten Dionysscholion, dass die Tragödie ἱστορίαν enthalte und ἀπαγγελίαν πράξεων γενομένων, die Komödie aber πλάσματα βιωτικῶν πραγμάτων. Wie der Vergleich Schritt für Schritt durchgeführt war, zeigt ein an sich sehr auffallender Ausdruck des Coislin. Tractats: ἔχει δὲ (ἡ κωμωιδία) μητέρα τὸν γέλωτα. Der weibliche γέλως ist sprachlich nur zu rechtfertigen, wenn die Worte eng mit dem parallelen Satz, der nun im vorhergehenden Paragraphen (1) steht, verbunden gedacht werden: ἔχει δὲ (ἡ τραγωιδία) μητέρα τὴν λύπην. Wenn im ursprünglichen Text, wie ich nicht bezweifle, geschrieben stand ἔχει δὲ ἡ μὲν τραγωιδία μητέρα τὴν λύπην, ἡ δὲ κωμωιδία τὸν γέλωτα, so ist das ein völlig tadelfreies Zeugma. Die begrifflichen Anstösse, die man an dem Worte μήτηρ genommen hat, scheinen mir unberechtigt. Wenn die Komödie eine lächerliche Handlung erfinden muss, so ist eben das Lächerliche die Quelle der Erfindung, ihre Grundlage, sowie die Tragödie aufgebaut ist auf ἱστορίαι τῶν ἡρώων ἔχουσαι πάθη τινά, ἔσθ' ὅτε καὶ θανάτους καὶ θρήνους (Schol. Dion. p. 746, 6 B). Der Ausdruck ist geziert, aber man weiss wie die griechischen Dichter und späteren Prosaiker die Worte πατήρ und μήτηρ vergewaltigt haben (Hectors σάκος heisst μήτηρ τροπαίων Eur. Tro. 1221). Useners Aenderung μέτρον für μητέρα schafft neue Schwierigkeit: man fragt vergeblich, wenn die Trauer der Massstab der Tragödie, das Lachen der der Komödie heisst, was denn an diesem Massstab gemessen werden soll. Bergks Vorschlag μετρίαν τὴν λύπην und μέτριον τὸν γέλωτα missversteht die Absicht des Verfassers und bedarf einiger Ausreden, die Bergk selbst nicht für stichhaltig ausgeben konnte.

Die komische 'Katharsis' stand im Coislin. Tractat der tragischen gegenüber, von der nur wenige Worte (§ 2) übrig sind: ἡ τραγωιδία ὑφαιρεῖ τὰ φοβερὰ παθήματα, τῆς ψυχῆς δι' οἴκτου καὶ δέους. καὶ ὅτι συμμετρίαν θέλει ἔχειν τοῦ φόβου. Die gewaltsame Kürzung und die dadurch entstandene Verwirrung des Tractats zeigt sich nirgend besser als hier. Der zweite Satz, schon durch die Form (ὅτι) als Epitomirung gekennzeichnet, wiederholt sich in vollständigerer Fassung, aber an unpassender Stelle § 6: συμμετρία τοῦ φόβου θέλει εἶναι ἐν ταῖς τραγωιδίαις καὶ τοῦ γελοίου ἐν ταῖς κωμωιδίαις.

Eine weitere und erheblichere Lücke zeigt sich § 3. An die Behauptung, Lachen sei die Grundlage der Komödie, Trauer die der Tragödie, schliesst sich von selbst die Frage an: welches sind die Quellen des Traurigen und welches die des Lächerlichen. Der Tractat giebt nur auf die zweite Frage und zwar eine ausserordentlich ausführliche zweigetheilte Antwort: *γίνεται δὲ ὁ γέλως* 1. *ἀπὸ τῆς λέξεως* 2. *ἀπὸ τῶν πραγμάτων*. Das ganze Capitel hat dem vorgelegen, der die gemeinsame Quelle für Tzetzes (*Pa* 17) und für den VI. Anonymus war; er hat den ersten Theil sorgfältig und vollständig abgeschrieben und sogar die belegenden Beispiele bewahrt, die im Coislin. Tractat fehlen, beim zweiten Theil ist ihm die Geduld ausgegangen, so dass er von den neun Quellen des *γέλως ἐκ τῶν πραγμάτων* nur die zwei ersten beibehält mit der dreisten Einleitungsphrase: *ἐκ δὲ τῶν πραγμάτων κατὰ τρόπους δύο* [1]).

Es folgen im Tractat zwei Sätze, die den Begriff und Umfang des Lächerlichen beschränken sollen: *διαφέρει ἡ κωμῳδία τῆς λοιδορίας, ἐπεὶ ἡ μὲν λοιδορία ἀπαρακαλύπτως τὰ προσόντα κακὰ διέξεισιν, ἡ δὲ δεῖται τῆς καλουμένης ἐμφάσεως. ὁ σκώπτων ἐλέγχειν θέλει ἁμαρτήματα τῆς ψυχῆς καὶ τοῦ σώματος.* Das ist alles sehr kurz gesagt, aber der Gedankengang lässt sich vervollständigen. Nicht jedes Lächerliche schickt sich für den Komiker, er soll nicht lästern und verläumden, sondern spotten, ohne zu verletzen. Da aber das Tadeln und Bessern seines Amtes ist, jeder offen und öffentlich getadelte aber sich verletzt fühlt, so verdient die versteckte Andeutung (*ἔμφασις*) den Vorzug vor der unverhüllten Schmähung, ja sie ist der Komödie allein würdig, da die Komödie eben keine *λοιδορία* sondern eine *παιδιά* sein soll. Das letztere ergänzt sich, wie Bernays ausgeführt hat, aus Aristoteles Eth. Nicom. IV p. 1128 a 20, von wo die ganze Scheidung herstammt: *ἡ τοῦ ἐλευθερίου παιδιὰ διαφέρει τῆς τοῦ ἀνδραποδώδους, καὶ αὖ τοῦ πεπαιδευμένου καὶ τοῦ ἀπαιδεύτου· ἴδοι δ' ἄν τις καὶ ἐκ τῶν κωμῳδιῶν τῶν παλαιῶν καὶ τῶν καινῶν· τοῖς μὲν γὰρ ἦν γελοῖον ἡ αἰσχρολογία, τοῖς δὲ μᾶλλον ἡ ὑπόνοια.* Darin liegt eine Verurtheilung der alten Komödie zu Gunsten der des 4. Jahrhunderts, und nichts anderes hatte der Verfasser des Tractats ursprünglich gemeint als was, zum Theil noch mit wörtlichem Anklang, bei Tzetzes zu lesen steht (*Ma* p. 113): *τῆς μὲν πρώτης* (*κωμῳδίας*) *ἦν γνώρισμα λοιδορία ἀπαρακάλυπτος καὶ συμφανής· τῆς μέσης δὲ τὸ συμβολικωτέρως λέγειν τὰ σκώμματα* (also *ἔμφασις, ὑπόνοια*). Der Komödie im allgemeinen konnte die *λοιδορία* von niemandem abgesprochen werden; bei Krates, Kratinos, Eupolis u. a. wird das *λοιδορεῖν* oft genug speciell hervorgehoben, der III. Anonymus

1) Viel reicheren Stoff über das Lächerliche hat Quintilian VI 3, 22 ff. Neben den von ihm selbst angegebenen Quellen, Domitius Marsus' *De urbanitate* und Domitius Afer *Urbane dicta*, ist eine griechische Vorlage leicht erkennbar (§ 22), die von der gleichen Theilung *ἀπὸ λέξεως* und *ἀπὸ πραγμάτων* ausging. Aristoteles liegt § 37 zu Grunde: *risus igitur oriuntur aut ex corpore eius in quem dicimus aut ex animo, qui factis ab eo dictisque colligitur, aut ex his quae sunt extra posita*, vgl. Rhetor. I 11 a. E. *ἀνάγκη καὶ τὰ γελοῖα ἡδέα εἶναι, καὶ ἀνθρώπους καὶ λόγους καὶ ἔργα· διώρισται δὲ περὶ γελοίων χωρὶς ἐν τοῖς Περὶ ποιητικῆς.* Sollte Quintilians Quelle noch die vollständige Poetik gekannt haben? Auf eine eingehende Prüfung des Quintilianischen Capitels muss ich für jetzt verzichten.

rühmt es erst dem Pherekrates nach, dass er τοῦ λοιδορεῖν ἀπέστη. Bezeichnend aber für den Verfasser des Tractats ist, dass er auf die Menanderkomödie keine Rücksicht nimmt und es für den eingestandenermassen einzigen Zweck der Komödie hält τὰ προσόντα κακὰ διεξιέναι. Das verbindet ihn auf das deutlichste mit den früher besprochenen Darstellungen von der Geschichte der Komödie. Der zweite Satz dagegen 'der spottende will Fehler der Seele und des Körpers aufweisen' ist ganz unverständlich und scheint nur ein einzelnes Glied einer längeren Ausführung. Das σκώπτειν an sich ist weder recht noch unrecht, das εὖ oder ἐμμελῶς σκώπτειν ist witzig, das Gegentheil verletzend und darum unerlaubt.

Hiermit muss das Schlussstück des ganzen Tractats verbunden werden, eine kurze Uebersicht über die Perioden der Komödie:

τῆς κωμωιδίας

παλαιὰ ἡ πλεονάζουσα τῶι γελοίωι.	νέα ἡ τοῦτο μὲν προιεμένη, πρὸς δὲ τὸ σεμνὸν ῥέπουσα.	μέση ἡ ἀπ' ἀμφοῖν μεμιγμένη.

Diese Theilung stimmt nun offenbar gar nicht mit dem was der Verfasser vorher bemerkt hatte. Nach § 4 mussten wir annehmen, dass er nur eine zweitheilige Komödie kannte oder anerkannte: ihr gemeinsames Ziel war τὰ προσόντα κακὰ διεξιέναι, das erreichte die ältere Komödie vermittelst der ἀπαρακάλυπτος λοιδορία, die jüngere durch ἔμφασις. Jetzt finden wir eine ältere Art, die es nur aufs lächerliche abgesehen hat, dazu eine jüngere die sich dem σεμνόν zuneigte, endlich ein (begrifflich, nicht zeitlich zu verstehendes) Mittelding, halb γελοῖον, halb σεμνόν. Nun kann σεμνόν als Gegensatz zu γελοῖον nur als 'ernsthaft' gefasst werden: wie ist das aber möglich in einer Lehre, die als Grundlage und Quelle der Komödie insgemein das Lächerliche ansieht? Da giebt es nur einen doppelten Ausweg. Entweder γελοῖον ist hier ein übel gewählter Ausdruck für αἰσχρολογία und λοιδορία, entstanden durch falsche Interpretation von σεμνόν, das nicht 'ernsthaft' sondern 'anständig' bedeuten sollte. Dann haben wir hier genau dieselbe Scheidung wie vorher und wie bei Aristoteles. Oder aber es wird hier auf etwas verwiesen, wovon vorher keine Spur übrig geblieben war, dass nämlich die ältesten Komödiendichter, um mit Diomedes (p. 488. 25) zu reden, *iocularia quaedam minus scite ac venuste pronuntiabant*, dass ihre kunstvolleren Nachfolger alsdann der ziellosen Posse eine practische, sittlichwirkende Bedeutung gaben (τὸ σεμνόν): erst von dieser zweiten Form aus hätte sich alsdann die Komödie als Spottgedicht in zweierlei Gestalt ausgebildet, zuerst als ἀπαρακάλυπτος λοιδορία, sodann als αἰνιγματώδης und ἐμφατικὴ σκῶψις. Ich glaube, dass dies in der That die Meinung des Verfassers war, um so mehr als sie sich genau mit dem Gedankengange des V. Anonymus deckt (= Tzetzes *Pa* 16): (unter Susarion) μόνος ἦν γέλως τὸ κατασκευαζόμενον· ἐπιγενόμενος δὲ ὁ Κρατῖνος κατέστησε μὲν πρῶτον τὰ ἐν τῆι κωμωιδία πρόσωπα μέχρι τριῶν, συστήσας τὴν ἀταξίαν, καὶ τῶι χαρίεντι τῆς κωμωιδίας τὸ ὠφέλιμον προσέθηκε, τοὺς κακῶς πράττοντας διαβάλλων καὶ ὥσπερ δημοσίαι μάστιγι τῆι κωμωιδίαι κολάζων. Das ὠφέλιμον ist dasselbe was der Tractat σεμνόν nennt. Kratinos aber gilt als der Hauptvertreter des ἐμφανῶς λοιδορεῖν, als Nacheifrer des Archilochos, wie Platonios sagt. Wenn der Anonymus alsdann fortfährt ἀλλ' ἔτι μὲν (μὴν?) καὶ οὗτος τῆς ἀρχαιότητος μετεῖχε καὶ ἠρέμα πως τῆς ἀταξίας· ὁ μέντοι γε Ἀριστοφάνης μεθοδεύσας τεχνικώτερον τὴν κωμωιδίαν τῶν μεθ' ἑαυτοῦ (der Text nach Tzetzes verbessert) ἀνέλαμψεν ἐν ἅπασιν ἐπίσημος ὀφθεὶς καὶ οὕτω πᾶσαν κωμωιδίαν ἐμελέτησε· καὶ γὰρ τὸ τούτου δρᾶμα ὁ Πλοῦτος νεωτερίζει κατὰ τὸ πλάσμα κτλ. — so wird hier Aristophanes als Führer der zweiten Periode characterisirt, als erster Vertreter der νεωτέρα, die die λοιδορία durch ἔμφασις mildert. Dass der Anonymus auf den Πλοῦτος exemplificirt, ist dadurch erklärlich, dass er seine Quelle auf eine Einleitung zur Interpretation dieses Stücks zugeschnitten hat (bei Tzetzes fehlt das): er hätte ebensowol oder besser den Κώκαλος und Αἰολοσίκων nennen können, wie es Platonios thut. Also hat der Coislin. Tractat wirklich zwei Hauptperioden der Komödie geschieden: 1) die Posse des Susarion, 2) die Komödie als staatliche Einrichtung, die Menschen zu höhnen und zu bessern. Diese, die litterarisch überlieferte Komödie, zerfällt in zwei Theile: a) die ἐπ' ὀνόματος κωμωιδία, wie Euanthios sie nannte, b) die λοιδορία κατ' ἔμφασιν. Das sind demnach drei Arten, die aber der Excerptor des Tractats nicht verstanden hat, wenn er als dritte Art eine μέση ἐξ ἀμφοῖν μεμιγμένη hinzufügt: die μέση ist ihm hier, wie es in aller triadischen Systematik zu gehen pflegt, eine bequeme Verlegenheitsphrase gewesen.

Der 7. Paragraph ist wiederum eine getreue Nachbildung des Aristoteles (Poet. c. 6), aber in dem Auszuge ist nur weniges von Belang stehen geblieben: κωμωιδίας ὕλη· μῦθος ἦθος διάνοια λέξις μέλος ὄψις. μῦθος κωμικός ἐστιν ὁ περὶ γελοίας πράξεις ἔχων τὴν σύστασιν. ἤθη κωμωιδίας τά τε βωμολόχα καὶ τὰ εἰρωνικὰ καὶ τὰ τῶν ἀλαζόνων. διανοίας μέρη δύο, γνώμη καὶ πίστις· πίστεις ε', ὅρκοι συνθῆκαι μαρτυρίαι βάσανοι νόμοι. κωμική ἐστι λέξις κοινὴ καὶ δημώδης· δεῖ τὸν κωμωιδοποιὸν τὴν πάτριον αὐτοῦ γλῶσσαν τοῖς προσώποις περιτιθέναι, τὴν δὲ ἐπιχώριον αὐτῶι ἐκείνωι. μέλος τῆς μουσικῆς ἐστιν ἴδιον· ὅθεν ἀπ' ἐκείνης τὰς αὐτοτελεῖς ἀφορμὰς δεήσει λαμβάνειν. ἡ ὄψις μεγάλην χρείαν τοῖς δράμασι τὴν συμφωνίαν (τῆι ψυχαγωγίαι Bernays) παρέχει. ὁ μῦθος καὶ ἡ λέξις καὶ τὸ μέλος ἐν πάσαις κωμωιδίαις θεωροῦνται, διάνοια δὲ καὶ ἦθος καὶ ὄψις ἐν ὀλίγαις.

Es war nach der Ueberschrift κωμωιδίας ὕλη keine Veranlassung bei jedem einzelnen Theil anzugeben, dass er mit Rücksicht auf die Komödie gemeint sei, (μῦθος κωμικός, ἤθη κωμωιδίας, κωμικὴ λέξις), wenn nicht die einzelnen Sätze nur aus einem grösseren Zusammenhang herausgerissen wären, in welchem das dichterische Material der Tragödie und Komödie miteinander verglichen war. So lässt sich auch verstehen, dass der Komödie ein μῦθος zugeschrieben wird, wofür das richtige Wort πλάσμα gewesen wäre (s. o. S. 25). Das ursprüngliche lässt sich etwa so denken: ὁ μὲν τραγωιδίας μῦθος περὶ πράξεις σπουδαίας, τὸ δὲ κωμωιδίας πλάσμα περὶ γελοίας ἔχει τὴν σύστασιν, oder auch: ἡ μὲν τραγωιδία μῦθον ἔχει καὶ πράξεως σπουδαίου σύστασιν, ἡ δὲ κωμωιδία πλάσμα γελοίας πράξεως. Die Komödiencharactere (ihre ärmliche Begrenzung aus Arist. Eth. Nic. II 1108 a 21) können ihr tragisches Correlat in der Poetik c. 13 (p. 1453 a 8) oder auch in den Worten Plutarchs finden (de poet. aud. p. 26 a): *ἤθη τραγῳδίας μὲν οὐ τελείων ἀνθρώπων οὐδὲ καθαρῶν οὐδ' ἀνεπιλήπτων παντάπασιν, ἀλλὰ μεμιγμένων πάθεσι καὶ δόξαις ψευδέσι καὶ ἀγνοίαις.* Plutarch spricht zwar von der Poesie im allgemeinen als einer *μίμησις ἠθῶν καὶ βίων καὶ ἀνθρώπων*, aber die Komödie hat er sicher nicht im Sinne. Die *διάνοια*, die in *γνώμη* und *πίστις* zerfällt (nach Aristot. Poet. 1450 b 10 *διάνοια δὲ ἐν οἷς ἀποδεικνύουσί τι ὡς ἔστιν ἢ ὡς οὐκ ἔστιν ἢ καθόλου τι ἀποφαίνονται*), liess sich schwerlich für die Komödie viel anders als für die Tragödie bestimmen (vgl. Poet. c. 19)[1], es ist also wol kein Zufall, dass hier der Zusatz (*διάνοια*) *κωμική* fehlt. Die fünf Arten der *πίστεις*, entlehnt aus Arist. Rhet. I p. 1375 a 24, sind (trotz Bernays S. 154) ein ganz ungehöriger Zusatz, wie Cramer gesehen hat. Es folgt die *λέξις*, die in der Komödie *κοινὴ καὶ δημώδης*, in der Tragödie also *σεμνὴ καὶ μεγαλοπρεπής* oder dgl. sein soll. Der Zusatz verliert durch die Verderbniss kaum an Interesse: die einheimischen Personen (*τοῖς ⟨ἐπιχωρίοις⟩ προσώποις*) soll der Komiker in seiner Sprache reden lassen, die Fremden in ihrem Dialect[2]). Die Vorschrift ist aus Aristophanes' Praxis in den Acharnern und in der Lysistrate abstrahirt, aber sie findet sich wol nur hier. Die Behandlung des *μέλος* lehnt der Grammatiker ab und weist sie dem Musiker zu, daher ist auch hier keine Spur, dass dem *μέλος τραγῳδίας* das *μέλος κωμῳδίας* entgegengestellt wird: er überging beides. Ganz allgemein gehalten ist auch was er von der *ὄψις* sagt (nach Aristot. Poet. p. 1450 b 16 *ἡ δὲ ὄψις ψυχαγωγικὸν μέν, ἀτεχνότατον δὲ καὶ ἥκιστα οἰκεῖον τῆς ποιητικῆς*); man merkt den erschlaffenden Eifer des Epitomators, da er hier doch wesentliche Unterschiede zwischen der tragischen und komischen Bühne in seiner Vorlage angegeben finden musste, also auch von der komischen wesentliches sagen konnte, nebst anderem auch was Vitruv ausführt (V 8, 1)[3]).

Vergeblich sucht man nach einer einleuchtenden Erklärung für die letzte

---

1) Natürlich lassen sich Unterschiede und Gegensätze auch der *διάνοια* construiren, aber *γνώμη* und *πίστις* sind der Komödie so unentbehrlich wie der Tragödie. Aristoteles (Poet. c. 19) sagt *ἔστι δὲ κατὰ τὴν διάνοιαν ταῦτα ὅσα ὑπὸ τὸν λόγον δεῖ παρασκευασθῆναι. μέρη δὲ τούτων τό τε ἀποδεικνύναι καὶ τὸ λύειν καὶ τὸ πάθη παρασκευάζειν οἷον ἔλεον ἢ φόβον ἢ ὀργὴν καὶ ὅσα τοιαῦτα, καὶ ἔτι μέγεθος καὶ μικρότητα.* Hier ist die Verbindung zwischen *διάνοια* und *λέξις* (als *λόγος*) gegeben, aber der Verfasser des comparativen Tractats hat nicht so tief gegriffen, dass er darauf eingehen konnte.

2) *τὴν δὲ ἐπιχώριον* (*περιτιθέναι δεῖ*) *αὐτῶι τῶι ξένωι* Bernays. Das ist besser, wie ich glaube, als Vahlens Vorschlag *<τῶι δὲ ξένωι ἀποδιδόναι> τὴν ἐπιχώριον αὐτῶι ἐκείνωι*, aber weder *αὐτῶι* hat rechte Beziehung, noch ist das nackte *ἐπιχώριος* ein Gegensatz zu *πάτριος*; vielleicht *τὴν δὲ ἐπιχώριον ἑκάστου τῶι ξένωι.*

3) Mit der merkwürdigen Beschreibung scenischer Einrichtungen bei Tzetzes (*Pb* 33. *Mb* p. 120) weiss ich nichts anzufangen. Alt ist sie nicht, aber alte Bestandtheile können eingemischt sein, sie scheint aus den Scholien des Eukleides zu stammen, da der Schluss ganz ähnlich ist dem was Tzetzes kurz zuvor (*Pb* 31) sicher jenen Scholien entnommen hat. Aber das fördert so wenig wie das was Muhl dazu bemerkt hat, Symbolae ad rem scaen. Acharn. et Avium. (Augsburg 1879) p. 7.

Behauptung dieses Capitels, dass *μῦθος*, *λέξις* und *μέλος* in allen Komödien, dagegen *διάνοια*, *ἦθος* und *ὄψις* nur *ἐν ὀλίγαις* zu finden seien (*θεωροῦνται*). Auch Bernays hat sich mit einem allgemeinen Hinweis auf das 6. Capitel der Poetik begnügt: dass es *ἀήθεις τραγῳδίαι* gegeben hat und ebenso auch *ἀήθεις κωμῳδίαι* gegeben haben kann, macht den Gedanken um nichts klarer. Man könnte bedenken, ob hier eine Vermischung der Komödie mit dem Mimos vorliegt, der ja allenfalls ohne *διάνοια* und *ὄψις*, freilich nimmermehr ohne *ἤθη* auskommen kann, aber abgesehen von dem übertreibenden *ἐν ὀλίγαις* genügt die Erklärung auch sonst in keiner Weise. Nur soviel, scheint es, lässt sich erkennen, dass der Verfasser, nachdem er die allen Exemplaren der beiden Dramengattungen gemeinsamen Elemente aufgezählt hat, nun das hervorzuheben beginnt, was die einen haben und die anderen nicht haben, oder was bei den einen im Vordergrund steht, bei den anderen zurücktritt. Von da war der Uebergang zu einer Erweiterung dieses Gesichtspunktes gegeben. Welches sind die quantitativen Theile, so fragt es sich jetzt, die Komödie und Tragödie gemeinsam haben, und welches die Theile, die entweder der Komödie oder der Tragödie so eignen, dass sie von der anderen Gattung mit Nothwendigkeit ausgeschlossen sind. Dieser Theil des Tractats lässt sich mit Sicherheit vervollständigen.

Coislin. § 8.	Tzetzes *Pb* 29.
μέρη τῆς κωμῳδίας τέσσαρα· πρόλογος χορικὸν ἐπεισόδιον ἔξοδος. πρόλογός ἐστι μόριον κωμῳδίας τὸ μέχρι τῆς εἰσόδου τοῦ χοροῦ· χορικόν ἐστι τὸ ὑπὸ τοῦ χοροῦ μέλος ᾀδόμενον, ὅταν ἔχηι μέγεθος ἱκανόν. ἐπεισόδιόν ἐστι τὸ μεταξὺ δύο χορικῶν μελῶν. ἔξοδός ἐστι τὸ ἐπὶ τέλει λεγόμενον τοῦ χοροῦ.	*ἔτι ἰστέον ὅτι κατὰ Διονύσιον καὶ Κράτητα καὶ Εὐκλείδην μέρη κωμῳδίας εἰσὶ τέσσαρα· πρόλογος μέλος χοροῦ ἐπεισόδιον καὶ ἔξοδος. καὶ πρόλογος μέν ἐστι τὸ μέχρι τοῦ χοροῦ τῆς εἰσόδου. ἡ δὲ ἅμα τῆι εἰσόδωι τοῦ χοροῦ λεγομένη ῥῆσις μέλος καλεῖται χοροῦ. ἐπεισόδιον δέ ἐστι τὸ μεταξὺ μελῶν καὶ ῥήσεων δύο χορικῶν. ἔξοδος δέ ἐστιν ἡ πρὸς τῶι τέλει τοῦ χοροῦ ῥῆσις.*

Tzetzes fährt unmittelbar darauf fort *μέρη δὲ παραβάσεως ἑπτά*, und da er es in *Ma* ebenso macht, so war das der Zusammenhang seiner Quelle. Mit der Parabase war, wie früher gezeigt wurde (S. 9 f.), die Parodos und die epirrhematische Composition der Chorlieder verbunden, also alle diejenigen Theile, die die Komödie vor der Tragödie voraus hat. Eben dies hebt Tzetzes in den Iamben *π. τραγ.* 178 (aus gleicher Quelle) mit Nachdruck hervor: er zählt die gemeinsamen Theile auf und sagt von der Komödie: *καὶ τὴν παράβασιν ἐς πλέον τούτων φέρει· ἧς παραβάσεως ἑπτὰ τελοῦσι τὰ μέρη κτλ.* Nicht anders Pollux IV 111: *τῶν δὲ χορικῶν ᾀσμάτων τῶν κωμικῶν ἕν τι καὶ ἡ παράβασις — τραγικὸν δὲ οὐκ ἔστιν.* Also die Besonderheiten der Komödie waren in der Quelle des Tractats den beiden Gattungen gemeinsamen Theilen gegenübergestellt. Nur diese letzteren sind im Coislin. Tractat erhalten, sie sind bekanntlich aufgezählt und beschrieben genau nach Aristoteles. Der Parabase der Komödie entsprechend mussten alsdann die Theile genannt werden, die der Tragödie allein zukommen und in der Komödie sich niemals zeigen können. Aristoteles (Poet. c. 12) giebt zwei verschiedene *χορικά* als nothwendige Erfordernisse der Tragödie an, *πάροδος* und *στάσιμον*, dazu zwei andere die gelegentlich vorkommen könnten, *κόμμος* und *τὰ ἀπὸ σκηνῆς*. Danach rechnet Tzetzes (Iamb. π. τραγ. 30), indem er die Exodos des Chors mitzählt, fünf lyrische Theile der Tragödie, *πάροδος στάσιμον ἐμμέλεια κόμμος ἔξοδος*. Diese fünf Theile sind aber keineswegs erst von Eukleides aufgenommen, sondern schon bei Pollux überliefert in dem Verzeichniss der *ᾠδαί* und *ποιήματα*, das wenn auch lüderlich genug angefertigt, dennoch deutliche Spuren derselben Quellen zeigt die auch Proklos benützt hat. Zunächst ist die Anordnung die gleiche: *ἔπη* (*ἡρῷα ἑξάμετρα ῥαψῳδία*), *ἐλεγεῖα* (*πεντάμετρα ἐπιγράμματα*), *ἴαμβοι* (*ἰαμβεῖα τρίμετρα ἀνάπαιστοι*), *μέλη*[1]. Unter dieser letzten Rubrik erscheinen nun bei weitem die meisten der von Photios aus Proklos aufgezählten Arten lyrischer Dichtung, zum Theil in der gleichen Reihenfolge, mitten darunter aber folgender: *θρῆνοι σίλλοι κωμῳδία τραγῳδία, πάροδος στάσιμον ἐμμέλεια κομματικά* (so) *ἔξοδος*, *εὐκτικά ἐμβατήρια* u. s. w. Die geniale Unordnung, die Pollux, als wollte er die Spuren seines Plünderungszuges verwischen, zurückgelassen hat, macht es schwierig den Character seiner Quelle zu bestimmen. An Tryphons *Ὀνομασίαι* zu denken ist verlockend (Bapp Leipz. Stud. VIII 119), aber die ausführlichen historischen Erörterungen, die Pollux an den *βώριμος* und *λιτυέρσης* knüpft, scheinen mit Tryphons Kürze kaum vereinbar. Aber wie dem sein mag, Pollux fand in seiner Quelle die fünf *χορικά* der Tragödie, darunter waren nur drei regelmässig wiederkehrende, die zwei anderen waren ausserordentliche Zuthaten, *ἐμμέλεια* und *κόμμος*, das ausschliessliche Eigenthum der Tragödie. Tzetzes, von dem wir es jetzt wissen dass er die Quelle des Coislin. Tractats, und zwar durch Eukleides' Scholien vermittelt, benützt hat, ist uns Zeuge dass die Parabase in der ursprünglichen Fassung des Tractats eingehender behandelt war. Wir sehen uns nach sonstigen Zeugnissen um. In der Abhandlung des Platonios findet sich als Anmerkung oder besser als Einschiebsel eine Beschreibung der Parabase, die folgendermassen lautet:

παράβασις δέ ἐστι τὸ τοιοῦτο· μετὰ τὸ τοὺς ὑποκριτὰς τοῦ πρώτου μέρους πληρωθέντος ἀπὸ τῆς σκηνῆς ἀναχωρῆσαι, ὡς ἂν μὴ τὸ θέατρον ἀργὸν ἦι (so der Estensis) *καὶ ὁ δῆμος ἀργὸς καθέζηται, ὁ χορὸς οὐκ ἔχων πρὸς τοὺς ὑποκριτὰς διαλέγεσθαι ἀπόστροφον ἐποιεῖτο πρὸς τὸν δῆμον· κατὰ δὲ τὴν ἀπόστροφον ἐκείνην οἱ ποιηταὶ διὰ τοῦ χοροῦ ἢ ὑπὲρ ἑαυτῶν ἀπελογοῦντο ἢ περὶ δημοσίων πραγμάτων εἰσηγοῦντο. ἡ δὲ παράβασις ἐπληροῦτο διὰ μελυδρίου καὶ κομματίου καὶ στροφῆς καὶ ἀντιστρόφου καὶ ἐπιρρήματος καὶ ἀντεπιρρήματος καὶ ἀναπαίστων.*

Es wird nicht viel ausmachen, dass die Anapäste am Ende stehen; schlim-

---

1) In derselben Reihenfolge zählt auch Horaz die Dichtungsarten auf (AP 73), und es ist hier besonders deutlich, wie er die Dürre der litterarhistorischen Vorlage durch gesteigerte Kunst des Ausdrucks zu verdecken strebt.

mer ist oder scheint vielmehr, dass *μελύδριον* und *κομμάτιον* als zwei verschiedene Theile gezählt werden, da doch offenbar *μελύδριον* nur ein wolberechtigter Nebenname des *κομμάτιον* ist, für den Fall nämlich dass dieses lyrische Form hatte. Der Fehler aber ist nicht etwa von Platonios begangen worden, sondern ist Jahrhunderte älter. Der einzige der das Wort *μελύδριον* ausserdem braucht ist Pollux IV 111, dessen Parabasenbeschreibung auch sonst der des Platonios nahe steht: *τῶν δὲ χορικῶν ᾀσμάτων τῶν κωμικῶν ἕν τι καὶ ἡ παράβασις, ὅταν ἃ ὁ ποιητὴς πρὸς τὸ θέατρον βούλεται λέγειν ὁ χορὸς παρελθὼν λέγηι. τραγικὸν δὲ οὐκ ἔστιν — τῆς μέντοι παραβάσεως ἕπτα ἂν εἴη μέρη· κομμάτιον παράβασις μακρόν στροφή ἐπίρρημα ἀντίστροφος ἀντεπίρρημα· ὧν τὸ μὲν κομμάτιον καταβολή (ἀναβολή?) τίς ἐστι βραχέος μέλους, ἡ δὲ παράβασις ὡς τὸ πολὺ μὲν ἐν ἀναπαίστωι μέτρωι, εἰ δ' οὖν καὶ ἐν ἄλλωι, ἀνάπαιστα τὴν ἐπίκλην ἔχει. τὸ δὲ ὀνομαζόμενον μακρὸν ἐπὶ τῆι παραβάσει βραχὺ μελύδριόν ἐστιν ἀπνευστὶ ᾀδόμενον. τῆι δὲ στροφῆι ἐν κώλοις προαισθείσηι τὸ ἐπίρρημα ἐν τετραμέτροις ἐπάγεται, καὶ τῆς ἀντιστρόφου τῆι στροφῆι ἀνταισθείσης τὸ ἀντεπίρρημα τελευταῖον ὂν τῆς παραβάσεώς ἐστι τετράμετρα οὐκ ἐλάττω τὸν ἀριθμὸν τοῦ ἐπιρρήματος.* Es ist natürlich ein Unding, dass jemals das *μακρόν*, das nicht gesungen wurde, ein *μελύδριον* genannt worden wäre. Pollux' Erklärung des *μακρόν* ist identisch mit der des *κομμάτιον*, so zu sagen eine Dittographie, nur dass das eine ein *βραχὺ μέλος*, das andere ein *βραχὺ μελύδριον* heisst. Dafür fehlt beim *μακρόν* etwas wesentliches, der Nebenname *πνῖγος*, durch den allein der Zusatz *ἀπνευστὶ ᾀδόμενον* gerechtfertigt wäre. Das ist wiederum keine Nachlässigkeit des Pollux, sondern ein Fehler seiner Vorlage, derselben die auch bei Hephaistion p. 135, 11 benützt ist. Was dieser sagt *διὰ τὸ ἀπνευστὶ λέγεσθαι ἐδόκει εἶναι μακρότερον*, stellt die Sache auf den Kopf: das *ἀπνευστὶ λέγεσθαι* ist Erklärung des Ausdrucks *πνῖγος*, und der fehlt bei Hephaistion wie bei Pollux. Platonios nun übergeht das *μακρόν* oder *πνῖγος* gänzlich: er las in seiner Quelle richtig *τὸ μὲν πρῶτον κομμάτιον καὶ μελύδριον* oder dgl., fand alsdann dass das *μακρόν* in der Quelle ganz ebenso erklärt wurde wie das *κομμάτιον*, und hielt es für überflüssig dasselbe Ding, wie er meinte, zweimal aufzuzählen. Die Siebenzahl erreichte er dadurch dass er *κομμάτιον* und *μελύδριον* als zwei verschiedene Theile ansetzte. Platonios steht aber dadurch, dass er die beiden Ausdrücke nebeneinander hat, seiner Quelle näher als Pollux, bei dem sie ganz getrennt erscheinen. Mit Hephaistion ist Pollux noch durch weitere Verwandtschaft verbunden. Zunächst wird bei beiden das Parabasencapitel ganz ähnlich eingeleitet:

Hephaistion	Pollux
ἔστι δέ τις ἐν ταῖς κωμωιδίαις καὶ ἡ καλουμένη παράβασις	*τῶν δὲ χορικῶν ᾀσμάτων τῶν κωμικῶν ἕν τι καὶ ἡ παράβασις,*

und das ist genau die Form, in welcher die ursprüngliche Fassung des Coislin. Tractats, wo den *ἴδια τῆς τραγωιδίας* (*ἐμμέλεια, κόμμος*) die *ἴδια τῆς κωμωιδίας* entgegengestellt wurden, beginnen musste. Sodann aber weist ein nachlässiger Ausdruck des Pollux auf die gemeinsame Quelle: *τῆς παραβάσεως ἑπτὰ* ἂν εἴη μέρη· κομμάτιον παράβασις μακρόν κτλ. Allerdings war für das Hauptstück, die Anapäste, der Gesammtname *παράβασις* üblich geworden, aber wer die Theile eines Ganzen aufzählt, darf nicht einen Theil mit dem Namen des Ganzen benennen, ohne es zu rechtfertigen. Die Quelle hatte offenbar was Hephaistion hat: *δεύτερον δὲ ἡ ὁμωνύμως τῶι γένει καλουμένη παράβασις* [1]). Derselbe Ausdruck nun kehrt bei Tzetzes überall da wieder wo er eingestandenermassen seinen Gewährsmännern Eukleides, Krates und Dionysios folgt (*Pb* und *Ma*, vgl. Iamb. *π. κωμ.* 42). Seine Ueberlieferung ist in einer Beziehung besser als die bei Pollux, Hephaistion und Platonios, insofern sie den Doppelnamen *μακρὸν καὶ πνῖγος* bewahrt (wenigstens in *Ma* und in den Iamben [2]). Dass Tzetzes das Parabasencapitel ebenso einleitete wie Pollux und Hephaistion, wurde schon erwähnt: er begann mit der Bemerkung, dass die Parabase ein *ἴδιον* der Komödie sei. Man sieht auf wie alte und wie gute Ueberlieferung Tzetzes' Quelle zurückweist, wenn sie auch im Laufe der Jahrhunderte beträchtliche Trübungen erfahren hat: die Erklärung der Parabase als solcher war so arg verwirrt auf Tzetzes gekommen, dass er selbst darüber klagen durfte (s. o. S. 9).

Bevor ich die Summe ziehe, muss ich noch den ersten Paragraphen des Coislin. Tractats einer Prüfung unterwerfen, die hoffentlich ein glaubhaftes Resultat ergiebt. Der Tractat beginnt mit folgendem Schema:

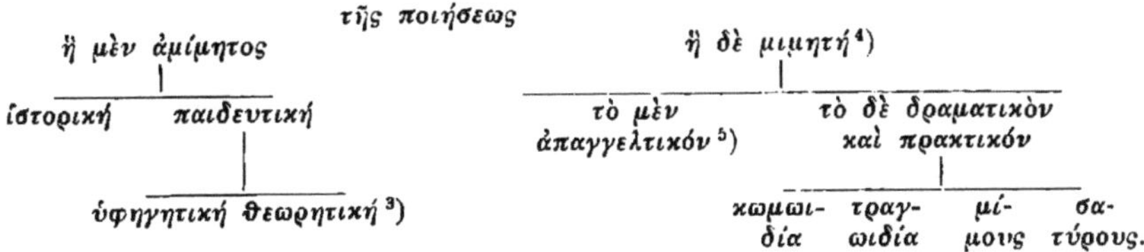

Wer dies mit der Hoffnung liest Spuren einer Aristotelischen Systematik zu finden, kann sich wol zu so harten Aeusserungen hinreissen lassen wie Bernays sie gethan (S. 140). Die Neigung aber eine verlorene Schrift des Aristoteles aus dem Tractat wenigstens theilweis zu reconstruiren wird uns vergangen sein. Das Schema ist im übrigen lehrreich genug. Die mimetische Poesie zerfällt in zwei Klassen, die erzählende (*διηγηματική* oder *ἀπαγγελτική*) und in die dramatische (*πρακτική*, *activa*). Während die letztere vier Unterabtheilungen

1) Danach ist Schol. Arist. Nub. 518 zu ergänzen *παράβασις ὁμωνύμως* <*τῶι γένει καλουμένη*>, um so mehr da es vorher heisst *εἴδη παραβάσεως ἑπτά*.

2) Den Fehler in *Ma* und in den Iamben, wo zwar sieben Parabasentheile angemeldet, aber nur sechs genannt werden, habe ich schon früher erwähnt (S. 9 A. 1).

3) Die *ὑφηγητική* und *θεωρητική* sind in der Handschrift fälschlich unter *ἱστορική* geordnet; Bergk hat den Fehler erkannt.

4) Doch wol *μιμητική*?

5) *ἐπαγγελτικόν* die Hdschr., verbessert von Bergk.

aufzuweisen hat, bleibt die erstere ungetheilt: welche Theile liessen sich auch denken? Das Lehrgedicht, die paraenetische Elegie, das genealogische Epos haben wir früher schon als ganz nichtige Ausreden bedrängter Systematik erkannt (S. 29 f.). Aber was wir vermissen, sind Elegie, Lyrik und Iambos. Sie können weder zum Drama noch zur erzählenden Gattung gerechnet werden: offenbar ist eine dritte Klasse, das *κοινόν* oder *μικτόν*, durch Schuld des Excerptors ausgefallen. Im übrigen stimmt alles aufs beste mit dem Cramerschen Scholiasten und Photios, d. h. also mit Proklos, nur dass hier die *μῖμοι* fehlen, die im Tractat, die untrennbare Einheit von Tagödie, Komödie und Satyrdrama störend, sich als späteren Eindringling erweisen. Nun aber die *ἀμίμητος ποίησις*. Die *ἱστορική* und die *παιδευτική* entsprechen deutlich zweien von den drei Unterarten der erzählenden Gattung bei Diomedes (p. 482), der *ἱστορική* und *διδασκαλική*, während seine dritte Unterart, die *ἀγγελτική* (er meinte *παραγγελτική*) hier als *ὑφηγητική* und *θεωρητική* erscheinen. Aber, wie früher bemerkt, die *ἱστορική* kann mit keinem Schein des Rechts als genealogisches Epos specialisirt, die Theognideische Elegie nicht von anderen zum *γένος κοινόν* gerechneten Elegien getrennt werden, allenfalls durfte das Lehrgedicht des Empedokles oder Arat als etwas besonderes gelten — Aristoteles hatte diese Leute ja aus der Reihe der Dichter verbannt. Wir sahen, dass in der Schematisirung bei Diomedes die drei Unterarten des *genus narrativum* eine üble Zuthat waren: der Coislinianische Tractat giebt uns Aufklärung über die Herkunft der Zuthat. Hier wird eine *ἀμίμητος ποίησις* abgesondert. Ihre erste Gattung ist die *ἱστορική*, das kann doch nur entweder Erzählung sein oder Forschung. Nehmen wir letzteres an, so wissen wir mit einer der Unterarten der zweiten Gattung, der *θεωρητική*, nichts anzufangen. Das Gedicht des Empedokles ist doch sicher ein *θεωρητικόν* und zugleich im Sinne der Forschung ein *ἱστορικόν*. Also bleibt nur übrig die Erzählung zu verstehen. Wer aber die Erzählung zur *ἀμίμητος ποίησις* rechnet, während er das *ἀπαγγελτικόν* zur *μιμητική* zählt, kann überhaupt keine Poesiegattung meinen. Vielmehr ist *ποίησις* allgemeiner zu fassen als Schriftstellerei, wie Dionys (ep. ad Pomp. p. 59, 4 Us.) die Bücher des Herodot und Thukydides *ποιήσεις* nennt, freilich nicht ohne sich zu entschuldigen. Was für ein anderes Wort sollte der Grieche auch sonst wählen, um Poesie und Prosa zusammenzufassen: *συγγράμματα* würde der Bibliothekar sagen, aber niemand kann in dem geforderten Sinne von *συγγράμματα ἀμίμητα* oder von einer *συγγραφικὴ διὰ μιμήσεως* reden. Die Prosa also ist gemeint, und ihre vornehmste Art, die Geschichtschreibung steht voran; daneben die Lehrprosa (*παιδευτική*), die in die beiden Unterarten der anleitenden, methodologischen (*ὑφηγητική*) und rein wissenschaftlichen (*θεωρητική*) zerfällt. Die Gewähr für die Richtigkeit der Erklärung giebt die Analogie der Platonischen Dialoge, die man frühzeitig in *ὑφηγητικοί* und *ζητητικοί* getheilt hat (Diog. L. III 49. Albinus Isag. c. 3). Die Prosa ist damit völlig erschöpft, Novellen und Romane gehören natürlich zur Poesie im engeren Sinne, so gut wie Sophrons Mimen und die Sokratischen Dialoge, auch ohne dass sie besonders unter der dramatischen Rubrik aufgeführt zu werden brauchen. Die rednerische Litteratur würde allenfalls eine besondre Art bilden, ein *μικτόν*, denn sie erzählt und belehrt. Dies Schema ist demnach weit mehr Aristotelisch als es scheint: in diesem Sinne konnte auch Aristoteles von einer *ποίησις ἀμίμητος* reden, ob er es gethan hat, ist eine andere Frage. Die nichtsnutzigen Unterarten aber der erzählenden Poesie bei Diomedes sind Kukukseier, der Kukuk war ein richtiger Systematiker, der eine Gattung ohne Arten und Unterarten nicht dulden konnte. Sie sind nicht für die poetische Litteratur geschaffen: wer sie aber einmal, verführt durch den allgemeinen Ausdruck *ποίησις*, dahin verpflanzte, fand bei einigem Bemühen auch etliche Dichtungsarten, die scheinbar dahin gestellt werden durften. Ein auf diese Weise entstelltes Schema war die Quelle des Diomedes.

Es hat sich ergeben, dass der Coislinianische Tractat aus einer ausführlichen vergleichenden Darstellung der beiden Dramengattungen durch die Schuld eines Epitomators unverständigster Art in seine jetzige Form zusammengeschmolzen ist. Das verlorene Original dürfen wir eine Poetik der Tragödie und Komödie nennen, wobei nicht ausgeschlossen ist, dass uns nur zufällig das allein vorliegt was Tragödie und Komödie betrifft, während das Original vielleicht eine Poetik überhaupt war. Das an die Spitze gestellte Schema könnte dafür sprechen. Zur Herstellung des Originals, soweit das möglich war, liessen sich ausser den ältesten Zeugen Pollux und Hephaistion vor allem die Litteraturcompendien bei Diomedes und Euanthius verwenden, sodann aber auch die von Tzetzes ausgeschriebenen Dionysscholien. Da die letzteren nicht nur in der Fassung der Londoner Handschrift sondern insgesammt, soweit sie litterarhistorischen Inhalts sind, mit Wahrscheinlichkeit auf Proklos zurückgeführt werden konnten, so folgt dass Proklos die Poetik benützt hat, dass also vieles von dem was in seinen wichtigen Einleitungscapiteln über Begriff, Wesen und Technik der Poesie zu lesen war, aus jener Poetik stammte. Es mag dafür auf eine früher schon erwähnte Thatsache hier mit verstärktem Nachdruck hingewiesen werden. Der Verfasser des Tractats oder vielmehr der Poetik sagt (§ 1) von der Tragödie, dass sie eine Reinigung von den *φοβερὰ παθήματα τῆς ψυχῆς* bewirke *δι' οἴκτου καὶ δέους*, und meint damit natürlich nichts andres als *δι' ἐλέου καὶ φόβου*. Das gleiche Bestreben, den Aristotelischen Ausdruck zu variiren, zeigt sich in den Cramerschen Dionysscholien, wo die Poesie definirt wurde als eine *ἐντελὴς ὑπόθεσις ἔχουσα ἀρχὰς καὶ μέσα καὶ πέρατα*. Hier schwebt offenbar die Aristotelische Tragödiendefinition vor (Poet. c. 7). Statt *πρᾶξις* musste freilich, da es sich um die Poesie überhaupt handelte, das allgemeinere *ὑπόθεσις* eingesetzt werden, aber auch unnöthiger Weise, ohne die Absicht einer inhaltlichen Modification ist geändert worden, *ἐντελής* steht für *τελεία*, und vor allem statt *ἀρχὴν καὶ μέσον καὶ τελευτήν*, wie Aristoteles gesagt hat, ist das völlig gleichbedeutende *ἀρχὰς καὶ μέσα καὶ πέρατα* eingesetzt. Ich denke doch, das sind Spuren eines und desselben Menschen, der absichtlich variirt, um wenigstens im sprachlichen Ausdruck seine Selbständigkeit zu wahren. Erwägt man ferner, dass in den Cramerschen Scholien die Poesie überhaupt definirt wird, so bestätigt das die Vermuthung, dass das Original des Tractats eine Gesammtpoetik war, nicht nur eine dramatische, und erwägt man endlich, dass die Definition in den Scholien beginnt ποίησις δὲ κυρίως ἡ διὰ μέτρων ἐντελὴς ὑπόθεσις so bestätigt das die Annahme, dass im Tractat die ποίησις im engeren, eigentlichen Sinne einer ποίησις im weiteren Sinne, d. h. einer kunstmässigen (πεποιημένη) Prosa gegenübergestellt war. Das schliesst alles so eng und gut zusammen, dass mir wenigstens kein Zweifel bleibt: die Poetik, das Original des Coislin. Tractats, ist von Proklos sogut benützt wie vor Proklos von den Gewährsmännern des Pollux, des Diomedes, des Euanthius.

Aber natürlich war sie nicht des Proklos einzige Quelle über Poetik. Ein Werk das sich Χρηστομάθεια nannte versprach nicht eine einheitliche Lehre vorzutragen, es versprach vielmehr eine Fülle von wissenschaftlichem Material zur Bildung und Belehrung des Lesers. Wir sahen, dass Proklos verschiedene Etymologien, abweichende Ansichten, unvereinbare Traditionen neben einander verzeichnete, selten wol so (wie bei den σκολιά), dass er zum Schluss sein eigenes Urtheil beifügte. Solche Bücher entstehen zu allen Zeiten wo die wissenschaftliche Forschung zum Stehen kommt, wo sie oder wichtige Zweige von ihr auszusterben drohen. Proklos hatte noch philologische Bildung geniessen können, aber er erkannte wol, dass das Interesse für Litteraturgeschichte im Schwinden war: Philosophie und Grammatik im engeren Sinne drohten die Philologie zu verdrängen. Da gedachte er zu retten was zu retten war und schrieb nach guten alten Quellen zusammen was er für jeden Gebildeten als unentbehrlich ansah, nicht als kritischer Forscher — das hätte ihm niemand gedankt — sondern als Sammler. Bequem musste er es seinen Zeitgenossen machen: wenn sie auch selbst nicht mehr lasen als die üblichen Schuldichter, so sollten sie doch wenigstens wissen was die übrigen Dichter geschrieben hatten; kurze Inhaltsübersichten sollten die meist schon verlorenen Originale einigermassen ersetzen. Wenn die Zeit auch kein Verständniss mehr für Poesie hatte, so sollte sie doch die alten Regeln der Poetik nicht verlieren und nicht vergessen wie viel die alten Grammatiker für die Sammlung, Erklärung und richtige Schätzung der hellenischen Dichtung gethan hatten. Die aegyptischen Verskünstler jener Zeit waren vielleicht durch die philologischen Anregungen der Alexandrinischen Schule, des Proklos und seiner Lehrer auf ihre Wege gebracht worden. Also eine Sammlung wichtiger und wissenswerther Thatsachen zur Geschichte der griechischen Poesie enthielt die Chrestomathie des Proklos, und unter diesem Titel war Raum für viele Urtheile und Ueberlieferungen. Diomedes beginnt seine Capitel über Tragödie und Komödie mit den Theophrastischen Definitionen, während er an Stilgattungen nicht drei sondern vier aufzählt, also hier einem andren Gewährsmann als Theophrast folgt. In den Cramerschen Scholien, also bei Proklos, finden wir peripatetische Anschauungen über die Bedeutung der Poesie neben stoischen verzeichnet, wiederum bei Diomedes finden wir eine altperipatetische Auftheilung der gesammten poetischen Litteratur, aber der einen Gattung sind drei Unterarten thöricht hinzuconstruirt. Eine einheitliche Urquelle auch nur zu suchen wäre Thorheit. Wie oft ist περὶ *ποιητικῆς, περὶ ποιητῶν, περὶ λέξεως, περὶ γραμματικῆς, περὶ κωμωιδίας καὶ τραγωιδίας* u. dgl. geschrieben worden: es musste doch ein jeder der Verfasser glauben seinen Vorgänger überbieten zu können, indem er mehr oder besseres lehrte oder doch wenigstens anderes. Wie oft mag ein ernsthafter Gedanke von einem späteren wieder aufgegriffen und für ein oberflächliches Publicum trivialisirt worden sein. Die beiden vielbesprochenen Dionysscholien, über Tragödie und Komödie sind dafür lehrreich (p. 746 und 748 Bekk). Da heisst es von den Tragikern, dass sie *θέλοντες ὠφελεῖν κοινῆι τοὺς τῆς πόλεως, λαμβάνοντές τινας ἀρχαίας ἱστορίας τῶν ἡρώων ἐχούσας πάθη τινά, ἔσθ' ὅτε καὶ θανάτους καὶ θρήνους, ἐν θεάτρωι ταῦτα ἐπεδείκνυντο τοῖς ὁρῶσι καὶ ἀκούουσιν, ἐνδεικνύμενοι παραφυλάττεσθαι τὸ ἁμαρτάνειν.* Das ist aus der Aristotelischen Katharsis schliesslich geworden. Der Dichter ist zum *σωφρονιστής* gemeinster Art geworden, von seiner *ψυχαγωγία* ist nicht mehr die Rede. Und ebenso werden die Komiker als Leute gerühmt *ἐλέγχοντες τοὺς κακῶς βιοῦντας καὶ τοὺς ταῖς ἀδικίαις χαίροντας, ἀναστέλλοντες τὰς ἀκαίρους καὶ ἀδίκους αὐτῶν πράξεις καὶ ὠφελοῦντες κοινῆι τὴν πολιτείαν τῶν Ἀθηναίων.* Man kann nicht schiefer und seichter reden, und doch sind die beiden völlig parallel gefassten Scholien ein werthvoller Nachklang alter gelehrter Forschung, die die beiden Dramengattungen aus gleicher Veranlassung, ja aus einer gemeinsamen Wurzel entstehen und sich zu gleicher Form entwickeln liess, die auf diese Erkenntniss gestützt die Sprache der Komödie aus der der Tragödie ableitete, so gut wie den Prosastil aus der Dichtersprache. Durch welche Rinnsale all das, was die verschiedensten Männer zu den verschiedensten Zeiten gedacht oder doch geschrieben haben, schliesslich zusammengeflossen ist, werden wir in den meisten Fällen niemals erfahren: wir müssen uns begnügen und können es auch.

Eine Poetik nun aber kann für historische Darstellung nicht viel Raum erübrigen, noch weniger für widersprechende Erörterungen über die Geschichte der Tragödie und Komödie, über Erfinderrechte, über Dichternachlass u. a. Trotzdem finden sich bei Diomedes wie bei Euanthius, insbesondre in den Dionysscholien (Tzetzes) historische und systematische Elemente nebeneinander, und zwar beide mit vielfacher Uebereinstimmung auch in unwesentlichen Dingen. Folglich werden wir auf Bücher verwiesen, die ihrer Natur und Aufgabe nach beides vereinen konnten und mussten, auf litterarhistorische Sammlungen oder auch Darstellungen. Die Lateiner konnten nicht wie die Dionysscholiasten den Proklos benützen; also hatten sie ältere Bücher. Rathen lässt sich hier vieles, wissen und beweisen nichts. Ob man die Quelle des Diomedes Probus nennt oder Sueton, damit ist nicht das mindeste gewonnen. Probus ist für die griechische Litteraturgeschichte naturgemäss unselbständig: aber weder er noch Varro sind Leute, die sich ein Buch von der Bibliothek holen, um es zu Hause abzuschreiben oder ins Lateinische zu übersetzen. Ob zwischen Proklos oder Orion und Didymos Mittelsmänner eingetreten sind, ist ebenfalls zunächst nicht zu sagen. Es läge ja nahe den Dionysios, den Tzetzes neben Eukleides und Krates nennt, als den Mann anzusehen, der von Proklos als Gewährsmann citirt in die Excerpte der Dionysscholiasten hinübergenommen und von da zu Tzetzes gelangt wäre. Aber die *Μουσικὴ ἱστορία* des Dionys ist ein Buch mit dem ich nicht operiren mag, da ich gesehen habe, auf wie schwanker Grundlage das auf seinen Namen errichtete Ueberlieferungsgebäude beruht (s. Zusatz). Ich weiss weder wer der Krates bei Tzetzes ist noch welchen von den vielen Dionysien er meint, von Eukleides ist ebenfalls nichts mit voller Sicherheit zu sagen. Die direct von Tzetzes genannten Gewährsmänner also hat diese Untersuchung ebensowenig fixirt wie es Consbruch und anderen vor mir gelungen ist.

Zusatz.

Seit 35 Jahren gilt es als feststehende Thatsache, dass die *Μουσικὴ ἱστορία* des jüngeren Dionys von Halikarnass eine der hauptsächlichsten Quellen des Hesych von Milet gewesen ist. Man glaubt sogar ein sicheres Zeugniss dafür zu besitzen, in der Herodianvita bei Suidas: *Ἡρωδιανὸς Ἀλεξανδρεύς, γραμματικός, υἱὸς Ἀπολλωνίου τοῦ γραμματικοῦ τοῦ ἐπικληθέντος Δυσκόλου. γέγονε κατὰ τὸν Καίσαρα Ἀντωνῖνον τὸν καὶ Μᾶρκον· ὡς νεώτερον εἶναι καὶ Διονυσίου τοῦ τὴν Μουσικὴν ἱστορίαν γράψαντος καὶ Φίλωνος τοῦ Βυβλίου. ἔγραψε πολλά.* Hesych, so sagt man (Schneider Callim. II 31, und nach ihm Wachsmuth Rohde Daub u. a.), habe hierdurch Dionys und Philon als seine Hauptquellen angegeben und die Kürze der Herodianvita damit entschuldigen wollen, dass Herodian weil jünger nicht mehr in ihren Büchern vorgekommen sei. Aber ist denn die Vita kürzer als die vieler anderer Grammatiker, die vor Hadrian gelebt haben? es steht ja alles da was Suidas zu geben pflegt, Heimath, Beruf, Vatersname, Zeit und Werke; nur das Verzeichniss der vielen Schriften ist, wie das ja oft geschehen, vom Epitomator fortgelassen: wer aber wusste, dass er *πολλά* geschrieben, konnte auch wenn er wollte angeben, was er geschrieben hatte. Aber es mag sein: was hat aber Dionys mit Herodian zu thun? er hätte doch, auch wenn Herodian Zeitgenosse des Nero gewesen wäre, in seiner *Μουσικὴ ἱστορία* keine Gelegenheit gehabt den Grammatiker zu biographiren. Oder meinte Hesych eigentlich nur Philon, der ihn ja freilich als berühmten Alexandriner wol genannt haben würde? warum nannte er aber den Dionys mit? waren Philon und Dionys eine unzertrennliche Einheit, hatte Hesych eine Quelle, in der beide zusammengearbeitet waren? aber wie konnte jemand auf den Gedanken kommen zwei Schriftsteller zu verbinden, die sich in den wichtigsten Dingen decken mussten? bei weitem die meisten Berühmtheiten, die Dionys aufführte, standen unter dem Namen ihrer Heimath auch bei Philon; die wenigen, deren Heimath unbekannt war, die also wol bei Dionys aber nicht bei Philon vorkommen konnten, zählen nicht. Und wie kam das Buch des Unbekannten zu seinem Doppelnamen, warum verschwieg der Verfasser seinen Namen? und woher hatte er denn überhaupt Kenntniss von Herodian? er konnte die Vita mit ihren ausreichenden Details doch nur einfügen, wenn er fortsetzen wollte, und wollte er das, so musste er Quellen dafür haben, und diese Quellen machten eine solche 'Entschuldigung' überflüssig. Also fordert der sonderbare Zusatz bei Hesych eine andere Erklärung, und folgendes lässt sich denken. Hesych hatte seinen Ὀνοματολόγος oder seinen Πίναξ τῶν ἐν παιδείαι ὀνομαστῶν nicht in alphabetischer Folge angelegt, sondern hatte zunächst sachliche Gruppen gesondert (Dichter, Philosophen, Historiker, Grammatiker u. s. w.), innerhalb der Gruppen aber die Namen chronologisch geordnet (vgl. Daub Fleckeis. Jahrb. Suppl. Bd. XI 404 f. Wentzel Texte u. Untersuchungen hg. von Harnack und Gebhardt XIII 3 S. 57 ff.). Hesych mochte für die Grammatiker eine Quelle haben, die mit den beiden Zeitgenossen Dionys und Philon abschloss, dann trat eine neue Quelle ein, die mit Apollonios und Herodian etwa begann; diesen Quellenwechsel konnte er einleiten mit den Worten 'soweit reichte das bisher benützte Buch, nämlich bis Dionys und Philon; die jüngeren entnehme ich einem anderen Gewährsmann' oder dgl. Er konnte aber auch die Geschichte der Grammatik in Perioden getheilt und mit Apollonios und Herodian (Vater und Sohn erscheinen auch sonst eng verbunden, vgl. Osann Philem. p. 306) ganz rationell eine neue Periode begonnen haben. Aber auf die Richtigkeit dieser Erklärungen kommt zunächst nichts an: nur dass die Schneidersche falsch ist, muss nothwendig zugegeben werden.

Aber was konnte denn etwa Hesych aus Dionys' Μουσικὴ ἱστορία entnehmen? Er selbst sagt nur, dass es 36 Bücher gewesen seien: ἐν δὲ τούτοις αὐλητῶν καὶ κιθαρωιδῶν καὶ ποιητῶν παντοίων μέμνηται. Dionys war und hiess μουσικός im engsten Sinne, seine übrigen Schriften bestätigen das, 24 Bücher Ῥυθμικῶν ὑπομνημάτων, 22 Bücher Μουσικῆς παιδείας ἢ διατριβῶν, 5 Bücher über das Thema Τίνα μουσικῶς εἴρηται ἐν τῆι Πλάτωνος Πολιτείαι. Geschichte der Musik und Poesie waren bei den Griechen engbenachbarte Gebiete, aber doch nur soweit bei der Poesie die Musik in Betracht kam; die παντοῖοι ποιηταί, die Hesychs Epitomator allzu kurz neben den Auleten und Kitharoden nennt, waren gewiss lyrische Dichter. Aber trotzdem deutet man die Μουσικὴ ἱστορία in so weitem Sinne, dass sie selbst Epiker umfasst haben soll. Auch hier geht die grundlegende Combination von Schneider aus: er findet, dass die von Sopater excerpirte Μουσικὴ ἱστορία des Rufus, nach dem Referat bei Photios Cod. 161, dem Titel und Inhalt nach die grösste Aehnlichkeit mit dem gleichnamigen Buch des Dionys gehabt haben müsse und hält es für unzweifelhaft, dass der sonst unbekannte Rufus den Dionys epitomirt habe: was also bei Rufus stand, das habe nothwendig auch bei Dionys gestanden. Aber Photios Angaben selbst zeigen, dass die Selbständigkeit des Rufus unterschätzt wird. Aus dem ersten, zweiten und dritten Buch der Μουσικὴ ἱστορία des Rufus hat Sopater das 5. Buch seiner Ἐκλογαί zusammengetragen: ἐν ὧι τραγικῶν τε *καὶ κωμικῶν ποικίλην ἱστορίαν εὑρήσεις*, sagt Photios, *οὐ μόνον δὲ ἀλλὰ καὶ διθυραμβοποιῶν τε καὶ αὐλητῶν καὶ κιθαρωιδῶν, ἐπιθαλαμίων τε ὠιδῶν καὶ ὑμεναίων καὶ ὑπορχημάτων ἀφήγησιν, περί τε ὀρχηστῶν καὶ τῶν ἄλλων τῶν ἐν τοῖς Ἑλληνικοῖς θεάτροις ἀγωνιζομένων*, dazu war zu lesen, wie diese Leute, Männer oder Weiber, zu Ansehen gekommen sind, was die einzelnen zuerst erfunden und betrieben, in welchen persönlichen Verhältnissen sie zu Königen oder Tyrannen gestanden haben, ferner bei welchen Festen sie aufgetreten sind, welchen Ursprung diese Feste hatten, speciell die *ἑορταὶ πάνδημοι* in Athen. Das alles betrifft also nicht die Dichter schlechthin, sondern nur soweit sie öffentlich aufgetreten sind: für die alten Elegiker, wie Theognis u. a., für die subjective Lyrik der Sappho, des Alkaios war hier kein Raum. Es ist in der That *Μουσικὴ ἱστορία*, in weiterem Sinne zwar, aber doch in engerem als Schneider wollte; es ist aber eine *ποικίλη ἱστορία*, wie die des Aelian, des Favorinus, wie die Attischen Nächte des Gellius. Im vierten und fünften Buch gab Rufus *αὐλητῶν τε* (Männer und Weiber) *καὶ αὐλημάτων ἀφήγησιν*, er erzählte von Homer, Hesiod Antimachos und von vielen anderen Dichtern *τῶν εἰς τοῦτο τὸ γένος ἀναγομένων*. Gemeint sind Epiker, und ihnen schliessen sich die weiblichen Vertreter hexametrischer Poesie passend an, die Sibyllen, *τίνες τε καὶ ὅθεν*. Das vierte Buch war demnach ganz Musikgeschichte, das fünfte hatte damit nichts zu thun. Ausserdem hat Sopatros noch das achte Buch des Rufus ausgezogen, das den Specialtitel *Δραματικὴ ἱστορία* trug: da waren, sagt Photios, zu finden *παράδοξά τε καὶ ἀπίθανα μάλιστα, καὶ τραγωιδῶν καὶ κωμωιδῶν διάφοροι πράξεις τε καὶ λόγοι καὶ ἐπιτηδεύματα καὶ τοιαῦθ' ἕτερα*, also Schauspieler- und Sängeranecdoten, wie die des Stratonikos bei Athenaeus und ähnliches. Wenn das alles ein Excerpt aus Dionys sein soll, so steigt unsere Achtung vor dem *μουσικός* nicht gerade hoch, aber, was wichtiger ist, dann konnte Hesych sich keine unpassendere Quelle aussuchen, keine, deren Benützung ihm mehr Mühe zu verursachen drohte. Wenn aber, wie ich meine, Rufus zwar die *Μουσικὴ ἱστορία* des Dionys zur Hilfe nahm (daher das Citat *Ῥοῦφος καὶ Διονύσιος* in den Scholien zu Aristid. III 537 Di), um seine Anecdotensammlung zu bereichern, aber aus anderen Quellen ausserdem was ihm gut schien zusammenholte, dann giebt das Werk des Rufus kein Bild mehr von dem des Dionys, das sich allem Anschein und aller Ueberlieferung nach mit Musik und Musikern befasste. Diese rein negativen Bemerkungen hielt ich für nothwendig: zu ihrer Empfehlung füge ich hinzu, dass G. Wentzel, dem ich sie vorlegte, mir mittheilte, er sei bei seinen Suidasuntersuchungen zu gleichen oder ähnlichen Resultaten, jedesfalls zur Ablehnung der Schneiderschen Combinationen gekommen. Ich würde demnach diesen unerfreulichen Zusatz unterdrückt haben, wenn ich nicht wüsste, dass bis zur Veröffentlichung von Wentzels Untersuchungen, die zweifellos positiverer Art sein werden, noch manches Jahr verstreichen wird.

ABHANDLUNGEN
DER KÖNIGLICHEN GESELLSCHAFT DER WISSENSCHAFTEN ZU GÖTTINGEN.
PHILOLOGISCH-HISTORISCHE KLASSE.
NEUE FOLGE BAND 2. Nro. 5.

Die einstämmigen männlichen Personennamen des Griechischen,

die aus Spitznamen hervorgegangen sind.

Von

Fritz Bechtel,
auswärtigem Mitgliede.

Berlin,
Weidmannsche Buchhandlung.
1898.

5

Die einstämmigen männlichen Personennamen des Griechischen, die aus Spitznamen hervorgegangen sind.

Von

Fritz Bechtel,

auswärtigem Mitgliede.

Vorgelegt in der Sitzung am 11. December 1897.

Der Komiker Anaxandrides hat sein Publicum mit den Worten apostrophiert:

Ὑμεῖς γὰρ ἀλλήλους ἀεὶ χλευάζετ', οἶδ' ἀκριβῶς·
Ἂν μὲν γὰρ ἦι τις εὐπρεπής, ἱερὸν γάμον καλεῖτε·
ἐὰν δὲ μικρὸν παντελῶς ἀνθρώπιον, στάλαγμον·
λαμπρός τις ἐξελήλυθ', [εὐθὺς] ὄλολυς οὗτός ἐστι·
λιπαρὸς περιπατεῖ Δημοκλῆς, ζωμὸς κατωνόμασται·
χαίρει τις αὐχμῶν ἢ ῥυπῶν, κονιορτὸς ἀναπέφηνεν·
ὄπισθεν ἀκολουθεῖ κόλαξ τωι, λέμβος ἐπικέκληται·
τὰ πόλλ' ἄδειπνος περιπατεῖ, κεστρῖνός ἐστι νῆστις·
εἰς τοὺς καλοὺς δ' ἄν τις βλέπηι, †καινὸς θεατροποιός·
ὑφείλετ' ἄρνα ποιμένος παίζων, Ἀτρεὺς ἐκλήθη·
ἐὰν δὲ κριόν, Φρίξος, ἂν δὲ κωδάριον, Ἰάσων

(Meineke 3. 177). Diese Iamben zeugen von der nämlichen Virtuosität in lustigem Tadel und Spott, wie die Namen, deren Betrachtung die Aufgabe der vorliegenden Abhandlung sein soll.

Ich glaube zeigen zu können, dass eine grosse Anzahl griechischer Männernamen aus einstämmigen Spitznamen hervorgegangen ist.

Der Spitzname ist seinem Herkommen nach ein Beiname, der durch ein im körperlichen, geistigen oder gesellschaftlichen Leben des Einzelnen hervortretendes abnormes Moment veranlasst wird[1]). Er tritt zunächst neben den bürger-

1) Ueber Spitznamen hat Grasberger in der Schrift Die griechischen Stichnamen (Zweite Auflage 1883) gesprochen; einen Nachtrag dazu enthalten die Studien zu den griechischen Ortsnamen (1888).

lichen Namen, dessen Träger er aus der Schaar seiner Namensgenossen heraushebt. Aber dieses Herausheben kann mit solcher Energie geschehen, dass der bürgerliche Name darüber zu kurz kommt und der Spitzname allmählich an die Stelle des bürgerlichen rückt. In einzelnen Fällen setzt der Spitzname eine aus der Kinderstube stammende Bezeichnung fort. So verdankte Demosthenes, wie man aus Aischines 1. 126 ersieht, die *ἐπωνυμία Βάτταλος* seiner *τίτθη*, in deren Mund sie ein *ὑποκόρισμα* gewesen war. Ich verweise auch auf WSchulzes schöne Ausführung über die Anrede *κυλλοπόδιον*, mit der sich Hera **Φ** 331 an ihren Sohn Hephaistos wendet (Quaest. epic. 308).

Der Beweis dafür, dass ein Name aus einem Spitznamen hervorgegangen ist, liegt zunächst in seiner Bedeutung. Es hat nie zu den Idealen des Hellenen gehört mit einem dicken Bauche durch das Leben zu wandern. Eben darum ist es unmöglich, dass der Name *Φύσκων*, der uns schon im 6. Jahrhundert in Korinth begegnet, seinem Ursprunge nach etwas andres sei als ein Spitzname. Der, der ihn zuerst getragen hat, hat ihn nicht an der *δεκάτη* empfangen. Aber der Kampf, der sich zwischen Ernstnamen und Spitznamen entspann, kann zu Gunsten des Eindringlings schon zu der Zeit entschieden gewesen sein, wo der Träger seinen Namen in die Bürgerliste eintrug.

Der ursprüngliche Charakter eines Namens offenbart sich aber oft auch darin, dass er in der Function, die man ihm seiner Bedeutung nach zuschreiben würde, wirklich gefunden wird. Um bei *Φύσκων* zu bleiben: der siebente Ptolemaier führt den Beinamen *ὁ Φύσκων*. Oder es handle sich um Erklärung der Namen *Κώθων* und *Μάστος*, die ursprünglich keine Ernstnamen sein können. Sie ist gefunden, sobald man bei Athenaios liest, warum der Athener Diotimos den Beinamen *Χώνη* empfangen hat: *ἐντιθέμενος γὰρ τῶι στόματι χώνην ἀπαύστως ἔπινεν ἐπιχεομένου οἴνου· ὅθεν καὶ Χώνη ἐπεκλήθη. ὥς φησι Πολέμων* (Athen. p. 436 e).

Der sicherste Beweis für die Herkunft eines das Zeichen des Spitznamens an der Stirne tragenden Namens würde der Umstand sein, dass neben ihm noch ein zweiter überliefert wäre, der als der von ihm verdrängte betrachtet werden könnte. Bei einer Anzahl Hetärennamen kann dieser Beweis wirklich geführt werden. Man lasse sich etwa, um Bekanntres zu übergehn, von Machon (bei Athen. p. 578 b—d) erzählen, wie der Name *Μέλιττα* allmählich hinter den Spitznamen *Μανία* zurückgetreten ist. Als Beispiel für die Ersetzung des Geburtsnamens durch die *ἐπίκλησις* beim freien Manne pflegt man die Metonomasie des Platon geltend zu machen. Mir will aber scheinen, dass diese Geschichte nicht die Ehre verdient hätte von Philologen wie Meineke (1. 288) und Müllenhoff (Zur Runenlehre 53) geglaubt zu werden.

Die Nachricht steht bei Diogenes Laertius (3. 5). Platons Lehrer im *γυμνάσιον*, heisst es, sei *Ἀρίστων ὁ Ἀργεῖος παλαιστής* gewesen; *ἀφ' οὗ καὶ Πλάτων διὰ τὴν εὐεξίαν μετωνομάσθη, πρότερον Ἀριστοκλῆς ἀπὸ τοῦ πάππου καλούμενος, καθά φησιν Ἀλέξανδρος ἐν Διαδοχαῖς*. Nach Andren (*ἔνιοι*) sei er *διὰ τὴν πλατύτητα τῆς ἑρμηνείας* so genannt worden; nach Neanthes aber, *ὅτι πλατὺς ἦν τὸ μέτωπον*. Was die *ἔνιοι* wissen wollen, braucht nicht ernsthaft genommen zu werden.

Von den beiden andren Varianten der Nachricht enthält keiner eine sprachlich unmögliche Voraussetzung; nichts desto weniger fehlt mir zu der Botschaft auch in diesen Formen der Glaube. Er fehlt mir darum, weil eine ganz ähnliche Nachricht über eine Umnennung des Theophrast verbreitet gewesen ist, in der deutlich ein Anekdotenschwabe sein Wesen treibt. Ausführlich trägt sie Strabon p. 618 vor: *Τύρταμος δ' ἐκαλεῖτο ἔμπροσθεν ὁ Θεόφραστος, μετωνόμασε δ' αὐτὸν Ἀριστοτέλης Θεύφραστον, ἅμα μὲν φεύγων τὴν τοῦ προτέρου ὀνόματος κακοφωνίαν, ἅμα δὲ τὸν τῆς φράσεως αὐτοῦ ζῆλον ἐπισημαινόμενος.* Kürzer Diog. Laert. 5. 2, 6: *Τοῦτον Τύρταμον λεγόμενον Θεόφραστον διὰ τὸ τῆς φράσεως θεσπέσιον Ἀριστοτέλης μετωνόμασεν.* Grasberger nennt diese Erzählung eine bedeutungsvolle Angabe (Ortsnamen 332). Ich vermag nicht so günstig über sie zu urtheilen. An sich Mögliches enthält sie nur, soweit sie das Factum einer Namensänderung behauptet. Wenn sie aber auch wissen will, Aristoteles habe den neuen Namen zu Ehren der göttlichen *φράσις* seines Schülers gewählt, so ist sie leicht zu widerlegen: Aristoteles hätte in der Lage, in die ihn die Erzählung versetzt, nicht *φράσις* sondern *λέξις* gebraucht. Nun würde das behauptete Factum dadurch, dass spätre Schriftsteller es nur aus eignen Mitteln zu begründen wissen, noch nicht selbst in das Reich der Erfindungen verwiesen werden. Aber man beachte, dass wir nun schon dem zweiten einflussreichen Philosophen begegnen, von dem eine Metonomasie gemeldet wird. Da liegt doch der Verdacht nahe, dass die Nachricht von der Namensänderung gerade so viel werth sei wie ihre Begründung, von Biographen herrühre, die, weil ihnen nur wenige verbürgte Data aus dem Lebensgange ihrer Helden zur Verfügung standen, zu Anekdoten griffen, um die magre Erzählung herauszuputzen. Bekannt ist, dass von Stesichoros ebenfalls eine Umnennung erzählt wird. Die des Platon braucht keinen festren Rückhalt zu haben, als den Wunsch zu erklären, warum der Sohn des Ariston, der Enkel des Aristokles nicht Aristokles sondern Platon geheissen habe.

An die Stelle dieses angefochtnen Beispieles will ich ein unanfechtbares setzen, das noch in andrer Beziehung lehrreich ist. Herodot erzählt von einem Spartiaten *Ζευξίδημος, τὸν δὴ Κυνίσκον μετεξέτεροι Σπαρτιητέων ἐκάλεον* (6. 71). Der Name *Κυνίσκος* ist allerdings wol kein eigentlicher Spitzname sondern einer der schmeichelnden Beinamen, denen wir nicht selten begegnen; immerhin aber doch ein Beiname. Dass in diesem Falle der Beiname den officiellen aus dem Felde geschlagen hat, ersieht man daraus, dass die Enkelin des Zeuxidamos, die *πρώτη τε ἱπποτρόφησε γυναικῶν καὶ νίκην ἀνείλετο Ὀλυμπικὴν πρώτη* (Paus. 3. 8. 1), *Κυνίσκα* hiess, auch auf der Basis, die sie nach Olympia gestiftet hat, sich selbst *Κυνίσκα* nannte (Olympia no. 160). Man gewinnt aus diesem Beispiele auch einen Einblick, wie ein Name, der ursprünglich nur den Werth eines Beinamens hat, von der Familie adoptiert und als Ehrenname verwendet wird. Xenophon nannte seinen Sohn *Γρῦλος* nach seinem eignen Vater; in Sparta wechselten in einer Familie die Namen *Μόλοβρος* und *Ἐπιτάδης* (vgl. Böckh CIG 1. 698). Sicher haben die Familienglieder, die zuerst als Ferkel begrüsst wurden, die Namen *Γρῦλος* und

Μόλοβρος nur als *ἐπικλήσεις* getragen. Wenn aber ihre Enkel abermals *Γρῦλος* und *Μόλοβρος* heissen, so folgt daraus, dass während der Zeit, die zwischen dem ersten Empfange und der spätren Verleihung liegt, die *ἐπικλήσεις* ihres odiösen Charakters entkleidet worden sind. Es ist leicht möglich, dass ein grosser Theil der Namen, die auf diesen Seiten besprochen werden sollen, zu der Zeit, für die wir sie belegen können, nicht mehr die Geltung von Spitznamen gehabt haben. Einem *Ὀμφακίων*, der seinen Sohn *Στάφυλος* nennt, merken wir an, dass er sich als Sauertopf nicht gefällt, seinem Sohne also eine leichtre Lebensauffassung gönnen möchte. Ein *Σιμώνδης* dagegen, der seinen Sohn als *Σίμων* in die Welt schickt, muss sich mit dem Geschenke der *σιμότης* abgefunden gehabt haben: er würde sonst nicht auch seinen Sohn damit bedenken. In diesem frühzeitigen Verblassen des Charakters der Spitznamen liegt wol der Grund, warum es so selten gelingt neben dem Namen, der nach seiner Bedeutung als Spitzname eingeschätzt werden muss, noch einen zweiten nachzuweisen, der als der alte officielle Name gelten könnte. Als der Name *Πλάτων* durch den Philosophen Weltberühmtheit erlangt hatte, war es überall eine Ehre ihn an der *δεκάτη* zu erhalten. Aber schon der mit Aristophanes gleichaltrige Komiker hat ihn geführt, und nirgends findet sich eine Andeutung, dass dieser ihn als Spitznamen empfangen habe. Warum also die Möglichkeit läugnen, dass der Name schon zur Zeit der Geburt des Philosophen die Fähigkeit gehabt habe als bürgerlicher Name verliehen zu werden?

Die Arbeit, die ich hier vorlege, berücksichtigt nur einen Theil der aus Spitznamen entsprungnen Namen. Ausgeschlossen sind die Frauennamen, die im Zusammenhange mit den übrigen Frauennamen behandelt werden müssen. Wen das Studium der griechischen Personennamen reizt, der findet hier eine dankbare Aufgabe. Ferner habe ich grundsätzlich auf alle Namen verzichtet, die nachweislich mehr als einen Stamm enthalten oder als Verkürzungen eines Namens betrachtet werden können, der die Form eines Vollnamens hat. Man findet also in diesem Buche *Κύλων*, *Κυλίας*, *Κύλος* nicht, weil neben ihnen *Κυλοίδας* und *Κυλαιθίς* laufen, deren Koseformen sie vorstellen können. Die Namen von dieser Gestalt sind, soweit sie mir zur Zeit meiner Betheiligung an der zweiten Auflage von Ficks Personennamen bekannt waren, in den Abschnitt C der neuen Bearbeitung aufgenommen worden. Hier dagegen handelt es sich darum einer Gattung von Namen Anerkennung zu verschaffen, die in dem Namenbuche kaum gestreift wird, um eine Gattung ursprünglich einstämmiger Namen, deren Alter und Umfang viel beträchtlicher ist, als ich früher angenommen hatte. Möglich, dass einer oder der andre durch spätre Funde als Verkürzung eines zweistämmigen erwiesen wird, dass sich z. B. zu dem *Τράχαλος*, den ich einstweilen als 'Mann der ganz Hals ist' verstehn zu können glaube, ein *Μακροτράχαλος* einstellt. Auf das Princip, das ich hier verfechte, üben solche Berichtigungen keinen Einfluss: der Name *Γάστρων* bleibt darum doch mit dem Appellativum *γάστρων* identisch, und wenn eine Verkürzung Statt gefunden hat, so ist schon das Appellativum von ihr betroffen worden, in diesem Falle ein Compositum wie *γαστροίδης*. Eine weitre Beschränkung besteht darin, dass ich nur die Namen aufgenommen habe, die ich aus dem Sprachgebrauche, vornehmlich der Komödie, verstehn zu können glaube. Ich zweifle keinen Augenblick daran, dass der Halikarnassier *Καλαβώτης* und der Styräer *Χίμαρος* Spitznamen tragen. Aber ich bin nicht im Stande anzugeben, was für den Griechen den Vergleichungspunkt zwischen einem Landsmanne und dem *ἀσκαλαβώτης* oder dem *χίμαρος* gebildet habe, da ich in der Litteratur nirgends Anhalt für eine Vermuthung finde. Endlich habe ich bei der Sammlung des Materiales die Grenze vor dem ersten vorchristlichen Jahrhundert gezogen, da die Kraft der Sprache aus eignen Mitteln Namen zu schaffen etwa mit dem Verluste der Freiheit erlischt.

Erstes Capitel.

Der Mensch als körperliches Wesen.

I. Der Körperbau.

An dem Manne, auf dem der kritische Blick seiner Verkehrsgenossen ruht, wird in erster Linie Aufsehen erregen, wenn *der Körper nach Länge oder Breite oder nach beiden Richtungen das mittlere Maass nicht einhält*, das sie erwarten zu dürfen glauben. Die Zuschauer geben dann ihrer Überraschung in einem Beiworte Ausdruck, durch das sie ihren Nachbar als Riesen oder als Zwerg, als Herrn Dick oder Herrn Mager charakterisieren.

Die griechische Litteratur, zumeist die Komödie, ist voll von Epitheta, die abnormes Körpermaass constatieren. Es sei erlaubt an einige zu erinnern.

Eupolis unterscheidet im Marikas einen schielenden (*στρεβλός*) Peisandros von einem grossen (*μέγας*), dem er noch die weitre Bezeichnung *Οἰνοκίνδιος* gibt (Meineke 2. 501 fragm. 6). Der selbe grosse Peisandros war schon in den *Ἀρτοπώλιδες* des Hermippos schlecht weggekommen (Meineke 2. 384 f.).

Zu den Verehrern des Sokrates gehörte *Ἀριστόδημός τις, Κυδαθηναιεύς, σμικρός, ἀνυπόδητος ἀεί* (Platon Symp. p. 173 b); der gleiche, der bei Xenophon (*Ἀπομνημ.* 1. 4, 2) *Ἀριστόδημος ὁ Σμικρὸς ἐπικαλούμενος* heisst. Mit Kleigenes dem Zwerge macht sich Aristophanes Frösche 710 zu schaffen.

Dem Komiker Timokles muss der dicke Anytos in den *Ἰκάριοι Σάτυροι* (Meineke 3. 600 fragm. 1), der dicke Pheidippos in der *Λήθη* herhalten:

παριόντα Φείδιππον πάλιν
τὸν Χαιρεφίλου πόρρωθεν ἀπιδὼν τὸν παχὺν
ἐπόππυσ᾽, εἶτ᾽ ἐκέλευσε πέμπειν σαργάνας

(Meineke 3. 606).

Umgekehrt liefert die λεπτότης des Kinesias der alten Komödie Stoff zu guten und schlechten Witzen. Platon bezeugt dem Dithyrambendichter sein Wolwollen mit der Begrüssung φθόης προφήτης (Meineke 2. 679 fragm. 2); eben dahin zielt die Anrede Φθιῶτ' Ἀχιλλεῦ, die ihm, wie man aus Athenaios p. 551 d ersieht, Strattis zu Theil werden lässt. Sein Nachfolger in der Magerkeit ist Philippides: Athen. p. 552 d—f werden Stellen aus Alexis, Aristophon, Menander ausgehoben, die ihr grausames Spiel mit seiner λεπτότης treiben. Einen Διονύσιος ὁ Λεπτός, der doch wol ein dürrer Schulmeister ist, erwähnt Athenaios (p. 475 f).

Derartige Verbindungen von Personennamen mit Appellativen, die zu Beinamen geworden sind, stellen die erste Station auf dem Wege vor, an dessen Ende der Beiname den Platz des bürgerlichen Namens einnimmt. Wir kennen eine ganze Reihe einstämmiger männlicher Namen, die eine Aussage über abnorme Körperproportion enthalten, ihrem Ursprunge nach also nichts andres sein können als Übernamen. Sie haben den Weg, den die Wörter μέγας, μικρός, παχύς, λεπτός in den angeführten Beispielen beschreiten, schon hinter sich.

Das Übermaass der Länge und Breite ist ausgesprochen in den Namen

Πελάρης Styra (Ion. Inschr. no. 19, 261; 5. Jahrh.);

Κήτων Execrationstafel aus Attika (CIA 2 Append. no. 42 18).

Ein Adjectivum πελαρής würde sich zu πέλωρ verhalten wie ὑδαρής zu ὕδωρ; der gleiche Ablaut in κελαρύζω: κέλωρ· φωνή (Hes). Der Träger des Namens war offenbar ein πελώριος[1]) ἀνήρ. — Der Name Κήτων deckt sich inhaltlich mit κητώδης, aus dem er durch Verkürzung hervorgegangen sein kann.

Von Länge allein ist die Rede in

Δόλιχος Σμίκρωνος Πλαταιεύς (IGS 1 no. 2724 c 5; 3. Jahrh.).

Der Gegensatz zwischen dem Namen des Vaters und dem des Sohnes ist vielleicht nicht zufällig: man wird an Στάφυλος Ὀμφακίωνος zu Iasos und ähnliche Paare erinnert. Ohne den Vater Σμίκρων würde man Δόλιχος auch als δολιχοδρόμος deuten, also auf gleiche Stufe mit Δίαυλος stellen können.

In andren Fällen ist die Körperlänge durch eine Vergleichung angedeutet. Aristoph. Vögel 875 betet der ἱερεύς zu der στροῦθος μεγάλη μήτηρ θεῶν καὶ ἀνθρώπων. Pisthetairos unterbricht ihn mit dem Grusse

δέσποινα Κυβέλη, στροῦθε, μῆτερ Κλεοκρίτου.

Wenn Kleokritos hier als Sohn der στροῦθος μεγάλη gefeiert wird, so gibt es dafür nur Eine Erklärung: er muss in seiner Erscheinung an den Strauss erinnert haben, also ein Mensch von auffallender Grösse gewesen sein. Er hätte darum selbst den Spitznamen Strauss empfangen können, den nun seine Mutter tragen muss. Man sieht nun, dass mit den Namen

Στροῦθος Tauromenium (IGSI no. 421 I ann. 26; 3. Jahrh.);

1) πελώριος ist die äolische Form, während Ionier und Attiker τελώριος gesprochen haben (Solmsen KZ 34. 536 ff.). Der Name des Styräers stammt aus Böotien oder Thessalien.

Στρο(ῦ)θις Ἡρακλείδου Kyzikos (BCH 14. 540 no. 7)[1];
Στρούθων Athen (»Simonides« fragm. 148 Bergk), Eretria (Ἐφ. ἀρχ. 1895. 139 I 172)

Leute von überragender Gestalt gemeint sein können. Dies ist jedoch nur eine von drei Möglichkeiten.

Eupolis sagt in den Δῆμοι (Meineke 2. 475 fragm. 37):

Ταδὶ δὲ τὰ δένδρα Λαισποδίας καὶ Δαμασίας
αὔαισι (Hermann, überl. αὐταῖσι) ταῖς κνήμαισιν ἀκολουθοῦσί μοι.

Dazu bemerkt Meineke: »Recte illam utriusque cum arboribus comparationem ad proceram corporis staturam rettulit Raspius, allato Aristoph. Av. 1475, ubi Cleonymus magnae homo staturae ἔκτοπόν τι δένδρον vocatur«. Folgt man dieser Anregung und durchmustert man die Reihe der männlichen Namen, die durch Übertragung aus dem Pflanzenreiche gewonnen sind (GP² 325 f.), so wird man kein Bedenken tragen den Namen

Πιτύας Sparta (Xenoph. Hell. 2. 3, 10)

als Spitznamen zu betrachten, in dem ein langer Mensch mit der πίτυς βλωθρή (N 390; μακραὶ πίτυες ι 186) verglichen wird. Es liegt dann nahe auch

Ἐλάτων Smyrna (CGC Ionia 246 no. 102; 2./1. Jahrh.)

in dieser Weise zu verstehn: die Helden Krethon und Orsilochos vergleicht Homer in ihrem Sturze ἐλατῇσι ὑψηλῇσιν (E 560).

Viel reichlicher strömen die Namen für die kleinen Leute.

Hier stellen die Namen, die das Wort μικρός (σμικρός) mit seinen Nebenformen μικός und μικκός in mehr oder weniger modificierter Gestalt wiedergeben, die reichste Sippe vor. Sie sind vom 6. Jahrh. an aus allen Theilen des griechischen Gebietes nachweisbar. Von ihrer Verbreitung gibt schon die Zusammenstellung ein Bild, die ich folgen lasse, obwol ich mich darauf beschränke für jede Namenform eine einzige Belegstelle anzuführen.

Σμῖκρος Athen (CIA 1 no. 432 I 17);
Μίκρης[2]) στρατηγὸς τῶν Ἀρκάδων (Xenoph. Anab. 6. 3, 4);
Μικρίης Styra (Ion. Inschr. no. 19, 255);
Μικρίων Thasos (ebd. no. 78 III 3);
Μικρίνας Θεισπιεύς (IGS 1 no. 4260 3);
Σμίκρων Σουνιεύς (CIA 2 no. 864 II 29).
Μῖκος[3]) Henkel mit ἀστυνόμος[4]) (Becker Jahrb. f. Phil. Suppl. 10. 29 no. 23);

1) Überliefert in einer Vaticanischen Handschrift des Cyriacus. Im ersten Namen, der auch als Στρουθίς verstanden werden könnte, fehlt das Υ.

2) Überl. Σμίκρης. Wenn der Strateg aber aus Arkadien stammte, war Μίκρης die Form seines Namens: Μικίων Smlg. no. 1231 III 10 24, Μικύλος Le Bas-Foucart no. 337.

3) Die Länge in erster Silbe aus lat. mica erschlossen. Die Messung Μῖκων (WSchulze Anzeige von Meister Griech. Dial. 2, Berl. Philol. Wochenschr. 1890, S. 32 des Separatabzugs) beweist zu Gunsten von Μῖκος Nichts, da auch Σῖμων neben Σῖμος steht.

4) Als Heimath der Henkel dieser Gattung hat Becker bekanntlich Olbia in Anspruch ge-

Μικᾶς Thasos (Thas. Inschr. no. 14 I 7);
Μικάδης Γύρωνος Χαλκιδεύς (IGS 1 no. 368 1);
Μικαλίων Μικίωνος Ἑρχιεύς (CIA 2 no. 2046);
Μικάλλης Thasos (Thas. Inschr. no. 10 I 12);
Μίκιλλος Ἀχαιὸς ἐξ Αἰγᾶς (CIA 2 no. 2843);
Μικίων Mytilene (Mitth. 9. 88 Beil. 13);
Μικίνας Λοκρός (CIA 2 no. 963 III 37);
Μικίννης Halikarnassos (Ion. Inschr. no. 240 38);
Μίκυθος Rhegion (Herod. 7. 170);
Μικυθίων Μικυλίωνος Chalkis (Ἐφ. ἀρχ. 1892. 169);
Μικύλος Lindos (IGI 1 no. 761 21);
Μίκων Kos (Paton-Hicks N. no. 20. 49).
Μῖκκος Τορωναῖος (CIA 4 Suppl. 1 no. 491[16]);
Μικκάδας Βούττιος (IGS 3 no. 380 10);
Μίκκαλος Gortyn (Mus. Ital. 3. 637 no. 35 5);
Μικκαλίων Athen (Demosth. 32. 11);
Μικκέας Ποτάμιος (CIA 2 no. 420 52);
Μικκίας Elis (Olympia 5 no. 62 5);
Μικκιάδης ὁ Χῖος (Ion. Inschr. no. 53 1);
Μικκίων Tanagra (IGS 1 no. 538 24);
Μικκίνας Φυσκεύς (Smlg. no. 2097 16);
Μικκύλος Thessalien (Smlg. no. 326 III 19);
Μίκκων Χαλειεύς (Smlg. no. 1734 2).

Eine andre Sippe beruht auf Weiterbildung und Umbildung des Stammes *βραχύ-*.

Βραχύλος Tegea (Le Bas-Foucart no. 341 *h*);
Βράχυλλος Ἐρχιεύς (CIA 2 no. 114 C 10; 4. Jahrh.), Rhodos (IGI 1 no. 764 18), *Βράχουλλος* Chaironeia (IGS 1 no. 3343 1);
Βραχυλλίδας Rhodos (IGI 1 no. 884 9);
Βραχύλλει Tanagra (IGS 1 no. 538 22; 4./3. Jahrh.);
Βραχᾶς Lieblingsname auf einer attischen Vase (Klein Lieblingsinschr. 62; 6. Jahrh.), [*Β*]*ραχᾶς* Argos (Smlg. no. 3266 *b* 4), *Βροχᾶς* Thisbai (IGS 1 no. 4139 32);
Βραχίδας Akrai (IGSI no. 225 *a* Add.; 5. Jahrh.);
Βρόχχιος (Patron.) *Θειβῆος* (IGS 1 no. 2724 *b* 4; 4. Jahrh.).

Vgl. Pind. Isthm. 3. 68 ff. ὀνοτὸς ἰδέσθαι, μορφὰν βραχύς von Herakles, im Gegensatze zu den Riesen Oarion und Antaios[1]).

---

nommen. Nach einer Andeutung Latyschevs bei Pridik (Mitth. 21. 177 f.) ist auch diese Bestimmung nicht haltbar.

1) Kretschmer Vaseninschr. 85: »Bemerkenswert ist eine Inschrift, die auf einer rotf. Amphora in Paris unter Herakles gesetzt ist: δοκεῖς μικρὸς εἶναι«. K. verweist auf Wilamowitz Herakl. 1. 338.

Das Adjectivum τυννός ist in Prosa ausgestorben. Aber die weite Verbreitung der Namen, die das Wort mehr oder weniger verändert enthalten, lehrt, dass es über das ganze griechische Gebiet hin verständlich gewesen sein muss.

Τύννος Thasos (Thas. Inschr. no. 9_{11}; 5. Jahrh.)[1]);

Τυννάδης Styra (Ion. Insch. no. 19, $_{320}$; 5. Jahrh.)[2]), Delos (BCH 7. 114_{27});

Τύννις Styra (Ion. Inschr. no. 19, $_{321}$; 5. Jahrh.);

Τυννίας Τύννωνος Τρικορύσιος (CIA 2 no. 2599);

Τύννιχος ὁ Χαλκιδεύς (Platon Ion p. 534 d), Sparta (»Plut.« Apophth. Lak. 51);

Τυννιχίδας Thespiai (IGS 1 no. 1741 $_{22}$; 3. Jahrh.);

Τύννων Delos (CIA 2 no. 814 *a* B $_{29}$; 4. Jahrh.), *Τρικορύσιος* (s. *Τυννίας*)[3]).

Unser Kinderlied spricht von einem spannenlangen Hansel. So hiess schon ein thasischer Theoros des 5. Jahrh.:

Σπιθαμαῖος (Thas. Inschr. no. 9_{12}).

Unter den vergleichenden Namen stösst uns zunächst eine Sippe auf, deren Sinn nicht fraglich sein kann:

Πάταικος Akragas (Herod. 7. 154; 6. Jahrh.), Dyme (Paus. 5. 9, $_1$; Ol. 71); häufig auf Steinen des 4. Jahrh., so in Athen (ein *Πιθεύς* CIA 2 no. 660_4), in Iasos (Ion. Inschr. no. 104 *a* $_2$), Pantikapaion (ebd. no. 119_1), auf Chios (Mitth. 13. 167 no. 6_7), Thasos (CIA 2 no. 4 II $_{17}$); ferner bezeugt für Delos (BCH 6. 46 $_{157.160}$), Eretria (Ἐφ. ἀρχ. 1895. 133 I $_{55}$), Dardanos (Conze Inselreise 70), Seleukeia (CIA 2 no. 983 I $_{114}$);

Παταικίων Chios (Mitth. 13. 179 no. 32); die Heimath des als κλέπτης sprichwörtlich gewordnen *Παταικίων*, dem bei Herondas (4. 63) ein *Παταικίσκος* entsprossen ist, wird nicht angegeben.

Die Erklärung ist in den Worten Herodots enthalten (3. 37): *Φοινικηίοισι Παταίκοισι ἐμφερέστατον, τοὺς οἱ Φοίνικες ἐν τῇσι πρῴρῃσι τῶν τριηρέων περιάγουσι. Ὃς δὲ τούτους μὴ ὄπωπε, ἐγὼ δὲ σημανέω· πυγμαίου ἀνδρὸς μίμησίς ἐστι.*

Griechischer Anschauung eigenthümlich ist ferner die Vergleichung junger Individuen mit frischen Thautropfen. In der Odyssee sind die ἕρσαι junge Lämmer (ι 222), Aischylos spricht von δρόσοι λεόντων (Agam. 141). Sophokles verbindet ψακαλοῦχοι μητέρες αἰγές τε (fragm. 725 N.). Damit hängt zusammen, dass kleine Leute Tropfen genannt werden:

1) Die Chronologie der thasischen Theoren ist von Jacobs (Thasiaca 16 ff.) ins Reine gebracht.

2) TVNAN⊦DEϟ das Täfelchen.

3) Die Sippe, die die Stämme *ναννα-*, *ναννα-* zur Grundlage hat, gehört mit andren Tändelnamen nach Kleinasien (Kretschmer Einl. in d. Gesch. d. griech. Spr. 331 ff.). Einzelne ihrer Glieder sind sehr geschickt präcisiert, so *Νάννιχος* in Magnesia am Maiandros (Mitth. 19. 19 no. 8 1..

ἂν μὲν γὰρ ᾖι τις εὐπρεπής, ἱερὸν γάμον καλεῖτε,
ἐὰν δὲ μικρὸν παντελῶς ἀνθρώπιον, σταλαγμόν

heisst es bei Anaxandrides (S. 3). Nun gibt es eine Reihe von Namen, die aus Appellativen verwandter Bedeutung hervorgegangen sind; so

Stalagmus Sklave bei Plautus (Captivi);
Προῦκο(ς) freigelassen in Larisa (BCH 13. 383 44; 2/1 Jahrh.);
Ψακάς Olympiasieger, erwähnt Schol. Aristoph. Ach. 1150;
Ῥάνις Delos (BCH 6. 47 163; Ῥάνιος ἀνάθεμα);
Ψίαξ Vasenmaler in Attika (Klein Vasen mit Meistersign.[2] 134; 6. Jahrh.).

Der Zusammenhang von Προῦκος, Ψακάς, Ῥάνις mit πρώξ, ψακάς, ῥανίς liegt am Tage; zur Beurtheilung von Ψίαξ hilft eine Glosse des Hesych: ψίακα· ψακάδα. Von vorn herein wird man geneigt sein die Namen Προῦκος, Ψακάς, Ῥάνις und Ψίαξ nach der Anleitung zu beurtheilen, die die Komödie zur Auffassung des Namens Σταλαγμός gibt. So weit Προῦκος in Betracht kommt, steht dem Nichts im Wege. Dagegen werden Ψακάς und Ῥάνις von der alten Schulgelehrsamkeit anders interpretiert; wir müssen später auf sie zurückkommen.

Horaz empfiehlt als Lebensregel (Sat. 1. 3, 42 ff.):

Ac pater ut gnati, sic nos debemus amici,
siquod sit vitium, non fastidire: strabonem
adpellat Paetum pater, et Pullum, male parvus
sicui filius est, ut abortivus fuit olim
Sisyphus; hunc Varum distortis cruribus, illum
balbutit Scaurum pravis fultum male talis.

Es liegt nahe anzunehmen, dass die Namen, die von Haus aus ein junges Thier bezeichnen, den selben Ursprung haben wie der Schmeichelname *Pullus* der römischen Kinderstube. Solcher Namen besitzt das Griechische recht viele[1]): ich nenne hier Σκύλαξ, Σκύμνος, besonders aber die auf νεοσσός aufgebaute Sippe:

Νόσσος Iasos (Dittenberger Syll. no. 77 77; 4. Jahrh.), Thasos (Thas. Inschr. no. 18 I 2);
Νοσσικᾶς Thasos (ebd. no. 6 IV 2; 5. Jahrh.);
Νοσσύλος Νοσσύλου Kos (Smlg. no. 3722 5; 3. Jahrh.);
Νόσσων Kos (Smlg. no. 3624 *d* 49; um 200 v. Chr.),

und mache auf Πάταικος τοῦ Σκύλακος in Iasos (Ion. Inschr. no. 104 *a* 9) aufmerksam. Andrerseits lehren die zahlreichen Frauennamen, die der Herkunft nach Deminutive von Thiernamen sind, dass die Einreihung unter die kleinen Leute lediglich der Zärtlichkeit entspringen kann, keinen körperlichen Fehler zur Voraussetzung zu haben braucht. Damit fällt ein neues Licht auf die Namen dieses Abschnittes, auch auf die beiden letzten, die ich zu nennen habe:

[Κ]όρυψ Theben (IGS 1 no. 3640; 5. Jahrh.).

---

1) Gehört auch Ϝάρταλος in Thespiai (IGS 1 no. 1742 8) wegen ὀρταλίς, ὀρτάλιχος zu ihnen?

Ich identificiere *Κόρυψ* mit *κόρυξ· νεανίσκος* (Hes.) und vergleiche das Verhältnis von böot. *κόρυψ* zu *κόρυξ* mit dem von böot. *Κόκκυψ* zu *κόκκυξ*[1]).

Παιδικός (Meistername auf einem Alabastron des Louvre, Pottier Revue des études gr. 6. 40 ff.; 6. Jahrh.).

Da Vollnamen wie *Παιδαρχίς*, *Παίδιππος* zur Verfügung stehn, könnte man *Παιδικός* auch als Koseform betrachten und sich auf die Verbindung *Ἀνδρικὸς Ἀνδρονίκου* (CIA 2 no. 2756) berufen (Kretschmer Vasensinschr. 230 f.). Aber Abhängigkeit vom Vollnamen braucht, wie man sieht, nicht zu obzuwalten; man darf noch auf die lateinischen Namen *Pāpus*, *Pāpius* und, si dis placet, auf das oskische Cognomen *Pukalaz* verweisen.

Abnorme Dimension in der Breite wird verspottet durch die Namen

Πάχης Athen (Thuk. 3. 18, 2), Delos (BCH 7. 109 no. 5 4);

Παχίων Styra (Ion. Inschr. no. 19, 403; 5. Jahrh.);

Πάχων Tegea (BCH 17. 17 no. 21 1)[2]).

Der Stamm *παχητ-*, der in dem ersten Namen erscheint, wird von Hippokrates im Appellativum gebraucht: *ὑπερπάχητες* (*Περὶ ἀέρων* 15).

Zwei andre Namen stellen Umbildungen von *πλατύς* vor und haben gleichen Inhalt wie *πλατύς* Soph. Aias 1250 f.

οὐ γὰρ οἱ πλατεῖς
οὐδ' εὐρύνωτοι φῶτες ἀσφαλέστατοι.

Ich denke an

Πλατῆς Aristot. *Περὶ τὰ ζῶια ἱστορ.* 5. 19: *πρώτη δὲ λέγεται ὑφῆναι ἐν Κῶι Παμφίλη Πλατέω* (so cod. C[a]) *θυγάτηρ*;

Πλάτων in Athen seit dem 5. Jahrh.; seit dem 4. Jahrh. überall nachweisbar, doch lässt sich nicht feststellen, wie weit der Name des Philosophen Anregung zu der Benennung gegeben hat[3]).

Zu *Πλάτων* beachte das Appellativum *πλάτων· χαλκωμάτιόν τι, ὧι τὸν ὀρὸν ἀντλοῦσιν* . . . . (Hes.).

---

1) Neben *κόρυξ* steht *κόριψ* (*νεανίσκος*, Hes.) aus *κόρϝιψ*. Das Verhältnis der Nachkommen der labialisierten Gutturalis ist das gleiche wie in *βουκόλος* und *αἰπόλος* und bestätigt die von Saussure aufgestellte Regel.

2) Vermuthlich muss man auch Smlg. no. 1231 III 14 *Πάχω[νος]* statt *Πάχω* schreiben: der Stein ist, wie der Abklatsch beweist, den ich besitze, so abgerieben, dass die letzten Buchstaben spurlos verschwunden sein mögen. Die Inschrift berührt sich auch sonst mit der im Texte erwähnten: dem *Ἰσόδαμος Θερσίαν* (I 13) entspricht dort *Θερσίας Ἰσοδάμου* (Z. 9).

3) Der Einfluss der Namen berühmter historischer Persönlichkeiten auf die Benennung Nachgeborner ist noch zu wenig beachtet. Baunack bemerkt zu Smlg. n. 1908 6: »Zum Dialekte der *Οἰανθεῖς* stimmt die Form *Δημητρίου* nicht«, zu no. 1922 6: »Die Form *Δημήτριος* kommt bei dorischen Freilassern öfters vor«. Der Grund ist der, dass der Name *Δημήτριος* seit Demetrios Poliorketes in Griechenland populär geworden war. Umgekehrt spricht man in Athen *Ἀμύντας*, nicht *Ἀμύντης*.

Die Rübe heisst von ihrer Gestalt *γογγυλίς* oder *γογγύλη* (die Lakedaimonier haben sie nach Apollas bei Athen. p. 369 a *γάστρα*, die bauchige, genannt); der Skythe vergleicht Thesmoph. 1185 die *τιτθία* der Tänzerin mit ihr. Es ist also deutlich, wie der Mann ausgesehen haben muss, dem der Spitzname gegeben ward

Γογγύλος ὁ Ἐρετριεύς (Thuk. 1. 128, 4), *εἷς τῶν Κορινθίων ἀρχόντων* (Thuk. 7. 2, 1), Delos (Apollodoros bei Athen. p. 173 a)[1].

Ein Synonymum von *γογγύλος* ist *στρογγύλος*. Aus ihm entsteht durch Weiterbildung der Name

Στρογγυλίων Bildhauer des 5. Jahrh. (CIA 1 no. 406); ein jüngrer *Στρογγυλίων* CIA 2 no. 834 c 39 Add.

Der Komiker Xenarchos rühmt an den *πορνεῖα*, dass der Liebhaber *μείρακες* in ihnen finde

ὧν ἔστιν ἐκλεξάμενον ἧι τις ἥδεται,
λεπτῆι, παχείαι, στρογγύληι, μακρᾶι, ῥικνῆι,
νέαι, παλαιᾶι, μεσοκόπωι, πεπαιτέραι

(Meineke 3. 617 fragm. 1 1 ff.). Anschaulicher noch ist das Compositum *στρογγυλόπλευρος*, das Strattis von wolgerathnen Aalen braucht:

καὶ Κωπάιδων ἁπαλῶν τεμάχη
στρογγυλοπλεύρων

(Meineke 2. 779 fragm. 1). Wie man sieht, könnte *Στρογγυλίων* als Verkürzung von *στρογγυλόπλευρος* aufgefasst werden.

Es ist möglich, dass die Namen, die den Menschen mit der Kröte vergleichen, also

Φρῦνος und Genossen,

theilweise den Zweck verfolgen Leute von aufgedunsener Gestalt zu verspotten. Man kann dies vermuthen wegen der Glosse *φρῦνος· βάτραχος. ἢ παχύς* (Hes.), und wegen der Thierfabel, die von dem Versuche der jungen Kröte erzählt dem Ochsen durch Aufblasen an *παχύτης* ähnlich zu werden (Aesop no. 84 Halm). Ich werde bei spätrer Gelegenheit, wo wir uns, wie mir scheint, auf festrem Boden bewegen, die Verbreitung der Sippe anschaulich zu machen suchen.

Und noch eine Möglichkeit muss zur Sprache kommen. Die Sippe

---

1) Nach Apollodor soll es mit dem Namen *Γογγύλος* auf Delos eine besondre Bewandtnis haben: *ἦν αὐτοῖς* (den Deliern) *ἀπὸ τῶν πράξεων ὀνόματα Μαγίδες καὶ Γογγύλοι, ἐπειδὴ τὰς μάζας, φησὶν Ἀριστοφάνης* (Frieden 28), *ἐν ταῖς θοίναις δι' ἡμέρας τρίβοντες παρεῖχον ὥσπερ [ἐν] γυναιξὶ γογγύλας μεμαγμένας*. Es ist zu fürchten, dass zu der Deutung von *Γογγύλος* die Worte des Aristophanes Veranlassung gegeben haben. Denn dass ein Mann darum, weil er es verstand *γογγύλας μάζας* zu backen, *Γογγύλος* genannt worden sei, will nicht recht einleuchten. Von den übrigen delischen Namen, die *ἀπὸ τῶν πράξεων* hergenommen sind, *Χοίρακος, Ἀμνός, Ἀρτυσίλεως, Σήσαμος, Ἀρτυσίτραγος, Νεωκόρος, Ἰχθυβόλος*, unterstützt kein einziger die Auffassung des gelehrten Atheners: man kann ihm glauben, dass *Χοίρακοι, Ἀμνοί* als *Ἀρτυσιχοίρακοι, Ἀρτυσίαμνοι* zu denken seien (vgl. *Βοιδίων* als Namen eines Kochs bei Sosipatros, Meineke 4. 482 11); dass ein *Γογγύλος* ein *Γογγυλομαζοποιός* sei, folgt daraus noch nicht.

Πέταλος Styra (Ion. Inschr. no. 19, $_{404}$; 5. Jahrh.), Thasos (Thas. Inschr. no. 8 II $_{1}$), Larisa (Smlg. no. 358);

Πεταλίας Κραννούνιος (Smlg. no. 345 $_{60}$), Γυρτούνιος (ebenda $_{90}$; 3. Jahrh.), vgl. Πεταλλὶς Πεταλιαία Larisa (Smlg. no. 355);

Πέταχος Styra (Ion. Inschr. no. 19, $_{285}$)

kann, sprachlich angesehen, Individuen nach keiner andren Seite hin bezeichnen als nach der Ausbreitung ihres Körpers. Πέταλος hat den Sinn von ἐκπέταλος in der Wendung: ἐστὶ δὲ χαλκίον ἐκπέταλον λεβητῶδες (Didymos bei Athen. p. 468 e, von der Ψ 270 beschriebnen φιάλη).

Es bleiben noch die Namen für die **magren** Leute zu betrachten.

Directe Bezeichnung des magren Mannes ist durch das Wort λεπτός und seine namenartigen Umbiegungen möglich:

Λέπτος Smyrna (Mionnet 3. 196 no. 993; 150—50 v. Chr.)[1];

Λεπτίνης Paros (Archil. fragm. 70), oft in Athen (so Λεπτίνης ἐκ Κοίλης Demosth. 22. 60), Samos (Num. Chron. 1884. 257 no. 6), Eretria (Amer. Journ. of Archaeol. 7. 247 no. 2), λιθουργός auf Delos (BCH 14. 396); Λεπτίνας Syrakus (Bruder Dionysios I, vgl. CIA 2 no. 8 $_{7}$), Λεπτίνας Λεπτίνα Dyme (Smlg. no. 1612 $_{35}$), Λεπτίνας Delphi (Smlg. no. 1715 $_{7}$), Kos (Smlg. no. 3722 $_{18}$), Λεττίνας Γυρτούνιος (Smlg. n. 345 $_{79}$);

Λέπτων Styra (Ion. Inschr. no. 19, $_{61}$; 5. Jahrh.), Dardanos (Silbermünze der Sammlung Imhoof-Blumer)[2], Ἀστυπαλαιεύς (BCH 8. 26 B $_{3}$, 15. 634 no. 8 $_{5}$).

Andre Namen werden durch Gleichsetzung der dürftigen menschlichen Erscheinung mit dünnen Gegenständen oder mit andren magren Wesen gewonnen.

Für einen magren Menschen ist uns das Bild des Fadens geläufig. Dass es auch den Griechen nicht fremd war, darf daraus geschlossen werden, dass ihre Sprache eine ziemlich reiche Sippe von Männernamen besitzt, deren Basis das Wort μίτος bildet, deren Träger also doch wol als λεπτότατοι gekennzeichnet werden sollen:

Μίτος Theben (IGS 1 no. 3599; 5. Jahrh.);

Μιτίων Hyettos (IGS 1 no. 2829 $_{5}$; 3. Jahrh.);

Μίτυς ὁ Ἀργεῖος (Κατὰ Νεαίρας 33; 4. Jahrh.);

Μίτων Thera (IGA no. 453; 7. Jahrh.);

Μίττιος (Patron.) Ἐρχομένιος (IGS 1 no. 2724 a_{6}; 4. Jahrh.);

Μιττίων Lindos (IGI 1 no. 764 I $_{11}$; 3. Jahrh.).

Auch an ein Rohr lassen wir uns von einem magren Menschen erinnern.

1) Die Lesung Cousinérys bestätigt mir Herr Director Riggauer in München, von dem auch die Datierung stammt.

2) Mittheilung des Herrn Besitzers.

Nicht anders ergieng es den Griechen, wie die gepfefferte Beschreibung des Kinesias durch Platon (Meineke 2. 679 fragm. 2) lehrt:

> Μετὰ ταῦτα δὲ
> † Εὐαγόρου παῖς ἐκ πλευρίτιδος Κινησίας
> σκελετός, ἄπυγος, καλάμινα σκέλη φορῶν,
> φθόης προφήτης, ἐσχάρας κεκαυμένος
> πλείστας ὑπ' Εὐρυφῶντος ἐν τῶι σώματι.

Ich darf also wol als rohrdünne Gesellen die Personen betrachten, die den κάλαμος im Namen führen:

Κάλαμις, Zeitgenosse des Deinomenes von Syrakus (Paus. 6. 12, 1), Thasos (Mitth. 22. 133 no. 11 4);

Καλάμμει Akraiphia (IGS 1 no. 2745; 5. Jahrb.)[1]).

Von ihnen fällt auch auf die Leute Licht, die nach dem δόναξ benannt sind:

Δόναξ Apollonia Ill. (Münzen des österr. Kaiserhauses 1. 29 no. 34; 3./2. Jahrh.);

Δόνακος Mytilene (Mitth. 9. 88 Beil. 21).

Bei Photios steht die Glosse σχιζίας· ὁ τετανὸς καὶ ἰσχνός· οὕτως Κρατῖνος. Eine entsprechende Erklärung hat MSchmidt (Hes. 4. 1, 119) aus den Scholien des cod. Mod. zu Clem. Προτρεπτ. λόγ. ans Licht gezogen: σχιζίας· λεπτὸς παρ' Ἀττικοῖς. Das Wort σχιζίας kann nur bedeuten 'ein Mann wie ein Spahn'; so hat es schon Fick übersetzt (Curt. Stud. 9. 183). Dies ist also offenbar auch der Sinn des Namens

Σχιδᾶς Kyrene (Smith-Porcher no. 7 II 19), Artichia (Fouilles d'Epidaure 1 no. 243).

In den gleichen Vorstellungskreis gehört vermuthlich

Καρφίνας Ἀκαρνάν (CIA 2 no. 121; 4. Jahrh.).

Man erinnre sich, dass die Chorführerin der Lysistrate κινοῦσα μηδὲ κάρφος[2]) zu Hause bleiben will, wenn man sie nicht ärgre (474). Der Grieche, der niesen wollte, kitzelte sich mit einem λεπτὸν κάρφος die Nase (Schol. zu Aristoph. Frösch. 647). Der Name Καρφίνας würde sich also sehr gut zur Bezeichnung eines Menschen von dürftiger Erscheinung eignen.

Das Wort ἄχνη, das bei Homer die Spreu und den Schaum bedeutet, bezeichnet im spätren Sprachgebrauche jedes leichte Theilchen. Daher kann der Sklave in den Wespen klagen (91 ff.):

> ὕπνου δ' ὁρᾶι τῆς νυκτὸς οὐδὲ πασπάλην·
> ἢν δ' οὖν καταμύσηι κἂν ἄχνην, ὅμως ἐκεῖ
> ὁ νοῦς πέτεται τὴν νύκτα περὶ τὴν κλεψύδραν.

Bei der Geläufigkeit dieses Gebrauches von ἄχνη ist es wol richtiger den Namen

1) Dazu Καλαμίσκος auf einer aus Phrygien stammenden Inschrift der Kaiserzeit, die BCH 2. 56 ff. neu herausgegeben ist.

2) Sie benützt dabei eine sprichwörtliche Wendung (vgl. Bauck De proverbiis aliisque locutionibus ex usu vitae communis petitis apud Aristophanem comicum [Königsberg 1880] 84), die auch Herondas anwendet (1. 54, 3. 67).

"Αχνων Φωκεύς (Arch. epigr. Mitth. aus Österr. 15. 111 ₁₁)
zu ἄχνη zu stellen als zu dem Namen der thessalischen Stadt "Αχναι.

Überraschend kommt uns die Gleichsetzung des leicht gebauten Menschen mit der Amsel, die von den Griechen vollzogen ist. Wir lesen bei Anaxilas Meineke 3. 348 ₂₀.₂₁):

ἡ Θεανὼ δ' οὐχὶ Σειρήν ἐστιν ἀποτετιλμένη;
βλέμμα καὶ φωνὴ γυναικός, τὰ σκέλη δὲ κοψίχου.

Antiphanes aber setzt das Gewicht dreier Hetären, von denen er zwei ausdrücklich als λεπταί bezeichnet, dem der Θεανώ gleich:

ἀφύας δὲ λεπτὰς τάσδε καὶ τὴν τρυγόνα
χωρὶς Θεανοῖ δεῦρ' ἔθηκ' ἀντιρρόπους

(Meineke 3. 13 ₂₃.₂₄). Bei der Annahme, dass der Vergleichungspunkt zwischen Mensch und Amsel die Leichtigkeit der Glieder bilde, erhalten wir eine einheitliche Deutung des Frauennamens Κοσσύφα, der schon im 7. Jahrhundert auf Thera gebräuchlich war [1]), und der Männernamen

Κόττυφος Pharsalos (Demosth. 18. 151; 4. Jahrh.), Larisa (Smlg. no. 1308 ₂);
Κοξυφίων Chalkis (Ἐφ. ἀρχ. 1893. 107 no. 3),

die an sich auch anders verstanden werden könnten [2]).

Zweifelhaft ist, wie weit in diese Kategorie die Namen fallen, die eine Vergleichung mit στροῦθος aussprechen, also

Στροῦθος, Στροῦθις, Στρούθων,

wofür die Zeugnisse früher (8 f.) gegeben worden sind. Dass ein Mensch von ärmlicher Erscheinung Spatz hat genannt werden können, lehren die Worte des Alexis (Meineke 3. 449 fragm. 5)

Κακῶς ἔχει(ς)· στρουθὶς ἀκαρὴς νὴ τὸν Δί' εἶ [3])·
πεφιλιππίδωσαι.

Aber στροῦθος selbst ist doppelsinnig, und dazu kommt, dass der Spatz neben seiner äussren Erscheinung eine gewisse Charakterschwäche besitzt, die den Griechen Anlass zu noch schnödrer Vergleichung bieten konnte.

Ausser den Namen, in denen Spott über Abnormität des Körpermaasses sein Wesen treibt, gibt es nicht viele, in denen die sichtbare Abnormität nicht eines

1) Mittheilung des Herrn Dr. Hiller von Gärtringen. Ich kenne den Namen noch aus Kerkyra (IGS 3 no. 888), Delphi (Smlg. no. 1995 ₃, 2091 ₇; Sklavinnen).

2) Der Πυθαγοριστής des Aristophon wird so geschildert (Meineke 3. 360 f.):

Πρὸς μὲν τὸ πεινῆν ἐσθίειν τε μηδὲ ἓν
νόμιζ' ὁρᾶν Τιθύμαλλον ἢ Φιλιππίδην·
ὕδωρ δὲ πίνειν βάτραχος, ἀπολαῦσαι θύμων
λαχάνων τε κάμπη, πρὸς τὸ μὴ λοῦσθαι ῥύπος,
ὑπαίθριος χειμῶνα διάγειν κόψιχος κ. τ. λ.

3) νὴ Δί' ἐγένου Kaibel Athen. p. 552 e.

bestimmten Körpertheiles sondern des ganzen Körpers oder doch wichtiger Theile zugleich in Betrachtung gezogen sind. Ich kenne Namen für den Mann von schreckhaftem, von affenartigem, von silen- und satyrmässigem Aussehen.

Auf schreckhaftes Aussehen weist die Sippe

Μόρμις Knidos (Henkel bei Dumont 292 no. 127 f.);
Μορμίας Οἰναῖος (CIA 2 no. 1013 11; 4. Jahrh.);
Μορμυθίδης [1]) *Μιλήσιος* (Ion. Inschr. no. 99 2; 4. Jahrh.?);
Μόρμωττος [2]) Assos (Papers of the Amer. School 1. 78 no. 68).

Die Namen gehören deutlich zu *μόρμος*, *μόρμη*, *μορμύνει* und fallen inhaltlich mit *μορμορωπός* zusammen. Der letzte ist das Participium *μορμωτός*.

Gleichsetzung mit dem Affen hat Statt gefunden in

Πίθηκος Ornament aus dem Perserschutte (Journ. Hell. Stud. 13 pl. 6 no. 42), *Πίθακος* Stratos (IGS 3 no. 443 10), Grabstein in Theben (IGS 1 no. 2770), Kyrene (Smith-Porcher no. 6 3. 40. 43);
Πίθων Athen (CIA 1 no. 433 II 26; 5. Jahrh.), Eretria (Ἐφ. ἀρχ. 1895. 140 III 163), Naupaktos (IGS 3 no. 366 11), Aigiros (Mitth. 11. 288 no. 56 7), *Ἀλεξανδρεύς* (CIA 2 no. 966 A 35), Polyrenion (Journ. Hell. Stud. 16. 184 no. 15 b 3), *Φίθων* Theben (IGS 1 no. 3682), *Πίθουν Κραννούνιος* (Smlg. no. 345 55);
Πίθυλλος ὁ Τένθης (Klearchos bei Athen. p. 6c; hierher?)

Die Hässlichkeit des Affen leuchtet aus mancher drastischen Wendung hervor. Semonides von Amorgos lässt das hässliche Weib aus dem Affen hervorgehn (fragm. 7. 71 ff.). Ein Dichter der AP (5 no. 76) besingt die Reize einer alternden galanten Dame, unter ihnen auch den, dass sie ein runzliges Antlitz trage *οἷον γηράσας οὐδὲ πίθηκος ἔχει*; ein andrer (11 no. 196) meint noch höflicher

Ῥύγχος ἔχουσα Βιτὼ τριπιθήκινον, οἷον ἰδοῦσαν
τὴν Ἑκάτην αὐτὴν οἴομ' ἀπαγχονίσαι.

Die Höflichkeit ist auch in das Sprichwort gedrungen: die Redensart *ὄνος ἐν πιθήκοις* (Append. 4. 25) wird mit *ἐπὶ τῶν αἰσχρῶν ἐν αἰσχροῖς* erklärt. Mit vollendeter Deutlichkeit hat sie Menander gebraucht in den Versen

ἐκ τῆς οἰκίας
ἐξέβαλε τὴν λυποῦσαν ἣν ἐβούλετο,
ἵν' ἀποβλέπωσι πάντες εἰς τὸ Κρωβύλης
πρόσωπον ἧι τ' εὔγνωστος οὖσ' ἐμὴ γυνὴ
δέσποινα· καὶ τὴν ὄψιν ἣν ἐκτήσατο
ὄνος ἐν πιθήκοις τοῦτο δὴ τὸ λεγόμενον
ἔστιν.

1) *Μόρμυθος* wie *Γόργυθος* (Eretria, Blinkenberg Eretr. Gravskr. no. 25).

2) Ist *Μόρμωτος* zu schreiben? Das doppelte τ in lesb. *Ζωίττας* (Smlg. no. 266 3; die Inschrift wird BCH 18. 536 no. 4 als neu publiciert) beurtheile ich nach dem ττ von *Ἀγίττα* in Myrina (Pottier-Reinach 1. 113 no. 2).

(Kock 3. 115). Bei Aristophanes wird *πίθηκος* als Schimpfwort in wechselndem Sinne gebraucht; dass Panaitios mit ihm geschmückt worden ist (*καταλιπὼν Παναίτιον πίθηκον* fragm. 347 Dind.), hatte er nach Didymos (Schol. Aristoph. Vög. 440) dem Umstande zu danken, dass er *αἰσχρός τις ἦν τὴν ὄψιν* (nach andren, weil er *μικροφυής* war). Man kann also nicht bezweifeln, dass die Vergleichung einer hässlichen Person mit dem Affen für den Griechen nahe genug lag. Es wird sich aber zeigen, dass sie auch andren als äusserlichen Fehlern gelten kann.

Ähnlichkeit mit den Silenen und Satyrn wird nachweislich seit dem 5. Jahrh. durch Verleihung der Namen *Σιληνός*, *Σάτυρος* und ihrer Ableitungen constatiert. Ich darf die beiden Namensippen als gleichwerthig betrachten, da zwischen Silenen und Satyrn vom 5. Jahrhundert an kein wesentlicher Unterschied mehr besteht. »Als jene Bockschöre auf die Orchestra des städtischen Dionysostheaters verpflanzt wurden und Masken erhalten sollten, griff man, statt einen neuen Typus zu schaffen, zu dem bereits künstlerisch ausgebildeten der Silene und behielt als Erinnerung an die alte Costümierung nur den Ziegenschurz bei«, sagt Robert GGA 1897. 44 f. Den bündigen Beweis für das Zusammenfallen der beiden Gruppen dämonischer Wesen liefert die Erscheinung, dass der Vater der Satyrn, die im Kyklops den Chor bilden, *Σιληνός* heisst.

Die Namen *Σιληνός* und *Σάτυρος* sind seit dem 5. Jahrh. in allen Landschaften gebräuchlich gewesen. Ich will hier nur die Belege mittheilen, die dem 5. Jahrh. angehören, von den Ableitungen jedoch alle, die ich zur Hand habe.

Σιληνός Halikarnassos (Ion. Inschr. no. 240 30; 5. Jahrh.), Thasos (Hippokr. Epid. 1. 14), Rhegion (CIA 1 no. 33 3); *Σιλανός* aus der Phyle *Ἱπποθωντίς* (CIA 1 no. 447 III 65), *Μακίστιος* (Xenoph. Anab. 7. 4, 16), Akragas (Head Hist. Num. 106);

Σιλανίων Megara (Smlg. no. 3025 53; 3. Jahrh.), *Κοθωκίδης* (CIA 2 no. 2195).

Ich mache auf die Verbindung *Κόρυμβος Σιλανοῦ*[1]) (Messene; BCH 5. 152 17) aufmerksam: der Sohn trägt einen Haarschopf, der Vater gleicht dem *φαλακρός*, der Eurip. Kykl. 227 leider keine Prügel bekommen hat.

Σάτυρος Halikarnassos (Ion. Inschr. no. 240 31), Thasos (Mitth. 22. 120 no. 1 1), Styra (Ion. Inschr. no. 19, 300), Athen (ein *Λευκονοεύς* CIA 1 no. 237 Ende);

Σατυρίδης Σατύρου Iasos (Ion. Inschr. no. 104 a 27), *Ἰουλιήτης* (CIA 4 Suppl. 2 no. 54 b 36), beide aus dem 4. Jahrh.;

Σατυρίσκος Βυζάντιος (Mitth. 15. 219);

Σατυρίων Παταίκου Pantikapaion (Ion. Inschr. no. 119 1; 4. Jahrh.), Iasos (Le Bas-Waddington no. 298), Delos (BCH 11. 273 no. 36 1), Chalkis (BCH 16. 114 no. 18), *Φυλάσιος* (CIA 2

1) ΣΙΔΑΝΟΥ die Abschrift.

no. 983 II 125), Ἀνθηδόνιος (CIA 2 no. 2792), Naupaktos (IGS 3 no. 359 9), Kranioi (BCH 7. 191 II 13), Trozan (BCH 17. 120 no. 34 4).

Ein Thessaler heisst Σατυρίων Ὑβρίσταιος (Smlg. no. 326 II 50; 3. Jahrh.): Beweis genug, dass die Ähnlichkeit zwischen Mann und Satyr auch auf der ethischen Seite liegen kann.

Berühmt ist die Vergleichung des Sokrates mit den Silenen bei Platon (Symp. p. 215) und Xenophon (Symp. 5). Bei Xenophon wird sie nach der körperlichen Seite theilweise durchgeführt: Sokrates-Silenos lobt seine Augen, weil sie nicht nur τὸ κατ' εὐθὺ ὁρῶσιν sondern auch τὸ ἐκ πλαγίου διὰ τὸ ἐπιπόλαιοι εἶναι; ferner die σιμότης seiner Nase und die παχύτης seiner Lippen. Wäre das Bild vollständig, so würde auch der Kahlköpfigkeit, der Pferdeohren, des zottigen Leibes und wol auch schon des dicken Bauches Erwähnung geschehen. Wessen Körper nun eines oder mehrere [1]) der für die Silene charakteristischen Merkmale aufwies, für den war die Vergleichung mit den scurrilen Gesellen gegeben, einer der Spitznamen Σιληνός, Σάτυρος der Umgebung auf die Zunge gelegt.

Eine andre Reihe von Spitznamen hat auffällige Beschaffenheit einzelner Theile des sichtbaren männlichen Körpers zur Voraussetzung.

Der edelste dieser Theile ist der Kopf.

Die griechische Sprache besitzt eine stark ausgebildete, weit verbreitete Sippe von Namen, die durch Umgestaltung des Wortes κεφαλή geschaffen sind.

Κέφαλος Athen (Aristoph. Ekkl. 248 und sonst), Styra (Ion. Inschr. no. 19, 60. 213—216), Θεσσαλός (CIA 4 Suppl. 1 no. 491 14), Syrakus (Λυσίας υἱὸς ἦν Κεφάλου τοῦ Λυσανίου τοῦ Κεφάλου, Συρακοσίου μὲν γένος .... Zehn Redner Lysias 1), Klazomenai (Plat. Parm.), Korinth (Plut. Timol. 24), Epidauros (Ἐφ. ἀρχ. 1892. 72 50), Κολπαῖος (Smlg. no. 1350 7), Akarnanien (IGS 3 no. 531), Dreros (Mus. Ital. 3. 657 no. 73 A 6);

Κεφάλ(λ)ει Theben (IGS no. 3634; 5. Jahrh.), **Κεφάλλεις** Hyettos (ebd. no. 2826 11);

Κεφαλίων häufig in Athen seit dem 5. Jahrh. (CIA 1 no. 432 I 5), Ὀλύνθιος (CIA 4 Suppl. 2 no. 3244 b), Ἡρακλεώτης (CIA 2 no. 614 28), Henkel mit ἀστυνόμου (Becker Jahrb. f. Phil. Suppl. 10. 29 no. 22); Verdoppelung des λ in Styra (Ion. Inschr. no. 19, 212) wol nur durch Schreibfehler [2]);

Κεφαλῖνος Pharsalos (Smlg. no. 329 B), Τορυδαῖος (Smlg. no. 1339 4); ein χρηστός wird CIA 2 no. 3849 erwähnt;

---

1) Vgl. Σιμίουν Γασστρούνειος, Σιμίας Φαλάκρειος Smlg. no. 326 II 17, no. 345 49; Σίμακος Φαλακρίωνος Fouilles d'Épidaure 1 no. 258 6.

2) Ein Κεφαλίων aus einer andren euboischen Stadt Mitth. 9. 271 Beil. a 6.

Κεφάλων Πελιννα[ιεύς] (BCH 20. 206_{30}; 4. Jahrh.), Delphi (BCH 20. 205_{23}), Diener des ältren Aratos (Polyb. 8. $14,_{5}$);

Κεφαλύτης Styra (Ion. Inschr. no. $19,_{217}$ f.; 5. Jahrh.)[1]).

Stünden die Namen *Κέφαλος*, *Κεφαλίων* allein, so läge nichts näher als die Annahme, dass Leute, die *Κέφαλος* heissen, namentlich Athener, nach dem Heros genannt, die *Κεφαλίωνες* dagegen als seine Nachkommen gedacht seien. Aber die drei Formen *Κεφάλλει*, *Κεφάλων*, *Κεφαλύτης* machen so sehr den Eindruck von Spitznamen, dass man die Möglichkeit ins Auge fassen muss, in *Κέφαλος* fallen zwei Namen verschiedner Herkunft zusammen: der auf den Menschen übertragne Name des Heros, und der Spitzname für Leute, die einen dicken Kopf haben. Bekanntlich gibt es auch einen Fisch *κέφαλος*. Nach der Erklärung des Euthydemos bei Athen. p. 307 b ist ihm dieser Name beigelegt *διὰ τὸ βαρυτέραν τὴν κεφαλὴν ἔχειν*. Cuvier hat ihn mit dem Mugil cephalus identificiert (vgl. Aubert-Wimmer *Ἀριστοτέλους Ἱστορίαι περὶ ζώων* 1. 130). Wenn man nun erfährt, dass die Griechen aus einer Gattung von Fischen eine Art als Dickköpfe herausheben, so wird man von ihnen erwarten, dass sie auch menschliche Individuen, die *βαρυτέραν τὴν κεφαλὴν ἔχουσιν*, als *Capitones* bezeichnet haben.

Weniger Worte sind zur Erklärung der nächsten Sippe nöthig, der *φοξός* zu Grunde liegt:

Φόξος ὁ τύραννος Chalkis (Aristot. Polit. 5. 4);

Φοξίδας Μελιταιεύς (Polyb. 5. $63,_{11}$; 3. Jahrh.);

Φοξίας Ἀλωπεκῆθεν (CIA 4 Suppl. 2 no. 775 *b* II_{8}; 4. Jahrh.), Herakl. Pont. (IGS 1 no. 2531_{9});

Φοξῖνος Theben (IGS 1 no. 2420_{2}; 3. Jahrh.), Thessalien (Smlg. no. 326 III_{27});

Φόξων Orchomenos (IGS no. 3178_{3}; 3. Jahrh.).

Von Thersites sagt Homer (*B* 219) *φοξὸς ἔην κεφαλήν*; die *φοξίχειλος Ἀργείη κύλιξ* des Semonides von Amorgos wird bei Athen. p. 480 d als eine *κύλιξ εἰς ὀξὺ ἀνηγμένη, οἷοί εἰσιν οἱ ἄμβικες καλούμενοι* definiert. Also kein Zweifel, dass wir eine Gesellschaft Spitzköpfe vor uns haben. Der Krannunier *Θερσίτας*, der Smlg. no. 345_{77} das Bürgerrecht von Larisa erhält[2]), könnte ebenfalls ein *φοξός* sein, wenn sein klassisches Vorbild nicht so viele körperliche und seelische Vorzüge aufwiese, dass wir nicht wissen können, welche Gemeinsamkeit mit diesem ihm den Ehrennamen eingetragen hat.

Neben dem Spitzkopfe darf der Langkopf nicht fehlen. Bahnen wir uns

---

1) Ich möchte, im Anschluss an Fick (GP² 30), die Frage aufwerfen, ob nicht die böotischen Namen *Κέφων*, *Κεφώνιχος*, *Κεφίνας* (IGS 1 no. 1751_{3}, 3175_{46}, 3635, für die sonst keine Erklärung zu finden ist, aus *Κεφάλων* u. s. f. verkürzt sind (vgl. *Καφώ* aus *Καφισώ*).

2) Ein zweites Beispiel des Namens findet man Journ. Hell. Stud. 9. 341: ein *Θεοκλῆς Θερσίτου Μελιβοιεύς* wird laut der zweiten dort abgedruckten Urkunde *πρόξενος* von Iasos.

den Weg zu ihm durch Bewundrung der Verse, in denen Kratinos den Kopf des Perikles portraitiert hat:

Ὁ σχινοκέφαλος Ζεὺς ὁδὶ προσέρχεται
ὁ Περικλέης, τὠιδεῖον ἐπὶ τοῦ κρανίου
ἔχων, ἐπειδὴ τοὔστρακον παροίχεται

(Meineke 2. 61). Plutarch, der sie mittheilt (Perikl. 13), hat seiner Quelle auch die Erklärung des Beiworts σχινοκέφαλος entnommen: σχῖνος sei synonym mit σκίλλα, der Staatsmann habe eine προμήκη κεφαλὴν καὶ ἀσύμμετρον auf die Welt gebracht (Perikl. 3).

Der Langkopf ist durch einen vergleichenden Namen vertreten. Ich meine

Μάκρων [1]) Vasenmaler zu Athen (Klein Vaseninschr. mit Meistersign.[2] 173; 5. Jahrh.), ferner beglaubigt für Styra (Ion. Inschr. no. 19, 250), Halikarnassos (Dittenberger Syll. no. 6 c 47), Chios (ebenda no. 350 27), Alexandreia (ebenda no. 198 134), Byzanz (CIA 2 no. 2859 2).

Wäre Μάκρων aus Euboia allein bezeugt, so würde man mit der Berufung auf die Notiz des Steph. Byz. Μάκρις· ἡ Εὔβοια· οἱ οἰκοῦντες Μάκρωνες auskommen. Bei der weiten Verbreitung des Namens aber halte ich diese Erklärung für ausgeschlossen. Dagegen kann Μάκρων überall verstanden werden als ein Mann wie ein Makrone. Die Μάκρωνες sind von den Griechen frühzeitig mit dem fabelhaften Volke der Μακροκέφαλοι identificiert worden, bei dem es für vornehm galt den Kopf des Neugebornen ἀναπλάσσειν καὶ ἀναγκάζειν ἐς τὸ μῆκος αὔξεσθαι, so dass schliesslich der νόμος zur φύσις führte (Hippokrates Περὶ ἀέρων 14). Herodot erwähnt die Μάκρωνες zusammen mit den Τιβαρηνοί, Μοσύνοικοι, Μᾶρες und Μόσχοι (3. 94), setzt sie also in die Gegend, in der sie später Xenophon findet. In dem gleichen Gebiete aber lässt Skylax die Μακροκέφαλοι hausen: Müller Geogr. Gr. 1. 62 § 85 Μετὰ δὲ Βέχειρας Μακροκέφαλοι ἔθνος, καὶ Ψωρῶν λιμήν, Τραπεζοῦς πόλις Ἑλληνίς. § 86 Μετὰ δὲ Μακροκεφάλους Μοσσύνοικοι ἔθνος, καὶ Ζεφύριος λιμήν, Χοιράδες πόλις Ἑλληνίς, Ἄρεως νῆσος. Sobald diese Gleichsetzung vollzogen war, konnte der Volkswitz Leute, die mit langem Haupte durch die Strasse zogen, als Landsleute der Μάκρωνες feiern.

Die auffällige Gestaltung der Stirne hat vielleicht ihre Würdigung gefunden in

Μέτωπος Συβαρίτης (Iambl. De vita Pyth. 190 11 N.), Μέτουπος Λεοντομένειος, Μ. Δαμοθέρσειος Κραννούνιοι (Smlg. no. 345 62. 85; 3. Jahrh.).

Sprachlich ist es jedesfalls möglich Μέτωπος als Mann mit breiter oder hoher

1) Dieser Name ist GP[2] 194 ohne Zweifel verkehrt beurtheilt. An und für sich könnte Μάκρων auch den langen Menschen bezeichnen. Aber die Griechen verbinden mit Μάκρων einen bestimmten Begriff.

Stirne zu fassen, als Synonymum von *μετωπίας*, das Pollux bezeugt: *καὶ μὴν ὀνομάζοιτ' ἄν τις εὐκέφαλος, ἢ ὀξυκέφαλος, ὃν Ὅμηρος καλεῖ φοξόν, . . . ἢ εὐρυμέτωπος ὡς Ἀλκιβιάδης· ὁ δὲ τοιοῦτος καὶ μετωπίας ὀνομάζεται* (2. 43). Es muss aber hervorgehoben werden, dass auch andre Erklärungen sprachlich zulässig sind, die durch die in Thessalien beobachteten Namenverbindungen nahe gelegt werden, dass also *Μέτωπος* nicht mit Sicherheit als Äquivalent des lat. *Fronto* in Anspruch genommen werden darf.

Mit dem Auge steht wieder eine grössre Anzahl Namen in Verbindung.

Eine Aussage über die Beschaffenheit der Augenbrauen enthält der Name

Ὄφρυλλος Larisa (Mitth. 7. 226 no. 4 $_{8}$);

vgl. etwa *συνόφρυς κόρα* Theokr. 8. 72.

Die Schieler bilden eine Gruppe unter sich, die durch zwei Wortstämme und durch vergleichende Namen vertreten ist.

Στράβαξ Bildhauer in Athen (CIA 2 no. 1155; 4. Jahrh.);

Στράβων Thasos (Thas. Inschr. no. 19 I $_{5}$; 3. Jahrh.); *ὁ Ἀμασεὺς φιλόσοφος* (Suid.); *Στρόβων* Eretria (*Ἐφ. ἀρχ.* 1895. 130 $_{34}$), ohne Zweifel eingewanderter Boioter oder Thessaler.

Vgl. Poll. 2. 51 .... *διάστροφος, στρεβλός· ὁ γὰρ στραβὸς ἰδιώτικον, καὶ οἱ στράβωνες* (überl. *στραβῶνες*) *ἐν τῆι νέαι κωμωιδίαι.*

Ϝίλλων Theben (IGS 1 no. 2431 $_{10}$; 4./3. Jahrh.).

Vgl. Aristoph. Thesm. 846 *ἰλλὸς γεγένημαι προσδοκῶν*, wozu in den Scholien aus Sophron *ἰλλοτέρα τᾶν κορωνᾶν* citiert wird [1]).

Als vergleichende Namen, die in dies Gebiet einschlagen, dürfen angesehen werden

Καρκίνος Ναυπάκτιος (Charon bei Paus. 10. 38, $_{11}$; 6. Jahrh.), Athen (Aristoph. Fried. 782 ff.), Halikarnassos (Ion. Inschr. no. 239 $_{8}$), *Ῥηγῖνος* (Diod. 19. 2, $_{2}$), Antiochia (CIA 2 no. 2808), Prokonnesos (ebd. no. 3278);

Καρκινίων Styra (Ion. Inschr. no. 19, $_{211}$; 5. Jahrh.)

und

[*Κά*]*ραβος* Chaironeia (IGS 1 no. 3300 $_{25}$) [2]).

Im Symposion des Xenophon (5. 5) rühmt Sokrates an seinen Augen, dass sie ihm auch *τὸ ἐκ πλαγίου ὁρῶσιν διὰ τὸ ἐπιπόλαιοι εἶναι*. Darauf erhält er die Antwort: *λέγεις σὺ καρκίνον εὐοφθαλμότατον εἶναι τῶν ζώιων.* Über die Augen der Languste urtheilt Aristoteles *Περὶ τὰ ζῶια ἱστορ.* (4. 2): *τὰ δ' ὄμματα* ....

---

1) Einen Naturfehler des Krähenauges kann Sophron nicht im Sinne gehabt haben. Die Krähe schielt nur in dem Sinne, in dem es der Stier auf dem bei Herondas 4. 66 ff. beschriebnen Bilde thut.

2) Ein *Κάραβος* war wol auch auf der verstümmelten Urkunde CIA 4 Suppl. 1 no. 116 $_{25}$ erwähnt (erhalten [illegible]PABOI).

ἐστὶ σκληρόφθαλμα, καὶ κινεῖται καὶ ἐντὸς καὶ ἐκτὸς εἰς τὸ πλάγιον, wofür es etwas später heisst: εἰς τὸ πλάγιον βλέπουσιν οἱ πλεῖστοι. Den Alten lag also die Gleichsetzung des Schielers mit Krabbe oder Languste recht nahe[1]). Der Staatsmann Kallimedon hat nachweisbar den Beinamen ὁ Κάραβος mit aus dem Grunde bekommen, weil er schielte. Dafür zeugen zwei von Athenaios (p. 339 f, p. 340) ausgehobne Komikerstellen.

Timokles im Πολυπράγμων (Meineke 3. 609):

Εἶθ' ὁ Καλλιμέδων ἄφνω
ὁ Κάραβος προσῆλθεν, ἐμβλέπων δ' ἐμοί,
ὡς γοῦν ἐδόκει, πρὸς ἕτερον ἄνθρωπόν τινα
ἐλάλει, συνιεὶς δ' οὐδὲν εἰκότως ἐγὼ
ὧν ἔλεγεν ἐπένευον διακενῆς· τῶι δ' ἄρα
βλέπουσι χωρὶς καὶ δοκοῦσιν αἱ κόραι.

Alexis im Κρατεύας ἢ Φαρμακοπώλης (Mein. 3. 431):

Τῶι Καλλιμέδοντι γὰρ θεραπεύω τὰς κόρας
ἤδη τετάρτην ἡμέραν. — Ἦσαν κόραι
θυγατέρες αὐτῶι; — Τὰς μὲν οὖν τῶν ὀμμάτων,
ἃς οὐδ' ὁ Μελάμπους, ὃς μόνος τὰς Προιτίδας
ἔπαυσε μαινομένας, καταστήσειέν ἄν.

Allerdings liebte er auch Langusten zu verspeisen, so dass sogar das φιλοσοφώτατον γένος der Fischhändler den Beschluss fasste sein Bildnis auf dem Markte aufzustellen, ἔχουσαν ὀπτὸν κάραβον ἐν τῆι δεξιᾶι, da Er allein ihr Gewerbe zur Blüthe brächte (Alexis bei Meineke 3. 407). Aber er ist auch sonst kein Kostverächter; so wird es ihm äusserst schwer den Kopf eines γλαῦκος fahren zu lassen (Antiphanes bei Meineke 3. 43), er allein versteht es καταπιεῖν ἐκ ζεόντων λοπαδίων ἄθρους τεμαχίτας, ὥστ' ἐνεῖναι μηδὲ ἕν (Eubulos bei Meineke 3. 207), und den Aal liebt er so getreulich, dass Menander noch den todten Mann als Vetter des Aales feiert (Meineke 4. 161). Wenn ihm also der Witz der Komödie von all diesen Lieblingen nur den κάραβος als ständigen Begleiter mitgab, so muss das geschehen sein, weil so mit Einer Klappe zwei Fliegen zu schlagen waren: die Leidenschaft für die Languste und die Gewohnheit die Augen wie die Languste zu stellen[1]).

Ferner machen wir die Bekanntschaft eines Blinzlers:.

Δενδίλος Thessalien (Smlg. no. 326 I $_{33.34}$; 3. Jahrh.).

Vgl. Hom. *I* 180 δενδίλλων ἐς ἕκαστον, 'jedem einzelnen zublinzelnd'; διανεύων τοῖς ὀφθαλμοῖς Schol. Ven. A.

---

1) Die Augen des καρκίνος eignen sich noch in einem andren Sinne zum Vergleiche. Herondas 4. 44 beschwert sich Kynno über die Langsamkeit ihrer Dienerin mit der Wendung

ἕστηκε δ' εἴς μ' ὁρεῦσα καρκίνου μέζον.

Sie ärgert sich also über die Knopfaugen der δούλη.

Den Triefäugigen muss man wol erkennen in

Γλημῦς (Schalendeckel aus Phaleron, Kretschmer Vaseninschr. 100)[1]).

Der Name ist auf γλήμη aufgebaut und sinnverwandt mit γλάμων, einem Worte, das als Beiname verwendet worden ist. Bei Aristophanes werden zwei γλάμωνες durchgenommen: Frösche 588 Ἀρχέδημος ὁ Γλάμων, Ekkl. 254. 398 Νεοκλείδης ὁ Γλάμων. Mit dem ersten von ihnen hatte sich schon Eupolis beschäftigt; er nennt ihn, wir wissen nicht in welchem Zusammenhange, schlechtweg τὸν Γλάμωνα: τὴν πανδοκεύτριαν γὰρ ὁ Γλάμων ἔχει (Meineke 2. 432 fragm. 14). Beiname also ist das Wort γλάμων sicher gewesen; vielleicht aber auch an die Stelle des bürgerlichen Namens gerückter Spitzname. Zu Ἀρχέδημος ὁ Γλάμων bemerken die Scholien zu den Fröschen (588): γλάμων· ὁ ἔχων λήμας, ὁ ἀκάθαρτος .... Καλλίστρατός φησιν ὅτι οὕτως ἐκαλεῖτο Γλάμων, ὡς Χάρων.

Über die der Erwartung zuwiderlaufende Form der Nase haben die Griechen ihren Spott ebenfalls in einer Anzahl Namen niedergelegt.

Seit dem 6. Jahrhundert sind Namen zu belegen, die den Stamm σιμό- enthalten, also den Stumpfnasigen charakterisieren. In keiner Landschaft fehlen sie. Ich begnüge mich auch hier damit für jede mir bekannte Namenform einen einzigen Beleg zu geben; das Verbreitungsgebiet des Stammes wird sich auch so erkennen lassen.

[Σ]ῖμος Korkyra (IGS 3 no. 870$_{1}$; 6. Jahrh.);
Σιμᾶς Ionier unbekannter Herkunft (CIA 4 Suppl. 2 no. 1012*b*$_{9}$);
Σιμάδας Halos (BCH 11. 367$_{9}$);
Σίμακος Δαυλιεύς (Smlg. no. 1969$_{4}$);
Σιμάκων Samos (BCH 5. 482$_{9}$);
Σίμαλος Abdera (Num. Chron. 1892. 3);
Σιμαλίων Thasos (Thas. Inschr. no. 4 I$_{10}$)[2]);
Σῖμις Delos (BCH 9. 147,$_{9}$);
Σιμίας Φαλάκρειος Σαμόθραξ (Smlg. no. 345$_{48}$);
Σιμιάδας Karpathos (IGI 1 no. 1034$_{5}$);
Σιμίδας Tegea (Smlg. no. 1231 II$_{23}$);

---

1) Die Aufschrift ϘΥΚLΟΣ ΓLΕΜΥΔΟ — ich vermag die Buchstabenformen nicht genau wiederzugeben — bildet einen Kreis; zwischen dem Anfange des einen und dem Ende des zweiten Wortes ist ein Spatium gelassen. Kretschmer liest wie seine Vorgänger Rhusopulos, ECurtius und Benndorf Κύκλος Γλημύδου. Da mir eine Namenform Γλημύδης bedenklich vorkommt, denke ich mir ΓLΕΜΥΔΟ als Γλημῦδο(ς) und gewinne so einen Namen Γλημῦς, für den ich mich auf Καμμῦς und Genossen (Bekker Anecd. p. 1195) berufe. Zur Flexion vgl. Κοννῦδος neben Κοννῦ auf der Execrationsinschrift CIA 2 App. no. 57.

2) Bei dieser Gelegenheit sei bemerkt, dass sich dieser Name auch hinter dem ΣΙΜ[.]ΑΙΩΝ Z. 56 des Verzeichnisses keischer Proxenoi verbirgt, dessen Bruchstück Mitth. 9. 271 Beil. facsimiliert ist.

Σιμίσκος Tauromenion (IGSI no. 421 I ann. 1);
Σιμιχίδας Theokr. (vgl. Paton-Hicks 355);
Σιμίων Korinth (Smlg. no. 3119a; 6. Jahrh.);
Σιμύλος Styra (Ion. Inschr. no. 19. 87 f.);
Σιμυλίων Δελφός (BCH 20. 202 72);
Σιμυλῖνος knidischer Henkel (Dumont 244 no. 98);
Σίμων [1]) Klazomenai (CGC Ionia 27 no. 88);
Σιμώνδης Σίμωνος Eretria (Ἐφ. ἀρχ. 1895. 131 II 4);
Σιμωνίδης τῆς φυλῆς Πανδιονίδος (CIA 4 Suppl. 1 no. 446a II 27).

Namenformen mit verdoppeltem μ sind mir aus mittelgriechischen Inschriften, die bis ins 4. Jahrh. hinaufreichen, bekannt:

Σίμμος Κραννούνιος (Smlg. no. 345 74);
Σιμμίας Theben (IGS 1 no. 2429 1), Chaironeia (ebd. no. 3322 1), Κραννούνιος (Smlg. no. 345 61), Phalanna (Smlg. no. 1330 4), Ὁμολιεύς (BCH 20. 207 48);
Σίμμιχος Hyampolis (IGS 3 no. 87 52);
Σιμμίουν Κραννούνιος (Smlg. no. 345 51).

Diese ganze Masse von Namen geht von σῖμός aus, ist geschichtlich von den Vollnamen Σίμαιθος (Stratos; IGS 3 no. 446 12) und Ἀντίσιμος [2]) (Karpathos; IGI 1 no. 1034 86), wie Hoffmann (Beitr. 22. 137 f.) mit Recht betont hat, ganz unabhängig. Ἀντίσιμος erinnert an ἀνάσιμος bei Herondas (4. 67; so die erste Hand), und ist einer der vielen zweistämmigen Spitznamen. Σίμαιθος (das Femin. Σιμαίθη seit dem 5. Jahrh.) macht wegen der Unübersetzbarkeit der Zusammensetzung den Eindruck, als sei diese lediglich durch Wucherung des zweiten Namenwortes zu Stande gekommen.

Nach Herodot (4. 23) waren alle Skythen φαλακροὶ .... καὶ σιμοὶ καὶ γένεια ἔχοντες μεγάλα. Es würde also der Anschauungsweise des Griechen nicht fern gelegen haben einen Stumpfnasigen Σκύθης zu benennen. Aber mehr als die Möglichkeit anzudeuten vermag ich nicht.

Kyros räth dem Chrysanthas eine σιμή zu ehelichen, da er selbst ein γρυπός sei; zu der σιμότης der weiblichen Hälfte werde die γρυπότης der männlichen die wünschenswerthe Ergänzung bilden (Xenoph. Kyrop. 8. 4, 21). Wer einen Knaben lieb hat, sagt Platon (Polit. 5. 19), findet alles an ihm schön: ὁ μέν, ὅτι σιμός, ἐπίχαρις κληθεὶς ἐπαινεθήσεται ὑφ' ὑμῶν, τοῦ δὲ τὸ γρυπὸν βασιλικόν φατε εἶναι, τὸν δὲ δὴ διὰ μέσου τούτων ἐμμετρότατα ἔχειν κτλ. Grund genug, nach der Betrachtung, der σιμοί die Gesellschaft der **Habichtsnasen** aufzusuchen.

---

1) Mit kurzem ι, vgl. Μίκων.

2) Die Vermuthung, dass Ἀντίσιλλος auf dem Steine stehe (Beitr. 21. 227²), muss ich nach brieflicher Mittheilung des Herrn Dr. Hiller von Gärtringen zurücknehmen.

Γρῦπος Athen (Aristoph. Ritt. 877; überl. Γρύττον, doch hat Suidas in den Aristophanesscholien, aus denen er schöpfte, die Variante Γρύπον gefunden);

[Γ]ρύπων Athen (CIA 2 no. 1010 1; 4. Jahrh.), freigelassen in Epeiros (Smlg. no. 1351 1);

Γρυπίων Tenos (Anc. Gr. Inscr. no. 377 39; 3. Jahrh.).

Antiochos VIII erhielt wegen seiner Habichtsnase den Beinamen ὁ Γρυπός (vgl. Athen. p. 153 b ὑπὸ τοῦ Γρυποῦ καλουμένου Ἀντιόχου).

Wenn Männer die Namen von Vögeln führen, die durch krummen Schnabel ausgezeichnet sind, so können sie wegen ihrer γρυπότης dazu gekommen sein. Daher darf ich hier einreihen

Ἱέραξ Sparta (Xenoph. Hell. 5. 1, 3), Amphipolis (Demosth. 1. 8), Ἀντιοχεύς (Poseidonios bei Athen. p. 252 e), Σελευκεύς (CIA 2 no. 3310), Fabricant auf einem rhodischen Henkel (IGSI no. 2393, 299);

Ἱέρακος Θεοκύδους Delos (BCH 14. 401 73; 3. Jahrh.);

ferner

Βάρβαξ Thera (7. Jahrh.; mitgetheilt von Dr. Hiller von Gärtringen);

und

Ἰκτῖνος, Erbauer des Parthenon (Paus. 8. 41, 9).

Der Name Βάρβαξ wird durch die Glosse βάρβαξ· ἱέραξ παρὰ Λίβυσι (Hes.) erläutert, die, wie der Stein von Thera zeigt, nicht angetastet werden darf. Übrigens gelten die grossen Vögel als Könige, daher ihre Namen auch als ehrende Cognomina verwendet werden: Plut. Arist. 6 ὃ τῶν βασιλέων καὶ τυράννων οὐδεὶς ἐζήλωσεν, ἀλλὰ Πολιορκηταὶ καὶ Κεραυνοὶ καὶ Νικάτορες, ἔνιοι δὲ Ἀετοὶ καὶ Ἱέρακες ἔχαιρον προσαγορευόμενοι. ... Auf Inschriften der Kaiserzeit trifft man den Namen Ἱέραξ so häufig, dass man ihn hier wol für Ehrennamen halten muss.

Auch der Besitzer einer starken Nase, der *Naso*, kommt im Lexikon der Spitznamen nicht zu kurz.

Zu ῥιν- wird gebildet

Ῥίνων ὁ Παιανιεύς (Aristot. Ἀθην. Πολιτ. 38; 5. Jahrh.), Megara (Smlg. no. 3025 36) [1]).

Das Wort ῥύγχος wird nach Athenaios (p. 95 d) ursprünglich ἐπὶ τῶν συῶν gebraucht; aber auch den Vögeln wird ein ῥύγχος zugeschrieben (τοῖς δ' ὄρνισίν ἐστι τὸ καλούμενον ῥύγχος στόμα, Aristot. Περὶ ζώιων μορίων 3. 1), nicht minder dem Hunde (Theokr. 6. 30). Wenn in vulgärer Redeweise auch der Mensch mit einem ῥύγχος ausgeboten wird, so kann mit dem ῥύγχος nur ein rüsselartig gebauter Mund oder eine schnabelartig gebaute Nase gemeint sein. Die Wen-

1) Εὐφρόνης Ῥίνωνος auf einem megarischen Steine des 5. Jahrh. (Class. Rev. 1891. 341, Mitth. 21. 443). Der erste Name ist aus Εὐφρόνητος verkürzt; vgl. λιμοθνής bei Aischylos.

dungen Ὄδη τὸ ῥύγχος τοῦ παντοέρκτεω τοῦδε, Κόπτε τὸ ῥύγχος αὐτοῦ (Herond. 5. 41, 7. 6), die um einen Ton tiefer gestimmt sind als Ἕλκε τῆς ῥινός und Κόπτε τὴν ῥῖνα (Crusius Unters. zu d. Mimiamb. d. Herond. 103. 111), lassen es räthlich erscheinen an die Nase zu denken. So entpuppt sich der

Ῥύγχων Theben (IGS 1 no. 2573; 5. Jahrh.)

als ein Mann mit starker Nase.

Mit den Bedeutungen von ῥύγχος berühren sich die von ῥάμφος nahe. Aristophanes nennt den langen Schnabel des Wiedehopfs ῥάμφος (Vögel 99). Die Nebenform ῥέμφος wird bei Hesych mit στόμα· ἢ ῥίς glossiert. Die ῥαμφή erklärt Hesych mit κοπίς und μάχαιρα; es wird also ein leicht gekrümmtes Schwert mit ihr gemeint sein. Demnach darf man sich unter

Ῥαμφίας Λακεδαιμόνιος (Thuk. 1. 139, 3)

einen Mann mit vorspringender Nase vorstellen.

Mindestens Ein vergleichender Name findet hier Unterkunft.

Aristoph. Vög. 1292 ff. lesen wir:

Πέρδιξ μὲν εἷς κάπηλος ὠνομάζετο
χωλός, Μενίππῳ δ' ἦν Χελιδὼν τοὔνομα,
Ὀπουντίῳ δ' ὀφθαλμὸν οὐκ ἔχων Κόραξ.

Die Scholien geben an, dass der Dichter der Ἀταλάντη (Strattis) des Ὀπούντιος gedenke ὡς μέγα ῥύγχος ἔχοντος, ebenso Eupolis in den Taxiarchen. Daraus darf geschlossen werden, dass der Demagog wegen seines ῥύγχος zu seinem Übernamen gekommen sei [1]). Auf diese Weise ist eine Möglichkeit gefunden die Bedeutung des Namens

Κόραξ Thera (7. Jahrh.; mitgetheilt von Hiller von Gärtringen), Syrakus (Aristot. Rhet. 2. 24), Ἡρακλ[εώτης] Le Bas-Waddington no. 599 *b* 21)

zu begreifen.

Es fragt sich aber, ob nicht auch den übrigen Namen, die von Vögeln mit langen Schnäbeln entliehen sind, der Sinn inne wohne, den wir für Κόραξ aus den Quellen erweisen konnten. Leider vermag ich die Frage nur aufzuwerfen, nicht zu fördern. So mögen also die Krähe

Κόρωνος Styra (Ion. Inschr. no. 19, 226; 5. Jahrh.), Κηφισιεύς (CIA 2 no. 1466 3), Κόρουνος Κραννούνιος (Smlg. no. 345 57);
Κορώνιχος Eretria (Ἐφ. ἀρχ. 1895. 133 I 48);
Κορωνίων Ἐροιάδης (CIA 2 no. 2029),

die Dohle

Κολοιός Apollonia Ill. (Münzen des österr. Kaiserhauses 1. 28 no. 24; 3./2. Jahrh.),

1) Κόραξ ist auch Spitzname des Καλλώνδης, der den Archilochos tödtete (Plutarch Περὶ τῶν ὑπὸ τοῦ θεοῦ βραδέως τιμωρουμένων p. 560 d). Was ihn veranlasst hat, ist nicht bekannt.

und der Wiedehopf

"Ἔποψ (CIA 2 no. 3660; Sklave)

einstweilen nur der Vollständigkeit halber genannt sein.

Zum Ersatze sei es gestattet einen witzigen Spitznamen aus der Zeit der zweiten Sophistik anzuführen, den ich Grasberger verdanke (Stichnamen 33[89]): Varus aus Perge hiess Πελαργὸς διὰ τὸ πυρσὸν τῆς ῥινὸς καὶ ῥαμφῶδες (Philostr. Βίοι σοφιστῶν 2. 250 K.).

Stark entwickelte Ohrlappen bilden den Gegenstand der Schadenfreude in den Namen

Λόβων ἐκ Κηδῶν (CIA 1 no. 59 $_4$; 5. Jahrh.), Ἀργεῖος (Diog. Laert. 1. 1, $_8$).

Der Silenenname Ὀϝατίης charakterisiert die Pferdeohren des Silenos (Kretschmer Vaseninschr. 64). Fick hat ihn mit dem mythischen Οὐατίας (Nikol. Damasc. fragm. 53 M.) identificiert (Odyssee 10).

Wer ein Paar tüchtige Kinnbacken in Bewegung zu setzen hat, bekommt seinen Namen von der γνάθος. Die Sippe ist alt und weit verbreitet.

Γνάθων Styra (Ion. Inschr. no. 19. $_{176}$; 5. Jahrh.), Halikarnassos (ebd. no. 240a $_{16}$), Χολλείδης (CIA 2 no. 943 II $_{27}$), Διπαιεύς (Paus. 6. 7. $_9$). Kos (Paton-Hicks no. 9 $_{17}$);

Γνάθις Θεσσαλός (Paus. 5. 24, $_8$; 5. Jahrh.), Ἐλευσίνιος (CIA 4 Suppl. 2 no. 574b $_{19}$), Ἀργεῖος (Ἐφ. ἀρχ. 1892. 70 $_{34}$), Lokr. Epizeph. (IGSI no. 2401 $_1$);

Γναθίος Ἀτηνεύς (CIA 2 no. 869 I $_{20}$; 4. Jahrh.), Euboia (Mitth. 9. 271 Beil. a $_7$), Korkyra (IGS 3 no. 682 $_4$), Κρὴς Τυλίσιος (Mitth. 11. 48 no. 3 $_2$).

Bei Γνάθων entwickelt sich aus der Bedeutung 'wer starke γνάθοι hat' nachweislich die Bedeutung 'wer die γνάθοι fleissig in Bewegung setzt' (ἀλοᾶν χρὴ τὰς γνάθους Aristoph. fragm. 544 Dind.), besonders auf fremde Kosten. Einem πολυφάγος hat Eupolis Eselskinnbacken zugeschrieben (Meineke 2. 572 fragm. 86). Zu dem Inventar eines παράσιτος gehört nach Nikolaos (Meineke 4. 579 f.) eine γνάθος ἀκάματος; mit dieser zerschmettert er die Tische, um sie für die Wettbewerber unzugänglich zu machen (Anaxippos, Meineke 4. 464). So wird deutlich, warum ein tapfrer Mann, der γέγονε δεινότατος τἀλλότρια δειπνεῖν, den Namen Γνάθων tragen konnte (Plut. Συμποσ. προβλημ. 7. 2).

Auffälliger Bau des Mundes hat zur Bildung von Spitznamen veranlasst, in denen die Nomina στόμα und χεῖλος benutzt erscheinen.

Von στόμα geht aus

Στομᾶς Αἰτωλός (Dittenberger Syll. no. 188 $_2$; 3. Jahrh.), Hyettos

5

(IGS 1 no. 2815 6), Trozen (*Δερίας Στομᾶ* BCH 17. 94 no. 10 3).

Am nächsten liegt es *Στομᾶς* als Verkürzung von *Στόμαργος* zu fassen. Ich bin auch weit entfernt zu läugnen, dass mancher Träger des Namens ihn seiner Zungenfertigkeit zu danken habe. Aber die Verbindung eines *Δερίας* mit einem *Στομᾶς* scheint mir dem *Στομᾶς* in diesem bestimmten Falle die Bedeutung 'einer der einen grossen Mund hat' zu vindicieren, da *Δερίας* doch wol den bezeichnet, 'der einen langen Hals hat'.

An *χεῖλος* schliesst sich eine Sippe an, die vermuthlich Leute mit wulstigen Lippen (*Labeones*) bezeichnet:

Χίλων [1]), in Sparta seit dem 6. Jahrh., Elis (Olympia 5 no. 12 7), *Χίλων Χίλωνος Πατρεύς* (Paus. 6. 4, 6), unbekannter Provenienz (Alterth. v. Pergamon. 8. 1 no. 4 6); [*Χ*]*είλων Κηφισιεύς* (CIA 4 Suppl. 2 no. 14c 3; 4. Jahrh.);

Χίλεως ἀνὴρ Τεγεήτης (Herod. 9. 9);

Χιλᾶς Μεταποντῖνος (Iambl. De vita Pythag. 189 6 N.).

Χείλων verhält sich zu *Χίλων* wie ion. *χείλιοι* zu att. *χίλιοι*, wie *μείλιχος* zu *μίλιχος* (Kretschmer Vaseninschriften 133). *Χίλεως* denke ich mir als ionische Umformung von *Χίληϝος*, *Χίληϝος* vergleiche ich mit *τέληϝος*, ion. *τέλεως* (Danielsson De voce *αἰζηός* 13 f.); die Ableitung mit *ϝο-* wird auch durch *χελύνη* nahe gelegt.

Als Anhang hat hier noch eine Sippe Erwähnung zu finden, die nicht auf den Bau der Lippe sondern auf die Gestalt zielt, die diese im Affect oder vielleicht auch in Folge krankhafter Störung empfängt. Ich meine die Namen, die das Wort *μύλλον* enthalten:

Μύλλος Thasos (Hippokr. Epid. 1. 15, Ion. Inschr. no. 77 I 12), Thessalien (Smlg. no. 326 II 14), Hermion (Smlg. no. 3398 II 6) [2]);

Μυλλέας ὁ Ζωΐλου Βεροιαῖος (Arr. Ind. 1. 18, 6);

Μυλλίας ὁ Κροτωνιάτης (Iambl. De vita Pyth. 193 11 N.);

Μυλλίνας Thessalien (Smlg. no. 326 I 9; 3. Jahrh.) [3]).

Zur Beurtheilung dieser Namensippe sind wir auf Grammatikernotizen angewiesen. Die ausführlichste steht bei Pollux (2. 90): *τὸ δὲ συνάγειν τὰ χείλη μοιμύλλειν ἡ κωμῳδία καὶ μοιμυλλᾶν φησί, τὸ δὲ διακινεῖν τὰ χείλη διαμυλλαίνειν· καὶ γὰρ τὰ χείλη μύλλα προσαγορεύουσιν.*

---

1) So geschrieben auf einer rothfigurigen Schale aus Attika (Klein Vasen mit Meistersign.² 119 no. 7). Die Schreibung mit *ει* kenne ich aus einer einzigen Inschrift guter Zeit, der am Ende genannten attischen, wo Köhlers Ergänzung wol richtig ist.

2) Über den angeblichen Komiker *Μύλλος* sieh Wilamowitz Hermes 9. 338 f.

3) Ist ΜΥΛΛΕΝΑΣ *Θεσσαλός* (Blinkenberg Eretr. Gravskr. no. 169) richtig gelesen?

Der Besitz eines langen Halses wird angedeutet durch die Namen

Δερίας Trozen (BCH 17. 94 no. 10_3, der Vater heisst *Στομᾶς*);
Τράχαλος Λακεδαιμόνιος (BCH 20. 206_{36}; 4. Jahrh.).

— ——

Auch wer den Schaden eines verwachsenen Rückgrates hat, braucht für den Spott nicht zu sorgen. Mindestens Ein Wortstamm kann hier mit Sicherheit eingereiht werden:

Γυρίδας unbekannter Herkunft (IGA no. 562; 5. Jahrh.), ein Spartaner Polyb. 4. $35,_5$;
Γύρων Χαλκιδεύς (IGS 1 no. 368_1; 3./2. Jahrh.; sein Sohn heisst *Μικάδης*).

Vgl. Hom. τ 246 *γυρὸς ἐν ὤμοισιν*.

Alle übrigen Stämme können mit gleichem Rechte auf krumme Beine gedeutet werden. Aber vielleicht ist es gestattet einen zweiten Spitznamen für den buckligen Mann durch Conjectur herzustellen:

Κύρτων Hermion (Smlg. no. 3398 I_6);

wenigstens weiss ich den überlieferten *Κρύτων* aus dem Griechischen nicht aufzuhellen, während dem, der das Glück gehabt hat Homer vor der Schulreform kennen zu lernen, bei dem Namen *Κύρτων* sofort die anmuthige Gestalt des Thersites vor Augen tritt, dem *ὤμω κυρτώ, ἐπὶ στῆθος συνοχωκότε* zu eigen waren. Man beachte *Εὐαγόρας ὁ Κυρτός* (Athen. p. 244 f.) und *κύρτων* selbst in der Grabschrift des Krates (Bergk[4] 2. 369)

Στείχεις δὴ φίλε κύρτων,
βαίνεις τ᾽ εἰς Ἀΐδαο δόμους κυφὸς διὰ γῆρας.

———

Die Besitzer eines dicken Bauches sind durch eine doppelte Namenreihe ausgezeichnet:

Γάστρων Athen (CIA 2 no. 836_{79}; 4. Jahrh.), Thessalien (*Σιμίουν Γασστρούνειος* Smlg. no. 326 II_{17}), Naupaktos (IGS 3 no. 383_{10});
Γάστρος Oiniadai (IGS 3 no. 517_1; 2. Jahrh.).

Den ersten Namen können wir als Appellativum nachweisen: Aristoph. Frösche 200 *οὔκουν καθεδεῖ δῆτ᾽ ἐνθαδί, γάστρων*; mit Hoffmann (Beitr. 22. 139) bin ich jetzt der Ansicht, dass *Γάστρων* mit *γάστρων* identisch und der zweistämmige Name *Γαστροδώρη* ganz ferne zu halten sei [1]).

Φύσκων Korinth (Smlg. no. 3119 d; 6. Jahrh.), Akrai (IGSI no. 225), *Θεσπιεύς* (CIA 2 no. 2986).

Nach Diog. Laert. 1. $4,_9$ hat Alkaios den Tyrannen Phittakos *φύσκωνα καὶ γά-*

1) *Γάστρων* heisst übrigens bei dieser Anschauungsweise nicht 'Bäuchlein', wie Hoffmann übersetzt, sondern 'Dickbauch'; denn dieses bedeutet *γάστρων*.

στρωνα gescholten. Der siebente Ptolemäer führte die Beinamen *Εὐεργέτης ὁ Φύσκων* (Polyb. 34. 14, $_{6}$).

Wer über stark entwickelte H ü f t e n verfügt, heisst

Ὀσφύων Athen (Kratinos, Meineke 2. 152 fragm. 8).

Recht zahlreich sind die Namen, zu denen stark entwickelte G e n i t a l i e n die Veranlassung gegeben haben. Sie lassen sich in hohes Alterthum hinauf verfolgen.

Κρῖθις dorische Hexapolis (IGA no. 482 *h*; 7. Jahrh.);
Κρίθων Styra (Ion. Inschr. no. 19, $_{55}$; ϴ zu B verlesen; 5. Jahrh.), Eretria (*Ἐφ. ἀρχ.* 1895. 131 I $_{6}$), Aigion (Smlg. no. 1609), Tauromenion (IGSI no. 421 I ann. 63), Akrai (ebd. no. 208 $_{8}$);
Κριθέας Argos (Smlg. no. 3278 *b* $_{6}$; nach Fourmont).

Die richtige[1]) Beurtheilung der Sippe geben die Verse Aristoph. Frieden 964 ff. an die Hand:

Ὅσοιπέρ εἰσι τῶν θεωμένων
οὐκ ἔστιν οὐδεὶς ὅστις οὐ κριθὴν ἔχει.
— Οὐχ αἵ γυναῖκές γ' ἔλαβον. — Ἀλλ' εἰς ἑσπέραν
δώσουσιν αὐτοῖς ἄνδρες.

Eine zweite Sippe geht von *μύσχης· νεφρός* (so Bergk für *εὖρος*), *ὡς Ἀρχίλοχος* (Hes.) und von *μύσχον* aus, wofür bei Hesych die Bedeutung *τὸ ἀνδρεῖον καὶ γυναικεῖον μόριον* angegeben wird:

Μύσχης Erythrai (CGC Ionia 138 no. 187; 2. Jahrh.);
Μυσχίδης CIA 2 no. 4291 $_{3}$;
Μύσχων Athen (CIA 1 no. 434 $_{24}$; 5. Jahrh.).

Bekannt ist die dritte Sippe:

Σαθῖνος Theben (IGS 1 no. 3668; 5. Jahrh.);
Σάθων Argos (Smlg. no. 3265 $_{5}$; 5. Jhrh.), Orchomenos (IGS 1 no. 3175 $_{21.22}$), Leukas (IGS 3 no. 534 $_{6}$).

Vgl. Lysistrate 1119 *ἢν μὴ διδῷ τὴν χεῖρα, τῆς σάθης ἄγε.* Der Komiker Telekleides gebrauchte *σάθων* als *ὑποκόρισμα παιδίων ἀρρένων* (Meineke 2. 377, fragm. 22)[2]); vermuthlich ist der Sinn der Form der gleiche wie der der Composita *ἀνδροσάθης*, *ἀνδροσάθων*, die im Lex. Bachm. mit *ἀνδρὸς αἰδοῖα ἔχων*, *μεγάλα ἔχων αἰδοῖα* glossiert werden.

Ein weitrer Name steht vereinzelt:

Φλέβων Korinth (Smlg. no. 3119 d; 6. Jahrh.).

Φλέβων zu *φλὲψ γονίμη*. Es ist nicht nöthig den Namen als Verkürzung des

---

1) Verkehrt aufgefasst GP² 177.

2) Also ganz wie Aristophanes das Wort *πόσθων* (Frieden 1300):

Εἰπέ μοι, ὦ πόσθων, εἰς τὸν σαυτοῦ πατέρ' ᾄδεις;

Satyrnamens *Φλέβ-ιπ(π)ος*[1]) zu fassen: es ist durch die Formen *Κρίθων*, *Μύσχων* *Σάθων*[2]), neben denen Vollnamen nicht existiert haben, als einsilbiger Spitzname ausreichend gesichert.

Nicht ganz zweifellos ist, ob die an *κέρκος* und *φαλλός* anklingenden Namen wirklich in die Reihe der bisher betrachteten gehören. Jedesfalls sind die Erklärungen, die GP² 161. 316. 272 von ihnen gegeben sind, durch die bisher beigebrachten Analogien stark erschüttert.

Κέρκις Kalymna (Smlg. no. 3590_{57}; um 200 v. Chr.)[3]);
Κερκίων Chios (Mitth. 13. 223), *Θεσσαλός* (CIA 3 no. 2490)[4]);
Κέρκων (CIA 2 no. 3847).

Vgl. Aristoph. Thesmoph. 239

τὴν κέρκον φυλάττου νυν ἄκραν.

Auf *φαλλός*, nicht auf *φαλακρός* und Genossen, geht vielleicht

Φαλλῖνος Kopai (IGS 1 no. 2781_5, 2787_{15}; 3. Jahrh.).

Es versteht sich von selbst, dass der Begriff des *μεγάλα αἰδοῖα ἔχειν* leicht in den des *λαγνεύειν* übergeht. Wie weit die Bedeutung der angeführten Namen diese Richtung eingeschlagen hat, ist nicht auszumachen.

Von den Spitznamen, die an abnorme Gestalt der Beine anknüpfen, beschäftigen sich die meisten mit der *στρεβλότης* der Gliedmaassen.

Zunächst eine Sippe:

Κύλλος Halos (BCH 11. 364_7; 2./1. Jahrh.);
Κυλλίας Argos (Smlg. no. $3278b_1$);
Κύλλων Κύλλωνος Ἠλεῖος (BCH 7. 426; 2. Jahrh.).

Vgl. Aristoph. Vög. 1379

τί δεῦρο πόδα σὺ κυλλὸν ἀνὰ κύκλον κυκλεῖς;

und das epische Compositum *κυλλοποδίων*.

---

1) Heydemann Satyr- und Bakchennamen 26. *Φλέβ-ιππος* wie der Satyrname *Στύσ-ιππος* auf der gleichen Schale; das Element *ἵππος* »hängt bedeutungslos über« WSchulze GGA 1896. 255.

2) Wozu *Πόσθων* (Name eines Satyrknaben, Heydemann 13) kommt.

3) *Κερκιδᾶς* (*Ἀρκάς*, Demosth. 18. 295) wird von Herodian (*Περὶ ὀρθογρ.*, 2. 434 L.) unter die Perispomena gerechnet. Der Name muss daher mit *κερκίς* im Zusammenhange stehn. Darf man ihn als Verkürzung von *κερκιδοποιός*, also als einen der Spitznamen ansehen, die sich über ein Gewerbe lustig machen?

4) Es liegt nahe hier auch den Namen *ΚΕΡΚΙΝΟΣ* einzuordnen, der für Byzanz (IGS 1 no. 2418_{12}; 4. Jahrh.), Herakleia Pont. (ebd. no. 2531_2), Apollonia Ill. (CGC Thessaly to Aetolia 57 no. 21) nachgewiesen ist. Aber auf der zweiten Inschrift ist, worauf mich Dittenberger aufmerksam macht, der Vocal der Mittelsilbe als Kürze gemessen. So kommt man auf die Vermuthung, dass in dem Namen eine Nebenform von *Καρκίνος* vorliege; Dittenberger weist darauf hin, dass der Name der am *κόλπος Καρκινίτης* erbauten Stadt als *Καρκινῖτις* und *Κερκινῖτις* überliefert ist.

Weiterhin die alleinstehenden

Μύσκελος Rhypes (Strabon p. 387; 8. Jahrh.), *Κραννούνιος* (Smlg. no. 345_{75})[1];
Ῥοῖκος Samos (Herod. 3. 60; 7. Jahrh.), Athen (CIA 2 no. 945_{15});
Ῥαῖβος Styra (Ion. Inschr. no. $19,_{82}$; 5. Jahrh.);
Γαῦσος Αἰτωλός (Dittenberger Syll. no. 184_2; 3. Jahrh.).

Μύσκελος empfängt Licht durch die Glosse *μύσκελος· ὁ στραβόπους* Cyrill. Dresd. (MSchmidt Hesych. 5. 38)[2]. Ein *ῥαιβός* ist nach Poll. 2. 192 der, dem *καμπύλα εἰς τὸ ἔνδον τὰ σκέλη* sind. Die Erklärung des vierten Namens liefert die Glosse *γαυσόν· σκαμβόν, στρεβλόν* (Hes.).

Ausser diesen Namen, deren Sinn nicht zweifelhaft sein kann, gibt es andre, von denen nicht gewis ist, ob sie gerade die Verkrümmung der Beine im Sinne haben, nicht etwa die Verkrümmung des Rückgrates treffen wollen. Ich habe sie bei der Behandlung der Buckligen zurückgestellt, um sie bei dieser Gelegenheit vorzuführen.

An erster Stelle ist eine alte, weit verbreitete Sippe zu nennen:

Χαβᾶς Tanagra (IGS 1 no. 585 III_1; 5. Jahrh.), Akraiphia (ebd. no. $2716a_5$);
Χάβης ὁ Φλυεύς (Aristoph. Wesp. 234), *Χάββεις* Thessalien (Smlg. no. 326_{36} I_{25});
Χάβων (IGS 1 no. 2647_4);
Χαβρίας, verbreitet in Athen seit dem 5. Jahrh.; Iasos (BCH 13. 23_2), *Σαλυβριανός* (Smlg. no. 3073), auf einem Henkel mit *ἀστυνόμος* (Becker Jahrb. f. Philol. 4. 465 no. 7).

Einigen Aufschluss über die Bedeutung der Reihe gibt die Glosse *χαβόν· καμπύλον . στενόν* (Hes.). Mit *χαβός* hat Fick lat. *hāmus* (aus **hābmus*) verbunden (Beitr. 17. 322).

Ebenfalls alt, aber weniger verbreitet ist eine zweite Sippe:

Ἄγκουλος Kopai (IGS 1 no. 2788_{10}; 2. Jahrh.);
Ἀγκυλίων Anaphe (IGI 2 no. 255; 7. Jahrh.), Athen (Aristoph. Wespen 1397).

Man kann diese Namen nach den Zusammensetzungen *ἀγκυλοχήλης*, *ἀγκυλόκωλος* beurtheilen.

Nur eine Vermuthung ist es, wenn ich hier noch den Namen

Καμπᾶς Tegea (Dittenberger Syll. no. 317_{15})

einreihe, indem ich ihn als Verkürzung von *καμπύλος* betrachte.

Früher (23 f) ist die Möglichkeit nachgewiesen worden, dass Leute, die

1) Der Rhypäer wird von Antiochos bei Strabon p. 262 als *ὑπόκυφος* und *βραχύνωτος* beschrieben.

2) Ich würde die Glosse nicht kennen ohne WSchulzes Hinweis (Hermes 27. 31). — Als Kürzung von *Μύσκελος* liesse sich der Name *Μύσκων* (Syrakus; Thuk. 8. 85, 3) deuten.

Καρκίνος heissen, darum so genannt seien, weil sie Augen haben wie der *καρκίνος*. Eine zweite Möglichkeit muss in diesem Zusammenhange erwähnt werden: das tertium comparationis kann in der Art des Ganges liegen. Aristophanes gebraucht Frieden 1083 das Sprichwort *Οὔποτε ποιήσεις τὸν καρκίνον ὀρθὰ βαδίζειν.* Dass dies »a cancri consuetudine retro eundi sumptum est«, wie Bauck De proverbiis 18 meint, wird durch die Thierfabel widerlegt, die dem Sprichworte zu Grunde liegt: *Ἡ μήτηρ πρὸς τὸν καρκίνον· Τί δὴ λοξήν, ὦ παῖ, βαδίζεις ὁδόν, ὀρθὴν ἰέναι προσῆκον; κ.τ.λ.* (Aesop no. 187 Halm). Auch in der Batrachomyomachie heissen die *καρκίνοι* bekanntlich *λοξοβάται* und *βλαισοί* (296 ff.). Es ist also klar, welchen Gang der Mann gehabt haben muss, den Aristonymos (Meineke 2. 698) einen *καρκινοβήτης* gescholten hat, aber auch klar, dass Leute, deren Beine, wie die des *καρκίνος*, *εἰς τὸ πλάγιον κάμπτονται* (Aristoteles *Περὶ τὰ ζῶια ἱστορ.* 4. 2), ganz dazu angethan gewesen sind den Spitznamen

Καρκίνος (23)

zu empfangen.

Neben dieser nicht verächtlichen Schaar von Krummbeinen gibt es meines Wissens nur einen einzigen L a n g b e i n. Als solchen betrachte ich

Σκελίας Athen (CIA 1 no. 422 2; 5. Jahrh.).

Wir wissen aus Pollux, dass Kratinos einen mit starkem *πώγων* ausgestatteten Zeitgenossen *πωγωνίας* nannte (2. 10); von *μετωπίας* war schon die Rede (23); es sei auch an den Silennamen *Ὀρατίης* erinnert.

Von den Spitznamen, die sichtbare Abnormitäten des Körpers und seiner Theile treffen, sind noch zwei Gruppen übrig: die Namen, die über die Behaarung und über die Beschaffenheit der Haut eine Aussage enthalten.

Die B e h a a r u n g kann durch Quantität und Qualität Aufsehen erregen.

Grosse F ü l l e d e s H a a r e s wird angedeutet durch den Namen

Τριχᾶς Delphi (Smlg. no. 1683 4; 5. Jahrh.), *Αἰτωλός* (Dittenberger Syll. no. 184 2).

Ähnlich haben die *τριχίς* und *τριχίας* genannten Fischarten ihre Benennung von der Menge der feinen Gräten erhalten, die sie durchziehen (*ἀπὸ τριχῶν τριχίαι ἰχθύες καὶ τριχίδες* Pollux 2. 24).

Auf starkes Kopfhaar zeigt die Sippe

Χαῖτος Melos (Ross Inscr. gr. ined. no. 238);
Γαιτέας[1]) Makedone (CIA 1 no. 42 c 16; 5. Jahrh.);
Χαῖτις Styra (Ion. Inschr. no. 19, 338; 5. Jahrh.);
Χαιτίδης Thasos (Thas. Inschr. no. 7 II 8; 5. Jahrh.);
Χαίτων Halikarnassos (Dittenberger Syll. no. 6 b 42; 5. Jahrh.).

1) Nach Solmsen KZ 34. 550.

Ein Pferd auf einer schwarzfigurigen Vase aus Attika führt den Namen *Χαῖτος*, den Jeschonnek (De nominibus quae Graeci pecudibus domesticis indiderunt 48) richtig erklärt. Ebenso heisst ein Hahn auf einer schwarzfigurigen Hydria (Kretschmer Vaseninschr. 209[2]). GP[2] 287 sind die einstämmigen Personennamen als Koseformen zu *Χήτιππος* (IGS 1 no. 2814$_{6}$; 2. Jahrh.) betrachtet. Dieser Auffassung wird durch das Dasein des Pferdenamens *Χαῖτος*, der unmöglich eine Kürzung von *Χαίτιππος* vorstellen kann, der Boden entzogen. Es handelt sich überall um Spitznamen, nicht um Kosenamen[1]); in *Χαίτιππος* »hängt *ἵππος* bedeutungslos über«, wie in *Φλέβ-ιππος*, *Στύσ-ιππος* (33[1]).

Starke Behaarung der Brust und der Gliedmaassen ist charakterisiert durch

Δάσιος Katane (CGC Sicily 52 no. 72; 2. Jahrh.), Iasos (Le Bas-Waddington no. 259).

Der Name ist auch als Satyrname bekannt (Heydemann Satyr- und Bakchennamen 26)[2]).

Die starke Behaarung ist in andren Fällen durch eine Vergleichung ausgedrückt.

Diog. Laert. (6. 4,$_{3}$) erwähnt einen *Μένανδρος ὁ ἐπικαλούμενος Δρυμός*. Der Sinn der *ἐπίκλησις* wird durch Wendungen wie Lysistr. 800 *τὴν λόχμην πολλὴν φορεῖς*, Ekkl. 60 f. *πρῶτον μέν γ' ἔχω τὰς μασχάλας λόχμης δασυτέρας* nahe gelegt: der *δρυμός*, über den Menander verfügt, ist der üppige Haarwald, dessen er sich erfreuen darf. Nun ist das tertium comparationis errathen, das den *δρυμός* mit den Namen verbindet

Δρῦμος Argos (*'Εφ. ἀρχ.* 1885. 193 no. 94; »*ἐκ τῶν ἀλεξανδρινῶν χρόνων*«);

Δρύμεις (IGS 1 no. 1912; 5. Jahrh.);

Δρύμιος (IGS 1 no. 2743; 5. Jahrh.); vielleicht aus dem Ethnikon *Δρύμιος* (IGS 3 no. 226$_{1}$);

Δρύμων Καυλωνιάτης (Iambl. De vita Pyth. 193$_{1}$ N.).

Der Politiker Eukrates ist von Aristophanes *Μελιτεὺς Κάπρος* genannt worden (fragm. 193 Dind.). Die Erklärung der *ἐπίκλησις* ist bei Photios und bei Hesych erhalten. Sie läuft darauf hinaus, dass der Beiname auf die *δασύτης* des Eukrates ziele; denn er werde auch *"Αρκτος* und *Σῦς* genannt, doch könne der Beiname *Σῦς* auch dadurch veranlasst sein, dass der Staatsmann *μυλῶνας ἐκέκτητο ἐν οἷς σῦς ἔτρεφεν*. Wir können diese Angaben wenigstens in Einem Punkte controllieren: dass Eukrates *δασύς* war, wissen wir aus einem Fragmente des Kratinos (Meineke 2. 184 fragm. 27): *δασὺν ἔχων τὸν πρωκτὸν ἄτε χυρῆβι' ἐσθίων*. Mag er nun auch darum zum Eber geworden sein, weil er Schweine

---

1) Hoffmann Beitr. 22. 138.

2) Der gleichwerthige Name *Δάσων* auf einer Amphora von Vulci regt, wenn er richtig gelesen ist (Kretschmer Vaseninschr. 64), die Frage an, wie weit die Personennamen *Δάσυος* (*Δάσυος Δασύω* BCH 19. 380$_{8}$), *Δάσων* auf die Behaarung bezogen werden müssen.

in seiner Stampfmühle hielt — den Beinamen Bär kann er darum nicht empfangen haben. Da seine *δασύτης* beglaubigt ist, die des Bären der Beglaubigung nicht erst bedarf (*λασιαύχην* Hymn. Hom. 7. 46), so scheint die Nachricht, dass der Politiker die Bezeichnung als Bär seiner dichten Behaarung verdanke, Zutrauen zu verdienen. So wage ich hier anzuschliessen den Namen

Ἀρκτῖνος Homeride aus Milet, Iasos (Anc. Gr. Inscr. no. 443₃)[1]).

Da die Möglichkeit besteht, dass die *ἐπίκλησις Κάπρος* ebenfalls in der *δασύτης* ihre Veranlassung habe, so muss auch der Name

Κάπρος Ἠλεῖος (Paus. 6. 15, ₄; 3. Jahrh.), Koronta (IGS 3 no. 440₁)

hier berücksichtigt werden. Er ist übrigens so vieldeutig, dass sein Sinn ohne weitre Andeutung, etwa durch den Namen des Vaters, nicht bestimmt werden kann[2]).

Aus einem unbekannten Komiker stammt der Trimeter (Meineke 4. 603 fragm. 11)

ὥσπερ σέλινον οὖλα τὰ σκέλη φορεῖν.

Zu ihm halte man den Anfang des AP 5 no. 121 überlieferten Epigramms

Μίκκη καὶ μελανεῦσα Φιλαίνιον, ἀλλὰ σελίνων
οὐλοτέρη καὶ μνοῦ χρῶτα τερεινοτέρη.

Man wird sich allerdings nur ungern entschliessen den männlichen Namen

Σέλινις Ἀκραγαντῖνος (Smlg. no. 1340₅)

von *Σελίνικος* loszureissen. Aber dem Frauennamen *Σελινώι* (Korinth; Smlg. no. 3143, 6. Jahrh.) gegenüber fällt die Verbindung *σελίνων οὐλοτέρη* doch ins Gewicht[3]).

Von den Leuten mit üppigem Haare wenden wir uns zu denen, *οἷς δοκέει δαΐδων σέλας ἔμμεναι κὰκ κεφαλῆς.*

Mit der Kahlheit haben es drei Namen (mit Ableitungen) zu schaffen. Alle drei enthalten das Wort *φαλός· λευκός* (Hes.), dessen deutsche Verwandte von ESchröder (Haupts Ztschr. 35. 237 ff.) glänzend behandelt worden sind. Die beiden ersten sind componiert; doch ist die Composition vermuthlich nicht mehr empfunden, weshalb ich sie, aber ohne ihre Kürzungen, hier aufnehme.

Die grösste Verbreitung hat *φαλακρός* gewonnen. Als Name wird das Adjectivum in unveränderter und in erweiterter Form verwendet:

Φάλακρος Παιανιεύς (CIA 1 no. 321₃₁; 5. Jahrh.), Thasos (Thas.

---

1) In der *Ἀσπίς* (186) heisst ein Kentaur *Ἄρκτος*; man denke an die *φῆρας λαχνήεντας* B 743.

2) Auch der Personenname *Κριός* ist mehrdeutig. Er kann als Ehrenname gelten (vgl. *Κριὸς Πολυκρίτου* auf Aigina und die Beschreibung des *κριός* Od. ι 447), aber auch tadelnden Sinn enthalten, da die Griechen das Sprichwort *Κριὸς τροφεῖ' ἀπέτεισεν* besitzen. Vgl. Zenob. 4. 63 *ἡ παροιμία ἐπὶ τῶν ἀχαρίστων, ἐπεὶ τὰς φάτνας πλήττουσιν οἱ κριοί . . . . . Μέμνηται αὐτῆς Μένανδρος.*

3) Damen vom horizontalen Gewerbe können den Namen auch aus andrem Grunde führen: *σέλινον· τὸ γυναικεῖον* bei Hesych (WSchulze GGA 1896. 246).

Inschr. no. 6 IV 6), Κραννούνιος (Smlg. no. 345 49), Korkyra (CGC Thessaly to Aetolia 150 no. 531 ff.), Apollonia Ill. (ebenda 57 no. 17), Malla (Mus. Ital. 3. 629 3), Himera und Tauromenion (IGSI no. 313 6, no. 421 I ann. 49); Βάλακρος in Makedonien seit dem 4. Jahrh.;

Φαλακρίων Dyrrachion (CGC Thessaly to Aetolia 76 no. 157; 3. Jahrh.), Theben und Thespiai (IGS 1 no. 2438 11, 1757 6), Naupaktos (IGS 3 no. 366 10), Thyrreion (ebd. no. 492), Λαμιεύς (Smlg. no. 2234 2)[1], Ἠπειρώτης ἀπὸ Θεσπρωτῶν (Fouilles d'Épidaure 1 no. 238 6; der Sohn heisst Σίμακος).

Beschränkter ist die Verwendung des zweiten Wortes, φάλανθος, als Nomen proprium:

Φάλανθος Führer der nach Tarent ausziehenden Colonie (7. Jahrh.), seit dem 5. Jahrh. in Attika häufig (Φ. Ἀλωπεκῆθεν CIA 1 no. 188 23), Καλλιπολίτας (Smlg. no. 2075 6);

[Φ]αλ[α]νθίδης Angehöriger der Kekropischen Phyle (CIA 2 no. 1007 I 23; 4. Jahrh.).

Das dritte Wort ist φάλᾰρος, das bei Hesych mit φαλιός, φαλακρός, λευκομέτωπος erklärt wird. Die Bedeutung λευκομέτωπος erhält in dem Selbstporträt, das der φαλακρός Aristophanes Frieden 771 ff. gezeichnet hat, eine deutliche Parallele: der λευκομέτωπος heisst darin λαμπρὸν τὸ μέτωπον ἔχων. Die ursprüngliche Bedeutung kommt noch bei Nikander zu Tage, der ὄρη χιόνεσσι φάληρα verbindet (Ther. 461), auch noch bei Theokrit, bei dem ὁ κύων ὁ φάλαρος ὑλακτεῖ (8. 27), und ein Widder den Namen ὁ Φάλαρος führt (5. 103). Buttmann hat Hund und Widder als Thiere mit Blessen recognosciert (Lexil. 2. 248). Ersetzen wir den Begriff der Blesse durch den der Kahlheit, so werden wir wol den Sinn des Mannesnamens

Φάλαρος Tegea (Smlg. no. 1247 Rücks. 6; 4. Jahrh.)

errathen haben, obgleich die Quantität des mittleren α nicht ersichtlich ist.

Zu φάλᾰρος gehört als Femininum φαλᾰρίς, att. φαληρίς. Buttmann hat mit Recht die Vermuthung Schneiders acceptiert, dass der Vogel φαληρίς die Fulica atra sei, deren Gefieder schieferschwarze Färbung trägt, während der Schnabel, einschliesslich der Stirnplatte, blendend weiss ist. Wer nun als ein φαλακρώτερος εὐδίας (Sophron fragm. 123 Botzon) Strasse und Rednerbühne erleuchtet, den kann die geistreiche Bosheit seiner κωμῆται mit dem Blesshuhne vergleichen. Man darf daher vermuthen, dass

Φαλαρίουν Σαρδούνειος (Smlg. no. 326 I 5; 3. Jahrh.)

die φαληρίς zum Vorbilde genommen habe[2].

---

1) Φαλάκριος in Trozen (Smlg. no. 3362 17. 31, 4. Jahrh.) ist der Bildung nach eher Ethnikon.

2) Ob Φάλαρις in Thespiai und Stratos (IGS 1 no. 588 III 6, 3 no. 594 1) selbst nach der φαληρίς genannt sind, kann nicht entschieden werden; der bekannte Φάλαρις aus Akragas ist sicher anders zu deuten.

Das Geschlecht der Milchbärte ist vertreten durch

Χνοάδας Gerenia (IGA no. 66; 5. Jahrh.).

Mit Hilfe der Beschreibung

τοῖος ἔην Διὸς υἱός, ἔτι χνοάοντας ἰούλους
ἀντέλλων, ἔτι φαιδρὸς ἐν ὄμμασιν

(Apoll. Rhod. 2. 43 f.) kann man den Namen leicht verstehn.

Der Milchbart bringt uns in das Gebiet der Namen hinüber, die auf die Qualität des Haares gemünzt sind. Sie berücksichtigen die Stärke und die Farbe.

Rauhes, emporstarrendes Haar hat seinen Besitzern den Namen

Φρίξος, ἀνὴρ Σπαρτιάτης (Plut. Agesil. 32), Smyrna (CGC Ionia 247 no. 118), Iasos (*Φρίξος Σατύρου* Le Bas-Waddington no. 285)

eingetragen.

Auch eine Reihe hübscher vergleichender Namen sucht ihnen gerecht zu werden. So zunächst

Σχῦρος Hermion (Smlg. no. 3398 II 1);
Ἄκανθος Λακεδαιμόνιος (Thuk. 5. 19, 1).

Der Name *Σχῦρος* ist aus *σχῦρ* weitergebildet, *σχῦρ* wird mit *ἐχῖνος* glossiert (Hes.), die Vergleichung von *σχῦρ* mit sskr. *churati* (ritzt ein) liegt nahe[1]). Aristoteles betrachtet die Stacheln des Igels als *ἀκανθώδεις τρίχας* (*Περὶ τὰ ζῷα ἱστορ.* 1. 6), Matron feiert den Seeigel als *καρηκομόωντα ἀκάνθαις* (Athen. p. 135 a). So scheinen sich die Namen *Σχῦρος* und *Ἄκανθος* zu einer Gruppe zusammenzuschliessen, die zur Charakterisierung von Leuten dient, deren Haar wie die Stacheln des Igels und der Distel in die Höhe starrt[2]).

Aber die Reihe ist vielleicht noch umfangreicher. Die Namen

Κόρυδος Styra (Ion. Inschr. no. 19, 384; 5. Jahrh.);
Κορύδαλλος Ἀντικυρεύς (Herod. 7. 214);
Κόρυθος Melos (IGA no. 418; 6. Jahrh.);
Κορυθίων Styra (Ion. Inschr. no. 19, 225)

sind Vögeln entliehen, die durch eine Kuppe ausgezeichnet sind. Der *κορυδός* begräbt seinen Vater zu Schopfheim, in seinem eignen Schopfe (Aristoph. Vög. 475 f.). PseudoAristoteles unterscheidet zwei *γένη κορυδάλλων*: *ἡ μὲν ἑτέρα ἐπίγειος καὶ λόφον ἔχουσα, ἡ δ' ἑτέρα .... λόφον οὐκ ἔχει* (*Περὶ τὰ ζῷα ἱστορ.* 9. 25). Den Vogel *κόρυθος* kennen wir nur aus Hesych, wo er als ein *τροχίλος* definiert wird; indes lehrt der etymologische Zusammenhang, in dem sein Name mit *κόρυς* steht, dass eine avis cristata oder galerita (Lobeck Pathol. proleg. 367) mit ihm

1) Die Zusammenstellung ist, wie ich aus Curtius Grundzüge⁵ 200 ersehe, schon von Pictet vorgenommen.

2) Die Vergleichung mit dem Igel kann auch nach der ethischen Seite gewendet werden: *ἅπας ἐχῖνος τραχύς* lautet ein Sprichwort, das nach Diogen. 2. 87 *ἐπὶ τῶν δυσκόλων καὶ δυστρόπων* gebraucht wird.

gemeint sein muss. Das Haar des Menschen wird demnach mit der Kuppe der Vögel verglichen; diese Gleichsetzung aber ist nur möglich, wenn das Haar einen ähnlichen λόφος bildet, wie der Federbusch. Aus den Vögeln des Aristophanes (1295) erfahren wir, dass der Tragiker Philokles den Spitznamen Κόρυδος geführt hat. In den Thesmophoriazusen aber heisst es (168)

ταῦτ' ἄρ' ὁ Φιλοκλέης αἰσχρὸς ὢν αἰσχρῶς ποιεῖ.

Hat also die Hässlichkeit des Poeten darin bestanden, dass sein Haar an den Kopfschmuck der Haubenlerche erinnerte? Dies wäre dann auch wol die Veranlassung gewesen, die den Κορυδεύς in das Sprichwort gebracht hat (Κορυδέως εἰδεχθέστερος Zenob. 4. 59).

Der Sinn, den wir den Namen Κόρυδος und Genossen beilegen zu müssen glaubten, wohnt ganz unzweifelhaft dem Namen

Κόρθυς Lato (Mus. Ital. 3. 648 no. 61 ₈)

inne. Homer sagt: κῦμα κελαινὸν κορθύεται (*I* 7), Hesiod: Ζεὺς .... κόρθυνεν ἑὸν μένος (Theog. 853), Hesych weiss von einem Vogel κορθίλος, der sicher ein Kuppenträger ist.

Dass auch die Farbe des Haares Ausgangspunkt von Spitznamen hat werden können, lehrt die bekannte Thatsache der epischen Namengebung, dass dem Neoptolemos, dem Sohne des Achilleus, aus dem Beinamen Πύρρος ein zweiter Rufname Πύρρος erwachsen ist[1]). Wie weit dieser Vorgang in historischer Zeit Wiederholung gefunden hat, lässt sich nicht entscheiden, da Namen wie Λεῦκος, Μέλας, Ξάνθος, Πύρρος ebenso gut aus Vollnamen wie aus einstämmigen Beinamen haben hervorgehn, Λεῦκος, Μέλας und Πύρρος ausserdem von der Hautfarbe haben gebraucht werden können. Ich kenne nur Einen Namen, der allen Anforderungen Genüge leistet: der keinen Vollnamen neben sich hat, aus dem er gekürzt sein könnte, und nicht doppeldeutig ist, da das Farbwort, das er enthält, nur von der Farbe des Haares gebraucht wird. Dies ist

Ξουθίας Δαμοτίμου Πλυγονεύς (Smlg. no. 2045 ₂; 2. Jahrh.)[2]).

Ein paar vergleichende Namen, zu denen vielleicht die Haarfarbe Anlass gegeben hat, kommen im nächsten Abschnitte zur Sprache.

Die Haut wird ebenfalls nach zwei Seiten dem kritischen Blicke unterzogen: nach Farbe und Reinheit.

1) Servius Comm. ad Verg. Aen. 2. 263 *Neoptolemus ... Pyrrhus a capillorum qualitate vocitatus est.*

2) Der Ξουθίας der bekannten, zuletzt von Meister (Leipziger Sitzungsber. 1896. 266 ff.) herausgegebnen Depositionsurkunde IGA no. 68 darf hier nicht mitsprechen. Sein Vater heisst Φιλάχαιος, Sprache und Schrift der Bronze vertragen sich mit der Annahme achäischer Herkunft des Denkmals (Fick Beitr. 5. 324 f.); man muss daher Ficks Urtheile zustimmen, dass Ξουθίας nach dem Vater des Ἀχαιός genannt sei.

Sehen wir von *Λεῦκος* und Genossen ab, so bleiben zwei Wortsippen übrig, die eine Aussage über die Hautfarbe enthalten.

Die Phokäerin Aspasia war nach Aelian Var. hist. 12. 1 *τὴν κόμην ξανθὴ καὶ οὔλη τὰς τρίχας ἠρέμα, ὀφθαλμοὺς δὲ εἶχε μεγίστους, ὀλίγον δὲ ἦν καὶ ἐπίγρυπος, τὰ δὲ ὦτα εἶχε βραχύτατα. Ἦν δὲ αὐτῇ καὶ δέρμα ἁπαλόν· ἐῴκει δὲ ἡ χρόα ἡ κατὰ τοῦ προσώπου ῥόδοις. Διὰ ταῦτά τοι οἱ Φωκαεῖς ἔτι παιδίον οὖσαν ἐκάλουν Μιλτώ.* Nach dieser Erzählung haben wir das Recht die Namen, die auf dem Worte *μίλτος* aufgebaut sind, für alte Beinamen zu erklären, die zur Geltung von bürgerlichen Namen aufgerückt sind. Dahin gehören:

Μιλτεύς Epidauros (Fouilles d' Epidaure 1 no. 249; 5. Jahrh.)[1];
Μιλτίας Thessalien (Smlg. no. 326 I 45; 3. Jahrh.)[2], Orchomenos (IGS 1 no. 3182 11);
Μιλτιάδης in Athen seit dem 6. Jahrh., Keos (CIA 4 Suppl. 2 no. 57 *b* 37), Chios (auch CGC Ionia 338 no. 95); *Μιλτιάδας* Tegea (Smlg. no. 1246 I 16);
Μίντων[3]) Argos (Smlg. no. 3260 9; 5. Jahrh.).

Die Griechen (vgl. Athenaios p. 32 c) unterscheiden drei Arten von Weinen nach der Farbe: *τῶν οἴνων ὃ μὲν λευκός, ὃ δὲ κιρρός, ὃ δὲ μέλας.* Das Farbwort *κιρρός* finde ich auch in dem Namen

Κιρρία[ς] oder *Κιρριά[δης] Ἀγκυλῆθεν* (CIA 4 Suppl. 2 no. 995 *b* 12; 4. Jahrh.).

Einen Hundenamen *Κίρρα* gebraucht Arrian (Kyneget. 18), vgl. Jeschonnek 20.

Die Komödie liefert eine Anzahl Vergleichungen, die uns das Recht geben auch in diesen Abschnitt einige vergleichende Namen zu ziehen.

Ein Parasit, mit dem sich die mittlere Komödie gerne beschäftigt, heisst *Τιθύμαλλος* (Athen. p. 240 c—f). Dromon (Meineke 3. 541) weiss von ihm zu erzählen, dass er *ἐρυθρότερος κόκκου*[4]) sei. Also *ἐρυθρότερος κόκκου* — folglich dürfen wir auf die rothe Gesichtsfarbe deuten die Namen

Κόκκος, ῥήτωρ, Ἀθηναῖος, μαθητὴς Ἰσοκράτους (Suid.);
Κοκκίων Διοπείθους χρηστός (CIG 2 no. 2322 *b*75 Add.).

---

1) Die Inschrift lautet: ΑΣΚΛΑΠΙΟΙ ΤΟΙ ΦΙ|ΛΟΜΕΛΟ ΤΟ ΜΙΛΙΤΕΟΣ. Man könnte ihr auch die Namenform *Μίλτης* entnehmen. Man beachte, dass wir aus Epidauros *Μιλτιάς* als Name einer Phratrie kennen: *Νικοφάνης Μιλτιάδος* Ἐφ. ἀρχ. 1892. 71 49.

2) Plut. Dion 22 wird ein *Μίλτας Θέσσαλος* erwähnt. Vermuthlich ist *Μίλτας* Schreibfehler für *Μιλτίας*.

3) Diese Erklärung wird Prellwitz verdankt.

4) Bei diesem Vergleiche denkt man zunächst an den *κόκκος πρίνου*. Da jedoch der Verglichne *Τιθύμαλλος* heisst, da ferner aus Theophr. *Περὶ φυτ. ἱστορ.* 9. 11, 7 ersichtlich ist, dass *κόκκος* auch Bezeichnung des *τιθύμαλλος παράλιος* gewesen ist, von diesem aber Plinius (NH 26. 41) berichtet, er sei *ramis rubentibus* ausgezeichnet: so scheint mir geboten unter dem *κόκκος*, mit dem *Τιθύμαλλος* verglichen wird, die erwähnte Species der Wolfsmilch zu verstehn. So wird auch der Sinn des Namens *Τιθύμαλλος* selbst erkennbar.

Eupolis hat einen gewissen Hipponikos, der eine rothe Gesichtsfarbe besass, Ἱερεὺς Διονύσου und Αἰγίπυρος genannt (Meineke 2. 433 fr. 19). Hier findet seine Rechtfertigung der Name

Αἰγίπυρος (von Keil bei PB angeführt; mir nicht bekannt).

Den nämlichen Hipponikos hat Kratinos mit einem Skythen verglichen: Κρατῖνος Σκυθικὸν ἔφη τὸν Ἱππόνικον, διὰ τὸ πυρρὸν εἶναι (Hes. unter Σκυθικός, Meineke 2. 199 fragm. 65). Die Vergleichung wird vollends verständlich, wenn man sich von Hippokrates sagen lässt, dass πυρρὸν τὸ γένος ἐστὶ τὸ Σκυθικὸν διὰ ψῦχος (Περὶ ἀέρων 20). Und man sieht, dass die Namensippe

Σκύθης Zankle (Herod. 6. 23; 6. Jahrh.), Sparta (Xenoph. Hell. 3. 4, 20), Athen (Demosth. 45. 8) und sonst;

Σκύθων Samos (Dittenberger Syll. no. 131 2; 4. Jahrh.), attische Execrationstafel (CIA 2 App. no. 42 5);

Σκυθῖνος Teos (6. Jahrh.), Aigina (Smlg. no. 3418 a)

nicht nothwendig auf fremden Ursprung der Benannten hinzuweisen braucht sondern auch eine Vergleichung aussprechen kann.

Der nicht näher bestimmte Vogel πυραλίς hat seinen Namen von der brandrothen Farbe. Nach ihm ist vielleicht [1]) genannt

Πυρϝαλίων Argos (Papers of the Amer. School 6. 283 4; 5. Jahrh.),

Πυραλίων (Alterth. v. Pergam. 8. 1 no. 4 6).

Das Adjectivum πυρϝός ist als Pferdename aus einem korinthischen Thontäfelchen (Smlg. no. 3119 b) bekannt. Es ist wol überflüssig zu bemerken, dass der Name Πυρϝαλίων auch den Rothhaarigen signalisieren könnte.

Schwarze Pferde und Hunde erhalten bei den Griechen den Namen Κόραξ (Jeschonnek De nominibus quae Graeci pecud. domest. indid. 37. 20, Kretschmer Vaseninschr. 100). Leute, die einen der früher (28) besprochnen Namen

Κόραξ, Κολοιός, Κόρωνος

tragen, könnten damit als μελάγχρωτες ausgezeichnet worden sein. Freilich auch als μελαγχαῖται.

Bleiches, lederfarbnes Aussehen regte zur Parallelisierung mit dem Holze des Buchsbaumes, mit dem Safte der Thapsoswurzel, mit der Haut der Garnele und Languste an. Chairephon heisst bei Eupolis πύξινος (Meineke 2. 516 fragm. 22), bei Aristophanes gleicht er γυναικὶ θαψίνῃ, Ἰνοῖ κρεμαμένῃ πρὸς ποδῶν Εὐριπίδου (Wespen 1413 f.) [2]). Ein Unbekannter wird bei Eupolis geschildert

1) Die Einschränkung wegen des Namens Πύραλος (IGS 1 no. 2323), der als Πύρϝαλος gedeutet werden und zu Πύρϝος stehn könnte wie Σίμαλος zu Σῖμος. Im Frauennamen Πυραλλίς (IGS 1 no. 3454) die gleiche Verdoppelung des λ wie in Πεταλλὶς Πεταλιαία (Smlg. no. 355). Von Πύρρος geht Πύρραλος (IGS 1 no. 1673 1) aus; hierzu verhalten sich [Π]υρραλεύς (CIA 2 no. 977 u 5) und [Π]υρραλίων (IGS 1 no. 2430 1) wie χλωρεύς, χλωρίων zu χλωρός.

2) Den Beinamen Νυκτερίς, den er Vögel 1296. 1564 bekommt, lassen die Scholien zu Wol-

als ἔχων τὸ πρόσωπον καρίδος μασθλητίνης (Meineke 2. 470 fragm. 21). Zu dieser Stelle hat Raspe auf Luk. Ἑταιρ. διάλ. 14. 4 verwiesen: Ἀλλὰ ἐκεῖνο οὐ λέγεις, οἵωι ὄντι συγκαθεύδεις αὐτῶι· ἔτη μὲν ὑπὲρ τὰ πεντήκοντα πάντως, ἀναφαλαντίας καὶ τὴν χρόαν οἷος κάραβος. Damit rückt der Name

Κάραβος (23)

in neue Beleuchtung.

Bei Plutarch wird berichtet, die Hetäre Φρύνη habe mit ihrem bürgerlichen Namen Μνησαρέτη geheissen, den Spitznamen Φρύνη wegen ihrer ὠχρότης empfangen (Περὶ τοῦ μὴ χρᾶν ἔμμετρα νῦν τὴν Πυθίαν 14; die Stelle ist auch wegen andrer ἐπικλήσεις lesenswerth). Der erste Theil dieser Nachricht klingt wie ein böser Witz; den zweiten halte ich für richtig. Durch Herodot (9. 16) kennen wir den Thebaner Ἀτταγῖνος ὁ Φρύνωνος. Da sich wahrscheinlich machen lässt, dass der erste Name auf die Hautfarbe geht, so ist die Möglichkeit gegeben, dass es auch der zweite thue. Auf der bekannten Inschrift von Larisa, die durch Philipp V. von Makedonien angeregt ist, erscheinen hinter einander ein Ἀριστοφάνεις Κορούνειος und ein Φρῦνος Ἀριστοφάνειος (Smlg. no. 345 $_{57.58}$), also ein Grossvater Κόρουνος und ein Enkel Φρῦνος. Ist der Grossvater nach der Rabenkrähe oder nach der Saatkrähe genannt, so steht der Enkel zu ihm im Gegensatze; hat seine Farbe aber mit dem Kleide der Nebelkrähe verglichen werden sollen, so artet ihm sein Enkel Φρῦνος nach. Ich stehe darum nicht an der Notiz des Plutarch Zutrauen zu schenken, lasse daher die zahlreichen Namensvettern der Phryne hier Revue passieren.

Φρῦνος Athen (Künstler auf einer schwarzfig. Kylix des Brit. Mus. Catal. 2. 223, CIA 1 no. 433 I $_{43}$), Lokr. Epizeph. (IGSI no. 632), Thespiai (IGS 1 no. 1888 a_{4}), Κραννούνιος (Smlg. no. 345 $_{58}$), Delphi (Smlg. no. 1799 $_{12}$);

Φρυνᾶς folgt aus Φρυναῖος Athen (CIA 2 no. 804 f_{28}.; 4. Jahrh.);

Φρυνείδας Messana (IGSI no. 401 $_{4}$);

Φρῦνις Mytilene (Aristoph. Wolk. 971), Tauromenion (IGSI no. 421 I ann. 70 und sonst);

Φρυνίδας Tanagra (IGS 1 no. 669; 5. Jahrh.);

Φρυνίτας Δεινοκλέους ἐξ Σιδοῦντος (Mitth. 8. 19 $_{36}$; 2. Jahrh.);

Φρυνίσκος ὁ Ἀχαιός (Xenoph. Anab. 7. 2, $_{1}$), Σφήττιος (CIA 2 no. 1047 $_{8}$), Theben (IGS 1 no. 2446 $_{12}$), Thessalien (Smlg. no. 326 III $_{39}$);

Φρύνιχος häufig in Athen seit dem 6. Jahrh.; Akraiphia (IGS 1 no. 2716 a_{17}), Oropos (ebenda no. 266), Φ. Ὀρτυγίωνος Ere-

ken 504 in seiner ἰσχνότης, zu Vögel 1564 darin begründet sein, dass οὔτε νυκτερὶς ἡμέρας οὔτε οἱ φιλόσοφοι φαίνονται. Ohne Zweifel hat die zweite Erklärung Recht. Sie stimmt vorzüglich zu der Nachricht, dass Aristophanes den Chairephon auch Νυκτὸς παῖδα titulierte (fragm. 486 a Dind.), und zu der Charakteristik des Πυθαγοριστής bei Aristophon: καθεύδειν μηδὲ μικρὸν νυκτερίς (Meineke 3. 361 $_{9}$).

tria (Ἐφ. ἀρχ. 1895. 143 338), Alyzeia (IGS 3 no. 462), Tarent (Iambl. De vita Phyth. 190 8 N.);
Φρυνικίδης Thasos (Thas. Inschr. no. 7 I 4; 5. Jahrh.);
Φρυνίων Styra (Ion. Inschr. no. 19, 335; 5. Jahrh.), häufig in Athen (Φρυνίων Φρυνίωνος Μυρρινούσιος CIA 2 no. 2357), Dyrrachion (CGC Thessaly 10 Aetolia 74 no. 136), ἐν Σάμαι (BCH 7. 192 II 16);
Φρύνων in Athen seit dem 7. Jahrh. (Strabon p. 599), Θηβαῖος (Herod. 9. 16), Stratos (IGS 3 no. 446 11), Λεοντῖνος (Paus. 5. 22, 7);
Φρυνώνδας Γυρτώνιος (BCH 20. 202 72); die Heimath des schon von Eupolis verfolgten μιαρός ist nicht bekannt.

Häufiger Wechsel der Gesichtsfarbe kann verspottet sein in
Χαμαιλέων Herakl. Pont. (4. Jahrh.),
freilich auch Wandelbarkeit der Gesinnung.

Endlich Unreinheit der Haut.
Durchsichtig ist der Name
Φακᾶς Κραννούνιος (Smlg. no. 345 75; 3. Jahrh.), auch in der rhodischen Sage, die Polyzelos Athen. p. 361 c mittheilt.
Er ist auf φακός 'linsenartiger Fleck' aufgebaut; ἀκροχορδόνες καὶ μελάσματα καὶ φακοί verbindet Plutarch (Περὶ τῶν βραδέως τιμωρ. p. 563 a).
Ferner glaube ich
ΦΟΙϟΙΑϟ (IGS 1 no. 2898; bei Koroneia vermauert)
verstehn zu können. Ich erkenne mit Fick in ΦΟΙϟΙ den Dat. Pl. φωϝίσι, in Φωισίας einen Mann, der φωισὶν ἐστιγμένος ist; vgl. πολυτρήτοις φωισί bei Kratinos (Miller Mélanges 305, Kock 1. 78 fragm. 213) und Aristoph. fragm. 124 Dind.

†Πάρεσο κατέτριβεν ἱμάτια. — Κᾆπειτα πῶς
φῴδας τοσαύτας εἶχε τὸν χειμῶν' ὅλον;

Zu φωισί verhält sich Φωισίας wie Χερσίας zu χερσί, wie Τειρεσίας zu τείρεσι; doch macht die Beziehung von Χερσίας zu den mit Χερσι- beginnenden Vollnamen wahrscheinlich, dass auch Φωισίας einen zweistämmigen Namen zur Voraussetzung habe[1]).
Zweifelhafter ist der Ursprung von
Κένχραμος Bildhauer in Athen (CIA 2 no. 1435; 4. Jahrh.).
Zusammenhang mit κεγχραμίς ist klar. Nach Galen (7. 722 f. K.) ist κεγχρίας ἕρπης ein Ausschlag, der κέγχροις ὁμοίας ἐξοχὰς κατὰ τὸ δέρμα ποιεῖ. Eine Schlange, die als περίστικτος φολίδεσσι beschrieben wird, heisst κεγχρίνης (Nik. Ther. 463 f.). Ist also mit Κέγχραμος ein Mann gemeint, der κεγχραμιδώδη ἐξανθήματα auf der Haut trägt?

1) Auf den Namen Φοιδοκίδας, der an ΦΟΙϟΙΑϟ anklingt, gehe ich nicht ein, weil den Stein (IGS 1 no. 1954), der ihn tragen soll, seit Pittakis Niemand gesehen hat.

Ein vergleichender Name, der sicher auf den Teint Rücksicht nimmt, ist

'Ατταγῖνος ὁ Φρύνωνος ἀνὴρ Θηβαῖος (Herod. 9. 16), 'Ατταχῖνος Makedone (CIA 1 no. 42 d_8)[1].

Vom ἀτταγᾶς, der sich leider nicht bestimmen lässt, berichtet Alexandros von Myndos bei Athenaios (p. 387 f): μικρῶι μὲν μείζων ἐστὶ πέρδικος, ὅλος δὲ κατάγραφος τὰ περὶ τὸν νῶτον, κεραμεοῦς τὴν χρόαν, ὑποπυρρίζων μᾶλλον. Verbindet man diese Beschreibung mit den Versen Aristoph. Vög. 760 f.

εἰ δὲ τυγχάνει τις ὑμῶν δραπέτης ἐστιγμένος,
ἀτταγᾶς οὗτος παρ' ἡμῖν ποικίλος κεκλήσεται[1]),

so sieht man, dass den Griechen an dem Vogel die bunte Färbung des Gefieders aufgefallen ist, die Veranlassung also einen Menschen mit ihm zu vergleichen seine mit Flecken übersäte Haut gegeben haben muss. Zu einem Vater mit blassem Teint (Φρύνων) passt ein Sohn mit Sommersprossen sehr gut.

Ein andrer Name dieser Art dagegen muss gestrichen werden.

Suidas führt unter den Ahnen des Hippokrates von Kos einen Ἔλαφος auf: Ἱπποκράτης Κῶιος, ἰατρός, Ἡρακλείδου υἱός, ... ἀπόγονος δὲ Χρύσου τοὔνομα καὶ Ἐλάφου τοῦ ἐκείνου παιδός, ἰατρῶν καὶ αὐτῶν. Da wir aus Lysias einen Spitznamen Ἐλαφόστικτος kennen (Θεόκριτον τὸν τοῦ Ἐλαφοστίκτου καλούμενον 13. 19), dessen Sinn sich aus der Verbindung στικτὸν κεράστην ἔλαφον (Soph. El. 568) leicht feststellen lässt, so scheint es erlaubt den Namen

Ἔλαφος

als Aequivalent von Ἐλαφόστικτος zu fassen. Aber die Nachricht des Suidas beruht auf einem Misverständnisse, zu dem eine Stelle des Πρεσβευτικὸς Θεσσαλοῦ Ἱπποκράτους υἱοῦ (Hippokrates 9. 404 Littré) den unschuldigen Anlass gegeben hat. Thessalos erzählt, wie während des Krieges der Amphiktionen gegen die Krisäer Krankheit im Heere der Belagrer ausgebrochen sei und diese den delphischen Gott um Rath gefragt haben. Der Gott habe ihnen Erfolg in Aussicht gestellt, ἢν ἐς Κῶ ἐλθόντες ἐλάφου παῖδα ἐς ἐπικουρίην ἀγάγωνται ξὺν χρυσῶι, σπεύσαντες ὡς μὴ πρότερον οἱ Κρισαῖοι ἐν τῶι ἀδύτωι τὸν τρίποδα συλήσωσιν. Darauf seien ihre Gesandten nach Kos gefahren; aber kein Koer habe das Orakel zu deuten gewusst, bis ein Asklepiade, der berühmteste der damaligen Ärzte, Νέβρος mit Namen, die Entdeckung gemacht habe, dass sich der Spruch auf ihn und seinen Sohn beziehe, εἴπερ ὁ θεὸς οὕτω παρήινεσεν ὑμῖν ἐλθόντας ἐς Κῶ ἐλάφου παῖδα ἐς ἐπικουρίην ἀγαγεῖν. Κῶς μὲν γὰρ αὕτη, τὰ δὲ ἐλάφων ἔκγονα νεβροὶ καλέονται, Νέβρος δέ μοι οὔνομα, ἐπικουρίη δ' ἂν ἄλλη τίς προτέρη γένοιτο στρατοπέδωι νοσέοντι ἰητροῦ; Καὶ μὴν τό γε[2]) εὐθὺ ἐχόμενον οὐ δοκέω ὅτι τοὺς τοσοῦτον Ἑλλήνων ὄλβωι ὑπερέχοντας ἐς Κῶ προελθόντας ἔταξεν ὁ θεὸς νόμισμα χρυσοῦν αἰτεῖν. Ἀλλὰ τοῦτο τὸ θέσφατον ἐς τὴν ἐμὴν οἰκίην ἔρχεται· Χρῦσος γάρ μοι κέκληται ἀρρένων παίδων ὁ νεώτατος. Im Stammbaume des Hippokrates erscheinen die Namen des Χρῦσος und des Ἔλαφος nur bei Suidas; es scheint mir zweifellos, dass sie aus dem Πρεσβευτικός entnommen sind. Der Excerptor hat den

1) Nach Solmsen KZ 34. 550. — 2) τό γε Blass; überl. τότε.

ἐλάφου παῖς in der Flüchtigkeit zum *'Ελάφου παῖς* gemacht und hat seinem *Ἔλαφος* einen Vater *Χρῦσος* zugeschrieben, weil der Sohn des von ihm zum Sohne des Elaphos gestempelten *Νέβρος* den Namen *Χρῦσος* führte. Bisher also ist der Name *Ἔλαφος* nicht gesichert[1]).

II. Sprache und Geräusche.

Das Mitglied einer Verkehrsgenossenschaft kann auch durch die Art und Weise auffallen, wie es sich bei seiner Umgebung zu Gehöre bringt. Stärke und Lage seiner Stimme kann Befremden erregen, Fehler seiner Sprachwerkzeuge können sich vernehmbar machen, endlich kann es durch unarticulierte Laute Spott und Tadel herausfordern.

Dröhnende Stimme macht sich in vier nicht miszuverstehenden Namen vernehmbar.

Κάναχος Sikyon (vgl. Löwy Inschr. griech. Bildhauer no. 153; seit dem 5. Jahrh.);
Βρύχων Πλαταιεύς (Smlg. no. 1636 $_3$; 3./2. Jahrh.);
'Ρόθος Σελεύκου 'Αντιοχεύς (CIA 2 no. 2816), Sklave in Delphi (Smlg. no. 1733 $_2$; 2. Jahrh.);
Βρόντος Thasos (Mitth. 18. 260 $_{10}$; spät)[2]).

Auf einen Mann mit dumpfer Stimme ist gemünzt der Name
Βομβύλος 'Αμφάνιος (IGS 3 no. 227 $_4$; 2. Jahrh.).
Wer denkt bei ihm nicht an die Erfahrung, die Sokrates mit der Stimme des Prodikos gemacht haben will: *διὰ τὴν βαρύτητα τῆς φωνῆς βόμβος τις ἐν τῶι οἰκήματι γιγνόμενος ἀσαφῆ ἐποίει τὰ λεγόμενα* (Plat. Protag. p. 316 a)?

Wir gelangen zu den Leuten mit Sprachfehlern.
Verständlich ist
Βάτταρος, Name des Kupplers bei Herondas, durch *τραυλισμός* zu *Βάτταλος* (vgl. 4) entstellt.
Schwieriger ist es über die Bedeutung von
Ψακάς und
Ψίαξ,
die schon früher belegt sind (12), ins Klare zu kommen. Da wir zur Auf-

1) Die Namen *Νέβρος*, *Νεβρίδας*, *Νεβρίσκος* bezeichnen den, der das Bacchantenkleid trägt oder tragen soll. Sie gehören in den gleichen Kreis wie *Κίσσος* und *Θύρσος* und dürfen nicht als Spitznamen gefasst werden.

2) Wegen *Βροντῖνος* sieh Nauck zu Iambl. De vita Pythag. 96[9]. — Über den Makedonen *Βρομερός* spricht Solmsen Idg. Forsch. 7. 47[1].

hellung von *Ψίαξ* kein andres Material haben als die Glosse *ψίακα· ψακάδα*, so hängt das Urtheil über *Ψίαξ* ganz an dem über *Ψακάς*.

Zu den Versen des Aristophanes Acharn. 1150 ff.

'Αντίμαχον τὸν Ψακάδος, τὸν ξυγγραφῆ, τὸν μελέων ποιητήν,
ὡς μὲν ἁπλῶι λόγωι κακῶς ἐξολέσειεν ὁ Ζεύς·
ὅς γ' ἐμὲ τὸν τλήμονα Λήναια χορηγῶν ἀπέλυσ' ἄδειπνον

bemerken die Scholien, Antimachos heisse Sohn des *Ψακάς* nach der einen Version *διὰ τὸ συνεχῶς πτύειν* (*ἐπειδὴ προσέρραινε τοὺς συνομιλοῦντας διαλεγόμενος. Ἦν δέ τις καὶ Ὀλυμπιακὸς καλούμενος Ψακὰς διὰ τοῦτο*) — nach der andren *διὰ τὸ μηδὲν ἀναλῶσαι* (*ἐδόκει δὲ ὁ 'Αντίμαχος οὗτος ψήφισμα πεποιηκέναι, μὴ δεῖν κωμωιδεῖν ἐξ ὀνόματος. Καὶ ἐπὶ τούτωι πολλοὶ τῶν ποιητῶν οὐ προσῆλθον ληψόμενοι τὸν χορόν, καὶ δῆλον ὅτι πολλοὶ τῶν χορευτῶν ἐπείνων. 'Εχορήγει δὲ ὁ 'Αντίμαχος τότε, ὅτε εἰσήνεγκε τὸ ψήφισμα. Οἱ δὲ λέγουσιν ὅτι ποιητὴς ὢν καλὸς χορηγῶν ποτε μικρολόγως τοῖς χορευταῖς ἐχρήσατο*). Die zweite Erklärung ist sicherlich aus der Textstelle selbst gefolgert. Gegen die Glaubwürdigkeit der ersten lässt sich der Einwand erheben, dass sie mit einer Angabe nicht übereinstimmt, die in einer andren Quelle erhalten ist. Bei Pollux (6. 148) wird *ψακάς* unter den Ausdrücken erwähnt, die *εἰς τὸν ὀλίγα ὑπ' ἀσθενείας λέγοντα* gebraucht worden sind. Man könnte vermuthen, das Wort sei durch Misverständnis des *μικρολόγως*, das in einer von Pollux und von dem Scholiasten gemeinsam benutzten Quelle gestanden habe, in die Liste des Lexikographen gerathen. Dieser Ausweg wird aber dadurch abgeschnitten, dass in dem nämlichen Verzeichnisse auch *ῥανίς* aufgeführt wird. Es stehn sich also die Nachricht der Scholien gegenüber, Antimachos sei *διὰ τὸ συνεχῶς πτύειν* als Sohn des *Ψακάς* gefeiert worden, und die Notiz des Pollux, als *ψακάδες* habe man Leute bezeichnet, die, was sie zu sagen hatten, nur tropfenweise preiszugeben vermochten. Da der Sprachgebrauch nach keiner Seite hin entscheidet, eine andre Art der Controlle fehlt, so bin ich der Ansicht, dass wir mit beiden Möglichkeiten rechnen müssen[1]).

An letzter Stelle haben wir es mit den Namen zu thun, in denen über unarticulierte Laute Beschwerde geführt wird.

Alt und weit verbreitet ist die Sippe, der der Wortstamm *χρεμε-* (*χρεμετίζω, χρόμαδος*) zu Grunde liegt.

Χρέμης in Athen seit dem 5. Jahrh. (*Χρέμητος δὲ υἱὸς ἦν Ὑπέρβολος* Schol. Aristoph. Frieden 681), in der mittleren Komödie der grämliche Alte (*Χρέμης τις ἢ Φείδων τις* Antiphanes, Meineke 3. 106 21);

Χρεμᾶς Akarnanien (Polyb. 28. 5, 1 u. s.; 2. Jahrh.);

Χρεμύλος Styra (Ion. Inschr. no. 19, 152; 5. Jahrh.), Name des unzufriednen Alten im Plutos des Aristoph.;

1) Man beachte, dass Theophrast unter die Merkmale des *δυσχερής* das rechnet, dass er *προσλαλῶν ἀπορρίπτει ἀπὸ τοῦ στόματος* (Charakt. 19. 4).

Χρέμων Athen (Xenoph. Hell. 2. 3, 2), *Μεγαρεύς* (CIA 2 no. 834 c 59 Add.), *'Αργεῖος* (*'Εφ. ἀρχ.* 1892. 69 25), Tegea (Le Bas-Foucart no. 340 b 8);

Χρεμωνίδης Αἰθαλίδης (CIA 2 no. 332 7; 3. Jahrh.);

Χρομύλος[1]) Styra (Ion. Inschr. no. 19, 341; 5. Jahrh.);

Χρόμων ὁ Μεσσήνιος (Thuk. 3. 98, 1), Notion (BCH 18. 216 no. 1).

Der Name *Χρέμης* fällt mit dem Namen eines Fisches zusammen, den Aelian (*Περὶ ζώιων* 15. 11) erwähnt. Die Namen *Χρομύλος* und *Χρόμων* erinnern an den Fischnamen *χρόμις* (*χρόμιος*). Vom *χρόμις* berichtet Aristoteles (*Περὶ τὰ ζῶια ἱστορ.* 4. 9), dass er *ὥσπερ γρυλισμόν* ertönen lasse. Aubert und Wimmer (1. 144) sind geneigt den Fisch für die Sciaena aquila zu halten; von ihr heisst es bei Brehm, sie lebe in grössrer Gesellschaft, »und wenn eine solche Gesellschaft schwimmend weiterzieht, vernimmt man ein laut tönendes Geräusch« (Thierleben³, Fische 74). Augenscheinlich ist diese, in ihren Anfängen bis in das Epos zurück reichende, Sippe für Personen bestimmt, die als Brummbärte an den Pranger gestellt werden sollen.

Eine zweite Sippe beschäftigt sich mit den Schnarchern, unter denen man sich vielleicht Leute mit verstopften Nasen vorzustellen hat. Ich kenne sie nur aus Böotien:

'Ρεγκίας Thespiai (IGS 1 no. 1740 5; 3. Jahrh.);

'Ρόγκων Akraiphia (IGS 1 no. 2716 a 11; 3. Jahrh.).

III. Geschlechtliches Unvermögen.

Die Glosse *κίρων· ἀδύνατος πρὸς συνουσίαν* (Hes.) gibt Aufschluss über die Bedeutung der namentlich in Attika verbreiteten Sippe

Κίρος Πιθεύς (CIA 4 Suppl. 2 no. 563 b 24; 4. Jahrh.);

Κιρίας (CIA 4 Suppl. 1 no. 373¹¹¹; 5. Jahrh.);

Κίρων Athen (Isaios 8, CIA 4 Suppl. 1 no. 373⁸⁶, 373⁸⁹; 5. Jahrh.), Chios (Mitth. 13. 182 no. 42), Tarra (BCH 13. 72 no. 8);

Κιρωνίδης Oropos (IGS 1 no. 385 1).

Einen Namen gleichen Inhalts hat Hiller von Gärtringen auf Thera gefunden:

Βάκαλος (7. Jahrh.).

Die Erklärung ergibt sich aus Phrynichos Epitome (Lobeck 272): *σημαίνει γὰρ ὁ βάκηλος τὸν ἀποτετμημένον τὰ αἰδοῖα, ὃν Βιθυνοὶ καὶ 'Ασιανοὶ Γάλλον καλοῦσι*, und aus Lukians *Εὐνοῦχος* (8), wo *εὐνοῦχος* und *βάκηλοι* verbunden werden. In weitrem Sinne hat Antiphanes das Wort gebraucht (Meineke 3. 59):

Οὐχ ὁρᾶις ὀρχούμενον
ταῖς χερσὶ τὸν βάκηλον; οὐδ' αἰσχύνεται

---

1) Man könnte auch *Χρωμύλος* lesen und den Namen zu *Χρωμίσκα* ziehen. Bei dieser Gelegenheit sei zu GP² 293 nachgetragen, dass *Χρῶμις* durch eine Inschrift aus Stymphalos (BCH 7. 491 no. 6 6) bezeugt ist.

ὁ τὸν Ἡράκλειτον πᾶσιν ἐξηγούμενος,
ὁ τὴν Θεοδέκτου μόνος ἀνηυρηκὼς τέχνην,
ὁ τὰ κεφάλαια συγγράφων Εὐριπίδῃ.

Aber die theräischen Verehrer des Wunderpfeifleins, darnach sie alle tanzen, haben es jedesfalls so ursprünglich wie möglich verstanden.

IV. Gebrauch der Gliedmaassen. Körperliche Fertigkeiten.

Die beiden Namen

Σκαῖος ὁ Δούριος Σάμιος κρατήσας πυγμῇ παῖδας (Paus. 6. 13, 5; nach dem Σκαῖος ὁ πυγμαχέων Herod. 5. 60 benannt?);
Σκάων Αἰξωνεύς (CIA 2 no. 1055 32; 4. Jahrh.)

sind an sich mehrdeutig. Da aber schon einer der zwölf Hippokoontiden Σκαῖος heisst, den sein Name weder als Tölpel noch als Dummkopf berufen [1]) kann, so scheint mir geboten in Σκαῖος den Linkhändigen, den Namensvetter des römischen *Scaevola* zu sehen.

Auf Schwerfälligkeit, namentlich unbeholfnen Gang, weist der Name

Χελωνίων Thasos (Ion. Inschr. no. 81 I 3; 5. Jahrh.), Athen (CIA 4 Suppl. 2 no. 7*b* 4),

den schon Wilhelm (Arch. epigr. Mitth. aus Österr. 15. 2) mit der χελώνη in Zusammenhang gebracht hat. Die Schildkröte ist dem Hellenen das Sinnbild der Plumpheit. Man erkennt dies leicht an dem Sprichworte Χελώνην Πηγάσῳ συγκρίνεις (Apostol. 18. 24), dem man das lateinische *Testudo volat* an die Seite stellen kann, und aus den Fabeln von Schildkröte und Adler oder Hasen (Aesop no. 419. 420 Halm), die beide an die βραδύτης des Panzerträgers anknüpfen [2]).

Den Gegensatz hierzu stellen die Namen dar, die ein Ubermaass der Beweglichkeit constatieren. Nach griechischer Anschauung verstösst solches Übermaass gegen die σωφροσύνη [3]).

Στροῖβος Athen, Lieblingsname auf einer Kylix des Britischen Museums (Catalogue 2. 219), Thuk. 1. 105, 2;
Κίνδων, ὀψοφάγος bei Athenaios (p. 345c).

Zu Στροῖβος vgl. die Glossen στροιβός· δ⟨ε⟩ῖνος, στροιβᾶν· ἀντιστρέφειν (Hes.); zu Κίνδων die Wörter ὀνοκίνδιος (Eupolis in den Scholien zu Aristoph. Vög. 1556) und κίνδαξ· εὐκίνητος (Hes.).

1) Bei Alkman empfängt er das Beiwort ἀγρόταις, wie Artemis Ἀγρότα (Smlg. no. 3221) und Ἀγρότις heisst (IGS 1 no. 3100), Diels Hermes 31. 342³.

2) Übrigens wird die Schildkröte, die Hermes Hymn. Hom. 3. 25 findet, als σαῦλα ποσὶν βαίνουσα beschrieben. Also könnte mit Χελωνίων auch bezeichnet sein, wer *gressu delicato et languido* (Phaedr. 5. 1, 13) des Weges kommt.

3) Demosth. 45. 77 Ἐγὼ δ' ὦ ἄνδρες Ἀθηναῖοι τῆς μὲν ὄψεως τῇ φύσει καὶ τῷ ταχέως βαδίζειν καὶ λαλεῖν μέγα οὐ τῶν εὐτυχῶς πεφυκότων ἐμαυτὸν κρίνω.

Hierher darf man vielleicht, unter Berufung auf die ἀήσυροι μύρμηκες des Aischylos (Prometh. 452) und die antiken Wagnerianern nachgerühmten ἐκτράπελοι μυρμηκιαί des Pherekrates (Meineke 2. 330), als vergleichende Namen ziehen

Μύρμηξ Athen (Aristoph. Frösche 1506; nach dem Heros?), Stoiker unbekannter Herkunft (Diog. Laert. 2. 11, 2), Μοβωλλεύς (BCH 10. 488 no. 2 7); Μύρμαξ Epidauros (Ἐφ. ἀρχ. 1892. 69 29), Kos (Smlg. no. 3706 V 12);

Μυρμίδας auf einem Aryballos aus Korinth (Smlg. no. 3121; 6. Jahrh.)[1]).

Unsicher wird die Erklärung dadurch, dass Μύρμηξ auch der Name einer berühmten Klippe ist (Herod. 7. 183), der er vermuthlich um der starken Einschnitte willen beigelegt ward, die sie mit der Ameise theilt (Fick Beitr. 22. 40). So könnte man auch daran denken in Μύρμηξ einen Mann mit Ameisentaille zu sehen.

Man ist auf den ersten Blick geneigt hier auch die Gruppe von Namen einzureihen, die sich an Benennungen von Spielgeräthen anschliessen, bei denen es sich um Herstellung einer schnellen Bewegung handelt. Als solche Namen sind mir bekannt:

Στρόμβος Grabschrift zu Tanagra (IGS 1 no. 1402 1), mit andrer Vocalisation Στράμβος Οἰνοαῖος (Smlg. no. 2041 17, no. 2121 8; 2. Jahrh.);

Στρόμβις Melos (CIG 2 no. 2436b Add.);

Στρόμβιχος seit dem 5. Jahrh. (Thuk. 1. 45, 2) oft in Athen, Θάσιος (IGS 1 no. 348 1), Iasos (Journ. Hell. Stud. 9. 341 no. 3 3), Ὀάξιος (Smlg. no. 1951 5), Ἀμφισσεύς (Smlg. no. 1995 5), Ἀπολλωνιάτας (Dittenberger Syll. no. 198 95);

Στρομβιχίδης Athen (Thuk. 8. 15, 1; Enkel des Στρόμβιχος), Στρομβ[ιχίδ]ας Dyme (Smlg. no. 1612 31);

Στρομβυλίων Αἰγεῖδος φυλῆς (CIA 2 no. 444 II 45; 2. Jahrh.).

Vgl. Il. Ξ 413

στρόμβον δ' ὣς ἔσσευε βαλών, περὶ δ' ἔδραμε πάντῃ.

Στρόβιλος Syrakus (IGSI no. 8 5).

Vgl. Plat. Pol. p. 436 d ὡς οἵ γε στρόβιλοι ὅλοι ἑστᾶσί τε ἅμα καὶ κινοῦνται.

Ῥύμβις Styra (Ion. Inschr. no. 19, 299; 5. Jahrh.).

Vgl. Schol. Ap. Rhod. 1. 1139 ῥόμβωι· τροχίσκος. ὃν στρέφουσιν ἱμᾶσι τύπτοντες καὶ οὕτως κτύπον ἀποτελοῦσι.

Βεμβακίδας Grabschrift zu Thespiai (IGS 1 no. 1881 1).

Von einem Nomen βέμβαξ, das mit βαβάξαι· ὀρχήσασθαι (Hes.), βαβάκτης bei Kratinos (Meineke 2. 182) und mit βέμβιξ im Zusammenhange steht (Beitr. 23. 248 f.).

---

1) Der Künstler Μυρμηκίδης (die Stellen bei Böckh CIG 1. 873) scheint seinen Namen der Kunst verdankt zu haben Ameisen in Elfenbein nachzubilden. Vgl. Brunn Gesch. d. griech. Künstler 2. 405 ff.

Uber *βέμβιξ* vgl. Schol. Aristoph. Vög. 1461: *ὁ δὲ βέμβιξ ἐργαλεῖόν ἐστιν, ὃ μάστιγι στρέφουσιν οἱ παῖδες.*

Τρόχεις Hyettos (IGS 1 no. 2811 16; 3. Jahrh.);

Τρόκχης Grabschrift zu Tanagra (ebenda no. 1449).

Den *τροχός* beschreibt Acron zu Hor. Carm. 3. 24 57: *circulus aheneus, rotae similis, quem pueri ludentes virga ferrea circumagebant* u. s. f. (Hermann-Blümner Privatalterth. 293[1])).

Misst man diese fünf Sippen an *Στροῖβος*, so ergibt sich, dass sie mit diesem gleichen Inhalt haben können. Sie unterscheiden sich in diesem Falle von *Στροῖβος* nur dadurch, dass sie durch das Mittel der Vergleichung das aussprechen, was mit *Στροῖβος* rund heraus gesagt wird: *Στρόμβος* ist ein Mann wie ein Brummtopf, *Βέμβαξ* ein Mann wie ein Kreisel. Man erinnere sich, dass die tanzenden Söhne des Karkinos von Aristophanes *οἱ Καρκίνου στρόβιλοι* genannt werden (Frieden 864), und dass der Sykophant dem Pisthetairos das grosse Geheimnis jedes erfolgreichen Strebens in dem Worte enthüllt: *βέμβικος οὐδὲν διαφέρειν δεῖ* (Vög. 1461): ein Zweifel daran, dass die erwähnten Namen geeignet seien das Übermaass von körperlicher Beweglichkeit, mag diese veranlasst sein wodurch sie wolle[1]), zum Ausdrucke zu bringen, kann dann nicht mehr aufkommen. Allein sprachlich betrachtet ist noch eine andre Auffassung möglich.

Wer sich in einer bestimmten körperlichen Fertigkeit vor seinen Concurrenten auszeichnet, kann nach ihr genannt werden. Dies ist offenbar die Veranlassung der Namen

Σφαῖρος Thasos (Ion. Inschr. no. 73 3), Athen (z. B. CIA 2 no. 1044*b* 6; 2. Jahrh.), Rhodos (CGC Caria 261 no. 345), Fabrikant in Knidos (Dumont 263 no. 107), Sklave in Delphi (Smlg. no. 2273 4);

Σφαιρίων Fabrikant in Knidos (Dumont 284 no. 76);

Δίσκος Eretria (*Ἀθηνᾶ* 5. 360 no. 44), Rhodos (IGI 1 no. 1122); Metöke auf Delos (BCH 7. 106 10; 3. Jahrh.), Sklave in Delphi (Smlg. no. 2190 5),

die keines Commentares bedürfen[2]). Vielleicht findet so auch

Σόλων, zuerst in Athen (7. Jahrh.), an andren Orten vielleicht abhängig von dem berühmtesten Träger des Namens,

seine Erklärung: in der Ilias vertritt der *σόλος* die Stelle des *δίσκος*[3]).

---

1) Bei dem *ὀψοφάγος Κίνδων* könnte sie z. B. aus dem Magen kommen.

2) Neben *Σφαῖρος* steht *Εὔ-σφαιρος* BCH 8. 26 B 3. Aber der Vater des *Εὔ-σφαιρος* heisst *Εὐ-κλῆς*, sein Name wird also auf die Gestaltung des Sohnesnamens Einfluss geübt haben. — *Δίσκος* ist GP[2] 99 anders, aber, wie mir jetzt scheint, nicht richtig gedeutet.

3) Daran hat mich College Blass erinnert. — Es sei noch die Frage aufgeworfen, ob die Leute, die mit der Heuschrecke verglichen werden, also *Βρουκίων* auf Melos (IGA no. 414) und *Ἀκριδίων* auf Delos (BCH 6. 38 87), dies ihrer Gewandtheit im Springen verdanken. Der von Antiphanes (Meineke 3. 110 f.) eingeführte Parasit rühmt sich zu sein *εἰσπηδᾶν ἀκρίς*.

Wenn nun *Σφαῖρος* ein Knabe ist, der gern *σφαίραι παίζει*, *Δίσκος* ein guter Diskoswerfer — leider vermag ich nicht auch auf einen *Δίκυκλος* zu exemplificieren, da er unsrem geschmackvollen Zeitalter als Triumph aufgespart blieb —: so können auch *Στρόμβος*, *Στρόβιλος*, *Ῥύμβις*, *Βεμβακίδας*, *Τρόχεις* als Leute angesehen werden, die sich als Knaben auf die Behandlung des Brummtopfes, des Kreisels und des Reifes in besondrem Grade verstanden haben. Die Namen des Spielplatzes sind dann wichtiger gewesen als die Namen der *δεκάτη*.

Zweites Capitel.

Der Mensch als geistiges Wesen.

I. Intellect.

Der Einzelne kann bei seiner Umgebung ebensowol durch einen Mangel wie durch einen Überschuss geistiger Regsamkeit Aufsehen erregen.

Dass auch die Griechen mit dem Beschränkten wenig Geduld gehabt haben, lehrt die ziemlich grosse Liste von Spitznamen, in denen sie sich über ihn lustig machen.

Χαῦνις Thasos (Thas. Inschr. no. 3 I $_6$; 5. Jahrh.);

Χ[αύ]νιος vielleicht herzustellen auf der Liste der aus der Erechtheidischen Phyle Gefallenen (CIA 1 no. 433 II $_6$; 5. Jahrh.).

Χαῦνις, *Χαύνιος* sind Variationen von *χαῦνος*, das sich begrifflich etwa mit lat. *vānus* deckt. Ich erinnere an Solon fragm. 34

Χαῦνα μὲν τότ' ἐφράσαντο, νῦν δέ μοι χολούμενοι
λοξὸν ὀφθαλμοῖς ὁρῶσιν πάντες ὥστε δήϊον.

Neben *Χαῦνις*, *Χαύνιος* steht das Appellativum *χαῦναξ* in der Glosse *χαυνάκων· χαυνοποιῶν, οἱ δὲ χαυνολόγων* (Hes.).

[Β]λακίων Theben (IGS 1 no. 2463 $_{10}$; 3. Jahrh.).

Die Ergänzung rührt von Dittenberger her. Wäre *Πλάκων* der Inschrift CIG 1 no. 1271 $_{19}$ gesicherter, als der Fall ist (die Lesung beruht auf Fourmonts Autorität), so käme auch die Ergänzung *[Π]λακίων* in Frage.

Βαβύρτας Delphi (Smlg. no. 2182 $_{25}$; 2. Jahrh.), Messene (Polyb. 4. 4, $_5$).

Vgl. *βαβύρτας· ὁ παράμωρος* Hes.

Μάργος, Vater eines *Βάρις*, Hermion (Smlg. no. 3398 II $_2$).

Μάργος wird GP² 34 als Koseform von *Γαστρί-μαργος* genommen. Aber *Γαστρίμαργος* bezeichnet den Mann, der *πρέπει γαστέρι μάργῃ ἀζηχὲς φαγέμεν καὶ πιέμεν* (σ 2 f.), während Vater *Μάργος*, der einen Sohn *Βάρις* erzeugt hat, sicher einer von den Leuten gewesen ist, die nicht aussterben.

Zu Vergleichungen geben zunächst eine Reihe sprichwörtlicher Repräsentanten der *μωρία* Gelegenheit: *Μόρυχος*, *Κόροιβος*, *Βουκαλίων*, *Κοικυλίων*, *Μαργίτης*, *Μελητίδης*. Die Namen der beiden ersten kommen als Namen historischer Personen wirklich vor; es fragt sich nur, ob beabsichtigt gewesen ist Thoren mit ihnen zu bezeichnen.

Μόρυχος begegnet uns seit dem 5. Jahrh., von seinen beiden Ableitungen wenigstens die eine:

> *Μόρυχος Βουτάδης* (CIA 2 no. $652A_{12}$; um 400 v. Chr.); einen Tragiker verhöhnt die alte Komödie;
>
> *Μορυχίδης Παλληνεύς* (CIA 1 no. 129_{5}), *Μορυχίδας* Tanagra (IGS 1 no. 585 II_{12});
>
> *Μορυχίων* Tenos (Anc. Gr. Inscr. no. 377_{41}; 3./2. Jahrh.).

Μόρυχος ist *ἐπίκλησις* des Dionysos in Athen (vgl. Preller-Robert 1. 675⁴). Da schon Sophron das Sprichwort *μωρότερος εἶ Μορύχου* gekannt hat (fragm. 117 Botzon), so muss man schliessen, dass die angeführten Namen sämmtlich den Zweck haben menschlichen *μῶροι* ihr Recht widerfahren zu lassen.

Anders, glaube ich, hat man über die Geltung des Namens *Κόροιβος* zu urtheilen. Auch er lässt sich seit dem 5. Jahrh. nachweisen; so in Athen (vgl. CIA 1 no. 433 I_{44}), Plataiai (Thuk. 3. 22, 3), Lakedaimon (CIA 2 no. 50_{11}; 4. Jahrh.), Megara (IGS 1 no. 27_{13}); dazu *Κοροιβίδης* auf Thasos (Ion. Inschr. no. 78 III_{8}; 4. Jahrh.). Indessen, so viel wir wissen, ist *Κόροιβος* erst durch Euphorion von Chalkis zum Vertreter der Thorheit gestempelt worden (vgl. Meineke Anal. Alex. 153 fragm. 153). Da die angeführten Zeugnisse, von dem aus Megara abgesehen, sämmtlich älter als Euphorion sind, so beweisen sie für die Geltung von *Κόροιβος* als Benennung des *εὐήθης* gar Nichts; und auch der *Κόροιβος* aus Megara ist sicher kein Dummkopf, sondern ein Mann, dessen Vorbild der Heros *Κόροιβος* sein soll, an dessen Verdienste das Heiligthum des Apollon zu Tripodiskos den Megarer jeden Tag erinnern konnte. Da, wie wir sehen, der Heros der Linossage, lange bevor der Freier der Kassandra zu einer burlesken Figur geworden war, historischen Personen seinen Namen hat hergeben müssen, so wäre es ein eitles Bemühen für die spätre Zeit entscheiden zu wollen, bei welchem *Κόροιβος* der Heros und bei welchem der *μῶρος* zu Gevatter gestanden habe.

Mehr positiven Ertrag wirft die Untersuchung der Frage ab, welche Thiere die Hellenen für qualificiert gehalten haben die *ἠλιθιότης* eines Vertreters der Gattung Homo sapiens auf den eignen Namen zu nehmen. 5

Platon spottet im Laios (Meineke 2. 636):

Οὐχ ὁρᾷς ὅτι
ὁ μὲν Λέαγρος, Γλαύκωνος ὢν μεγάλου γένους,
ἀβελτεροκόκκυξ ἠλίθιος περιέρχεται,
σικυοῦ πέπονος εὐνουχίου κνήμας ἔχων;

Das Wort *ἀβελτεροκόκκυξ* ist von Bergk für das überlieferte *κόκκυξ* aus Phrynichos eingesetzt; der Lexikograph schreibt (Bekk. Anecd. 1. 27 $_{24}$): *ἀβελτεροκόκκυξ· ἀβέλτερος καὶ κενός· κόκκυγα λέγουσι τὸν κενὸν καὶ κοῦφον.* In der gleichen Bedeutung gebraucht Aristophanes in den Acharnern (598) das Wort *κόκκυξ*: drei *κόκκυγες* haben den Lamachos zum Feldherrn gewählt. Ein drittes Beispiel für diesen Gebrauch kann man mit Wilamowitz (Isyllos 132[9]) im 29. Fragmente des Anakreon vermuthen: *Ἐγὼ δ' ἀπ' αὐτῆς φύγον* (überl. *φεύγω*) *ὥστε κόκκυξ*[1]). So haben wir das Recht die Namen

Κόκκυψ Thespiai (IGS 1 no. 1888 a_{13}; 5. Jahrh.);
Κοκκουβίας Thespiai (IGS 1 no. 1745 $_{10}$; 3. Jahrh.),

deren zweiter lehrt, dass *Κοκκυβίας* bei Hesych nicht angetastet werden darf, als ehemalige Spitznamen für Leute zu betrachten, die wir nach unsrem Sprachgebrauche unter die Gimpel versetzen würden.

Ich erinnere ferner daran, dass das Geschlecht der *βόες* den Griechen nicht nur als Typus der Grösse und Kraft, sondern auch der geistigen Schwerfälligkeit gegolten hat. *Βοῶν ὦτα ἔχετε*, lautet ein Sprichwort (Apostol. 5. 13). Eustathios schreibt (Meineke 4. 318 fragm. 187): *Ὅτι δὲ καὶ εἰς ἀναισθησίας σκῶμμα λαμβάνεται ὁ βοῦς, δηλοῖ καὶ ὁ παρὰ Μενάνδρωι βοίδης, ὅ ἐστι πρᾶιος, εὐήθης, καθ' ὁμοιότητα τοῦ ἀμυνοκῶν.* Ich halte darum für möglich, dass die Träger des Namens

Βοίδας Sikyon (Plin. NH 34. 66; 4. Jahrh.) Byzanz (Vitruv. 3. 2), Kos (Smlg. no. 3624 c_{13}); unbekannter Herkunft der von Diphilos verspottete Philosoph (Schol. Aristoph. Wolk. 96) und die CIA 2 no. 835 $_{77}$, no. 1012 I $_{8}$ genannten peregrini

wenigstens theilweise Boiotier waren[2]).

Bekannt ist das Sprichwort *ἡ ὗς τὴν Ἀθηνᾶν* (vgl. Leutsch zu Apost. 17. 73). Das Schwein ist für den Griechen der Repräsentant der *ἀπαιδευσία*. In Plutarchs Dialoge *Περὶ τοῦ τὰ ἄλογα λόγωι χρῆσθαι* ist *Γρῦλος* Charaktername: der in ein Ferkel verwandelte Gefährte des Odysseus verficht den Satz, dass die *ψυχή* der Thiere geeigneter sei *πρὸς γένεσιν ἀρετῆς· ἀνεπίτακτος γὰρ καὶ ἀδίδακτος ὥσπερ ἄσπορος καὶ ἀνήροτος ἐκφέρει καὶ αὔξει κατὰ φύσιν τὴν ἑκάστωι προσήκουσαν ἀρετήν.* Zu den Worten *ἕπεσθε μητρὶ χοῖροι* (Aristoph. Plut. 315 = 308) bemerken die Scholien: *τοῦτο δὲ παροιμιῶδές εἶναί φασιν· οἱ γὰρ παῖδες τοῦτο εἰώ-*

1) Diese Stelle wird freilich als Beleg für die Feigheit des Vogels angeführt, von der auch Ps. Ar. *Περὶ τὰ ζῶια ἱστορ.* 9. 29 die Rede ist (*διὰ γὰρ τὸ συνειδέναι αὐτῶι τὴν δειλίαν*).

2) *Βοίδας* bei Plinius und Vitruvius (*Boedas* die Überlieferung) ist zuerst von Keil erkannt (Anal. crit. et onomatol. 212 f.) und mit einer sprachlich vollkommen zulässigen Erklärung (der gleichen die GP[2] 81 vorgetragen wird) gestützt worden. Möglicher Weise meinen Plinius und Vitruvius die gleiche Person (Robert bei Pauly-Wissowa 3. 594).

θασι λέγειν, ἕπεσθε μητρὶ χοῖροι· παροιμιακὸν οὖν ἐστι, καὶ ἐπὶ τῶν ἀπαιδεύτων φασὶ λέγεσθαι. Mag es in dem letzten Falle stehn wie es wolle — sicherlich haben wir das Recht in diesem Zusammenhange der Namen zu gedenken, die unsren Freund, das Schwein, zu Worte kommen lassen:

Γρίσων Halikarnassos (Ion. Inschr. no. 240 26; 5. Jahrh.).

Vgl. Γρίσων (überl. Γρισῶν)· ὗς. Ἀριστοφάνης δὲ ὄνομα δρομέως νενικηκότος ἐν Ὀλυμπίαι στάδιον (Hes.).

Γρῦλος Ἐρχιεύς, Vater und Sohn des Xenophon (Diog. Laert. 2. 6, 1), Χαλκιδεύς (Diod. 17. 40);

Γρῦλις Ephesos (CGC Ionia 59 no. 94; 3. Jahrh.), Tanagra (IGS 1 no. 880);

Γρυλίων εἷς τῶν Ἀρεοπαγιτῶν (Athen. p. 513 d; 4. Jahrh.), Πλαταιεύς (IGS 1 no. 2723 3);

Γρύλων (CIA 2 no. 3583).

Die grösste Verbreitung hat die dritte Sippe gewonnen:

Χοῖρος Vater des Μίκυθος aus Rhegion (Herod. 7. 170; 6. Jahrh.), Thasos (Thas. Inschr. no. 12 III 8);

Χοίρακος in dem Patr. Χυράκιος Tanagra (IGS 1 no. 538 10; 4./3. Jahrh.)[1];

Χοιρίλος Tragiker zur Zeit des Aischylos, θεράπων des Komikers Ekphantides (Meineke 1. 37), Samos (Plut. Lys. 18), Tanagra (IGS 1 no. 585 IV 11), Iasos (Steph. Byz. unter Ἴασος), Ἠλεῖος (Paus. 6. 17, 5), Eretria (Ἐφ. ἀρχ. 1895. 131 II 13), Χυρίλος Lato (Museo Ital. 3. 646 no. 58 6);

Χοιρίων Katane (Head Hist. Num. 116; 5. Jahrh.), Χυρίων Grabschrift zu Assos (Papers of Amer. School 1. 76 no. 59);

Χοίρων Thasos (Thas. Inschr. no. 8 I 11, 4. Jahrh.).

Dem Ideale des καλὸς κἀγαθός entspricht λέγειν μὲν δυνατὸν εἶναι, λαλεῖν δὲ μέτρια. Der Einzelne kann also nach zwei Seiten hin Anstoss erregen: dadurch, dass er der Rede nicht Herr ist, oder dadurch, dass er nicht über seine Zunge gebieten kann. Beide Fehler verrathen einen Mangel: entweder an Begabung oder an Erziehung und Bildung.

Auf Ungewandtheit in der Rede weisen vielleicht die beiden schon bei früheren Gelegenheiten (12. 46) erwähnten Namen

Ψακάς und

Ῥάνις,

da bei Pollux (6. 148) ῥανίς und ψακάς unter den Ausdrücken stehn, die εἰς τὸν ὀλίγα ὑπ' ἀσθενείας λέγοντα im Gebrauche gewesen sind.

---

1) Über den delischen Namen Χοίρακος, von dessen Beurtheilung die von Χοιρύλος (z. B. BCH 8. 313 no. 15 3) abhängig ist, sieh S. 14¹.

Der Vorwurf der Geschwätzigkeit ist enthalten in

Λάλαξ (Gen. *Λάλακος*)[1]) Thera (5. Jahrh., mitgetheilt von Hiller von Gärtringen);

vgl. *λάλαγες· χλωροὶ βάτραχοι περὶ τὰς Λίμνας* (Hes.), Anakr. fragm. 90 (Bergk)

Μηδ' ὥστε κῦμα πόντιον
λάλαζε, τῆι πολυκρότηι
σὺν Γαστροδώρηι καταχύδην
πίνουσα τὴν ἐπίστιον,

und *λαλάξαντες· βοήσαντες* (Hes.).

Ferner steckt der Vorwurf wol in

Φλόϝαξ Tanagra (BCH 20. 242, *Ἐφ. ἀρχ.* 1896. 243; 5. Jahrh.),

da *Φλόϝαξ* im Ablautverhältnisse zu *φλύαξ* stehn, also einen *φλύαρος* bezeichnen kann[2]). Gehört der Name

Φλέας (*-αντος*) Priene (Anc. Gr. Inscr. no. 419 $_{31}$; 2. Jahrh.)

in die gleiche Reihe?

Ganz deutlich wird der Vorwurf ausgesprochen in

Πίπος Thasos (Ion. Inschr. no. 75 II $_{11}$; 4. Jahrh.; der Sohn heisst *Πολύθρους*).

Die Kehrseite der Betrachtung bringt uns mit den durchtriebnen Köpfen und mit den Leuten in Berührung, die sich in einer geistigen Kunst hervorthun.

Die Namen, die von Durchtriebenheit zu berichten wissen, sind fast durchaus vergleichender Natur. Einen sittlichen Vorwurf brauchen sie nicht auszusprechen; wie weit sie es im einzelnen Falle doch thun, kann nicht entschieden werden.

Der einzige Name, der eine directe Aussage enthält, ist

Γλαφορίδας Akraiphia (IGS 1 no. 2718 $_{3}$; 3. Jahrh.);

ich beurtheile ihn nach dem Sprachgebrauche des Alexis (Meineke 3. 430)

ἀλλ' ἐγὼ σοφῶς
ταῦτ' οἰκονομήσω καὶ γλαφυρῶς καὶ ποικίλως.

Alle übrigen Namen, die mir zur Verfügung stehn, benutzen die Form der Vergleichung.

Eine von ihnen greift in die Heroenwelt:

Σίσυφος ἐν Μελίτηι hοικῶν (CIA 1 no. 324 a_{53}; 5. Jahrh.), Pharsalos (Theopompos bei Athen. p. 252 f).

Als Beiname ist *Σίσυφος* aus Sparta bekannt: *Δερκυλλίδας ὁ Λακεδαιμόνιος .... ἀνὴρ δοκῶν εἶναι μάλα μηχανητικός· καὶ ἐπεκαλεῖτο δὲ Σίσυφος* (Xenoph. Hell. 3. 1, $_{8}$).

---

1) Mit *Λάλακος* vgl. *ὄρτυκος* bei Philemon (Meineke 4. 65 fragm. 123) und die Ausführungen WSchulzes GGA 1896. 240.

2) Wie ist der Name *Φλείαξ* (Delphi, BCH. 20. 209 $_{85}$; 4. Jahrh.) zu deuten? Da die Inschrift kein *ει* für *ε* vor Vocalen kennt, ist die Zurückführung auf *Φλέαξ* nicht gestattet. Nach den Lauten könnte man *Φλείαξ* als Kürzung von *Φλειάσιος* betrachten und ein analoges Beispiel der Verkürzung in *'Ρόδαξ* aus *'Ρόδιος* erblicken.

5

Drei andre rufen den Fuchs zu Hilfe und empfangen dadurch mehr oder weniger einen Stich ins Unehrenhafte.

Ἀλώπεκος Μεταποντῖνος (Iambl. De vita Pythag. 189 10 N.)[1]).

Vgl. Solon fragm. 11. 5 f.

ὑμέων δ' εἷς μὲν ἕκαστος ἀλώπεκος ἴχνεσι βαίνει,
σύμπασιν δ' ὑμῖν χαῦνος ἔνεστι νόος,

aber auch *ἀλωπεκίζειν* Aristoph. Wesp. 1241.

Κινάδης Styra (Ion. Inschr. no. 19, 51; 5. Jahrh.);
Κινάδων Sparta (Xenoph. Hell. 3. 3, 4);

abgeleitet von *κίναδος*: *τοὐπίτριπτον κίναδος* nennt Aias den Odysseus.

Σκιραφίδας Sparta (Plut. Lys. 17);

vgl. die Glosse *κίραφος· ἀλώπηξ. Λάκωνες* (Hes.). Dass *Σκίραψ* in der Komödie als *ὄνομα κύριον* vorgekommen ist, berichtet Choiroboskos (Bekker Anecd. 3. 1200).

Die Griechen besitzen das Sprichwort *Κανθάρου σοφώτερος, Κανθάρου μελάντερος*, das auf die alte Thierfabel (Fab. Aes. no. 7 H.) hinweist, die den Mistkäfer die Eier des Adlers vernichten lässt (Crusius Anal. crit. ad paroem. gr. 147). Wenn also ein Mann *Κάνθαρος* genannt wird, so kann sich in der Benennung die Anerkennung unbequemer Schlauheit aussprechen. Der Name reicht bis ins 5. Jahrh. zurück:

Κάνθαρος Dichter der alten Komödie (Meineke 1. 251; ein *Μυρρινούσιος* CIA 2 no. 600 12), Sikyon (Paus. 6. 3, 6), Per. Rhod. (BCH 10. 253 II 28);
Κανθαρίων Athen (Mitth. 21. 93 2; 4. Jahrh.), ὁ *Ἀρκάς* (Plut. *Αἴτια Ἑλλην.* 39);
Κανθίας Argos (Smlg. no. 3269 10; 5. Jahrh.)[2]).

Auszeichnung auf dem Gebiete der W i s s e n s c h a f t, des g e i s t r e i c h e n S p i e l e s oder der K u n s t hat ebenfalls Beinamen im Gefolge.

Auf Meisterschaft im Rechnen oder in der *πεττεία* gehn die Namen

Ψάφων Kyrene (Smith-Porcher no. 6 38), auf Henkeln unbekannter Herkunft (CIG 3 XX no. 200);
Στιώνδας Thespiai (IS 1 no. 1888 b 6; 5. Jahrh.);
Στίαξ Epidauros (*Ἐφ. ἀρχ.* 1892. 74 97; 4. Jahrh.).

Die Zusammengehörigkeit von *Στιώνδας* und *Στίαξ* ist von Keil (Mitth. 20. 428 f.) mit Recht betont worden. Auch der Erklärung der Namen, die er unabhängig von Blinkenberg (Eretr. Gravskr. no. 75) vorgetragen hat, stimme ich zu: er be-

1) Die Zusammensetzung *τρυπ-αλώπηξ* (*ὁ διὰ πανουργίαν πάντα τρυπῶν καὶ ἐργάζεσθαι δυνάμενος* Bekker Anecd. 1. 64) liegt verkürzt vor in dem argivischen Namen *Τρῦπις* (CGC Pelopon. 145 no. 121; 228—146 v. Chr.).

2) Dieser Name kann auch anders gedeutet werden. Lysippos sagt (Meineke 2. 746):

Εἰ μὴ τεθέασαι τὰς Ἀθήνας, στέλεχος εἶ,
εἰ δὲ τεθέασαι μὴ τεθήρευσαι δ', ὄνος,
εἰ δ' εὐαρεστῶν ἀποτρέχεις, κανθήλιος.

ruft sich darauf, dass nach den Scholien zu Apoll. Rhod. 2. 1175 σιται αἱ ψῆφοι παρὰ Σικυωνίοις καλοῦνται.

Wer in der Kunst des λέγειν γρίφους excelliert, erhält den Namen

Γρῖφος (CIA 2 no. 1012 I 22; 4. Jahrh.; »catalogus est peregrinorum«), Imbros (BCH 13. 431 no. 4 2, ebenfalls in einer Namenliste [1]).

Ein Handwerker, der für den Tholosbau zu Epidauros ἐγγλύμματα u. dgl. zu liefern hatte, hiess

Κωμωιδίων (Ἐφ. ἀρχ. 1892. 72 71; 4. Jahrh.).

Dieser Name erinnert an den Πατανίων des Philetairos (Meineke 3. 298), an Λαγυνίων bei Athenaios (p. 584 f), Πιθακνίων bei Alkiphron (Meineke a. a. O.) und an die Märchenfigur Καρδοπίων bei Aristophanes (Wespen 1178). Entweder der γλύπτης oder sein Vater zeigte neben seinem Berufsgeschäfte ein lebhaftes Interesse für die κωμωιδία.

Der Virtuose auf dem κύμβαλον wird nach seinem Instrumente genannt:

Κύμβαλος Tegea (Smlg. no. 1246 III 16).

Frauennamen dieser Art sind in grössrer Anzahl belegt: Λύριον, Πηκτίς, Ψιθύρα (Beitr. 21. 234). Dass der Kymbalonschläger gerade ein Arkader ist, nimmt bei dem Ansehen, in dem die Musik bei dem arkadischen Stamme gestanden hat (Polyb. 4. 20, 4 ff.), nicht Wunder.

II. Gemüth.

Die ideale Norm des sittlichen Lebens bildet für den Griechen die σωφροσύνη, das κοσμίως πάντα πράττειν καὶ ἡσυχῆι (so im Charmides p. 159 b), oder nach der öfter wiederkehrenden Definition τὸ κρατεῖν ἡδονῶν καὶ ἐπιθυμιῶν (Platon Sympos. p. 196 c).

Das Nichteinhalten dieser Norm kann durch Temperament oder durch Charakter bedingt sein.

1. Temperament.

Unter den Fehlern, die aus der Temperamentsanlage entspringen, sind unter den Spitznamen zwei vertreten: Jähzorn und Verdriesslichkeit.

Der Jähzorn wird gerügt in den Namen

Ἄγριος Rhodos (IGI 1 no. 698 7; etwa 3. Jahrh., Vater eines Ἡμέριος), Hyampolis (IGS 3 no. 87 34);

Χάλεπος Ναυπάκτιος (BCH 5. 410 no. 16 1; 3. Jahrh.);

und vielleicht auch in

Πίμφων Kalymna (Smlg. no. 3572 23; so ist zu lesen), Ἀκαρνάν (BCH 6. 234 no. 78 2);

Πίμφις Koronta (Fouilles d' Épidaure 1 no. 243).

1) ΓΕΙΦΟΣ die Abschrift.

Ich vermuthe, dass *Πίμφων* und *Πίμφις* zu der Sippe *πέμφιξ*. *δυσπέμφελος*, *πόμφος*, *πομφόλυξ*, *παφλάζω* gehören, die auch in den baltischen Sprachen vertreten ist: lit. *pampti* (schwellen), *pamplȳs* (Dickbauch) u. s. f. (Fick Wörterb.[3] 1. 475). Aischylos spricht von der *δυσχείμερος πέμφιξ* des Sturmes (fragm. 195 Nauck[2]), von der *πέμφιξ ἡλίου* (fragm. 170; vgl. Soph. fragm. 313) und *αἵματος*[1]) (fragm. 183). *Δυσπέμφελος* gebraucht Homer vom stürmischen Meere (*Π* 748), Hesiod vom stürmischen Meere (Theog. 440) und von der Schifffahrt darauf (*Ἔργα* 618); auf den Menschen ist das Wort *Ἔργα* 722 übertragen. Kleon heisst *Παφλαγών*, weil er wie eine *χαράδρα παφλάζει καὶ κέκλαγε* (Wespen 1034, Ritter 919, Frieden 315). Eine ähnliche Bedeutung kann den Namen *Πίμφων* und *Πίμφις* innewohnen; ihr *ι* wäre wie das *ι* von *σκινθός* zu beurtheilen.

Dazu ein vergleichender Name:

Σκορπίων Phistyon (IGS 3 no. 418 3).

Vgl. das Sprichwort *Σκορπίους βέβρωκεν* (Makar. 7. 72) mit Leutschs Note.

Den Vorwurf der Verdriesslichkeit erheben die Namen

Σμοῖος Athen (Aristoph. Ekkl. 846), *Σμο[ῖος]* auf einem thasischen Henkel (Jahrb. f. Phil. Suppl. 4. 460 no. 12).

Vgl. *σμοιός· χαλεπός, φοβερός, στυγνός*, und *σμυός· σκυθρωπός* (Hes.).

Στύφων Sparta (Thuk. 4. 38, 1), Thaumakoi (BCH 7. 44 no. 4 2).

Vgl. *στῦψαι· στυγνάσαι* (Hes.).

Drei andre Namen enthalten den Vorwurf in Form einer Vergleichung:

Τρυγίας Thespiai (IGS 1 no. 1888 i 6; 5. Jahrh.).

Vgl. den Orakelspruch (Athen. p. 31 b):

Πῖν' οἶνον τρυγίαν, ἐπεὶ οὐκ Ἀνθηδόνα ναίεις
οὐδ' ἱερὰν Ὑπέραν, ὅθι γ' ἄτρυγον οἶνον ἔπινες.

Ὀμφακίων Iasos (Dittenberger Syll. no. 77 b 78; 4. Jahrh.; der Sohn heisst *Στάφυλος*).

Vgl. *θυμὸν ὀμφακίαν* Aristoph. Ach. 352 f., *τὰς ὀφρῦς σχάσασθε καὶ τὰς ὄμφακας* Platon in den *Ἑορταί* (Meineke 2. 626 fragm. 5).

Καρδαμίων Λιμναῖος (Smlg. no. 1379 9; 3. Jahrh.)[2]).

Vgl. Aristoph. Wesp. 454 f.: *ὀξυθύμων καὶ δικαίων καὶ βλεπόντων κάρδαμα.*

2. Charakter.

Die ärgste Feindin der *σωφροσύνη* ist die *ὕβρις*, die Üppigkeit der Gesinnung, aus der Zügellosigkeit der Begierden, Frechheit, Streitsucht, Hochmuth, Undankbarkeit, Hohn und Spott entspringen.

Die allgemeinste Benennung, die es für den *ὑβριστής* gibt, geschieht durch Einreihung des *ὑβρίζων* in den Reigen der Gesellen, die den Chor des Satyr-

---

1) Vgl. auch Pind. Pyth. 4. 121 *ἐκ δ' ἄρ' αὐτῶι πομφόλυξαν δάκρυα γηραλέων γλεφάρων.*

2) Der *Κα[ρ]δ[αμ]ῖνος* bei Le Bas-Waddington no. 205 2 hat Anc. Gr. Inscr. no. 403 2 einem *Καλλίξεινος* Platz gemacht.

dramas bilden. Der grösste aller *ὑβρισταί* urtheilt bei Platon Symp. p. 215a über Sokrates so: *Φημὶ γὰρ δὴ ὁμοιότατον αὐτὸν εἶναι τοῖς σιληνοῖς τούτοις τοῖς ἐν τοῖς ἑρμογλυφείοις καθημένοις, οὕς τινες ἐργάζονται οἱ δημιουργοὶ σύριγγας ἢ αὐλοὺς ἔχοντας, οἳ διχάδε διοιχθέντες φαίνονται ἔνδοθεν ἀγάλματα ἔχοντες θεῶν. Καὶ φημὶ αὖ ἐοικέναι αὐτὸν τῶι σατύρωι τῶι Μαρσύαι. Ὅτι μὲν οὖν τό γε εἶδος ὅμοιος εἶ τούτοις, ὦ Σώκρατες, οὐδ' αὐτὸς δή που ἀμφισβητήσαις· ὡς δὲ καὶ τἆλλα ἔοικας, μετὰ τοῦτο ἄκουε. Ὑβριστὴς εἶ* .... Hierzu nehme man nun die zuerst von WSchulze (Quaest. epic. 23 adn.) gewürdigte Namenverbindung

Σατυρίουν Ὑβρίσταιος (Smlg. no. 326 II 50; 3. Jahrh.),

zu der *Ὑβρίσστας Δικαίειος* (ebenda II 22) einen anmuthigen Gegensatz bildet, und man wird sich überzeugen, dass die S. 19 behandelten Sippen

Σιληνός und *Σάτυρος*

auch zum Ausdrucke eines sittlichen Vorwurfes geeignet gewesen sind.

Die Zügellosigkeit der Begierden macht den Inhalt einer langen Reihe von Namen aus. Unmässigkeit im Essen, Trinken, in der Geschlechtslust empfangen in ihnen das Brandmal.

Für den Vielesser ist

Ἀρύστας

ein recht bezeichnender Name. Xenophon berichtet von einem Arkader, der ihn trug, Anab. 7. 3, 23. Er beschreibt den Helden als einen gewaltigen Esser, der sich, als bei einem Mahle der Wein gereicht ward, keine Zeit nahm sich seiner zu bedienen sondern den Weinschenken bat zu Xenophon weiter zu gehn: *Ἐκείνωι, ἔφη, δός· σχολάζει γὰρ ἤδη, ἐγὼ δὲ οὐδέπω.* Die Gewohnheit solch gesegneten Appetit zu befriedigen hat dem tapfren Arkader offenbar seinen Namen eingetragen: *Ἀρύστας* bezeichnet den Mann, der die ihm als hinlänglich erscheinenden Mengen von *ζωμός* und *ἔτνος ἀρύεται*; vgl. Schol. zu Aristoph. Plut. 627 *μεμυστιλημένοι· εὐωχημένοι, ζωμὸν ἀρυσάμενοι ἄρτοις κοίλοις καὶ μυστρία μιμουμένοις.*

Der letzte Vers einer Speisevorschrift, die Athenaios (p. 126c) aus Nikanders Georgika mittheilt, lautet (in Kaibels Herstellung)

ἠρέμα δὲ χλιαρὸν κοίλοις ἐκδαίνυσο μύστροις.

Vielleicht ist der

Μύστρων (Fouilles d' Épidaure 1 no. 243)

als ein Mann zu definieren, der fleissig die *μύστρα* gebraucht.

Ferner kann von der Lust am Essen benannt sein

[Χ]αραδρῖνος Grabstein bei Theben (IGS 1 no. 2578; 5. Jahrh.).

Dies ist aus der dem Sokrates in den Mund gelegten Redensart *χαραδριοῦ τινὰ αὖ σὺ βίον λέγεις* (Platon Gorg. p. 494b) zu schliessen. Freilich kann der Vergleichung auch eine andre Gemeinsamkeit zu Grunde liegen: *ἔστι δ' ὁ χαραδριὸς καὶ τὴν χρόαν καὶ τὴν φωνὴν φαῦλος, φαίνεται δὲ νύκτωρ, ἡμέρας δ' ἀποδιδράσκει* (»Aristoteles« *Περὶ τὰ ζῶια ἱστορ.* 9. 11).

Eine Sippe von **T r i n k e r n** stellt sich uns vor in den Namen

Μέθυλλος Athen (CIA 1 no. 434 25; 5. Jahrh.);

Μέθων Grabstein in Tanagra (IGS 1 no. 1190);

Μεθύστας Μεθύσταιος Pharsalos (BCH 13. 403 no. 18 2).

Diese Sippe erhält aber noch Zuwachs. Wir wissen, dass eine grosse Schaar von Trinkern Beinamen nach den Maassen erhalten haben, die sie zu bezwingen pflegten. So ist *Ἀμφορεύς* Beiname eines Xenagoras aus Rhodos (Ael. V. H. 12. 26); von einem Demokles *Λαγυνίων ἐπίκλην* berichtet Hegesandros (Athen. p. 584 f); die *ἐπίκλησις Μετρητής* trug Xenarchos aus Rhodos *διὰ τὴν πολυποσίαν* davon (Euphorion bei Athen. p. 436 f); *Χώνη* nannte man Diotimos aus Athen, weil er *ἐντιθέμενος τῶι στόματι χώνην ἀπαύστως ἔπινεν ἐπιχεομένου οἴνου* (Polemon bei Athen. p. 436 e); ein Grammatiker Demetrios aus Kyrene brachte es zum Spitznamen *Στάμνος* (Diog. Laert. 5. 5, 11). Den nämlichen Ursprung nun haben ohne Zweifel die Namen

Μάστος Theben (IGS 1 no. 2455; 5. Jahrh.)

und

Κώθων Byzanz (Polyb. 4. 52, 4; 3. Jahrh.), Rhodos (IGI 1 no. 46 89), Korkyra (IGS 3 no. 776).

Ich ziehe hierher auch

Σίφων Thasos (Thas. Inschr. no. 12 III 9; 5. Jahrh.).

Der *σίφων* ist ein sehr nützlicher Vermittler zwischen Fass und Liebhaber: *σίφωνι λεπτῶι τοὐπίθημα τετρήνας* Hippon. fragm. 56. So kann ein Thasier, der diese Vermittelung zwischen sich und dem Thasier gerne anruft, leicht nach ihr genannt werden. Spricht doch auch Meleager von *κώνωπες ἀναιδέες, αἵματος ἀνδρῶν σίφωνες* (AP 5 no. 151). Die obscöne Bedeutung, die der Chor Eurip. Kykl. 439 im Sinne hat, braucht nicht vorzuliegen.

G e s c h l e c h t l i c h e A u s s c h w e i f u n g wird dem vorgeworfen, der gerufen wird mit

Λόμβαξ Thespiai (BCH 19. 332 no. 6 6; 2. Jahrh.) [1]).

Vgl. die Glosse: *λόμβαι· αἱ τῆι Ἀρτέμιδι θυσιῶν ἄρχουσαι, ἀπὸ τῆς κατὰ τὴν παιδ[ε]ιὰν σκευῆς· οἱ γὰρ φάλητες οὕτω καλοῦνται* (Hes.). Dazu die Notiz bei Pollux (4. 105): *λομβρότερον δὲ ἦν ὃ ὠρχοῦντο γυμνοὶ σὺν αἰσχρολογίαι* [2]).

Häufiger wird der Vorwurf in Vergleichungen ausgesprochen.

---

1) Die Inschrift gehört der gleichen Zeit an wie der Stein IGS 1 no. 1762, mit dem sie vier Namen gemein hat.

2) Ein andrer, aber componierter, Name dieser Art ist *Λαισποδίας*, der GP² 183 falsch aufgelöst ist. Das zweite Namenglied hängt mit *σποδεῖν* in dem aus Aristophanes bekannten Sinne (vgl. Ekkl. 906 ff.) zusammen. Das erste ist auch in dem Namen *Λαίστρατος* enthalten, den mir Dr. Hiller von Gärtringen für Melos (BCH 2. 522 no. 4; 4. Jahrh.) bestätigt und für Nisyros nachweist. Der GP² 183* ausgesprochne Zweifel muss diesen Zeugnissen gegenüber verstummen. Das gleiche Element steckt offenbar in den Appellativen *λακαταπύγων* (Arist. Ach. 664), *λακ[κ]ατάρατα· οἱ ἄγαν κατάρατοι* Phot.

Silene führen auf den Vasen die Namen *Οἴφων*, *Πόσθων*, *Στύων*, *Στύσιππος*, *Σύβας*, *Φλέβιππος*. Diese Gesellschaft war also zu Vergleichungen vorzüglich geeignet. Einen einzelnen Fall, aus dem die Gleichung deutlich herausgelesen werden könnte, vermag ich freilich nicht nachzuweisen. Aber ich will doch nicht unterlassen die heillosen Verse des Hermippos in das Gedächtnis zu rufen, in denen dem Perikles Liederlichkeit und Feigheit zugleich vorgeworfen wird (Meineke 2. 395):

Βασιλεῦ Σατύρων, τί ποτ' οὐκ ἐθέλεις
δόρυ βαστάζειν, ἀλλὰ λόγους μὲν
περὶ τοῦ πολέμου δεινοὺς παρέχῃ,
ψυχὴν δὲ Τέλητος ὑπέστης;

Als geile Thiere haben den Griechen Zuchthengst und Rebhuhn gegolten. Die Namen beider sind als Personennamen bezeugt:

Κήλων Styra (Ion. Inschr. no. 19, 381; 5. Jahrh.).

Vgl. Archil. fragm. 97 (Bergk):

ἡ δέ οἱ σάθη
ὡσεί τ' ὄνου Πριηνέος
κήλωνος ἐπλήμμυρεν ὀτρυγηφάγου[1]).

Πέρδιξ Athen (Aristoph. Vög. 1292, fragm. 148 Dind.), Thespiai (IGS 1 no. 1888 *h* 11).

Phrynichos nannte einen Kleombrotos Sohn des Perdix. Athenaios, der dies berichtet, fügt unmittelbar dahinter die Bemerkung an: *τὸ δὲ ζῶιον ἐπὶ λαγνείας συμβολικῶς παρείληπται* (p. 389 a). Daraus hat Meineke (2. 599) den Schluss gezogen, dass Kleombrotos um seiner *λαγνεία* willen einen Vater Rebhuhn erhalten habe, wie Aischines als *ἀλαζών* einen Vater Aufschneider.

Man weiss jetzt, wie viel Gewicht im alten Thera auf das *οἴφειν* gelegt worden ist (vgl. Hiller von Gärtringen Thera 25 f.). Ein Sprichwort, das vermuthlich aus der alten Komödie stammt (Kock 3. 400 fragm. 12. 13. 14), lautet in der witzigsten Fassung

Οὐδεὶς κομήτης ὅστις οὐ ψηνίζεται.

Darnach wird man ermessen können, welche Gedankenverbindung zu dem Namen

Ψήν Thera (IGA no. 461; 7. Jahrh.)

geführt habe.

Weniger sicher ist, dass Leute, die nach der Maus und nach dem Spatze genannt sind, dadurch als Gesinnungsgenossen des Kinesias haben gezeichnet werden sollen.

Μῦς häufig in Kleinasien: *ἀνὴρ Εὐρωμεύς* (Herod. 8. 133), Iasos (CIG 2 no. 2677 *b* 11), Halikarnassos (Mitth. 15. 252 no. 2 6), Lagina (BCH 11. 8 no. 2 7), *Κιανός* (CIA 2 no. 3067), *Μυρινaῖος* (Conze Inselreise 67), *'Ερέσιος* (IGS 1 no. 4 1) —

1) Dazu noch Kratinos (Meineke 2. 182 fragm. 22):
Χαῖρε, χρυσοκέρω βαβάκτα κήλων,
Πάν . . . . .

aber schon seit dem 6. Jahrh. auch in Griechenland: Lieblingsname auf einer schwarzfig. Oinochoe des Brit. Mus. (Catalogue 2. 246), Korkyra (IGS 3 no. 704), Thasos (Thas. Inschr. no. 12 II 2), *Φαληρεύς* (CIA 2 no. 834 c 6, Add.) u. s. f.
Die *λαγνεία* der Mäuse ist im Alterthume viel besprochen. Kratinos benutzte die Beobachtung für seine Zwecke:

Φέρε νῦν σοι
ἐξ αἰθρίας καταπυγοσύνην μυὸς ἀστράψω Ξενοφῶντος

(Meineke 2. 46 fragm. 4). Aber ich bezweifle, dass der Name griechischer Herkunft sei. Wie er am häufigsten in Kleinasien gefunden wird, so geht er ohne Zweifel auch von Kleinasien aus; und zwar von Karien, wo auch die Personennamen *Παναμύης* (Ion. Inschr. no. 238 30), *Χηραμύης* (Ion. Inschr. no. 211), *Μύων* (CIG 2 no. 2771 I 1), *Μυωνίδης* (IGS 1 no. 420 40, BCH 10. 488 no. 2 5, 11. 18 no. 17 2 und sonst) ihre Heimath haben und die *Μυήσσιοι* wohnen[1]).

Aus einem andren Grunde ist nicht ganz sicher, ob die Leute, die

Στροῦθος, *Στροῦθις*, *Στρούθων* (8 f.)

heissen, dadurch *ἐπὶ λαγνείαι διαβάλλονται*. Wir haben schon früher gesehen, dass die Benennung vielleicht die Gestalt zum Ausgangspunkte hat. Aber Meister Spatz zählt auch zu den Verehrern des *Ἔρως πάνδημος*. Eine der Schönen, die es nicht über sich vermag der Lysistrate Treue zu halten, wird dabei betroffen, wie sie den *στροῦθος* besteigt, um zu ihrem Eheliebsten zu gelangen — die passendste Fahrgelegenheit, die sie wählen konnte, *παρ' ὅσον τὸ ὄρνεον θερμὸν εἰς συνουσίαν*.

Höchst zweifelhaft ist mir, ob Namen von Lüstlingen an Bezeichnungen des *αἰδοῖον γυναικεῖον* angeknüpft werden. Die Belege, die man für die Genossen des lat. *cunnio* (Rhein. Mus. 52. 394) etwa beibringen könnte, sind alle unsicher. Der wichtigste von ihnen wäre

Σάραβος Plataiai (5. Jahrh.),

wenn er fest stünde. Athenaios führt aus einem Satyrdrama des Achaios von Eretria die Zeilen an (p. 173 d)

τίς ὑποκεκρυμμένος μένει
σαραβάκων κοπίδων συνομώνυμε;

Ein Fragment des Poseidippos aber, in dem Plataiai geschildert wird, lautet (Meineke 4. 525):

Ναοὶ δύ' εἰσὶ καὶ στοὰ καὶ τοὔνομα
καὶ τὸ βαλανεῖον καὶ τὸ Σηράμβου κλέος,
τὸ πολὺ μὲν ἀκτή, τοῖς δ' Ἐλευθερίοις πόλις.

Meineke combiniert den Namen des zweiten Verses mit dem *σαραβάκων* des zuerst erwähnten Fragmentes. Indem er für sicher hält, dass die zweite Zeile des Achaios daktylisch gebaut sei, schreibt er bei dem Eretrier *Σαραβικῶν*, bei Po-

1) Auch Wilamowitz hält *Μῦς* für ungriechisch: »*Μῦς*, höchstens im Scherze vom Myser au die Maus angeähnelt« Aristoteles und Athen 2. 176[16].

seidippos Σαράβου; und die letzte Änderung hat dann im Gefolge, dass auch bei Platon Gorg. p. 518 b Σάραβος statt des überlieferten Σάραμβος gelesen werden muss. Hat Meineke mit seinem Vorschlage Recht, so stehn wir vor einem Namen, der durch die Glosse σάραβος· τὸ γυναικεῖον αἰδοῖον verständlich gemacht werden kann. Aber Meineke ist hier in die Irre gegangen. Der Name Σάραβος müsste in der ersten Silbe eine Kürze aufweisen, da das Appellativum σάραβος ein Tribrachys ist: den Beweis liefert die Lautgestalt der Ableitung σαβαρίχη· γυναικὸς αἰδοῖον (Photios; die Buchstabenfolge verlangt σαραβίχη). Es ist also klar, dass bei Poseidippos die Überlieferung gehalten und dass bei Platon mit leichter Änderung Σήραμβος hergestellt werden muss; um so eher, als Σήραμβος ein auch durch Inschriften beglaubigter[1]), Σάραβος ein bis auf den heutigen Tag unbekannter Name ist. Besteht zwischen dem Σήραμβος des Poseidippos und dem σαραβάκων des Achaios ein Zusammenhang, so darf der Versuch zu emendieren nur von Σήραμβος ausgehn, nicht umgekehrt[2]).

Nach dieser Kritik wird man sich nicht mehr darauf berufen wollen, dass der Megarer, der an Dikaiopolis seine beiden Ferkel verkauft, dem Namen Χοῖρος einen Sinn abzugewinnen gewusst hätte, der seiner schmutzigen Phantasie Ehre gemacht haben würde. Auch nicht darauf, dass neben Σέλινις und Μύρτων die Appellativa σέλινον und μύρτος in obscön gewendeter Bedeutung liegen. Da die genannten Namen ohne Unterschied anders interpretiert werden können, so müssen sie nach Lage der Dinge auch anders interpretiert werden.

Frechheit in Handeln und Reden findet ihre Rüge durch die Namen

Λαιδρίας Grabstein in Eretria (Ἐφ. ἀρχ. 1892. 146 no. 30);
Λίρανος Grabstein in Tanagra (IGS 1 no. 1177);
Κόρδαξ Ἀχαρνεύς (CIA 2 no. 960 b_9; 4. Jahrh.).

Die freche Rede ins Besondre durch

Στυμάργης (PseudoHippokr. Epid. 2. 2,$_4$, 2. 4,$_5$), wozu
Στομᾶς (oben 29 f.) vielleicht als Verkürzung gehört.

Λαιδρίας ist vom Herausgeber richtig gedeutet: der Name geht aus von λαιδρός. Dies Wort hat Nikander zweimal gebraucht: Ther. 689 σκύλακας γαλέης ἢ μητέρα λαιδρήν, Alexiph. 563 γερύνων λαίδρους τοκῆας. An der ersten erklären die Scholien: λαιδρὴν δὲ τὴν εὐκίνητον καὶ ἀναιδῆ καὶ θρασεῖαν καὶ ἁρπακτικήν; an der zweiten: λαιδροὺς τοὺς ἀναιδεῖς διὰ τὸ βοᾶν ἀεὶ τῆι φωνῆι τραχυτέραι. — Zu Λίρανος vgl. λιρός[3]) bei Alex. Aitol. Apoll. 30 f. (Meineke Anal. Alex. 220):

1) Ich kenne ihn aus Aigina (Paus. 6. 10, 9), Athen (CIA 4 Suppl. 2 no. 626 b 36), Hermion (Smlg. no. 3398 I 14), Tarent (Num. Chron. 1889. 210).

2) Blass vermuthet, dass Σηραμβικῶν zu lesen und dies in die vorangehende Zeile zu ziehen sei.

3) Auf einem Steine aus Amorgos hat Dümmler (Mitth. 11. 111 no. 17) ΛΙΡΟΚΛΕΟΣ ΣΩΣ gelesen. Nach seiner Angabe »scheint oben Nichts zu fehlen«. Also doch wol unten und an den Seiten. Ist aber der linke Rand unvollständig, so liegt es nahe [Χ]αιροκλέος herzustellen. Ich möchte also nicht wagen mit Hoffmann aus dieser einzigen Quelle einen Namen Λιροκλῆς zu folgern (Beitr. 22. 134).

ἡ δ' ἐπί οἱ λιρὰ νοεῦσα γυνὴ
ἀμφοτέραις χείρεσσι μυλακρίδα λᾶαν ἐνήσει,

und das Verbum λιραίνει. — Den Namen Κόρδαξ stelle ich hierher, weil der κόρδαξ zu den lasciven Tänzen gehörte. Bei Theophrast (Charakt. 6. 3) ist es ein Zeichen von ἀπόνοια, wenn jemand νήφων ὀρχεῖται τὸν κόρδακα. — Die Richtung auf die ἀναίδεια, die für στόμαργος charakteristisch ist, kommt Soph. El. 606 f. zum Ausdrucke:

κήρυσσέ μ' εἰς ἅπαντας, εἴτε χρὴ κακὴν
εἴτε στόμαργον εἴτ' ἀναιδείας πλέαν.

Hier liesse sich leicht der Name Θερσίτας (21) einreihen.

Der Streitsüchtige wird mit dem stössigen Bocke verglichen:

Κορύπτας Istron (Mus. Ital. 3. 641 no. 55 10).

Vgl. Theokr. 3. 4 f.

καὶ τὸν ἐνόρχαν
τὸν Λιβυκὸν κνάκωνα φυλάσσεο, μή τυ κορύψῃ.

Die Sünde der Hoffahrt wird gegeisselt in der Sippe

Γαῦρος Larisa (Smlg. no. 1286 3. 17), Eretria (Pap. of the Amer. School 6. 198 no. 2 2);

Γαῦρις Vasenmaler in Athen (Klein Vaseninschr. mit Meistersign.[2] 213; 5. Jahrh.).

Der Name Γαῦ[ρο]ς kommt, wenn man die von Blass herrührende Ergänzung annimmt, als Pferdename auf einer korinthischen Vase vor (Smlg. no. 3129). In dem Bündel Schimpfwörter, womit Alkaios den Pittakos überschüttet (Diog. Laert. 1. 4, 9), prangt auch das Adjectivum γαύρηξ (so Menage für γαύριξ nach der Glosse des Hesych γαύρηξ· ὁ γαυριῶν).

Zweifelhaft ist, ob mit

Ὀφρυάδας Larisa (Smlg. no. 1301)

ein *homo superciliosus* gemeint sei. Nach der Glosse ὀφρυάζειν· τὸ τὰς ὀφρῦς ἐπαίρειν καὶ ἀποσεμνύνεσθαι (Bekker Anecd. 1. 53) könnte man dies vermuthen. Aber der Name berührt sich so enge mit dem mythischen Ὀθρυάδας, der mit der Augenbraue Nichts zu thun hat, dass man auf jene Erklärung lieber verzichtet.

Dass ein Undankbarer mit dem Namen

Κριός

hat gezeichnet werden können, darf man aus dem Sprichworte Κριὸς τροφεῖ' ἀπέτεισεν schliessen, dessen schon früher (37 [1]) gedacht worden ist. Es trifft sich gut, dass die Grabschrift eines Κριός auf uns gekommen ist, in der ausdrücklich dagegen protestiert wird, dass man von dem Namen auf tadelnswerthen Charakter des Todten schliesse. CIA 2 no. 3880 (4. Jahrh.):

Κριός.
Οὗτος ὃς ἐνθάδε κεῖται ἔχει μὲν τοὔνομα κριοῦ,
φωτὸς δὲ ψυχὴν ἔσχε δικαιοτάτου.

Auf Hohn und Spott weisen zwei alte Sippen und ein einzelner Name. Der Wortstamm, der in σιλλός [1]) und in dem von Herondas noch der lebendigen Sprache entnommenen Verbum σιλλαίνω enthalten ist, hat seit dem 5. Jahrh. auch Personennamen getrieben:

Σίλλαξ ὁ Ῥηγῖνος, οὗ μνημονεύουσιν Ἐπίχαρμος καὶ Σιμωνίδης (Athen. p. 210b);
Σίλλις Σιδώνιος (BCH 4. 146; 3. Jahrh.);
Σίλλιος (Patron.) [2]) Orchomenos (IGS 1 no. 3183_9; 3./2. Jahrh.);
Σιλλεύς Vater des Apollon. Rhod. (nach Suidas; die Variante Ἰλλεύς in den Vitae α und β bei Westermann).

Das lateinische Wort *sanna*, das auf griech. σάννα zurückschliessen lässt, bedeutet nach den Scholien zu Pers. Sat. 1. 62 *os distortum cum vultu: quod facimus, cum alios deridemus.* Es ist also ein Synonymum von griech. μῶκος, nach der Definition, die Simplikios von μῶκος gibt: ὁ μυκτηρισμὸς καὶ ὁ διὰ τοιούτου σχήματος εὐτελισμός (die Stelle aus Jahn, Persius cum schol. antiqu. [1843] 93). Höhnische Geberde bildet demnach Gegenstand des Vorwurfs in den Namen

Σάννης (belegt Σάννου CIA 4 Suppl. 2 no. $834b_{44}$; 4. Jahrh.);
Σανναῖος (Paton-Hicks no. 21_7);
Σαννίων in Athen vom 5. Jahrh. an (Σαννίων Σιμίου CIA 1 no. $324b_{82}$), Paros (Ἐφ. ἀρχ. 1892. 70_{36}), Iasos (Ion. Inschr. no. $104a_{15}$), Smyrna (ebd. no. 153_{14}), Naukratis (CIA 2 no. 3238);
Σάννιος Athen (CIA 2 no. 944 II_{42}; 4. Jahrh.);
Σαννυρίων Dichter der alten Komödie (Meineke 1. 263).

Kommt für Σαννίων, Σάννιος etwa auch σάννιον· τὸ αἰδοῖον ἀντὶ τοῦ κέρκιον (Hes.) in Betracht?

Für sich steht

Σάρδων in dem Patr. Σαρδούνειος Thessalien (Smlg. no. 326 $\text{I}_{5.13}$; 3. Jahrh.).

Ich bringe den Namen mit σαρδάνιος γέλως in Zusammenhang; σαρδάνιος, σαρδάζω sind verwandt mit σαίρω (Fick GGA 1894. 245).

Für den Trotzigen dürfen vielleicht in Anspruch genommen werden

Στομίος Ἠλεῖος (Paus. 6. 3, 2; 4. Jahrh.), Ἀλυζαῖος (Mitth. 6. 303 Beil. 2 I_{19}), Μακετιεύς (BCH 18. 236_3);
Στομίλος Styra (Ion. Inschr. no. 19, $_{415}$).

Diese Deutung wird durch den Gebrauch von στόμις bei Aischylos (fragm. 442 N.[2]) an die Hand gegeben. Wer freilich in Στομίος, Στομίλος Synonyma von στωμύλος sehen will, der ist nicht zu widerlegen.

1) Das Material, das für die Bedeutung von σιλλός in Betracht kommt, ist von Wachsmuth (De Timone Phliasio 1) gesammelt.

2) Überl. ΣΙΛΑΙΟΣ.

So weit spiegeln sich die aus der ὕβρις fliessenden Fehler und Laster in den einstämmigen Spitznamen ab. Das Lexikon dieser Namen weiss aber noch von andren Verstössen gegen die σωφροσύνη zu berichten: von Arglist, von wetterwendischem Sinne, von Kriecherei und Feigheit, von Geiz und Diebstahl.

Die Namen für den Arglistigen fallen mit denen für den Durchtriebenen zusammen, die schon früher (56 f.) behandelt sind. Ich will hier nur daran erinnern, dass σισυφίζειν für πανουργεύεσθαι καὶ δολιεύεσθαι καὶ δολίως τι πράττειν gesagt wird (Bekk. Anecd. 1. 64), dass Aischines den Demosthenes als ὁ Σίσυφος ὅδε bezeichnet (2. 42), dass Demosthenes den Aischines als κίναδος οὐδὲν ἐξ ἀρχῆς ὑγιὲς πεποιηκὸς οὐδ' ἐλεύθερον und als einen αὐτοτραγικὸς πίθηκος charakterisiert (18. 242). Die letzte Wendung führt uns auf den Namen

Πίθηκος (18),

der Spitzname für einen boshaften, arglistigen Menschen sein kann. Ein Sprichwort lautet Πίθηκος ὄμφακας σιτούμενος, ein andres Πιθήκωι πάτταλον (Makar. 7. 14. 15); beide haben die πονηρία des widerlichen Gesellen im Auge. Bei Semonides wird das Weib, das δήνεα πάντα καὶ τρόπους ἐπίσταται, ὥσπερ πίθηκος, das τοῦθ' ὁρᾶι

καὶ τοῦτο πᾶσαν ἡμέρην βουλεύεται,
ὅκως τιν' ὡς μέγιστον ἔρξειεν κακόν,

(fragm. 7. 71 ff.) als μέγιστον κακὸν aus dem Affen erschaffen. Der junge Taugenichts, der bei Herondas (3. 40 f.) ὅκως τις καλλίης κάτω κύπτων mit ausgespreizten Schenkeln auf dem Dache sitzt, ist ein leuchtendes Beispiel der κακοήθεια (Crusius Unters. zu den Mimiamben d. Her. 64). Die πανουργία des Affen äussert sich aber hauptsächlich darin, dass er πιθηκίζει (Wespen 1290); davon soll bald die Rede sein[1]).

Den wetterwendischen Sinn haben die Athener mit einem witzigen Beinamen gekennzeichnet: sie nannten den Theramenes Kothurn, ὡς ἀμφοτέροις πειρώμενον ἁρμόττειν (Xenoph. Hell. 2. 3, 47). Der Philosoph Dionysios von Herakleia erhielt von seinen alten Gesinnungsgenossen, als er den Curs wechselte, den Spitznamen ὁ Μεταθέμενος (Athen. p. 281 d). Aus einer in solchem Sinne gedachten ἐπίκλησις könnte auch der früher (44) erwähnte Name

Χαμαιλέων

erwachsen sein. Das Sprichwort Χαμαιλέοντος εὐμεταβολώτερος (GCL 3. 32) erhält in Plutarchs Charakteristik des Alkibiades (23) eine lehrreiche Anwendung.

Hier muss auch des Namens

Ἰκτῖνος (27)

Erwähnung geschehen. Theogn. 1261 f. wird ein Knabe so angeredet:

ἰκτίνου γὰρ ἔχεις ἀγχιστρόφου ἐν φρεσὶν ἦθος,
ἄλλων ἀνθρώπων ῥήμασι πειθόμενος.

1) Auch dem Rebhuhne wird κακοήθεια καὶ πανουργία vorgeworfen, und manche Jagdgeschichte ergeht sich darüber (vgl. Athen. p. 389 b). Auf die List, mit der es angeblich dem Jäger entrinnt, spielt Aristophanes Vög. 766 ff. an.

Wer als Schmeichler anrüchig geworden ist, für den stehn einige theilweise recht drastische Bezeichnungen in Bereitschaft. Er kann genannt werden

Θωπίας Φυρταῖος (Smlg. no. 1949 16; 2. Jahrh.);

Σαίνων Telos (Smlg. no. 3488 I 10);

vgl. Pind. Pyth. 2. 82

ὅμως μὰν σαίνων ποτὶ πάντας ἀγὰν πάγχυ διαπλέκει.

Er kann aber auch mit dem Kahne verglichen werden:

Λέμβος Theben (IGS 1 no. 3645; 5. Jahrh.);

oder mit dem Affen:

Πίθακος, Πίθων und vielleicht Πίθυλλος (18).

Den Schlüssel zum Verständnisse des ersten Vergleiches gibt der Vers des Anaxandrides an die Hand

ὄπισθεν ἀκολουθεῖ κόλαξ τωι, λέμβος ἐπικέκληται.

Ein Herakleides aus Oxyrhynchos führt den Beinamen ὁ Λέμβος, angeblich, weil er einen Λεμβευτικὸς λόγος geschrieben hat (Diog. Laert. 5. 6, 8). Dass der Affenname hier richtig untergebracht ist, lehrt der Sprachgebrauch. Aristophanes gedenkt (Frösche 1085 f.) der δημοπιθήκων [1]) ἐξαπατώντων τὸν δῆμον ἀεί, und verwendet Ritt. 887 πιθηκισμοῖς im gleichen Sinne wie drei Zeilen später θωπείαις. Platon fragt in der Πολιτεία: Κολακεία δὲ καὶ ἀνελευθερία (ψέγεται) οὐχ ὅταν τις τὸ αὐτὸ τοῦτο, τὸ θυμοειδές, ὑπὸ τῶι ὀχλώδει θηρίωι ποιῆι, καὶ ἕνεκα χρημάτων καὶ τῆς ἐκείνου ἀπληστίας προπηλακιζόμενον ἐθίζηι ἐκ νέου ἀντὶ λέοντος πίθηκον γίγνεσθαι; (p. 590 b). Auch Pindar scheint mit den Worten καλός τοι πίθων, παρὰ παισὶν αἰεὶ καλός (Pyth. 2. 72) vor dem Schmeichler warnen zu wollen. Wenn man nun sieht, dass in Kyrene ein Τιμόλας einen Πίθακος zum Vater hat, so liegt der Gedanke nahe, dass Πίθακος Spitzname für einen Mann sei, dessen politische Gesinnung sich in dem Namen ausspricht, den er seinem Sohne gegeben hat, also mit dem δημοπίθηκος des Aristophanes gleichen Inhalt habe.

Ein feiger Mann, der seine Gesinnung durch Laufen an den Tag legt, findet seine Thätigkeit bezeichnet durch den Namen

Δρᾶπυς Thespiai (IGS 1 no. 1888 a 11; 5. Jahrh.),

den man als Verkürzung von δραπέτης fassen darf.

Bei den Griechen hat die Wachtel im Rufe eines feigen Thieres gestanden. Dies ersieht man aus den Worten des Antiphanes (Meineke 3. 4 fragm. 3):

ὡς δὴ σύ τί
ποιεῖν δυνάμενος ὀρτυγίου ψυχὴν ἔχων;

Also kann in den Namen

Ὄρτυ[ξ] Parion (Mitth. 9. 61 no. 4 2; spät);

Ὀρτυγίων Eretria (Ἐφ. ἀρχ. 1895. 139 II 159)

1) Vgl. δημοκαλλί[κ]ας· τοὺς περὶ τὰ δημόσια ἀναστρέφοντας (Hes.), nach Meineke 4. 633 fragm. 114.

der Vorwurf der Feigheit eingeschlossen sein. — In dem gleichen Rufe hat der Kuckuck gestanden (54[1]). Also müssen an dieser Stelle auch erwähnt werden

Κόκκυψ und Κοκκουβίας (54).

Der Geizhals empfängt seinen Lohn in der Sippe

Κνίφων Κεκροπίδος φυλῆς (CIA 4 Suppl. 1 no. 446 *a* II 18; 5. Jahrh.);

Γνιφωνίδης Θοραιεύς (CIA 2 no. 944 IV 14; 4. Jahrh.);

Κνιφᾶς Megara (IGS 1 no. 27 4; 3. Jahrh.).

Als Dieb ist der Rabe verrufen. Kratinos rechnet sich zum Ruhme an, dass er (Meineke 2. 63 fragm. 3)

τοὺς κόρακας τὰξ Αἰγύπτου χρυσία κλέπτοντας ἔπαυσεν [1]).

Die gleiche Klage wird gegen den Falken erhoben:

οὐχ ὁρᾷς ὅτι

ἰκτῖνος εἷς ἂν τοῦτό γ' οἴχοιθ' ἁρπάσας;

(Aristoph. Vögel 891 f.). Man sieht also, dass die Namen

Κόραξ und Ἰκτῖνος,

die bei früheren Gelegenheiten (27. 28. 42. 67) herangezogen worden sind, eine ganze Reihe von Deutungen zulassen [2]). Wenn auf einem Krater zwei Krieger die Beischriften Λύϙος und ϙόραξ tragen (Kretschmer Vaseninschr. 101), so erklärt von diesen Charakternamen der eine den andren.

Zum Schlusse noch ein paar Namen, in denen der Vorwurf der Nichtsnutzigkeit in ganz allgemeiner Form erhoben wird.

Λοίμων (Γλαυκίδης Λοίμωνος CIA 2 no. 3570).

Vgl. Demosth. 25. 80 .... αὐτὸς ὢν ἐπίληπτος πάσῃ πονηρίᾳ. Οὗτος οὖν αὐτὸν ἐξαιρήσεται, ὁ φάρμακος, ὁ λοιμός, ὃν οἰωνίσαιτ' ἄν τις μᾶλλον ἰδὼν ἢ προσειπεῖν βούλοιτο. Der Gemüthsmensch, der des Namens Λοίμων gewürdigt ward, besitzt kein Ethnikon; es handelt sich ohne Zweifel um einen Freigelassnen.

Κώνωψ Φρύξ (CIA 2 no. 3404).

Μύωψ (CIA 2 no. 3832 2; der Mann hat kein Ethnikon).

Wie diese beiden Namen verstanden werden müssen, lässt bereits das Attribut ἀναιδέες vermuthen, das die κώνωπες AP 5 no. 151 1 erhalten. Gewisheit verschafft Büchelers Bemerkung zu der Ψύλλα des Herondas: Pulex cur nomen sit servae, eloquitur Plautus Curc. 501. Die Stelle redet eine deutliche Sprache:

Item genus est lenonium inter homines meo quidem animo
Ut muscae culices cimices pedesque pulicesque:
Odio et malo et molestiae, bono usui estis nulli.

1) ἔπαυσεν Meineke, überl. ἔπαυσαν.

2) Auch mit Κολοιός könnte ein Dieb gemeint sein: ὁ κολοιὸς ἀλλοτρίοις πτεροῖς ἀγάλλεται (Luk. Ἀπολογία 4).

Drittes Capitel.

Der Mensch als Glied der Gesellschaft.

I. Sociale Stellung.

Dass in einer Gemeinschaft, die so streng auf ebenbürtige Abstammung ihrer Mitglieder hielt wie die der Bürger der einzelnen griechischen Städte, das Herkommen dessen, der irgendwie eine Rolle spielen wollte, unter die Sonde genommen ward, ist selbstverständlich. Wie sich das Resultat dieser Untersuchung in der Sprache darstellen kann, mag die Behandlung lehren, die der Tragiker Akestor von der Komödie zu erdulden gehabt hat. In den Vögeln meint Euelpides, als es ihm nicht möglich ist den Weg zu den Geiern zu finden (30 ff.):

ἡμεῖς γάρ, ὦνδρες οἱ παρόντες ἐν λόγωι,
νόσον νοσοῦμεν τὴν ἐναντίαν Σάκαι·
ὁ μὲν γὰρ ὢν οὐκ ἀστὸς εἰσβιάζεται,
ἡμεῖς δὲ φύληι καὶ γένει τιμώμενοι,
ἀστοὶ μετ' ἀστῶν, οὐ σοβοῦντος οὐδενὸς
ἀνέπτομεθ' ἐκ τῆς πατρίδος ἀμφοῖν τοῖν ποδοῖν,
αὐτὴν μὲν οὐ μισοῦντ' ἐκείνην τὴν πόλιν
τὸ μὴ οὐ μεγάλην εἶναι φύσει κεὐδαίμονα
καὶ πᾶσι κοινὴν ἐναποτεῖσαι χρήματα.

Zu *Σάκας* bemerken die Scholien: *Οὗτός ἐστιν Ἀκέστωρ, τραγωιδίας ποιητής· ἐκαλεῖτο δὲ καὶ Σάκας, διὰ τὸ ξένος εἶναι.* Theopompos nennt den Tragiker einen Mysier (Schol. Arist. Wespen 1221), bei Metagenes erscheint er als *Σάκας ὁ Μυσός* (ebenda):

Ὦ πολῖται δεινὰ πάσχω. — Τίς πολίτης δ' ἐστὶ νῦν
πλὴν ἄρ' ἢ Σάκας ὁ Μυσὸς καὶ τὸ Καλλίου νόθον;

Das Ethnikon *Σάκας* ist also von der Komödie an Stelle des bürgerlichen Namens gebraucht, und um dem Tragödienverfasser das, was sie ihm so entzogen hat, in schönerer Gestalt wiederzugeben, macht sie ihn zum *Μυσός*.

Unter den vielen Ethnicis, die in der Function von Eigennamen stehn, mag der eine oder andre den gleichen Weg zurückgelegt haben, den *Σάκας* in der Komödie zurücklegt. Aber nachweisen lässt sich dies in keinem concreten Falle.

Ein Name, in dem ganz offenbar das Herkommen bemängelt wird, ist
Ὑποβολιμαῖος Olymos (Le Bas-Waddington no. 335).

In grösserem Umfange kann der Einfluss des Standes auf die Namengebung vor Augen geführt werden.

Es ist bekannt [1]), dass der Spruch *Ἔργον δ' οὐδὲν ὄνειδος, ἀεργίη δέ τ' ὄνειδος* (*Ἔργα* 311) in spätrer Zeit nicht mehr in Geltung gestanden, dass vielmehr jeder Art von Erwerbsthätigkeit ein Makel angehangen hat. Den Grund gibt Sokrates bei Aelian (VH 10. 14) mit den Worten an: *ἡ Ἀργία ἀδελφὴ τῆς Ἐλευθερίας*. Die Geringschätzung trifft namentlich den Handwerker im engren Sinne: denn die *βαναυσικαὶ τέχναι καταλυμαίνονται τὰ σώματα τῶν τε ἐργαζομένων καὶ τῶν ἐπιμελομένων ἀναγκάζουσαι καθῆσθαι καὶ σκιατραφεῖσθαι, ἔνιαι δὲ καὶ πρὸς πῦρ ἡμερεύειν. Τῶν δὲ σωμάτων θηλυνομένων καὶ αἱ ψυχαὶ πολὺ ἀρρωστότεραι γίγνονται. Καὶ ἀσχολίας δὲ μάλιστα ἔχουσι καὶ φίλων καὶ πόλεως συνεπιμελεῖσθαι αἱ βαναυσικαὶ καλούμεναι* (Xenoph. *Οἰκον.* 4. 2, ähnlich Platon *Πολιτ.* p. 495 d). Es ist aber zu beachten, dass der Künstler, insofern er um seinen *βίος* arbeitet, nicht höher gewerthet wird; daher sagt, wenn auch mit einiger Übertreibung, *Παιδεία* bei Lukian (*Ἐνύπν.* 9): *εἰ δὲ καὶ Φειδίας ἢ Πολύκλειτος γένοιο καὶ πολλὰ θαυμαστὰ ἐξεργάσαιο, τὴν μὲν τέχνην ἅπαντες ἐπαινέσονται, οὐκ ἔστι δὲ ὅστις τῶν ἰδόντων, εἰ νοῦν ἔχοι, εὔξαιτ' ἂν ὅμοιός σοι γενέσθαι· οἷος γὰρ ἂν ἦις, βάναυσος καὶ χειρῶναξ καὶ ἀποχειροβίωτος νομισθήσηι.* Bei einem Volke, das so urtheilt, wird es nicht ausbleiben, dass die Verachtung gelegentlich in Spitznamen ausmündet. Und es lässt sich zeigen, dass dies wirklich geschehen ist.

Aus einer Komödie des Kratinos wird der Vers überliefert (Meineke 2. 194 fragm. 52 3)

Πλὴν Ξενίου νόμοισι καὶ Σχοινίωνος, ὦ Χάρων.

Mit *Σχοινίων* ist der Komiker Kallias gemeint, von dem Suidas berichtet, er habe den Spitznamen *Σχοινίων* erhalten *διὰ τὸ σχοινοπλόκου εἶναι πατρός* (Meineke 1. 213).

Ein gleichzeitiger Komiker, Aristomenes, führt den Übernamen *Θυροποιός*. Sicher wegen seiner oder seines Vaters Beziehung zum Handwerke (Meineke 1. 210 ff.).

Demosthenes spricht von einem *κατάρατος Κυρηβίων* (19. 207). Wir wissen, dass *Κυρηβίων* nur ein Spitzname ist: *Κυρηβίων ἐπεκαλεῖτο Ἐπικράτης ὁ Αἰσχίνου τοῦ ῥήτορος κηδεστής* (Athen. p. 242 d). Hierbei denkt gewis jeder an den Politiker Eukrates, der es der Komödie büssen muss, dass er eine Mühle besitzt: Ritter 254 heisst es von ihm

ὥσπερ Εὐκράτης ἔφευγεν εὐθὺ τῶν κυρηβίων,

und die Scholien bemerken dazu: *σκώπτει δὲ καὶ τὸν Εὐκράτην ὡς τοιαύτην τέχνην ἔχοντα. Ἐν ἄλλοις γοῦν φανερωτέρως φησὶ*

Καὶ σὺ κυρηβιοπῶλα Εὐκράτης στύππαξ [2]).

Einen ausgezeichneten etymologischen Witz enthält der fingierte Name *Πηλεύς* bei Philetairos (Meineke 3. 293):

---

1) Die in diesem Abschnitte benutzten Stellen sind den Privatalterthümern von Hermann-Blümner (389 ff.) entnommen.

2) *Στύππαξ ἐκαλεῖτο διὰ τὸ στυππειοπώλης εἶναι*, Schol. Ritter 129.

Πηλεύς; ὁ Πηλεὺς δ' ἐστὶν ὄνομα κεραμέως,
ξηροῦ λυχνοποιοῦ, Κανθάρου, πενιχροῦ πάνυ,
ἀλλ' οὐ τυράννου νὴ Δία.

Der Komiker bringt den Peleus, wie mancher moderne Etymolog der es ernsthafter meint, mit *πηλός* in Zusammenhang: so hat er es leicht vom Gemahle der Thetis auf den Lampenfabrikanten zu kommen.

Diese Beispiele, die den vom Handwerke hergenommenen Namen in der Function des Spitznamens zeigen, sind lehrreich für die Beurtheilung andrer, die den gleichen Ursprung vermuthen lassen, neben denen aber ein zweiter Name nicht überliefert ist, der als der bürgerliche gelten könnte. Als solche verdienen Erwähnung

Styppax Cyprius, Künstler zur Zeit des Perikles (Plin. Nat. Hist. 34. 81; vgl. Mitth. 16. 153);

Κεράμων, reicher Industrieller bei Xenophon (Mem. 2. 7, 3), *ταμίας τοῖν θεοῖν* (CIA 4 Suppl. 2 no. 834 *b* II 37);

Κύρηβος, *ἀρτοποιός* bei Xenophon (Mem. 2. 7, 6);

Μυλωθρός, Vater eines *θωρακοποιός Στέφανος* (CIA 4 Suppl. 2 no. 611 *b* 24 ff.; 4. Jahrh.);

Γροφεύς, *θυμελοποιός* in Epidauros (*Ἐφ. ἀρχ.* 1892. 73 124; 4. Jahrh.).

Der erste Name ist, wie schon Keil ausgesprochen hat (Anal. epigr. et onomatol. 219), identisch mit dem von Aristophanes gebrauchten Spitznamen des Politikers Eukrates. Vermuthlich also ist der Vater des Künstlers ein *στυππειοπώλης* gewesen. Die Namen *Κεράμων* und *Κύρηβος* könnten ebenso verkürzte Composita vorstellen [1], sei es, dass diese wirklich die Geltung von Namen gehabt, wie *Ἑρμάξοος* in Pheneos (CGC Pelop. 196 no. 25; 146—31 v. Chr.), sei es, dass sie als Vollnamen nur vorgeschwebt haben. Und da wir aus Nikobulos die Zunft der *μυστριοπῶλαι* kennen lernen (Meineke 2. 852 fragm. 1 3), so könnte der S. 60 erwähnte *Μύστρων* auch einen Löffelverkäufer oder eines Löffelverkäufers Sohn vorstellen [2]. Keine Verkürzung haben jedesfalls die Namen *Μυλωθρός* und, wie ich gegen BKeil (Mitth. 20. 420 [1]) glaube, *Γροφεύς* durchgemacht.

Wir können aber noch etwas weiter gelangen. Einem gewissen Lamios heftete die Komödie die Spottnamen *ὁ Πρίων*, *ὁ Πέλεκυς* an, weil er als armer Mann vom Holzmachen leben musste (Meineke 4. 643 fragm. 156. 157). Das Werkzeug also, das der Erwerbende gebraucht, wird ihm zum Beinamen. Von da bis zur Verdrängung des bürgerlichen Namens durch die *ἐπίκλησις* pflegt es nicht weit zu sein. Ich glaube ein paar Beispiele dafür zur Verfügung zu haben, dass der Schritt wirklich erfolgt ist.

Σμῖλις Bildhauer aus Aigina (Paus. 7. 4, 4; 6. Jahrh.);

---

1) *Κύρηβος* mit ähnlicher Reducierung des Stammausganges wie *Ἄσκλαπος*, *Ἀσκλάπων* neben *Ἀσκλαπιό-δωρος*.

2) Was bedeutet der Name *Σκάφων*? Ich habe ihn aus Styra (Ion. Inschr. no. 19, 305; 5. Jahrh.), Athen (*Ἐφ. ἀρχ.* 1896. 27 no. 6 4), Eretria (*Ἐφ. ἀρχ.* 1895. 137 II 135. 136) notiert.

Τόρων Bildhauer aus Argos (Mitth. 20. 213 no. 4 3).

Neben *Σμῖλις* liegt *σμίλη*, neben *Τόρων* liegt *τόρον*, nach Hesych Bezeichnung eines *λιθ(οκοπ)ικὸν σκεῦος*. Ist es Zufall, dass Name des Künstlers und Name des Instrumentes in so enger Beziehung stehn? Ist es keiner, so trägt auch

Σμίλων auf Thasos (Thas. Inschr. no. 20 I 14; 3. Jahrh.)

seinen Namen darum, weil in seiner Familie mit der *σμίλη*[1]) gearbeitet ward,

Γρῖπος in Delphi (Smlg. no. 2100 2, 2150 3; 1. Jahrh.)

den seinigen darum, weil er, wie der *Gripus* bei Plautus, mit dem *γρῖπος* umzugehn wusste (Baunack zu der ersten Stelle), und vielleicht auch

Κάνων aus Thespiai (CIA 4 Suppl. 2 no. 1054*g A* 29, *B* 13; 4. Jahrh.)

den seinigen darum, weil der *κανών* zu seinem Handwerkszeuge gehörte: der Mann der angeführten Urkunde hat die Lieferung von Steinen bestimmten Umfanges übernommen[2]).

Die Namen, die einen rein geistigen Beruf zur Voraussetzung haben, sind dünn gesät.

Semos bei Athen. p. 622b berichtet von den Stegreifdichtern, die zuerst *αὐτοκάβδαλοι*, später, wie ihre Gedichte, *ἴαμβοι* genannt worden seien. Nun kennen wir den Namen *Ἴαμβος* als Beinamen des Grammatikers Dionysios durch Athenaios (p. 284b). Aber auch als Namen des Vaters eines Schauspielers, der im 2. Jahrh. zu Iasos aufgetreten ist:

Εὐκλῆς Ἰάμβου (Le Bas-Waddington no. 284).

Ohne Zweifel hatte *Ἴαμβος* selbst zur Zunft der *ἴαμβοι* gehört und von ihr seinen Namen empfangen.

Die Geringschätzung gegen den bezahlten Lehrerberuf kommt zum Ausdrucke in der Schaffung des Namens

Διδασκαλώνδας ὁ Κρής (Polyb. 16. 37, 3; 3. Jahrh.).

Wer der Nothwendigkeit sich den Lebensunterhalt zu beschaffen enthoben sein wollte, musste über ausreichendes Vermögen verfügen. Daher die Werthschätzung des Besitzes, und die Verachtung der A r m u t h: *Πενία δ' ἄτιμον καὶ τὸν εὐγενῆ ποιεῖ* lautet ein Spruch des Menander. Die Verachtung, in der der Arme steht, kann auch aus der Namengebung constatiert werden. Sie ist wahrzunehmen in

---

1) die übrigens eine weite Bedeutung hat; vgl. z. B. Herond. 7. 119 *εἴ τις πρὸς ἴχνος ἠκόνησε τὴν σμίλην*, vom *σκυτεύς*.

2) Die Erklärung ist nicht sicher. Bei Hippokrates (*Περὶ ἀέρων* 24) heisst es: .... *οὗτοι δὲ μεγάλοι μὲν οὐκ ἂν εἴησαν οὐδὲ κ α ν ο ν ί α ι, ἐς εὖρος δὲ πεφυκότες καὶ σαρκώδεες*. Und AP 11. 120 lesen wir von einem Buckligen, der mit Gewalt gerade gemacht werden sollte:

τέθνηκεν, γέγονεν δ' ὀρθότερος κανόνος.

Σκίτων Sklave des Demokles aus Kroton (Herod. 3. 130; 6. Jahrh.); *κναφεύς τις καὶ εὐτελὴς ἐπὶ πονηρίαι κωμωιδούμενος* (Schol. Aristoph. Ritter 635);

Λέβειρος Thespiai (IGS 1 no. 1888 *a* 10; 5. Jahrh.).

Zur Erklärung des ersten Namens besitzen wir nur die dürftige Notiz des Photios: *σκίτων* (überl. *σκιτών*)· *ἀσθενής· ἄξιος οὐδενός· οὕτω Φερεκράτης.* Man bringt das Wort seit alter Zeit mit den *Σκιταλοί* zusammen, die der Wursthändler mit andern Genien der *ἀναίδεια* anruft (Ritter 635). Ob mit Recht, muss unentschieden bleiben. — Besser sind wir mit dem zweiten Namen daran. Er muss aus dem Sprichworte gedeutet werden, das in verschiednen Variationen umgelaufen ist. In der Recension des Zenobios, die Miller entdeckt hat, erscheint es in der Gestalt *Πτωχότερος λεβηρίδος* und wird so interpretiert: *'Επὶ τῶν πάνυ πενήτων καὶ ἀσθενῶν εἴρηται ἡ παροιμία· λεβηρὶς γὰρ τοῦ ὄφεως τὸ γῆρας ἀσθενὲς καὶ ἄχρηστον καὶ κενόν* (Mélanges 354). Ein Mann also, dem Nichts gehört, wird dem abgestreiften Schlangenbalge verglichen, in dem nur die Löcher für die Augen sitzen. Die Form des Namens macht keine Schwierigkeit: zu *λεβηρίς* verhält sich *Λέβηρος* wie der Name des Künstlers *Κένχραμος* (44) zu *κεγχραμίς*.

Für die Leute, die kein Herkommen oder keine vornehme Lebensthätigkeit oder kein Geld oder überhaupt Nichts haben, besitzt die Sprache die Gattungsbezeichnung *συρφετός, σύρφαξ.* Zum Kehricht also gehörte

Σύρφαξ Ephesos (Arr. Anab. 1. 17, 12; 4. Jahrh.).

Vielleicht wohnt der gleiche Sinn dem Namen

Μόθων Branchidai (Anc. Gr. Inscr. no. 924 *C* 40; der Vater heisst *Βασιλίδης*)[1])

inne: *μόθων* ist in Sparta der Sohn des Vollbürgers mit einer Helotin, also ein minderwerthiger Mann, dessen Bezeichnung für Aristophanes schon den Sinn von *φέναξ* hat (Plut. 279).

II. Lebensführung.

Die Gemeinschaft, deren Mitglied der Einzelne ist, verlangt von ihm, dass er sich nach der jeweils herrschenden Weise bei Einrichtung seiner Lebensführung richte. Erlaubt er sich seinen eignen Geschmack zu haben, so setzt er sich der Gefahr aus die Selbstständigkeit durch einen Spitznamen bescheinigt zu erhalten.

Die Abnormität kann in dem Zuschnitte der gesammten Lebenseinrichtung wie in einzelnen Liebhabereien gefunden werden.

1) Der bei Paus. 2. 22, 7 überlieferte *Μόθων* hat leider nicht Stich gehalten: Löwy Inschr. griech. Bildhauer no. 56.

5

Perikles rühmt seinen Landsleuten nach, dass sie es verstünden φιλοκαλεῖν μετ' εὐτελείας. Einfache Eleganz gilt in den besten Zeiten des Griechenthums als Norm der Lebensführung. Nach zwei Seiten hin wird gegen sie verstossen: die Eleganz emancipiert sich von der Einfachheit, und die Einfachheit versäumt sich die Eleganz zur Begleiterin zu wählen.

Die der Einfachheit entkleidete Eleganz führt zur Schwelgerei. Von schwelgerischem Lebenswandel sprechen die Namen

Θίβρος Kyzikos (Mitth. 10. 205);

Θίβραχος Polemarch der Lakedaimonier (Xenoph. Hell. 2. 4, 33);

Θίβρων Harmost der Lakedaimonier (Xenoph. Hell. 3. 1, 4), Thessalien (CIA 2 no. 88 10, vgl. Smlg. no. 326 II 12), Koch in Athen (Meineke 4. 589).

Die Scholien zu Nik. Ther. 33 führen aus Kallimachos θιβρῆς Κύπριδος ἁρμονίης an, aus Euphorion θιβρήν τε Σεμίραμιν. Bei Hes. die Glossen θιβρήν· φιλόκοσμον, ἁβρυντικήν (ἀρρυντ. cod.), ὑπερήφανον, καταφερῆ, καὶ θρασεῖαν; θιβρόν· τρυφερόν. καλόν. σεμνόν. ἁπαλόν.

Βαῦκος Eretria (Ἐφ. ἀρχ. 1895. 135 I 2);

Βαῦκις Trozen (Paus. 6. 8, 4; 4. Jahrh.);

Βαυκιδεὺς ἐκ Κεραμέων (CIA 2 no. 1620*d* Add.);

Βαύκων Styra (Ion. Inschr. no. 19, 22; 5. Jahrh.).

Araros verbindet im Καμπυλίων (Meineke 3. 275) βαυκά, μαλακά, τερπνά, τρυφερά. — Βαυκιδεύς wie Μαιαδεύς bei Hipponax (fragm. 16; vgl. Fick Beitr. 11. 266), Ἐρωτιδεύς Anacreont. 33. 13.

Μάλακος Μακεδών (IGS 1 no. 414 10; 4. Jahrh.), Andros (Mitth. 1. 236 2), Verfasser von ὅροι Σιφνίων (Athen. p. 267 a);

Μαλάκων Ἡρακλεώτης, ὑπὸ Σελεύκωι ταττόμενος (Memnon bei Müller Fragm. Hist. Gr. 3. 532), Henkel unbekannten Ursprungs (Becker Jahrb. f. Phil. 5. 471 no. 47).

Vgl. ὁ μαλακὸς Ἀπολλώνιος Strabon p. 660.

Χλίδων Theben (Plut. Pelop. 8; 4. Jahrh.), διάκονος eines θίασος zu Trozen (BCH 17. 120 no. 35 6).

Vgl. Plat. Symp. p. 197 d τρυφῆς, ἁβρότητος, χλιδῆς, χαρίτων, ἱμέρου, πόθου πατήρ.

Τρύφων etwa von der Mitte des 2. Jahrh. an; die ältesten mir bekannten Belege sind BCH 11. 87 I 8 (Apollonis; vielleicht noch aus dem 2. Jahrh.), IGS 1 no. 3224 II 8 (Orchomenos). Den Beinamen ὁ Τρύφων führte der vierte Ptolemäer.

Zum Luxus der Lebensführung ward bei Männern der Gebrauch wolriechender Salben gerechnet. Als Zeugnis dafür kann das Verhalten des Sokrates (Xenoph. Symp. 2. 2 f.) gelten, der das Gewähren des μύρον mit den Worten ablehnte: ὥσπερ γάρ τοι ἐσθὴς ἄλλη μὲν γυναικί, ἄλλη δὲ ἀνδρὶ καλή, οὕτω καὶ ὀσμὴ ἄλλη μὲν ἀνδρί, ἄλλη δὲ γυναικὶ πρέπει. Καὶ γὰρ ἀνδρὸς μὲν δήπου ἕνεκα ἀνὴρ οὐδεὶς μύρωι χρίεται. ... Der ἄρεσκος ist nach Theophrast an der Gewohnheit kenntlich *πλειστάκις ἀποκείρασθαι καὶ τοὺς ὀδόντας λευκοὺς ἔχειν καὶ τὰ ἱμάτια δὲ χρηστὰ μεταβάλλεσθαι καὶ χρίσματι ἀλείφειν* (Charakt. 5. 6). Namen also, die eine Anspielung auf den Gebrauch von Salben enthalten, dürfen unbedenklich als ehemalige Spitznamen betrachtet werden.

In erster Linie gehören hierher die Namen, die auf das Wort *μύρον* aufgebaut sind.

Μύρων Sikyon (Herod. 6. 126; 7. Jahrh.), *Φλυεύς* (Plut. Solon 12), *Βοιώτιος ἐξ Ἐλευθερῶν* (Polemon bei Athen. p. 486 d), *Πριηνεύς* (Athen. p. 271 f);

Μυρωνίδης seit dem 5. Jahrh. in Athen (Thuk. 1. $105,_{4}$), *Μυρωνίδας* Epidauros (*Ἐφ. ἀρχ.* 1892. 76_{130});

Μύρις Rhodos (IGI 1 no. 799, 800; 4./3. Jahrh.).

Nach Theophrast (*Περὶ ὀσμῶν* 6. 27) *Ἅπαντα συντίθενται τὰ μύρα, τὰ μὲν ἀπ' ἀνθῶν, τὰ δὲ ἀπὸ φύλλων, τὰ δὲ ἀπὸ κλωνός, τὰ δ' ἀπὸ ῥίζης, τὰ δ' ἀπὸ ξύλων, τὰ δ' ἀπὸ καρποῦ, τὰ δ' ἀπὸ δακρύων.* Die Blüthe enthält *τὸ ῥόδινον καὶ τὸ λευκόινον καὶ τὸ σούσινον . . . ., ἔτι δὲ τὸ σισύμβρινον καὶ τὸ ἑρπύλλινον, καὶ ἡ κύπρος καὶ πρὸς τούτοις τὸ κρόκινον.* Diese Stelle verbreitet nicht nur Licht über Frauennamen wie *Σισύμβριον*, *Ἑρπυλλίς*, sondern auch über den männlichen Namen

Σισύμβρινος,

den der Vater des Lasos von Hermion geführt haben soll (*Λᾶσος Χαρμαντίδου ἢ Σισυμβρίνου ἤ, ὡς Ἀριστόξενος, Χαβρίνου Ἑρμιονεύς*, Diog. Laert. 1. $1,_{14}$), der aber sicher nur Spitzname gewesen ist (Crusius Unters. zu d. Mimiamben d. Herondas 46***). In die Atmosphäre der Dame *Σισύμβριον* passen vorzüglich die Ahnen des *πορνοβόσκος* Battaros, Grossvater *Σισυμβρᾶς* und Vater *Σισυμβρίσκος* (Crusius a. a. O.).

Weiter müssen hier die Leute erwähnt werden, als deren Ideal der Parasit Demokles gelten kann, der uns durch Anaxandrides (3) vorgestellt wird:

λιπαρὸς περιπατεῖ Δημοκλῆς, ζωμὸς κατωνόμασται.

Als solche Fettbrühen können bezeichnet sein [1])

Λίπαρος Thespiai (IGS 1 no. 1888 c_{1}; 5. Jahrh.), Keos (Pridik De Cei ins. reb. 160 no. 39), Orchomenos (ebenda no. 3179_{25});

Λιπαρίων Λιπάρου Keos (Pridik a. a. O.); 4. Jahrh.;

Λιπάρων Κυδαθηναιεύς (CIA 2 no. 1024_{15}; 4. Jahrh.).

Der entgegengesetzte Fehler ist der Mangel der *φιλοκαλία*; sein Resultat kann schmutzige Lebensweise sein. Dieser Art sich mit dem Tage abzufinden sind einige recht deutliche Namen gewidmet.

---

1) Den Namen der nächsten Sippe ist nicht anzusehen, wie weit sie tadelnden Sinn haben. Sie können sich inhaltlich auch mit *Σφρίγων* (Thespiai, IGS 1 no. 1888 f_{10}) berühren, einem Namen, der nach Arist. Lys. 80 *ὡς δ' εὐχροεῖς, ὡς δὲ σφριγᾷ τὸ σῶμά σου* zu deuten ist.

Φόρυς Μελιτεύς (CIA 2 no. 798 b 34; 4. Jahrh.), Eretria (Ἐφ. ἀρχ. 1892. 137 9);

Φόρυλλος Thasos (Thas. Inschr. no. 5 8; 5. Jahrh.);

Φορύσκος Λευκονοιεύς (CIA 2 no. 1001 9), Orchomenos (IGS 1 no. 2724 6; 3. Jahrh.);

Φορυσκίδης Athen (CIA 2 no. 986 II 25; 4. Jahrh.);

Φορύστας Tanagra (IGS 1 no. 530 1; 3. Jahrh.).

Der Namenreihe liegt das Wort φόρυς zu Grunde, das aus der Glosse φόρυς· δακτύλιος ὁ κατὰ τὴν ἕδραν (Hes.) bekannt ist. Φορύστας ist formell Nom. ag. zu φορύω (vgl. φορυτός).

Ebenso kräftig redet eine zweite Namensippe:

Κόπρων Halikarnassos (Dittenberger Syll. no. 6 c 7; 5. Jahrh.), Iasos (Ion. Inschr. no. 104 16);

Κόπρις Melos (Mittb. 1.248 no. 9; 4. Periode des melischen Alphabets).

So kräftig, dass noch auf einer späten Grabschrift (Kaibel no. 313), an die WSchulze (Hermes 27. 31) erinnert hat, eine Dienerin sich entschuldigt Κοπρία geheissen zu haben:

Οὔνομα μὲν Μακέταις ἐπιχώριον· οὕνεκα μεμφθῇ
μηδὲ ἑνί· Κοπρίαν μ' ὠνόμασαν γενέται.

Im Unklaren über seinen Werth kann auch der nicht gewesen sein, der zuerst den Namen

Μόλοβρος Sparta (IGA no. 69 b 8, Thuk. 4. 8, 7)

geführt hat. Das Adjectivum μολοβρός wird in der Odyssee zweimal (ρ 219, σ 26) vom schmutzigen Bettler gebraucht. Was es bedeutet, kann man von Nikander lernen. Von der Pflanze χαμαίλεος heisst es Ther. 662

μέσσῃ δ' ἐν κεφαλὴ δύεται πεδόεσσα, μολοβρή.

Das Haupt der Pflanze verbirgt sich unter den Blättern und liegt auf der Erde (πεδόεσσα vom Scholiasten mit χαμαιπετής erläutert). Darum ist es schmutzig, ganz wie das Thier schmutzig ist, dessen Junge μολόβρια heissen: τῶν δὲ ἀγρίων ὑῶν τὰ τέκνα μολόβρια ὀνομάζουσιν· ἀκούσειας δ' ἂν τοῦ Ἱππώνακτος καὶ αὐτὸν τὸν ὗν μολοβρίτην που (fragm. 77 B.) λέγοντος (Ael. Περὶ ζώιων 7. 47)[1]). Und wie das Pflanzenhaupt schmutzig ist, weil es χαμαιπετής ist, so ist das μολόβριον schmutzig, weil es das Sprichwort Ὗς ἐν βορβόρωι εἰλυσπᾶται nicht Lügen strafen will. — Der Vater des Μόλοβρος heisst Ἐπιτάδης; er scheint als Widerpart seines Sohnes gedacht zu sein.

Speisen und Getränke unterliegen ebenfalls dem wachsamen Auge der Gesellschaft. Man gibt dem Menschen einen Namen nach dem, was er gerne zu sich nimmt.

1) Aus dieser Stelle, die aus des Aristophanes Schrift Περὶ ὀνομασίας ἡλικιῶν stammt (vgl. Miller Mél. 431), hat zuerst Düntzer (KZ 14. 197) für die Erklärung des homerischen μολοβρός Nutzen gezogen.

Die Freude an Leckerei soll getroffen werden durch den Namen

Χναιάδης ὁ Παλληνεύς (CIA 4 Suppl. 1 no. 373 [213]).

Denn Χναιάδης gehört ohne Zweifel zu χναύω, χναῦμα, χναυρός, in denen das Behagen an der Leckerei überall zum Durchbruche kommt. Man ermesse das Wolgefühl, womit der Berichterstatter bei Ephippos seine Erlebnisse schildert:

ἴτρια, τραγήματ' ἧκε, πυραμοῦς, ἄμης,
ᾠιῶν ἑκατόμβη· πάντα ταῦτ' ἐχναύομεν

(Meineke 3. 327 f.).

Mehrfach wird von Leuten berichtet, denen aus ihrer Lieblingsspeise ein Spitzname erwachsen ist. So führt der Komiker Platon dem Publicum einen Γλαυκέτης vor, der nach der ψῆττα genannt war (Meineke 2. 652), und der Staatsmann Kallimedon war nicht nur darum für den Übernamen Κάραβος reif, weil er schielte, sondern auch darum, weil zu den Thieren, für die er eine zärtliche Hinneigung verspürte, der κάραβος gehörte (24). Man sieht, dass damit eine neue Quelle von Spitznamen aufgefunden ist. Wer z. B. den Namen Σκάρος deuten will, der muss nicht nur mit der Möglichkeit rechnen, dass Mensch und Meerpapagei wegen einer äusserlichen Ähnlichkeit (Οἴδας Σκάρειος Smlg. no. 345 $_{72}$)[1]) gleichgesetzt worden seien, sondern auch mit der, dass der Mann den Namen des Thieres empfangen habe, nach dem ihn gelüstet:

εἰ δ' ἔλαβον ἀρτίως σκάρον, ἢ 'κ τῆς Ἀττικῆς
γλαυκίσκον, ὦ Ζεῦ σῶτερ, ἢ 'ξ Ἄργους κάπρον,
ἢ 'κ τῆς Σικυῶνος τῆς φίλης ὃν τοῖς θεοῖς
φέρει Ποσειδῶν γόγγρον εἰς τὸν οὐρανόν,
ἅπαντες οἱ φαγόντες ἐγένοντ' ἂν θεοί

lässt Philemon einen Koch sagen, der doch seine Leute kennen musste (Meineke 4. 27 $_{20}$ ff.).

Das normale Getränk der Hellenen war bekanntlich der gemischte Wein. Wer Wasser trank, fiel auf, und erweckte bei seiner Umgebung wenig Zutrauen:

Ὕδωρ δὲ πίνων οὐδὲν ἂν τέκοι σοφόν

heisst ein zum Sprichworte erhobner Vers des Kratinos (Meineke 2. 119 fragm. 6). Eine lange Liste von ὑδροπόται hat Athenaios zusammengestellt. In ihr findet man die schöne Contrastierung des Demosthenes und Demades (p. 44 f), zu der man die ebenso schöne bei Demosthenes (19. 46) fügen kann: Ἐπαναστὰς δ' ὁ Φιλοκράτης μαλ' ὑβριστικῶς Οὐδέν, ἔφη, θαυμαστὸν ὦ ἄνδρες Ἀθηναῖοι, μὴ ταὔτ' ἐμοὶ καὶ Δημοσθένει δοκεῖν· οὗτος μὲν γὰρ ὕδωρ, ἐγὼ δ' οἶνον πίνω.

Die Komödie setzt nun die Wassertrinker den Fröschen gleich. Bei Pherekrates (Meineke 2. 282 fragm. 4) gibt eine Schöne der Weinschenkin, die ihr δύο ὕδατος πρὸς τέτταρας οἴνου gegossen hat, den entrüsteten Rath

ἔρρ' ἐς κόρακας· βατράχοισιν οἰνοχοεῖν σε δεῖ [2]).

1) So nach WSchulzes Lesung (Hermes 27. 31).

2) Vgl. Βατράχοι ὕδωρ Zenob. 2. 79.

Und der Adept des Pythagoras bei Aristophon (Meineke 3. 360 f.) wird als ein Mann geschildert, der *ὕδωρ δὲ πίνειν βάτραχος* sei. So gewinnen wir Einsicht in die Bedeutung[1]) des seit dem 5. Jahrh. nachweisbaren Namens

Βράταχος Halikarnassos (Dittenberger Syll. no. 6 *d* 29), *Βρόταχος Γορτύνιος* (Simonides fr. 127), Ephesos (Anc. Gr. Inscr. no. 454 1), Pantikapaion (Ion. Inschr. no. 117), *Βάτραχος* Athen (Lys. 12. 48 und sonst);

Βατραχίων Koch in Larisa (Luk. *Πρὸς τὸν ἀπαιδ.* 21; 3. Jahrh.).

Der Anhänger sitzender Lebensweise bekommt den Spottnamen

Διφρίδας Feldherr der Lakedaimonier (Xenoph. Hell. 4. 8, 21).

Fick (Curt. Stud. 9. 176) verweist auf die Glosse *δίφρις· ὁ ἑδραῖος, καὶ καθήμενος ἀεί, οἷον ἀργός* (Hes.); vgl. die vulgäre Redewendung *θάλπειν τὸν δίφρον* bei Herondas (1. 37).

Endlich unterliegt Alles, was zur äussren Ausstattung gehört, der Kritik: die Haartracht, die Art sich zu kleiden und zu bewegen.

Die Haartracht hat den Ausschlag gegeben bei Schaffung der Namen

Κίκιν(ν)ος Thera (7. Jahrh.; mitgetheilt von Dr. Hiller von Gärtringen).

Vgl. Aristoph. Wespen 1067 ff.

ὡς ἐγὼ τοὐμὸν νομίζω
γῆρας εἶναι κρεῖττον ἢ πολ-
λῶν κικίννους νεανιῶν καὶ
σχῆμα κεὐρυπρωκτίαν.

Da schon Pherekrates (Meineke 2. 355 fragm. 67) *Ὦ ξανθοτάτοις βο[σ]τρύχοισι κομῶν* verbindet, Euripides (Phoin. 1485 f.) von einer *βοτρυχώδης παρηίς*, Apollonios (2. 679) von *πλοχμοὶ βοτρυόεντες* spricht, so liegt die Vermuthung nahe, dass der Name *Βότρυς* Leuten mit Locken gegeben worden sei. Aber Verbindungen wie *Βρόμιος Βότρυος* (CIA 2 no. 3561), *Βότριχος Διονυσίου* (Kos; Smlg. no. 3624 *c* 70) weisen in eine ganz andre Richtung.

Κρωβύλος Dichter der neuen Komödie (Meineke 1. 490 f.); die Heimath andrer *Κρωβύλοι*, so eines CIA 2 no. 3884 erwähnten *χρηστός*, ist nicht zu bestimmen.

Κροβίλος Delos (BCH 7. 331).

Der Redner Hegesippos von Athen führte den Spitznamen *Κρωβύλος*. Bei seinem politischen Gegner Aischines wird er bloss mit diesem genannt. Vgl. Schol. Aeschin. 1. 64 *Κρωβύλον καλεῖ τὸν ἀδελφὸν τοῦ Ἡγησάνδρου τὸν Ἡγήσιπ-*

---

[1]) Eine andre folgt daraus, dass der Frosch nur Wasser trinkt. Sie ist bei Platon Theait. p. 161 c erkennbar: *ἡμεῖς μὲν αὐτὸν ὥσπερ θεὸν ἐθαυμάζομεν ἐπὶ σοφίαι, ὁ δ' ἄρα ἐτύγχανεν ὢν εἰς φρόνησιν οὐδὲν βελτίων βατράχου γυρίνου.*

που τὸν μισοφίλιππον, καθὰ αὐτὸς ἤλειφε τὴν κεφαλὴν καὶ ἐφιλοκάλει τὰς τρίχας. Über das Verhältnis des Haarschopfes, den der Redner dieser Nachricht zu Folge trug, zum altattischen Κρωβύλος äussert sich Studniczka (Jahrb. d. Instit. 11. 256) so: »Empfieng Hegesippos den Spitznamen ὁ Κρωβύλος wirklich von seiner Haartour, dann hat das Wort damals gewiss eine andere bezeichnet, als bei den Marathonkämpfern«.

Ein Synonymum von κρωβύλος ist κόρυμβος; es bildet die Grundlage der Namen

Κόρυμβος Σιλανῶ Messene (BCH 5. 152 17 f.; gute Schrift); Grabschrift auf Telos (Smlg. no. 3494), Elis (Olympia 5 no. 59 5), Aphrodisias (CIG 2 no. 2843 3; s. unter Κᾶπος), auch sonst in der Kaiserzeit häufig;

Κορυμβίας Αἰτωλός (Dittenberger Syll. no. 404 35; 3./2. Jahrh.).

Das Wort scheint aus Ionien zu stammen, »da es nicht nur der Pontiker Herakleides gebraucht, sondern schon Xanthos mit κόμη κεκορυμβωμένη und .... auch Asios mit den goldenen κορυμβαί, d. h. Fesseln des κόρυμβος, voraussetzt« Studniczka 255.

Ein drittes Wort, das für das Wörterbuch der Spitznamen Bedeutung gewonnen hat, ist σκόλλυς, die σειρὰ τριχῶν, die stehn bleibt, wann der Ephebe sein Haupthaar dem Gotte darbringt (vgl. Athen. p. 494 f). Nicht nur der Bergname Σκόλλις geht von ihm aus, sondern auch

Σκόλλος in Σκόλλειος Pharsalos (Smlg. no. 327 A 5).

Der Name könnte einen Kahlkopf verhöhnen, dem gerade noch ein σκόλλυς erhalten geblieben ist.

Weiter kommt κόννος in Betracht. In zusammenhängender Rede ist das Appellativum nur aus dem Lexiphanes des Lukian nachweisbar: καὶ γὰρ οὐ κηπίον, ἀλλὰ σκάφιον ἐκεκάρμην ὡς ἂν οὐ πρὸ πολλοῦ τὸν κόννον καὶ τὴν κορυφαίαν ἀποκεκομηκώς (§ 5). Aus dieser Stelle ist wenigstens das ersichtlich, dass κόννος das Haar an einer bestimmten Partie des Hauptes bezeichnen muss. Von den beiden sich widersprechenden Erklärungen, die bei Hesych gegeben werden (κόννος· ὁ πώγων, ἢ ὑπήνη und κοννοφόρων· σκολλυφόρων), kommt also die zweite dem Sprachgebrauche, den Lukian nachahmt, näher als die erste, für die bisher die Beglaubigung fehlt. Wenigstens annähernd können wir also den Sinn errathen, der den ziemlich alten Namen inne wohnt:

Κόννος ὁ κιθαριστής, ὅς ἐμὲ διδάσκει ἔτι καὶ νῦν κιθαρίζειν (Sokrates bei Plat. Euthyd. p. 272 c), Styra (Ion. Inschr. no. 19, 224);

Κοννᾶς verhöhnt von Kratinos (Mein. 2. 222 fragm. 143);

Κοννίων Kolophon (CGC Ionia 37 no. 9; 4. Jahrh.).

Diese Gruppe von Namen wirft auch auf eine Sippe Licht, die bisher ganz abweichend beurtheilt worden ist:

Κᾶπος Thespiai (IGS 1 no. 1888 e 1; 5. Jahrh.);

Κῆπις Athen (Plat. Protag. p. 315 e);

Καπίων, seit dem 3. Jahrh. sehr verbreitet in Böotien (vgl. IGS 1. 782), *Κηπίων* Eretria (*Ἐφ. ἀρχ.* 1895. 138 III 142);

Κάπων, seit 300 v. Chr. verbreitet in Böotien (vgl. IGS 1. 782).

Im Namenbuche sind diese vier Namen als Verkürzungen eines zweisilbigen Namens aufgefasst. Da aber der einzige, der bisher bekannt geworden ist, *Φιλόκαπος*, der Aurelierzeit angehört und durch die Verbindung mit *Κόρυμβος* (*Φιλόκαπος Φιλοκάπου τοῦ Κορύμβου* CIG 2 no. 2843 3) selbst Beziehung zu einer bestimmten Haartracht erhält, so scheint es sich um lauter einstämmige Namen zu handeln, zu denen das Tragen des *κῆπος* Veranlassung gegeben hat. Zum *κῆπος* vgl. Schol. zu Aristoph. Vög. 806: *Δύο δὲ εἴδη κουρᾶς, σκάφιον καὶ κῆπος. Τὸ μὲν οὖν σκάφιον τὸ ἐν χρῷ, ὁ δὲ κῆπος τὸ πρὸ μετώπου κεκοσμῆσθαι.* Man beachte, dass die Sippe in Böotien am reichsten vertreten ist, Athen und Eretria nur je einen Beleg beisteuern.

Von Schmuck und Kleidung sind hergenommen:

Φάλαρις Akragas (6. Jahrh.), Tanagra (IGS 1 no. 585 III 6), Stratos (IGS 3 no. 594 1).

Φάλαρις muss einen Mann bedeuten, der *φάλαρα* trägt. Herodot, Euripides, Xenophon, Polybios verwenden *φάλαρα* nur für den Pferdeschmuck; aber Aischylos wagt *βασιλείου τιάρας φάλαρον* (Perser 658). Den *Φάλαρις* in Tanagra und Stratos könnte man als 'Blesshuhn' deuten und zu den Kahlköpfen rechnen; für den Sohn des Laodamas ist diese Auffassung durch die Quantität des mittlern *α* ausgeschlossen, die seit Pindar fest steht (Pyth. 1. 96 *ἐχθρὰ Φάλαριν κατέχει παντᾶι φάτις*).

Φόρμος Trierarch der Athener (Herod. 7. 182), Anaktorion (IGS 1 no. 2418 8);

Φόρμις, ὃς ἐκ Μαινάλου διαβὰς ἐς Σικελίαν παρὰ Γέλωνα τὸν Δεινομένους .... (Paus. 5. 27, 1), vielleicht identisch mit dem Komiker *Φόρμις* (Arist. Poet. 5), der bei Suidas *Φόρμος* heisst;

Φορμίων Κροτωνιάτης (6. Jahrh.; vgl. Meineke 2. 1227), Halikarnassos (Ion. Inschr. no. 238 15), vom 5. Jahrh. an in jeder griechischen Landschaft nachweisbar.

Zu Grunde liegt *φορμός*, das Kleid des Schiffers: *ὁ δὲ Ἐλπήνωρ ἀμπέχεται φορμὸν ἀντὶ ἐσθῆτος, σύνηθες τοῖς ναύταις φόρημα* (Paus. 10. 29, 8).

Βαίτων ὁ Ἀλεξάνδρου βηματιστής (Athen. p. 442 b);

Βαίτ(ει)ς Grabschrift zu Larisa (Smlg. no. 357);

Βητίδας Orchomenos (IGS 1 no. 3180 35; 3. Jahrh.).

»Von *βαίτη* Hirtenrock aus Fellen .... abzuleiten wie z. B. *Χλαινέας* von *χλαῖνα* Mantel« Fick (KZ 22. 223).

Κόσυ(μ)βος Styra (Ion. Inschr. no. 19, 227; 5. Jahrh.).

Wer so hiess, hatte vermuthlich den Chiton mit Fransen verziert. Über *κοσύμβαι* zuletzt Studniczka (Jahrb. d. Instit. 11. 277 f.).

Τρίβων Styra (Ion. Inschr. no. 19,$_{419}$; 5. Jahrh.).
Φώσων Thespiai (IGS 1 no. 1888 *h*$_{3}$; 5. Jahrh.).

Vgl. Poll. 7. 71 *ἔστι δὲ καὶ ὁ φώσων χιτὼν Αἰγύπτιος ἐκ παχέος λίνου.*

Χλαινέας Aetolien (Polyb. 9. 31,$_{7}$; 3. Jahrh.).
Σίσυρνος Phoitiai (Fouilles d' Épid. 1 no. 243).

Vgl. Schol. Aristoph. Wespen 778 *σισύραν*: *Σισύρα καλεῖται παρὰ μέν τισιν ἡ βαίτη· ἔστι δὲ περιβόλαιον ἐκ δερμάτων συνερραμμένων προβατείων ἐχόντων τὰ ἔρια· οἱ δὲ ἀκριβέστεροί φασι χλαῖναν παλαιὰν εἶναι ἁπλοΐδα. Τὴν αὐτὴν δὲ καὶ σισύραν καλοῦσι καὶ σίσυρναν.*

Eine Reihe von Namen bezeichnen den Mann nach den Waffen, die er mit Vorliebe trägt. So

Θώραξ Larisa (Pind. Pyth. 10. 64; 6. Jahrh.), *Λακεδαιμόνιος* (Xenoph. Hell. 2. 1,$_{18}$), *Βοιώτιος* (Anab. 5. 6,$_{19}$), Hierapytna, Oleros (Mus. Ital. 3. 617 no. 37$_{13}$, 640 no. 54$_{6}$); *Θώρηξ* Styra (Ion. Inschr. no. 19,$_{205}$).
Θωρακίδης Κορίνθιος (CIA 3 no. 2523; der Sohn heisst *Μενέστρατος*).

Als Beiname fungiert *Θώραξ* auf der Inschrift von Patara CIG 3 no. 4295: *Πτολεμαίου δὶς τοῦ καὶ Θώρακος.*

Γώρυτος Paros (CIG 2 no. 2378$_{3}$).

Die Erklärung schon bei Böckh in der Addenda: »Nomen proprium *Γώρυτος* nota ex appellativo *γωρυτὸς* traductum esse«.

Στύραξ Χῖος (Mitth. 19. 399 III$_{2}$)[1]), Fabrikant auf Rhodos (Dumont 109 no. 238), Aigion (*Ἐφ. ἀρχ.* 1884. 89 no. 4; spät).

Im *Κυνηγετικός* des Xenophon wird der Hundename *Στύραξ* zwischen *Πόρπαξ* und *Λόγχη* erwähnt (7. 5). Da der Chier *Στύραξ* Vater eines *Σύμμαχος*, der Aigieer Vater einer *Ἀλκαινέτη* ist, habe ich vorgezogen den Mannesnamen ebenso zu deuten, wie der Hundenamen gedeutet werden muss. An sich hat die Auffassung, *Στύραξ* sei ein nach Weihrauch duftender Mann, gleiche Berechtigung.

Das Tragen eines Stockes hat Veranlassung gegeben zu dem Namen

Σκίπων (CIA 1 no. 412$_{5}$; 5. Jahrh.), *Θορίκιος* (CIA 2 no. 172$_{20}$; 4. Jahrh.); Freigelassner in Larisa (Mitth. 7. 227$_{31}$).

Zur Zeit der alten Komödie ward das Tragen des *σκίπων* als *τρυφή* betrachtet. Vgl. Athen. p. 553 c *Καὶ τὸν ἐπὶ Θεμιστοκλέους δὲ βίον Τηλεκλείδης ἐν Πρυτάνεσιν ἁβρὸν ὄντα παραδίδωσι. Κρατῖνος δὲ ἐν Χίρωσι τὴν τρυφὴν ἐμφανίζων τὴν τῶν παλαιτέρων φησὶν*

ἁπαλὸν δὲ σισύμβριον ἢ ῥόδον ἢ κρίνον παρ' οὖς ἐθάκει,
μετὰ χερσὶ δὲ μῆλον ἕκαστος ἔχων σκίπωνά τ' ἠγόραζον

1) Σ..ΜΜΑΧΟΣ ΣΤΥΡΑΙΟΣ die Abschrift, vom Herausgeber mit *Σ[ύμ]μαχος Στυραῖος* umschrieben. Aber hinter dem ersten Namen ist ein zweiter im Genitive zu erwarten, und *Στυραῖος* ist kein Ethnikon.

(Meineke 2. 146). Die erste der oben erwähnten Persönlichkeiten kann also durch den Namen *Σκίπων* als *τρυφῶν* an den Pranger gestellt worden sein. Dagegen hat Jemand, der einen Stock trug, in der Zeit des Demosthenes als Plebejer gegolten: Demosth. 37. 52 *Νικόβουλος δ' ἐπίφθονός ἐστι καὶ ταχέως βαδίζει καὶ μέγα φθέγγεται καὶ βακτηρίαν φορεῖ*[1]). Folglich kommt auch der *Θορίκιος*, der auf einer der Zeit des Demosthenes angehörenden Urkunde erwähnt wird, durch den Namen *Σκίπων* in einen ganz andren Geruch, als der Athener des vorangehenden Jahrhunderts.

1) Hingegen verräth es *ἀρεσκεία* einen krummen Stock zu tragen: *ἀμέλει δὲ καὶ πίθηκον θρέψαι δεινὸς καὶ τίτυρον κτήσασθαι καὶ Σικελικὰς περιστερὰς καὶ δορκαδείους ἀστραγάλους καὶ Θουριακὰς τῶν στρογγύλων ληκύθους καὶ βακτηρίας τῶν σκολιῶν ἐκ Λακεδαίμονος* .... Theophr. Charakt. 5. 9 vom *ἄρεσκος*.

Nachträge.

S. 11 ist bei den Zeugnissen für *Πάταικος* die melische Grabschrift *Δαμότιμος Παταίκου* (Ross Inscr. ined. no. 241) übersehen.

S. 34 ist ein Erklärungsversuch des Namens *Καμπᾶς* unternommen, der durch *Κάμπος* (Pridik De Cei insul. reb. 160 no. 39_{11}) erschüttert wird.

Namenverzeichnis.

(Die mit † bezeichneten Namen sind im Texte bestritten).

5

Inhaltsverzeichnis.

ABHANDLUNGEN
DER KÖNIGLICHEN GESELLSCHAFT DER WISSENSCHAFTEN ZU GÖTTINGEN.
PHILOLOGISCH-HISTORISCHE KLASSE.
NEUE FOLGE BAND 2. Nro. 6.

Die Spaltung des Patriarchats Aquileja.

Von

Wilhelm Meyer aus Speyer
Professor in Göttingen.

Berlin,
Weidmannsche Buchhandlung.
1898.

6

Die Spaltung des Patriarchats Aquileja.

Von

Wilhelm Meyer aus Speyer

Professor in Göttingen.

Vorgelegt in der Sitzung am 8. Januar 1898.

Nächst dem vom h. Petrus selbst gegründeten Stuhle des Pabstes in Rom genoss den höchsten Rang der vom Apostel Marcus und seinem Schüler Hermagoras gegründete Stuhl von Aquileja; und doch hat dieser Stuhl nie eine entsprechende Rolle gespielt. Das lag daran, dass das ganze Mittelalter hindurch neben einander und in nächster Nähe zwei Stühle bestanden, von denen ein jeder der direkte Rechtsnachfolger des alten Stuhls von Aquileja sein wollte, jeder den hohen Titel 'Patriarch' beanspruchte und auch vom Pabst erhielt.

Das eine Patriarchat war das binnenländische des Friaul's; in seinem Sprengel lag die herabgekommene Stadt Aquileja, und desshalb hiess dies Patriarchat vorzugsweise das Patriarchat von Aquileja. Die Patriarchen selbst residirten nicht in Aquileja, dessen Klima zu mörderisch und das Angriffen von der See aus zu offen war, sondern seit 607 in Cormons, dann in Foroiulii, dem spätern Cividale, der Hauptstadt ihres Sprengels, zuletzt in Udine. 1751 wurde dies Patriarchat aufgehoben. Das andere Patriarchat war das küstenländische; seine Patriarchen residirten seit 568 auf der kleinen, felsigen Insel Grado in den Lagunen zwischen Aquileja und Triest, welche Insel natürlich von der See aus weit leichter als vom Land aus beherrscht werden konnte; 1451 wurde dies Patriarchat nach Venedig verlegt.

Der stete Kampf der beiden Patriarchate war desshalb bedeutend, weil das binnenländische vom Kaiser unterstützt wurde, wie auch viele seiner Patriarchen vornehme Deutsche waren, dagegen das küstenländische ganz unter Venedigs Macht stand und die meisten Patriarchen den vornehmsten venezianer Familien angehörten. Die Vorrechte des éinen alten Aquilejer Stuhls waren untheilbar; bei dem Kampfe der beiden Erben kam Alles darauf an, in welcher Weise die

Spaltung des éinen Patriarchats in die späteren zwei sich vollzogen hatte. Die eigenthümlichen Verhältnisse bedingen, dass man bei Prüfung dieser Sache die Geschichte dieser Spaltung trennen muss von den später darüber gemachten Sagen und Theorien.

I. Das Ende des Dreikapitelstreites in Venetien.

Der Kaiser Justinian setzt es durch, dass auf der Kirchenversammlung zu Konstantinopel 553 Theodor von Mopsuestia, dann bestimmte Schriften des Theodoret und der Brief des Ibas an Maris verdammt wurden, weil von diesen Männern zeitweilig oder an einzelnen Stellen gelehrt worden war, die menschliche und die göttliche Natur seien in Christus streng geschieden gewesen. Nun hatte schon das 4. Concil in Chalcedon 451 diese Lehren verdammt, aber weder jene Personen selbst noch ihre ganzen Schriften. So entstand die Streitfrage, ob das 5. Concil die Beschlüsse des 4. nur sinngemäss ergänzt oder ob es dieselben abgeändert habe. Diese unbedeutende Frage erweckte den sogenannten Dreikapitelstreit.

In den griechisch redenden Ländern, welche fast alle unter der Herrschaft des Kaisers standen, fügte man sich bald der von Kaiser und Pabst stets fest gehaltenen Erklärung, dass die Beschlüsse des 5. Konzils nur eine berechtigte Ergänzung der Beschlüsse der früheren 4 Konzile seien. Anders in den lateinisch redenden Ländern. Das unwürdige Schwanken des Pabstes Vigilius, mehr noch die Strenge, mit welcher der Kaiser ihn behandelt hatte, weckten hier Widerstand gegen jene vom Kaiser veranlassten Beschlüsse der Konstantinopolitaner Kirchenversammlung von 553. Da aber Pelagius I. (556—561), der Nachfolger des Vigilius, und die folgenden Päbste alle für jene 3 Verdammungssätze eintraten, so erlosch nach und nach der Widerstand.

Merkwürdig ist, dass, während in den andern Ländern der lateinischen Christenheit, besonders in Afrika, dieser Streit nach etwa 20 Jahren beigelegt war, er in der Lombardei 50, in Venetien gar 150 Jahre gedauert hat.

Ueber die endliche Beilegung dieses Streites steht die bekannteste Nachricht, dass 698 auf einer Synode in Aquileja die Schismatiker ihren Widerspruch aufgegeben hätten, zuerst bei Beda (de sex aetatibus mundi), ist also etwa 30 Jahre später niedergeschrieben; Beda's Nachricht ist dann wörtlich abgeschrieben von Paulus Diaconus (Hist. Langob. VI 14) und ist von mittelalterlichen Chronisten, wie Sigbert Gembl. in seiner Chronologia, und von vielen neuern Historikern, z. B. Hefele (Conciliengeschichte II 923) nachgeschrieben. Doch ist dieser Bericht des Beda, wie Piper (Zeitschrift für deutsche Theologie, 21, 1876, S. 100) bemerkt hat, nur aus dem Liber pontificalis ausgeschrieben und das mit solchen sinnentstellenden Aenderungen, dass er völlig werthlos, ja geradezu irreführend geworden ist.

Der Liber pontificalis berichtet (bei Duchesne I 1886 S. 376): Huius

(Sergii I 687—701) temporibus Aquilegensis ecclesiae archiepiscopus et synodus, qui sub eo est (congregata *haben Spätere fälschlich zugesetzt*), qui sanctum quintum universalem concilium utpote errantes suscipere diffidebant, eiusdem beatissimi papae spiritalibus monitis atque doctrinis instructi conversi sunt, eundemque venerabilem concilium satisfacti susciperunt. et qui prius sub erroris vitio tenebantur, doctrina apostolicae sedis inluminati, cum pace consonantes veritati ad propria relaxati sunt. Beda, der meldet von einer 'sinodus Aquilejae facta' hat den Liber missverstanden; Duchesne sagt mit Recht: Beda prend *synodus* dans le sens de réunion conciliaire, tandis qu'il signifie dans le Liber pontificalis le corps des évèques suffragants d'Aquilée. Der Liber pontificalis, bei dem J. Langen (Geschichte der röm. Kirche II 1885 S. 593) stehen geblieben ist, meldet also nur, dass unter Sergius der Erzbischof von Aquileja und die ihm unterstehenden Bischöfe zur Kirche zurückgetreten seien; in den Worten 'synodus qui sub eo est' hat das Präsens ziemliches Gewicht. Sicherlich spricht der Liber pontificalis nicht von einer Synode zu Aquileja: diese hat es überhaupt nicht gegeben und sie ist zu streichen. Unsicher ist, ob man aus den Worten des Pabstbuchs folgern muss, dass der Erzbischof von Aquileja oder seine Bischöfe selbst alle in Rom gewesen seien.

Viel mehr lehrt über das Ende des Dreikapitelstreites in Venetien ein Gedicht, das ein Magister Stefanus nach Abschluss der Verhandlungen im Auftrag des Langobardenkönigs Cunincbert verfasst hat [1]). Dieser lebensvolle Be-

1) Dieses Gedicht ist erhalten in 2 aus Bobbio stammenden, dem Verfasser wohl gleichzeitigen Abschriften in Mailand. Gefunden und zuerst herausgegeben ist es von Oltrocchi, der wahrscheinlich durch diesen Fund zu seinem Buche Ecclesiae Mediolanensis Historia 1795 (vgl. besonders S. 624) veranlasst worden ist; denn wesshalb hätte er sonst jene Geschichte nur 'usque ad finem schismatis Aquilejensis' d. h. bis zu diesem Gedicht geführt? Abgedruckt haben es dann Troya, Storia d'Italia, Tom. 4 (Codice diplomatico), parte II und III no. 330 333 364 aus Oltrocchi, Reifferscheid als unbekannt in den Wiener Sitzungsberichten 1871 S. 473 und L. Bethmann in den (Monumenta Germ. Hist.) Scriptores rerum Langob. S. 189—191 und am Schluss der Textausgabe des Paulus Diaconus (Historia Langob.): Reifferscheid wie Bethmann direkt nach den Handschriften. Das Akrostichon Stefanus mg. hat erst Holder-Egger bemerkt; desshalb findet man das Gedicht bald als Rhythmus de Synodo Ticinensi, bald unter Stefanus, bald (wie bei Potthast) unter beiden Titeln citirt. Die früheren Herausgeber haben die bei Oltrocchi ganz facsimilirte Handschrift C 105 inf. bevorzugt, Bethmann die andere E 147 sup.. Die erstere lässt Langzeilen ganz aus; der zweiten würde man durchaus sich anschliessen können, wenn nicht eine Stelle (8 Z. 3, wo *Aquiligenses* sicher mit *rex Cunincperctus* vertauscht werden muss) bewiese, dass beide Handschriften von einander unabhängig sind. Die Versform hat zuerst Bethmann erkannt; es sind rythmische Trimeter (vgl. meine Abhandlung Ludus de Antichristo in den Münchner Sitzungsberichten 1882 S. 87 no. 22), also Langzeilen zu je 12 Silben; die erste Kurzzeile zu 5 Silben hat fast immer den Wortaccent auf der vorletzten, die 2. Kurzzeile zu 7 Silben hat ihn meistens auf der drittletzten Silbe (Str. 7. 3 muss natürlich heissen: 'quinta qui totus concordat cum quatuor', dreisilbig, IIII die Handschriften, quarta Bethmann). Vor den Schlussen der Kurzzeilen werden die Silben nur gezählt; Hiatus ist gestattet. Wie oft, bilden je 5 rythmische Trimeter eine Gruppe oder Strophe mit starker Sinnespause; die Anfangsbuchstaben der 19 Strophen ergeben das Akrostichon.

richt meldet: Nachdem König Aripert (653—661) die Arianer und sein Sohn Bertarit (671—688) die Juden bekehrt habe, habe jetzt sein Enkel Cunincbert durch Gewinnung der Aquilejer im Abendland volle Glaubenseinheit hergestellt. Er habe sie in seine Residenz Pavia kommen lassen. Im Saal des Palastes hätten die Rechtgläubigen (orthodoxi) ihnen an der Hand der anerkannten Schriften der Väter die Ketzerei des Paulus und Pyrrus, des Theodor Ibas und Theodoret nachgewiesen. Die Irrgläubigen (pravi) hätten, widerlegt, vom König verlangt, die orthodoxi sollten beschwören, dass sie den Beschlüssen der 5. Kirchenversammlung bessern Sinn zuschrieben als sie selbst bisher (melius quintam recipere synodum); dann würden sie eidlich dieselbe annehmen. In der Kirche geschah dies, worauf alle gemeinsam das Abendmahl nahmen. Auf Befehl des Königs wählte jede Partei Gesandte an den Pabst; unter den Paviensern war der Geistliche Thomas und der Rechtsgelehrte Theodoald[1]). Umgeben von seinen Bischöfen empfing Sergius die Gesandten; er nahm die Acten der Synode entgegen, welche Damian, der Bischof von Pavia, abgefasst hatte, verkündete für König Cunincbert Vergebung seiner Sünden und liess die Schriften der oben genannten Männer verbrennen.

Aus diesem deutlichen Zeugnisse sehen wir, dass die Hauptverhandlungen auf einer Synode in Pavia geführt wurden, welche bis jetzt unbekannt ist, aber von Piper mit Recht als entscheidend bezeichnet worden ist. Die Bedeutung der Nachverhandlungen in Rom, welche allein in dem Liber pontificalis genannt werden, ist zunächst nicht klar; klar ist nur, dass Oltrocchi seltsam irrte, wenn er (S. 655) ausruft 'sic tandem hac Romana synodo, quam hactenus universi scriptores, huius rhythmi lumine destituti, Aquilejensem appellavere, finis impositus diuturno schismati et tam periculoso'[2]).

So viel lehrt uns das Gedicht des Magister Stefanus; aber es belehrt uns nicht, wenn wir fragen, wesshalb denn dieser dogmatische Streit in der Lombardei sich 30 und in Venetien gar 130 Jahre länger erhalten hat als in der übrigen Christenheit. Da ich auf diese Frage auch bei den neuern Gelehrten keine Antwort fand, lege ich Folgendes zur Prüfung vor.

In der Lombardei und in Venetien hielt der an und für sich inhaltslose Dogmenstreit sich so lange, nicht weil diese Stämme besonders hartnäckige Glaubenseiferer gewesen sind, sondern weil hier politische Interessen sich mit den religiösen Interessen verflochten haben.

Der griechische Kaiser und der Pabst kämpften seit 553 vereint für die Anerkennung des 5. Konzils, insbesondere der 3 Verdammungsartikel. Da, wo der Arm

1) Auch die Aquilejer sandten nur ausgewählte Gesandte; wie Damian, so wird auch der Erzbischof der Aquilejer gefehlt haben.

2) Diese Synode von Pavia heben auch hervor, Bethmann, Duchesne im Nachtrag zum Liber pontif. II 565 und W. Moeller Lehrbuch der Kirchengeschichte II 1891 S. 80. Freilich, wenn Moeller dazu Paulus hist. Langob. VI 14 citirt und dabei Paulinus von Aquileja sich dem Sergius unterordnen lässt, scheinen Irrthümer und sogar ziemlich grobe mitzuspielen.

des Kaisers kräftig war, wie in Afrika, war bis 565 der Widerstand erloschen. Oberitalien wurde 568 von den arianischen Langobarden unter Alboin erobert. Ihr Interesse war es, dass die ihnen untergegebenen Lateiner mit Kaiser und Pabst verfeindet blieben, und dessbalb genossen die Gegner der 3 Kapitel einen gewissen Schutz von ihrer Seite. Als mit Theodelinde eine entschiedene Katholikin Königin wurde, versuchte Gregor der Grosse, dem es in Venetien eben schlecht geglückt war, im Jahre 593 zuerst durch gerades Vorgehen (Briefe IV 2/3) Theodelinde zur Anerkennung des 5. Konzils zu bringen, dann aber schlug er den vorsichtigen Umweg ein, indem er nur seinen festen Glauben an das 4. Konzil betheuerte (Briefe IV 38/39). So wurde am Königshof und in der ganzen Lombardei durch kluges Nachgeben bis etwa zum Jahr 600 das Ziel erreicht, dass der Widerstand gegen das 5. Konzil vergessen wurde.

In dem östlichen Theile Oberitaliens ging es ganz anders und noch 100 Jahre lang wurde hier der Streit um das 5. Konzil als Waffe für politische Kämpfe benutzt. Die Langobarden hatten 568 den westlichen Theil des Erzbisthums Aquileja besetzt; der Erzbischof Paulus war mit dem Kirchenschatz nach Grado, also auf kaiserliches Gebiet, geflohen, und dort blieb nicht nur er, sondern auch alle seine Nachfolger. So stand der westliche Theil dieses Erzstiftes unter langobardischer, der östliche unter kaiserlicher Herrschaft. Beide Theile waren Gegner des 5. Konzils. Dieser Widerstand wurde leidenschaftlich, als der Erzbischof Severus (586—607) zuerst in Ravenna streng behandelt oder misshandelt und dann wieder 591 von Gregor, der hier zuerst die Gegner der 3 Kapitel anfassen wollte, nach Rom geladen worden war. Damals schrieben die Bischöfe des ganzen Erzbisthums Aquileja an den Kaiser; allein der Kaiser erhielt nicht ein gemeinsames Schreiben, sondern 2: unam episcoporum civitatum et castrorum, quos Langobardi tenere dinoscuntur, aliam Severi, Aquileiensis episcopi, aliorumque episcoporum, qui cum illo sunt (Monumenta, Epistolae Gregorii I 16[b]), d. h. es schrieben gesondert die unter langobardischer und die unter kaiserlicher Herrschaft stehenden Bischöfe. Die ersteren drohen geradezu: nullus plebium nostrarum ad ordinationem Aquileiensis ecclesiae post hoc patietur accedere .. et dissolvetur metropolitana Aquileiensis ecclesia sub vestro imperio constituta, per quam ecclesias in gentibus possidetis (ebenda epist. I 16 S. 20). Für dieses Mal gebot der Kaiser dem Pabst, die Aquilejer in Ruhe zu lassen (ep. I 16[b] und II 45).

Doch im Ganzen wollten ja der Kaiser und der Pabst dasselbe, und so war es natürlich, dass der östliche, kaiserliche Theil des Erzbisthums doch bald bekehrt wurde. Als Severus 607 starb, wurde ein entschiedener Anhänger des 5. Konzils Erzbischof in Grado. Die Bischöfe des westlichen, langobardischen Theils konnten längst unzufrieden sein, dass ihr Erzbischof, statt mit ihnen Leiden und Freuden der Langobardenherrschaft zu theilen, samt dem Kirchenschatz[1]) in dem kaiserlichen Grado sitzen blieb. Die kirchliche Zugehörig-

1) Solche Gedanken scheinen schon 628 den Fortunat beherrscht zu haben. Denn der gradenser Patriarchenkatalog (bei Monticolo, Cronache Veneziane 1890 S. 10 und Scriptores rerum Lan-

keit ihrer Sprengel zu einem griechischen Erzbisthum war unnatürlich und die Trennung wurde von den Langobarden gewiss begünstigt: der schon 591 angekündigte Schritt wurde also jetzt, 607, von ihnen gethan und ein eigener Erzbischof für den langobardischen Theil des Erzbisthums gewählt[1]), welcher wahrscheinlich damals, um gegen Rom und Konstantinopel selbständiger zu sein, den hohen Titel 'Patriarch von Aquileja' annahm. Wie die politische, so war jetzt auch die kirchliche Herrschaft der alten Diöcese Aquileja getheilt, welche Theilung dann über 1000 Jahre bestand und wiederum alle politischen Vereinigungen überdauerte. Diese politische und kirchliche Trennung des alten Erzbisthums Aquileja wurde durch die dogmatische Grenzmauer, die Anerkennung oder Verwerfung des 5. Konzils, markirt. Das ist der Grund, wesshalb diese Grenzmauer so lange aufrecht erhalten wurde. Denn wenn heute der langobardische Theil des Erzbisthums Aquileja das 5. Konzil anerkannte, so musste doch logischer Weise die Erzdiöcese wieder vereinigt werden: allein Aquila-Grado hatte stets treu zum Pabst, die Bischöfe des neu-gegründeten Aquileja treu zu den Langobarden gehalten, und Kaiser wie Langobardenkönig mussten dagegen sein, dass ihre Unterthanen zu einem auswärtigen Erzbisthum gehörten. Diese sehr realen politischen Gründe hielten die innerlich längst unbedeutende Kirchenspaltung so lange aufrecht, bis die Betheiligten, vor Allen der Pabst, einsahen, die Trennung des alten Erzbisthums Aquileja sei nicht mehr rückgängig zu machen. Anderseits hatte der Pabst zwar auf dem Konzil zu Konstantinopel im Jahre 682 noch einen Sieg errungen, indem sogar der Patriarch von Konstantinopel sich unterwarf; allein auf dem Konzil zu Konstantinopel im J. 692 wurde schon der offene Kampf der Griechen gegen die Herrschaft des Pabstes und der lateinischen Kirche begonnen, und es wurde klar, dass der Pabst mit dem Westen Europas Frieden haben müsse, wenn er in dem grossen Kampfe mit dem Osten siegen wolle.

So ergab sich die Regelung der aquilejischen Wirren. Die Hauptsache war, ob der P a b s t das Bestehen des neuen, langobardischen Erzbisthums Aquileja de jure anerkannte. Dies muss der schwierigste Theil der Verhandlungen gewesen sein. Die Langobardenkönige waren für die Anerkennung ihres Bisthums

---

gob. S. 394) berichtet in cap. 5: Fortunatus quidam hereticus pontificatum arripuit; qui quintam synodum minime credens, . . totam aecclesiam Gradensem metropolitanam denudans in auro et vestibus vel ornamento, simul et ecclesias baptismales provinciae Ilysteriae et xenodochia . ., fugam in Longobardiam petiit, apud castrum Cormones super civitatem Aquilejam miliario XV. Auch der Pabst *Honorius* will nicht ablassen vom Langobardenkönig 'res, quascunque secum aufugiens abstulisse monstratur, expetere et repetere'. Und aus etwas späterer Zeit, um 660, erzählt Paulus Diaconus (Hist. Langob. V 17) vom Friauler Herzog Lupus 'in Grados insulam cum equestri exercitu per stratam, quae antiquitus per mare facta fuerat, introivit et . . Aquileiensis ecclesiae thesauros exinde auferens reportavit'. Noch Poppo (1019—1044) will das alte Unrecht gut machen (vgl. De Rubeis, Monumenta, Append. S. 10).

1) *Paulus, hist. Langob. IV 33* defuncto Severo patriarcha ordinatur in loco eius Johannes abbas patriarcha in Aquileja vetere cum consensu regis et Gisulfi ducis; in Gradus quoque ordinatus est Romanis Candidianus antistes. . . Et ex illo tempore coeperunt duo esse patriarchae.

sehr interessirt, desshalb übernahmen sie die Vermittlerrolle. Der Diacon Thomas, welchen schon vorher der Bischof Damian mit unangenehmen Botschaften zum Alachis gesendet hatte (Paulus Hist. Langob. V 38), war auch bei diesen Verhandlungen betheiligt. Die Schlussverse seiner Grabschrift (Troya IV, 3 S. 44 und de Rossi Inscr. II 171):

Errore veteri diu Aquileia caeca
diffusam caelitus rectam dum renueret fidem:
aspera viarum ninguidosque montium calles
calcans indefessus glutinasti prudens scissos

kann ich nicht verstehen von Reisen aus Pavia nach Aquileja und Umgegend, wohl aber von Reisen aus Pavia über den winterlichen Apennin nach Rom. War vom Pabste das Fortbestehen des langobardischen Erzbisthums zugestanden, dann konnten die theologischen Parade-Verhandlungen in Pavia und Rom vor sich gehen. Das Ergebniss all dieser Verhandlungen lässt sich in die Worte fassen: die Vereinigung der Kirchen hat die Spaltung des Patriarchats sanctionirt.

Nur so kann ich die Verhältnisse und die Berichte ausdeuten. Die Sache ist wichtig; denn hier liegt der dunkelste Punkt in der Geschichte des aquilejischen Patriarchats. Die Gründe sind also kurz folgende: der langobardische Erzbischof, den Paulus Diaconus stets Patriarch nennt, war vorhanden; nach dem Gedicht des Stefanus und dem Liber Pontificalis fanden unter Cunincbert und Sergius Verhandlungen statt, in Folge deren die Aquilejer sich wieder an den Pabst anschlossen; das langobardische Patriarchat besteht ruhig weiter: also muss es damals vom Pabste anerkannt worden sein.

Es wäre sehr wichtig, die politischen Verhandlungen und Abmachungen zu kennen, unter welchen das Fortbestehen des langobardischen Patriarchats neben dem gradenser vom Pabst gestattet worden ist: allein es fehlen alle Nachrichten. Der Pabst scheint sich auf die Duldung des Unvermeidlichen beschränkt zu haben. Er muss gewünscht haben, die Rechte des langobardischen Stiftes möglichst zu beschränken und die des gradenser möglichst zu wahren[1]): allein der Langobardenkönig hat jedenfalls das Gegentheil erstrebt, und so scheint eine feierliche Regelung der Rechtsverhältnisse unterblieben zu sein. Das ist die Quelle vielen Unheils geworden.

---

1) Es ist natürlich, dass dieser Theil der Verhandlungen dem Pabst unangenehm war, ebenso die Leute, welche die Ursache dazu waren. Vielleicht deutet darauf auch Magister Stefanus. In seinem recht überlegt geschriebenen Gedicht wird der Empfang der Gesandten des Königs geschildert mit den warmen Worten 'gaudens recepit Thomam Christi ministrum, Theodoaldo simul legum peritissimum': dagegen der Empfang der Aquilejer mit der trockenen Bemerkung 'aderant quoque Aquileienses pariter'. Auch noch in den Schreiben Gregor's II. und III. (715—741) ist der Ton gegen den antistes Foroiuliensis stets wenig liebenswürdig.

II. Das gefälschte Schreiben des Pabstes Gregor III. über die roemische Synode von 731.

(**Die roemische Synode von 731**)[1]. Um 727 begann der Kampf des griechischen Kaisers Leo gegen die Bilder Gottes und der Heiligen. War schon der Pabst Gregor II. dem Kaiser entgegen getreten, so that dies nicht minder sein Nachfolger Gregor III (731—741). Bereits im Jahre 731 hielt er eine Kirchenversammlung in Rom, über welche der Liber Pontificalis (Duchesne I 416) berichtet: maiore fidei ardore permotus synodale decretum cum sacerdotali conventu quoram sacrosancta confessione sacratissimi corporis beati Petri apostoli, residentibus cum eodem summo et venerabili papa archiepiscopis id est Antonino Gradense archiepiscopo Johanne archiepiscopo Ravenne cum ceteris episcopis istius Sperie partis numero [XCIII] seu presbiteris sanctae huius apostolicae sedis, adstantibus diaconibus vel cuncto clero, nobilibus etiam consulibus et reliquis christianis plebibus stantes (statuit?), ut si quis deinceps antiquae consuetudinis apostolicae ecclesiae tenentes fidelem usum contemnens, adversus eandem venerationem sacrarum imaginum, videlicet dei et domini nostri Jesu Christi et genitricis eius semper virginis immaculate atque gloriosae Mariae beatorum apostolorum et omnium sanctorum, depositor atque destructor et profanator vel blasphemus extiterit, sit extorris a corpore et sanguine domini nostri Iesu Christi vel totius ecclesiae unitate atque conpage. Quod et subscriptione sua solemniter firmaverunt et inter cetera instituta probabilium praecessorum orthodoxorum pontificum annectenda sanxerunt.

Die Bischöfe haben zwar ausdrücklich die Eintragung des Beschlusses in die Sammlung der rechtsgiltigen Verordnungen beschlossen[2], allein von diesem Beschlusse selbst ist uns Nichts erhalten. Dagegen wollen nicht weniger als 2 Nachrichten uns von andern Verhandlungen derselben Synode berichten.

Erstlich schreibt Mansi (Concil. XII 302): *Ad hoc idem concilium pertinent*

1) Im Folgenden citire ich öfter: Johannes Diaconus, Chronicon Venetum, nach der Ausgabe von Monticolo in Cronache Veneziane antichissime 1890 = Fonti per la storia d'Italia no. 9; dann als Patriarchen-Katalog jenes kurz nach 1045 abgeschlossene Verzeichniss der gradenser Patriarchen (mit Abschrift oder Regesten von Urkunden und einigen Stellen aus Paulus Diaconus), welches in den Scriptores rerum Langobardicarum 1878 S. 392—397 als Chronica patriarcharum Gradensium und bei Monticolo, Cronache Veneziane S. 5—16, als Chronica de singulis patriarchis Novae Aquileiae gedruckt ist; dann das Chronicon Gradense, eine Veneziatner-Gradenser Urgeschichte, an welche der Anfang des Patriarchenkatalogs geschoben oder geschrieben ist, gedruckt bei Monticolo, Cronache S. 19—48—51. Hie und da citire ich Andreae Danduli Chronicon, gedr. bei Muratori, Scriptores XII 1728 Sp. 9—524; Monticolo, I manoscritti e le fonti della cronaca del Diacono Giovanni, im Bullettino dell' Istituto storico Italiano no. 9 (1890) S. 37—328.

2) Bencini vergleicht diese für die Geschichte der Canonistischen Sammlungen wichtige Stelle mit jener im Leben des Pabstes Leo IV. (§ 545): quae etiam capitula, ut in futurum ab omnibus illibata serventur, post caetera decreta pontificum in sanctis canonibus iussit ascribi, quatenus omnes episcopi huius auctoritatis exemplum ante oculos habeant.

ea, quae in epitome Chronicorum Casinensium sub ementito Anastasii bibliothecarii nomine vulgavit Muratorius (Scriptt. rer. Ital. II, I 357). Sed de veritate eorum, quae ibidem narrantur, vadem me nequaquam constituo. Ita vero scriptor ille: Gregorius III. zelo s. religionis 'permotus synodali decreto cum sacerdotali conventu coram sacrosancta confessione sacratissimi corporis B. Petri apostolorum principis residentibus cum eodem summo et venerabili papa Antonino Gradensi archiepiscopo necnon Johanne Ravennatensi archiepiscopo' et aliis 'XCIII episcopis seu presbyteris s. apostolicae sedis, astantibus' quoque 'diaconibus et cuncto clero et nobilissimis etiam consulibus et' omni Romano populo, statutum est: 'Ut si' Aurelianenses et Cenomannenses sanctas reliquias, quas eatenus retinuerant, reddere 'contemnerent', 'essent exortes a corpore et sanguine Christi et totius ecclesiae unitate atque compage'. 'Post peractum igitur hoc constitutum misit scripta commonitoria pro' requirendis sacrosanctis reliquiis, 'quae similiter, ut' reliquorum antecessorum suorum contempta sunt. *Agitur hic de restitutione sacrarum reliquiarum S. Benedicti et Scholasticae, quas in Gallias sublatas historicus hic in superioribus narraverat.*

Darnach wird dieser Synodalbeschluss oft erwähnt, z. B. von Hefele III² S. 406, bei Jaffé Reg. no. 2233ᵃ, J. Langen Geschichte der roem. Kirche II 619: Mansi folgend, bezweifeln sie alle die Echtheit dieser Nachricht. Ich habe Mansi's Worte in ihrer ganzen Breite ausgeschrieben, damit man die grobe Fälschung klar sehe und endlich von diesem Bericht nicht mehr spreche: Alles, was ich mit ' ' drucken liess, ist wörtlich aus dem Liber pontificalis §. 192 und aus dem Anfang des §. 193 ausgeschrieben.

Dagegen glaubte man in unserm Jahrhundert einen andern echten und trefflichen Bericht über einen Beschluss dieser römischen Synode von 731 gefunden zu haben. Hormayr veröffentlichte 1808 im Historisch-statistischen Archiv für Süddeutschland II S. 209—213 ein langes Schreiben Gregor's III., worin jene römische Synode und der Pabst nebenbei auch noch einen Streit zwischen den Erzbischöfen von Grado und von Aquileja über die Rechte ihrer Aemter und über den Umfang ihrer Sprengel schlichten. Dieser lange lebendige Bericht passte inhaltlich trefflich zu dem Einladungsschreiben Gregor's III. zu dieser Synode (Jaffé 2232, Mon. Epist. III 703) und zu andern Schreiben Gregor des II. Also haben Kandler, Codice diplomatico Istriano, zum Jahr 732 und Mon. Epist. III 704 dieses Schreiben gedruckt, Jaffé unter no. 2234, J. Langen, Geschichte d. röm. Kirche II S. 619 und Monticolo im Bullettino dell'Istituto storico Italiano IX 1890 S. 179 und 181, dann in Fonti per la storia d'Italia IX 1890 S. 6 es als echt registrirt und verwerthet (Hefele III² S. 406 scheint es übersehen zu haben); überliefert ist es durch eine Abschrift des 12. Jahrhunderts (im Veneziner Archiv: Atti diplomatici restituiti dal Governo Austriaco no. 140).

Dieses lange Schreiben scheint ein weisser Rabe unter den vielen langweiligen Pabstschreiben zu sein. Jene wiederholen meistens, ganz oder zum Theil, nur die Sätze des Formelbuchs, des Liber diurnus, und höchstens bieten eingesetzte Namen oder Sätze etwas Neues: dagegen hier wird in lebhafter Sprache eine dramatische Scene geschildert. Auf jener römischen Synode habe der Erzbischof von Grado, Antoninus, dem Erzbischof Serenus von Foroiulii Einbruch in seine Erzdiözese vorgeworfen und den Urtheilsspruch der Synode angerufen; da habe Antoninus einen vom Pabst Pelagius bestätigten Synodal-Beschluss vorgelegt, wodurch die Verlegung des Sitzes von Aquileja nach Grado, Neu-Aquileja, beschlossen war; dagegen Serenus habe nur ein Schreiben Gregor's II. vorlegen können, worin er daran erinnert wurde, er sei nur unter der Bedingung geweiht worden, dass er nie Ansprüche auf Theile des gradenser Erzbisthums erhebe. So hätte Serenus abgesetzt werden können, doch habe der Pabst dem Reuigen verziehen. Dagegen bestimmt der Pabst nach dem Beschluss der roemischen Synode, dass der Patriarch Antonin von Neu-Aquileja, d.h. von Grado, und seine Nachfolger zu allen Zeiten Primas von ganz Venetien und Istrien sein solle, dagegen 'Foroiulensem antistitem Serenum suosque successores Cormonensi castro, in quo ad praesens cernitur sedere in finibus Langobardorum, solummodo semper esse contentos'. Dem Text folgen die Unterschriften von vielen Bischöfen, Presbytern und Diakonen.

Das Verblüffendste an diesem Aktenstücke sind die zahlreichen Unterschriften; diese verrathen aber auch auf das Deutlichste den ganzen Betrug. Es ist eben nicht das beste Zeugniss für die Geschichtsforschung unseres Jahrhunderts, dass Niemand gesehen hat, dass die ganze lange Liste, mit Ausnahme weniger eingeschobener Namen, und das genau in derselben Reihenfolge abgeschrieben ist aus einem bekannten Aktenstück, den Beschlüssen der römischen Synode von 721 (Mansi XII 262). Diese nimmt in den Handschriften der reinen Hadriana den augenfälligen letzten Platz ein (Maassen, Quellen I S. 448) und desshalb ebenso im Druck, z. B. bei Migne Bd. 67 S. 342. Hieraus können grobe Schreibfehler in der Fälschung verbessert werden; z. B.

Maiorinus episcopus sancte ecclesiae Hispanie (*) subscripsi. Vinderedus episcopus sancte ecclesie Polimartii (*) subscripsi.

Mansi: Maiorinus ep. eccl. Polimartii subscripsi. Sinderedus (s. Hefele III² S. 362) episcopus ex Hispania huic constituto a nobis promulgato subscripsi.

Sedulus episcopus de genere Scotorum subscripsi. Sergastus episcopus huic constituto a nobis promulgato subscripsi.

Mansi: Sedulius ep. Britanniae de genere Scotorum huic constituto a nobis promulgato subscripsi. Fergustus episcopus Scotiae Pictus huic constituto a nobis promulgato subscripsi (vgl. Bellesheim, Geschichte der kath. Kirche in Irland I 1890 S. 115).

Dieser Nachweis allein genügt schon, die grobe Fälschung klar zu legen. Wer diese Fälschung im Einzelnen kennen lernen will, der mag noch die folgenden Ausführungen lesen.

Veranlassung und Zeit der Fälschung.

(Unklarheit der Rechtsverhältnisse). Die im Jahre 607 eingetretene und um 695 sanctionirte Trennung des alten Erzbisthums Aquileja in 2 Theile war eine Folge der politischen und religiösen Vorgänge in Oberitalien im 6. und 7. Jahrhundert, allein unnatürlich war doch die zu enge Nachbarschaft zweier Erzbisthümer. Das Erzbisthum des Friaul kam besonders zu Ansehn unter Paulin, dem von Karl dem Grossen begünstigten Dichter und Bischof, und, nachdem die Drau als Grenze gegen das Erzbisthum Salzburg festgesetzt war, hatte es seine Kraft besonders in den Alpen; die Patriarchen waren kaiserlich gesinnt und zum Theil vornehme Deutsche. Grado dagegen wurde mehr und mehr die Puppe in der Hand der Venetianer; sein Stützpunkt war hauptsächlich das Küstenland und die Patriarchen waren zum grössten Theile Söhne vornehmer venezianer Familien. Zwischen den beiden Stiften herrschte zu allen Zeiten Zwietracht, die oft zu heftigen Kämpfen führte. So waren zwei kräftige Gegner der Aquilejer Maxentius und der Gradenser Venerius, deren Streit das Konzil in Mantua 827 beschäftigte. Noch gewaltigere Gegner waren der Aquilejer Poppo, ein kräftiger Deutscher und Parteigänger Konrad des II., aber hoch begeistert für die Macht und den Glanz seines Bisthums Aquileja, anderseits der Gradenser Ursus, der Bruder und zeitweise Vertreter des Venezianer Dogen.

In solchen Streitigkeiten handelte es sich meistens zunächst um einzelne Rechte oder Besitzungen, und gefochten wurde meistens mit Soldaten mit Gunst oder Geld. Allein es handelte sich doch auch um höhere Güter: das aquilejer Bisthum war ja durch seinen Zusammenhang mit Marcus allen andern vorangestellt und das erste nach Rom, dann stand ihm aus ältester Zeit die geistliche Herrschaft in Venetien und in Istrien zu; die Frage war nun, ob diese Rechte an Aquileja-Foroiulii (d. h. Cividale, seit 733 dem gewöhnlichen Wohnsitz der Patriarchen) oder an Aquileja-Grado geknüpft seien.

Um diese Frage zu entscheiden, brauchte man geistige Waffen: Urkunden, Geschichtswerke oder Aehnliches. Aber gerade damit stand es schlecht. Dass vor den einbrechenden Langobarden um 568 der Erzbischof Paulus aus dem alten Aquileja nach Grado geflohen sei, das stand aus Paulus Diaconus fest. Unklar ist, was Paulus Diaconus (III 26) über den Dreikapitelstreit in Grado um 589 berichtet. Vollends das wichtigste Ereigniss, die Spaltung des éinen Erzbisthums in zwei um 607, wird von Paulus (IV 33) also geschildert: His diebus defuncto Severo patriarcha ordinatur in loco eius Iohannes abbas patriarcha in Aquileia vetere cum consensu regis et Gisulfi ducis. In Gradus quoque ordinatus est Romanis Candidianus antistes . ., Candidiano quoque defuncto aput Grados ordinatur patriarcha Epiphanius . . ab episcopis qui erant sub Romanis. Et ex illo tempore coeperunt duo esse patriarchae. Dass jener langobardische Patriarch 607 im Gegensatz zum Pabst gewählt wurde, dass alle die in Aquileja zunächst folgenden Patriarchen Schismatiker waren, das verschweigt der Langobarde Paulus Diaconus. Den Rücktritt der Schismatiker zum Pabst kennt er gar nicht; er selbst weiss nicht, was er (VI 14) mit den aus Beda abgeschriebenen Worten berichtet: 'Hoc tempore sinodus Aquileiae facta ob imperitiam fidei quintum universalem concilium suscipere diffidit, donec salutaribus beati papae Sergii monitis instructa et ipsa huic cum ceteris Christi ecclesiis annuere consentit', als ob etwa 695 auf einer Synode nur vorübergehende Glaubensstreitigkeiten vorgekommen seien. Die Patriarchenreihe von Aquileja berichtet er ruhig weiter, ohne um Schisma oder um Grado sich zu bekümmern; so VI 33 mortuo Petro regimen Aqu. ecclesiae suscepit Serenus; VI 45 apud Foroiuli sublato e rebus humanis patriarcha Sereno, Calistus . . adnitente Liutprando principe Aquileiensem ecclesiam regendam suscepit. Damit stehen wir aber schon in der Zeit, wo auch der langobardische Patriarch in Aquileia vom Pabst anerkannt ist und das geweihte Pallium empfängt.

Paulus war für die Urgeschichte der Patriarchate Aquileja und Grado den Meisten die einzige, den Andern weitaus die bedeutendste Autorität; desshalb ist nicht zu wundern, wenn Niemand später sich dessen bewusst war, dass das langobardische Patriarchat von 607 eigentlich eine schismatische Neugründung sei und dessen Patriarchen bis um 695 nur vom Pabst getrennte und nicht anerkannte Schismatiker gewesen seien. Die von mir in dem ersten Abschnitt besprochene Zeit des Ueberganges war vollkommen im Dunkel. Der Langobardenkönig hatte offenbar verhindert, dass sein aquilejischer Patriarch irgendwie hinter dem in Grado residirenden kaiserlichen zurückgesetzt wurde. So war das Rechtsverhältniss der beiden Erzstifter nicht klar festgesetzt worden. Zwei zufälliger Weise erhaltene Schreiben werfen darauf ein Licht. Zuerst war 723 der langobardische Patriarch Serenus, bald darauf sein Nachfolger Calixtus von dem gradenser Patriarchen beim Pabst verklagt worden wegen Eingriffe in die Rechte und Besitzungen des gradenser Stifts. Da schreibt Gregor II. 723 — also etwa 30 Jahre nach der Anerkennung des langobardischen Patriarchats — an den Serenus (Mon. Epist. III 699 und Bulletino dell' Ist. stor. ital. no. 9 S. 181): *precibus eximii filii nostri regis flexi . . pallium tibi dreximus interdicentes et inter cetera, ne umquam aliena iura invaderes aut temeritatis ausu usurpares iurisdictionem cuiusquam, sed in his esses contentus, quae usque hactenus possedisti*, dann an die Gegner des Serenus (Mon. Epist. III 700) *ei concessum pallium sub hac esse conditione, dilectissimi, sciatis*; und vielleicht 10 Jahre später schreibt Gregor III. an Calixt (Mon. Epist. III 707) *dilectionem tuam . . pallii promeruisse benedictionem; commonitum te quoque, ut in sanctae nostrae ecclesiae scrineis testantur volumina, fuisse, ne umquam auderes tu vel tui futuri successores aliena invadere iura aut temeritate qualibet illicita penetrare* (*perpetrare*?). Daraus folgt, dass diese Päbste bei der Uebergabe des Palliums an den aquilejer Patriarchen eine scharfe Warnung, fremde Rechte nicht zu verletzen, hinzuzufügen pflegten; selbst diese Warnung lautete nur allgemein und erwähnte nicht ausdrücklich das gradenser Erzstift. Die Hauptsache ist, dass schon um 730 im päpstlichen Archiv trotz Suchens kein Schriftstück zu finden war, worin die Rechtsverhältnisse beider Patriarchate fest bestimmt gewesen wären. Es waren also — diesen Schluss müssen wir machen — auch 30 Jahre vorher bei der Anerkennung des langobardischen Patriarchats vom Pabst in keiner Weise jene Rechtsverhältnisse schriftlich bestimmt worden.

Selbst die eben genannten Drohbriefe der beiden Päbste Gregorius lagen bis ins 10. Jahrhundert unbeachtet in einem Winkel des gradenser Archivs. Desshalb müssen wir sagen: seit etwa 750 fehlte jede Sicherheit, welches der beiden Patriarchat die Vorrechte des alten aquilejischen Erzbisthums zu beanspruchen habe. Diese Rechtsunklarheit hat jene nie endenden Streitigkeiten veranlasst. Da klare Beweise fehlten, so stützte man sich bald auf diese bald auf jene Thatsache, oder man benützte diese oder jene Notiz, um darauf Theorien aufzubauen. Die Thatsachen sprachen nun sehr für die Langobarden. Ihr Patriarchat trug den Namen Aquileja und die Stadt Aquileja lag in seinem Sprengel: dieser leuchtenden Thatsache gegenüber konnten keinerlei sichere Urkunden oder Berichte angeführt werden.

Bei dieser Rechtsunsicherheit begreift es sich, dass die istrischen Bischöfe das vom griechischen Kaiser schwach unterstützte gradenser Patriarchat verlassen und dem mächtigen und von den langobardischen, dann von den fränkischen Königen und Kaisern begünstigten langobardischen Patriarchat sich anschliessen wollten. Hierum drehte sich oft der Streit. So schon um 770 (vgl. die Briefe des Pabstes Stephanus III. und des gradenser Patriarchen Johannes in Mon. Epist. III 715), dann noch entschiedener nach 800 [1]).

Die Rechtstheorie der Aquilejer [2]).

Paulin war von Karl dem Grossen begünstigt und, wie er von Aquileja seinen Beinamen erhielt, so hat er zuerst dem Patriarchat Glanz verliehen. Doch war er mehr ein Gelehrter und Dichter, und das ihm zugeschriebene Gedicht über Aquileja's Schicksal (zuletzt in Monumenta, Poetae aevi Karolini I S. 142) passt in Form und Inhalt zu seiner Art: mit Benützung des Jordanes (cap. 42) wird lyrisch geschildert, wie das grosse und glänzende Aquileja von Attila zerstört worden sei, wie jetzt nur einige Hütten dort stehen und in den Kirchen Füchse und Schlangen hausen. Die Absicht diesen Zustand zu ändern (Paulin selbst residirte nur in Foroiulii) wird in keiner Weise ausgesprochen, ja das Gegentheil verkünden die Worte 'iaces pressa ruinis, numquam reparabilis tempus in omne'.

Sein Nachfolger Maxentius war kein Dichter, aber klug und thatkräftig. Karl der Grosse schreibt am 21. Dez. 811 'Maxentius patriarcha . . sedem quae in Aquileja civitate priscis temporibus constructa fuerat et ob metum vel perfidiam Gothorum et Avarorum seu ceterarum nationum derelicta et destituta hactenus remanserat, cum nostro adiutorio construere atque reparare ad pristinum honorem expetit' (De Rubeis, Monumenta ecclesiae Aquil. Sp. 402).

Doch Maxentius ging weiter. Er fühlte sich durchaus als Nachfolger des Apostels Marcus und des Hermagoras, wie auch seine Kirche von den Kaisern genannt wird mater ecclesia S. Marci evangelistae et S. Hermagorae martyris et pontificis. Da stand ihm der Patriarch von Grado mit den gleichen An-

1) Johannes Diaconus, Chronikon (S. 111 bei Monticolo, Cronache Veneziane, 1890): Istrienses episcopi, qui consecrationis donum a Gradensi patriarcha more solito recipiebant, Aquilegensi metropolitano, Longobardorum regis virtute coacti, sese subdiderunt.

2) Vgl. besonders Ughelli, Italia sacra, V 1720 Sp. 1—142, und De Rubeis, Monumenta ecclesiae Aquilejensis 1740.

sprüchen entgegen. Der Streit zog sich durch mehrere Jahre. Endlich erfocht Maxentius auf der grossen Synode zu Mantua 827 einen glänzenden Sieg (Acta bei Mansi XIV 494 und De Rubeis Sp. 414).

Hier ist die Theorie ausgesprochen, welche die Patriarchen von Aquileja während des ganzen Mittelalters verfochten haben. Von dem Apostel Marcus und von Hermagoras gegründet, sei Aquileja stets discipula und vicaria Rom's gewesen; Paulus sei nur vor den Langobarden nach Grado, einer befestigten Sommerresidenz der aquilejer Patriarchen, geflüchtet (ad Gradum insulam, plebem suam; auch castrum Gradus genannt), durchaus nicht in der Absicht, dorthin seinen kirchlichen Sitz zu verlegen. Dann seien Probinus, Helias und Severus dort geblieben. *Defuncto Severo ordinatur loco eius Iohannes patriarcha eo tempore, quo Agilulphus rex Longobardorum regnabat; in Gradu quoque ordinatus est haereticus Candidianus.* Das ist Alles aus Paulus Diaconus genommen. Der Zusatz *haereticus* bezieht sich nicht auf den Dreikapitelstreit, von dem Paulus kaum spricht und an den hiebei nie ein aquilejer oder gradenser Geschichtschreiber gedacht hat, sondern auf die Ausdeutung der Worte des Paulus. Sagt dieser IV 33 'ex illo tempore coeperunt duo esse patriarchae', so sagt unser Aquilejer 'hic enim Candidianus nec per consensum comprovincialium episcoporum nec in civitate Aquileia, sed in dioecesi et plebe Aquileiensi Gradus, quae est perparva insula, contra canonum statuta et sanctorum patrum decreta ordinatus est' und 'Candidianus hanc divisionem cum Graecis, qui Histriam tenebant, gessit'. Dazu wurden gegen Candidianus gerichtete Stellen aus einem Schreiben des langobardischen Patriarchen Johannes an seinen König von 607 citirt (vgl. auch Monum. Epist. III S. 693): die Istrier und ihre Bischöfe seien damals von ihren Herren, den Griechen, gezwungen worden, dem Candidianus sich unterzuordnen.

Es wird dann von der Synode anerkannt, dass Gradus nur eine plebs, eine Gemeinde, von Aquileja sei; dass Aquileja immer domina Gradensium gewesen sei, dass das alte Erzstift gegen die kirchlichen Gesetze getheilt sei und Aquileja für alle Zeiten prima et metropolis bleibe, dass also auch die Istrier ihm untergeben seien.

Wir haben jetzt allerdings durch sorgfältige Vergleichung aller Nachrichten erkannt, dass vom Standpunkt des Kirchenrechts aus diese hauptsächlich auf dem Schreiben des Patriarchen Johannes aufgebaute Darstellung der Ereignisse unrichtig ist; allein damals sah Niemand klarer und konnte Niemand klarer sehen, und es ist ungerecht, der Mantuaner Synode absichtliche Verdrehung der geschichtlichen Wahrheit vorzuwerfen. Es ist ja charakteristisch, dass im Mittelalter auch nicht die heftigsten Feinde Aquileja's die Irrgläubigkeit der aquilejer Erzbischöfe nach Severus bis zur Wiedervereinigung mit Rom hervorgehoben haben; es hat sie eben Niemand gekannt.

Die in Mantua gebilligte Theorie der Aquilejer ist die Grundlage ihrer späteren Erklärungen geblieben: 'etiam de Gradensi plebe proclamavit' ist in den aquilejer Annalen das Prädikat manches Patriarchen. Zunächst erkannte nach mehreren Verhandlungen Ludwig II. am 30. Oct. 854 die Beschlüsse der mantuaner Synode vollständig an (freilich mit dem nahe liegenden Fehler, dass hier der Patriarch Paulus vor Attila flieht); die aquilejer Rechtstheorie wird ergänzt durch einen Vergleich Aquilejas und Grado's mit Mailand und Genua: wie der Patriarch Paulus nach Grado, so sei damals auch der mailänder Erzbischof nach Genua geflohen; allein post redditam pacem Mediolanensis ecclesia pristinam recuperaverat dignitatem et Januensis episcopus sub Mediolanensi in suffraganei ordine manserat: ebenso sei der Stuhl des Erzbischofs von Aquileja nur vorübergehend in Grado gewesen, von Paulus bis Severus. Das blieb der Standpunkt der Aquilejer Patriarchen.

Verdächtig ist das bis jetzt nur aus jungen Handschriften (vgl. Kehr in Göttinger Nachrichten 1896 S. 280) bekannte Privileg Leo's VIII. vom Jahr 963 für den Patriarchen Rodoaldus (Jaffé 3701): von der vollständigen langen Formel des Liber diurnus no. 45 de usu pallii (S. 32—35 Sickel) ist nur der vorletzte Satz weggelassen und an seine Stelle gesetzt die Erklärung, 1) dass das alte von dem h. Petrus dem Hermagoras übergebene (contraditum) Privileg für Aquileja, welches die heidnischen Feinde verbrannt hätten, durch das gegenwärtige ersetzt werden solle; 2) volumus, ut inter omnes Italicas ecclesias dei sedes prima post Romanam Aquileiensis habeatur; 3) dass die künftigen Erzbischöfe nur aus Angehörigen der Aquilejer Kirche gewählt werden dürften.

Fast plumb erscheint diese Erfindung eines Stiftungsbriefes, den der h. Petrus selbst ausgefertigt hatte und der dann verbrannt war. Die Anerkennung des Stuhls als des ersten nach Rom stimmt freilich mit der Einleitung der mantuaner Beschlüsse, ist aber auch stets das Ziel der stolzen und mächtigen Patriarchen Aquileja's gewesen [1]).

Diese Theorie war gegen die Patriarchen von Grado gerichtet. Ja, die mächtigen Aquilejer wollten ihre zu Mantua anerkannte Theorie, dass Grado eine von den Aquilejern angelegte Sommerresidenz, also nur eine Besitzung (plebs, castrum) von Aquileja sei, oft zur Wirklichkeit machen: sie suchten sich des Ortes selbst mit Waffengewalt zu bemächtigen. Allein mehr und mehr wurde Grado von den Venezianern als ihre heimathliche geistliche Oberbehörde angesehen, und mit der Macht Venedigs wuchs auch der Schutz, den Grado genoss: in den Jahren 880 und 944 musste der aquilejer Patriarch dem Dogen versprechen, seine Soldaten nie wieder Grado belästigen oder betreten zu lassen.

Im Jahre 1019 kam Poppo auf den Patriarchenstuhl, der eifrigste Vertreter der Ansprüche Aquileja's, mehr noch als einst Maxentius. Er war ein vornehmer Deutscher, ein kriegstüchtiger Mann und eifriger Anhänger des Kaisers; zugleich schwärmte er für den Ruhm seines Patriarchats. Zunächst setzte er ins Werk, was schon Maxentius gewollt hatte; er erbaute und schmückte den prächtigen Dom, der noch jetzt die Zierde des einsamen Aquileja ist, und vermehrte das Domkapitel auf 50 Geistliche. Als dann Venedig durch innern Auf-

1) Prof. Kehr ist der Ansicht, alt sei nur der Theil, welcher aus dem Liber diurnus genommen ist, das Andere jüngerer Zusatz.

ruhr unmächtig war, besetzte er Grado selbst und brachte Reliquien und vielen andern Schmuck — angeblich den von Paulus 568 nach Grado gebrachten Kirchenschatz des alten Aquileja — in seine Neuschöpfung. Freilich von den geeinigten Venezianern wurde ihm bald Grado wieder entrissen.

Hartnäckiger war der Rechtskampf. Genau 200 Jahre nach der grossen Synode von Mantua hat Poppo 1027 auf der glänzenden von Kaiser Konrad II. und dem Pabst Johann XIX. geleiteten Kirchenversammlung in Rom, welche sich an die Kaiserkrönung anschloss, sein Ziel erreicht; die Beschlüsse der mantuaner Synode wurden feierlichst bestätigt, unter Andern mit den Worten: Popponem patriarcham de Gradensi plebe cum suis pertinentiis ad ius Aquilegiensis ecclesiae revestiri, ita ut pontificali sede ibidem (d.h. in Grado) prohibita perpetuis temporibus sanctae Aquilegiensi ecclesiae dioecesis iure subjaceat (Mansi XIX 479; De Rubeis, Monumenta S. 514).

Hieran sich anschliessend gab der Pabst Johann XIX. im September 1027 dem Poppo ein Privileg (Jaffé 4085, Ughelli V 49), worin er nach dem Vorgang des h. Petrus, des Eugen (in Mantua 827) und des Gregor (V.?) erklärt: patriarchatum s. Aquileiensis ecclesiae fore caput et metropolim super omnes Italiae ecclesias, quoniam ante omnes constitutam et in fide Christi fundatam fuisse cognoscimus, atque volumus sedem Aquileiensem in cunctis fidei rebus peculiarem et vicariam et secundam esse post hanc almam romanam sedem . .. Nec non confirmamus vobis . . insulam, quae Gradus vocabatur, cum omnibus suis pertinentiis, quae barbarico impetu ab eadem Aquileiensi ecclesia subtracta fuerat et falso patriarchali nomine utebatur.

Die Erregung jener Zeiten, wo nicht nur leibliche Güter und Würden leicht gewonnen und verloren wurden, sondern auch Ansichten und Ueberzeugungen leicht gewechselt wurden, spiegelt sich darin, dass wahrscheinlich [1]) schon im

1) Es handelt sich um ein vom Pabst Johann XIX. dem gradenser Patriarchen Ursus 'indictione octava' ausgestelltes Privileg (Ughelli V 1110/2, Jaffé no. 4063). Nach den Ausführungen Bresslau's (Jahrbücher Konrad's II., Band I S. 150/8 und 456/9, und in den Mittheilungen d. Inst. f. öst. Geschichtsforschung IX 1888 S. 27 Note) hat Johann, eben geweiht, im Spätsommer 1024 dem Poppo die Insel Grado als Eigenthum zugesprochen (also auch das gradenser Patriarchat ihm untergeordnet), dann im Dezember 1024 mit der bezeichneten Constitution (Jaffé 4063, Ughelli V 1110) den schändlichen Betrug Poppo's mit den stärksten Ausdrücken gebrandmarkt und alle Rechte des gradenser Patriarchen anerkannt, hat dann sicher in denselben Dezembertagen mit der im Original erhaltenen Urkunde (bei Pflugk-Harttung Acta II S. 66 und bei Jaffé irrthümlich unter 1025 als no. 4070 eingereiht) die Privilegien Grado's de statu ecclesiae suae sive de rebus ac possessionibus (nach einem Muster aus der Ottonenzeit; vgl. Ughelli V 1115 a b) bestätigt, allerdings höchst auffälliger Weise in dem harmlosesten Ton, ohne jenen aufgeregten Rechtshandel auch nur mit einem Worte zu berühren; schon 2½ Jahre später hat dann Johann zuerst am 4. April und dann im September 1027 (Jaffé no. 4085) mit starken Ausdrücken wieder dem gradenser Patriarchen alle Rechte aberkannt und dem aquilejer nicht nur das Eigenthum über Grado zuerkannt, sondern auch erklärt, dass die Gradenser 'falso patriarchali nomine utebantur'. Diese Ordnung der Schreiben ist nicht ohne Bedenken (etliche hat schon De Rubeis hervorgehoben), aber so lange das Schreiben Johann's XIX. (Jaffé 4063) als echt gelten muss, kann man wohl nicht anders auskommen.

Spätsommer 1024 derselbe Johann dem Poppo das Eigenthum über Grado, also auch die Unterordnung jenes Patriarchats zugestanden und im Dezember desselben Jahres als durch Lug und Trug erschlichen wieder abgesprochen hatte. Jedenfalls hat die Macht Venedig's den Bestand Grado's gesichert und es haben sich Päbste genug gefunden, welche die Ansprüche Grado's anerkannten. Der Ruhm aber bleibt Poppo, dass er durch seine glänzenden Bauten in der Stadt Aquileja und durch sein unablässiges Ringen die Ansprüche Aquileja's am deutlichsten zum Ausdruck gebracht und Vorrechte für dasselbe errungen hat, wie keiner seiner Vorgänger oder Nachfolger.

(Die Gradenser Rechtstheorie). Wie die Gradenser ihre Ansprüche auf die Vorrechte des alten aquilejer Patriarchats begründen mussten, das zeigte die Weise, wie ihre Gegner die ihrigen begründet hatten. Behaupteten die Aquilejer, dass einst das Patriarchat nur vorübergehend nach Grado verlegt worden sei, so mussten die Gradenser behaupten, dass es feierlich dorthin verlegt worden sei; dann aber mussten sie das Aufkommen des neuen Patriarchats beleuchten und gegebenen Falls die Anerkennung desselben durch die Päbste. Wie sie im Lauf der Jahrhunderte diese Theorie entwickelten, das will ich darzulegen versuchen.

Der Brief, mit welchem nach dem glänzenden Sieg der Aquilejer zu Mantua der gradenser Patriarch Venerius sich an den Pabst wendete (Ughelli V 1105), ist inhaltslos. Die Gradenser wehrten sich heftig gegen die Ansprüche Aquileja's. Gregor IV. (827—844) fällte ein Urtheil in diesem Streite und Sergius II. (844—847) hatte ebenfalls die beiden Patriarchen vorgeladen, um ihren Rechtsstreit zu entscheiden, und wollte ihn dann auf einer allgemeinen Synode behandeln (Jaffé 2592, Ughelli V 38). Aber die Aquilejer waren Günstlinge der Karolingerfürsten und Ludwig II. bestätigte 854 einfach die mantuaner Beschlüsse.

In dieser Zeit, wo Ludwig und Lothar (sie regierten Italien gemeinsam von 844—855) mit dem Rechtstreit beschäftigt waren und ein entscheidendes Urtheil von ihnen erwartet wurde, ist der Rythmus de Aquileja numquam restauranda geschrieben (Monumenta, Poetae Kar. II 150). Aeusserlich ist er eine Antwort auf jene dem Paulinus von Aquileja zugeschriebene, lyrische Klage über den Verfall der Stadt Aquileja (Poetae kar. I 142; oben S. 15), aber in Wahrheit eine Vertheidigung der gradenser Rechte gegen die Aquilejer und gegen die mantuaner Beschlüsse.

Der Verfasser ist ein Venezianer oder Gradenser: Venetiarum gens . . omnes nationes superat per gratiam . . firma fide; dagegen — so wird dem früheren Rythmus geantwortet — haben die Aquilejer durch ihre Ruchlosigkeit verdient, dass in der Stadt jetzt nur Schlangen und Frösche hausen, und die Fürsten werden gewarnt, dieselbe ja nicht wieder aufzubauen (Maxentius scheint also seinen Bauplan von 811 nicht ausgeführt zu haben). Dem Betrüger Maxentius habe Karl d. Gr. das Recht über Dalmatien zuerkannt, Ludwig der Fromme es abgesprochen; bei den Verhandlungen unter Ludwig des Frommen und

Lothars gemeinsamer Regierung (822—840) habe stets die Gerechtigkeit den Betrüger Maxentius überwunden (dass die mantuaner Synode 827 die Vorrechte der Aquilejer über Istrien anerkannt hat, wird also übergangen); so möge auch jetzt vor dem Richterstuhle Lothar's und Ludwig's II. Gott der Gerechtigkeit Sieg verleihen (fac devincere fallaces), d. h. wohl, den Aquilejern die Patriarchalrechte über Istrien absprechen lassen.

Die Rechtsfrage wird in Str. 15—19 berührt. Hat das Konzil von Mantua 827 gesagt, 607 sei Johannes in Aquileja richtig gewählt worden, dagegen habe sich Candidianus in Grado, der aquilejischen Gemeinde, einen geleisteten Schwur verletzend neben Johannes contra canonum statuta et sanctorum patrum decreta zum Patriarchen wählen lassen und sei so haereticus geworden, so erwidert der gradenser Dichter: Johannes abbas haereticus,

Reus et periurus suo Viuentio pontifici
Iohannes Foroiulensi isdem in plebicula
erectus atque rebellis praesulatum arripuit.

Dümmler verzeichnet hiernach einen 'Viventius patriarcha Aquilejensis': allein einen solchen gab's nie. Es ist vielmehr einfach zu schreiben: suo viventi pontifici [1]). Der Dichter hat also nur den Spiess umgedreht und die Beiwörter haereticus, periurus, praesulatum arripuit, plebicula zurück gegeben: offenbar hatten die Gradenser über die Geschichte der beiden Patriarchate noch nicht nachgeforscht oder nachgedacht und hatten noch keinerlei Theorie sich gebildet.

Ein wichtiger Fortschritt zeigt sich zuerst in einer Urkunde Otto's II. vom 2. April 974. Otto II. erwähnt eine von seinem Vater auf der römischen Synode am 2. Januar 967 für den Gradenser Patriarchen ausgestellte Urkunde und sagt von jenen Synodal-Verhandlungen 'ubi tunc omnium invidorum inimititiam (iustitiam *hat die Handschrift*) in synodo divini spiritus praecibus praedictorum sanctorum (S. Marci et Hermachorae) atque confessoris papae Gregorii discretione, qui lites sanctorum amborum patriarcharum disecans patriarchales concesserat infulas utrisque' usw. (Monum., Kaiserurkunden II, 1888, S. 86). Hieraus ergibt sich: auf der römischen Synode im Jahre 967 wurde eine Urkunde eines Pabstes Gregor vorgelegt, welcher Streitigkeiten zwischen den Patriarchen von Grado und von Aquileja dadurch beendigt hatte, dass er beiden die Patriarchenwürde verlieh. Damit kann nach meinem Wissen nur der schon öfter (S. 9 und 14) benützte Warnungsbrief Gregor's II. von 723 gemeint sein, worin er dem aquilejer Patriarchen Serenus erklärt, er sei nur unter der Bedingung geweiht worden, dass er die Rechte seiner Nachbarn nicht antaste. Wie schon der Pabst Gregor III. im päpstlichen, so hatten also um 967 die gradenser Patriarchen in ihrem eigenen Archiv kein anderes Aktenstück, um die Entstehung der 2 Patriarchate zu beleuchten. Viel Licht spendete dieses Aktenstück freilich nicht.

1) Ebenso schreibt um 1008 Johannes Diaconus (bei Monticolo, Cronache veneziane S. 105, 3) von Johannes, welcher den Stuhl des Fortunat eingenommen hatte, 'Iohannes patriarcha, qui . . Gradensem sedem vivente pastore usurpavit, sinodali censura depositus est'.

In denselben Urkunden der beiden Otto wurden weiterhin die Besitzungen des gradenser Patriarchen im Reiche ausführlich bestätigt. Die betreffenden Urkunden sah Dandolo und berichtet demnach über jene Synode von 967: 'visis et discussis privilegiis Gradensis ecclesiae definitione synodi terminatum est, dictam ecclesiam esse patriarchalem et metropolim totius Venetiae'. Das sind aber die Anschauungen seiner Zeit, die alten Gradenser wagten noch nicht, solche Folgerungen zu ziehen.

Doch unter dem immer mächtigeren Schutze Venedigs[1]) wuchs auch das Selbstbewusstsein der gradenser Geistlichkeit. Je mehr die Aquilejer auf ihre Rechte pochten, ja sogar Grado als ihr Eigenthum in Anspruch nahmen, um so mehr mussten die Gradenser darnach streben, zu beweisen, dass die Ansprüche des ursprünglichen aquilejer Patriarchat's rechtmässig auf das gradenser übergegangen seien.

Der kurze Bericht über die Provinzial-Synode des Patriarchen Elias in Grado. Für die Gradenser war es die empfindlichste Blösse, dass sie die feierliche Verlegung des Patriarchats von Aquileja nach Grado nicht beweisen konnten. Diese bedurfte zu allen Zeiten der schriftlichen Genehmigung des Pabstes. Da die Gradenser eine solche Urkunde nicht hatten, so machten sie sich eine. In dem Konzil zu Mantua 827 lasen sie die Aussage eines Gradenser's 'nihil amplius habere (von authentica exemplaria auctoritatum) nisi synodum ab Helia Aquileiensi patriarcha in castro Gradensi, quod plebs eius erat, actam fuisse, cuius initium est 'Cum in castro Gradensi ac plebe sua Helias patriarcha s. Aq. ecclesiae cum Marciano . . et reliquis consacerdotibus suis consedisset et reliq.' . . item subscriptiones episcoporum huius synodi in plebe Gradensi actae, videlicet 'his gestis apud nos habitis subscripserunt: Marcianus Opitergiensis' u. s. w. (folgen noch 17 Namen von Bischöfen und ihrer Sitze)[2]); von dem Berathungsgegenstand dieser Synode war absolut nichts berichtet. Anderseits lasen die Leute in ihrer Lieblingsquelle, der Historia Langobardorum des Paulus III 20, dass der Pabst 'Pelagius Heliae Aquileiensi episcopo nolenti tria capitula Calchidonensis synodi suscipere epistolam satis utilem misit'.

Diese Andeutung über den Irrglauben des Elias verstanden sie weiter nicht; sie machten aber schnell fertig die Erzählung zurecht: Elias habe eine Provinzialsynode abgehalten, in welcher über das Konzil von Chalcedon gehandelt, dann aber die feierliche Verlegung des Patriarchats von Aquileja nach Grado mit Wissen des Pabstes Pelagius (II 578—590) beschlossen worden sei; so sei also

1) Schon das Schicksal des Fortunatus beweist, dass die Venezianer es übel aufnahmen, wenn der gradenser Patriarch zwei Herren, dem deutschen Kaiser und den Venezianern, zugleich dienen wollte. Um 991 wandte der tüchtige Doge Peter viel Eifer an die Herstellung der Bauten Grado's.

2) Dieselben Namen findet man fast alle schon bei Paulus Diac. Hist. Langob. III 26. Wenn diese im Mantuaner Konzil vorgebrachten Unterschriften gefälscht waren, so waren sie aus Paulus zusammengestellt. Doch ist kein rechter Grund zu sehen, wesshalb diese magere Notiz gefälscht sein sollte.

Grado die Metropole für ganz Istrien und Venetien geworden. Dieser Bericht findet sich zum grössten Theil wörtlich übereinstimmend bei Johannes Diaconus (ed. Monticolo in Cronache Veneziane 1890 S. 62 und 70) und im Patriarchenkatalog (ebenda S. 5—8).

Die Unterschriften sind aus dem Konzil von Mantua abgeschrieben; nur finden sich z. B. ein Solatius episcopus Veronensis und am Schlusse 3 Namen von Presbytern zugesetzt. Die hineingedichtete Rede des Elias erwähnt die früheren Zerstörungen Aquilejas durch Attila und durch die Ostgothen und die jetzigen Verfolgungen durch die Langobarden; desshalb wolle er in hunc castrum Gradensem nostram confirmare metropolym; das beschliessen die Bischöfe einmüthig. Nach der Rede ist in beiden Texten (S. 7 und 70) der Satz zu lesen 'facto libello statutae suae id est de memorata Calcidonensi synodo et de hac ipsa sede'. Dieser Satz ist richtig im Katalog, wo S. 5 die Vorbemerkung steht 'in qua synodo quicquid de Calcedonense concilio dubitabatur pulsa dubietate confirmatum est ibique statuit ecclesiam Gradensem caput et metropolim totius provinciae Histriensium et Venetiarum, cuius Veneciae terminus a Pannonia usque ad Adam fluvium protelatur, aepistolamque pro his statutis accepit a b. papa Pelagio, consentientibus universis episcopis iam dictarum provinciarum; dagegen bei Johannes Diaconus ist (S. 62) nur die Vorbemerkung zu lesen 'Helyas . . ex consensu b. papae Pelagii facta synodo viginti episcoporum eandem Gradensem urbem totius Veneccie metropolym esse instituit': also zeigt das S. 70 stehende Wort 'memorata', dass Johannes die ursprüngliche Vorbemerkung gekürzt hat.

Aus all dem erhellt, dass als Antwort auf die Theorie, welche die Aquilejer auf der Synode von Mantua 827 aufgestellt hatten, von den Gradensern aus den Nachrichten des Paulus Diaconus und aus den Acten der Synode von Mantua schon vor dem Jahr 1008 (damit endet die Chronik des Johannes Diaconus) ein Bericht zusammengesetzt war, wornach mit Wissen des Pabstes Pelagius der Patriarch Elias eine Synode in Grado abgehalten habe; daselbst sei über das Konzil von Chalcedon verhandelt und (nach dem Katalog) demselben zugestimmt worden; vor allem aber sei die feste Verlegung des Patriarchats nach Grado beschlossen und so Grado zur Metropole von ganz Venezien und (nach dem Katalog) von Istrien erklärt worden.

[(**Die vollständigen Synodalakten des Elias und der Brief des Pabstes Pelagius** [1]). Die Weiterentwicklung dieser Sage will ich, obgleich diese Abschweifung die Darstellung unterbricht, hier skizzien. Bei Dandolo liegen die vollständigen Akten der Synode des Elias vor sammt dem vollständigen Schreiben des Pabstes Pelagius (Jaffé no. † 1047), deren Text bei Muratori Script. XII Sp. 98—102 nicht so rein zu sein scheint, wie bei Ughelli V Sp. 27—29. Manche, wie noch 1890 Monticolo (Cronache Veneziane S. XXXIX

1) Vgl. hierüber besonders De Rubeis Sp. 236—256.

[und S. 5) halten sie für echt. Der Dichter dieses Aktenstücks hat den obigen Bericht, den er in der Fassung des Johannes Diaconus gekannt hat (vgl. ex consensu b. apostolicae sedis papae Pelagii) verwoben mit dem Texte der Synode von Mantua. Das zeigt klar die Contamination in den Unterschriften: las er dort *Fontegius episcopus Feltrensis*, in Mant. *Laurentius Feltrinus*, so machte er daraus *Laurentius presb. superveniens in sancta synodo, locum faciens viri beatissimi Frontei episcopi s. ecclesiae Feltrinae*; las er weiter dort *Ingenuus episcopus secunde Recie*, hier an derselben Stelle *Martinus Sabionensis*, so machte er daraus *Martianus episcopus, locum faciens beatissimi Ingenuini episcopi s. ecclesie Sederestiae* usw.

Den Anfang der Acta nahm er aus der Mantuaner Synode (s. oben S. 21), dann dichtete er einen Anfang zur Rede des Elias und aus der Vorbemerkung des Johannes Diaconus (S. 62) den sehr vorsichtigen Satz 'ex consensu b. apostolicae sedis papae Palagii, cui iam ante communi nostrum intuitu descripsimus necessitudinem . . novamque eam vocare Aquilejam' (bei Ughelli steht dieser Satz 2 Mal); dann dichtet er flott weiter: zunächst lässt er den unvermeidlichen Laurentius presbyter legatus apostolicae sedis das Privilegium Pelagii papae überreichen.

Die 7 ersten Zeilen dieses Privilegs schrieb er ab aus dem Liber diurnus und zwar aus der Formel no. 90 (S. 119 Sickel), die 6 Zeilen am Schluss nicht aus derselben Formel, sondern der Abwechslung halber aus der nächsten no. 91; in der Mitte heisst es kurz und gut: quia petisti . . consentientibus suffraganeis . ., *castrum Gradense totius Venetiae* fieri . . etiam Istriae metropolim perpetuo confirmamus. Auf den erdichteten früheren Brief des Elias hin hatte also Pelagius sofort sein Schreiben fertig gemacht und wohl als braver Mann die Zustimmung der Suffraganbischöfe zu Allem als sicher vorausgesetzt.

So war der *libellus de ipsa sede* fertig: nun musste noch die andere Hälfte *de memorata Calchedonensi synodo* gedichtet werden. Da der Dichter aber gar nicht weiss, dass es sich darum handeln sollte, ob das 5. Konzil die Beschlüsse des 4., zu Chalcedon, geändert und gekränkt habe oder nicht, so wird dieser Theil fad: zuerst macht der Dichter ein langes Gerede über das Konzil von Chalcedon und einige andere, dann schiebt er das Glaubensbekenntniss an.
Die Unterschriften hat er, wie gesagt, combinirt, dazu am Schlusse noch eine Reihe von Presbytern gefügt, wobei unter Anderm aus den *provinciales et ceteri presbyteri* des Johannes Diaconus ein *Provincialis presbyter* geworden ist.

Dies Stück ist wohl erst nach dem Abschluss des Patriarchenkatalogs (nach 1045) gedichtet worden; denn die Worte des Katalogs (S. 6) 'epistolam pro his statutis accepit a beato papa Pelagio' können auf jene Notiz des Paulus Diaconus gehen, dass Pelagius über das Konzil von Chalcedon an Elias geschrieben habe; hätte aber dem letzten, kurz nach 1045 arbeitenden Redactor des Katalogs diese ganze Fälschung sammt dem Wortlaut des päbstlichen Privilegiums schon vorgelegen, so müsste er sie bei ihrer ungemeinen Wichtigkeit breiter erwähnt haben und hätte sich nicht mit der wörtlichen Abschrift des kurzen Berichtes (S. 21) begnügt, der auch bei Johannes Diaconus wörtlich abgeschrieben ist.

[**(Die Gradenser Sage vermengt mit der ältesten Venezianer Sage).** Die Priestersage über die älteste Geschichte des gradenser Patriarchats genügte den Venezianern nicht; sie wollten mit dem heimischen hohen Priesteramte enger verknüpft sein und ihre Rechte an demselben fester begründet sehen. So entstand die venezianer Sage von der Uebertragung des aquilejer Patriarchats nach Grado. Sie findet sich in dem (mit Unrecht so genannten) Chronicon Gradense (bei Monticolo, Cronache Veneziane S. 19—48 oder richtiger S. 37—43); ein im 13. Jahrhundert gemachter Auszug der historischen oder rechtlichen Hauptsachen ist bei Monticolo S. 55 gedruckt; der Inhalt des Chronicon (S. 19—48) findet sich auch in dem Chronicon Venetum (vulgo Altinate), das zuletzt Simonsfeld in den Monum. Scriptores XIV herausgegeben hat, S. 6 Z. 10—S. 14 Z. 39 (unsere Sage S. 11 Z. 40 bis etwa S. 14 Z. 4, vgl. S. 37), freilich hier umgesetzt in ein barbarisches Latein, dessen Entstehung und Bestimmung mir nicht klar ist [1]).

Nach der venezianer politischen Sage sind vor dem verwüstenden und mordenden Attila um 450 die Bewohner der Küstenstädte des alten Venetiens auf Inseln am Rand der Küste geflüchtet und haben so die Stadt Venedig, die nova Venetia, gegründet. Diese Erzählung wäre nun sofort discreditirt worden, wenn sich daran unsere Priestersage geschlossen hätte, die Patriarchen seien erst 568 vor dem Langobarden Alboin von Aquileja nach Grado geflohen. Denn wenn 450 die Patriarchen mit ihren Priestern in Aquileja bleiben konnten, warum nicht die Bürger? Desshalb wurde die kirchliche Urgeschichte Venedigs hier zugeschnitten nach der politischen, d. h. die Verlegung des Patriarchats aus Aquileja nach Grado wurde um jene Stufe hinaufgeschoben, aus der Zeit Alboins in die Zeit des Attila.

Nachdem im Chronicon Gradense die politische Urgeschichte Venedigs oder Venetiens geschildert ist, beginnt die kirchliche Urgeschichte. Universa Venetiae populi multitudo kommt in Grado zusammen und baut sich einige Kirchen. Dann tritt ein dux Beatus und (statt des Pabstes Pelagius und des Patriarchen Elias) der Pabst Benedict (574—578) und der Patriarch Paulus auf; diese letztern verband der Dichter nach dem Bericht in der Historia Langobardorum II 10 'Romanam ecclesiam vir sanctissimus Benedictus papa regebat: Aquileiensi quoque civitati eiusque populis beatus Paulus patriarcha praeerat'. Dieser dux Beatus wandert nun mit etlichen Tribunen von Venedig nach Rom und, wie Elias seinen Suffraganbischöfen, so hält er dem Pabst Benedict eine Rede, worin er die Geschichte der aquilejer Patriarchen von der Zeit des Nicetas, d. h. von der Zerstörung Aquileja's durch Attila bis zur Gegenwart erzählt; bei jener Zer-

1) Waitz hat im Neuen Archiv II 375 die Widersprüche in diesem Chronicon Gradense beleuchtet und behauptet, dass hier verschiedene Berichte roh zusammengeschoben seien: ich glaube vielmehr, dass die Tendenz des Verfassers und die dadurch veranlassten Zudichtungen die Hauptsache sind; auch diese meine Auffassung schliesst aus, dass Johannes Diaconus dies Chronicon zusammengeschrieben habe.

[störung Aquilejas sei Marcellian nach Grado geflohen, ihm seien dort Marcellin, Stephanus, Maurus (*Laurentius* hat eine junge Abschrift, *Maurentius* das Chronicon Altinate) und Macedonius gefolgt[1] (ob diese Namen ausser in dieser Sage sonst noch bezeugt sind, weiss ich nicht); diese 5 Patriarchen hätten ohne Erlaubniss der Päbste in Grado residirt; der Dux bittet also, Benedict möge das castrum Grado als Nova Aquileja und als die Metropole von ganz Venezien und Istrien anerkennen. Mit Zustimmung von 39 Bischöfen thut das der Pabst; in dem Privileg wird ferner bestimmt — und das war ein Hauptziel der Fälschung —, dass den Patriarchen Klerus und Volk wählen, dann der Dux einsetzen und die Suffragane weihen dürften, endlich solle der Patriarch zum Pabst kommen ad pallii benedictionem suscipiendam. Diese Theorie wird sogleich praktisch probirt: der Pabst lässt einen seiner Cardinäle Namens Paulus von den Begleitern des Dux wählen, vom Dux bestätigen, dann weiht er ihn als Patriarchen und mit dem geweihten Pallium sendet er ihn mit jenen nach Neu-Aquileja, wo er als 'primus per apostolicam concessionem novae Aquileiae ecclesiam rexit'[2]).

Nun lenkt der venezianer Dichter wieder in die gradenser Priestersage ein. Es folgen die Patriarchen Probinus und Elias. Der Brief des Pelagius und die Synodalbeschlüsse über Verlegung des Stuhles oder über das Concil von Chalcedon waren theils unbrauchbar für unsern venezianer Dichter, theils überflüssig: also wurden jene Stücke in die venezianer Kirchengeschichte folgendermassen umgedichtet 'congregata multitudine episcoporum a Verona usque Pannoniam (das ist ein Ueberbleibsel aus jenem gelehrten Einschiebsel in der Vorbemerkung bei Johannes Diaconus, oben S. 22: *cuius Veneciae terminus a Pannonia usque ad Adam fluvium protelatur*) cunctoque Venetiae populo convocato, generalem sinodum celebravit; auf dieser Synode selbst macht Elias kurzer Hand die kirchliche Organisation von ganz Venetien und Istrien ab: ordinavit sedecim episcopatus inter Forogulensium nec non et Hystriae sive Dalmatiae partes . .; in Venetia autem sex episcopatus fieri constituit, welche ebenfalls nach des Pabstes Benedict Bestim-

1) In der Synode von Mantua wurde ebenfalls eine Reihe von 5 Patriarchen ausgeschieden: jene, welche von der Uebersiedlung nach Grado bis zur Theilung des Patriarchats lebten.

2) Hier ist also Paulus an die Stelle des Elias gesetzt. Daher mag folgende Unklarheit rühren. Das Privileg, durch welches Pelagius das Veronenser Kloster S. Maria in Organo unter den Aquilejer Patriarchen gestellt haben soll (gedruckt bei Ughelli V 697, bei Jaffé no. † 1053), ist dem 'Paulo Aquil. ecclesiae patriarchae' zugesendet (der Anfang und die Mitte dieses Schreibens sind aus no. 89 (S. 117) des Liber diurnus abgeschrieben, der Schluss zur Abwechslung aus no. 86 S. 113. Hier unterschreibt auch 'Solacius Veronensis episcopus': ausser in dieser Fälschung kommt dieser Solatius nur noch vor in den Unterschriften der Elias-Synode, aber nicht in deren alter Ueberlieferung in den Acten der Mantuaner Synode von 827, sondern erst eingeschoben in der gefälschten Umarbeitung bei Johannes Diaconus und im Patriarchenkatalog — oben S. 22 — und dann in der Contamination beider Quellen bei Dandolo: also eine recht zweifelhafte Existenz). Dagegen Pabst Johann XIX. in seinem 1025 für jenes Kloster ausgestellten Privileg (Biancolini, Notizie storiche delle chiese di Verona V, I, S. 14; Jaffé 1071) kennt die Bedeutung des Elias besser und spricht dessbalb 2 Mal von der Zeit der Patriarchen Paulus und Elias.

[mung durch Wahl des Klerus und Volks mit Bestätigung von Seiten des Dux besetzt wurden; diese 6 venezianer Bisthümer und andere kirchliche Einrichtungen des Elias in Venetien werden noch näher geschildert; damit endet diese venezianer Sage vom Beginn des gradenser Patriarchats. Wie gesagt, ist sie um 1032 bereits schriftlich vorhanden.

Im Chronicon Altinate (Script. XIV S. 12 Z. 28—S. 13 Z. 1) ist ein Stück aus dem Brief des Pelagius und der dazu gehörigen Fälschung, welche Dandalo überliefert hat, zu lesen, natürlich ohne den Namen des Pelagius. Dies Stück fehlt aber in der alten Fassung im Chronicon Gradense (S. 39 bei Monticolo), ist also erst nach der Erdichtung jenes Aktenstücks in die Handschriften des Chronicon Altinate eingeschoben worden [1]).

Die vollständigen Acten der Synode des Elias sind also wahrscheinlich erst gegen Schluss des 12. Jahrhunderts erdichtet; die venezianer Sage vom Beginn des gradenser Patriarchates war in den Kreisen der Geistlichen unbekannt: in den offiziellen Streitigkeiten der beiden Patriarchate wird nur die oben S. 21/22 besprochene gefälschte Rede des Elias und die kurze Notiz über ein Schreiben des Pabstes Pelagius verwendet.]

Das Schlagwort: Neu-Aquileja. Die Ansprüche des langobardischen Patriarchats waren zu allen Zeiten verkörpert in dem Namen 'Aquileja'. Solche Schlagwörter nützen stets und überall mehr als solide Gründe. Die Gradenser mochten ihre Lehre, das Patriarchat sei von Aquileja um 568 nach Grado verlegt und nie rechtmässig nach Aquileja zurückverlegt worden, noch so gut mit Schriftstellen und Urkunden zu schützen versuchen, mehr wirkte es, dass sie für ihre Theorie das Schlagwort 'nova Aquileia' erfanden. Nachdem einmal die Theorie da war, lag dies Schlagwort sehr nahe. Paulus Diaconus gab (IV 33) schon Anleitung dazu, indem er von der Spaltung des Patriarchats sprechend, den einen Patriarchen in Aquileia vetere, den andern in Gradus gewählt werden lässt. Dann scheint um 1000 ein anderes, minder häufiges Schlagwort aufgekommen zu sein: 'nova Venetia', der seit 450 auf den Inseln neu entstehende Staat, im Gegensatz zur antiqua Venetia, der römischen Provinz, welche von

1) Dandolo bewährt auch hier seine Neigung zum Mischen. Er kennt die Venezianer Sage, dass die Patriarchen schon vor Attila, er kennt die Gradenser Sage, dass sie erst vor Alboin von Aquileja nach Grado geflohen seien: aber er weiss sich zu helfen. Schon zuerst lässt er vor Attila die Einwohner von Aquileja gerade nach Grado fliehen (Muratori Scriptores XII Spalte 75) 'reliquias sanctorum cum parvulis ac mulieribus ac thesauris in castro Gradensi tutaverunt'. Wie die venezianer Sage lässt er den Marcellian als den ersten in Grado sein (Sp. 81), doch erst von seinem 4. Jahr ab; auch der arme Marcellin und Stephanus müssen, damit jeder Sage Genüge geschehe, zwischen Aquileja und Grado hin und her reisen (Sp. 83 A und 85 E 'aliquando in Aquileja aliquando in Grado residens'); dagegen den unsichern Maurus-Maurentius-Laurentius lässt Dandolo lieber ganz weg; die Geschichte des Macedonius und Paulus wird durch die (wohl aus dem Decretum Gratiani gewonnene) Ketzergeschichte abgeändert; dann endlich flieht (Sp. 94) Paulus vor Alboin nach Grado. So wachsen Nachrichten Sagen und menschliche Berechnungen in einander und dies Werden wiederholt sich immer wieder.

c

Pannonien bis zur Etsch reichte. Sagt Johannes Diaconus S. 150, 1 (bei Monticolo) 'Gradensis civitas, quae totius novae Venetiae metropolis fore dignoscitur', so fordert die andere Stelle S. 64, 1 'Gradus dum constat altis menibus ecclesiarumque copiis decorata sanctorumque corporibus fulta, quemadmodum antiquae Venetiae Aquilegia, ita et ista totius novae Venetiae caput et metropolis fore dignoscitur' geradezu die Entstehung des Schlagwortes 'nova Aquileia'.

Dies Schlagwort 'Neu-Aquileja' war den Gradensern so geläufig, dass die Schreiber und Ausschreiber es oft einsetzten, wo ihre Vorlage es nicht hatte. So heisst es im Katalog der Patriarchen (S. 9 Z. 17 bei Monticolo) einfach 'mortuo ipso (Marciano) apud Gradum sepultus est . .', dagegen in einer andern, um 1032 geschriebenen Copie dieses Textes (S. 50 Z. 21 bei Monticolo) 'mortuo ipso apud Gradus id est novam Aquileiam sepultus est'. Desshalb lässt sich die Zeit, in welcher dies Schlagwort aufgekommen ist, nicht genau bestimmen. Bei Johannes Diaconus findet es sich S. 62, 13: Paulus . . ex Aquilegia ad Gradus insulam confugit . . ipsamque urbem Aquilegiam novam vocavit. in quo etiam loco . . Helyas . . facta synodo . . eandem Gradensem urbem totius Venecie metropolym esse instituit. Diese Stelle hat zwar der Fälscher der vollständigen Acten der Elias-Synode ebenso gelesen, da er schreibt 'hanc civitatem Gradensem nostram confirmare metropolim novamque eam vocare Aquilejam', ja schon der Dichter der venezianer Sage von den Anfängen des gradenser Patriarchats scheint sie so gelesen zu haben, wenn er S. 38 (bei Monticolo) den Pabst Benedict bitten lässt 'quatinus Gradense castrum novam Aquileiam institueret et totius Venetiae et Hystriae metropolim ordinaret (ebenso S. 39 Z. 17 und 22; vgl. die Satztrümmer im Chronicon Altinate, Script. XIV S. 12, 2: inquisivit ad eum, nove Aquilegie civitatis Gradense ut metropoli instituteret secundum veteris Aquilegie civitatis consuetudo, *und Z.* 26: constituerunt, nove Aquilegie Gradus civitate metropolitanum esset instituerunt totius Venecie fieri immo et Ystrie). Aber dennoch zweifle ich, ob die Worte 'ipsamque urbem Aquilegiam novam vocavit' in der Handschrift des Johannes Diaconus nicht vom Schreiber zugesetzt waren; denn 1) muss doch diese Namengebung erst an die folgende Elias-Synode geknüpft werden, welche die Verlegung des Stuhls beschloss, 2) findet das Schlagwort 'nova Aquilegia' in dem ganzen Werk des Johannes Diaconus sich nicht mehr. Desshalb glaube ich kaum, dass dies Schlagwort schon vor 1008 erfunden war.

Nachdem dann Poppo begann, das alte Aquileja durch herrliche Bauten zu schmücken, wurde in den Zeiten des heissesten Rechtsstreites um Grado und um die Vorrechte des Patriarchats, also von etwa 1020 ab, das vom Dogen Petrus glänzend erneuerte Grado sehr oft 'Nova Aquileia' genannt. Der Gebrauch dieses Schlagwortes wurde so allgemein, dass es sogar in Schriftstücke der päbstlichen Kanzlei Eingang fand; so schreibt Benedict a. 1044 (Ughelli V 1114) 1 Mal 'Ursonem Gradensis ecclesiae novae Aquileiae patriarcham' und Leo IX. gebraucht in einem kurzen Schriftstück das Wort 3 Mal, ja er interpolirt es ohne Weiteres in den Beschluss der mantuaner Synode von 827. So ist natürlich, dass Leute wie Dandolo dieses Schlagwort freigebig gebrauchen.

Die Gradenser Theorie von der Spaltung des Patriarchats. Die Wahl zweier Patriarchen im Jahre 607 berichtet der vorsichtige Paulus Diaconus also (IV 33): ordinatur in loco Severi Iohannes abbas patriarcha in Aquileia vetere, cum consensu regis et Gisulfi ducis; in Gradus quoque ordinatus est Romanis Candidianus antistes. . . Candidiano quoque defuncto aput Grados ordinatur patriarcha Epiphanius, qui fuerat primicerius notariorum, ab episcopis qui erant sub Romanis. et ex illo tempore coeperunt duo esse patriarchae. Dass hiebei der Streit um das 5. Konzil eine Hauptrolle spielte, verschweigt Paulus Diaconus, und Keiner der Späteren wusste es. Sie verwerthen nur den von Paulus angedeuteten politischen Gegensatz. Der Aquilejer Maxentius führt in der mantuaner Synode die Andeutung des Paulus 'sub Romanis' dahin aus, dass die unter den Griechen stehenden Geistlichen von Grado und von Istrien eben von den Griechen gezwungen worden seien, den Candidianus zu wählen. Die Theorie der Gradenser hat diesen Punkt erst später behandelt. Johannes Diaconus schreibt (S. 76, 1 und 77, 21) ruhig den Paulus Diaconus ab. Dagegen in dem kurz nach 1045 abgeschlossenen Katalog der gradenser Patriarchen ist die neue, nach 1008 gefundene gradenser Erklärung der Thatsachen durch eine einfache Abänderung der Worte des Paulus Diaconus gegeben: Huic successit Candidianus patriarcha in ipsa suprascripta metropoli Gradensi, sub cuius tempore per consensum Agiulfi regis Longobardorum G i s u l f u s d u x p e r v i m episcopum in F o r o i u l i i ordinavit Iohannem abbatem; also ist nach der gradenser Theorie das 2. Patriarchat auf den Befehl der Langobardenkönige geschaffen worden. Die Worte des Katalogs sind von Dandolo Sp. 109*c* und 110*b* etwas gemildert.

Die Anerkennung des 2. Patriarchats durch den Pabst, nach der gradenser Theorie. Schon vor der Zeit des Paulin von Aquileja stehen Päbste in freundlichem Verkehr mit Patriarchen von Aquileja, wie mit Patriarchen von Grado. Die Aquilejer bemühten sich nicht das aufzuklären, wohl aber die Gradenser. Von den oben geschilderten Verhandlungen zwischen König Kuninebert und Pabst Sergius um das Jahr 695 hatte Niemand eine Ahnung; man suchte also die Lücke mit Hilfe andern Materials zu überbrücken. Die Gradenser hatten schon 967 (s. S. 23) ein Schreiben Gregor's II. an den Serenus von Aquileja zur Hand, worin er gewarnt wurde, seinen Nachbarn, den Patriarchen von Grado, nicht in seinen Rechten und Besitzungen zu stören; auf Bitten des Langobardenkönigs sei ihm das geweihte Pallium vom Pabst gegeben worden, jedoch unter der Bedingung, dass er die Rechte seiner Nachbaren nicht antaste (Monum. Epist. III 723; Bullettino dell' Ist. stor. ital. IX 181). Dies Schreiben wurde 967 auf der römischen Synode nur verwerthet zum Schlusse, dass langjährige Streitigkeiten der beiden Patriarchate vom Pabst Gregor II. dadurch entschieden worden seien, dass sowohl Serenus als sein Gegner vom Pabst die Patriarchatswürde erhalten habe; diese wäre also der Gegenstand des Streites gewesen. Später zogen die Gradenser aus jenem Schreiben weitergehende Schlüsse, und zwar geschah dies schon vor 1008, da derselbe Urtext sowohl der Vorbemerkung bei Johannes Diaconus als der im Patriarchen-Katalog zu Grund liegt. Johannes

(S. 96, 13 bei Monticolo) giebt die Vorbemerkung 'hisdem etiam diebus Foroiulensis ecclesia a Sereno presule regebatur, qui nullius iustitie expertus, sed usurpationis causa regia potestate ab apostolica sede pallium primus tantummodo acquisivit', dagegen der Katalog (S. 11, 22 bei Monticolo) 'huic successit Donatus antistes, cuius tempore Longobardi per fortiam Sereno Foroiulensis ecclesiae archiepiscopo a summa sede palleum detulerunt apostolica primitus'. Dann folgt bei Johannes Diaconus nur der Brief an Serenus selbst, im Katalog ausser diesem noch ein (wohl vor 1045 im Archiv gefundener) Brief des Gregor II. an die communitas, zu welcher der Gradenser Patriarch gehört (also wohl an die Bischöfe seines Sprengels) mit ziemlich derben Ausdrücken über die Langobarden[1]).

'Per fortiam' ist ein Licht, das wohl erst der Redactor des Patriarchen-Katalogs aufgesetzt hat (auch Dandolo kennt es nicht). Aelter ist der Zusatz 'primus' = 'primitus': er ist ein voreiliger und unrichtiger, nur aus Gregor's Brief gezogener Schluss: aber er ist wichtig. Denn Dandolo (Sp. 132 B) führt ihn aus in den Worten 'pallium . ., quem a tempore renovationis suae sedis praedecessores sui obtinere minime potuerunt', und auf ihm beruht es, wenn wir heutzutage in Lehrbüchern lesen, etwa 716 (Gregor II 715—731) seien die Patriarchen von Aquileja vom Pabst anerkannt und geweiht worden. Nach meinen obigen Ausführungen (S. 8/9) muss schon um 695 das langobardische Patriarchat vom Pabste anerkannt worden sein, aber es ist immerhin wichtig zu sehen, wie schon die gradenser Gelehrten um das Jahr 1000 diese Schwierigkeit zu lösen versucht haben[2]).

Die definitiva Divisio zwischen Aquileja und Grado, d. h. das gefälschte

1) Der Text des 1. Briefes beruht hauptsächlich auf der Handschrift des Katalogs und der des Johannes Diaconus (vgl. Monticolo im Bullettino dell' ist. stor. Ital. IX 177—184). In den Worten 'precipimus ne ullo modo terminos excedas ab eo possessos, sed solum sufficias in hisque te habeto, que modo usque possedisti' kann 'ab eo' nicht mit dem Redactor des Katalog's interpretirt werden als 'ne ullo modo terminos excederet a Donato presule Gradense possessos', sondern, da die Handschrift des Johannes Diaconus 'ad eum' hat, so ist entweder 'adeo usque' oder 'adeo' mit derselben Bedeutung zu schreiben. Im Schlusse 'ut non . . apostolici vigore concilii si inobediens fueris conprobatus indignus iudiceris' hat nach Monticolo die massgebende Handschrift des Johannes Diaconus 'multus et indignus', woraus er 'inultus et indignus' macht; schlechtere Handschriften haben 'multum et indignus', woraus Dandolo 'ultione dignus' gemacht hat: am besten würde dann wohl geschrieben 'inutilis et indignus', wozu vgl. Mon. Epist. III 693, 13 Candidianus inutilis. Der Ausdruck 'vigore' ist im gefälschten Brief Gregor's III. nicht verstanden.

2) 628 schreibt Pabst Honorius den Gradensern: an Stelle des ketzerischen entflohenen Erzbischofs Fortunatus 'Primogenium subdiaconum et regionarium nostrae sedis Gradensi ecclesiae episcopali ordine cum pallii benedictione direximus consecrandum' (Monum. Epist. III 695 Z. 28). Dieses Schreiben ist im Patriarchen-Katalog erwähnt und daran (S. 10 Z. 25 bei Monticolo) die Bemerkung geknüpft 'et usque hodie pontifex civitatis Gradensis pallei benedictionem a summa sede apostolica promeruit'. Da dieser Redactor des Patriarchen-Katalogs gewiss nicht angenommen hat, die früheren Patriarchen hätten das geweihte Pallium nicht erhalten, so ist der Sinn dieses Zusatzes, den ich in keiner andern Schrift fand, mir dunkel geblieben.

Synodalschreiben Gregor's III. von 731. Obgleich das langobardische Patriarchat in Gregor's II. Briefen, wenn auch nur mit einer Warnung, anerkannt zu sein schien, so war doch nicht klar, welches die Rechtsverhältnisse beider Patriarchate hatten sein sollen, insbesondere nicht, wer der Erbe und Rechtsnachfolger des h. Marcus und Hermagoras sei. Da nun in Grado ein Schreiben Gregor's III. lag, durch welches er den Gradenser Patriarchen Antonin zu einer grossen Synode gegen die Bilderstürmer nach Rom lud und da auch das Pabstbuch meldete, auf dieser Synode sei im Jahre 731 Antonin zugegen gewesen, so fabricirte ein Gradenser ein Schreiben Gregor's III., worin dieser kurz andere Verhandlungen der Synode und ausführlich den Rechtsstreit der Patriarchen von Grado und von Aquileja und den entscheidenden Spruch darüber berichtet (s. oben S. 11 und 12).

Dies Schriftstück ist nicht lange vor 1045 gemacht. Denn in dem Katalog der gradenser Patriarchen (S. 14 Z. 7—17 bei Monticolo) ist es ausgeschrieben: Hic Antoninus patriarcha ammonitus est a predicto Gregorio papa Romam ad synodum occurrere, ad quam synodum Iohannes archiepiscopus Ravenas vocatus est, propter imagines, quae in regia urbe deponere iubebant Leo atque Constantinus augusti et inlicita coniugia[1]) quae per diversa loca fiebant. post hanc vocationem Antoninus patriarcha cum suis suffraganeis Romam ad synodum perrexit; in qua synodo definitive divisio facta est inter Antoninum Gradensem patriarcham et Serenum Foroiulensem antistitem iuxta edictum beati Gregorii secundi confirmante tota synodo et sententiam anathematis in huius confirmationis violatores dictante. Hier ist also um 1045 jenes gefälschte Schreiben ausgeschrieben. Dandolo hat sonst mehrere Berichte, welche sich nur in diesem Katalog finden, mit demselben gemeinsam (das Testament des Severus, die lange Geschichte des Fortunat, des Primogenius Sendung nach Konstantinopel, den 2. Brief des Gregor gegen Serenus, den Brief Gregor's über Petrus von Pola); er kennt auch das Einladungsschreiben an Antonin, das sonst Niemand kennt, und erwähnt es (Sp. 136 D) mit ähnlichen Worten wie der Katalog (huic synodo Antonius patriarcha cum episcopis Venetiae et Istriae, suffraganeis suis, per literas papales admonitus personaliter adfuit et inconcussam fidem tenens quod gestum est comprobavit): allein selbst er weiss nichts von dem grossen Schreiben Gregor's III. über die römische Synode von 731. Von diesem weiss also nur der Redactor des nach 1045 abgeschlossenen Patriarchen-Katalogs. Desshalb müssen wir die Fälschung ganz in die Nähe dieses Redactors rücken; anderseits dürfen wir wohl schliessen, dass Dandolo eine etwas verschiedene Redaction des Patriarchen-Katalogs benützt hat.

1) Mansi (XIV 262) überschreibt die Acta der Synode von 721 (doch wohl nach seinen Handschriften) mit 'adversus illicita coniugia', unser Fälscher dunkel 'inlicitas quasdam coniunctiones', dagegen der Redactor des Patriarchenkatalogs wiederum 'illicita coniugia': ist das nicht merkwürdiger Zufall, so ist der Fälscher des Gregorbriefes und der Redactor des Patriarchenkatalogs ein und dieselbe Person.

Die Fälschung ist nicht besonders geistvoll. Der Synodalbeschluss lautet dahin: 1) ut novae Aquilegiae (dieses Schlagwort ist 3 Mal von dem Fälscher gebraucht) id est Gradensis civitatis Antoninus patriarcha suique successores tocius Venetiae et Istriae primates perpetuo habeantur, 2) Foroiulensem antistitem Serenum suosque successores Cormonensi castro, in quo ad praesens cernitur sedere, in finibus Longobardorum solummodo semper esse contentos [1]). Beides hilft keinen Schritt weiter, als der Brief Gregor's II., höchstens dass es jetzt durch eine grosse Synode bestimmt wird. Ob ferner der Fälscher wohl das Schreiben desselben Gregor III. an den Callistus, den Nachfolger des Antonin gekannt hat? Da findet Gregor in seinem Archiv nur das allgemeine Versprechen des Callistus, seine Nachbarn nicht zu belästigen, diesen feierlichen Synodalbeschluss und sein langes Schreiben darüber hat Gregor III. völlig vergessen. Endlich ist es doch ein seltsames Schwanken, dass früher gedroht wird, wenn Serenus fremde Rechte kränke, mache er sich 'gratia collati pallii indignum', jetzt aber, wo ers gethan hat, er zwar zuerst sogar 'sacerdotali officio nudatus' erklärt, dann aber gar nicht bestraft wird. Diese und ähnliche Schwächen der Fälschung waren vielleicht den Gradensern selbst zu offen und zu stark und haben damals die weitere Benützung des Schriftstücks verhindert [2]).

---

1) So ist doch wohl zu interpungiren; 'castro, in quo ad praesens cernitur sedere in finibus Longobardorum, solummodo semper esse contentos' gibt doch eine unglaubliche Uebertreibung; auch Z. 9 steht contentus . . in eo sc. Foroiulensi episcopatu.

2) Ich freue mich, den oben S. 12 gemachten Vorwurf zurücknehmen zu müssen. Während der 4 Bogen dieser Arbeit gesetzt wurde, sah ich, dass das Schreiben Gregor's III. über die römische Synode von 731, welches in den Monumenta 1892 Epistol. III 704—706 als echt gedruckt ist, ebenda bereits 20 Seiten nachher von K. Rodenberg als Fälschung erklärt worden ist: Pag. 704 epistola 14 spuria est, quam Gradensis quidam ex actis synodi Romanae a. 721 vel 722 et ex iis, quae scivit de synodo a. 731, composuit. Antoninum patriarcham Gradensem synodo a. 731 de imaginibus (cf. pag. 704 lin. 19) celebratae interfuisse legit in Libro pontificali, vita Gregorii III ed. Duchesne I 416; vide supra epistolam no. 13; ex actis synodi a. 721 vel 722 (Mansi XII 261), in qua de inlicitis coniunctionibus (cf. pag. 704 lin. 21) neque vero de imaginibus tractatum est, sumpsit initium epistolae et testes subscriptos, quos per nonnullos episcopos, qui de provincia Romana non erant, complevit... Epistola no. 14 tempore concilii Mantuani a. 827 nondum exstitit; Mansi XIV 497. Auctor Chronici patriarcharum Gradensium ea usus est, Scriptores rerum Langobardicarum 396.

Ich darf demnach den geplanten letzten Abschnitt dieser Arbeit mit einem Nachweis der Fälschung im Einzelnen weglassen und mich auf einige Bemerkungen beschränken. S. 704 Z. 13 ist zu bessern: ne de creditis frustratis quod absit animabus, *dann* pastorem. S. 704 Z. 19—21 hätte der Fälscher das Praesens gebrauchen müssen. S. 704 Z. 19: die Vorlage, welche S. 703 Z. 16 zu bessern ist sanctorum imagines ac (ab *Handschrift*, ad *Herausgeber*) ipsius domini . . instar (= imagines) omnes, hat auch der Fälscher nicht verstanden. S. 705 Z. 2 Pelagii auctoritate *und* viginti: vgl. Johannes Diac. S. 62 Z. 16 und 13. S. 705 Z. 9 sed esset quasi non accepisset: das Citat in Gregor's II. Brief (S. 699 Z. 6) ist entweder nicht erkannt oder nicht verstanden. S. 705 Z. 13—18: in der Vorlage bessere S. 701 Z. 19 'sed semper retineat memoria nimia compassione fuisse (fuisset *Handschrift*) concessa'. S. 705 Z. 20 tocius Venetiae et Istriae, quae nostra sunt confinia: daran durfte 20 oder 40 Jahre vor Pippins oder Karls Schen-

Die gradenser Theorie in den päbstlichen Schreiben. Die gradenser Theorie, das Patriarchat von Aquileja sei auf der Synode des Elias mit Zustimmung des Pabstes Pelagius endgiltig nach Grado verlegt worden, das langobardische Patriarchat sei um 607 durch das Eingreifen der Langobardenkönige entstanden und erst der Patriarch Serenus sei um 716 vom Pabst anerkannt worden, wurde hauptsächlich in den heftigen Kämpfen des Poppo und Ursus von 1019—1044 ausgebildet und fest formulirt; es ist interessant zu sehen, wie diese Theorie sogar in die päpstlichen Privilegien eingedrungen ist, eine Thatsache, welche ebenfalls beweist, dass der Wortlaut dieser Privilegien oft auf den vom Bittsteller gelieferten Angaben und Wendungen beruht. Von den päbstlichen Privilegien für Grado aus den Zeiten vor dem Jahre 1000 scheinen wir zwar Vieles zu wissen, in Wahrheit wissen wir davon fast nichts.

[Dandolo gibt in seinem Chronikon (Muratori, Scriptores XII) Nachricht von vielen Privilegien vor 1000 (von ihm hängt hier, wie sonst oft, Ughelli vollständig ab): Sp. 152/3 Leo III. für Fortunat mit vollständigem Text (Ughelli 1094, Jaffé 2512); Sp. 170[b] Gregor IV. (beruht wohl nur auf Dandolo's Conjectur; fehlt bei Jaffé?); (von Sergius II. notirt Dandolo Sp. 178[b] nur ein Einladungsschreiben. Jaffé 2593); Sp. 178[d] Leo IV. a. 852 (Jaffé 2616, erhalten im Codex Trevisaneus); Sp. 180[b] Benedict III. a. 858 (Jaffé 2672, erhalten im Cod. Trevis.); Sp. 187[d] Hadrian III., Jaffé 3400; Sp. 194[b] Bonifatius VI., Jaffé 3509; Sp. 195[a] Romanus, Jaffé 3517; Sp. 195[b] Theodor II., Jaffé 3518; Sp. 197[d] Anastasius III., Jaffé 3552; Sp. 209[c] und Sp. 210[b] Johann XIII. (Ughelli 1108[e]; fehlen bei Jaffé?). Den Inhalt des ersten Schriftstücks von Leo III. gibt Dandolo (Sp. 152 = Ughelli 1094) vollständig; von dem 2. Stück, Gregor's IV., gibt er (Sp. 170[b]) als Inhalt an 'Gradensem sedem approbando, Venerio patriarchae pallium concessit, utendum in diebus resurrectionis, natalitiis apostolorum, S. Iohannis Baptistae, assumptionis BVMariae et nativitatis domini et solemnitatibus ecclesiae suae et anniversariis ordinationis eius'; bei allen folgenden Stücken gebraucht Dandolo für die Inhaltsangabe die stehende Formel 'pallium recepit utendum diebus praedecessoribus suis concessis', welche Formel zurecht geschnitten ist aus dem Sp. 152 vollständig mitgetheilten Privileg Leo's III. 'pallium . . dedimus quo ita uti memineris, sicuti praedecessores nostri tuis praedecessoribus concessere'.

Diese Angaben Dandolo's sind für uns werthlos; er hat höchstens die 3 Privilegien gesehen, welche uns jetzt im Codex Trevisaneus erhalten sind[1]); aus

kung kein Pabst denken; er war so gut griechischer Unterthan wie die Istrier. S. 705 Z. 23: Lesefrucht aus Paulus Diac. Hist. Langob. VI 51 'sedem non in Foroiuli, sed in Cormones habebant'. Die Unterschriften der Synode von 721 sind jetzt zu vergleichen auch mit jenen der Synode von 732 bei De Rossi, zuletzt Inscr. Christ. II 116, und Otto Günther im N. Archiv XVI 1891 S. 235. Bei Mansi ist Einiges zu bessern: so ist am Schlusse umzustellen: Muscus (d. h. Moschus) diac. und Gregorius diac.; die Fehler der Fälschung zu vergleichen, lohnt sich nicht: die Zahl der Handschriften ist zu gross.

1) Die Kenntniss dieser Texte verdanke ich der freundlichen Mittheilung meines Kollegen Kehr. Vielleicht ergibt seine Durchforschung des aquilejer Materials noch andere Erkenntnisse hierüber.

[diesen hat er Einiges genommen: alles Uebrige ist nur sein Kunstgriff. In den Privilegien der Päbste Johann XIX. und Benedict IX., welche er beide kennt und Sp. 237[a] 238[a-c] und Sp. 242[c] ausgenützt hat, las er nur die Namensreihe der Päbste, welche den gradenser Patriarchen Privilegien ertheilt hätten. Er hatte nun zunächst vor sich das Privileg Leo's III. vom 21. März 803 für Fortunat (Jaffé 2512, Trevisan. fol. 15 und 17, beginnend Diebus vitae tuae tantummodo. Officium sacerdotis usw., wörtlich gleich der Formel des Liber diurnus no. 46 S. 35, 10—37,5 und S. 38, 6—8 bei Sickel); dieses Stück schrieb er vollständig ab unter Leo III. Dann sah er ein, dass die Reihe bei Johann XIX. und Benedict IX. 'Stephani Gregorii Leonis Sergii' falsch sei; denn zwischen Stephan III. 768—772 und Leo III. 795—816 gibt es keinen Gregor (III 731—741, IV 816—847). Hier muss jedenfalls umgestellt werden und zwar ziemlich sicher 'Gregorii' vor 'Stephani', indem gemeint war das wichtige Schreiben Gregor's II. (715—731) an Serenus, welches die Gradenser schon 967 Otto dem I. vorgelegt hatten und auf welches noch 1053 Leo IX. seine ganze Constitutio aufgebaut hat. Dandolo aber schlug aus Irrthum einen andern Weg ein. Er las nemlich das uns im Trevisaneus Bl. 54 erhaltene Privileg Leo's IV. vom 1. April 852 für Victor (Jaffé 2616) und das völlig gleichlautende Privileg Benedict's III. für Vitalis vom 30. März 858 (Jaffé 2672, Trevis. Bl. 47); deren Wortlaut stimmt nach der Eingangsformel 'Diebus vitae tuae tantummodo' wörtlich mit der Formel des Liber diurnus no. 45 S. 32 (bei Sickel): Si pastores ovium etc., doch statt der Worte 'non aliter . . uti concedimus quam decessores prodecessoresque tuos usos esse incognitum non habes' *steht hier*: non aliter . . uti largimur, nisi solummodo in die s. ac venerandae resurrectionis domini nostri Iesu Christi seu in natalitiis s. apostolorum atque beati baptistae Iohannis necnon in assumptione beatae dei genitricis Mariae simulque in dominicae domini dei nostri nativitatis die pariterque in solemnitatis ecclesiae tuae die, verum etiam et in ordinationis tuae natalitio concedimus die; sicuti a beatissimo predecessore nostro domno G r e g o r i o huius almae sedis presule sancitum est; in secretarium vero induere tua fraternitas pallium debeat et ita ad missarum solemnia proficisci; et nihil sibi amplius ausu temerariae praesumptionis adrogare ne, dum in exteriori habitu inordinate aliquid arripitur, ordinate etiam quae licere poterant amittantur.

Dandolo meinte, den gesuchten Gregor hier gefunden zu haben, was sicher falsch ist[1]), setzte also Sp. 170[b] die oben ausgeschriebene Notiz ein, dass Gre-

1) Unter den früheren Pallienverleihungen fand ich nur eine, welche diesen Zusatz hat: es ist Jaffé 2580, gedruckt bei Kleinmayrn, Nachricht von Juvavia, Anhang S. 82. Der ganze Text stimmt vollständig mit den gradenser Privilegien Leo's IV. und Benedict's III. überein, also auch der eben ausgeschriebene Zusatz. Da nun dies Privileg für Liuprammus von Salzburg von G r e g o r IV. am 31. Mai 837 ausgestellt ist, so kann natürlich der darin citirte beatissimus praedecessor Gregorius nicht Gregor IV. sein. Es ist höchst wahrscheinlich G r e g o r I. Dieser berührt in seinen Briefen oft die PallienVerleihung, insbesondere erlaubt er in dem Briefe V 11 dem Johannes von Ravenna nicht nur bei Messen, sondern auch an einigen litaniis sollemnibus das Pallium zu tragen. Da jedoch die dort genannten Feste wenig zu den hier genannten stimmen, dagegen die Bestimmung 'in secre-

[gor IV. dem Venerius das Tragen des Palliums an den genannten Tagen erlaubt habe, dagegen bei Leo IV. und Benedict III., wie bei all den folgenden, nur von Johann XIX. genannten Päbsten setzte er nur die gleichmässige Formel 'pallium suscepit utendum diebus praedecessoribus suis concessis'; nur bei Sergius II. vergass er ausser dem Einladungsschreiben (Sp. 178[b]) diese Pallienverleihungsformel einzuschieben. Gewährt uns diese Erkenntniss einen nützlichen Einblick in das Schaffen des Historikers Dandolo (freilich auch Jaffé hat sich nur aus jenem Schreiben Johann's XIX. seine no. 3400 3509 3517 3518 3552 zurecht gemacht), so gewährt sie uns auch die Gewissheit, dass wir von dem Inhalt der ältesten Privilegien nur Weniges wissen.]

Dagegen die Privilegien Silvester's II. (999—1003) und Sergius' IV. (1009—1012) notirt Dandolo in anderer Weise: Sp. 231[e] 'metropolitana iura Gradensis sedis super episcopos Venetiarum et Istriae . . per privilegium renovavit' und Sp. 235[d] 'patriarchae Gradensis ius metropolicum et ecclesiae suae (super?) suffraganeos Venetiae et Istriae per privilegium approbavit'. Diese Privilegien hat also Dandolo selbst gesehen oder ihren Inhalt aus einer andern Quelle notirt: also hätte Jaffé zu no. 3933 und 3981 Dandolo citiren müssen. In jenen 2 Privilegien scheint nur der alte Streit um Istrien berührt gewesen zu sein, zunächst nicht die gradenser Rechtstheorie.

In den beiden Constitutionen Johann's XIX. und Benedict's IX. von etwa 1024 und von 1044 (Jaffé no. 4063 — siehe oben S. 18 — und no. 4114, Ughelli V 1112c und 1114[c]) werden vor allem die aquilejer Ansprüche auf Eigenthumsrechte über die Gemeinde Grado und auf Unterordnung (subiectio) der gradenser Kirche unter die aquilejer zurückgewiesen; die gradenser Begründung ihrer Rechte kommt nicht zum Ausdruck; wichtig dagegen ist die in beiden Stücken ganz gleiche Aufzählung der 'privilegia a nostris antecessoribus Gradensi sedi concessa' nemlich *Pelagii* (II, die Eliassynode fand statt 'ex consensu Pelagii'), *Gregorii* (I?: vielleicht wegen des Briefes des Pelagius an Elias, den Gregor I. verfasst hatte), *Honorii* (I, vgl. Primogenius), *Stephani* (III: Briefwechsel mit Patriarch Johannes a. 768—772?), *Gregorii* (II und III, 715—731 und 731—741), *Leonis* (III), *Sergii Leonis Benedicti Adriani Bonifacii Romani Theodori Anastasii Ioannis Sylvestri et Sergii* (*s. oben S. 32 bei Dandolo*). Von

tarium vero . . poterant amittantur' fast wörtlich mit Gregor's I. Brief übereinstimmt, so sind von einem Nachfolger Gregor's I. die Worte 'sicut a . . Gregorio . . sancitum est' vielleicht mehr wegen des ihm folgenden, als wegen des ihm vorangehenden Satzes eingeschoben. Nachträglich theilt mir noch Herr Graf Curt Boguslav von Hacke, dessen göttinger Dissertation über die Privilegien der PallienVerleihung nächstens erscheinen wird, freundlichst mit, dass vor dem Jahr 1024 ausser in dem Privileg Gregor's IV. für Salzburg (und also in den oben besprochenen Leo's IV. und Benedict's III. für Grado) der oben gedruckte Zusatz samt der Erwähnung Gregor's sich noch in folgenden späteren Pallien-Verleihungen findet: Jaffé 2681: Mai 860; 2798: Dec. 865; 2904: Febr. 868 (für einen Bischof); † 3406: Nov. 885; 3457: Mai 890; † 3549: Juni 911; 3550: Febr. 912 (für einen Bischof); † 3602: c. 937; 4042: Sept. 1022; ausserdem werde in Betreff der Pallien-Verleihung Gregor noch citirt in Jaffé no. 2603 2759 3568.

den genannten Schriftstücken mögen manche keine Privilegien im strengen Sinne, sondern andere gelegentliche Schreiben gewesen sein; allein aus dieser Liste, wie aus den im Patriarchenkatalog verwertheten Schriftstücken, erhellt immerhin, mit welchem Eifer damals die einschlägigen Belege im gradenser Archiv gesammelt und studirt wurden.

Die von Kehr in den Göttinger Nachrichten 1896 S. 294/6 veröffentlichte und als Pallienverleihung Leo's IX. 1050 an den gradenser Patriarchen Dominicus gedeutete Urkunde stimmt wörtlich mit der Formel 45 des Liber diurnus (S. 32 bei Sickel), nur dass die Tage eingesetzt sind, an denen das Pallium zu tragen ist: enthält also nichts Wichtiges für die vorliegende Frage.

Dagegen ist die Rechtstheorie und Gelehrsamkeit der Gradenser völlig zum Sieg gelangt in der Constitutio, welche der eifrige Neuerer, Leo IX., den Gradensern 1053 ausgefertigt hat (Jaffé 4295); sie ist ganz nach dem Vorbild des Warnungsbriefes Gregor's II. an Serenus und Gregor's III. an Calixtus geschrieben. Schon die zweimalige Bezeichnung 'Gradensem imo novae Aquileiae patriarcham' und 'Foroiuliensis antistes' statt 'Aquileiensis patriarcha' drücken den neuen Geist genügend aus; dann melden die Worte ausdrücklich: ut nova Aquileia totius Venetiae et Istriae caput et metropolis perpetuo haberetur, secundum quod evidentissima praedecessorum nostrorum astruebant privilegia: Foroiuliensis vero antistes tantummodo finibus Longobardorum esset contentus iuxta privilegium Gregorii II. et retractationem tertii.

Welch starken Eindruck Form und Inhalt dieses leonischen Privilegs gemacht hat, das zeigt der Urkundenpassus der späteren Privilegien. Von denselben sind gedruckt: Innocenz II. 1136, Jaffé 7783, bei Ughelli V 1120; Lucius II, 1144, Jaffé 8560, bei Ughelli Sp. 1121; Jaffé 9909[a] und Cornelius (im Index) citiren eine Urkunde Anastasius' IV. 6. April 1154, welche ich nicht finden kann; Hadrian IV. 1157, Jaffé 10295, bei Ughelli Sp. 1124; Alexander III. 1161, Jaffé 10665, Migne 200 S. 118; Urban III. 1186, Jaffé 15619, bei Ughelli Sp. 1131; Alexander IV. 1256, Potthast 16481, gedruckt in Fontes rerum Austriacarum II. Abth., 14. Band 1857 S. 19. In dem letzten heisst die betreffende Stelle: predecessorum nostrorum felicis memorie Pelagii, Alexandri (II, 1061, Ughelli 1117[c]), Urbani secundi, Adriani (IV, oben), Alexandri (III 1161, oben), Lucii (III, 1182, Jaffé 14624, Ugh. 1131[b]), Urbani tercii (1186, oben), Clementis (III) et Innocentii tercii (1213, Ugh. 1135)[1] vestigiis inherentes (*in den zwei frühesten Privilegien von 1136 und 1144 steht:* auctoritatem sequentes), illius precipue constitutionis tenorem servantes, quam predecessor noster Leo nonus papa sancivit (sanctissimus *Ughelli bei Innocens III. und Adrian IV.*) et synodali iudicio et privilegii pagina confirmavit' etc. Nur das Schlagwort 'nova Aquileia' wird von keinem Pabst mehr gebraucht; freilich wird auch Foroiuliensis vermieden; es stehn sich fortan nur Gradensis und Aquileiensis gegenüber.

---

1) In den früheren Privilegien [illegible]n natürlich entsprechend weniger Namen.

Hieraus erhellt, dass bei den Päbsten die gradenser Theorie gesiegt hat. Das fast stets kaiserlich gesinnte friaulische Patriarchat trat mit dem Sinken der kaiserlichen Macht und des kaiserlichen Ansehns in Italien immer mehr zurück, während das gradenser Patriarchat mehr und mehr den Vorrang gewann unter dem Schutze des mächtig aufstrebenden Venedig's. Gregor VII. sagt in einem Schreiben von 1074 (Jaffé 4913 und Ughelli V 1118), worin er die geringen Einkünfte des gradenser Patriarchats beklagt, diesem Patriarchate hätten die Venezianer es zu verdanken, dass 'post apostolicam sedem omnibus, quae sunt in occidente, gentibus clariores extiterunt'. Also hier sind Grado die Vorrechte des ältesten aquilejer Patriarchats zugestanden.

Noch mehr wuchsen die Vorrechte des gradenser Patriarchats unter der langjährigen Leitung des klugen Henricus Dandolo: 1157 ward ihm das Recht, im Orient überall, wo die Venezianer Kirchen besässen, Bischöfe einzusetzen, und in demselben Jahre wurde ihm das Erzstift Zara untergeordnet. Nachdem noch 1164 der aquilejer Patriarch Grado angegriffen hatte, dabei aber sogar selbst in Gefangenschaft gerathen war (Monum. Scriptores XIV 77), suchte der gradenser Patriarch den Kampf mit den Aquilejern 1180 durch einen Vertrag (Jaffé 13687) zu beenden, worin denselben die Gewalt über ihre damaligen, ausdrücklich genannten (Ughelli V 1129[c], 62[c], 62[d]) Diöcesen zugestanden wurde. Hierdurch war allerdings die stärkste Quelle des Streites verstopft, und wohl dementsprechend werden auch in dem Privileg Alexander's IV. von 1256 die dem gradenser Patriarchen untergebenen Bischöfe ausdrücklich aufgezählt[1]). Nachdem endlich 1440 sogar ein Venezianer Patriarch von Aquileja geworden war und 1444 die Oberherrschaft Venedigs anerkannt hatte, wurde dann natürlich auch 1451 der alte Plan (vgl. ausser Paschalis II. vom 31. Oct. 1110/1 = Jaffé no. 6285, besonders Alexander III. an den Dogen von 1178?, Migne 200 S. 1284 und Jaffé no. 14247) ausgeführt und aus dem einsamen Grado das Patriarchat in das glänzende und weithin gebietende Venedig verlegt, wobei Nicolaus V. ausdrücklich verfügte, ut 'quondam Gradensis' deinceps 'ecclesia patriarchalis Venetiarum' futuris perpetuis temporibus appelletur.

Das langobardische Patriarchat seit 607 war nach dem kirchlichen Recht eine schismatische Neugründung und Grado war der einzige berechtigte Erbe des h. Marcus und Hermagoras gewesen. Diese Rechtslage wurde aber um 695 dadurch verwirrt, dass der päbstliche Stuhl neben dem gradenser auch das langobardische Patriarchat anerkannte, offenbar ohne festzusetzen, welches von beiden der berechtigte Erbe sei, und dass nachher Jahrhunderte lang der päbstliche Stuhl

1) Es ist merkwürdig, dass, während die Aquilejer nach ihrer schon in Mantua verfochtenen Theorie oft den Flecken Grado für ihr Eigenthum und das dortige Patriarchat für ihnen untergeordnet erklärt haben, die Gradenser nie die Consequenzen ihrer eigenen Theorie gezogen und Aquileja, ihre ursprüngliche verlassene Residenz, als ihr Eigenthum in Anspruch genommen haben.

bald Grado bald Aquileja als berechtigten Erben des h. Marcus und Hermagoras anerkannt hat.

In diesem Rechtsdunkel entwickelten sich Sagen und Theorien. Ihre Entwicklung folgt der Entwicklung der politischen Macht; seit etwa 800 war Aquileja mächtig: da gedieh auch seine Rechtstheorie; dann wurde Grado mächtig: da ersann es seine Rechtstheorie und mannigfache Belege für dieselbe. Als die politische Macht Venedigs über Aquileja und den Friaul gänzlich gesiegt hatte, dachte Niemand mehr an die Rechte des aquilejer Patriarchats, ja zuletzt zerfiel es; dagegen das venezianer Patriarchat galt und gilt als der berechtigte Nachfolger des h. Marcus. So ist in dieser Sache das Recht den politischen Machtverhältnissen gefolgt.

Uebersicht.

ABHANDLUNGEN
DER KÖNIGLICHEN GESELLSCHAFT DER WISSENSCHAFTEN ZU GÖTTINGEN.
PHILOLOGISCH-HISTORISCHE KLASSE.
NEUE FOLGE BAND 2. Nro. 7.

Die römische Flurteilung und ihre Reste.

Von

Adolf Schulten.

Mit 5 Figuren im Text und sieben Karten.

Berlin,
Weidmannsche Buchhandlung.
1898.

Inhaltsverzeichnis.

Die römische Flurteilung und ihre Reste.

Von

Adolf Schulten.

Vorgelegt von H. Wagner in der Sitzung vom 5. März 1898.

Einleitung.

Beständigkeit agrarischer Institutionen. Stadt- und Flurteilung. Fortbestehen der römischen Flurnamen in heutigen Ortschaften. Die römische Flurteilung noch heute kenntlich.

Agrarische und bodenrechtliche Institutionen haben eine wunderbare Beständigkeit. Die Erde ist das konservative Element. Stäten Sinnes teilt der Bauer, der echte Bewahrer der Landesart, die von den Vätern überkommenen Sitten und Bräuche den Kindern mit. Ihn weist der ewig gleiche Kreislauf der Natur in feste Bahnen, und wie sich die Natur nicht ändert, so ändern ihre treuesten Söhne nichts an ihrem uralten Dienst. Derselbe leichte Pflug — die mit einem Querholz versehene Hacke — den die *scriptores rei rusticae* beschreiben, ritzt noch heute die dünne Humusschicht der römischen Campagna, heute wie zu Horazens Zeit „vermählt" der italische Winzer die Rebe mit der Ulme und die von Baum zu Baum gezogenen Rebenguirlanden sind, wie die campanischen Gemälde zeigen, schon im Altertum der Schmuck der *Campania felix* gewesen. Darum ist das heutige Italien für den Altertumsforscher eine Urkunde römischen Lebens: wer Augen hat zu sehen erkennt auf Schritt und Tritt im modernen Italien das alte.

Wie sich die natürlichen Grenzlinien des Landes, Berge und Flüsse nicht geändert haben, so sind die durch sie begrenzten Gebiete: die Poebene, Etrurien, die Gebirgsfestung der Abruzzen, Campanien, das apulische Flachland u. s. w. heute wie im Altertum die natürlichen Landesteile. Auch der Lauf der Verkehrsstrassen ist derselbe geblieben und auf oder neben der römischen *via* läuft die Eisenbahn, die *via* der Neuzeit. Aber nicht allein die grossen Heerstrassen haben die Jahrhunderte überdauert: die folgenden Blätter sollen zeigen, dass sich sogar die Feldwege der römischen Flurteilung (Centuriation) erhalten haben.

Für die Limitation — so nennt man bekanntlich die bei den Etruskern und Römern übliche Methode, die Stadt und ihr Gebiet durch ein System sich rechtwinklig kreuzender Wege (*limites*) in Quadrate zu teilen — der Städte hat Nissen in seinen diese Materie zuerst behandelnden Untersuchungen ‚das Templum' und ‚Pompeianische Studien' die Nachweise geliefert, für die Teilung der Feldmark erübrigt noch ein Gleiches. Noch heute ist in Turin, Aosta, Florenz, Neapel etc. das ein Schachbrettmuster darstellende römische Strassensystem kenntlich. Schon a priori ist es wahrscheinlich, dass sich ebenso von der Flurteilung, welche die Feldmark in Quadrate von 2400 Fuss (= c. 710 Meter) Seite (Centurien) zerlegte, Spuren erhalten haben. Denn ein solches Wegenetz braucht nicht durch Veränderungen des Bodenbesitzes und nicht einmal durch neue Flurteilung und Veränderungen der Territorialgrenzen alterirt worden zu sein; es wàr vielmehr, einmal angelegt, für alle Zeit ein ausgezeichnetes Hülfsmittel zur Verteilung des Landes und zur Identifikation der einzelnen Besitzstände. Noch heute giebt der Bauer im Paduanischen Entfernungen nach den grade dort vorzüglich erhaltenen ‚*quadrati*', den römischen Centurien, an (s. Legnazzi, Storia del catasto Romano, Padua 1887 p. 220). Von den römischen Institutionen haben die Nachfolger der Römer in Italien besonders die agrarischen wegen ihrer natürlichen Stabilität bewahrt. Neben den neugeschaffenen langobardischen Grundstücken, die der Name kenntlich macht, erscheinen in den mittelalterlichen Urkunden zahlreich die römischen *fundi* wie *f. Cornelianus*, *Baebianus* etc. Besonders reiches Material bieten die ravennatischen Urkunden (s. Fantuzzi, Monumenti Ravennati). Ein *fundus Cornelianus* des neunten Jahrhunderts ist natürlich altrömischen Ursprungs, wenn er auch, da bei Teilung jede *portio fundi* den Namen des ganzen fundus erhält [1]), nicht mehr die alte Ausdehnung zu haben braucht. Auch die Uncialteilung des römischen fundus besteht in den ravennatischen Urkunden noch fort. Aber die Continuität geht noch weiter: bis auf den heutigen Tag haben sich die Namen vieler römischer Landgüter in den heutigen Ortsnamen erhalten. Die Entwicklung verläuft so: ein aus mehreren *fundi* gebildetes Landgut (*massa*) wird nach einem der combinirten *fundi* benannt -- denn nur grosse Güter kommen in Betracht —, nach dem fundus heisst dann die *villa*, der Gutshof, oder der *vicus*, das Colonendorf. Schliesslich bezeichnet man das Gut nach diesen Centren (also z. B. „*possessio vicus Aureli*"): an die Stelle des Territoriums tritt die Ortschaft (s. meine Schrift: die röm. Grundherrschaften p. 21 f.). Dieser Name geht auf das von dem mittelalterlichen Feudalherrn, dem Nachfolger des römischen Possessor, erbaute Castell über; an das Castell baut sich eine Ortschaft an: so wird aus dem *fundus Cornelianus* ein Ort *Corniglianο* [2]). Dieselbe Entwicklung liegt in Frankreich vor. Aus einem *fundus*

1) S. Mommsen, die italische Bodenteilung (Hermes XIX p. 395).

2) Zahlreiche Beispiele für diesen Prozess bietet Tomasetti: „Storia della Campagna Romana" (Archivio della soc. Rom. di storia patria vol. 1 f.).

Sabiniacus — die keltische Endung *-acus* entspricht dem römischen *-anus* — ist Savigny, aus *Floriacus* Fleury und Floirac (a. Meuse), aus *Juliacus* Juillac geworden [1]).

Was nun das Fortbestehen der römischen Flurteilung angeht, so kommt in einer langobardischen Urkunde des VIII. Jahrhunderts (s. unten) ein *limes decumanus* — so hiessen die zum *decumanus maximus*, der Hauptlinie, parallel gezogenen Flurwege — vor. Immer klarer sehen wir heute, dass die „Stürme der Völkerwanderung" weit mehr römische Institutionen haben bestehen lassen als man früher glaubte. Das gilt in erster Linie von den agrarischen Dingen. So soll denn im Folgenden gezeigt werden, dass thatsächlich von der römischen Centuriation besonders in der Poebene, aber auch auf dem *ager Campanus* und sogar im Gebiet von Carthago noch sehr bedeutende Reste vorhanden sind, trotz aller Wandlungen des Bodeneigentums und aller Veränderungen des Wegenetzes in Mittelalter und Neuzeit.

I.

Methode der römischen Flurteilung (Centuriation). Die Centurien und ihre Einteilung in Landloose. Die Richtlinien: *cardo* und *decumanus*. Ihre Orientirung. Breite der Koppelwege.

Bei der Anweisung öffentlichen Landes an Private (*assignatio*) bedienten sich die Römer verschiedener Flurteilungsarten (*divisio*): für die mit Colonieanlage verbundene Assignation ist charakteristisch die Teilung des zu vergebenden Landes in ein System von Quadraten [2]). Diese Quadrate enthielten 100 Doppeliugera — 2 Iugera bilden die altrömische Hufe, das „*heredium*" — also 200 Iugera (1 Iugerum ist ziemlich = 1 preuss. Morgen) [3]). Ein solches Quadrat heisst von den 100 Hufen *centuria* und die Flurteilung nach Centurien *centuriatio* (s. Schriften d. röm. Feldmesser [4]) II, 405). Die Centurie hatte als Quadrat von 100 Heredien = 400 *actus* [5]) Fläche eine Seite von 20 *actus* = 2400 Fuss.

Vereinzelt sind auch Centurien zur Anwendung gekommen, die weder quadratisch waren noch 100 heredia = 200 Iugera enthielten. Die Feldmesser (I,

1) S. Fustel de Coulanges „Institutions politiques de la France" T. III p. 1 f. (la villa Gallo-romaine); Arbois de Jubainville „La propriété foncière et les noms des lieux en France" p. 12 f.

2) In Nordamerika kommt dasselbe System zur Anwendung. Parallel zum Meridian zieht man die den *cardines* und von Osten nach Westen die den *decumani* entsprechenden ‚*base-lines*'. Die entstehenden Quadrate sind 1 engl. □Meile gross. Diese *divisio* heisst *survey* (s. Roscher, Colonien p. 305).

3) Die Bedeutung von centuria ist richtig erkannt schon von Varro r. r. 1, 10: „*bina iugera quod a Romulo primum divisa dicebantur viritim, quae heredem sequerentur, heredium appellarunt. Haec postea centum centuria. Centuria est quadrata, in omnes quattuor partes ut habeat latera longa pedum ∞ ∞ CD.*" Ebenso *Frontin de limitibus* (Feldmesser I, 30, 14): „ . . *deinde haec duo iugera iuncta in unum quadratum agrum efficiunt* . .; *quidam primum appellatum dicunt sortem et centies ductum centuriam.* . ."

4) Wo ich im Folgenden einfach die Seite und Zeile citire, ist der erste Band gemeint, der den Text enthält.

5) 1 heredium = 2 Iugera = 4 Actus.

159. 22) wissen von oblongen Centurien zu berichten, deren eine Seite 25 und deren andere Seite 16 Actus lang war, die mithin eine Fläche von 16 × 25 = 400 Quadratactus, also auch 200 Iugera hatten wie die quadratische Centurie mit dem Seitenverhältnis 20 : 20 Actus. Das Maass 16 : 25 kam zur Anwendung z. B. in Beneventum, Velia (Feldm. I, 204, 10) und Vibo (209, 19)[1]. Wieder andere Centurien waren weder quadratisch noch 200 Iugera gross. In der augusteischen Colonie Emerita in Spanien wurden die Centurien zu 20 × 40 Actus = 400 Iug. ausgelegt (Hygin, Feldm. I, 171).

Ein anderes Verhältnis war 21 × 20 Actus = 210 Iugera; es soll in Cremona angewendet worden sein (Frontin in Feldm. I, 30, 19 und darnach Hygin: I, 170, 19). Mommsen (a. a. O. p. 81) weist darauf hin, dass die quadratische Centurie von 200 Iugera nicht wohl das normale Flurmaass der älteren Assignationen gewesen sein könne, weil die damals vergebenen Landloose mit der Zahl 200 incongruent seien; es kommen nämlich vor als Loose: 6 iug. (Potentia, Pisaurum), 8 (Parma), 15 (Vibo), 140 (Reiterloos in Aquileia). Sicher war ja bei der Assignation das angesetzte Landloos und nicht die Centurie von 200 Iugera das maassgebende Prius. Umgekehrt lässt freilich der jüngere Hygin (p. 201) die Centurie von 200 Iugera in 3 Loose à 66²/₃ iug. geteilt sein, aber niemand wird glauben, dass man, um Loose von 66²/₃ iug. zu vergeben, Centurien von 200 iug. gebildet hat. Ebensowenig wird man je, wenn die Centurie zu 200 iug. gegeben war — etwa bei einer Neuverteilung bereits centuriirten Landes — sich darauf caprizirt haben sie in Loose zu 66²/₃ iug. zu teilen. Das war bei den primitiven Hülfsmitteln der römischen Agrimensoren keine Kleinigkeit. So unpraktisch waren die Römer doch nicht, und das von Hygin gewählte Exempel ist für das Verkommen der ehrbaren Feldmesskunst in mathematischen Abstractionen bezeichnend. Für die Assignationen der cäsarischen und späteren Zeit (50 iug. in der Regel s. Frontin: I, 30) ist dagegen die Centurie zu 200 Morgen das typische Feldmaass.

Die Centuriation d. h. die Teilung des zu assignirenden Landes in Centurien ist zuletzt von Mommsen in der genannten Abhandlung (p. 90 f.) kritisch untersucht worden. Besonders hat Mommsen die Bedeutung der Grundbegriffe *cardo* und *decumanus* endgültig festgestellt. Bei der Orientation, der die Flurteilung inaugurirenden Ziehung der Hauptlinien, lässt der Feldmesser zunächst von der *groma*, dem nach seinem Messinstrument benannten Mittelpunkt (daher auch *umbilicus*) der Flurteilung aus in dem zu teilenden Gebiet zwei Richtlinien, die sich in der groma senkrecht schneiden, abstecken. Sie können verschieden orientirt sein. Als die beste Orientirung gilt unseren Agrimensoren (s. Feldm. II, 345 f.) die der einen Linie nach Norden oder Süden[2]) und die der anderen nach Osten gen Sonnenaufgang. Die Nord-Südlinie heisst *cardo*, die West-Ostlinie *decumanus*.

1) S. die Erörterung dieser Verhältnisse bei Mommsen, Zum römischen Bodenrecht (Hermes XXVII p. 81).

2) In der Orientirung des Cardo herrscht grosse Unsicherheit; man vergleiche Frontin p. 29, 9 (Süden) mit Hygin 108, 11 (Norden). Derselbe Hygin will p. 108, 16 den Cardo nach Süden orientirt

Der substantivische Begriff „*cardo*", die „Axe", muss, wie Mommsen hervorhebt, der Hauptbegriff, also der Cardo die Hauptlinie sein. Dagegen ist der *decumanus* (scil. *limes*) benannt von den im Abstand von je *decem actus* durch den Cardo gelegten Querlinien (vgl. Siculus Flaccus in Feldm. I p. 153 [2]) und Mommsen dazu a. a. O. p. 91). Im gleichen Abstand müssen parallel zum Cardo andere Cardines gezogen worden sein, denn die Feldmesser überliefern, dass der *ager quaestorius*, d. h. das von den Quästoren verkaufte Staatsland, in Quadrate von 50 iug. (= 100 Actus) d. h. 10 × 10 Actus parzellirt gewesen sei (Sic. Flaccus 152, 23 f.) [3]). Auf dem *ager quaestorius* findet man also die ursprüngliche Bedeutung der *decumani*. Demnach scheint die Limitation zuerst auf dem *ager quaestorius*, nicht auf dem *ager divisus assignatus* der Colonien angewandt worden zu sein.

Wie gesagt, liegen der klassischen Limitation Centurien von 20 Actus Seite, nicht jene kleinen Quadrate von 10 × 10 Actus, zu Grunde. Aber auf die Teilungslinien dieser Limitation, die eigentlich von den XX Actus Intervall ‚*vicesumani*' hätten heissen müssen, ist der alte Name *decimanus* übertragen worden. Während es beim *ager quaestorius* scheinbar nur die eine Hauptlinie, den *cardo*, gegeben hat [4]) und als sekundäre Linien Quer- (*decimani*) und Parallellinien (*cardines*), tritt in der neuen Limitation zu dem Cardo eine zweite — westöstlich gezogene — Hauptlinie, die von den anderen Querlinien als *decumanus maximus* unterschieden wird (in *litterae singulares*: D. M.) hinzu. Entsprechend heisst die nach Norden gezogene Linie *cardo maximus* (C. M.).

In unserer Ueberlieferung gilt dann sogar der Decumanus maximus als die Hauptlinie und es wird als Fehler gerügt, wenn ein Feldmesser ihn und nicht die nunmehr sekundäre Linie, den *cardo*, nach Süden zog, wie es bei Capua vorgekommen sein soll (Frontin: I, 29, 4) [5]). Da die spätere Hauptlinie, der D. M., von Westen nach Osten gezogen wurde, war der östliche Teil des Templum, d. h. des zu limitirenden Bezirks, vom Standpunkt des Feldmessers aus der vordere und hiess daher *pars antica*, der westliche lag hinten: *pars postica*. Ihre Grenze bildete der durch den Fusspunkt des Feldmessers nach Süden und Norden gezogene Cardo

haben. Es war auch ganz einerlei, wo bei den Cardines Nord und Süd war, da die Orientirung des Decumanus genügte; denn die Cardines wurden senkrecht zum Decumanus ohne nochmalige eigene Orientirung (nach der Sonne) gezogen.

2) .. *limites a mensura denum actuum decimani dicti.* ..

3) „*quaestorii dicuntur agri, quos ex hoste captos p. R. per quaestores vendidit. Hi autem limitibus institutis laterculis quinquagenum iugerum effectis venierunt, quem modum decem actus per limites demensi efficiunt: unde etiam limites decumani sunt dicti.*" Vgl. denselben p. 136, 18.

4) Vielleicht gehört hierher der merkwürdige von Barnabei (Not. degli Scavi 1897 p. 120) mitgeteilte Stein, der ausser den Namen der „*III viri a(gris) i(udicandis) a(dsignandis)*" die Inschrift K · VII = *k(ardo) septimus* trägt. Während auf dem analogen Stein aus der Gegend von Capua (C. X, 3861) der Cardo und der Decumanus, auf deren Schnittpunkt der Cippus stand, notirt sind, ist hier nur der Cardo genannt; bei der Limitation waren also nur die Cardines numerirt.

5) „.. *ut in agro Campano .. qui est circa Capuam ubi est kardo in orientem et decimanus in meridianum.*"

maximus. Die rechts vom Agrimensor liegende südliche Hälfte ist die *pars dextrata*, die linke, nördliche, die *pars sinistrata* (s. Mommsen a. a. O. p. 90; Rudorff, Feldm. II, 341; Nissen, Templum p. 1 f.).

So die Theorie. In der Praxis orientirte man sich oft nicht nach Osten und Süden, sondern nach der *„natura loci“*, d. h. gemäss den lokalen Bedürfnissen in beliebiger Richtung. Hinzu kam, dass bei Orientirung nach der Sonne der eine Agrimensor nach dem wirklichen, der andere nach dem scheinbaren Sonnenaufgang seinen Decumanus zog (Feldm. I, 170, 3; II, 348). Galt es ein an bereits limitirtes Land stossendes Gebiet zu limitiren, so liess man gern die neuen *limites* zur Unterscheidung von den alten im Winkel auf diese stossen (Feldm. I, 170, 9—12). Ebenso natürlich war es, dass man bei einem sehr schmalen, aber sehr langen Territorium die Hauptlinie, den Decumanus, in der Längsrichtung zog (170, 12). Der *„natura loci“* wurde auch bei der Anlage der Flurteile, der Centurien, Rechnung getragen. Auf schmalen aber langen Flächen waren z. B. die quadratischen Centurien von 710 Meter Seite schlecht zu gebrauchen. Man ersetzte sie durch Oblonge, die sogenannten *scamna* und *strigae*. Aehnliche subsidiär neben den Centurien verwendete Figuren sind die *praecisurae* und *laciniae* (s. Feldm. II, 418 f.). Am Augenfälligsten ist das praktische Bedürfnis, die Hauptlinie nicht nach Osten zu legen, wenn durch das zu limitirende Gebiet eine Heerstrasse — *via publica* — in anderer Richtung ging: sie bildete die natürliche Richtlinie der Limitation. Je nachdem ihre Richtung sich der westöstlichen oder nordsüdlichen näherte, wurde sie Decumanus oder Cardo maximus. So hat man denn auch im Poland die via Aemilia meist zum Decumanus gemacht (s. unten) — merkwürdigerweise nicht durchweg. Für Anxur ist die via Appia Decumanus gewesen (Feldm. I, 179, 11). Anderswo wurde der Lauf der Küste oder der Apennin als die Normale angesehen, zu der der *cardo maximus* parallel und der *decumanus maximus* senkrecht zu ziehen sei. Darnach hiessen die *limites*: *limites maritimi, montani* (Feldm. II. 348).

Die beiden Hauptlinien wurden als breite Strassen angelegt, ebenso erhielten die um 5 Centurien von einander entfernten *limites* (*quintarii*) eine grössere Breite; die übrigen waren ursprünglich nur mathematische Linien, wurden aber später auch als schmale Feldwege hergestellt. In den augusteischen Militärkolonien war der Decumanus maximus 40, der Cardo maximus 20, der *quintarius* 12, die übrigen *limites* 8 Fuss breit (Feldm. I. 194).

Die von vier *quintarii* eingeschlossenen 25 Centurien bilden einen *„saltus“* (158, 21), ein Quadrat, dessen Seite 5 Centurienbreiten enthält.

Innerhalb der Centurien wurden öffentliche Wege (*viae*) nicht gezogen. Ihre Stelle vertraten die Grenzraine der einzelnen Grundstücke (*rigores*). So reden denn auch die Feldmesser bei der Besprechung der *controversiae*, der agrarischen Streitfälle, des Langen und Breiten von den *‚pedes quini‘*, dem 5 Fuss breiten Grenzsaum (*finis*) der ländlichen Grundstücke (s. Feldm. II. 433 f.). Jeder der Adjacenten hatte eine Servitut auf diesem Rain, um zu seinem Grundstück gelangen und beim Pflügen bequem umwenden zu können. Von den *viae publicae*.

den *limites*, unterschied sich dieser Grenzrain nur dadurch, dass er nur den Anliegern offen stand, nicht dem ‚*populus*', dem beliebigen Dritten: ‚*iter populo debetur*' hiess es von den *viae*, ‚*iter vicino debetur*' könnte man vom *finis* sagen. Es ist evident, dass schon bei der Assignation zwischen den einzelnen *sortes* dieser Rain belassen wurde, nur wird jedem Anlieger die Hälfte der *quini pedes*: $2^1/_2$ Fuss angerechnet worden sein, während die *via* nicht angerechnet wird. Jedem Anlieger gehörten also $2^1/_2$ Fuss des Grenzrains; sie bildeten mit einer Servitut belastetes Eigentum.

II.

Bisherige Behandlung der römischen Flurteilung. Kartenmaterial. Sichere Identität des Wegenetzes bei Parma, Bologna, Padua etc. mit der Centuriation. Uebereinstimmung der Centuriation mit den Territorien. Römische Flurnamen im centuriirten Gebiet.

Dass von der soeben geschilderten römischen Flurteilung noch bedeutende Reste vorhanden sind, hat man schon lange bemerkt. Auf die Centuriation von Carthago wies schon 1833 hin der Däne Falbe [1]). Das grosse Centuriennetz im Gebiet von Padua deutete richtig der Hydrauliker Lombardini (Studi idrologici e storici sopra il grande estuario Adriatico, Mailand 1868) [2]). Seitdem ist der Gegenstand von den Localgelehrten öfter behandelt worden, nie in genügender Weise [3]).

Jetzt, wo für fast ganz Oberitalien — hier hat sich die Centuriation am besten erhalten — die Karte 1 : 100000 des Istituto geografico militare vorliegt, wird es an der Zeit sein, die Spuren der römischen Flurteilung eingehender und

1) Recherches sur l'emplacement de Carthage (Paris 1833) p. 54 f.

2) Darnach Réclus, Géographie universelle I p. 344 (mit Karte).

3) Ich nenne: Legnazzi, Storia del catasto Romano (Padua 1887). Legnazzis Buch ist ein lehrreiches Beispiel für die den meisten Lokalgelehrten anhaftende Unfähigkeit, einen noch so konkreten Stoff anders als phantastisch zu behandeln. Man würdigt eine wirklich wissenschaftliche Lokalforschung wie die von Carlo Promis doppelt, wenn man sie in einsamer Grösse aus einem Meer von Absurditäten herausragen sieht. Von den in Legnazzis Text citirten Karten ist nur eine (Taf. XIV) zur Ausführung gekommen. Man kann das Fehlen der andern nicht bedauern, da die vorhandene eine gänzlich wertlose Schematisirung giebt, an der das einzige Thatsächliche die Namen Imola und Faenza — diese Territorien sollen dargestellt sein — sind. Wenig besser ist Rubbiani, l'agro dei Galli Boii diviso ed assignato ai coloni Romani (Atti e memorie della reale deputazione di storia patria per la Romagna, III sezione fasc. II p. 65—120), brauchbar dagegen: A. Gloria, l'agro Patavino dai tempi romani alla pace di Costanza: studi topografici di A. G. (Venezia 1881). Ebenfalls über die Centuriation des Gebiets von Padua handelt ein Aufsatz im Bulletino della società geografica 1894. Die Centuriation des *ager Campanus* haben besprochen Beloch, Campanien² p. 309 und Meitzen, Siedlung und Agrarwesen I p. 284 f. (die römischen Landmessungen und Feldteilungen, mit Karte der Umgebung von Capua).

kritischer als bisher geschehen zu verfolgen. Für Detailuntersuchung sind die Messtischblätter 1 : 25000 heranzuziehen.

Dass wir in der schachbrett- oder netzförmigen [1]) Flurteilung des Gebiets von Parma, Bologna, Padua, Capua — um nur die besten Beispiele zu nennen — die römische Centuriation vor uns haben, ist nicht zu bezweifeln. Die Seite der Quadrate ist auf der Karte 1 : 25000 (s. Tafel VII) 28 bis 29 mm lang, die Wege nicht mitgerechnet. Das giebt bei einer Reduktion von 1 : 25000 700—729 m. Nun hat aber die Centurie eine Seitenlänge von 20 *actus* = 2400 römischen Fuss; das sind — den Fuss zu 0,296 m gerechnet (s. Hultsch, Metrologie [2] p. 87 Anm.) 710400 mm = 710 m oder, den Fuss zu 0,295 m gerechnet, 708000 mm = 708 m. Die Centurie hatte also eine Länge von rund 710 m. Erwägt man, dass im Lauf von zweitausend Jahren die Breite der Wege zwischen den Centurien naturgemäss alterirt worden sein muss, so ist das eine überraschend präzise Uebereinstimmung. Aber auch bei viel geringerer Congruenz könnte kein Zweifel an der Identität des Reticulats von Parma, Bologna etc. mit der römischen Centuriation sein, denn ein Blick auf die Karten zeigt dieses Reticulat so vielfach durch neuere Flurteilung und Wegeanlagen zerstört, dass sein hohes Alter einleuchtet. Die das Reticulat bildenden Wege sind keine Verbindungswege zwischen Ortschaften, sondern Flurwege. Wer die Identität dieses Wegesystems mit der römischen Centuriation leugnen will, müsste schon behaupten, dass man in Mittelalter oder Neuzeit eine Flurteilung vorgenommen habe, die der römischen zum Verwechseln ähnlich sieht. Wer diese Auffassung vertreten will, mag es thun. Ausserdem stimmt die Ausdehnung der Limitation genau mit den Grenzen der römischen Territorien überein. So treffen z. B. am Po die *limites* von Placentia, der agrimensorischen Ueberlieferung entsprechend, in einem Winkel auf die von Cremona. Vielfach lassen sich innerhalb der Centuriation die Hauptlinien, Cardo und Decumanus maximus, deutlich unterscheiden (vgl. Parma). Ebenso sind die *quintarii*, die fünf Centurien einschliessenden zweiten Hauptlinien sehr oft kenntlich [2]). Es scheint, dass sogar von den innerhalb der Centurien gezogenen Wegen Spuren vorhanden sind. Schon auf den im Maassstab 1 : 100000 gezeichneten Blättern lassen sich vielfach die eine Centurie halbirenden Wege erkennen (s. Tafel V); besonders deutlich aber ist die innere Teilung der Centurien auf den Messtischblättern im Maassstab 1 : 25000 kenntlich. Man vergleiche das Blatt S. Giovanni in Persiceto (Gebiet von Bologna) auf Tafel VII. Hier sind die Quadrate teils in zwei Hälften, teils in 4, teils in 6 Teile geteilt. Auf diesen detaillirten Kartenblättern sind auch besonders gut die *fossae limitales*, die an Stelle eines *limes* die Centurien begrenzenden

---

1) Legnazzi (p. 208 f.) spricht passend von einer *scacchiera*, einem *reticolato* und *quadrigliato* (p. 41). Auf der Karte des Istituto geog. mil. von Padua steht inmitten der Centuriation „*graticolato romano*" (von *graticola* = Rost).

2) Von der Centuriation des römischen Brixia (Brescia) sind nur 4 *quintarii* erhalten (s. unten).

Wassergräben[1]) sichtbar. Besonders in der wasserreichen Poebene spielen die nassen Grenzen eine grosse Rolle. Jedes Blatt der mitgeteilten Karte giebt davon Zeugnis. Ueber das Alter dieser innerhalb der Centurien gezogenen Wege mag man streiten: es bleibt, auch wenn sie modern sind, übrig, dass bei neuerer Flurteilung die römischen Centurien zu Grunde gelegt worden sind. Entsprechend der Ueberlieferung sehen wir, dass den Flüssen ein Ueberschwemmungsgebiet als *ager exceptus* assignirt ist (s. Feldm. II, 399)[2]). Kleinere Wasserläufe finden wir mit assignirt also *,in mediis centuriis'* (157, 19). Einige Assignatoren gingen so weit, selbst grössere Flüsse mit zu assigniren, so dass die betroffenen Loosempfänger ihre Aecker zum Teil im Wasser suchen konnten (51, 3—17)[3]). Grade das Poland, dessen Centuriation wir gleich kennen lernen werden, wird als Beispiel angeführt (124, 11): ist es doch wegen seiner zahlreichen Wasserläufe von jeher der klassische Boden wasserrechtlicher Fragen gewesen. Dem Po, dem grossen Nutzen- und Schadenstifter, ist ein bedeutendes Ueberschwemmungsgebiet zugewiesen; nirgend reicht die Limitation bis an den Fluss.

Besonders interessant ist es, dass sich auf dem centuriirten Gebiet ausser den auf einen römischen *fundus* zurückgehenden, an der Endung *-ano* kenntlichen Ortsnamen (Bassano = *f. Bassianus*), zahlreiche aus den Agrimensoren bekannte termini technici der römischen Centuriation finden. Mehrfach heisst in der Romagna eine Strasse *desmano*, wofür noch in mittelaltrigen Urkunden *decumanus* vorkommt (s. Rubbiani a. a. O. p. 89)[4]). Desmano heisst z. B. die Ravenna mit der via Aemilia verbindende (bei Cesena einmündende) Strasse (s. Rosetti, La Romagna[5]) p. 254). Ebenso führt ein an dem Decumanus maximus der paduaner Flurteilung liegender Ort den Namen ,Desman' (= italienisch „Decumano") [6]). Im *ager Campanus* kommt Cardito (ein in der Richtung der Cardines fliessender kleiner Bach, also vielleicht eine ehemalige *fossa limitalis*) und Carditello (Flurname) vor. Cardeto findet sich ferner noch im Bolognesischen (Urkunde bei Rubbiani p. 87)[7]), aber ich zweifle, ob diese Namen nicht vielmehr ein *cardetum*, (s. Ducange s. v., italienisch *cardeto*) ein Distelfeld, bezeichnen. Dicomano (= *de-*

1) Vgl. lex Ursonensis cap. CIIII (Bruns, fontes[6] p. 134): *„qui limites decumanique intra fines coloniae Genetivae deducti factique erunt, quaecumque fossae limitales in eo agro erunt."*

2) 125, 5 (Hygin): *„scio enim quibusdam regionibus cum adsignarentur agri adscriptum aliquod per centurias et flumini."*

3) *„si sors ita tulerat, aequo animo ferendum habebat."*

4) *„. . limes decumanus . . inter Gaucianum et villam Ulianam"* (Urk. des VIII. Jahrh.). Die ganze Stelle auf S. 14.

5) La Romagna, geografia e storia per l'ing. Emilio Rosetti (Milano 1894). Dies ist ein vorzügliches Buch, eine statistische Darstellung der Romagna in Lexikonform. Hoffentlich folgen ähnliche Provincialhandbücher für die übrigen Landschaften nach.

6) Legnazzi teilt mit, dass die ganze Strasse so heisse (p. 221).

7) *„tercia pecia in cardeto a mane limizunculus"* (Saec. XIII).

cumanus?) wird als Ortsname des florentiner Gebiets erwähnt (Not. degli Scavi 1887 p. 133). Ob der an einem *limes* gelegene Ort Quinzano b. Verolanuova (s. Tafel I) vom *limes quintanus* (*quintarius*) heisst, lasse ich dahin gestellt. Limidi (von *limes*) findet sich an einem *limes* bei Carpi (s. „Regium Lepidum"), und im Gebiet von Florenz (s. unten „Florentia") „Limite".

S. Angelo in Formis, der Fundort des gracchanischen Centuriensteins, der den *decumanus primus* und *kardo* XI bezeichnete, heisst vielleicht so von den römischen *formae* = *fossae limitales* [1]). Sehr häufig ist in Oberitalien der Ortsname Monticelli [2]). Ich halte es für möglich, dass der Name nichts anderes bezeichnet als die bei den Feldmessern so oft vorkommenden *monticelli* d. h. die zur Bezeichnung der Grenzlinie dienenden kleinen Hügel. Monticelli kommt vor z. B. südwestlich von Cremona am Po, westlich von Pontevico am Po, östlich von Verona, nördlich von Lonigo. Die Mitte der Centuriation von Padua bezeichnet der Ort S. Giorgio delle Pertiche, sicher so genannt von der *pertica*, der Messlatte der Agrimensoren.

Es liegt nahe, zu fragen, wie lange die römische Centuriation als solche bestanden hat. Noch in einer Urkunde des VIII. Jahrhunderts wird ein *limes decumanus* des Gebiets von Mutina (Modena) erwähnt. Die Stelle steht in der über eine Schenkung des Langobardenkönigs Aistulf an das Kloster Nonantula aufgenommenen Urkunde vom J. 753 bei Troya, Codex diplomaticus IV, 4 p. 452 (num. DCLXXI). Der Text bei Ughelli, Italia sacra (Roma 1647) Vol. II p. 105 weicht vielfach ab und ist, wie es scheint, fehlerhaft. Die Stelle lautet: „*curtem quoque Canetulo in territorio Mutinensi . . sive duas portiones de sylva Lupuleto seu silvam Murianese, Madegaticum, Caprinam, Pontenariam et paludes Grumulenses usque in limitem decimanum qui percurrit inter Gaucianum et villam Ulianam et de ipso limite in Panarium* (= Panaro) *veniente et de via decimanense habeatis communiter usque in fossatum finale cum decimanense et Ulianense secundum eorum cohaerentias atque ex parte fines Delamense in casale Modenulam.*"

Es ist mir nicht gelungen die Ortsnamen aufzufinden und den decumanus festzustellen.

Häufig sind auch nach römischen Zahlen benannte Orte wie Cento, Nonagintula, Ducentola, Trecentola: alle im Gebiet von Bologna. Doch sind diese Namen kaum von einem so und viele Iugera umfassenden Gut herzuleiten, wie Erri (Dell' origine di Cento, Bologna 1759) angenommen hat. Sie werden erst im Mittelalter entstanden sein. Dass im Mittelalter *ducentum* ein Flurmaass ist, (s. Ducange s. v.) ist aber vielleicht aus der 200 iug. umfassenden Centurie abzuleiten.

Innerhalb der Centuriation finden sich besonders häufig die sonst selteneren Namen römischer Höfe wie Cornigliano, Gaiano, Lamiano etc. Es wird unten bei

1) Im Mittelalter ist forma = fossa (s. Ducange s. v.).

2) Vgl. das Dizionario corografico im 5. Band des Werkes „L'Italia" s. voce.

der Besprechung des Einzelnen hervorgehoben werden, dass diese römischen Flurnamen besonders an Kreuzpunkten der *limites* häufig vorkommen.

Man ist gewohnt die von römischen Ordinalzahlen (Quinto, Quarto, Decimo etc.) benannten Ortsnamen von der römischen Milienzählung herzuleiten; meistens trifft das gewiss zu, aber zuweilen passt weder die Entfernung zweier so benannter Orte zu der Milienzählung, noch liegen die Orte an einer grösseren Strasse. Da wir nun aber bereits die Namen *decumanus* und *cardo* (?) in heutigen Ortsnamen wiedergefunden haben, liegt es nahe in solchem Fall in Namen wie Quinto, Quarto die Bezeichnung eines *cardo* oder *decumanus quintus*, *quartus* zu finden.

III.

Die erhaltene Centuriation: 1. Brixia. 2. Cremona. 3. Placentia. 4. Veleia. 5. Florentiola und Fidentia. 6. Parma. 7. Tannetum und Brixellum. 8. Regium Lepidum. 9. Mutina. 10. Bononia. 11. Claterna. 12. Forum Cornelii. 13. Faventia. 14. Forum Livi. 15. Patavium. 16. Tarvisium. 17. Verona. 18. Opitergium. 19. Aquileja. 20. Pola. 21. Capua. 22. Florentia. 23. Carthago.

Ich gehe nun zur Besprechung der erhaltenen Centuriation über und beginne mit den römischen Territorien der Poebene, wo sich die besten Beispiele finden. Die beigefügten Tafeln I—VI sind zusammengestellt aus der italienischen Generalstabskarte, die im Massstab von 1 : 100000 auf Grund der Messtischblätter 1 : 25000 gezeichnet ist. Die Tafeln sind eine Reduction der Originalblätter (1 : 100000) auf den Maassstab 1 : 150000. Tafel VII ist die Reproduction des Messtischblattes (1 : 25000) Castelfranco dell' Emilia (Nordosten Blatt IV des Blattes 87 der Generalstabskarte). Bei dem Arrangement des Kartenmaterials habe ich mich der sachkundigen Hülfe des Herrn Professor Wagner zu erfreuen gehabt, wofür ich ihm auch an dieser Stelle meinen wärmsten Dank ausspreche.

Der Maassstab in der Ecke von Tafel IV zeigt eine Strecke von zehn Centurien = 7100 m in der Reduction der Karten (1 : 150000), der auf Tafel VII dieselbe Strecke in der Reduction der Tafel (1 : 25000). Zur Prüfung meiner Ausführungen übertrage man sich den Maassstab auf einen Papierstreifen.

Um das Auffinden der im Text genannten Orte zu erleichtern, sind die Karten in Quadrate geteilt. Mit o. l., o. r., u. l., u. r., m. bezeichne ich: oben links, oben rechts, unten links, unten rechts, und Mitte innerhalb der Quadrate.

1. Brixia (Brescia) (s. Taf. I). Südwestlich von Brescia laufen in einem Abstand von 10 Centurien zwei parallele Wege; in ihrer Mitte, von jedem 5 Centurien entfernt, ist noch teilweise ein dritter vorhanden (über Verolanuova: 1 C.): es sind 3 *limites* (*cardines*) *quintarii* der römischen Limitation. Der östlichste (über Manerbio: 2 C.) ist — in seinem oberen Teil nach Nordosten, in seinem unteren Teile nach Südwesten verlängert — die Verbindung von Cremona und

Brescia; gradlinig ist er nur bis Pontevico am Oglio (1 D.): offenbar, weil hier das Gebiet von Brixia und dessen Limitation endete. Wäre er ein später zur Verbindung der beiden genannten Städte angelegter Weg, so würde er sie in grader Linie verbinden. An römischen Flurnamen findet sich in dieser Gegend z. B. Porzano (= *fundus Porcianus*) und Frontignano (= *f. Frontinianus*).

Westlich von Brescia findet sich eine andere Limitation, deren Cardines von Norden nach Süden und deren Decumani von Westen nach Osten laufen (s. das Quadrat 1 A.). Zu erkennen, wenn auch stark verschoben, sind noch vier in einem Abstand von etwa 3 Centurien gezogene Cardines. Meano (1 B.) liegt auf dem Schnittpunkt eines Cardo und Decumanus. Die Decumani sind schlecht erhalten: doch sind der durch Trenzano (1 B.) und der durch Meano führende Weg Decumani: ihr Abstand beträgt 7 Centurien.

2. Cremona. Südlich vom Oglio beginnt eine andere Centuriation: die von Cremona (s. Tafel I). Ihr Cardo maximus ist offenbar die von Robecco am Oglio (1 D.) schnurgrade bis Cremona (1 E.) laufende Strasse. Von den östlichen Cardines ist besonders deutlich der zehnte (bei Pieve Delmona: 2 E.) kenntlich. Die Centuriation geht im Osten etwa bis Rivarolo (4 F.), im Westen bis Corte dei Cortesi (1 D.), wenigstens reichen die Cardines nicht weiter. Im Süden ist natürlich der Po, im Norden der Oglio die Grenze. Südlich der Strasse, die von Rivarolo nach Cremona führt, beginnt eine andere Limitation, deren Cardines sich mehr der nordsüdlichen Richtung nähern. Zu welchem Territorium sie gehören, ist schwer zu sagen.

Die Agrimensoren berichten (Feldm. I, 170, 19), dass in Cremona die Centurie 210 Iugera enthalten habe. Eine solche Centurie bildet ein Rechteck von 21 × 20 *actus*, während die gewöhnliche Centurie von 200 Iugera 20 × 20 *actus* Seitenlänge hat. Natürlich lässt sich bei den geringen Resten der Centuriation von Cremona die Centurie von 21 × 20 *actus* nicht mehr als solche erkennen.

3. Placentia (Piacenza) (s. Taf. II). Die Westgrenze der Colonie scheint der Fluss Tidone (1 A.) gebildet zu haben, nicht die Trebbia, da die zu Placentia gehörigen Inschriften Corp. Inscr. lat. XI, 1222 (aus Momeliano: 1 B.) und 1224 westlich von der Trebbia gefunden sind. Demnach muss die Centuriation westlich der Trebbia placentinisch sein, während die östlich der Trebbia erhaltene und von jener deutlich unterscheidbare zu Veleia gehören muss, wie wir gleich sehen werden. Nach Osten zu stiess die Stadtflur von Placentia an die von Veleia, dessen Gebiet sich wie das aller dieser auf dem rechten Pouser gelegenen Städte bis zum Po erstreckt haben wird. Als Grenzfluss kommt in betracht Trebbia und — weiter östlich — Nure (3 A.B.). Dass zum mindesten in ihrem Oberlauf die Trebbia die Grenze gebildet hat, lässt sich mit Hülfe der aus der veleiatischen Alimentarurkunde bekannten placentinischen Flurnamen feststellen. Auf der Grenze von Placentia und Veleia lag der *pagus Ambitrebius*, dessen Namen der heutige Ort Travo an der oberen Trebbia (1 C.) bewahrt. ‚*Ambitrebius*' heisst der Gau von der Trebbia (*ambi-* ist keltisch = griechisch *ἀμφί*) wie die *Ambilici* in Raetien vom *Licus* (Lech), die *Ambidravii* in Noricum vom *Dravus* (Drau)

heissen (s. meinen Aufsatz: „die peregrinen Gaugemeinden“, Rh. Museum L, 532). Im *pagus Ambitrebius* liegt der *fundus Cabardiacus* (für diesen und alle folgenden Flurnamen der Tabula Veleias siche die Zusammenstellung CIL. XI p. 226), dem das heutige Caverzago (1 C.: südwestlich von Travo) entspricht. Von placentinischen *fundi* auf dem linken Trebbiaufer lassen sich ferner identifiziren: *f. Matellianus* = Madelano (1 C.), *f. Licinianus* = Lisignano (1 B.), *f. Passianus* = Passano (1 B.), *f. Castricianus* = Casturzano, *f. Plautianus* = Piozzano (1 B.). Lassen sich so mehrere Punkte des placentinischen Gebiets auf dem linken Ufer der Trebbia nachweisen, so sind andererseits mehrere veleiatische *fundi* auf dem rechten Ufer bekannt, keiner auf dem linken. Dem *f. Naevianus* entspricht Niviano (2 B.). Bis hierher mindestens ist also das rechte Trebbiaufer veleiatisch gewesen. Da Placentia selbst östlich von der Trebbia liegt, muss die Grenze freilich südlich der Stadt von der Trebbia nach Osten abgebogen sein. Die Limitation ist westlich von der Trebbia weniger gut erhalten, aber offenbar anders (genau nach Norden und Osten) orientirt als die östlich der Trebbia vorhandene und deutlich kenntliche. Da es aber agrimensorisches Prinzip war die Limitation benachbarter Stadtfluren verschieden zu orientiren (s. oben p. 10), um schon so die Grenze kenntlich zu machen, so scheint das rechte Ufer der Trebbia bis auf einen schmalen Streif, in dem Placentia lag, veleiatisch gewesen zu sein. Wie bereits gesagt wurde, ist die Limitation des placentinischen Gebiets westlich von der Trebbia schlecht erhalten, doch sind vielleicht zwei einen *saltus* begrenzende also 5 Centurien von einander entfernte Cardines kenntlich (1 A. B.). Der östliche der beiden Cardines lässt sich in seinen Resten vom Apennin bis Gragnanino (1 A.) verfolgen. Zwischen ihm und dem ersten Cardo östlich von der Trebbia ist für den Fluss ein Gebiet von etwa 3 km frei gelassen (B. 1—2). Die *„fines flumini assignati“* sind aus den Agrimensoren bekannt (s. oben S. 11). Nirgendwo musste den Flüssen ein so breites Bett zugewiesen werden als im Poland, wo die *torrenti* des Apennin im Frühjahr ungeheure Flächen zu überschwemmen pflegen. Der westliche der beiden Cardines läuft in der Mitte des Quadrats 1 B.

Im Gebiet von Piacenza findet sich eine Menge römischer Flurnamen. Ich nenne ausser den oben genannten noch: Gragnano (1 A.) = *f. Granianus*, Sarturano (1 B.) = *f. Sartorianus*, Tavernago (1 B.) = *f. Taberniacus*[1]).

4. Veleia (bei Macinesso: 3 D.) (s. Taf. II). Im Osten stiess das Territorium von Veleia an das von Parma, wie daraus hervorgeht, dass Grundstücke der veleiatischen Urkunde *„in Parmense“* (*pago Mercuriale*: pag. V 82; 84; 85) oder *„in Veleiate et Parmense“* (*pago Salutare et Salvio*: III 37) liegen. Die Westgrenze von Parma ist der Taro (s. Taf. III). Darum reichte aber das Gebiet von Veleia keineswegs von der anderen Seite bis zu diesem Flusse, sondern berührte sich mit dem *ager Parmensis* wohl nur im Appenin. Das Land zwischen Arda und

1) Die im Poland zahlreichen Namen auf *-ago* sind keltisch (*-ācus*). Man müsste ihre Verbreitung einmal verfolgen. In den mittelalterlichen Urkunden finden sie sich in Menge.

Taro muss im Uebrigen zu Florentiola und Fidentia gehört haben, denn die veleiatische Limitation endet an der Arda, die also als Ostgrenze von Veleia zu gelten hat. Im Norden kann Veleia schon apriori nicht bis zum Po gereicht haben, da seine westöstliche Ausdehnung so bedeutend ist. So ist denn auch das Land nördlich der via Aemilia anders limitirt als das sicher veleiatische Gebiet. Die beiden Limitationen stossen an der Aemilia in ziemlich starkem Winkel aufeinander. Man wird dies Gebiet den beiden an der Aemilia gelegenen Gemeinden Fidentia (Borgo S. Donnino: 5 C.) und Florentiola (Fiorenzuola: 4 B.) zuweisen müssen. Als östliche Grenze von Veleia kommt neben der Arda auch die Chiavenna in betracht. Alles östlich von Arda oder Riglio. auch das südlich der Aemilia gelegene, Land gehörte demnach zu Florentiola und Fidentia. Dazu stimmt, dass die Limitation dieser Gegend die Fortsetzung der nördlichen (jenseits der Aemilia) nicht der westlichen, veleiatischen, bildet.

Was die Limitation des veleiatischen Gebiets angeht, so läuft der erste Cardo östlich der Trebbia, östlich von Molinazzo (2 B.) und Gossolengo (2 A.). Die über Suzzano, Settima (2 B.) nach Piacenza führende Strasse ist der fünfte Cardo. Der zehnte lief über Podenzano = *fundus Potentianus* (2 B.), der vierzehnte über S. Giorgio Piacentino (3 B.). Die Distanz zwischen den letztgenannten Ortschaften ist die Breite eines *saltus* d. h. des vom ersten und sechsten Cardo (und den entsprechenden decumani) begrenzten Quadrats von 25 Centurien (s. o. S. 10). Wir haben schon einmal gesehen und werden noch öfter sehen, dass zuweilen nur je die sechsten Cardines, also die Seitenlinien der *saltus*, erhalten sind. Nun überliefern die römischen Feldmesser, dass man bisweilen nur die *limites quintarii*, je den sechsten *limes*, als Strasse von 12 *pedes* (= 3,5 m) dagegen die anderen als *limites linearii*, als blosse Messlinien oder aber nur 8 Fuss breite Wege, angelegt habe (vgl. Feldmesser II, 350). Auf den Cardo von S. Giorgio folgt ein *cardo quintarius*: der neunzehnte, welcher durch Valconasso (3 B.) läuft. Die beiden letztgenannten Cardines sind bis zum Appennin c. 13 km. lang erhalten. Der von Valconasso ist zweimal unterbrochen. Den Torrenti Nure und Riglio ist nur scheinbar kein Gebiet zugewiesen, denn dass die *limites* durch die Flüsse hindurch gezogen sind ist natürlich: so brauchte der Feldmesser nicht hinter dem Fluss aufs neue einzuvisiren. Aber dem Flusse blieben die nächsten Centurien überlassen. In dem Raum zwischen Arda und Riglio (3 B.) einer- und via Aemilia und Apennin andererseits sind deutliche Spuren von Limitation nicht erhalten. Der letzte erkennbare Cardo von Veleia ist der über Valconasso. Demnach reichte die Limitation von Veleia und deshalb auch die Feldflur vielleicht nur bis zum Riglio nicht bis zur Arda. Auffallend ist die Strasse, welche, dem Cardo von Valconasso genau parallel, c. 1100 m weiter östlich (zwischen via Aemilia und Riglio: 3 B.) läuft. Die Distanz vom Cardo zeigt, dass sie nicht in das System der Centuriation passt; sie mag aber trotzdem römisch sein, denn sie hat genau die Richtung der Cardines.

Weniger gut als die Cardines sind die Decumani zu erkennen. Der nördlichste noch sichtbare läuft südlich von Quarto (der Ort liegt südlich von

Piacenza: 2 A.)[1]. Festzustellen sind ferner der nächstfolgende bei Gariga (2 B. oben), der vierte (Settima: 2 B.) und der sechste, dessen Schnittpunkt mit dem zehnten cardo (s. o.) der Ort Podenzano (2 B.) bezeichnet. Dieser decumanus geht auch durch S. Giorgio (3 B.), wo er den fünfzehnten cardo schneidet. Ich mache schon hier darauf aufmerksam, dass solche grösseren und durch ihre Namen als römisch kenntlichen Ortschaften sich häufig an den Schnittpunkten der grösseren *limites* finden. Es ist ja auch sehr wahrscheinlich, dass die Colonisten Höfe an solchen Schnittpunkten anlegten, da diese die *compita* der umliegenden Centurien bildeten. Von den weiter südlich gezogenen Decumani sind sichere Spuren nicht erhalten.

5. Florentiola (Fiorenzuola) und Fidentia (Borgo S. Donnino) (s. Taf. II). Der erste Cardo der jenseits (nördlich) der Aemilia angelegten Limitation (s. Taf. II) läuft westlich vom torrente Nure bei Borghetto (3 A.). Dann ist erst wieder der 7. — statt des 6., des *quintarius*, wie man erwarten sollte — bei Mendolina (A. 3/4) sichtbar, dann der 11. an der Chiavenna (4 B. oben links). Der 15. fällt mit dem Kanal Le Fontana (4 A.) zusammen, der 17. ist c. $6^1/_2$ km weit erhalten: es ist der letzte Cardo vor Cortemaggiore. Der 18. Cardo läuft durch den grossen Ort Cortemaggiore. Zwischen diesem und dem nächsten (Molini: 4 B. oben rechts), dem 21. Cardo, dem ersten jenseits der Arda, liegen drei Centurienbreiten. Der Raum zwischen den beiden *limites* (18. und 21), eine Breite von drei Centurien (= c. 2 km), könnte der Arda assignirt worden sein. Weiter nach Osten sind noch kenntlich Cardo 24 (Castel d'Arda: 5 B. oben links), 26 (Mercore bis Carretto: 5 B.), 29 (S. Andrea bis S. Rocco: 5 B.), 30 und 31, zwischen denen oben die Stadt Busseto (5 B. o. r.) liegt, 32, 33 (durch Malcantone: 5 B. u.); 34, nur als Feldweg erhalten, geht durch Castione dei Marchesi). Es folgt: 35, 37, 38 (Bastelli-Stirone: 5 C. o. r.), der westlich von San Donnino die via Aemilia trifft, 39 (Feldweg), 40, 41 (als Feldweg bis zur via Aemilia reichend), 42 (Soragna: 6 B.). Oestlich von der Rovacchia (s. Taf. III oben links) ist die Limitation zu sehr zerstört. Sehen wir nun die Decumani an.

Der dritte Decumanus dieses Gebiets (im Norden) geht durch Polignano (4 A.) vom ersten (Palazzina) sind nur einige Stücke erhalten. Polignano liegt auf dem Schnittpunkt dieses Decumanus mit dem 13. Cardo. Die Strasse, welche von Cortemaggiore nach dem Nure (und von diesem Fluss ab in anderer Richtung nach Piacenza) führt, stellt den 10. Decumanus dar (den 8., wenn der bei Polignano als der erste gilt). Daraus, dass er nur bis zum Fluss Nure reicht — jenseits verändert sich die Richtung — folgt, dass der Nure die Grenze der Limitation im Westen bildete. Das Gebiet von Florentiola und Fidentia wird also begrenzt: im Norden durch den Po, im Westen durch den Nure, im Süden durch die via Aemilia und im Osten (gegen Parma) durch den Taro. Als die Grenze

---

1) Der durch den Ort selbst, etwa 500 m weiter nördlich, laufende Weg muss unrömisch sein oder aber einem anderen System angehören.

der beiden kleinen Gemeinden wird der Stirone (5 C.) gelten können: die Limitation scheidet die Territorien nicht.

6. Oestlich vom Taro liegt das Gebiet von Parma (s. Taf. III). Dass der Taro die Westgrenze von Parma bildete, zeigt die Stelle des Itinerarium Hierosolymitanum p. 616 *„mutatio ad Tarum VII m. a Parma VIII a Fidentia“* (s. CIL. XI p. 189). Sieben Milien sind etwa 10 km. Heute ist der Taro $8^1/_2$ km von Parma entfernt, er muss also seinen Lauf nach Osten verschoben haben; die antike Grenze wird bei Castelguelfo (1 D.) gewesen sein, welches genau 10 km vom Mittelpunkt Parmas entfernt ist. Der erste Cardo (im Westen) scheint der durch Castelguelfo, Noceto (1 D.) und (nördlich der Aemilia) durch Ronchetti (1 B.), S. Secondo Parmense (2 B.) und Gramignazzo bis zum Po gehende zu sein. Dass der Taro früher weiter westlich geflossen ist, zeigt auch die Limitation: die Decumani laufen nämlich bis dicht an das heutige Flussbett, während man bei einem so bedeutenden *torrente*, wie es der Taro ist, die *limites* nicht bis in den Fluss als Wege angelegt haben kann. Ferner macht die via Aemilia bei Castelguelfo eine Biegung, offenbar weil sie, zugleich als Decumanus dienend, durch veränderte Richtung die Limitation schied. Im Osten muss die Enza (Streifen 5) die Grenze gebildet haben, da jenseits eine andere Limitation beginnt. Auch ist die Enza stets die Grenze des parmensischen Gebiets gewesen und bis heute geblieben. Im Norden reichte Parma bis zum Po, denn die *limites* gehen bis dicht an den Strom und die im Dorfe Sanguigna (4 A.), wo ein römischer *vicus* gewesen sein muss, gefundenen Inschriften sind parmensisch (C. XI p. 189). Im Süden bildete, wie wir es von Veleia wissen, natürlich der *„summus Apenninus“* die Grenze. Da einige veleiatischen Possessoren gehörige Grundstücke *‚in Parmensi‘* lagen [1]), so müssen sich die beiden Territorien berührt haben. Dies *confinium* kann nur im Gebirge gewesen sein.

Im ager Parmensis hat sich die Flurteilung so vorzüglich erhalten wie sonst nur im Gebiet von Padua und Imola. Die Flurkarte von Parma ist das beste Bild der römischen Limitation, welches denkbar ist. Als Cardo maximus muss die noch heute schnurgrade laufende Strasse gelten, welche — ehedem die Ostseite der Stadt streifend; heute ist sie vom *torrente* Parma unterbrochen — vom Apennin bis fast zum Po läuft (über 22 km). Grade dass sie eine Strecke von 5 km (von Parma bis Cortile S. Martino: 4 C.) nur noch als Weg erhalten ist, beweist ihr Alter. Wie würde man eine Strasse an beiden Enden als Strasse und in der Mitte als Weg anlegen! Decumanus maximus ist die via Aemilia von Castelguelfo bis zum Ostthor. Nicht ist sie es für die östliche Hälfte des Stadtgebiets, da sie am Ostthor nach Südosten abbiegt also nicht mehr lotrecht zu den Cardines läuft. Doch ist ein anderer Decumanus maximus, die Verlängerung des westlichen, nicht vorhanden. Existirt hat er jedenfalls: er muss östlich von Gazzano auf die Enza gestossen sein und dort den über Sorbolo (5 C.) laufenden Cardo berührt haben.

1) tab. Veleias V 82: *„in Parmense pag(o) Mercuriali“*; III 37: *„in Veleiate et Parmense pagis Salutare et Salvio.“*

Dem Fluss Parma, der das Stadtgebiet in der Mitte durchfliesst, scheint ein Gebiet von etwa 2 Centurien Breite assignirt worden zu sein (vgl. 3 C.). Durch den Cardo maximus und die via Aemilia (Decumanus maximus bis zum Ostthor) wird das Territorium in vier ziemlich gleiche Teile geteilt. Agrimensorisch heisst der östliche Teil *pars antica* (*citra cardinem maximum*), der westliche *pars postica* (*ultra c. m.*) — denn der orientirende Feldmesser blickt nach Osten — der nördliche *sinistra decumanum maximum*, der südliche *dextra decumanum maximum* (vgl. Feldmesser II p. 345 f.; Mommsen, zum röm. Bodenrecht: Hermes XXVII. 90 f.). Das Ideal der römischen Flurteilung ist, dass die beiden Hauptlinien, Decumanus und Cardo maximus, sich im Mittelpunkt der Stadt schneiden (Feldmesser II, 339). Diesem Ideal kommt die parmensische Limitation sehr nahe, indem der Decumanus maximus die Stadt halbirt und der Schnittpunkt der beiden Wege wenn auch nicht in das Centrum so doch in die Peripherie der Stadt fällt, da der Cardo maximus die Ostfront tangirt. Genau so ist es bei Capua (s. unten). Von Castelguelfo aus gibt es etwa 28 Cardines, der Cardo maximus ist der 18. Der 17. geht durch den Mittelpunkt der Stadt. Er ist in der Stadt als via Garibaldi und weiter nördlich bei Cortile S. Martino, westlich der Eisenbahn, 2 km lang (3 C.) und wieder von der Station Torrile an 4 km lang (4 C. o. l.) erhalten. Auf der letztgenannten Strecke fällt er mit der Eisenbahn zusammen. Vielleicht ist er und nicht der folgende der Cardo maximus gewesen. Südlich der via Aemilia fehlt er ebenso wie der Decumanus maximus im Osten. Am besten sind von den übrigen Cardines die *cardines quintarii* erhalten. Geht man vom Cardo maximus aus, so läuft der nächste *quintarius* im Westen über S. Pellegrino Scarzara (2 E. o. r.), der zweite, vortrefflich erhaltene (11 km lang), vom Apennin (2 E. u. l.) bis Cornazzano (2 C. o. r.). Nach Osten geht der nächste *quintarius* über Ramoscello (im Norden) bis Marano (im Süden: 4 F.), der zweite über Martorano (4 E. u. r.) und Pecorile (4 F. o. r.). Was die Decumani anbelangt, so sind südlich des Decumanus maximus 3 *quintarii* feststellbar, nördlich ebenfalls drei.

Im Ganzen lässt sich das limitirte parmensische Gebiet darstellen als ein Rechteck von 17 + 10 = 27 Centurien Breite und 15 + 18 = 33 Centurien Länge (Süd-Nord), denn in der linken Hälfte (zwischen Cardo maximus und Castelguelfo) lassen sich 17, in der rechten (bis zur Enza) 10, in der oberen (bis S. Secondo) 15 und in der unteren Hälfte (bis zum Apennin) 18 Centurienbreiten abmessen. Dieses Rechteck enthält 890 oder rund 900 Centurien. Das sind 180000 Iugera. Aus Livius (39, 5) wissen wir, dass in der Colonie Parma jeder der 2000 Colonisten 8 Iugera erhielt; alle zusammen hatten also 16000 Iugera inne. Das ist noch nicht einmal $^1/_{10}$ des sicher centuriirten Gebiets. Ein grosser Teil des übrigen Landes wird den alten Besitzern, dem ‚*vetus possessor*' (s. Feldmesser II, 384), belassen worden sein und ein anderer den Colonen als Gemeindeland (*pascua publica*) gedient haben. Aber bei solch kleinen Loosen, wie es acht Morgen sind, muss eine grosse Landfläche im Sammteigentum der Colonisten gestanden haben: das sind die *compascua publica*, die jedem Ansiedler freistehende Weide, die Ergänzung des zu vollem Eigen assignirten Looses (s. Feldmesser II, 395).

Auch im Parmensischen findet sich eine Menge von Orten mit römischen Namen, besonders an den Schnittpunkten der Centurien. Auf eine wichtige Thatsache muss noch aufmerksam gemacht werden, dass nämlich fast überall nur im Abstand von je zwei Centurien Decumani vorhanden sind. Es scheint fast, dass die Flur von Parma nicht in Centurien sondern in Rechtecke von zwei Centurien geteilt gewesen ist. Ob man diese Rechtecke in der Längsausdehnung von Nord nach Süd *strigae* (s. Feldm. II, 290) nennen darf, lasse ich unentschieden. Man vergleiche 4 C. und D. Centurien von 400 Iugera kommen in Spanien vor (Feldm. I, 159, 10). Nur vereinzelt sind einfache Centurien erhalten, wenigstens solche, die von breiteren, auf der Karte 1:100000 als Strassen gezeichneten Wegen umgrenzt sind (4 C.). Bedenkt man, dass die parmensische Centuriation gut erhalten ist, so muss man sagen, dass sich auch im Gebiet von Parma statt der Doppelcenturien einfache wie in Padua finden würden, wenn sie vorhanden gewesen wären.

7. Tannetum und Brixellum. Oestlich von der Enza beginnt eine neue Limitation (s. Taf. III). Während die *limites* der östlichen Hälfte des parmensischen Gebiets mit der via Aemilia einen spitzen Winkel bilden, stossen die *limites* jenseits der Enza fast senkrecht auf die Strasse, die für Regium Lepidum (Reggio) den Decumanus maximus bildet. Die nächsten römischen Gemeinden jenseits der Enza sind Tannetum (Tanneto bei S. Ilario: 5 E.) an der via Aemilia und Brixellum am Po (Brescello: 6 B.) (s. C. XI p. 181 u. 182). Die Ostgrenze der beiden Stadtfluren kann nur der *torrente* Crostolo (Streifen 8) gewesen sein. Die Centuriation dieses Gebiets ist vorzüglich erhalten; der Cardo maximus läuft durch Poviglio (7 C.), bei Calerno (6 F. o. r.) durchschneidet er die via Aemilia. Decumanus maximus ist wohl der nördlich von Castelnuovo (7 D.) laufende *limes*. Kenntlich sind von Cardines östlich des Cardo maximus ausser ihm noch 7 (der 7. nicht weit von der Grenze). der 4. geht durch Castelnuovo; westlich sind 6 kenntlich. Decumani sind nördlich des Decumanus maximus 8 gezogen — der 4. und 6. sind besonders gut erhalten — südlich des D. M. ebenfalls 8. Das centuriirte Gebiet hat etwa eine Breite von 13 und eine Länge von 14 Centurien also eine Fläche von 182, rund 180 Centurien = 36000 Iugera. Die südliche Hälfte, in der die Decumani fehlen, ist ausser Acht gelassen. Ueber die Grenze zwischen Tannetum und Brixellum lässt sich nichts ausmachen: die Limitation ist wie bei Florentiola und Fidentia einheitlich. Der Norden muss zu Brixellum, der Süden zu Tannetum gehört haben.

8. Jenseits des Crostolo beginnt das Gebiet von Regium Lepidum (Reggio) (s. Taf. III). Seine Grenze gegen Mutina (Modena) muss der Secchiafluss (13 G.) gebildet haben. Regium liegt genau auf dem Schnittpunkt der via Aemilia und der grossen Strasse Reggio-Novellara (10 C.). Diese ist der Cardo, die via Aemilia der Decumanus maximus. Westlich vom Cardo maximus sind noch 8

andere Cardines erkennbar. Im Osten des Cardo maximus ist etwa 8 km weit (bis Correggio: 10 E.) fast keine Limitation sichtbar, erst östlich von Correggio läuft ein gut erhaltener Cardo (11 D.). Wenn auch in diesem Gebiet die Limitation nicht ganz gefehlt zu haben scheint, so bildet doch jedenfalls die Centuriation bei Carpi (12 E.) eine selbständige Gruppe. Der Cardo bei Correggio ist vom Cardo maximus 12 Centurienbreiten entfernt. Man muss annehmen, dass dieses 12 Centurien breite Gebiet von der Assignation eximirt worden ist, dass es ‚*ager exceptus*' und als solcher gar nicht vermessen war. Oestlich von Correggio beginnt ein neues Centuriennetz, dessen Centrum Carpi darstellt. Mit Recht haben die Editoren des Corpus Inscr. lat. (XI p. 170) angenommen, dass hier eine Gemeinde lag: die Limitation bestätigt dies vollständig. Freilich ist es schwer, die Grenze zwischen ihr und Regium anzugeben, da ein Flusslauf fehlt. Vielleicht bildete der ‚*il Naviglio*' genannte Kanal die Grenze (10 E.). Carpi liegt wohl am Kreuzungspunkt des Cardo und Decumanus maximus. Der Decumanus maximus läuft südlich von Carpi bis zur Secchia, der Cardo maximus ist 9 Centurienbreiten lang erhalten (12 D. u. E.). Westlich von ihm laufen 9 (der 9. östlich von Correggio), östlich 10 Cardines (der 10. fällt mit der Secchia zusammen). Decumani giebt es nördlich vom D. M. etwa 9, südlich etwa 13.

Das Gebiet der Centuriation von Carpi hat eine Breite von c. 20 und eine Länge von c. 23 also eine Fläche von 460 Centurien = 92000 Iugera. Innerhalb dieser Centuriation finden sich die römischen Flurnamen Mariano (*Marianus*), Trignano, Panzano, Bottignana, Fazzano. Am Decumanus maximus liegt ein Hof Limidi (13 E.). Ob der Name von den *limites* herkommt?

9. M u t i n a (M o d e n a) (s. Taf. IV). Die eigentliche Limitation des Gebiets von Mutina beginnt erst jenseits des Panaro (Streifen 2); das Land zwischen dem Grenzfluss Secchia und dem Panaro weist nur geringe Zeichen von Limitation auf. Fünf Centurien sind von einander entfernt die beiden Cardines von denen der eine bei Gorzano, der andere bei Spezzano — beide Orte am Apennin: 1 C. — beginnt. Der westliche tangirt den *torrente* Cerco (1 B.) und ist 9, der andere $7^1/_2$ km lang erkennbar. Der südlichste Decumanus läuft bei Maranello (1 C.), ferner sind kenntlich der 6. 12. 16. Das ganze Land zwischen Panaro und Samoggia (Streifen 4) — dem Grenzfluss nach Osten s. C. XI p. 133 — ist limitirt. Als Cardo maximus wird man den zwischen Castelfranco und F. Urbani (3 B.) laufenden Cardo anzusehen haben. Decumanus maximus wird der südlich von S. Giovanni Persiceto (4 B.) und durch Nonantola (3 A.) laufende Decumanus sein. Als erster C a r d o des Gebiets zwischen Panaro und Samoggia kann der Cardo gelten, welcher bei Grande (2 B. o. r.) auf den Panaro stösst und mit dem Fluss östlich von Bomporto (3 A. o. l.) zusammenfällt. Kenntlich sind ferner der 3. 4. 5. (zwischen 4 und 5 liegt Nonantola), 8—22. Der 10. ist der Cardo maximus, der 12. geht durch Crevalcore (3 A.), der 22. durch S. Giovanni (4 B.) Dieser 22. Cardo von S. Giovanni in Persiceto ist vorzüglich erhalten: er lässt sich fast durch das ganze Kartenblatt (von 4 A.—3 D.) verfolgen auf eine Länge von über 35 km (10 vom Apennin

7

bis zur via Aemilia, 10 bis S. Giovanni, 15 bis zum Rand der Karte). Zwischen der via Aemilia und S. Giovanni ist er zerstört. Zwischen diesem grossen, dem 22. Cardo und dem gradlinigen Teil der Samoggia in Quadrat 4 B liegen noch 5 Cardines; die Samoggia deckt sich an dieser gradlinigen Partie mit dem 6. Cardo, dem 28. der ganzen Reihe. Vom Panaro bis Castelfranco sind die Cardines nur nördlich der via Aemilia gut erhalten, dagegen die folgenden (11.—28.) bis zum Apennin. Im Norden reichen sie nicht über Crevalcore (3 A.) hinaus: der durch diesen Ort gehende Decumanus macht die Grenze. An zwei Stellen läuft die Samoggia einmal auf 2 (3 C. o. r.), das andere Mal auf 4 km (4 B.) genau in der Linie eines Cardo, stellt also hier, ohne *subsiciva* zu lassen, den Abschluss der Limitation dar; das eine Mal bildet sie ein Stück des 22., das andere Mal ein Stück des 28. Cardo.

Decumani zähle ich südlich des Decumanus, der südlich von S. Giovanni und durch Nonantola geht (Decumanus maximus?) bis zur via Aemilia 13; sie selbst ist der 13. Jenseits der via Aemilia ist zwischen dem 13. und 22. Cardo noch Raum für 9 weitere Decumani, weiter östlich nur für 7; der durch Crespellano (3 C.) laufende Decumanus bezeichnet die Südgrenze der Decumani. Nördlich des Decumanus maximus, finde ich 11 Decumani; Crevalcore liegt am Schnittpunkt des 11. Decumanus mit dem 12. Cardo. Sucht man den Flächeninhalt des Gebiets von Mutina zu bestimmen, so bildet der nördlich der via Aemilia liegende Hauptteil ein Quadrat, das im Norden von dem durch Crevalcore gehenden Decumanus, im Westen vom Panaro, im Süden von der via Aemilia und im Osten von der Samoggia begrenzt wird. Seine Dimensionen sind etwa 22 × 22 Centurienbreiten, die man für die Höhe auf den Cardo maximus (bei Crevalcore), für die Basis auf der via Aemilia abmessen kann. Das giebt 484, rund 500 Centurien = 100000 Iugera Fläche. Das ist aber nur das Minimum, das sicher centuriirte Land. Hinzu kommt der südlich der via Aemilia zwischen Secchia und Samoggia gelegene Teil. Nach Livius (39, 51) erhielten die 2000 nach Mutina deducirten Colonisten je 5 also zusammen 10000 Iugera. Diese Loose nehmen nur $^1/_{10}$ des sicher assignirten Landes ein. Alles übrige Land war Allmende (*pascua publica*) und den alten Bewohnern belassener Besitz (*agri adsignati veteri possessori*).

Ein ungemein interessantes Zeugnis der Centuriation des mutinensischen Gebiets enthält die oben (S. 14) mitgeteilte langobardische Urkunde. Sie erwähnt einen *limes decimanus* und eine *via decimanensis* am Panaro. Trotzdem das Dokument verschiedene Ortsnamen nennt, habe ich vergeblich versucht, den *decumanus* zu localisiren.

10. Bononia (Bologna) (s. Tafel IV u. V). Wie gesagt, scheint an der Samoggia das Gebiet von Bologna (Bononia) zu beginnen. Die Ostgrenze bildet der Idice (*Idex*, s. Tafel IV, Streifen 6)[1]. Durch den Reno (Streifen 5) wird

1) Denn die Tabula Peutingeriana bezeichnet ihn deutlich als Grenzfluss, der von Bononia IV, von Claternae VI Milien entfernt sei. Heute ist der Idice weiter als 4 Milien (= 6 km.) von Bologna entfernt.

das Gebiet von Bologna in zwei ungleiche Teile geteilt; der östliche ist der grössere. Orientirt sind die Flurteilungslinien nach der via Aemilia als Decumanus maximus. Cardo maximus kann nur der die Westseite des antiken Bologna tangirende, im Norden (auf 10 km) mit dem Kanal Naviglio (B. 5 u. 6) zusammenfallende Cardo sein.

Die Limitation des zwischen Samoggia und Reno liegenden Gebiets ist am Besten südlich der via Aemilia, also — agrimensorisch zu reden — *sinistra, dextra decumanum*, erhalten. Zwischen dem durch Ponte Samoggia (3 C. o. r.) gehenden und dem dicht am Torrente Ghironda (4 C.) vorbei laufenden Cardo (der weiter nördlich mit der Samoggia coincidirt) liefen noch fünf Cardines. Weiter östlich ist als nächster Cardo ein *quintarius* erhalten (4 C.), dem zum Teil der Torrente Lavino folgt. Bis zum Reno giebt es dann noch sieben Cardines. Die zwischen dem Reno und dem Cardo maximus gezogenen Cardines und Decumani (5 C.) enden alle, bevor sie den Fluss erreichen; dadurch entsteht (schematisirt) folgende Figur:

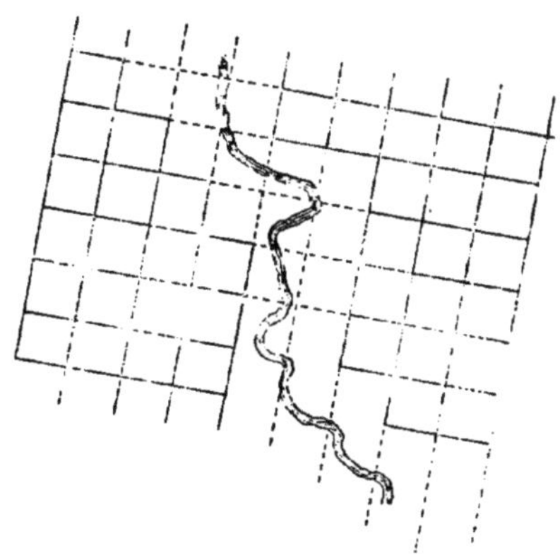

Das entstehende Zickzack bezeichnet die Grenze des dem Fluss assignirten Gebiets. Ich wies schon darauf hin (S. 18), dass, wenn bei einigen Flüssen die *limites* bis an den Fluss gezogen sind, dies nicht verleiten darf, anzunehmen, der Fluss sei mit assignirt worden. Um nicht jenseits des Flusses sich von neuem orientiren zu müssen, visirte man über den Fluss hinweg, so dass der Fluss mit centuriirt wurde, wenn auch die Wege natürlich nur bis an sein Ufer gezogen wurden. *„Fines flumini assignare“* bedeutet nicht Exemption von der Centuriation, sondern von der Assignation an die Loosempfänger. Die seinem Bett zunächst liegenden Centurien erhielt der Fluss assignirt. Nur bei sehr breiten unübersehbaren Flüssen kam die *„fluminis varatio“*, die Uebermessung des Flusses, zur Anwendung (Feldm. II, 341). Am Besten ist die Limitation zwischen dem Cardo maximus und dem Idice (Streifen 6) erhalten.

11. Jenseits des Idice beginnt das Territorium von Claterna = Quaderna am gleichnamigen Fluss (Taf. IV, 6 D.). Im Osten gegen Forum Cornelii (Imola: Taf. VI) wird der Torrente Silaro, der die via Aemilia bei Castel S. Pietro schneidet, die Grenze gebildet haben (s. C. XI p. 128), da die peutingersche Tafel die Entfernung des Silaro von Claternae und Forum Cornelii angibt (je 7 m. p. = $10^1/_2$ km)[1]. Die *limites* östlich vom Idice gehören demselben System wie die westlichen an. Dem Fluss scheint man in der oben bezeichneten Weise *„fines“* assignirt zu haben. Erhalten ist die Centuriation besonders bei Fiesso (am Idice) und Budrio. Der „Via di Cento“ genannte Weg ist ein Cardo. Weiter östlich liegt Medicina am Schnittpunkt von Cardo und Decumanus.

12. Forum Cornelii (Imola). Im Gebiet von Forum Cornelii ist die Centuriation vortrefflich erhalten (s. Taf. VII). Decumanus maximus ist immer noch die via Aemilia, als Cardo maximus wird man den mit dem Canale dei Molini zusammenfallenden und Imola östlich der Station schneidenden Cardo bezeichnen müssen. Die Tabula Peutingeriana bezeichnet den Senio (*Sinius*) als Grenze[2]) nach Osten (s. Taf. VI unten rechts). Wie Parma liegt Imola auf dem Decumanus, der via Aemilia. Westlich vom Cardo maximus sind 11, östlich bis zum Senio 14 Cardines gezogen. Der 14. Cardo geht durch Lugo. Die weiter östlich laufenden Cardines gehen über den Senio in das Gebiet von Faenza über, zum mindesten im Süden. Ebenso ist es bei den Decumani. Ich habe schon gesagt, dass der Fluss, trotzdem die *limites* über ihn hinauslaufen, sein Gebiet gehabt hat, indem man die nächstliegenden Quadrate nicht den Colonisten sondern ihm assignirte.

Decumani zähle ich ausser der via Aemilia, dem Decumanus maximus, 30.

13. Faventia (Faenza). Das Gebiet von Faventia[3]) muss bis zum Montone gereicht haben. Der Cardo maximus geht auch hier mitten durch die Stadt und läuft nördlich bis Bagnacavallo. Westlich von ihm sind noch 5 Cardines gezogen, ebenso viel östliche bis zum Torrente Lamone. Zwischen Lamone und Montone lassen sich noch 6 oder mehr Cardines feststellen. Im Norden scheint die Limitation nicht über die Höhe von Cotignola am Senio hinausgegangen zu sein. Bis dorthin giebt es 18 Decumani. Im mittleren Teil des Stadtgebiets, am Montone, ist von Limitation heute wenig zu sehen, aber die Ansätze der Cardines sind da.

14. Forum Livi (Forli). Cardo maximus der Feldteilung von Forli

---

1) Heute ist der Silaro von Imola 11, von Quaderna c. $7^1/_2$ km entfernt; das antike Claternae muss also etwa $2^1/_2$ km westlich von Quaderna gelegen haben.

2) Nach Forum Cornelii sind es VI nach Faventia III Milien = 9 bezüglich $4^1/_2$ km. Die Entfernungen stimmen ganz genau, der Fluss hat also seinen Lauf nicht verändert.

3) Für die Territorien Faenza und Forli fehlt noch die Karte 1 : 100000. Zur Aushülfe bediente ich mich der im Maassstab 1 : 86400 aufgenommenen österreichischen Generalstabskarte, welche die italienische Regierung auf den Maassstab 1 : 75000 hat vergrössern lassen (Carta topografica della Lombardia, del Veneto e dell' Italia centrale: No. 12 des Catalogo di carte e libri pubblicati dell' Ist. Geogr. Mil.).

scheint der mitten zwischen der Stadt und dem Montone die via Aemilia schneidende Cardo zu sein, wenigstens hat er die grösste Länge. Die Limitation geht im Osten nur wenig über den Ronco hinaus: dieser Fluss wird die Grenze von Forli gewesen sein.

15. Patavium (Padova)[1]) (s. Taf. V). Im Nordosten von Padua, in dem von der Brenta im Süden, dem Flusslauf Musone dei Sassi im Westen, dem Musone vecchio im Norden und dem Canale Mirano im Osten eingeschlossenen Gebiet (3 C.), ist das Netzwerk der römischen Centuriation fast bis auf die letzte Centurie erhalten, also noch weit besser als im Gebiet von Parma, Bologna, Imola und Faenza. Jenseits des Musone vecchio beginnt eine andere Limitation (3 B.), deren Cardines nord-südliche und deren Decumani west-östliche Orientirung haben. Nach Norden bildet also der Musone vecchio die Grenze des Gebiets von Padua. Im Westen hat der ager Patavinus bis halbwegs Vicenza gereicht (also etwa bis Grisignano: 1 C.), denn die Station „*ad fines*“ liegt X mil. von Padua, XI von Vicenza entfernt (Itin. Hierosol. p. 559 vgl. C. V. p. 240). Ohne dies Zeugnis würde man annehmen, dass die Grenze dem Brentafluss gefolgt sei, der die natürliche Grenzlinie bildet und auch die Limitation wirklich begrenzt. Padua liegt ausserhalb des centuriirten Gebiets — dasselbe fanden wir bei Piacenza — bildet also eine Exclave seines eigenen Territoriums. Auf Grund der Topographie würde man annehmen, dass es durch den Canal Brentella, der Brenta und Bacchiglione verbindet (2 C. D.), im Osten, durch den Canale Scaricatore im Süden und durch die östlichen Wasserläufe an die Brenta und das centuriirte Gebiet angeschlossen gewesen sei (2 D.). Wegen der Station *ad fines* ist aber die Westgrenze weiter nach Westen anzusetzen. Sie wird von Citadella (1 A. u. r.) bis etwa Piazzola (2 B. u. l.) dem Flusse gefolgt und dann nach Grisignano-Montegalda (1 C.) zu, also südwestlich, abgebogen sein. Der Bacchiglione bildet die Südgrenze. Südlich der Brenta, also in der Umgegend von Padua, fehlt Limitation; südlich vom Bacchiglione ist limitirt aber mit anderer Orientirung. In dieser Region liegt Abano Bagni (1 D.), das antike Aponus (CIL. V p. 271). Cardo maximus ist die Strasse Padova-Monselice (parallel der Eisenbahn: 2 D.). Die Inschriften scheinen zu ergeben, dass auch dieses Gebiet zu Padua gehörte. Die Grenze gegen Ateste (Este) läuft weiter südlich und Plinius (N. H. II § 103) nennt die Bäder von Aponus patavinisch. Wir haben also innerhalb des Gebiets von Padua zwei verschiedene Limitationen. Dasselbe ist für Minturnä bezeugt (Feldm. I, 178). Dort lag jenseits des Liris die „*adsignatio nova*“, von der alten Assignation durch andere Orientirung geschieden.

Eine dritte Limitation scheint sich südlich von der eben besprochenen zu finden. Ihr Decumanus maximus ist die Strasse Monselice-Consalve-Concadalbero, an der ein in Urkunden genannter Ort *Decumanus* (*Desman*) lag, ihr Cardo maximus war die von Hadria (heute Adria) nach Altinum führende via Popilia.

Als Decumanus maximus der Centuriation zwischen Brenta und Musone

1) Ueber die Centuriation von Padua handelt Gloria, L'agro patavino dai tempi romani alla pace di Costanza (Venezia 1881).

vecchio wird die noch heute den Namen Desman (= *decumanus*) erhaltende Strasse [1]) Desman — Borgoricco — S. Michelo delle Badesse — S. Giorgio delle Pertiche gelten dürfen (3 C. oben). Sie wird durch den Musone dei Sassi nach einem Lauf von 14 km unterbrochen, setzt sich aber über S. Giorgio delle Pertiche bis zum Fiume Piovego fort. Der nächste Decumanus nach Süden zu lässt sich vom Musone vecchio im Osten bis zur Brenta im Westen verfolgen. Die übrigen Decumani reichen nur bis zum Fiume Piovego. Der Name des Orts S. Giorgio delle Pertiche kommt von der *pertica*, der Messlatte, her. Mit dem Namen muss man das Centrum der Limitation bezeichnet haben. welches sonst von dem Visirkreuz *groma* heisst. C a r d o m a x i m u s ist offenbar die am Musone dei Sassi entlang laufende Strasse über Camposampiero (2 B.). Es ist die antike via Aurelia, die von Padua nach Asolo führte. Bei Vigodarzere (2 C. u. m.) soll nach Gloria der Name Contrada de Aurella vorkommen. Die via Aurelia bestimmte die Orientirung der patavinischen Limitation ebenso wie die via Aemilia die der anliegenden Städte. Cardines sind etwa 25 — der Cardo maximus ist der 20. — gezogen, Decumani etwa 17. Wenn man Legnazzi glauben darf, so geben die Bauern im Paduanischen noch heute Entfernungen nach den *quadrati*, also den Centurien, an (Legnazzi p. 220). Nach Gloria (bei Legnazzi p. 223) sollen an der Strasse, die von Desman (3 C. o. r.) nach Borgoricco führt, gelegene Höfe ‚Case al Desman' heissen und die Gegend selbst ‚Contrada del desmano' genannt werden. Dann würde sich der alte Name des Wegs bis heute erhalten haben.

16. T a r v i s i u m (T r e v i s o) (s. Tafel V). Jenseits des Musone vecchio ist mit der Orientirung nach Osten und Süden centuriirt. Wir haben es hier offenbar mit der Flurteilung von T a r v i s i u m (T r e v i s o) zu thun. Die der Eisenbahn fast parallel laufende Landstrasse nach Treviso (über Mogliano und Preganzol: 4 B.) bildet einen Cardo; bis Preganzol hat sich ihre ursprüngliche Richtung erhalten. Die Centuriation reicht im Osten bis zu dieser Strasse, im Westen etwa bis zum Musone dei Sassi, im Norden kaum viel über Treviso hinaus, im Süden, wie gesagt, bis zum Musone vecchio, wo sie in einem deutlichen Winkel auf die von Padua stösst (s. die Nordgrenze der Quadrate 3 B. und C.). Westlich vom Musone dei Sassi beginnt wiederum eine neue Centuriation. Ihr Decumanus maximus ist die via Postumia (sie durchschneidet die Quadrate A. 1—4 von oben rechts nach unten links), ihr Cardo maximus die schnurgrade Strasse von Citadella nach Bassano (1 A.). Im Westen reicht diese Pertica bis zur Brenta, im Norden bis zu den Alpen. Wo sie sich im Süden (2 B.) mit der Centuriation von Padua berührt hat, ist nicht mehr zu erkennen. Weit

1) Dieselbe Erscheinung, dass der Name einer *via* im Namen eines an ihr gelegenen Orts erhalten ist, findet sich auch bei der via Postumia, an der der Ort Postioma liegt (4 A. o. l.). Eine ‚*villa . . quae dicebatur Decumanus*" kommt in einer von Gloria (a. a. O.) citirten Urkunde von 1489 (?) vor; derselbe Ort ist in anderen Dokumenten *Desman* genannt. Er liegt an der Strasse Monselice - Concadalbero, die wohl der Decumanus maximus der südöstlich von Padua vorhandenen Limitation ist (s. Gloria).

über Camposampiero (2 B.) scheint das Territorium von Padua nicht hinausgereicht zu haben. Die kleine Stadt Citadella wird in der Mitte durchschnitten von dem Cardo maximus und dem 3. Decumanus südlich der via Postumia. Sie bildet den natürlichen Mittelpunkt der Pertica. Nach allen vier Himmelsgegenden laufen aus ihren Thoren Strassen aus: nach Osten (Treviso), nach Westen (Vicenza), nach Norden (Bassano), nach Süden (Padua). Citadella kann — obwohl im Mittelalter gegründet — seiner Anlage nach das Ideal einer römischen Stadtanlage veranschaulichen: die beiden Hauptwege teilen zugleich Stadt und Feldmark in vier Quartiere, wie es die agrimensorische Theorie verlangte. Auf ihrem Marktplatz möchte man sich die *groma* des Feldmessers aufgestellt denken, mit der er nach vier Seiten hin visirte. Zu welchem Stadtgebiet diese Centuriation gehörte, ist nicht auszumachen (vgl. auch C. I. L. V p. 198), kaum zu dem trevisianischen, da dessen Orientirung eine andere ist. In Betracht kommen noch Padua, Vicenza, Feltria (in den Alpen).

17. Auch im Gebiet von Verona[1]) (Blatt 49 der Karte 1 : 100000) sind Spuren der Centuriation erhalten und zwar besonders in den beiden Thälern des Torrente Valpanteno und Progno d'Illasi (beide östlich von Verona). Die Cardines folgen der Längsrichtung des Thals. Auch weiter östlich bis Lonigo sind Reste einiger Cardines erhalten, aber mit anderer Orientirung.

18. Zur Flurteilung von Opitergium (Odergo) gehören die vier Cardines bei S. Dona di Piave und der Decumanus von Noventa di Piave (vgl. die k. k. österreichische Karte 1 : 86400 Blatt G. 4).

19. Ebenso sind von der Centuriation von Aquileia noch Spuren erhalten (s. d. österr. Karte 1 : 75000).

20. Ueber die Centuriation des Gebietes der Colonie Pola handelt der um die istrische Lokalforschung hochverdiente, aber in diesen Dingen höchst unkritische Kandler (Notizie storiche di Pola, Parenzo 1876; vgl. auch Legnazzi, Catasto p. 170 f.). Aus der österreichischen Generalstabskarte lässt sich folgendes feststellen: Der Cardo maximus läuft westlich von Pola nach Galignano und Pedena, der Decumanus maximus nach Sissano (vgl. die österreich. Generalstabskarte 1 : 75000, Zone 26, col. X, Blatt Pola und Lubenizzo). Ausser den beiden Hauptlinien sind noch mehrere (5) Cardines erkennbar. Im Gebiet von Pola finden sich nach Kandler besonders viele agrimensorische Ortsnamen (s. Legnazzi p. 170 f.) wie Gromazzo (von *groma*?), Limeto, Arcelle (*arcellae* s. Feldmesser I, 227, 5; 252, 15; 308, 25), Monte delle Sorti (von den assignirten *sortes*?). Eine höchst interessante Urkunde der Limitation von Pola ist in der Nähe von Parenzo (Parentium) gefunden worden, nämlich ein Cippus mit der Inschrift (C. I. L. V 341): VIA · PVB · LAT · P · XX. Da 20 Fuss die Breite des Cardo maximus ist (Feldm. II, 350), kann kein Zweifel sein, dass der Cippus

1) Bei dieser Stadt und den folgenden habe ich die Beifügung von Karten unterlassen, weil die Reste der Flurteilung nur gering sind.

sich auf den durch Parenzo gehenden Cardo maximus des Gebiets von Pola bezieht.

Es liessen sich in Oberitalien wohl noch manche Spuren der römischen Centuriation nachweisen, aber es sollten nur die bedeutenderen besprochen werden. Meitzen will auch bei Tarent, Bari, (Chieti an der Küste) und bei Sepino (Saepinum), Venasso (Venafrum), Pontecorvo Spuren von Centuriation bemerkt haben (Siedelung I p. 320); ich habe an diesen Orten nichts finden können.

Ausser in der Lombardei hat sich in Italien das Wegenetz der römischen Flurteilung noch erhalten bei Capua und Florenz.

21. Capua (s. Taf. VI). Das alte Capua heisst heute S. Maria di Capua vetere, das neue Capua liegt am Volturnus, etwa 5 km nordwestlich, auf der Stelle des antiken Casilinum. Das Gebiet von Capua wurde im Norden durch den Volturnus, im Osten durch den Apennin, im Süden durch den Clanis (Regi Lagni) und im Westen wohl durch das Meer begrenzt. Die Centuriation des Stadtgebiets ist vortrefflich erhalten. Für sie besitzen wir eine einzig dastehende gleichzeitige Urkunde. Am Berge Tifata, bei S. Angelo in Formis ist nämlich ein Centurienstein von der gracchischen Assignation mit dem Namen der „*III viri a(gris) i(udicandis) a(dsignandis)*“ gefunden worden: CIL. X, 3861. Auf der Oberfläche des Cippus steht die Inschrift: *K(itra) K(ardinem)* XI —, *S(inistra) D(ecumanum)* I —. Neben den Zahlen sind die Richtlinien des Cardo und Decumanus eingemeisselt. Die richtige Lesung des Steins statt der alten (*K · XI · D · I ·*) verdanken wir Herrn Commendatore Barnabei (Not. degli Scavi 1897 p. 123); die beiden früher übersehenen Buchstaben *K(itra)* und *S(inistra)* sind auf der Photographie (Scavi S. 123) vollkommen deutlich. Die glänzende Entdeckung zeigt, dass Inschriften nie oft genug revidirt werden können. Sie ist um so verdienstlicher, als sie nicht dem Zufall, sondern der Methode verdankt wird, nämlich der Erwägung, dass eine Discrepanz zwischen der Praxis und den Angaben der Feldmesser auffallend wäre. Eine solche ist nun allerdings durch den neuen bei Atena, dem antiken Atina, in Lucanien gefundenen Cippus der *triumviri a. i. a.* der Jahre 133—129 v. Chr. gegeben. Auf ihm steht nämlich wirklich nur K · VII = *Cardo septimus* ohne irgendwelche Bezeichnung der Regionen sogar ohne Angabe des Decumanus. Barnabei irrt, wenn er das an die Richtlinie ansetzende Zeichen für ein D nimmt und *D(ecumanus)* interpretirt. Diese Richtlinie bezeichnet den Cardo VII, denn K · VII steht (vertikal an der Seite) in der Richtung der Richtlinie (a. a. O. S. 119). Wir haben also einen Stein, der nur den Cardo bezeichnet. Der Stein bezieht sich auf die Centuriation des Vallo di Diana, des breiten Thals bei Vallo di Lucana. Die Centurien der *praefectura Atinas* sind im *liber coloniarum* (Feldm. I, 209) erwähnt: „*in provincia Lucania praefecturae: .. Vulcentana, Pestana, Potentina, Atena et Consilina* (= Sala Consilina) *Tegenensis; quadratae centuriae in iugera n. CC.*“

Doch nun zurück zu dem den Schnittpunkt des 11. Cardo der *regio citrata* mit dem 1. Decumanus der *regio sinistra* bezeichnenden Stein von S. Angelo in Formis.

Der ursprüngliche Standort des Steins und damit die Richtung des Cardo und Decumanus lässt sich aus den Fundnotizen nicht mehr ersehen, ist aber dennoch mit grösster Evidenz feststellbar. Die das heutige S. Maria di Capua vetere halbirende[1]), in nordsüdlicher Richtung laufende Strasse läuft an S. Angelo in Formis vorbei: auf sie bezieht sich die Bezeichnung *S(inistra) D(ecumanum) I* (= *primum*), denn im Gebiet von Capua heissen die von Norden nach Süden laufenden Wege *decumani*, statt wie sonst *cardines*. So berichten die Feldmesser und zwar sowohl Frontin[2]) wie Hygin[3]). Dieser erste *limes* einer Region wurde von einem Teil der Agrimensoren als der zweite gezählt, indem man den Decumanus (oder Cardo) maximus als den ersten *limes* rechnete. Für die Vertreter dieser Ansicht (s. Feldm. I, 112, 174) bezeichnete *sinistra decimanum primum* den auf den Decumanus maximus folgenden *limes* (s. Seite 32 Fig. 1). Andere Feldmesser, die den *decumanus primus* als den auf den D. M. folgenden *limes* auffassten (a. a. O.), sahen in dem mit *S. D. I.* = *sinistra decumanum primum* bezeichneten *limes* den übernächsten, den zweiten nach dem Decumanus maximus, denn der nächste links vom *decumanus primus* (dem auf den D. M. folgenden *limes*) gezogene Weg war allerdings der zweite nach dem Decumanus maximus (Fig. 2). In der Auffassung der Bezeichnung *primus* hatten diese Agrimensoren unbedingt Recht, denn der *decumanus primus* war nicht der *decumanus maximus* sondern der erste folgende, aber die Interpretation der Verbindung *sinistra decumanum I* war falsch: *S. D. I.* bezeichnete nicht den links vom ersten Decumanus folgenden Weg, sondern den ersten *limes* selbst. „*Sinistra decumanum primum*" kann nicht bedeuten „links vom decumanus primus der nächste *limes*" — denn wie kann man so ohne weiteres „*proximus*" suppliren? —, es kann nur heissen „in der linken Region (*sinistra* absolut) der erste Decumanus" (Fig. 3). Die Feldmesser, welche die uns erhaltenen Schriften aufzeichneten, verstanden also die alten litterae singulares *S.* (oder *D*) *D.* falsch. Der Irrtum war ein doppelter, denn 1) ergänzten sie fälschlich zu „*sinistra decumanum I*" ein unmögliches „*limes proximus*", 2) sahen sie nicht, dass die Bezeichnung einer Linie mit „links vom ersten Decumanus" gar keine Bezeichnung ist, denn links vom ersten Decumanus liegen sehr viele Decumani, nicht nur der nächste. Desselben Irrtums machten sich die Vertreter der anderen Auffassung schuldig: für sie ist „*sinistra decimanum I*" = „links vom *decumanus I* (= *maximus*) der erste *limes*." Nur sachlich schadete dieser Irrtum nicht, da ihr „links vom Decimanus maximus" gelegener limes mit dem nach meiner Auffassung ersten der Region zusammenfällt. Die

1) Sie tangirte die Westfront der antiken Stadt (s. Beloch, Campanien² p. 310).

2) p. 29, 5: *itaque non ortum spectant* (*exspectant:* Hss.) *sed ita adversi sunt* (*decumani*) *ut sint contra septentrionem, ut in agro Campano qui est circa Capuam ubi est Kardo in orientem et decumanus in meridianum.*

3) p. 170, 16: .. *quidam in totum converterunt et fecerunt decimanum in meridianum et kardinem in orientem sicut in agro Campano qui est circa Capuam.*

folgenden Figuren sollen die beiden Interpretationen der Feldmesser und die meinige erläutern:

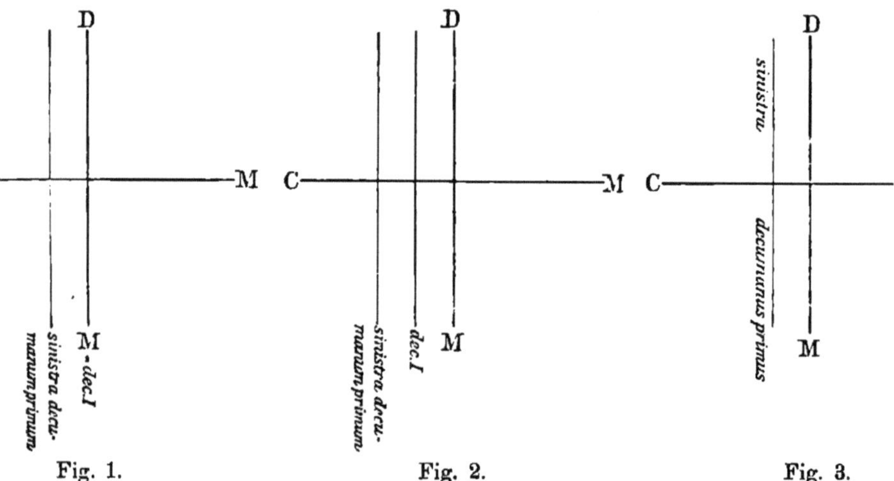

Fig. 1. Fig. 2. Fig. 3.

Es mag kühn erscheinen die Agrimensoren eines solch fundamentalen Irrtums zu zeihen, aber man bedenke, dass er praktische Consequenzen nicht hatte, da die meisten Feldmesser einen Stein mit der Aufschrift: *S. D. I.* auf dem nach ihrer Ansicht zweiten, in Wirklichkeit aber ersten Decumanus, trotz des Irrtums das Richtige treffend, suchten. Als rein theoretischer Fehler aber mochte er ungestört in den Schriften der agrimensorischen Epigonen fortexistiren. Wäre die andere, in unserer Ueberlieferung perhorrescirte Interpretation, die aus dem ersten *limes* der Region den zweiten machte (s. Figur 1), zur Geltung gekommen, so hätten ihre Vertreter innerhalb einer alten Centuriation sich allerdings nicht zurecht gefunden, denn sie fanden die Bezeichnung *S. D. I.* an dem auf den Decumanus maximus folgenden Weg statt, wie sie jene Zeichen setzten, auf dem zweiten *limes* vom Decumanus maximus aus.

Was von der Bezeichnung *sinistra* und *dextra* gilt, gilt natürlich auch von *citra* und *ultra*. *K · K · XI* heisst „*K*(*itra*), *K*(*ardo*) XI" und nicht „*Kitra Kardinem XI.*"

Der bei Capua gefundene Stein *S. D. I., K · K · XI* hat in dem nachstehenden Centurienschema in Punkt A seinen Platz:

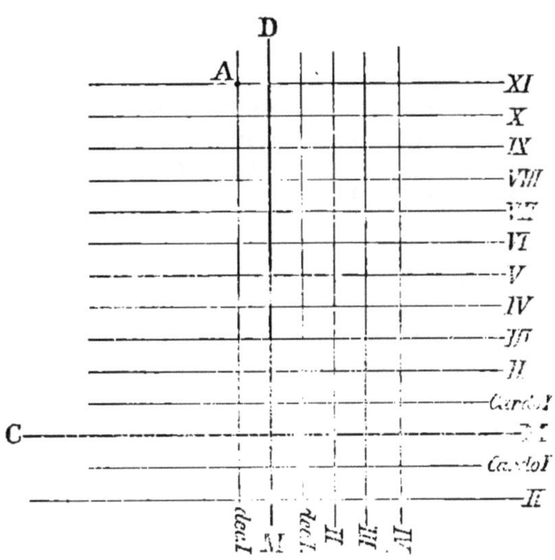

Der elfte Cardo, den der Stein nennt, wird die etwas nördlich von S. Angelo in Formis über Vetta laufende Strasse sein. Dann war Cardo maximus der Cardo, welcher durch Macerata und Caturano (südlich von Capua vetus) geht. Ohne den Centurienstein würde man den Capua durchschneidenden Weg für den Decumanus maximus gehalten haben; die Inschrift bezeichnet ihn aber deutlich als den ersten links vom Decumanus maximus gezogenen *limes*. Der Decumanus maximus lässt sich vom Apennin, auf den er bei San Marco stösst, bis zum Lagni, den er östlich von S. Venere erreicht, verfolgen. Er ist 10½ km lang. Im Folgenden werde ich, statt mit ihm, mit dem besser hervortretenden „*decumanus primus: sinistra*“, auf den sich der Stein bezieht, operiren. Ebenso würde man den Cardo maximus in der die Nordseite von Capua vetere begrenzenden oder in der zwischen Marcianise und Capodrise nach S. Marco Evangelista führenden Strasse gesucht haben [1]); im ersten Fall lag Capua im Schnittpunkt der beiden Hauptlinien, wie es agrimensorisches Ideal ist. Aber die Thatsachen widerstreiten hier dem Augenschein und Zweifel sind nicht möglich. In der *pars dextrata*, also — da die Decumani nach Norden laufen — östlich vom „*decumanus I*“ sind ausser ihm noch etwa 15 Decumani gezogen, in der *pars*

1) Wie es Beloch, Campanien² p. 310, thut.

sinistra — westlich von Capua vetere — sind nördlich der Clanis 17 Decumani anzunehmen; der 19. läuft durch Grazzanise (am Volturno). Ausser dem durch Capua gehenden *decumanus I* fällt besonders ins Auge der Casapulla, Caturano und Marcianise verbindende Decumanus. Er bildet mit dem langen durch Marcianise über S. Marco Evangelista nach Maddaloni laufenden Cardo ein viel ausgeprägteres Kreuz als Decumanus maximus und Cardo maximus.

Was die centuriirte Fläche anbelangt, so lassen sich feststellen für 1) die *pars citrata dextrata*, (nordöstliches Viertel) in der ersten Centurienreihe nördlich des Cardo maximus (über Macerata-Caturano) und östlich des *decumanus I*: 13, in der 2.: 12, in der 3.: 12 (Capua nimmt 1 Centurie ein) Centurien; die 4. Reihe wird durch den Monte Tifata (bei Coccagna) eingeengt und weist in ihrem westlichen Teil 5, im östlichen (jenseits Coccagna) 4 also zusammen 9 Centurien auf; 2—3 andere werden durch den Monte Tifata zu *subsiciva*. Die 5. Reihe enthält (westlich vom Tifata) 4, die 6.: 2, die 7.: eine Centurie.

Für den nordwestlichen Teil des centuriirten Gebiets, die *regio citrata sinistra* lässt sich die Anzahl der Centurien auf Grund der Reste nicht berechnen, da die Limitation zu sehr zerstört ist. Für den nördlichen Teil des Gebiets von Capua, die *regio citrata* sind also sicher feststellbar 13 + 12 + 12 + 9 + 3 + 2 + 1 = 52 Centurien. Weil aber auch das westliche Viertel centuriirt war — wie die Reste der Decumani zeigen — wird man seinen Flächeninhalt in Centurien berechnen dürfen. Da der Cardo maximus in der westlichen Hälfte fehlt — er reicht nur bis zu der Chaussee Capua vetere-Aversa —, lässt sich die Westhälfte nicht wohl in eine *regio sinistra citrata* (diesseits d. h. nördlich des Cardo maximus) und *regio sinistra ultrata* (jenseits d. h. südlich des Cardo maximus) teilen. Ich betrachte also 2) die Centuriation der ganzen Westhälfte ohne Rücksicht auf die beiden Regionen. Diese Region lässt sich darstellen als ein Rechteck von 18 Centurien Länge und 8 Centurien Höhe, also 144 Centurien Fläche. Als Westgrenze ist angenommen der über Grazzanise (am Volturno) laufende Decumanus (der 19. links vom Decumanus maximus), als Ostgrenze der „*decumanus primus sinistra*"; im Norden begrenzt der Volturno, im Süden der Regi Lagni (= Clanis) das centuriirte Gebiet. So kommen denn zu den 52 Centurien des nordöstlichen Viertels noch 144 der nordwestlichen und südwestlichen Region hinzu, sodass sich die Fläche: *regio citrata dextra* und *sinistra* + *regio ultrata sinistra* berechnen lässt auf 52 + 144 = 196 Centurien.

3) *Pars ultrata dextra.* In der südlichen Hälfte des Stadtgebiets ist die Centuriation ebenfalls nur im östlichen Viertel so erhalten, dass man die Zahl der Centurien berechnen kann. Es liegen südlich des Cardo maximus in Reihe I: 14, in II: 14, in III: 15, in IV: 15 (in der 15. Centurie liegt der Ort Maddaloni); in V (südlich der grossen Strasse Marcianise-Maddaloni) ist Raum für 18, in VI für 18 (?) Centurien. Weiter südlich wird man noch 2 Reihen mit je 18 Centurien annehmen können. Die Reihen südlich der 4. Reihe sind so wenig gut erhalten, dass die Berechnung ihres Inhalts sich nur auf den Raum, nicht auf die Limitation gründet. Sicher feststellbar sind also

in dem südöstlichen Viertel 14 + 14 + 15 + 15 + 18 + 18 + 18 + 18 = 130 Centurien. Das ganze Gebiet von Capua mag also 52 + 196 (Norden und Südwesten), + 130 (Südosten) = 378 Centurien enthalten haben; das sind 75600 Iugera. Diese Zahl stimmt ganz gut zu den bei Granius Licinianus [1]) und Cicero [2]) über den Flächeninhalt des ager Campanus erhaltenen Nachrichten, denn diese Autoren geben 50000 Iugera assignationsfähigen Landes an. Im Jahre 59 verteilte Cäsar, der Nachfolger der Gracchen, den ager Campanus an 20000 Bürger (Marquardt, Staatsverwaltung I² p. 114). Wieviel Iugera dem Loosempfänger gegeben wurden, ist nicht überliefert. An centuriirtem Lande kann der Einzelne kaum mehr als höchstens 3 Iugera erhalten haben, da nur c. 65000 Iugera sicher nachweisbar sind. Aber das Gebiet von Capua umfasste wohl auch das ganze Litoral, eine Fläche, welche die centuriirte an Ausdehnung übertrifft. Auch dieses Gebiet eingerechnet kann der Colonist aber nicht mehr wie etwa 6 Iugera erhalten haben. Dazu können höchstens Wald- und Weideteile im Apennin gekommen sein.

Südlich vom Lagni, dem antiken Clanis, findet sich eine andere Limitation. Auch ihre *limites* laufen von Norden nach Süden und von Westen nach Osten, aber sie fallen nicht mit den capuanischen zusammen. Innerhalb dieser Centuriation liegt die antike Stadt Atella (S. Arpino). Acerrae (Acerra) ist durch den Lagni von ihr getrennt und hat wohl kaum hier Landbesitz gehabt. Im Westen, am Meer, lag Linternum (Torre di Patria), am Golf ausser Neapolis noch Cumae und Puteoli. Aber im Gebiet der drei letzgenannten Griechenstädte ist wohl nie Ackerland assignirt worden, wenn auch der *liber coloniarum* darüber allerhand verworrenes Zeug angiebt (Feldm. I, 235 ff.) [3]).

Als Cardo maximus (der hier wohl nicht wie im Capuanischen nach Osten, sondern wie gewöhnlich nach Süden lief) dieses Gebiets muss man die schnurgrade über Aversa (im Norden) nach Giugliano und Mugnano (im Süden) laufende Strasse bezeichnen, die eine Länge von 14½ km hat. Weniger augenfällig ist der Decumanus maximus. Da der „*umbilicus*", der Schnittpunkt von C. M. und D. M.,

---

1) p. 15 ed. Bonn.: .. *ei* (Cn. Domitius Lentulus, Consul des J. 162 v. Chr.) *praetori urbano senatus permisit, agrum Campanum, quem omnem privati possidebant, coemeret ut publicus fieret* .. *nec fefellit vir aequus, nam tanta moderatione usus est, ut et rei publicae commoda et possessorum temperans* ... [*iugerum milia*] *quinquaginta coemeret.*

2) Ad Att. II, 16, 1: *omnis expectatio largitionis in agrum Campanum videtur esse derivata, qui ager, ut dena iugera sint, non amplius hominum quinque milia potest sustinere.* — De lege agraria II, 28 § 76: .. *quinque milia colonorum Capuam scribi iubet* ..; .. *ista dena iugera continuabunt* ..; § 79: *si non modo dena iugera dari vobis, sed ne constipari quidem tantum numerum hominum posse in agrum Campanum intellegetis.*

3) p. 235: *Neapolim* .. *sed ager eius Sirenae Parthenopae a Grecis est in iugeribus adsignatus et limites intercisivi sunt constituti inter quos postea et miles imp. Titi lege modum iugerationis ob meritum accepit.*

p. 236: *Puteolis, colonia Augusta. Augustus deduxit,* .. *ager eius in iugeribus veteranis et tribunis legionariis est adsignatus.*

p. 232: *Cumis, muro ducta colonia; ab Augusto deducta,* ... *ager eius in iugeribus veteranis pro merito est adsignatus iussu Claudi Caesaris.*

gewöhnlich durch ein Siedlungscentrum bezeichnet ist, möchte man den von Aversa nördlich von Ducenta und Trentola nach dem Meer zu laufenden Decumanus für den D. M. halten; im Osten berührt er Gricignano. Er ist 14 km weit zu verfolgen. Die Centuriation ist nur im nördlichen Teil, und zwar in der *pars sinistrata*, gut erhalten, besonders reichen die Decumani hier bis in die Nähe des Meeres, während die Cardines von Capua, wie oben gezeigt, nur eine geringe westliche Ausdehnung haben. Westlich vom Cardo maximus sind mindestens 15 Cardines gezogen, östlich nur 7 erkennbar. Decumani lassen sich in der südlichen Hälfte — zwischen dem Decumanus maximus und Mugnano — 11, in der nördlichen 10 feststellen. Während die Cardines nicht mit denen von Capua zusammenfallen, sind die Decumani die Fortsetzung der capuanischen. Man vergleiche besonders den zwischen Marcianise und Capodrise laufenden capuanischen Cardo mit den östlich vom Lagni erhaltenen Resten des Decumanus von Atella (?) oder zu welcher Gemeinde sonst die Limitation südlich des Clanis gehören mag. Ebenso lässt sich der über Loriano (südlich von Marcianise) laufende Weg jenseits des Lagni verfolgen.

Zur Berechnung der Centurienzahl lässt sich zunächst im Norden über dem Decumanus maximus als Basis ein Rechteck von 14 Centurien Länge und 6 Höhe bilden, das also 84 Centurien enthält. Im Süden scheint mindestens ein Rechteck von 7 Centurienbreiten Höhe und 14 Breite also 98 Centurien Fläche limitirt gewesen zu sein. Als südliche Grenze ist der Decumanus von Giugliano angenommen. Ausser den 84 + 98 = 182 Centurien, welche die beiden Rechtecke ergeben, kann noch eine grössere Anzahl von Centurien im Südosten von Averso existirt haben.

22. Florentia (Florenz) (s. Tafel VI oben rechts). Auch die Centuriation der Colonie Florentia, des heutigen Florenz, ist noch deutlich kenntlich. Die Decumani laufen der Richtung des Arnothals entsprechend von NW. nach SO., die Cardines von NO. nach SW. Der Decumanus maximus ist in der Stadt die via Guelfa, weiter die an der Festung vorbei laufende Landstrasse nach S. Cristofano. Es sind etwa 22 Cardines und 10 Decumani feststellbar. Westlich scheint nicht weit über Prato hinaus centuriirt worden zu sein. Das ganze Areal umfasst zunächst ein Rechteck von 18 Centurien Länge, 11 Breite also 198 Centurien Fläche. Dazu kommen noch etwa 50 Centurien zwischen Sesto und Florenz in der Verengerung des Arnothals.

Hervorzuheben ist von Flurnamen Limite [1]) (von *limes*) südwestlich von Sesto.

23. Carthago. Das quadratische Wegenetz der Umgegend von Carthago hat zuerst der dänische Kapitän Falbe bemerkt und auf die römische Centuriation gedeutet [2]). Nachmessungen ergaben, dass in der That die Quadrate eine Länge von 710 m = 2400 römischen Fuss hatten. Das ist, so

1) Dieser Name kommt auch in den Bergen am unterem Arno zweimal vor: Capraja e Limite und Limite und bezeichnet dort wohl die Grenze des Stadtgebiets.

2) Recherches sur l'emplacement de Carthage, Paris 1833, p. 54—57.

viel ich sehe, überhaupt die erste Feststellung des Fortbestehens der römischen Limitation. Falbe erkannte 28 Centurien und nahm an, dass jeder der 3000 augusteischen Colonisten (Appian, *Punica* 136) ein *heredium* (2 Iugera) erhalten habe, also alle zusammen 3000 × 2 = 6000 Iugera = 30 Centurien eingenommen hätten. Die beiden fehlenden Quadrate liessen sich bei la Marsa leicht ergänzen. Ohne sich weiter um das Wesen der Limitation zu kümmern, glaubte Falbe doch zu bemerken, dass jenes Wegenetz von zwei Standlinien beherrscht sei, von denen die eine von Sidi-bou-Said nach Tunis, die andere von der Byrsa am Rande des Sebkrat el Ariana entlang laufe. Die erstere ist der Weg, welcher von Sidi-bou-Said über Malga bis nahe an die Bai von Tunis — aber nicht bis Tunis — läuft, der zweite geht von Malga nach Nordwesten und ist noch heute 7 km lang gradlinig erhalten; er reicht bis an das Ende der Landzunge zwischen der Lagune Sebkrat und den Dünen. Falbes Entdeckung wurde bestätigt von Barth (Wanderungen durch die Küstenländer des Mittelmeers I. p. 87). Neue Beobachtungen hat er nicht hinzugefügt.

Seitdem hat sich bei der Beständigkeit aller Dinge auf arabischem Boden wenig verändert. Noch heute ist das Centuriennetz der carthagischen Flurteilung vortrefflich erhalten. Die folgenden Ausführungen beruhen auf den Blättern 13 (El Ariana) und 14 (La Marsa) der Karte 1:50000 der Regentschaft Tunesien [1]; die grosse Karte 1:20000 (*Environs de Tunis et de Carthage*, in 9 Blättern, 1883) glaubte ich entbehren zu können.

Das limitirte Gebiet umfasst die ganze Ebene zwischen dem Golf von Utica (Bizerte) im Norden, der Bai von Tunis im Süden, dem Meer im Osten und dem Gebirge im Westen. Entsprechend der Angabe der Feldmesser, dass man bei langem aber schmalem Assignationsgebiet die Decumani statt von West nach Ost in der Längsrichtung des Territoriums ziehen könne (I 170, 12 f.), werden die in der Längsrichtung d. h. von NO. nach SW. laufenden *limites* als Decumani, die von NW. nach SO. gezogenen als Cardines zu gelten haben. Decumani zähle ich auf der Karte 1:50000 neun; der südlichste läuft über Sidi-bou-Said und Malga, der nördlichste über El Ariana. Cardines sind deutlich nur im Nordosten des Gebiets erhalten, doch lassen sich Reste von ihnen bis nach Ariana als Feldwege verfolgen. Gut zu erkennen ist das Centuriennetz in der östlichen Hälfte: mindestens 12 Centurien sind dort noch völlig erhalten. Das ganze centuriirte Gebiet enthält zunächst ein Rechteck mit der Ausdehnung La Marsa-Ariana (c. 12 km) als Länge und einer Breite von 3 km. Dazu kommt hinzu ein kleineres Rechteck, welches dem Gebiet zwischen dem Meer im NO., der Chaussee La Marsa — Tunis im NW., dem See von Tunis im SW. und dem Weg von Sidi-bou-Said nach Malga im SO. entspricht. Seine Länge beträgt c. 6, seine Breite 1½ km. In Centurien ausgedrückt ist jenes grössere Rechteck etwa 16 Centurien lang und 4 Centurien

1) Nach derselben Aufnahme ist angefertigt der „*Atlas archéologique de la Tunisie*", von dem bis jetzt 5 Lieferungen vorliegen, darunter die beiden genannten Blätter.

breit, enthält also etwa 64 Centurien. Das kleinere Oblong fast bei c. 7 Centurien Länge und 2 Centurien Breite etwa 14 Centurien. Das ganze centuriirte Gebiet von Carthago lässt sich somit auf etwa 64 + 14 = 78 Centurien berechnen. Nach Appian, der allein hierüber berichtet, betrug die Zahl der von C. Gracchus nach Carthago deduzirten Colonisten 6000 (*bell. civ.* 1, 24; *Punica* 136), die der augusteischen 3000 (*Pun.* 136). Die vorhandene Centuriation muss noch die gracchanische sein, da an eine neue Division für die augusteischen Colonisten nicht zu denken ist. Man muss also den noch kenntlichen Centurienbestand nicht — wie es Falbe that — mit den 3000 augusteischen, sondern mit den 6000 gracchanischen Colonisten combiniren. Was das Maass des dem einzelnen Assignatar zugewiesenen Looses anbelangt, so werden in der *lex agraria* vom Jahre 111 v. Chr. in Zeile 59/60 200 Iugera, also eine volle Centurie, erwähnt (. . *ne amplius CC. iugera*) aber der Zusammenhang ist keineswegs sicher festgestellt, und man wird Bedenken tragen müssen mit Mommsen (CIL. I p. 97) die 200 Iugera für den assignirten Modus — selbst wenn es andere, kleinere *sortes* gab — anzunehmen. Nimmt man auch an, dass nur die Hälfte der Ansiedler, also 3000, je eine Centurie und die anderen weniger bekommen hätten, so ergiebt das doch schon über 3000 Centurien. Es ist lehrreich hiermit die faktisch vorhandenen Centurien — sicher nicht mehr als höchstens 100 (78 stellte ich fest) — zu vergleichen: der Vergleich lehrt, wie interessant es ist, wenn man mit der Karte in der Hand die Probe auf unser Wissen und Meinen machen kann.

Zu bemerken ist noch, dass die grosse Chaussee, welche La Marsa und Tunis verbindet, etwa 7 km weit auf einem Decumanus läuft.

Die Seitenlänge der Centurien lässt sich nach der Karte 1 : 50000 auf rund 700 Meter angeben, würde aber auf grösseren Karten zweifelsohne genau 2400 *pedes* = 708 m lang sein.

In den anderen Provinzen habe ich Spuren der römischen Flurteilung nicht gefunden: weder in Spanien, für welches es die schöne in Farben ausgeführte Generalstabskarte 1 : 50000 giebt, noch in Oesterreich (1 : 75000) und in der Narbonensis (Generalstabskarte 1 : 82000), deren Centuriation durch das Flurkartenfragment von Arausio bezeugt ist. Vielleicht sind bei Friedberg (Wetterau) in Oberhessen noch Reste von Centurien vorhanden (s. Meitzen, Siedlung III p. 157).

Wie es gekommen ist, dass sich nur in der Poebene, bei Florenz, Capua und Carthago die römische Centuriation erhalten hat, ist eine Frage, die nur durch die spätere Geschichte der anderen ehemals centuriirten Territorien beantwortet werden kann. Je mehr agrarische Umwälzungen das betreffende Gebiet durchgemacht hat, je weniger konnte von der römischen Flurteilung übrig bleiben. Dass sich aber noch mehr als das von mir Beigebrachte feststellen lässt, ist sicher. Vielleicht regen diese Blätter die Lokalforscher, besonders die italienischen an, das Wegesystem ihrer Gegend auf die römische Centuriation hin zu untersuchen.

Göttingen, Druck der Univ.-Buchdruckerei von W. Fr. Kaestner.

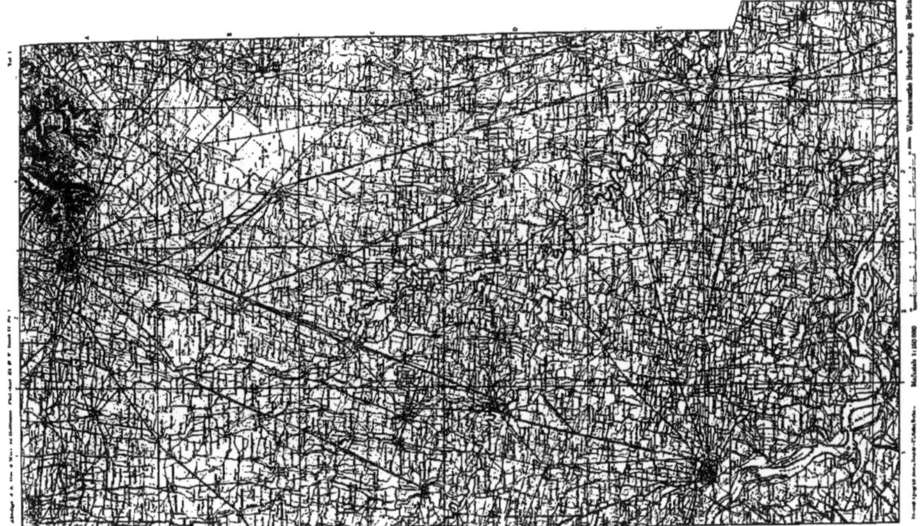

Abhdlgn. d. K. Ges. d. Wiss. zu Göttingen. Phil.-hist. Kl. N. F. Band II. Nr. 7 Taf. II.

Maßstab 1:150 000

Weidmannsche Buchhandlung in Berlin.

Abhdlgn. d. K. Ges. d. Wiss. zu Göttingen. Phil.-hist. Kl. N. F. Band II Nr. 7.

Taf. III

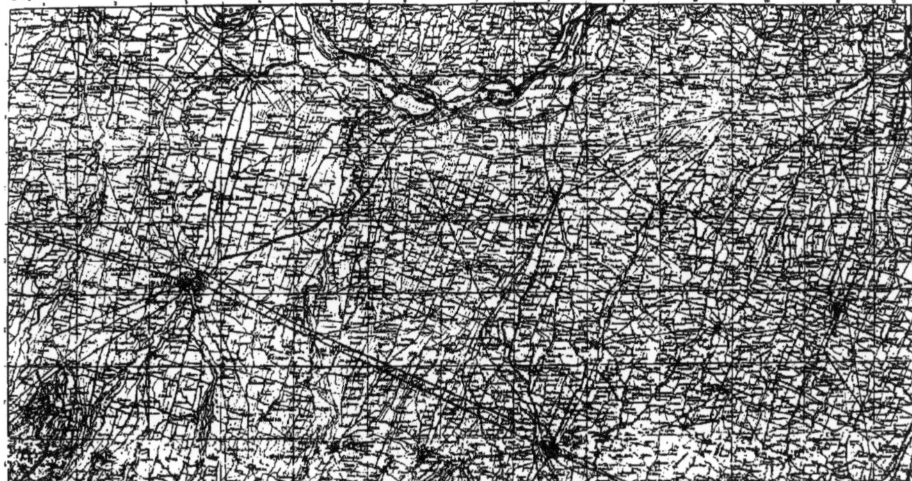

Weidmannsche Buchhandlung in Berlin.

Maßstab 1 : 150 000

Weidmannsche Buchhandlung in Berlin.

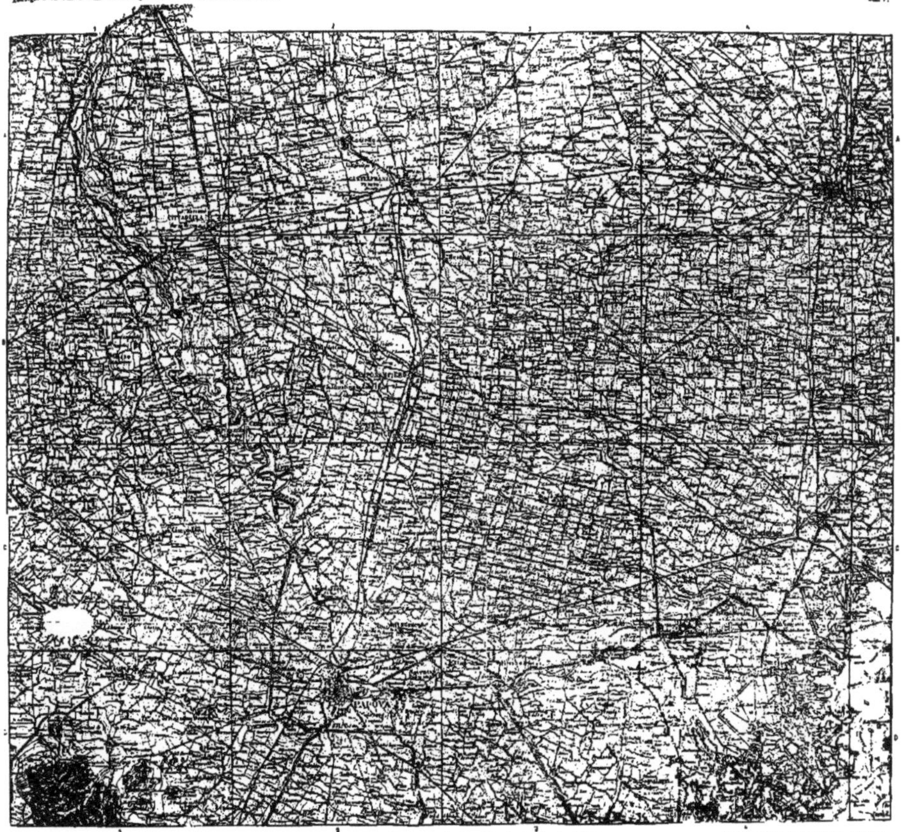

Maßstab 1:150 000

Weidmannsche Buchhandlung in Berlin.

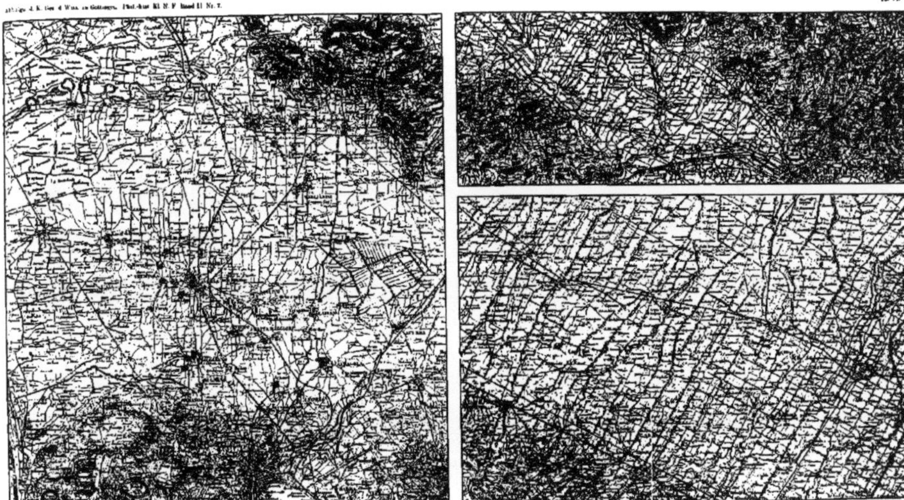

Weidmannsche Buchhandlung in Berlin.

Recovato
Panzano
F. Urbano
CASTELFRANCO
DELL' EMILIA
C. Colombina
C. Termine
C. Bassa
C. Maresca
Le Vallette
C. Torretta
C. Fornace
C. Sereno
Palazzo Sora
C. Bruciata
C. Bussi
C. Gruppo
C. Lorena
Il Casino
Il Molinazzo
C. Verona
C. S. Cristoforo
C. Castello
C. Torre
C. Garagnani
C. S. Antonio
C. Bosco
C. S. Maria
C. Scala
C. Pioppa
C. Cartara
C. S. Vittorio
C. S. Giovanni
C. S. Michele
C. Perri
C. S. Anna
C. Rosario
C. S. Paolo
La Commenda
C. S. Rocco
C. Bagni
C. S. Filippo
C. Spadoni
C. S. Bianca
C. Castiglioni
C. Bellini
C. Borghetti
C. Campogrande
C. Lunga
C. Colonna
Il Casone
C. Magnone
C. Corradona
C. Vecchia
C. Bargellina
C. Malvasia
Manzolino

ABHANDLUNGEN
DER KÖNIGLICHEN GESELLSCHAFT DER WISSENSCHAFTEN ZU GÖTTINGEN.
PHILOLOGISCH-HISTORISCHE KLASSE.
NEUE FOLGE BAND II. Nro. 8.

Die

Reimvorreden des Sachsenspiegels.

Von

Gustav Roethe.

Berlin,
Weidmannsche Buchhandlung.
1899.

8

Die Reimvorreden des Sachsenspiegels.

Von

Gustav Roethe.

Vorgelegt in der Sitzung vom 23. Juli 1898.

Die früher viel erörterte Frage, ob der Sachsenspiegel hoch- oder niederdeutsch abgefasst sei, gilt heute kaum mehr als Frage. Man zweifelt nicht: das älteste grössere Denkmal profaner deutscher Prosa, die unschätzbare erste Codificirung deutschen Rechts in der Muttersprache ist nicht nur das Werk eines Sohnes niederdeutschen Bodens, sie ist auch im niederdeutschen Sprachgewande an den Tag getreten; wenn Eike sein lateinisches Rechtsbuch *an dûtisch wante* (praef. rhythm. 277. 264)[1]), so hiess ihm *dûtisch* nichts anderes als *sassisch*. Gerne sehen wir am Eingange der mittelniederdeutschen Litteratur ein Werk von weltgeschichtlicher Bedeutung. Und welche merkwürdige Parallele: ein niederdeutscher Dichter, Heinrich von Veldeke, wird durch niederdeutsche Reime der anerkannte Vater der hochdeutschen höfischen Kunstpoesie; ein niederdeutscher Jurist gewinnt durch ein sächsisch geschriebenes Rechtsbuch einen fast wunderbaren Einfluss bis in das oberdeutsche Rechtsleben hinein; beides trotz dem empfindlichen Unterschied der Sprache. Darin liegt nicht nur ein litterarisches, sondern auch ein sprachgeschichtliches Phänomen, mit dem man sich wol zu leicht abzufinden gewöhnt ist.

Die Philologen haben das eminent philologische Problem der Sprache Eikes merkwürdigerweise fast ganz den Juristen überlassen. Als vor einigen Jahren C. Walther, er allein rühmliche Ausnahme, eine wichtige aber nicht entscheidende Einzelheit fördernd aufklärte (Niederd. Jahrb. 18, 61), da hatte er lediglich mit

1) Ich citire den Sachsenspiegel durchweg nach Homeyer, das Landrecht nach der 3. Ausg. (Berlin 1861) und behalte in der Regel auch die Sprachformen seines Textes bei, ohne mich damit für ihre Richtigkeit zu entscheiden. Die Längezeichen hab ich in der Art unsrer mittelhochdeutschen Texte gesetzt; das dient der Deutlichkeit.

Grupen, Homeyer und Stobbe zu tun. Dass Homeyers grundlegende Beweisführung für das Niederdeutsch des Sachsenspiegels heute der Revision und Ergänzung beträchtlich bedarf, unterliegt mir keinem Zweifel. Die philologische Untersuchung wird freilich durch den Charakter der Homeyerschen Ausgabe sehr erschwert. Zu Grunde liegt dem Texte die Berliner Handschrift En, ein Codex der dritten Ordnung dritter Classe von 1369, eine Handschrift also, die die Vulgata gut repräsentiren mag, aber dem ursprünglichen Text ferner steht als viele andere Handschriften. Von den Varianten der sehr zahlreichen übrigen Manuscripte, die Homeyer eingesehen hat, gibt er nur eine karge, oft willkürliche Auswahl, welche auf sprachliche Differenzen nur ganz gelegentlich einmal Rücksicht nehmen kann und nicht einmal die abweichenden Synonyma der verglichenen Codices irgend vollständig oder consequent verzeichnet[1]: man darf zwar Homeyers positiven Angaben im Ganzen trauen, nie aber aus seinem Schweigen Schlüsse ziehen. Es kommt hinzu, dass die bequemen, scharf sondernden, aber äusserlichen Kennzeichen, nach denen Homeyer die Handschriften zu grossen Gruppen summarisch ordnet, Büchereinteilung, Zusätze, Glosse, wol für die Entstehung der Vulgata den Weg weisen, für die intimere Erkenntnis der Textgeschichte und Textverwantschaft aber zu plump sind. So wird es erneuter und eindringender Handschriftenstudien bedürfen, wenn es gilt, dem ursprünglichen Texte Eikes so nah wie möglich zu kommen: den Juristen Homeyer hatte eben in erster Linie die Textgestalt interessirt, in der der Sachsenspiegel einst seine weiteste Verbreitung gefunden hat; der Philologe darf sich dabei nicht beruhigen. Der Einblick in einzelne Handschriftenabdrücke und Handschriften[2] hat mich nur in der Ueberzeugung bestärkt, dass es mit solchen Einzelbeobachtungen nicht getan ist. Ob nun freilich auch bessere Erkenntnis des Handschriftenverhältnisses uns bis zu der Lautform Eikes zurückführen wird, das lass ich dahingestellt. Bei einem nach Zeit, Ort und Art beinahe isolirten Prosadenkmal, wie der Sachsenspiegel es ist, da versagen die meisten unsrer philologischen Hilfsmittel.

Aber das Rechtsbuch zeigt ja nicht nur Prosa. Ausser ganz wenigen eingesprengten Verschen bringt es eine grössere poetische Vorrede, die uns grade

1) Als besonders hinderlich empfand ich es, dass sich grade der regelmässige Ersatz gewisser Worte durch andre aus Homeyers Angaben nicht constatiren lässt; er begnügt sich da nicht selten mit einmaliger Notiz, ohne ein „immer" dazu zu setzen.

2) Benutzt habe ich die Quedlinburger Handschrift Aq (angeblich des 13. Jahrhunderts) in Göschens Abdruck (Halle 1853), die Oldenburger Bilderhandschrift von 1336 Ei nach Lübbens Ausgabe (Oldenburg 1879), die Heidelberger Handschrift cod. pal. 167 Eb (14. Jahrhundert) in Sachses Druck (Heidelberg 1848), die Leipziger Handschrift El (Univ.-Bibl. 946) nach Weiske-Hildebrands 5. Ausgabe (Leipzig 1877); ausserdem hab ich mehr oder weniger eingesehen die Bremer Handschriften von 1342 (Aw) und 1417, die ich Cz nenne, die schöne Berliner Handschrift fol. 631 (Dσ), die Breslauer Handschrift II fol. 8, Bv, deren Datirung 1306 aus der Vorlage abgeschrieben sein muss — sie gehört nach Laut- und Schriftform unzweifelhaft der 1. Hälfte des 15. Jahrhunderts an, was Homeyer richtig erkannte, Andere mit Unrecht bestritten haben —, endlich die späten und wenig ergiebigen Göttinger Papierhandschriften cod. jur. 60 und 394 (Cγ).

dadurch unschätzbar wird, dass sie gereimt ist. Vers und Reim bieten Handhaben, um den Schleier verdunkelnder Ueberlieferung hier und da zu zerreissen, wo uns die Prosa ratlos lässt. Ich hoffe, dass die Anschauungen, in denen mich wiederholte Beschäftigung mit Eikes Reimprolog bestärkt hat, geeignet sind, über ihn hinaus einen vorläufigen Ausblick auch auf jenes grössere sprachliche Problem zu ermöglichen, das notwendig im Hintergrunde stehen muss.

I.

Die Praefatio rhythmica des Sachsenspiegels zerfällt in zwei, durch Ueberlieferung, Inhalt und Form deutlich sich scheidende, unter einander nicht zusammenhängende Teile. Dass nur die in Reimpaaren abgefasste, an zweiter Stelle stehende Partie (ich bezeichne sie demgemäss als II), V. 97—280, Eikes ursprüngliches Begleitwort darstellt, wird schon äusserlich dadurch sehr wahrscheinlich, dass die Handschriften-Gruppe der ältesten Gestalt A nur sie enthält, wie sich denn auch andre Handschriften, namentlich der Gruppe C, auf sie beschränken. Das Gros der Gruppen B und D, auch viele Handschriften der Ordnung E, schicken der Praefatio II nun aber noch 12 gereimte Strophen voran (I), die man als Eikes Vorrede zu einer zweiten Ausgabe anzusehen pflegt, da sie bereits Angriffe auf das erschienene Rechtsbuch voraussetzen. Die Sprache beider Vorreden bezeichnet z. B. Richard Schröder (Lehrb. d. deutschen Rechtsgesch.[3] 649) als „mittelhochdeutsch", während er doch Eikes Werk selbst als niedersächsisch ansieht.

Dass Praefatio II von Eike selbst geschrieben ist, daran hätte man niemals zweifeln dürfen: schon die bekannten Schlussverse (261 ff.), die von dem Anlass des Werkes berichten, sind entscheidend. Die geistige Physiognomie des Autors tritt einheitlich und schlicht zu Tage, in seinem Stolz wie in seinen Sorgen. Als die Hauptschwierigkeit empfindet Eike nicht die Sammlung des Rechtsstoffes und seine Anordnung, die er sich ja freilich bequem gemacht hat; *zû swêre* (V. 276) erschien ihm die Uebertragung des zunächst lateinisch redigirten Werkes ins Deutsche. Das darf nicht befremden. Sehr gross war der Schritt von der gewohnheitsmässigen Uebung deutscher Sprache in dem mündlichen Rechtsverfahren bis zu seiner schriftlichen Fixirung. Es stimmt vortrefflich zu Edward Schröders Ausführungen über das spätere Aufkommen der deutschen Urkundensprache (GGA 1897 S. 450 ff.), wenn auch hier zuerst ein Mitglied des hohen Adels, ein Graf von Falkenstein, die geistige Freiheit besitzt, dem Latein seine ausschliessliche Herrschaft in der Rechtslitteratur zu rauben: der Schöffe Eike schreckt anfangs zurück, es war ein Act der Selbstüberwindung und der Treue (V. 271), der ihm die Unsterblichkeit gab. Und er war sich vollkommen bewusst, wie neue Bahnen er einschlug, da er ein deutsches Rechtsbuch schrieb.

Als das schwierige Werk dann aber gelungen war, da bricht in der Vorrede die berechtigte Befriedigung mit offenherzig warmem Selbstgefühl durch. Erst die deutsche Fassung verwirklichte ganz Eikes Wunsch, den Schatz seiner Wissenschaft [1]) aller Welt zugänglich zu machen (V. 99. 154—174). Jetzt erst darf er die Sachsen glücklich preisen, dass es ihnen beschieden ist, wie in einem Spiegel zu ersehen, was recht und unrecht sei (V. 97 f. 175—182). Er glaubt an die moralische Kraft seines Buches und legt es seinen Lesern nicht zum wenigsten um ihres Seelenheiles willen ans Herz (V. 183—194). Aber so hoch er den Wert seines Werkes anschlägt, er bleibt sich bewusst, dass sein Verdienst lediglich die gewissenhafte Wiedergabe des ererbten Rechtes der Vorfahren sei (V. 151—3). Die Möglichkeit von Lücken und Versehen gibt er ohne Weiteres zu und empfiehlt den Benutzern, dass sie weise Leute befragen, wo seine Angaben ihnen nicht ausreichend erscheinen (V. 195—211. 141—150): *wen vil lûte lêren, dicz an gût kêren, is bezzer den mîn eines sî*; es ist das dieselbe bescheidene Ueberzeugung, die auch der Prosaprolog (Hom. Landr. S. 136) ausspricht: *des ne kan ik al eine nicht dûn, darumme bidde ik tô helpe alle gûde lûde.* Nur eins nimmt der Autor unbedingt für sich in Anspruch: den Ruhm, das überlieferte Recht nach bestem Wissen und Gewissen, mit peinlicher Treue dargestellt zu haben (V. 212—220). Um so mehr erregt ihn die Sorge, dass die *irrêre*, die Fälscher, ihm sein Buch ändern und mehren könnten: schon im Eingang denkt er ihrer, da noch ruhig (V. 103 ff.); gegen Schluss aber (V. 221—260) reisst ihn die Uebles besorgende Entrüstung gegen diese Feinde des wahren Rechts zu Flüchen und Verwünschungen fort, die Eikes ruhig schlichter Rede auf kurze Strecke schnelleres Tempo und kräftigere Farbe geben. Hatte er etwa schon mit der lateinischen Fassung böse Erfahrungen gemacht? Sein Ingrimm macht keinen bloss hypothetischen Eindruck. Für Eike gibt es im Grunde nur éin Recht, das alte Recht der Vorfahren, und jede Neuerung, ja Ergänzung ist wider Gott, in dessen Dienst [2]) der Sachsenspiegel zusammen gestellt ward. Glimpflicher als die Rechtsverkehrer kommen die Leute fort, die auf unbequemes Recht schelten, es ignoriren möchten und selbst doch kein Unrecht erfahren wollen (V. 113—124); daneben erklingt wiederholt die Mahnung recht zu sprechen und zu handeln, *weme lieb weme leit*, ohne Ansehn der Person (V. 125—140. 148—150. 175). Die einfachen Gedanken reihen sich aneinander ohne strenge logische Folge, ohne scharfe Disposition, nicht selten sich wiederholend bis in den Ausdruck hinein, aber klar und in eindringlicher Wärme: zu dem unschuldigen Stolze des Autors passt eine leise Unbeholfenheit recht gut, die doch so Treffliches gelingen lässt wie das Gleichnis vom Schatze der Wissenschaft.

Die Praefatio I hat mit II in Gedanken und Wendungen sehr viel gemein. Um so greller sticht der andre Geist ab, der aus ihr redet. Es ist kein Zufall, dass ihr erstes Wort *Ich* lautet, während Eike von *Got* anhebt. Eike redet zu

1) Nur das bedeutet *kunst* V. 159; vgl. meinen Reinmar von Zweter S. 186 ff.

2) Dass es V. 260 *durch got*, nicht *durch gût* heissen muss, lehrt wol das ähnliche *durch got* Lehnr. 78 § 3.

einem Publikum, zu den *stolzen helden*, für die er sein Buch geschrieben hat (V. 148—150. 191. 261); der Verfasser der Strophen hält einen Monolog[1]); um sich sieht er nichts als Mäkelnde und Feinde. Sie schelten sein Buch, das sie nicht zu lesen verstehn (Str. 2); sie intriguiren, hassen seine Lehre und fragen ihn doch aus (Str. 4); sie wollen ihn in Verruf bringen (Str. 7); selbst die Verständigsten scheuen sich vor ihm (Str. 8); sie sagen ihm Worte nach, an die er nie gedacht hat, und treiben lügnerische Verleumdung (Str. 11); sie kläffen ihn an (Str. 12) und wollen ihn meistern (Str. 1. 12), Menschen, die neben ihm höchstens armselige *meisterlîn* sind. Dem gegenüber verschanzt sich der Dichter hinter dem höchsten, auf den Gipfel getriebenen Selbstgefühl: wer mich nicht verstehen kann, der lerne besser lesen! (Str. 2)[2]); niemand kann mich irre machen; was schiert mich der Hass der Bösen? (Str. 3); den Fälscher des Rechts erkennt man leicht, wenn man nur aufmerkt, wie falsch er persönlich ist[3]) (Str. 6); wer sich einbildet, *tiefer unde vorebaz* als ich zu lehren aller Welt zu Beifall, der plant Unmögliches (Str. 7); mögen mich selbst die Gescheitesten angreifen, *sô ist mir doch de wârheit kunt unt wirt mîn volge grôz zû left*, d. h. der Wahrheit und des Sieges bin ich sicher (Str. 8); die Ueberzeugung „ich kann und werde nicht aller Welt zu Gefallen reden, denn Gott hat Böse und Gute geschieden, und es geht über mein Vermögen, alle Leute vernünftig zu machen“ (Str. 9. 10. 1) ist hier der Grundton einer fast trotzigen Selbstsicherheit. Wirklich neue Tatsachen oder Gedanken bringen die Strophen sonst nicht: in ihren mancherlei Vorwürfen und Bildern löst sich immer wieder nur die eine Empfindung des beleidigten und dadurch verhärteten Selbstgefühls aus, die himmelweit absteht von dem belehrbar bescheidenen Stolze der Reimpaare. Zu grösserem Zusammenhange kommt es nirgends; die Strophen sind geradezu gedankenarm; um so frappanter ist ihre stilistische Ueberlegenheit über Eikes frühere Vorrede. Was war geschehen, das eine so radikale Veränderung in der geistigen Verfassung des Autors hervorgebracht hatte?

Die seit Homeyer übliche Erklärung, das Schicksal seines Werkes sei dem Autor zu Herzen gegangen und er habe daher diese aggressive Vorrede einer neuen Ausgabe beigegeben, befriedigt mich nicht. Sollte der Erfolg des Sachsenspiegels nicht von je her die Tadler in den Schatten gestellt haben? Dass Eike gegen die *irrêre* empfindlich war, lassen freilich auch die Reimpaare ahnen: aber auch an den erregtesten Stellen spricht ein anderer Mann aus ihnen als aus den Strophen, und ein litterarischer Neuling, der beim ersten besten Angriff das Gleichgewicht verliert, war doch schon der Autor der Reimpaare nicht mehr:

1) Das einzige *ûch* V. 40.

2) Vgl. Otto des Raspen Belial 665 ff. (Schönbach, Miscellen aus Grazer Hss. S. 39): *wildu die rechtpûch pas verstân, sô scholtu mêr ze schûle gân.*

3) Hinter V. 42 muss Komma, hinter 43 Semikolon stehn; *wie recht daz er selven si* ist indirecte Frage, abhängig von *merke* V. 41; das lehrt schon das *wie* V. 43 neben dem *swie* V. 26. 113. Die Handschrift scheidet *swer* und *wer* noch streng: *weme lieb weme leit* V. 126. 175 ist elliptische Frage; vgl. Gramm. IV², 1311.

lag doch mindestens die lateinische Ausgabe seines Rechtsbuchs bereits hinter ihm. Und weiter: ist Praefatio I die Vorrede einer zweiten Ausgabe, wie seltsam, dass wir sie nicht in einer Handschrift allein erhalten haben! Die moderne Unsitte, auch in neuen Auflagen die Vorreden der alten immer mit abzudrucken, darf doch nicht ohne Weiteres ins 13. Jahrhundert zurückgetragen werden, am wenigsten hier, wo sich die beiden Vorreden formell scharf von einander sondern, inhaltlich jedesfalls nicht vertragen, teils weil sie zu ähnlich, teils weil sie zu unähnlich sind.

Der Ausweg, die erste Vorrede einem andern Verfasser zuzuweisen, ist nicht neu: schon Homeyer erwog die Möglichkeit, wies sie aber (Landr. S. 51) ab aus der Erwägung, dass „wohl nur der Verf. selber die Schicksale des Werkes so tief zu empfinden und nach allen Seiten hin darzustellen vermochte“. Dieser Grund zwingt mich umso weniger, als ich eine allseitige Darstellung jener Schicksale in den Strophen durchaus nicht zu sehen vermag: sie sind eminent einseitig. Dass ein Nachdichter im Namen eines berühmten Autors redet, befremdet im Mittelalter garnicht: wie oft ist Wolframs Name gemisbraucht worden! Und dass ein temperamentvoller Bewunderer des Sachsenspiegels, gereizt durch irgend welche Angriffe, nun im Anschluss an Eikes echte Vorrede den bescheidenen Stolz des Autors zum schroffsten Selbstgefühl übertrieb, hat nichts Unbegreifliches, nein, grade diese Uebertreibung würde dem autoritätsfrohen Epigonentum entsprechen; die Verbindung von Gedankenarmut und stilistischer Kraft würde sich gut so erklären. Aber zwingend ist auch das nicht. Wer kann wissen, was Eike etwa zu dieser ersten Vorrede veranlasst haben möchte? Die Entscheidung muss von Momenten hergenommen werden, die weniger von Stimmung und unbekannten äussern Erlebnissen abhängen.

Frommhold legt in einem Aufsatz der Savignyzeitschrift (26, 125 ff.), der sich in Diesem und Jenem mit meiner Auffassung berührt, besondern Wert darauf, dass die Reimpaare eine sehr wohl überlegte und gegliederte Disposition aufweisen, die den Strophen völlig fehle. Nun, die scharfe Gliederung ist auch Eikes Stärke nicht; seine Gedanken reiht er sorglos ohne Scheu vor Wiederholung an einander; Frommholds Versuch schärfer abzuteilen überzeugt mich gar nicht. Aber eins ist freilich richtig: die Praefatio II, die vielerlei mitzuteilen hat, schreitet doch vorwärts; die Strophen dagegen, einzig gestimmt auf die Scheltweise, die der Autor fast mit der stilistischen Routine des fahrenden und gehrenden Sängers zu singen versteht, springen ab und kehren zurück, wie es grade der Impuls der alles beherrschenden Autorempfindlichkeit gebietet: sonst sind sie ja doch stofflos. Dieser Unterschied lag teils in Anlass, Thema und Stimmung, teils schon in der Form: die strophische Dichtung ist mehr zu Sprüngen genötigt als die laufenden Reimpaare [1]). Verschiedenheit des Dichters lässt sich von dieser Betrachtung aus nicht erweisen.

1) Frommhold ist gegen die Strophen gradezu ungerecht, wie er anderseits Eikes künstlerische Leistung überschätzt. Die Vorwürfe, die er der Praefatio I macht, beruhen zum guten Teil

Weit gewichtiger scheint mir ein Andres. Auch Eike ist bildlicher Rede nicht grade abhold. Schon der Titel seines Werkes „Spiegel der Sachsen" war ein Bild, das er in der Praefatio II erklärt (V. 178 182); wenn er dann freilich noch weiter damit spielt (V. 188). so löst er durch das anschauungslose Wortspiel sein Bild selbst unglücklich auf. Weit besser gerät der tiefsinnige Vergleich seines Wissens mit einem Schatz, den er nicht in der Erde vergraben, sondern aller Welt zu Gute kommen lassen will (V. 155 ff.), und auch der Vergleich des Kupferstücks, das als Silber gelten soll, mit dem unechten Recht verläuft glatt (V. 249 ff.); wenn solch eine falsche Rechtsschrift *des tûbeles hantveste* heisst (V. 242). so war das für Eike kaum ein Bild; auch die uralte Parallele zwischen Menschenleben und Tageszeiten (V. 192 f.) hat er kaum mehr so empfunden. Allen diesen Bildern gemein ist, dass eine einfache Gleichsetzung zu Grunde liegt: *spîgel der Saxen sal diz bûch sîn genant; kunst ist ein edel schaz; unrecht wirt wol bekant als ein kopperpenning*; die weitre Ausmalung ist dann erst der zweite, mehr oder weniger geglückte Schritt. — Ganz anders bildert der Dichter der Praefatio I. Er sieht lebende Wesen, meist sich selbst, in einer bestimmten Situation, meist in einer Tätigkeit: ich zimmere am Wege (V. 1); ich habe nützliche Pfade gebaut, an denen leider Viele vorbeigehn (V. 3 f.); ich bin ein gehetztes Wild, das die Hunde anbellen (V. 89 f.); wer mit mir in die Wette liefe, würde sich als blosses *meisterlîn* erweisen (V. 95); der Vogel singt, wie ihm der Schnabel gewachsen ist (V. 47 f.); ein Narr, wer das Wasser schilt, weil er nicht schwimmen kann! (V. 12 ff.). Der Gegensatz ist tief und ausnahmslos, er weist auf eine Verschiedenheit der Phantasie hin; dass es sich in beiden Vorreden gutes Teils um traditionelles Gut handelt, mindert die Beweiskraft kaum. Die erste Praefatio ist obendrein der andern schon in der Zahl ihrer Bilder überlegen, obgleich sie nur die Hälfte ihres Umfanges besitzt.

Gleich das zweite dieser Bilder knüpft an eine Stelle der Praefatio II an: heisst es V. 3 *ich have bereitet nütze stege, dar manich bî beginnet gân*, so hat der Dichter damit lediglich Eikes Wendung *swer bûzen miner lêre gât* (V. 133) von der Phrase zu einer Anschauung erhoben, die Eike selbst eben nicht besass. Das kennzeichnet Zusammenhang und Verschiedenheit. Der Dichter der Praefatio I kannte II sehr genau und benutzt sie ausgiebig. Eine derartige Selbstcitirung

---

auf Misverständnissen. Der Gedankengang von Str. 3 ist völlig deutlich: „In meinem Tun und Lassen soll mich Niemand beirren; denn was kümmert mich ungerechter Neid? Anderseits gönn ich Jedermann alles gerechte Gut und Glück. Wollte sich nur alle Welt mit dem gerechten Gut begnügen und auf ungerechtes verzichten!" Daran knüpft Str 4 an, wo man natürlich *valschen mût* einzig verstehn darf als „falsche Gesinnung": Frommholds Erklärung scheint mir sprachlich und inhaltlich verfehlt. V. 33 ff. beziehen sich auf die Leute, die lärmend die rechte Lehre Eikes verschreien wollen: dass er sich zur Selbstverteidigung auf seine Quelle, die Tradition der Vorfahren, beruft, ist damit vollkommen motivirt. Auch zwischen V. 49—51 und 57—60 besteht kein Widerspruch; der Verfasser lässt keinen Zweifel, dass er auch an der ersten Stelle es für wenig wahrscheinlich hält, dass Jemand *tiefer unde vorebaz* rede als er: die scheinbare Aufforderung mündet darin aus, dass sie ad absurdum führt; schon das übertreibende *manlich* V. 49 verrät den Hohn.

wäre nicht unbedingt gegen Eikes Art: schon Homeyer (I S. 52 der 3. Ausgabe) hat bemerkt, dass Eikes Verse 141—150 fast wörtlich zu dem Prosaprolog (Hom. I S. 136) stimmen; loser berühren sich, was Stobbe sah (Rechtsq. I 295 Anm. 9), V. 113 ff. und andre Stellen in Gedanken oder Ausdruck mit Lehnrecht 78 § 2[1]); auch die unerheblichen Wiederholungen, die Praefatio II in sich selbst aufweist[2]), seien nicht vergessen. Aber die Abfassung der Prologe und der Schlussstücke des Lehnrechts[3]) mag sich zeitlich nahe stehn, was für die beiden Versvorreden undenkbar ist; auch ist es doch etwas Andres, ob einmal Vers und Prosa zusammenklingen oder ob ein Reimprolog den andern ausschreibt. Was aus Eikes Feder, zumal wenn er die erste Praefatio der zweiten einfach vorzuschreiben dachte, ein arges Armutszeugnis wäre, wird bei einem Dichter, der in Eikes Namen dichten will, die naive Stütze der Fiction. Und er verfährt dabei nicht ungeschickt oder plump. Eikes beiläufiger Stossseufzer V. 122 ff. *daz recht nieman lêren kan, daz den lûten allen künne wol gevallen* wird als das Leitmotiv der Praefatio I, wie billig, wiederholt variirt, zumal V. 54 *nieman den lûten allen zû danke levete noch ne sprach* und fast wörtlich ebenso 65 *allen lûten ich nekan zû danke sprechen noch ne sol*, beidemal ohne ängstliche Anlehnung an das Vorbild. Die Verse 151 ff. *diz recht hân ich selve nicht irdâcht, iz haben von aldere an unsich brâcht unse gûte vorevaren* entlehnt der zweite Dichter freilich ziemlich wörtlich V. 36: *diz recht habent von alder zît unse vorderen her gebrâcht*; aber die erste Zeile überträgt er doch ins Positive umgekehrt auf den Gegner: *wen selve hât erz underdâcht*. Eine ähnliche Umwendung erfuhr die gegen den *irrêre* gerichtete Bemerkung 108 *manich, ob er künde, gerne scaden têle*; die Praefatio I sagt bestimmter (V. 44): *sô ne kan er scaden mir nicht vil.* Die Worte *manich, ob er künde*, klingen dann gleich darauf nach V. 49 *nu spreche manlich, ob er müge, tiefer unde vorebaz, denne ich hân*; sie leiten zu einem Gedanken über, der die ehrliche Parallelaufforderung Eikes V. 146 f. ins Ironische wendet[4]). — Befremdlicher, aber

---

1) V. 113 *swie unrecht daz si der man, kan er sich des verstân, daz im recht mach gevromen, kan ers denne bekomen, gerne er des genûzet; . . . . unde dünket selden gût recht, swar it scaden tût;* dazu Lehnr. 78 § 2 *wende't n'is nieman sô unrecht, it ne dünke ine unbillik, of man ime unrechte dû.* Weiter dort im Lehnr. *êr man die lûde des in künde bringe, war an man unrechte dô*; ähnlich Praefatio 215 *wie her die lûte gemeine . . . rechtes brêchte in künde. unrecht verlegen* ebda. im Lehnrecht und Praefatio 254; *recht bescheiden* ebda. und Praefatio 147; *an recht kêren* ebda. und Praefatio 210.

2) *weme lieb weme leit* 126. 175; *alle lûte mane ich darzô* 141. 183; vgl. noch 99 und 215, 128 und 142, 102 und 210, 264 und 277 u. a.

3) Das Lehnrecht erscheint in den Handschriften bekanntlich nicht selten als 4. oder als 4. und 5. Buch des Spiegels oder sonst als unmittelbare Fortsetzung des Landrechts: wol möglich, dass Eike selbst es so meinte und die Praefatio erst schrieb, als er auch mit dem Lehnrecht fertig war.

4) Auch einige unerhebliche Uebereinstimmungen seien noch verzeichnet. Das Reimwort *sân* V. 10 kann aus Praefatio II V. 121 stammen; der Reim *aleine*: *cleine* V. 22. 24 aus V. 173. 174 (auch *die gire, der girege* in beiden Reimpaaren); die Wendung *swie . daz er si* V. 26. 43 gemahnt an V. 113; *recht verkêren* steht V. 33 und 137, *recht sîn* V. 43 und 139; das Recht *missehaget* oder *behaget* V. 68 und 197; so liesse sich noch dies und jenes anführen, was beweist, wie Eikes Reimpaare dem Dichter der Strophen im Sinne lagen.

sehr charakteristisch ist das Verhältnis der Vv. 81—85 zu 225f.; wol fürchtet Eike, *daz manich man . . zie des* (unechter Zusätze) *ane mich*; aber er tröstet sich: *sô weiz mich got unscüldich.* Wie viel schwächer die Selbstberuhigung des ersten Prologs: *mich zîet manich man durch haz worte, der ich nie gewûch; . . . sô is der lûte doch genûch, die mich unsculdich wizzen wol.* Eike verlässt sich auf Gott, der zweite Dichter auf die Leute: ist Eike eine solche Selbstparodie ins Niedrige zuzutrauen? Er wäre gradezu moralisch heruntergekommen. Nun, auch das ist möglich. Aber entscheidend scheint mir die Beziehung der Vv. 17 ff. zu 131f. Eike verlangt da von dem Rechtskundigen, dass er Niemandem das wirkliche Recht vorenthalte, *wême lieb weme leit, weme scade oder vrome immer dar nâch kome:* er soll rechtsprechen, *die wile er sprechen wille oder er swige stille*; wenn er nicht unparteiisch zu raten und zu urteilen den Mut hat oder wenn ihm die Kenntnisse fehlen, dann soll er wenigstens schweigen. Diese zweite Möglichkeit ist natürlich nur ein Notausgang für den Mutlosen. Der Dichter der ersten Praefatio hat das anscheinend falsch aufgefasst. Er lässt Eike sagen: *ich swîge oder halde rechten strît, nieman daz irwenden kan*: „mich soll Niemand irre machen, ob ich nun schweige oder das Recht bekenne“. Hier ist mir die stolz ausgesprochene Alternative des Schweigens, das, schwächlich wie es wäre, grade Eike niemals ziemte, nur so begreiflich, dass der Dichter die Aufforderung „*oder er swîge stille*“ V. 132 als bedingungslos aufgefasst, also misverstanden hatte. —

Den inhaltlichen oder stilistischen Kriterien, die den Prolog I von Eike loslösen, reihen sich metrische und sprachliche ergänzend an: beide zum Beweis unentbehrlich, weil sie durch die uncontrolirbaren Zufälligkeiten des individuellen Lebens nicht ganz so unmittelbar betroffen werden wie jene.

Eike schrieb seine Praefatio in Reimpaaren von mannigfaltiger Tactfüllung. Der erste Prolog zeigt achtzeilige Strophen, die gekreuzte Reimstellung (a b a b c d c d) und scharfe Trennung des stumpfen Reims (1:3; 2:4; 5:7) vom klingenden (6:8) aufweisen; der künstlicheren äusseren Form entspricht eine saubere Gleichmässigkeit der Tactfüllung, von der die zweite Vorrede sich scharf abhebt. Homeyer u. A. haben sich diesen Unterschied so zurecht gelegt, dass sie in Praefatio I starke technische Fortschritte über die Anfängerversuche des II. Prologs sahen. Das ist so nicht richtig: Eikes Praefatio steht der frühepischen Technik Veldekes und Hartmanns nahe, die Strophen wandeln die Bahnen der reifen Kunstlyrik: nicht Stümper und Meister scheiden sich da, sondern zwei verschiedene metrische Stilformen: im metrischen Modejargon würde man Eikes Verse wol als dipodisch, die der Strophen als monopodisch gebaut bezeichnen[1]); ich scheide sie als Verse von freier und von gleicher Tactfüllung.

1) Der Ausdruck „monopodisch“ ist unschädlich. Dagegen kann ich es nur bedauern, dass „dipodisch“ in weiter Ausdehnung zum Terminus technicus zu werden droht. Ich stimme Heusler uneingeschränkt darin zu, dass in deutscher Metrik nur der Typus 1 . 3 (Sievers A) die Bezeichnung „dipodisch“ verdient; ich bezweifle anderseits nicht, dass dieser Typus, so hoch man seine Bedeutung einschätzen mag, im altdeutschen Verse der historischen Zeit nirgend ausschliesslich herrscht. Schon darum misfällt mir der Ausdruck. Schlimmer aber ists, dass man neuerdings die

Die strophische Vorrede lässt Hebung und Senkung mit reinster Regelmässigkeit wechseln [1]). Niemals scheint eine Senkung zu fehlen; auch V. 36 und 43 möcht ich lieber lesen *diz recht hábent* und *wie recht dáz*, als dass ich hinter *recht* die Senkung entbehrte; es müsste denn Eikes vorbildliches Vorwort, in dem grade hinter *recht* die Senkung wiederholt ausbleibt, hier gute Sitten verderbt haben. Der Auftact fehlt unbedenklich, im Fortschritt der Dichtung immer häufiger: in den ersten beiden Strophen vermeidet der Dichter auch diese Freiheit. Von den 16 auftactlosen Versen sind nur 2 klingend. Man kann durchaus nicht sagen, dass gewichtiger Verseingang die Auftactlosigkeit rechtfertigte: in der Hälfte der Fälle (36. 37. 43. 68. 74. 79. 90. 94) setzt die auftactlose Zeile schwächlich ein; die enge syntaktische Verbindung zweier Verse mag namentlich V. 82, etwa auch 37. 50. 79. 94 mitspielen. — Zu starke Tactfüllung zeigen die Vv. 47 *singet als*, 73 *bringen an*, 93 *wænet ein*; es ist gewiss kein Zufall, dass in allen 3 Fällen das folgende Wort vocalisch beginnt; ich nehme für *singt* und *wænt* unbedenklich Synkope an; in V. 73 liegt die Umstellung *bringen künde* vielleicht näher. — Die Worte der Form ◡× werden meist als Auflösung gebraucht: (*ver*)*nemen* 16, *mane*(*gen*) 2. 57. 61. 93, *lügen*(*lich*) 88, *saget* 1, (*be*)*hage*(*te*) 68, *rede* 33, *leve*(*te*) 55, *habent* 36, *have* 3 (wenn man nicht *hân* lesen will), *mite* 40. (*here* 37). in der ersten Senkung *oder* 17. Dazu mindestens 9 Fälle im Reim: *wege* : *stege* 1 : 3, **vernemet* : *missezemet* 9 : 11, *müge* : *tüge* 49 : 51, *gere* : *here* 61 : 63, (*wilt* :) *bevilt* 91. Von den ursprünglich zweisilbigen Formwörtchen auf Liquida und Nasal, wie *wil*, *vil* (*wil* : *vil* 33 : 35. 42 : 44), *wol* (: *sol* 68. 85), *vor*, *dar*, *in*, *im*, *dem* u. ä., die meist unbedenklich auch in der Senkung stehn und dadurch die vollzogene Einsilbigkeit wahrscheinlich machen, seh ich dabei ganz ab. Dem gegenüber ist der tactfüllende Gebrauch jener Worte etwas seltener: dreimal *manich* (4. 25. 81, wo überall die Möglichkeit besteht, dass *maniger* gemeint ist), sichrer *unberen* 21, *vorebaz* 50, *vogel* 47, *betrogen* 64, *phlegen* 87, *scaden* 44, *haven* 23, *lesen* 15, fünf von diesen 8 Fällen in dem mit leichterer Füllung zufriedenen dritten Tacte. — Es stimmt zu dieser sich der Silbenzählung nähernden Technik, wenn einige leichte Tonverschiebungen vorkommen: im Eingang die schon erwähnten Fälle 36. 43; im Innern *unréchten* 19. 34, *úfbringen* 42. — Hiatus wird anscheinend gemieden.

Bezeichnung „dipodisch" nicht selten schon da verwendet, wo man lediglich bunte Tactfüllung, zumal fehlende Senkungen, constatirt hat. So gebraucht verquickt dies Wort Fragen der Tactfüllung mit einer Theorie, die man schon darum streng aus der Terminologie fern halten sollte, damit der Terminus nicht die Theorie mit einschleppe. Davon ist bei Eike keine Rede, dass sich regelmässig 2 Hebungen über die andern erhöben; er hat oft nur éin überragendes Wort, zuweilen auch drei.

1) Homeyers Text, der lediglich eine Hs. zweiten Ranges abdruckt, zeigt das nicht mit voller Deutlichkeit. Ich bemerke namentlich, dass die zweite Negation *ne* wiederholt (V. 5. 8. 9. 16. 27. 44. 53. 82) zu entfernen, dass *unt* stets einsilbig zu lesen ist, dass endlich die Endungen *-ere*, *-eme*, *-clen* u. ä. nur je eine Silbe vertreten; ferner empfiehlt es sich wol zu lesen V. 11. 47 *im*, V. 12 *wen*, V. 20 *ieweme*, V. 51 *sôz*, V. 83 *lieze er dáz*, was ich dem Hiatus *lieze erz* vorziehe. Die sonderbaren, aber grade unter den Germanisten nicht ganz seltenen Käuze, die auch für derartige Aenderungen nach handschriftlicher Gewähr lechzen, werden, wenn ich nach der II. Praefatio urteilen darf, die ich aus mehr Handschriften kenne, das Meiste auch aus irgend einem Pergamen belegen können.

Das metrische Gesamtbild der ersten Praefatio ist sehr einheitlich: die recht gleichartige Tactfüllung, die sich von der Normalform $\acute{-}\times$ nur geringfügig, etwas mehr nach oben ($\acute{\smile}\smile\times$) als nach unten ($\acute{\smile}\times$) entfernt, hat zu einem fast regelmässigen Wechsel von Hebung und Senkung geführt, in den nur der Auftact nicht hineingezogen wurde.

Eikes Verse stehn dazu im denkbar schroffsten Gegensatz. Aber grade darum ist ihre metrische Charakteristik weit schwieriger, zumal auf Grund von Homeyers unbefriedigendem Text. Die Praefatio I corrigirt sich aus sich selbst; wer möchte das bei Eikes freier Manier aus dem kurzen Stücke heraus wagen? Die Praefatio I hat durch ihren deutlichen Bau auch die Schreiber eher im Zaume gehalten, als Eikes mehrdeutige Verse das konnten. Homeyers dürftige Varianten und was mir sonst von handschriftlichem Material zugänglich war, geben keine ausreichende Grundlage für eine kritische Herstellung. So muss ich wol oder übel an den von ihm abgedruckten Text anknüpfen, den von mir benutzten Handschriften nur kleine Aenderungen entnehmend[1]. Wie grundverschieden der Versbau der beiden Prologe ist, das wird auch so klar werden.

Die erste Praefatio kennt nur die Formen: vierhebig stumpf oder dreihebig klingend. Bei Eike sind auch die beiden alten Nebenformen der Kurzzeile, dreihebig stumpf und vierhebig klingend, jene vielleicht, diese bestimmt vorhanden. Die Form 3 könnte vorliegen 213 *daz niemànnes mù't*, wo allerdings die Handschriften Cz Dσ lesen *daz nu nênes* (*ny keines*) *mannes mût* und auch ein Accent auf *daz* nicht ganz ausgeschlossen ist; zwingender 205 *ób er án in dán* (*óbe ér*??) und 268 *dô' er áber vornám*, beides sehr hässliche, unrhythmische Verse, die vielleicht doch verderbt sind. Dagegen rechne ich V. 265 *diz bú'ch durch sî'ne bíte*

1) Ich lese 101 *got* (das metrisch erwünschte *alsô* einiger Handschriften ist vielleicht nur Nachbesserung); 109. 117 streiche ich *vil*, 110 *nu*, 222 *sêre*, alles wol nur Flickworte, die aus metrischem Anstoss hervorgiengen, auch *wîser* 209, das den Gegensatz von *vil* 209 und *eine* 211 abschwächt, ist mir verdächtig; 106. 172 scheint *mêret* besser bezeugt als *gemêret*; 111 jedesfalls *îclich* (nur Aq zeigt dreisilbige Schreibung); 115 lese ich *gevromen* (so Aq Bv Cz Eb, also alle Handschriften, die ich für diese Stelle einsehen konnte); 118 *in*; 122 *lêren kan* (Aq Bv Eb); 125 *understeit*; 133 *mîner* (Aq Bv Cz); 134 *spricht* (Bv Cz Eb); 151 *recht hân* (Aq Bv Cz Dσ Eb); *irdâcht* (Aq Bv Dσ Eb, *bedâcht* Cz; der Dichter der Praefatio I hat freilich *underdâcht* geschrieben, vielleicht auch gelesen); 152 vielleicht *brâcht*, wie 260 nach Aw Cz, 274 nach Aw Eb, an allen drei Stellen Bv (das *unsich* V. 138. 189 und hier möcht ich nicht antasten, obgleich *uns* in den Handschriften zu überwiegen scheint); 180 *wen* (meist), so auch 209; 182 *schouwen* (Aqw Bv Cz Dσ); 185 *zûn êren* (Aqw Bv Cz Eb; Dσ weicht anders ab), danach wol auch 218 *var zûr helle*, 189 *zûr erde*; 187 *nicht rûwe* (meist); 207 *alballe* (immer, wo nicht nur *balde* steht); 211 *den* (meist); 225 *Und z. d. ane* (Aq Bv); 227 wol *be-* oder *getriegen*; 228 *weiz ouch* (oder *wol*) *daz* (*weiz*, *wêt* Aw Bv Cz Dσ; *ouch*, *ôk* Aq Bv Cz Eb, *wol* Aw Dσ); 250 *an* oder *in*? (*in* Aq Bv Cz Dσ); 251 *rôter* (meist); 267 *aber* fehlt Aqw Cz Dσ, es stammt wol aus 268. Formen wie *deme* u. ä. betrachte ich in der Senkung auch hier stets als einsilbig. *her*, *er* behandle ich als vocalisch anlautend. — Ich bin mir wol bewusst, dass sich auch gegen eine so bescheidne Ausnutzung meiner halb zufälligen Kenntnisse der handschriftlichen Lesung methodisch viel einwenden lässt: die Unzulänglichkeit des Homeyerschen Apparats ermöglicht mir kein besser gesichertes Vorgehn, und ich werde weiterhin auch bei gewichtigeren Momenten nicht anders verfahren können. Dies ein für alle Mal!

schon darum nicht hierher, weil *bete : tete* von Eike vielleicht als klingender Reim gebraucht wurde (s. u.). — Die Form 4 ◡ ist gesichert durch die zusammenhängenden Reimpaare 145—150, wo mindestens V. 148 *nu sê't daz ûch niemannes liebe noch leide* jede andere Lesung ausschliesst; er verbindet mit der ausgedehnten Gestalt noch besonders starke Tactfüllung. V. 171—174 hätten wir, wenn wir nur drei Hebungen messen, viermal hinter einander den sonst nicht sehr häufigen doppelten Auftact anzunehmen. Von den Vv. 199—203 legen 199 *und wége de sáche an sî'nem sinne* und 201 *unde ervrâ'ge sich mit wî'sen lû'ten* die Vierhebigkeit dringend nahe, die beiden andern sind ihr wenigstens günstig. Dass einzelne Verspaare oder gar einzelne Verse so zu messen seien, davon hab ich mich nicht überzeugen können, wenn die Möglichkeit auch hier und da besteht.

Die sicher klingenden Reimpaare betragen 39, die sicher stumpfen 50; die sehr hohe Procentzahl der klingend endenden Verse verrät eine archaistische Art, die über Hartmann zurück bis in die Technik Veldekes weist[1]). Nicht mitgezählt hab ich die drei Reime *bete : tete* 235 f. 265 f. 279 f.: alle drei Reimpaare sind so silbenarm, zumal V. 235 und 265, dass sie den Verdacht nahe legen, Eike habe *tete : bete* ebenso klingend gebraucht wie 109 f. *têtc : bête.* Ist das richtig, so könnte es den niederdeutschen Autor verraten. Im Uebrigen freilich gebraucht auch Eike die Reime auf ◡́× als stumpf. Er hat ihrer 9 Fälle: *vromen : komen* 115 f., *vrome : kome* 127 f., *varen : bewaren* 153 f. 229 f., *vare : spare* 129 f., *gere : were* 269 f., *graben : laben* 165 f., *missehage : clage* 197 f., *geveget : verleget* 253 f., *site : mite* 203 f.; ähnlich wie Praefatio I.

Dagegen ist die Verwendung der Worte ◡́× zur Tactfüllung im Versinnern bei Eike weit häufiger als in I: *vore* 98. 153, *varen* 206, *gire(ge)* 173(?), *vile* 209 (?), *weme* 126 (zweimal). 127. 175 (zweimal), *vrome* 176 (sogar im Hiat), *ime* 115 (?). 161. 273, *ane* 225. 267, *manich* 108. 222, *wese* 163, *disem*, *dise* 195. 231. 232. 258, *ûvel* 106, *abe* 172, *haben* 174, *tage* 192, *jegen* 135, *(be)jegenę* 143, *scaden* 109. 120, *scade* 127 (im Hiat!). *(ver)meden* 144, *rede* 196, *oder* 127, *gotes* 157. 256; eine Bevorzugung des dritten Tactes ist nicht wahrzunehmen. Die Auflösungen sind weit seltner: *wesen* 246, (*meselsucht* 234?), *sament* 241, *samene* 260, *vare* 248, *wege* 199, *abe* 253, *habe* 243, *aver* 118. 212, *oder* 132[2]), und sie sagen um so weniger, da sie meist schwächste Senkungen neben sich haben und Eike dreisilbige Tacte auch bei langer erster Silbe unbedenklich zulässt. ◡́× ist für ihn, wie

1) Zur Ergänzung noch ein Blick auf ein paar Dichter niederdeutscher Herkunft: Grade umgekehrt wie bei Eike ist das Verhältnis der stumpfen und klingenden Reime bei dem weit älteren Wernher von Elmendorf (nach einer Untersuchung Edw. Schröders dichtete er zwischen 1162 und 1186), über dessen Versbau Eike durchweg hinaus ist; und die klingenden Reime überwiegen bei gleicher Zählweise (also ◡́× stumpf gerechnet) sogar noch mehr in der Gandersheimer Chronik (fast 60°/₀): Eberhard war eben litterarisch zurück. Schon bei Eilhart dagegen haben die stumpfen Reime einen ähnlichen Vorsprung wie bei Eike, erst recht bei den späteren, bei Brun und dem Braunschweiger Reimchronisten; in Bertholds Crane, der allerdings alle andern weit überbietet, betragen die klingenden Reime in den ersten 1000 Versen nur noch 16 °/₀.

2) *im* 197. 247. 253, *gar* 271 werden einsilbig sein; für *an* wird die einsilbige Nebenform durch den Reim 103. 221 erwiesen; *haben* 152, vielleicht auch 203 könnte *hân* meinen, das im Reim erscheint.

das dem Niederdeutschen ziemt, ein wohlgefüllter Tact; sehr viel weniger für Praefatio I.

Jene dreisilbigen Tacte, deren ich ca. 3 Dutzend zählte, beginnen in der Regel mit einem zweisilbigen Wort, dem sich ein Präfix oder Formwort anreiht. Die ganze Tactgruppe bleibt ungefähr in den Grenzen, die auch die epischen Reimpaare der guten Kunst Hartmanns und Wolframs sich gestatten [1]; als besonders gefüllt erwähn ich den Tact *tû'beles ân* 245 und *mischet zûr* 189. Ob 180 *Sáxenrecht* als erster Tact (nach Auftact!) zu gelten hat, ist nicht sicher (vgl. V. 234): möglich wäre auch *Sáxenrécht ist hîr*. Dadurch entstünde freilich ein Dreisilber aus 3 einzelnen Worten, wie 151 *récht hân ich*, nur dass 180 keine Inclination oder sonstige sprachliche Schwächung der Wortkörper zulässt, wie sie 151 und leichter noch in andern Fällen sich böte [2]. Alle diese Dreitacter gehören dem 1. und 2. Tacte an; der 3. Tact hat drei Silben in den Normalversen nur 146 *vlîz dar zû* (*dar?*) und leichter 200 *nâ dem be-*, beidemal in der verlängerten Form 4◡.

Ein paarmal indessen hat Eike nicht nur einen, sondern mehrere, alle Tacte des Verses, auch den letzten, so gefüllt, dass eine Art von Schwellversen [3]) entsteht. Das brauchte zunächst nur eine, freilich auch für Eikes metrische Art besonders archaische Technik zu sein. Nun war aber grade auf niederdeutschem Boden die starke Füllung, die schon der Heliand liebt, zu Hause: ich erinnere an die von hochdeutscher Kunst nur flüchtig gestreifte Gandersheimer Reimchronik, in der Vollverse überwiegen, die man oft als Langverse lesen möchte. Spielt hier eine niederdeutsche Neigung herein in Eikes sonst reifere, silbenärmere hochdeutsche Schulung? Jedesfalls bewährt er dabei glücklichen Instinct. Stark gefüllte Tacte, die doch für den Sprecher keine grössere Zeit zur Verfügung haben als normale, nötigen zur Beschleunigung des Tempos und tragen dadurch in den Vortrag ein erregendes Moment: Niemand, der die Seligpreisungen des Heliand recht liest, wird sich dieser Wirkung entziehen, die dort noch durch ein glückliches An- und Abschwellen der Tactfülle unterstützt wird. Eikes Schwellverse stehen freilich nicht in Gruppen; dafür trägt jeder seinen auszeichnenden Charakter an der Stirne. Besonders deutlich am Eingange des schönen Gleichnisses vom Schatze der grosse Vers 159: *kúnst ist ein édel schatz und álsô getâ'n*; jeder Kürzungsversuch wäre hier vom Uebel. Auch für die dringliche, im Prosaprolog wiederholte Mahnung V. 148 *nu sê't daz ûch niemannes lî'be noch léide* (*blende*) war die

1) Nicht dreisilbig nach Eikes Sprache sind wol Fälle wie *brichet der* 136, *siget der* 194, *blicket sin* 251, *hôret iz* 121; überall zulässig auch *lûte ge-* 215, *ende be-* 255, *sinne der* 162, *alle de* 230; wenig schwerer: *alder an* 152, *werben an* 231, *rechtes in* 118; *lûte man* 141. 183, *mische zû* 258, *wize wirt* 253, *werde mit* 241, *Eike von* 266; härter *under der* 155 (lies *underr?*), *halven de* 157, *spiegel de* 181, *(penn)ingen de* 252 (?), *(ar)beites und* 279 (?), *êren nicht* 185. Für den sehr schweren Tact *dénnoch wirt* 249 ist, da er auftactlos am Anfang steht, schwebende Betonung zu erwägen; ebenso 140 (*und*) *únrecht uns*. Die Scansion von 235 *(Heli)sêus ge-* ist mir zweifelhaft.

2) *man ez nâ* 147; *daz er al-* 207; *tû er zû* 198; *si er ver-* 256.

3) Ich fasse, wie man sieht, Schwellverse als stärker gefüllte, nicht als tactreichere Verse. Einen entscheidenden Wesensunterschied zwischen ihnen und den Normalversen nehm ich natürlich nicht an: es gab immer Uebergänge.

eindruckstärkende Schwellform angemessen. Sie hebt vielleicht die zornigen Flüche: *de mėselsucht mûze in beklîben* 234 und *des tûveles hántveste blîbe (ir schrift)*[1]) 242, die sich so wirksamer lesen als etwa vierhebig. Auch am Schluss der Absätze findet sie ihren Platz: *únrechten lûten ich iz nėne gán* 112 und *des gėbe ich zû úrkunde diz bûchelîn* 220[2]). In diesen Schwellversen scheinen also auch Worte der Form ⏊ ⏊ × als Tact verwendet, während sie sonst[3]) noch absteigend gesprochen zwei Tacte füllen; die Betonung der ersten Vorrede — ⏊ × ist für Eike wenigstens nicht gesichert.

Praefatio I kennt nur einsilbigen und fehlenden, nie zweisilbigen **Auftact**; Eike hat ihn, doch ohne besondere Vorliebe, etwa in dem zwölften Teil seiner Verse: fast durchweg[4]) zwei einsilbige Formwörtchen oder ein Formwort und Präfix: der schwerste Fall ist V. 134 *er spricht lîchte dés er láster hât*, aber auch er wahrscheinlicher als ein viersilbiger zweiter Tact. — Um so häufiger, in ungewöhnlichem Masse beliebt, ist bei Eike das Fehlen des Auftacts. Er fehlt in 75 Versen, ein wenig häufiger im 2. als im 1. Verse des Reimpaars: also in ca 40 % aller Zeilen. Das geht wieder hinaus über Veldeke, Eilhart und Hartmann[5]), die, soweit ich nach Stichproben urteilen darf, nicht mehr als ein Drittel ihrer Verse auftactlos lassen; in der eigentlichen metrischen Kunstblüte scheint, wo es hoch kommt, kaum mehr als ein Viertel den Auftact zu entbehren; Wolfram, vor Allem Gottfried sind noch auftactreicher[6]); auch der Dichter der ersten Praefatio hat nur ein Sechstel auftactloser Verse. Bemerkenswert scheint mir, dass die auftactlosen Verse sich zuweilen in Gruppen zusammen schliessen; 116—129 z. B. haben nur éin Reimpaar mit Auftact zwischen sich, 169—179 gar nur éinen solchen Vers (173?). Eike zeigt auch sonst hier und da die Neigung, silbenärmere und silbenreichere Verse für sich zu gruppiren.

Während die erste Praefatio wol den Auftact, kaum aber die inneren **Senkungen** entbehren kann, lässt Eike auch diese oft ausfallen. Er bevorzugt das Wortinnere nicht (25 Fälle), wie das in der entwickelten Kunst geschieht; nach einsilbigem Wort fehlt die Senkung bei ihm sogar häufiger (29mal), zumal, wie billig, nach Worten von stärkerem Satznachdruck, z. B. *got* 101. 110. 226. 238, *gût* 102. 116. 210, *recht* 115. 122. 204, *grôz* 107. 216. 221, *bûch* 179. 184.

---

1) Oder *tûvels hantvéste belibe?* Beide Fluchverse stell ich, schon weil sie dreihebig, nur zögernd hierher.

2) Oder *úrkundę diz bûchelîn?* Die Scansion ist nicht sicher, sicher die starke Füllung. Die Betonung *diz bûchelîn* halt ich um so eher für möglich, als die Reimsilbe *-lîn* für Eike Lehnsilbe war.

3) *nîmànne* u. ä. 130. 213, *irrêre* 105(?), *ántlìtze* 182; *úrkùnde* 168. 247, *pénnìngen* 252, *árbèites* 279 (möglich wäre immerhin auch *pénningèn, árbeitès*); bei *un-*: *úngèrne* 121. 267, *únrèchte* 230; nur 226 im Reim *únscüldich*. *albálde* 207 ist natürlich in Ordnung.

4) *daz diz* 111, *daz mîn* 144 (155 vielleicht *daz mîn schaz: mîn* hat rhetorischen Nachdruck), *des ne* 198, *den dâ* 227, *de de* 202; *als an* 181, *als iz* 185, *als ein* 250; *und der* 173. 233; (*swen im* 251?); *und be-* 224 (*und un-* 140?); schwerer *dazs ir* 102, *obz ein* 105. *und* seh ich im Auftact stets als einsilbig an; ebenso ist wol auch *swen* 188. 255, *ân* 275 zu beurteilen; *oder* 258.

5) Die silbenreichere niederdeutsche Technik des Elmendorfers und Gandersheimers bietet in diesem Puncte gar keine Parallele zu Eike.

6) Vgl. auch die freilich sehr ärmlichen Zählungen Janders, Metrik u. Stil in Wolframs Titurel S. 6.

223, *mût* 219, *valsch* 233, *gift* 149; bei *lieb* 126. 175 und *recht* 120 [1]) begünstigt der Sinneseinschnitt die fehlende Senkung. Doch dehnen sich auch Wörtchen von schwachem Satzton über den Tact aus, z. B. *sich* 114, *uns* 169, *man* 170, *ouch* 203 [2]), *zû* 214; vgl. *dénnè* 116, *kü'nnèn* 202 u. ä. Immerhin kennzeichnet Fehlen der Senkung im Grossen und Ganzen die vorhergehende Silbe als rhythmisch haupttonig oder doch als stärker denn die folgende. Da bleib es denn nicht unbemerkt, dass von den vierhebig stumpfen Versen kaum weniger als ein Viertel der Gesamtzahl, nämlich 23 (dazu 3 vierhebig klingende Verse), 14 ohne, 9 mit Auftact, die sattsam bekannten Cretici zeigen, während die dreihebig klingenden Verse nur 6mal der Senkung im zweiten Tacte entbehren. Umgekehrt ist in ihnen der erste Tact um eine Kleinigkeit reicher vertreten (8mal), während er bei den stumpfen Vierhebern nur 11mal ohne Senkung ist. Am seltensten fehlt die Senkung des dritten Tactes (111. 128. 219. 240, vielleicht auch 239), den eben auch Eike vorsichtiger behandelt als die andern. Stichproben bei Veldeke und Hartmann ergaben mir für den stumpfen Vers vergleichbare Verhältnisse, während bei Wolfram und Gottfried das Uebergewicht der Verse mit einsilbigem zweitem Tact sehr viel geringfügiger scheint. Auch das mag also ein archaischer oder doch unmodern volkstümlicher Zug in Eikes Kunst sein und immerhin auf die Nachwirkung des Rhythmus 2. (4) grade im stumpfen Verse zurückgeführt werden [3]). Zur fruchtbaren Verfolgung derartiger Möglich-

---

1) Ein so scharfes Enjambement wie das überhängende *recht* 120 zeigt nur noch 243 *ir scrift*; *schatzes* 165 mit anschliessendem Relativsatz und *wolle wesen* 246 sind weit milder. Eike respectirt die Versgrenze nach Kräften und sucht ihr die stärkern Satzeinschnitte zuzuweisen. Die erste Praefatio verhält sich übrigens ähnlich: das Enjambement *nicht sien* 28 und das leichtere *worte* mit Relativsatz 82 lassen nicht verkennen, dass auch sie nur am Versschluss stärkere Sinneseinschnitte liebt.

2) *unde* 203 hab ich lieber mit Hiat angesetzt, als dass ich vor dem schwachen Tact *ouch* gar den noch schwächeren *und* duldete; der Hiat ist Eike nicht abzusprechen, auch das wieder gegen die Technik von I. Er wird mir wahrscheinlich durch die Verse 127 *wéme scáde óder vróme* und 176 *vróme únde sá'lichèit*, wo bei Vollzug der Elision eine kurze offene Stammsilbe den Tact füllen müsste. Demgemäss les ich auch *sé'le ùnvrô* 240; vielleicht auch *réche iz* 239. Es ist mir überhaupt fraglich, ob Eike zwei Senkungen hinter einander fehlen lässt: *dá' nâ'ch* 128 könnte *dáre nâ'ch* meinen, und für 113 könnte man aus den ihm nachgemachten Versen 26. 43 die Gestalt *swie ùnrèht daz sí' der mán* erschliessen.

3) Wollt ich den Ansprüchen moderner Metrik genügen, so müsst ich hier wahrscheinlich eine Rhythmenstatistik bringen, wie sie zuletzt Leitzmann in seinem Gerhard v. Minden zum Besten gegeben hat. Ich würd es für keinen Fortschritt halten, wenn diese Mode, mhd. oder mnd. Verskunst darzustellen, zur Regel würde. Beruht sie doch von vornherein auf einer petitio principii, auf dem Dogma von den zwei obligaten und ausnahmslos herrschenden Haupthebungen. Leitzmann macht auch nicht den leisesten Versuch, die Berechtigung seines Vorgehns zu erweisen: dass es ihm mühelos gelingt, Gerhards Verse in das Typenfachwerk einzupferchen, wird er hoffentlich selbst nicht für den Schatten eines Beweises halten: das ist in mhd. und mnd. Viertaktern, zumal silbenreicheren Zuschnitts, wahrhaftig kein Kunststück. Du lieber Himmel, was verträgt der Straussenmagen der Typentheorie nicht alles! Die Controle der Alliteration fehlt; über den mhd. Satzaccent, der sicherlich weit weniger starr war, als der altgermanische, wissen wir sehr wenig, über den mnd. gar nichts; und Leitzmann hält es nicht einmal für nötig, über die Grundsätze Rechenschaft

keiten ist Eikes Praefatio viel zu kurz. In ihren dreihebig klingenden Versen überflügelt der einsilbige erste Tact den einsilbigen zweiten weit weniger als etwa bei Veldeke u. A.

Es ist an dieser Stelle kein Anlass, die metrische Analyse fortzusetzen, soviel Fragen sie unbeantwortet lässt. Ich notire nur noch, dass *unde*, in Praefatio I stets einsilbig, bei Eike öfter den Tact füllt (129. 176. 238), dreimal sogar den auftactlosen ersten Tact (107. 119. 203); ferner dass Eike, abgesehen natürlich von den grossen Absätzen, für das Satzende den ungraden, die Praefatio I ebenso unverkennbar den graden Vers bevorzugt. Die Differenzen offenbaren sich auf der ganzen Linie. Eikes Versbau verrät, an der Kunst der führenden mittelhochdeutschen Meister gemessen, überall den Abseitsstehenden, für seine Zeit Zurückgebliebenen, bei dem für den Mangel modischer Virtuosität ein wertvolles Stück lebendiger und individueller Freiheit entschädigt: die Praefatio I könnte jeder mittelhochdeutsche Normaltechniker gebaut haben. Und dieser radikale Umschwung der metrischen Art sollte sich zwischen der ersten und der zweiten Ausgabe des Sachsenspiegels vollzogen haben?

Man wird mir eins, nicht ganz grundlos, entgegen halten: Praef. I sind eben Strophen, Praef. II Reimpaare; anders baut Hartmann von Aue den Iwein, anders seine Lieder. Richtig, aber nicht treffend! Zwischen Iwein und den zu

abzulegen, nach welchen er seine Acute und Graves verteilt; nur so viel seh ich, die Gesetze des ältern germanischen Satzaccentes, wie die Alliteration sie lehrt, sind es nicht. Unter diesen Umständen haben die kargen Zahlen S. CXIV, die Leitzmanns Resultat bilden, höchstens für ihn selbst Wert. Nicht das kleinste Uebel aber an dieser seiner unlebendig künstlichen Typenscholastik scheint mir, dass sie nicht nur willkürlich und steril, sondern so abscheulich unübersichtlich ist: wer sich über die Fragen der Tactfüllung, des Auftactes, des Versschlusses, der Betonung, der metrisch feststellbaren Sprachformen, der individuellen metrischen Züge u. s. w. orientiren will, der tut wahrlich besser, die Arbeit von Anfang an selbst zu machen, als dass er sich das Material aus dieser dogmatisch zerstückelnden Statistik zahlloser gleichgiltiger Typen und Typchen zusammensucht. Auch ich halt es für geboten, dass man sich frage, ob und wie weit sich eine Nachwirkung der noch bei Otfrid bezeugten Lieblingsrhythmen 1. 3, 2, 2. 4 (für obligate zwei Haupthebungen zeugen bekanntlich weder seine Accente noch die Alliteration) beweisen lasse. Jede neue Fragestellung erweitert unsere Erkenntnis, und die von Sievers gegebenen Anregungen, auf die sich Leitzmann beruft, eröffnen immerhin eine Perspective. Aber man soll wirklich fragen, man darf das zu Beweisende nicht als bewiesen voraussetzen, und man darf nicht einen Gesichtspunct, der, selbst wenn er richtig sein sollte, auch nach seiner metrischen Wichtigkeit, mindestens für unsere Erkenntnis erst in zweiter Linie stehen kann, zum ersten Einteilungsprincip heraufschrauben. Dass es in Gerhards v. Minden Viertactern zahlreiche Verse gibt, in denen sich zwei Hebungen über die andern sichtlich zu erheben scheinen, ist selbstverständlich; wie er anderseits nicht wenige Verse hat, in denen man eine oder auch, zuweilen sehr deutlich, drei Hebungen zu bevorzugen Anlass hat. Die wissenschaftliche Aufgabe ist grade, das metrisch Gewollte oder Herkömmliche von dem sprachlich Natürlichen zu scheiden; es gilt vor Allem, die Selbsttäuschung auszuschliessen. Dass Leitzmann bei all seinem Fleiss dazu irgend einen Ansatz genommen hätte, kann ich wenigstens in dem, was er ausspricht, nicht finden. Dazu brauchts freilich eine zarte Hand und keinen groben Schematismus. Wäre Leitzmann nur von der unbefangenen Untersuchung der Tactfüllung ausgegangen, für die er an Wilmanns metrischen Arbeiten so vortreffliche Vorbilder finden konnte! Selbst für die Erkenntnis etwaiger Haupthebungen hätt er da mehr gelernt, als aus seiner Statistik.

singenden Liedern besteht ein schroffer Unterschied des Vortrags: die Strophen des Sachsenspiegels, die Vorrede eines Prosawerkes, waren gewiss nicht auf Gesang berechnet; schon die sehr einfache, unmittelbar in den Reimpaaren wurzelnde Strophenform bestätigt das. Die metrischen Grundsätze dieser ungesungenen Declamationsstrophik dürfen nicht nach gesungener Lyrik beurteilt werden. Die ungleichstrophigen Schlusstiraden von Hartmanns erstem Büchlein, an deren Echtheit ich nicht zweifle, vermitteln, aus gekreuzten Reimen aufgebaut wie die Praefatio I, zwischen der Lyrik und Epik ihres Dichters, setzen die Senkungen etwas regelmässiger als seine epischen Reimpaare (Saran, Hartmann als Lyriker S. 64), gehören aber doch im Ganzen der epischen Technik zu. Wolframs Titurellieder, ebensowenig zum Gesang bestimmt wie etwa Nibelungen und Gudrun in ihrer erhaltenen Gestalt, sind rhythmisch sogar übler geraten als die Epen, da der Dichter den Schwierigkeiten der epischen Strophe erlag: die strengere Kunst der Lieder auch in den Titurel zu übertragen, ist Wolfram gar nicht eingefallen. Die einreimigen Vierzeiler, die Gottfried im Eingang wie im Verlauf seinem Tristan einstreut, sind, mit den Reimpaaren verglichen, etwas strenger gebaut; aber auch sie lassen den Auftact (1866. 11877) und die Senkung (11. 36. 1751) ein paar Mal fehlen, von zweisilbigem Auftact (35. 11877), Tactüberfüllung (1. 6. 12508 [?]) und schwebender Betonung (12508 u. ö.) zu schweigen: jedesfalls erstreckt sich der Unterschied nur auf Nüancen [1]). Konrads von Würzburg Klage der Kunst stellt sich schon durch die freiere Behandlung des Auftacts näher zu Konrads Epen als zu seiner starren Liederkunst: in seiner Technik scheiden sich epischer und lyrischer Versbau ohnehin nicht mit der früheren Schärfe. Zwischen Ulrichs von Lichtenstein strophischem Frauendienst und unstrophischem Frauenbuch besteht keine markante Differenz; beide gestatten sich Freiheiten namentlich in der Betonung, die den sorgsamer gearbeiteten Liedern Ulrichs fremd sind (Knorr, Ulrich von Liechtenstein 52). Heinzelins von Constanz Strophen von den beiden Johansen, aus drei gekreuzten Reimpaaren gebildet, sind zwar in der Festigkeit des Auftacts und der Senkungen den Reimpaaren von dem Ritter und von dem Pfaffen überlegen; aber der

1) Sievers Andeutungen (Forschungen für Hildebrand 14 ff.), der die Vierzeiler dipodisch, die Reimpaare monopodisch fasst, haben mich nicht überzeugt. Ich fühle vielleicht einen kleinen stilistischen Unterschied, insofern Gottfried das geliebte Antithesenspiel in den Ströphchen, deren jede ihre eigne Antithese hat, etwas breiter zerren muss, als in schärfer und gedrängter pointirten Reimpaaren wie 60 ff.: die Strophen, in denen schon die 4 gleichen, zur Hälfte rührenden Reime den reichern Inhalt erschweren, mussten zur Breite verführen. Irgend eine zwingende, principielle rhythmische Differenz gegenüber Versreihen wie z. B. 1329 ff. 11720 ff und den vielen ähnlichen antithesenreichen Betrachtungen vermag ich nicht wahrzunehmen. Dass in den Senkungen der Vierzeiler nur sprachlich ganz unbetonte Silben stehn, kann ich nicht finden, wenn ich mir die Auftacte von 17. 21. 25. 29 33. 41. 1789 ansehe, wenn ich an das *doch* 10, *ir* 133, *süeze* 236, *ie* 1790. 1791, an die antithetischen *ir* (gegen *unser*) 237, (gegen *der lebenden*) 240 denke. Und kommt Sievers z. B. 237. 240. 36 mit zwei Haupttönen aus? Oder beanstandet er 237. 240 und ihre Umgebung, wie das hie und da geschehen ist? Wie dem sei: existiert ein rhythmischer Unterschied zwischen Vierzeilern und Reimpaaren, für den nur mein Gefühl zu stumpf ist, so ist er difficiler Natur, nicht vergleichbar den grellen metrischen Differenzen der beiden Sachsenspiegelvorreden.

Gesamtcharakter des Versbaus rückt die beiden Gedichte doch nah zusammen; erst die von Pfeiffer demselben Dichter beigelegte Minnelehre steht in ihrer Tactfüllung weiter ab; für sie aber ist Heinzelins Autorschaft mit bestem Recht bestritten worden: fehlt ihr doch schon die äussere Beglaubigung (Höhne, Die Gedichte des Heinzelein v. Constanz S. 8 ff.). — Unleugbar also haben die auf Sprechvortrag berechneten Strophen an gleichmässiger Sauberkeit nicht selten einen Vorsprung vor den Reimpaaren derselben Dichter: aber der Unterschied ist stets nur graduell, schneidet niemals so tief ein wie zwischen Sprech- und Gesangsversen. Auch von dieser Seite aus ist die Identität des Verfassers von Praefatio I und II nicht glaublich zu machen. —

Nun noch ein letzter Schritt! Schon in der metrischen Behandlung der Worte und Reime von der Form ◡× glaubte ich bei Eike Spuren mehr niederdeutscher Art zu bemerken, die bei dem ersten Prologisten ausblieben. Das bewährt sich weiter. Die Reime der Praefatio I zeigen nirgend niederdeutsche Sprachzüge, während sie in II nicht fehlen. Der Reim *geschach* : *sprach* 53 : 55 ist sogar ausgesprochen hochdeutsch [1]. *baz* : *widersatz* 50 : 52 könnte man vielleicht auf *bat* : *-sat* deuten; doch ist der Reim mitteldeutsch auch sonst bezeugt; den Ansprüchen mitteldeutscher Technik genügt er durchaus. *krange* : *lange* 94 : 96 (oder *krenge* : *lenge*, die Handschriften gehn auseinander) weist ins Mitteldeutsche, nicht auf das niederdeutsche *kring* hin. *tôren* : *hœren* 78 : 80 ist auch mitteldeutsche Reimfreiheit. Im Uebrigen lauter Reime, die jeder mittelhochdeutsche Dichter hätte brauchen können. Durch den Reim erwiesen wird die Wendung *mich bevilt* 91; niederdeutscher wäre *mek vorlanget*, doch hat Konemann im Wurzgarten (cod. theol. Gotting. 153) 191^d *mik ervelet*; vgl. auch Elmend. 1108 [2]. *müge* : *tüge* 49 : 51 bezeugt das Hilfsverb *tugen*, das in Eikes ganzem Sachsenspiegel nicht éinmal vorkommt; der Zusatz III 51, 1 beweist natürlich nichts dagegen. Auf die hochdeutschen Reimformen *hât* 74, *hân* 2, *sân* 10, *meisterlîn* 95 leg ich hier nicht Wert, da sie auch Eikes Versen nicht fremd sind. Wenn dagegen in Praefatio I vier Reime auf *baz* auftreten (13. 29. 50. 81), wenn I *vil* : *wil* zweimal (33. 42), *sol* : *wol* gar drei-

1) Leitzmanns Anschauungen Beitr. 16, 46 ff. teile ich ebensowenig wie Vogt. Dass in niederdeutschen Handschriften gar nicht selten auslautend *ch* für *k* geschrieben wird, das ist für die lautliche Beurteilung der Bertholdschen Reime um so gleichgiltiger, als die oft von mir beobachtete Erscheinung weit überwiegend *-lich* trifft (schon im Monacensis des Heliand; vgl. noch unten S. 25), daneben *ich, mich, dich, sich*: also nach *i* und in schwach betonten Silben: das mag auf eine palatale Färbung des *k* hindeuten, soweit die Schreibung überhaupt phonetische Bedeutung hat. Daneben öfter noch das unbetonte *och*. Nd. *sprach* wird, wenn überhaupt, nur sehr selten vorkommen; hie und da erscheint *spricht, bricht* (wieder nach *i*). Dass nicht Alles hochdeutsche Einwirkung ist, glaub auch ich: aber oft genug wird sie's sein: im alten Braunschweiger Stadtrecht z. B. steht neben *swelich* auch ein paarmal *swaz*. Beiläufig, wenn Lübben in der Mnd. Gramm. S. 61 sich für diese *ch* auf das älteste Lübische Stadtrecht beruft, so trifft die Bemerkung grade für die älteste, Elbinger, Handschrift, die ich in einer Abschrift Frensdorffs einsehen durfte, nicht zu. Auch der Text Bardewicks hat jenes *-ch* nur sporadisch, allerdings gleich im Eingang 3 Fälle (*bûch, Hinrich* und *Bardewich*). Einige weitere Belege dieser Schreibung gibt Lübben, Sachsenspiegel S. VI.

2) Ein ausgesprochen hochdeutsches Wort, das dem Sachsenspiegel sonst fehlt, ist ferner *sam* 69.

mal (21. 66. 85) reimt und Eike diese sämtlichen, höchst bequemen Reime in der doppelt so langen Vorrede II strenge meidet, aus welchem Grunde auch immer, so wird das kein Zufall sein; ebensowenig, dass „sunt“ in I als *sint* 77, in II als *sîn* 252 gereimt wird[1]).

Welchen Standpunkt ich auch einnahm, von allen Seiten zeigen die beiden Vorreden verschiedne Physiognomie. Wer nicht mit radikalen litterarischen und geistigen Wandlungen rechnen will, wie sie bei jedem deutschen Dichter des Mittelalters, bei diesem Niedersachsen abseits vom grossen Strome des litterarischen Lebens aber besonders befremdlich wären, der wird die subjectiv forcirte, technisch glatte Dichtung des an virtuoser hochdeutscher Kunst geschulten Mitteldeutschen wohl sondern von Eikes Art, die mit Stoff und Form bedächtig ringt, die ihre Persönlichkeit keuscher verbirgt, dabei aber weit mehr Persönlichkeit verrät. Wer also für die Sprache des Sachsenspiegels etwas lernen will aus Eikes Reimen, der muss die Untersuchung auf die Reimpaare beschränken.

II.

Eikes Heimat Reppichau, die noch heute eine mit seinem Namen gezeichnete Glocke bewahrt (Schubart, Glocken in Anhalt S. 434) und deren Mundart wir auch bei ihm voraussetzen dürfen, liegt wenige Kilometer südlich des elbischen Hafenstädtchens Aken auf einem Boden, der, heute völlig hochdeutsch, im 13. Jahrhundert noch unbedingt ins niederdeutsche Sprachgebiet gehört hat. In diesem Umstand liegt bei sprachlichen Fragen eine grosse Erschwerung: nicht nur die heutige Mundart, sondern schon die Sprachquellen des 15. Jahrhunderts und noch Früheres müssen als Zeugnisse für die Sprache der nachträglich verhochdeutschten westelbischen Gebiete in der Zeit Eikes meist ausscheiden. Und das nicht nur für diese oder jene Einzelfrage. Das Vordringen der hochdeutschen Lautverschiebung an der Elbe bedeutet mehr als die Ausdehnung des Gebiets von *daz* und *ich*; es handelt sich da um ein Stück Culturentlehnung, deren Umfang wir aus dem unsäglich dürftigen, ihr voran liegenden Sprachmaterial um so weniger beurteilen können, wenn wir vorsichtig die beiden grossen litterarischen Denkmäler Reppichaus bei Seite lassen. Es ist von vorn-

1) *sint* auch in dem uneikischen Reime Landr. I 4. — Ich will eine syntaktische Kleinigkeit nicht verschweigen, trotzdem sie ihre Bedenken hat. In I kommt das *sô* des Nachsatzes mindestens viermal vor (11. 14. 53. 59, vielleicht auch 63), in II gar nicht. Das scheint an Gewicht zu verlieren, wenn man sieht, dass Eike dies *sô* sonst gebraucht: im 3. Buch des Landrechts hab ich z. B. 15 Fälle gezählt. In Wahrheit ist diese Zahl (auf 70 Seiten Homeyers!) sehr gering, zumal wenn man bedenkt, dass Bedingungssatz und Nachsatz gradezu die typische Form dieser Rechtssätze ist; in Wahrheit neigt Eikes hartes Juristendeutsch dahin, den Nachsatz ohne Vermittlung an den Vordersatz zu reihen, und in einem kritischen Text wird diese seine Manier vielleicht noch schärfer hervortreten: möglich etwa, dass die jüngern Handschriften den Spielraum des *sô* in der Prosa ausdehnten, während der Vers einigen Schutz gab. Homeyers Apparat beachtet derartige Varianten leider gar nicht: Aw list z. B. I 45, 1 *se is* statt *so is se*.

herein höchst wahrscheinlich, dass auch Wortbildung und Wortschatz, weniger vielleicht die Syntax, von jener hochdeutschen Culturwelle berührt worden sind. Die Aufnahme des Schibboleths *z* in die Schrift war ihrer Zeit nur der äussere Ausdruck für eine Sprachbewegung, die weit früher begonnen hatte und immer noch fortschritt. Dass Reppichaus Mundart schon zu Eikes Tagen von solchen hochdeutschen Einflüssen ernstlich berührt war, ist freilich unwahrscheinlich: so schnell kann die junge Ueberlegenheit des obern Deutschlands, die wir für diese sprachliche Frage gewis nach seiner litterarischen Bedeutung abschätzen dürfen, in die breitern Schichten des Volkslebens unmöglich gewirkt haben; erst zu Ende des 13. Jahrhunderts oder noch später erstarkte Mitteldeutschland so, dass es den selbst empfangnen geistigen Impuls nun aus eigner Kraft auch über das rein litterarische Gebiet hinaus fortzupflanzen vermochte.

Wir verdanken es mittelbar vielleicht Eike, wenn wir über die Sprache seiner Heimat überhaupt etwas wissen. Recht eigentlich in dem Geltungsgebiete des Sachsenspiegels sind die städtischen Schöffenbücher zu Hause, die, um umständliche Urkunden zu ersparen, über die Ergebnisse namentlich privatrechtlicher Geschäfte, die vor dem Schöffenstuhl erledigt waren, kurz und formelhaft Protokoll führen. Im Ganzen bedienen sie sich bis in die zweite Hälfte des 14. Jahrhunderts lateinischer Sprache. Ein freundlicher Zufall — oder hat Eikes Vorbild doch in der engern Heimat weiter gewirkt als anderswo? — will, dass wir grade aus Aken, wenn auch geringe, Reste eines Schöffenbuchs[1]) haben, das mit dem Jahre 1265 und zwar niederdeutsch beginnt. Seltsamer und bedauerlicher Weise geht die Muttersprache 1272 ins Lateinische über, das nur in Namen und eingestreuten Worten die heimische Mundart durchschimmern lässt. Erst 1330 setzen wieder sehr vereinzelt niederdeutsche Aufzeichnungen mitten in dem lateinischen Text ein: als dann 1394 von Neuem fortlaufender deutscher Text beginnt, da lesen wir gleich in der dritten Nummer (Nr. 1582): *uff der kothinschin straze*; das Hochdeutsche hat Einzug gehalten. Freilich tritt es bald wieder zurück, und noch bis 1453 finden wir niederdeutsche Aufzeichnungen mit ganz geringen und seltenen hochdeutschen Elementen; erst die Reste des 16. Jahrhunderts sind ausgesprochen hochdeutsch[2]). Immerhin wird es sich empfehlen, möglichst mit dem vor 1394 liegenden Material zu arbeiten. Wenn die Akener Aufzeichnungen, wie Sickel aus graphischen Gründen mutmasst, nicht Original, sondern Abschriften oder Auszüge des Originals sein sollten (vgl. Hertel, die Hallischen Schöffenbücher I. XVI), so würde uns das wenig berühren, da die Schriftzüge der ältesten Partien doch ins 13. Jahrhundert weisen, da obendrein diese Register von kleinen Alltagsgeschäften doch nur am Orte und nicht allzu lange nach den verzeichneten Vorgängen selbst zu einer Abschrift reizen konnten.

1) Abgedruckt ist es von Neubauer, Geschichtsblätter für Magdeburg 30, 251 ff. 31, 148 ff. 32, 33 ff.; der Herausgeber zählt sehr praktisch die einzelnen Einträge durch; nach diesen Nummern werde ich citiren.

2) Auch die Akener Willkür von ca. 1520, die Zahn in den Geschichtsblättern f. Magdeburg 18, 196 ff. mitteilt, ist ganz hochdeutsch und für uns dadurch wertlos.

Und documentirt sich der nachträgliche Auszug etwa grade in der deutschen Form der ältesten Notate, um so besser, dass uns dieser Auszug blieb und nicht das Original. Ich sehe keinen Grund zu bezweifeln, dass diese Akener Blätter in soweit ein treues Bild der Akener Geschäftssprache geben, als das bei beliebigen Schreibern des 13. und 14. Jahrhunderts überhaupt zu erwarten ist: schon der Wechsel der Hand, die Mehrheit der Zeugen ist sprachlich ganz erwünscht. Schlimm ist nur der überaus formelhafte Inhalt, die ärmliche Eintönigkeit, die das gleichmässig Wiederkehrende immer wieder genau mit den selben Worten mitteilt: unglaublich, mit welch winzigem Ausschnitt des Wortschatzes diese Schöffenbücher auskommen! Dadurch wird der sprachliche Ertrag beeinträchtigt. — Zu Ergänzung und Controle hab ich gelegentlich auch die umfänglichen Schöffenbücher von Halle (herausgegeben von Hertel im 14. Bande der Geschichtsquellen der Provinz Sachsen, Halle 1882), auch sie keine Originalaufzeichnung, in ihren ältesten, gleichfalls niederdeutschen Partien (sie beginnen mit 1266) herangezogen; sie sind schon darum minder günstig, weil sie der hochdeutschen Grenze so nah entstanden sind. Das niederdeutsche „Wetebok“ des Reppichau nähergelegenen Calbe (herausgegeben von Hertel, Geschichtsblätter f. Magdeburg Bd. 20, 43 ff. 125 ff. 217 ff. 349 ff. 21, 72 ff.) beginnt leider erst 1381, hat aber den Vorzug, Original zu sein und ist reichhaltiger als die Akener Notizen [1]). — Von Urkundenmaterial hab ich lediglich den Codex dipl. Anhaltinus hie und da eingesehen (älteste deutsche Urkunden dort von 1294, häufiger werden sie erst seit 1308): spielen doch in die Entstehung jeder Urkunde sehr viel mehr uncontrolirbare sprachliche Factoren herein als bei jenen gleichmässig fortlaufenden localen Aufzeichnungen. Und ich durfte mich grade in diesen Dingen um so eher bescheiden, als jetzt Tümpels treffliche „Niederdeutsche Studien“ (Bielefeld 1898) auf eine Reihe von Fragen der mittelniederdeutschen Sprachgeschichte aus Urkunden und andern Denkmälern um- und vorsichtige Antwort erteilen. Den Sachsenspiegel lässt er besonnen bei Seite. Ich hätte freilich auch die Gothaer Handschrift der Weltchronik nicht so unbedenklich als Zeugen für die Sprache von Reppichau verwendet, wie Tümpel das tut [2]).

---

1) Was Neubauer in den Mitteilungen des Vereins für Anhaltische Geschichte 7, 376 ff. bisher von dem Zerbster Schöffenbuch publicirt hat, ist bis auf wenige Worte ganz lateinisch; bis zu den deutschen Partien (seit 1399) ist der Abdruck noch nicht gelangt.

2) Weiland bezeichnet die Handschrift (Deutsche Chroniken II 1, 17) seltsam als ein „Originalexemplar im weitern Sinne“, ohne jede stichhaltige Begründung; er verkennt keineswegs, dass sie Abschreibefehler und Auslassungen zeigt. Meint er vielleicht, sie sei im Auftrage des Verfassers copirt? Das schwebt in der Luft. Textlich überragender Wert (mir scheint selbst der nicht unbestreitbar) entscheidet noch keineswegs für die Authentie der Lautgestalt. Schon die hochdeutschen Spuren der Gothaer Handschrift, wie man sie auffasse, müssen warnen. Soweit nicht der Reim bürgt, wird die einzelne Handschrift grade so verbreiteter Litteraturdenkmäler nur unter ungewöhnlich günstigen und gesicherten Umständen für die Originalmundart zeugen dürfen. Und wie complicirt, rätselreich ist grade die Textgeschichte der Weltchronik! Stimmt die Mundart der Gothaer Handschrift zum Dialect von Reppichau, gut: das mag ihren Wert stützen. Aber sie selbst als mundartliche Quelle ist mir verdächtig.

Nun zu Eikes Reimen! Billig steht voran der lehrreiche Reim *wat* : *hât* 143 : 144, dessen Doppelgesicht ebensogut für niederdeutsche als für hochdeutsche Sprache zeugt. Dass man in Reppichau *wat* gesagt hat, versteht sich. Aber kann Eike *hât* oder *hat* gesprochen haben? In den Akener Büchern heisst es zunächst *hevet* 1267 (56). 1272 (132) u. ö., *heft* 1330 (641) u. ö.; *het*, *hed* zuerst 1365 (1108. 1109) und seitdem die herrschende Form; *had* dagegen hab ich lediglich im Jahre 1394 und 1395, also grade in einer Partie gefunden, die deutlich hochdeutsche Elemente zeigt (1581. 1583. 1584 u. s. w.). In Calbe gehn *het* (*hed*) und *heft* bunt durcheinander, *hat* auch hier nur in der Nachbarschaft verschobner Formen (Magd. Geschichtsbl. 21, 75). Halle setzt mit *hevet* ein, schon 1286 treten *heft* und *het* daneben; *het* behält den Sieg; bei der Häufigkeit hochdeutscher Formen in den Hallischen Büchern sind die mancherlei, aber stets vereinzelten *hat* schon im Anfang des 14. Jahrhunderts nicht auffällig. Auch Tümpels Sammlungen schliessen ein lebendiges niederdeutsches *hat* aus: Eike muss *hevet* und *heft* gesprochen haben, nicht einmal *het* ist für seine Zeit glaublich. *hât* ist hochdeutsche Lehnform. Dass *hât* und andre Formen von *hân* später in den Reimen mittelniederdeutscher Gedichte massenhaft mechanisch fortgeschleppt werden, kommt für Eike noch nicht in Betracht.

Der schillernde Reim weist den Weg: wir dürfen in Eikes Reimvorrede auf niederdeutsche wie auf hochdeutsche Elemente gefasst sein. Ich beginne mit jenen.

Zweimal reimen *zô* (nd. *tô*, mhd. *zuo*) auf *sô* (141 f. 183 f.). Verrät sich hier Eikes niederdeutsches *tô*? Ja, sprach er denn überhaupt *tô*? In Reppichau heisst es heute *zu*. Die Akener Schöffenbücher haben in ihrem ersten deutschen Stück einmal *tôvoren* (Nr. 32, 1266), sonst stets und oft *tû*, *tů*, wie denn auch in andern Worten mit hd. *uo* hier das *û*, *ů* weit über das *ô* hinausgeht. Genau dasselbe Resultat für *tû* ergeben Calbe und Halle; ich zähle z. B. auf den ersten 10 Druckseiten der Halleschen Bücher (1266 ff.) 21mal *tů*, 4mal *tû*, 2mal *tô*, und dies Uebergewicht des *tů* und *tû* dauert im Ganzen fort, wenn es auch einige *tô*-Strecken gibt. Die Urkunden des Anhalter Urkundenbuchs schwanken; doch hebt sich deutlich heraus, dass die Urkunden rein localen Charakters und die für Anhalt ausgestellten (also wol von Anhalt aus vorbereiteten) *tů* oder *tû* haben [1]). Von den Handschriften des Sachsenspiegels bevorzugt grade die von Homeyer abgedruckte gleichfalls das *tû*, *tů* entschieden, und seine Varianten bezeugen das *tû* auch für andre niederdeutsche Handschriften (z. B. vgl. Landr. II 66 N. 37. 68 N. 7), während in den von mir darauf hin eingesehenen niederdeutschen Handschriften (Aw Cz Ebi) *tô* herrscht [2]). Das Alles macht es allermindestens zweifelhaft, ob Eike *tô*

---

1) *tů*- und *tû*-Urkunden sind z. B. Cod. dipl. Anh. II 775. 776. III 183. 246. 247. 255. 262. 286. 298. 322. 323 u. s. w.; vgl. auch Nr. 409, die Beurkundung der Gewandschneiderinnung von Zerbst. — *tô* im selben Zeitraum III. 175. 217. 226. 301. 315. 320. 346: da spielt überall die Magdeburger oder sonst eine fremde Canzlei herein.

2) Dass sie bei andern Worten (namentlich bei *gût*, *dûn*, auch bei *mût*, *bûte*, *mûsdêle*, *hûve*

sprach, ob *tô : sô* für ihn der gegebne Reim war. Unmöglich scheint mir nicht, dass er den bequemen Reim litterarisch (etwa von Veldeke, Eilhart, Herbort) bezogen hat. Zwingend niederdeutsch ist der Reim keinesfalls: hat doch noch der Meissner Frauenlob Reime von *ô : uo*.

Ganz glatt erklärt sich auch *gestût : mût* 213 f. nicht als nd. *gestôd : môd*. Nirgend, weder in den Schöffenbüchern noch in den anhaltischen Urkunden hab ich eine Spur dieser Bildung ohne *n* entdeckt. Freilich sie sind alle jünger. Aber auch im Sachsenspiegel selbst ist mir neben den zahlreichen *stunt* nie ein *stût* oder *stôd* aufgestossen. Endlich reimt Eike 4 Zeilen weiter *kunde : vorstunde* 218. Die Form *stût* war im Veralten; als bequem für den Reimgebrauch hat auch die archaische mitteldeutsche Dichtung sie geschätzt (Weinhold, Mhd. Gramm. S. 365); Eike wird das *n*-lose Präteritum, das in andern Gebieten Niederdeutschlands lebendiger war, auch schon als archaisch empfunden und nur als litterarische Reimlicenz benutzt haben.

Was sich sonst als niederdeutscher Reim verwerten liesse, kann stets auch mitteldeutsch sein: *lêre : swêre* 275 f.; *vart : kârt (kêret)* 187 f.[1]); *steit : leit* 125 f.; *bedâcht : nacht* 191 f.; *vromen : komen* 115 f. 127 f.; *is : gewis* 243 f.; *jegen got* (also *jegen* c. Acc.) : *gebot* 135 f.; am bemerkenswertesten noch *wille* (3. Pers. Conj.) : *stille* 131 f. Das Reimen umgelauteter und umlautloser Vokale (*bûche : vlûche* 231 f.) ist technisch, nicht sprachlich von Interesse. Unzweideutig niederdeutsch bleibt lediglich das auf das unzweideutig hochdeutsche *hât* gereimte *wat*; dazu tritt höchstens noch jenes *stût* von unsichrer niederdeutscher Herkunft.

Die **hochdeutschen Reime** sind zahlreicher. Ausser *hât*, das 134 ein zweites Mal belegt ist und zugleich hd. *gât* mitzieht (Eike sprach wol *gheit* wie *steit* 126, Aken 1807), ist auch *hân* (nd. *hebben*) durch den Reim: *getân* 160 gesichert. — *mich : unscüldich* 225 f. lässt sich unbefangen nur auf den verschobnen Pronominalaccusativ deuten; Eike sprach das Adjectivsuffix natürlich -$i\chi$, wie denn die Akener Bücher stets auslautend *ch* für inlautend *g* schreiben; wenn es auch Tatsache ist, dass mittelniederdeutsch die Endungen *-lik* und *-ich* sich zuweilen mit ihren Auslauten verwirrt haben, so hat diese Verwirrung doch in der Regel *-lik* zu *-lich* gemacht, nicht *-ich* zu *-ik*. Dass in niederdeutschen Denkmälern zuweilen *mich* geschrieben wird (vgl. S. 20), schwächt die Beweiskraft des Reimes nicht ab. — Hochdeutsch reimt *bûchelîn : mîn*; schon der consensus codicum entscheidet; die niederdeutsche Diminutivform *-ken* gäbe, kommt sie auch hier und da einmal *-kin* geschrieben vor[2]), stets einen schlechteren Reim (vgl. unten). — Auch *wante : genante* („audebat“) 277 f. wird entlehnt sein, ebenso wie Albrecht von Halberstadt und Konemann[3]) das be-

---

u. a.) das *u*, *ü*, *û* f. hd. *uo* lieben, sagt wenig: sie teilen das Schwanken mit vielen mittelniederdeutschen Handschriften.

1) In den Hallischen Schöffenbüchern steht streckenweise oft der Titel *hare* (f. *herre*) I S. 5 f. 36 ff.; daneben aber auch *dhame* (*deme*). *dhan* (*den*).

2) Die Akener Bücher haben deutsch *-ken*, latinisiren aber zu *-kinus*.

3) In Konemanns Wurzgarten folgt auf *genenden : penden* 202c bald das der Mundart des Dichters gemässe *ghenéden* (: *ioden*) 204c; im Versinnern *néden* 181d. Arnold von Immessen, den

queme Reimwort dem hochdeutschen Reimvorrat entnommen haben. Wo Eike *genenden* im Landr. II 27, 2 ein zweites Mal verwendet, da ist es von den Handschriften grösstenteils misverstanden oder anderweit ersetzt worden, von niederdeutschen wie von mitteldeutschen; die Misverständnisse (*genennen* oder *gewenden*) deuten auch auf eine *n*-Form der Vorlage, also auf hochdeutschen Lautstand. Leider find ich das Wort sonst in Eikes Heimat nicht; es ist mittelniederdeutsch wenig gebräuchlich, dort wol im Aussterben begriffen, während es sich hochdeutsch hielt. Hochdeutsch wirkt auch das *a* von *genande*, das freilich durch den Reim: *wande* nicht erwiesen ist: gesichert sind nur die Part. *gewant* 193, *bekant* 249, beide auch niederdeutsch reichlich belegt.

Die 3. Pers. Plur. Indic. Präs. endet nach Reimausweis auf *-en*: *schouwen* 182 (: *vrouwen*), *kêren* 210 (: *lêren* Infin.), *liegen* 228 (: *getriegen* Infin.), *varen* 230 (: *bewaren* Infin.), *scrîben* 233 (: *beklîben* Inf.). Dazu steht in entschiedenem Gegensatze, dass die niederdeutschen Handschriften des Spiegels, so weit ich sie kenne, *-et* durchaus vorherrschen und *-en* nur mehr oder weniger sparsam dazwischen auftreten lassen, zuweilen in buntem Wechsel (z. B. Lehnr. 2, 4 *ansprеken unde bedet*, Ebi III 45, 4 *hêten unde sôket*); ja selbst in mitteldeutschen Handschriften schimmert das *-et* Dank Irrtümern und Versehen ein paar Mal durch (s. u.). Wie hat Eike gesprochen? Jetzt ist in Reppichau das nd. *-et* längst geschwunden. In den wenigen sichern Beispielen der Akener Acten, deren anfangs präteritale Darstellung dem Präsens erst später einigen Raum lässt, hab ich nur *-en* gefunden (zuerst 1381, Nr. 1319 *des bekennen dy schepen*; dann Nr. 1580. 1710 u. ö.). Ebenso in Calbe nur *-en*. In Halle kommt *-et* grade in den älteren Aufzeichnungen eine kurze Strecke lang mehrfach vor (Buch I Nr. 354. 355. 359. 364): dann schneiden die Präteritalformeln die Belege ab; im Ganzen herrscht auch in Halle *-en*. Das anhaltische Urkundenbuch zeigt *-et* nicht selten, namentlich in der Eingangsformel (*we bekennet*, *dôt wetlik*), nicht gerne bei Inversion der 1. Person (*hebbe we*), oft in denselben Urkunden schwankend: es lässt sich wahrnehmen, dass die *tô*-Urkunden meist *-et* haben; sie gelten dem diplomatischen Verkehr mit Magdeburg und Braunschweig, allerdings auch dem grossen Ascherslebеr Erbschaftsstreit mit Halberstadt, in dessen Urkunden auch *tû*, *tû* häufig ist[1]). Dagegen die Urkunden localen Charakters deuten entschieden auf *-en* hin. Es ist also mindestens sehr möglich, dass Eike lediglich *-en* geläufig war und die niederdeutschen *-et* der Sachsenspiegelhandschriften samt und sonders der verfälschenden Ueberlieferung zur Last fallen: die Sächsische Weltchronik mit ihren

Goedeke gleichfalls nach Goslar setzt (ich weiss nicht warum), hat immer *nêden*. Dass dies *nêden* nicht = mhd. *nieten* ist, wie Walther (Mnd. Handwb 244b) anzunehmen scheint, das erweist mir neben der Bedeutung die feste Verbindung mit *dorren*, die genau dem mhd. *ich torste genenden* entspricht. Die Form mit *n* ist mir mittelniederdeutsch nicht bekannt: das *genendecliche* Bertholds v. Holle und der Braunschweiger Reimchronik besagt naturlich gar nichts. Schiller und Lübben fuhren ein zweifelhaftes *genent* aus Lübeck an.

1) Magdeburg Cod. dipl. Anh. III 175. 217. 226. 268. 320. 321. 410. 420. 438; Braunschweig 502. 580/2. 594. 662/3; die Aschersleber Sache 322/3. 429. 438. 490. 492. 498 u. s. w.

-et ist mir kein Gegenzeugnis (vgl. auch Tümpel, Niederd. Stud. 118). Doch will ich nicht verhehlen, dass die Reime die *-en*-Formen nur in Relativsätzen aufweisen, wo der Conjunctiv nicht ganz ausgeschlossen wäre: in der Vergleichung V. 182, die conjunctivischer Auffassung besonders ungünstig ist, steht der Text nicht ganz fest. Auch für einen *-et*-sprechenden Niederdeutschen wären also Eikes Reime erträglich.

Was ergibt sich? Lautet die Frage: entweder — oder —, hochdeutsch oder niederdeutsch, so wird die Entscheidung nur zögernd für das Hochdeutsche[1]) ausfallen dürfen. Die Reimkriterien reichen nicht recht aus. Zumal *hân, hât, gât, -lîn* sind bequeme hochdeutsche Reimsilben, die im 14. und 15. Jahrhundert zur ständigen Reimpraxis auch niederdeutscher Gedichte gehören. Aber diese traditionelle Reimpraxis konnte für Eike kaum schon bestehn, wie denn der freilich noch ältere Wernher von Elmendorf, der in ähnlicher Lage war den hochdeutschen Reimen gegenüber, sich von jener Gruppe nicht éinen aneignet, während er z. B. das bei Eike fehlende *sagen* im Reime abhetzt. Zu Eikes Zeit sind die später nichtssagenden Reime also noch von individuellerer Bedeutung. Immerhin, man wünschte schlagendere Belege. — Auch der Wortschatz bietet nur unsichere Stützen. *antlitze* 182 ist hochdeutsch; das Schwanken der niederdeutschen Handschriften zwischen *antlât, angheziehte, antlüte* (Eh) verdächtigt sie: Eike las *antlitze* bei Wernher von Elmendorf (317); aber gesichert ist diese Wortgestalt ausser dem Reime eben nicht. Das hochdeutsche *gevallen* „placere" (nd. *bevallen*) 124. *niene* „nicht" 112 steht gleichfalls nicht wider allen Zweifel fest. Ueber *sân* später. *genant* (: *bekant*) 179. 263 sieht hochdeutsch aus, im Sachsenspiegel selbst scheint *nômen, benômen* fast allein zu herrschen: aber auch die Akener Schöffenbücher haben wenigstens in ihren spätern Partien sehr oft *vorgenant* u. ä. (Nr. 1710. 1715 u. s. w.); in Halle zuerst Nr. 1182, ca. 1320; früher (Nr. 431) *benômet*; in den Anhalter Urkunden herrscht durchaus *benúmt, benómet*, aber schon III 175. 226. 298. 300 daneben in derselben Urkunde *benant*. *nennen* war für Eike, wenn es seiner Sprache angehörte, jedesfalls der minder alltägliche, gewähltere Ausdruck. — Die Verbindung *des ime was vil ungedâcht* 273 und manches andre ist mir niederdeutsch minder bekannt: aber was will das sagen? Es würde höchstens auf eine von vornherein wahrscheinliche Bekanntschaft mit hochdeutscher Litteratursprache hindeuten, wie sie Richard Schröder, Zeitschrift f. Rechtsgeschichte 14. 247, constatirt hat. Andrerseits schmecke ich aus *angest* 221 im Sinne von „Furcht", aus *bejegenen* 143 „sich ereignen" und aus *bliben* 242, in dem ich die von mir schon bei Wampen und sonst[2]) beobachtete Bedeutung „werden" zu finden glaube, niederdeutsche Nüancen heraus.

---

1) d. h. für das Mitteldeutsche. Es sei mir auch weiter gestattet, allgemein „hochdeutsch" im Gegensatz zum Niederdeutschen zu sagen. Ganz gewis war Mitteldeutschland für den plattdeutschen Norden der nächste Vertreter und gegebene Vermittler hochdeutscher Sprache und Cultur; ich mag das aber nicht für jede Einzelheit behaupten und entscheiden.

2) Vgl. ADB 41, 133, wo ich darin fälschlich einen Suecismus sah; ferner Sachsenspiegel II 54, 3 *durch dat dat dorp nicht hirdelôs ne blive* (d. i. werde; vorher hat es einen Hirten gehabt);

Charakteristischer als das Hochdeutsche und als das Niederdeutsche scheint mir schliesslich doch der Mangel ausgeprägter sprachlicher Physiognomie. Jener Reim *wat* : *hât* ist gradezu symbolisch. Und ich kann mich dem Eindruck nicht entziehen, dass Eike den prononcirten Sprachcharakter gemieden, den gemeinsamen Besitz des Mittel- und Niederdeutschen bevorzugt hat. Jene *-en*-Formen nur in Nebensätzen, wo sie dem Hoch- und Niederdeutschen allenfalls angemessen waren, könnten Absicht sein. Es kann Absicht sein, dass Eike den naheliegenden Reimen auf *-az* aus dem Wege gegangen ist, um nämlich das entscheidende *z* aus der kritischen Versstelle fern zu halten. Die bequemen Reime *sol* : *wol*, *vil* : *wil* mied er etwa, weil sie, obgleich hochdeutsch gut, ihm niederdeutsch nicht behagten. Im Grunde ist Eikes Praefatio ungefähr ebensogut im niederdeutschen wie im mitteldeutschen Lautstand wiederzugeben: beides geht nicht glatt auf. Dem Niederdeutschen ist Niederdeutsches entschlüpft; der Schüler hochdeutscher Dichtung verleugnet die bequeme hochdeutsche Reimtradition nicht ganz. Die hochdeutschen Spuren sind freilich gewichtiger, weil sie bewusstere Anlehnung voraussetzen, zumal bei Eike, für den die Reimgepflogenheiten der spätern mittelniederdeutschen Dichtung noch nicht existirten. Das Wesentliche in der Sprache der Vorrede bleibt, dass sie die markanten Idiotismen beider Sprachgestalten leidlich fern hält.

Was trotzdem allgemein Ausschlag gegeben hat für die Entscheidung „hochdeutsch", ist fast ein Zufall. Die von Homeyer zu Grunde gelegte niederdeutsche Handschrift En bringt die Praefatio in mitteldeutscher Sprache. Das ist gewis beachtenswert, aber wahrscheinlich der einzige Fall [1]) und um so mindern Gewichts, als die junge Handschrift bereits die mitteldeutsche erste Praefatio vorgesetzt zeigt. Indessen hab ich in Aw ein zweimaliges *daz* ebenfalls nur in der Praefatio gefunden, die dort auch sonst an hochdeutschen Spuren etwas reicher ist als die übrige Handschrift. Solche Tatsachen deuten zurück auf eine mitteldeutsche Vorlage jener Handschriften, beweisen aber nicht, dass in ihr grade nur die Praefatio mitteldeutsch war: die bessere Erhaltung des mitteldeutschen Sprachtypus in der Reimvorrede erklärt sich hinreichend aus dem Respect, den der Abschreiber den Versen erfahrungsmässig und begreiflicher Weise mehr zollte als der Prosa: war doch der Reim eine Controle seiner Treue. Dass die Praefatio Eikes früh in mitteldeutscher Form verbreitet war, dafür spricht auch ihre Ergänzung, die erste Vorrede, die, unzweifelhaft mitteldeutsch, doch nur einem mitteldeutschen Text vorgeschoben werden konnte. Indessen an dem frühen Auftreten mitteldeutscher Sachsenspiegelhandschriften zweifelt Niemand: ist doch schon die älteste datirte Handschrift, die wir haben (von 1295), mitteldeutsch.

Gandersheimer Chronik 1542, wo der jüngere Herzog Hinrich als *πορφυρογέννητος* beansprucht, *he scholde vil bilker konnig bliven*; Braunschw. Chronik 436, wo von der Herzogin Ote gesagt wird: verliehe der Kaiser Königreiche *nách werdicheit*, . . . *se wére koninginne bleven* (d. i. geworden; die Gandersheimer Quelle des Dichters sagt 203 *dannoch mochte se sin gewesen konniginne*). C. Kraus schrieb mir, dass er diese Bedeutung von *bliven* schon im Heliand beobachtet habe.

1) Allerdings führt Homeyer I 49 die niederdeutsche Göttweiher Handschrift $D\chi$ (Rechtsbücher S. 100), in der die Reimvorrede steht, nicht unter den Handschriften mit niederdeutscher Reimvorrede an: leider sind Homeyers Angaben nicht so präcis, dass ich daraus einen Schluss zu ziehen wagte.

III.

Ich habe bisher Eikes Reime nur aus sich heraus zu fassen versucht. Aber sie sind kein Phänomen für sich: wir dürfen nicht länger auf die Hilfsmittel verzichten, die uns Zeit und Ort der Entstehung für das Verständnis der sprachlichen Gestalt an die Hand geben. Der naive Mensch schliesst etwa: Eike war Niederdeutscher, also wird er doch wol niederdeutsch gedichtet haben. Die harmlose Vorstellung, es sei natürlich, dass der Dichter in der heimischen Mundart dichte, ist, obgleich auch der Wissenschaft nicht ganz fremd, so schief wie irgend möglich. Sie ist etwa ebenso richtig, wie wenn man in der künstlerischen Darstellung den individualistischen Naturalismus für die „natürliche" Gestaltungsform halten wollte. Leider Gottes ist nichts schwerer, als mit eignen Augen zu sehen und mit eignen Ohren zu hören, und der Weg vom Auge zum Pinsel, vom Ohre zur Feder ist weit. Den Unterschied zwischen gesprochner Sprache und geschriebner kann man noch heute zur Genüge studiren; wie viel grösser war er in den Tagen des Pergaments und der schönen Bücherschrift, die bereits äusserlich beweist, welchen Respect man dem geschriebnen Worte zollte. Lehrt doch schon die obligate Versform für Alles und Jedes, dass man die litterarische Rede aufs Stärkste stilisirt verlangte, dass man die Alltäglichkeit geflissentlich floh. Stil aber ist zugleich Tradition. „Natürlich" ist, war und wird sein für den Durchschnittsmenschen, dass er nicht seine, sondern seiner Vorbilder Sprache schreibt, wenn er sich litterarisch betätigen will; und wer in der Nähe keine Vorbilder hat, der sucht sie sich in der Ferne; wie weit die bewusste oder unbewusste Nachahmung glückt, ist eine andere Frage. „Natürlich" war für Eike, dass er sein Rechtsbuch lateinisch schrieb, obgleich er vom Schöffenstuhl her nur das Deutsche gewöhnt war. Der Wunsch seines Grafen zwingt ihm dann freilich die deutsche Sprache auf, und er ist präciser Jurist genug, um der Gesetzsammlung die poetische Form zu ersparen: „natürlich" aber ist ihm doch, dass er bei der ersten Gelegenheit, also in der Vorrede, zum Reime übergeht; selbst den winzigen Prosaprolog, den er sich dazu abquält, beginnt er mit einem Reime; die Reimsprache fand er eben litterarisch geprägt, und der Mensch steht nun einmal höchst ungern auf eignen Füssen.

Dass Eikes Reime im Ganzen mit dem Wort- und Reimschatz der hochdeutschen Litteratursprache operiren, hat man längst bemerkt. Ich kann auch die unmittelbar sichere Anlehnung nachweisen, aber freilich für das kurze Stück nur an éinen Dichter, und das war ein in Thüringen reimender Niederdeutscher, der Didaktiker Wernher von Elmendorf. Sein Lehrgedicht musste Eike um so sympathischer sein, als es alle Tugend beim Recht einsetzen lässt: *alle tugent saltu minnen, daz saltu an dem recht beginnen!* (239). Dass die Weisheit der alten Heiden dort das grosse Wort führt, war Eike gewiss nur genehm, der selbst den Königsfrieden auf Vespasian, den Ausschluss der Frau vom Vorsprechertum auf die antike Juristenanekdote von der streitsüchtigen Calefurnia

(Afrania) zurückführt. So entnahm er Wernher gerne jenes schöne Gleichnis vom Schatz des Wissens, das gradezu den Kern von Eikes Praefatio, vielleicht seiner gesamten Schriftstellerei bildet. Wernher schilt, und das in der Einleitung (V. 43 ff.), die sich in der von Schönbachs fruchtbarer Gelehrsamkeit erwiesenen Quelle des Gedichts nicht findet, die säumigen Christen, die von heidnischer Morallehre nur lernen könnten: *iz ist manic cristenman, der gnûc wîsheit kan und si an sich selben inne kêret; nocheiner den andern nicht lêret und intût doch sô vile, daz her si mit lust oder mit spile an ein blat gescrîbe.* Und doch: was nützt es, das Licht unter den Scheffel zu stellen: und nun fährt er fort: *ouch ensal her nummer rîche werden, der sînen schatz begrebet under der erden; diz selbe gedûte gêt an di lûte, di di andern wol gelêrin kunnen und in der sêlikeit nicht gunnen* (V. 59—64). Zu Grunde liegt natürlich Eccles. 20, 32 *sapientia absconsa et thesaurus invisus: quae utilitas in utrisque? invisus* durch *begraben* zu übersetzen, war offenbar deutsche sprichwörtliche Fassung (Schulze, Bibl. Sprichw. S. 112 ff.). Dass aber nicht das Sprichwort oder die Bibelstelle Eike unmittelbar anregten, lehrt einmal der Reim Eikes *under der erde : werde*, dann die Vorstellung, dass Gott den Freigebigen reicher mache (Praef. 172), was Eike aus Wernhers Worten V. 59 herauslas [1]; vor Allem die entscheidende Moral: also schriftstellert, ihr Wissenden! Dass Eike gleich vorher (V. 153), Wernher gleich nachher (V. 67) sich auf die Vorfahren beruft, verstärkt die Sicherheit. Aber der Zusammenhang bestätigt sich noch weiter: aus Wernher V. 243 hat Eike den Gedanken, dass *niemant is sô bœse*, dass er sein Recht nicht festzuhalten suchte, wenn ein Andrer ihn quäle. Wernher meint *bœse* wol als „jämmerlich, schwach“: „selbst der Wurm krümmt sich“; Eike fasst es V. 113 als *unrecht : swie unrecht sî der man*, er sucht sein Recht festzuhalten; ähnlicher noch im Lehnsrecht 78, 2: *it n' is nieman sô unrecht, it ne dunke ine unbillik, of man ime unrechte dû.* Dazu sichernd manch Einzelnes: *grôz angist gêt in ane* sagt Wernher 320 (vgl. 173), wörtlich so Eike 221 [2]; — die Mahnung *nu mûz der rîche dem armin gebin* Wernh. 290 heisst bei Eike, mitten im Schatzgleichnis: *der rîche sal den armen laben* (Praef. 166); — der Richter soll nach Wernher so zu Gericht sitzen, *daz in brengen von sînen witzen wedir gût noch zorn* (V. 277); Eike lehrt die Richter: *nu sêt, daz ûch nêmannes liebe noch leide noch z o r n noch g i f t sô ne blende, daz man ûch von dem rechte wende* (Praef. 149 f.): Wernhers *gût* hat er, vielleicht falsch, mit *gift* umschrieben, während es wol „studium“ neben der „ira“ meint: so erklärt sich Eikes sonderbare Verbindung *zorn noch gift* [3]). Die sämtlichen Anklänge drängen sich im Anfange der Wernherschen Dichtung [4]).

1) Simrock, Sprichw. 7024 hat Eikes Grundgedanken in epigrammatischer Form: „Der Milde giebt sich reich, der Geizhals nimmt sich arm“.

2) *daz wirrit mir* Wernher 185. Eike 103.

3) In dem Prosaprolog (Hom. I S. 136), der diese Stelle aus der Versvorrede wiederholte, hat eine späte Handschrift, Da, statt *zorn noch gift* „*hat edder gût*“.

4) Praefatio I zeigt keine einzige greifbare Beziehung; die auf das Wild los buffenden Hunde V. 90 haben mit Wernhers Bilde von der Zunge, die einem bellenden Hündchen gleiche (V. 1062) weder im Ausdruck noch im Gedanken etwas zu tun.

In welchem Lautstand las nun aber Eike jene Reime? Oder, anders gefragt: welche Sprache schrieb Wernher? Auch das ist umstritten: Schönbach (Zs. f. d. Alt. 34, 75) glaubt unter der hochdeutschen Tünche der Handschriften die niederdeutsche Originalfassung durchschimmern zu sehn; Edward Schröder (Anz. f. d. Alt. 17, 79) und seitdem auch Behaghel (an gleich zu nennender Stelle) halten die überlieferte hochdeutsche Sprachform für ursprünglich. Und dieselbe Frage wiederholt sich mit ziemlicher Regelmässigkeit bei sämmtlichen dichterischen Erzeugnissen der mittelniederdeutschen Frühzeit, die ich bis ca. zum Jahre 1300 rechne. Einzeluntersuchungen, so dringend sie da Not tun, machens nicht alleine. Es ist gradezu die Frage: gab es im 13. Jahrhundert überhaupt eine mittelniederdeutsche poetische Litteratur? Drei Gesichtspuncte kommen für die Antwort in Betracht.

Dass die gesamte mittelniederdeutsche Dichtung bis tief in das Jahrhundert der Reformation hinein eine nicht geringe Dosis hochdeutscher Reime mit sich schleppt, das hat über frühere Einzelbeobachtungen hinaus kürzlich Behaghel in seinem klärenden, von wohltuender Unbefangenheit getragenen Programm „Schriftsprache und Mundart“ (Giessen 1896) beinahe drastisch erwiesen. Gewisse stereotype hochdeutsche Reimverbindungen gestatten im 15. Jahrhundert und schon etwas früher tatsächlich keine Rückschlüsse mehr auf die übrige Sprache der Dichtung. Aber woher stammen sie? Sie sind der ererbte, technisch versteinerte Rest aus einer Periode, wo man in Niederdeutschland nicht nur hochdeutsch reimte, sondern auch hochdeutsch schrieb, so gut es gehn wollte. Welch absurde Vorstellung im Grunde, dass ein niederdeutscher Dichter in den Reim ganze Gruppen hochdeutscher Elemente aufnehmen sollte, während er sonst sich des Hochdeutschen enthielt! Solch Widerspruch kann sich in der Entwicklung herausbilden, aber nicht wol an ihrem Eingang stehn. Die im 15. Jahrhundert fossilen hochdeutschen Reime waren im 12. und 13. lebendig, sind für diese Zeit also beweiskräftig auch über den Reim hinaus. Es kommt aber hinzu, dass die mittelniederdeutschen Dichter des 13. Jahrhunderts vielfach hochdeutsche Reime aufweisen, die ausserhalb der später traditionell erstarrten *hât-*, *lât-*, *lîn-*, *saget*-Reime liegen, vor Allem Reime von niederdeutschem *t*, *k*, *p* : *s*, *ch*, *f*. Und endlich: grade die Frühzeit gestattet oft die entscheidende Gegenprobe, die freilich nur bei Dichtungen einigen Umfangs Bedeutung gewinnt: es werden gewisse Kategorien von niederdeutsch unbedenklichen Reimen (z. B. auslautendes hochdeutsches *t* : *z*, die Reime von Participien Praet. und den Pluralformen auf *-et*, die Reime zwischen indicat. *wêren* „erant“ und *êren*, zwischen *draget* „fert“ und *maget*, zwischen *old* „vetus“ und *gold*, zwischen *kende* „cognovit“ und *ende* u. a.) gemieden oder wenigstens stark beschränkt. Volle Consequenz darf man nirgend erwarten: wie sollte der Niederdeutsche, dem das Hochdeutsche lediglich Litteratursprache war, nicht öfter einmal unbefangen in die Mundart verfallen? Das positive Streben, schriftdeutsch zu schreiben, war oft genug bewusster als die negative Folgerung, das Dialektische zu meiden. Es hat unzweifelhaft Poeten gegeben, die sich in der hochdeutsch gefärbten Dichtung auch niederdeutsche Reime ruhig gestattet haben. Behaghel hat a. a. O. S. 35 ff. in schneller, ruhiger Abschätzung, wenn auch etwas bunt und summarisch, die niederdeutschen Dichter aufgezählt, die ihm nach den Reimen hochdeutsche (d. i. mitteldeutsche) Sprachform angestrebt zu haben scheinen. Ich selbst möchte den Kreis noch weiter ziehen[1]). Aber ich verkenne nicht, dass die Grenze zwischen dem Hochdeutsch mit niederdeutschen Heimatsspuren und dem Niederdeutsch mit nachwirkenden hochdeutschen Traditionen nicht immer mit Sicherheit gezogen werden kann.

Die Reime müssen den Ausgangspunct bilden. Aber man darf nicht bei ihnen stehn bleiben. Wer niederdeutsche Gedichte aus der zweiten Hälfte des 14. oder aus dem 15. Jahrhundert etwa mit Wernher v. Elmendorf vergleicht, dem drängt sich alsbald der Unterschied des Wortschatzes auf: hier geringe niederdeutsche Spuren, dort meist eine reiche Fülle von Idiotismen, die über des Autors Herkunft keinen Augenblick zweifeln lassen. Das derbere Material des Wortschatzes lässt sich im Ganzen sicherer und leichter fassen als die feineren Unterschiede der Syntax, die schon der des Hochdeutschen beflissene sächsische Poet nicht selten übersah, die zum Teil obendrein in der Ueberlieferung stärker gefährdet waren. Keine Untersuchung über die Sprache der frühmittelniederdeutschen Dichtung darf sich der Rechenschaft über den Wortschatz entschlagen: es ist eine arge Schwäche der deutschen Philologie, dass sie ihre sprachliche Forschung so gern mit den Lauten nicht nur anfängt, sondern auch endet, und ich rechne Kögel die mutige Entschlossenheit, mit der er die Heimat des Hildebrandsliedes aus dem Wortschatz zu bestimmen versucht hat, als methodisches Verdienst hoch an, obgleich ich sein unter ungünstigen Verhältnissen gewonnenes Resultat nicht für richtig halte. Sein Beispiel zeigt freilich das Gefährliche einer solchen auf dem Wortschatz aufgebauten These. Die Gefahr aber darf auch in der Wissenschaft den Mann nicht schrecken. — Für das Mittelniederdeutsche des 13. Jahrhunderts liegen die Verhältnisse günstiger, wenn gleich nicht einfach. Die Grenzen zwischen mitteldeutschem und niederdeutschem Wortschatz sind an sich oft fliessend und verschwimmen unsrer Erkenntnis noch öfter, zumal bei der Schwäche unsrer lexikalischen Hilfsmittel; jede neue Publication, jede der reichhaltigen lexikalischen Studien Bechs erweist uns, wie wenig wir da wissen. Trotzdem! Was lediglich der geläufigen hochdeutschen (oder mitteldeutschen) Litteratursprache angehört, hebt sich im Ganzen doch mit ausreichender Schärfe ab von dem specifisch niederdeutschen Sprachgut; und nur das entscheidet hier. Das mindere Gewicht leg ich auf die Frage, ob der mittelniederdeutsche Dichter Worte gebraucht, die seiner Mundart fremd sind. Auch dem hochdeutsch Belesensten erlegte da schon sein niederdeutsches Publikum Beschränkung und Auswahl auf: es handelt sich tatsächlich um einen ziemlich engen Wortkreis. Gerade für diese Frühzeit der mittelniederdeutschen Dichtung ist

1) Anderseits halt ich für die beiden Stücke aus der livländischen Sammlung, die auch in Behaghels Notizen eine ganz exceptionelle Stellung einnehmen, zunächst an Seelmanns Auffassung fest, sie seien aus hochdeutschen Originalen übertragen.

zudem nicht immer abzugrenzen, was von ihren hochdeutschen Lehnworten litterarischer Herkunft ist, was dem lebendigen Verkehr entstammt; was individuell und neu, was gemeinsprachlicher Besitz ist: so manches Wort, das im 15. Jahrhundert kaum mehr als hochdeutsch empfunden wurde, wird im 12. und 13. der einzelne Schriftsteller litterarisch eingeführt haben: nicht *zagel* und *zicke*, aber vielleicht *ziren*, *zage* mit seinen Ableitungen u. ä. Auch das erschwert die Untersuchung, dass die mittelniederdeutsche Dichtung der frühern Zeit, mit dem reicher bezeugten Sprachschatz der Folge verglichen, manche Eigenheiten der Wortwahl zeigt, für deren Verständnis nicht nur die hochdeutsche Einwirkung, sondern auch das höhere Alter der Werke in Betracht käme. — Um so bedeutungsvoller scheint es mir, wenn ein niederdeutscher Poet in seiner Wortwahl dem besondern niederdeutschen Element einen geflissentlich kleinen Raum lässt. Dass man zu vollständiger Ausschliessung bei bestem Willen auch nur im Stande gewesen wäre, das freilich ist unwahrscheinlich: ein derartig klares, wissenschaftliches Bewusstsein über Schriftsprache und Mundart, über Hoch- und Niederdeutsch dürfen wir nicht erwarten. Die von Philologen gern erwogene Rücksicht auf ein grosses gemeindeutsches Publikum, über die Grenzen der Modersprake hinaus, hat gewis nicht die entscheidende Rolle bei jener ausschliessenden Wortwahl gespielt: würde sie doch schon den weiteren Gedanken voraussetzen, man könne überhaupt höhere, litterarischer Verbreitung würdige Poesie in andre als die überkommene Litteratursprache kleiden.

Wenn ein niederdeutscher Dichter Reime hochdeutschen Lautstandes reichlich braucht, niederdeutsche Worte sichtlich meidet, nun, dann dichtet er nicht niederdeutsch, mögen ihm in seiner Kladde auch so und so viel Saxonismen echappirt sein. Aber die Gunst der Ueberlieferung hilft dem, der sehen will, sogar noch weiter. Die gesamte mittelniederdeutsche Dichtung des 13. Jahrhunderts ist in hochdeutscher Sprache oder mindestens in einer Sprache mit deutlichen hochdeutschen Spuren auch ausser dem Reime erhalten. Diese Tatsache spricht so laut, dass ein gut Stück dogmatischen Vorurteils dazu gehört, um sie zu überhören. Ich will von den Lyrikern nicht reden, die bei der Aufnahme in die grossen oberdeutschen oder mitteldeutschen Sammlungen freilich an der Originalsprache einbüssen mussten. Aber man denke: wir haben hochdeutsch ganz oder fragmentarisch für Eilhart v. Oberge 2 Handschriften des 12. und 13. Jahrhunderts, für Wernher von Elmendorf 2 Handschriften des 13. und 14. Jahrhunderts, für Albrecht v. Halberstadt, Konemanns Kaland und die Braunschweiger Reimchronik je 1 Handschrift des 13. Jahrhunderts, für Brun von Schonebeck 2 Handschriften des 14. Jahrhunderts, für Berthold von Holle sogar ein halbes Dutzend hochdeutscher Manuscripte aus dem 14. und 15. Jahrhundert, darunter die Pommersfelder, die den Crane hochdeutsch bringt, während sie den Rosengarten in niederdeutscher Lautgestalt enthält. Die Gandersheimer Reimchronik freilich, Konemanns Wurzgarten Mariä und Bruns Theophilus sind nur niederdeutsch erhalten, aber erst in späten Handschriften des 15. Jahrhunderts und durchsetzt mit hochdeutschen Lautelementen, die Rückschlüsse auf die Vorlage nahe legen. Und diese völlig lückenlos zusammenstimmende Ueberlieferung soll trügen? Das sollen alles mitteldeutsche Schreiber verschuldet haben, die systematisch uns die niederdeutschen Originale verfälscht hätten? Fast widerstrebt es mir, diesen nichtigen, gewalttätigen Einfall Leitzmanns (Beitr. 16, 9) zu bekämpfen, dessen einzige Begründung doch eigentlich eine Theorie ist. Anscheinend steht Leitzmann dem Standpuncte nahe, von dem aus vor 25 Jahren Pauls eigensinniger, leichtgezimmerter Habilitationsvortrag mit jugendlicher Einseitigkeit die Lehre von der mittelhochdeutschen Schriftsprache bekämpft hat. Der Widerspruch Pauls hat sein Verdienstliches gehabt: er hat die wohlbegründete Ansicht, die er bestritt, immerhin vor schulmässiger Erstarrung bewahrt, er hat mittelbar einen gewissen Anteil daran, dass sich das Bild der mittelhochdeutschen Schriftsprache uns geklärt, die Beweise ihrer Existenz sich gemehrt haben. Pauls Grundanschauung ist nicht die meine. Aber wenn er die Mundart auch litterarisch zu erweisen suchte gegen die Schriftsprache, so berief er sich auf die Ueberlieferung, gleichviel mit welchem Recht: Leitzmann muss sich grade sie vom Halse schaffen. Im einzelnen Falle ist es ja möglich, dass der hochdeutsche Schreiber hie und da niederdeutsche Züge verwischte; bei Wizlaw von Rügen z. B. lässt sich das wahrnehmen, freilich in der Jenaer Sammelhandschrift. Aber es handelt sich in der frühen niederdeutschen Litteratur nicht um Einzelheiten, es handelt sich um eine geschlossene Reihe in einander greifender, zum Teil fast gleichzeitiger Zeugnisse: das hochdeutsche Dedicationsverschen, mit dem der Hamburger Bürger Joh. v. d. Berge vor 1281 dem Grafen Gerd v. Holstein die niederdeutsche Handschrift der sächsischen Weltchronik darbringt (in Weilands Ausg. S. 11), documentirt sich schon durch seine Goldbuchstaben als Originalausgabe. Ich weiss mich völlig frei von der törichten Handschriftenanbetung, die Leitzmann mit Recht an der deutschen Philologie rügt. Aber gegen seine radicale Misachtung der Ueberlieferung sträubt sich mein Tatsachensinn. Und warum, warum diese Misachtung? Was gewinnt es auch nur für seine Ansicht dadurch? Jene Gedichte waren doch, soweit die Autoren nicht direct auf hochdeutschen Boden dichteten, zunächst auf ein niederdeutsches Publikum berechnet; selbst Wernher v. Elmendorf schrieb zwar in Heiligenstadt, aber für einen niederdeutschen Gönner. Tatsächlich sind die genannten Handschriften zum grössten Teil auch auf niederdeutschem Boden gefunden. Es wären demnach im 12—14. Jahrh. in Niederdeutschland besonders viele hochdeutsche Schreiber für Bücherschrift beschäftigt gewesen, oder aber man liess sich seine Handschriften im hochdeutschen Süden anfertigen. Gleichviel: wie war ein solcher Zustand möglich, wenn das niederdeutsche Publikum nicht gerne und leicht hochdeutsch gelesen hätte? Und wie uns die hochdeutschen Schreiber auf ein hochdeutsch lesendes Publikum schliessen lassen, annähernd ebenso sicher weist dieser Geschmack des Publikums auf hochdeutsch dichtende Poeten zurück. Genau das Gegenteil von Leitzmanns Ansicht hat innere Wahrscheinlichkeit: als es im 14. und 15. Jahrhundert wirklich eine mittelniederdeutsche Litteratur gab, da lag es nahe, die heimischen hochdeutschen Dichtungen niederdeutsch umzuschreiben. Und das bestätigen wiederum die Tatsachen. Die wenigen niederdeutschen Aufzeichnungen frühmittelniederdeutscher Dichtungen stehn den hochdeutschen wie an Zahl so an Alter und Wert nach. Die niederdeutsche Wolfenbüttler Handschrift der Braunschweiger Chronik ist eine jüngere niederdeutsche Bearbeitung des in der ältern Hamburger Handschrift hochdeutsch erhaltnen Originals und wimmelt demgemäss von hochdeutschen Resten. Konemanns Kaland steht hochdeutsch in einer wertvollen Handschrift des 13. Jahrhunderts, die 3 niederdeutschen Manuscripte des Kaland sind weit jüngern, ja jüngsten Datums; Euling wird seinen Versuch (Niederd. Jahrb. 18, 19 ff.), den überlegnen Wert jener alten Handschrift anzufechten zu Gunsten der niederdeutschen Nachfahren, voraussichtlich selbst als gescheitert ansehen, wenn er erst Konemanns umfänglichen Wurzgarten kennen gelernt hat [1]). In derselben Göttinger Papierhandschrift des 15. Jahrhunderts (cod. theol. 153) stehn noch die Theophiluslegende Bruns v. Schonebeck und andre geistliche Gedichte, ebenso wie Konemanns Verse in der Hauptsache von niederdeutscher Schriftfärbung, doch mit hochdeutschen Spuren. Am Schluss des Wurzgartens (Bl. 210[c]) stellt sich uns der Schreiber vor:

Les vn̄ loue mek
Johãnes screff mek
Johãnes ys he ghenãt
Benediget sy sin hant
Nu vn̄ to allen stunden
Des help my got vn̄ syn h viff wũden
Dat ik nũmer mote scriuẽ ofte dichten
Horẽ dat seyn vn̄ lesen bichten [2])
Dat jnnich vn̄ gut to gode sy
Des helpe maria de reyne my. Amen.

Der Vers ist niederdeutsch in Schreibweise und Reim (*viff* „fünf", *sí* : *mí* „mir"), Johannes war also ein niederdeutscher Schreiber. Aber schon auf dem Blatte vorher schreibt dieselbe Hand in Konemanns Dichtung nicht *mek*, sondern *mich* : *dich*, hier der Vorlage getreu; es ist nur wahrscheinlich, dass eben der Schreiber Johannes an dem niederdeutschen Typus der Handschrift starken Anteil hatte [3]).

1) Ich betone insbesondere, dass die gleichmässig kurzen Verszeilen, die Dreireime, die reimlosen Zeilen dem Kaland A mit dem Wurzgarten gemein sind, während der Hornburger Kaland (H) vielfach stärker gefüllte Verse und regelmässige Reimpaare einführt: wie denn auch ein Corrector des Wurzgarten die scheinbar fehlenden Reimzeilen, schwerlich authentisch, ergänzt; auch Eberhard v. Gandersheim entbehrt der zweiten reimenden Zeile mehrmals. Der typische Reim *was* : *das* (Kaland A 350), im Wurzgarten so und gleichartig 12mal belegt, ist in H beseitigt; ebenso hat H das auch von Euling (S. 20 f.) falsch verstandene, starr gewordene hochdeutsche *góder* (Kaland A 103. 285) beidemal geändert, während der Wurzgarten dies *góder* u. ä. nicht weniger als 14 mal gebraucht. Eulings textkritische Bedenken S. 24 teil ich nicht. Sellos gewissenhafte Ausgabe des Kaland (Zs. des Harzvereins 23, 116 ff.) wird in allem Wesentlichen ein zutreffendes Bild der Dichtung geben; nur sie darf jeder Untersuchung zu Grunde gelegt werden.

2) Ich versteh diese Zeile nicht. Sollte sie corrupt sein, so würde der Schreibervers schon in der Vorlage gestanden haben. Sachlich ist das kaum von Belang: dann fällt der als niederdeutsch durch den Reim gesicherte Schreiber und seine Wirkungen um eine Etappe früher.

3) Von hochdeutschen Lauterscheinungen im Wurzgarten notire ich vor Allem das häufige

Unter diesen Umständen ist es geboten, die hochdeutsche Ueberlieferung niederdeutscher Dichter [1]) zu schonen: wir können Waitz nur dankbar sein, dass seine reife Erfahrung Weiland abhielt, an der Braunschweiger Reimchronik ein philologisches Experiment zu üben. Schimmern neben hochdeutschen Reimen und Worten mehr oder minder reiche niederdeutsche Elemente durch die hochdeutsche Hülle durch, nun, so braucht das zunächst nur zu beweisen, dass die Niederdeutschen des 13. Jahrhunderts hinter ihren litteratursprachlichen Idealen zurückgeblieben sind: bedurfte es doch fast gelehrter Kenntnisse, um zu wissen, was von niederdeutschen Reimen hochdeutsch unzulässig war: das Hochdeutsche differenzierte bunter, in Consonanten wie in Vocalen. Was insbesondere W e r n h e r v o n E l m e n d o r f betrifft, so seh ich nicht den geringsten Grund, die überlieferte hochdeutsche Sprachform in der Hauptsache anzuzweifeln, wenn sie auch hie und da eine niederdeutsche Nüance verwischt haben wird. Auf die Reime hin entscheidet sich auch Behaghel (a. a. O. S. 37) für hochdeutsche Abfassung des Lehrgedichts: leider wird der Ertrag durch Wernhers unreine Reimtechnik beeinträchtigt [2]). Die Wortwahl aber ist ganz entschieden hochdeutsch, ohne dass ich

z und *s* für nd. *t*: z. B. *vorstoczen* : *genoczen* 161^{c}, *maczen* : *vorlaczen* 165^{b}, *wortzen* 210^{b}, *sozen* 164^{b}, *vorbosen* : *vorstosen* 183^{b}, *buse* : *suse* 183^{b} u. ä., *iczo* (sehr oft), *witze* (öfter), *wys* „weiss" 174^{a} (öfter), *besles* : *stes* 182^{d}, *was, das* (f. nd. *wat, dat*) 182^{c}. 169^{c} und mehr (ja 187^{d} ist sogar misverstehend *wat* für *was* „war" eingesetzt worden, vielleicht *id* 196^{a} u. ö. für *is*), *beserunge* 183^{c}, *düs* „dies" 170^{d}, *us* für *ût* z. B. 171^{a}, anlautend meist *s* : *so* 174^{a}. 184^{b}. 195^{b} (neben *zo* „zu" 163^{a}), *sit* „Zeit" 161^{b}, *ghesam* „geziemte" 178^{a}. 168^{c} (*gezam* 180^{a}), *süchten* „Züchten" 169^{d}, doch auch *zet* 209^{a}, *zücke* 199^{a}, *irzeighet* 193^{d}. 201^{c}; das wiederholte *twar* f. *swar* $159^{b.\,c}$. 160^{b} u. ö., *to* f. *so* 182^{d} erklärt sich so, dass schon in der Vorlage *s* und *z* promiscue gebraucht wurden; — ferner *t* für nd. *d*: *ture* „teuer", *trophe*, *tougen* (fast immer), *to* (hd. *tuo*) 160^{c}, *ghetan* (z. B. 174^{d}. $179^{c.\,d}$), *gute* (sehr oft), *blote* 186^{a}, *vlote* 190^{c}, *ghemote* (sehr oft), *vater* 181^{c}, *ritter* 200^{d} ö., *moter* 205^{a}; *twingen* (sehr oft, aber auch sonst ist *tw* < *dw* mnd. Hss. nicht ganz fremd); — *f* für nd. *p* in *gescaffen*, *schaf* u. ö.; — *ch* für nd. *k*, besonders oft im Reime; ausserdem nicht nur auslautend, wie in zahlreichsten Fällen, sondern auch im Inlaut, z. B. *sache* 190^{b}, *wunderliche* 190^{b}, *wyslichide* : *rychede* (?) 160^{a} (*herlichte* : *richte* 176^{d} ist wol aus *herliche* : *riche* misverstanden); es ist lehrreich, wie der Schreiber 203^{a} schon *dek* geschrieben hatte und dann *dich* nachschrieb, um den Reim aufrecht zu erhalten; — vereinzelt *wer* „quis" 200^{b}, *der* 166^{c}, *er(e)* 206^{d}, *mir* 204^{a} u. ö.; *vorposen* 178^{a}. Von vocalischen Schwankungen, wie *u* neben *o* für hd. *uo, u, ü* seh ich ab, ebenso von hochdeutschen Formen wie *han*, *sagen*, *brust* etc. Die Masse der hochdeutschen Wortbilder ist jedesfalls zu reich, als dass sie wie die gelegentlichen hochdeutschen Ausweichungen dieser und jener beliebigen mittelniederdeutschen Handschrift beurteilt werden dürften. Ganz ähnlich liegts in den übrigen deutschen Stücken des Codex (z. B. *ridderlikes* Ntr. Sing. 218^{b}).

1) Ob es auch nur bei Veldeke richtig war, mit Entschiedenheit bis zur Maestrichter Mundart zurückzugehn, das will ich hier um so weniger erörtern, als Kraus eine Untersuchung, die in diese Richtung schaut, in Aussicht gestellt hat. Dass dieser und jener Punct der Frage Parallelen zu dem mittelniederdeutschen Problem bietet, ist dem Herausgeber selbst nicht entgangen. Aber schon die litterarhistorischen Voraussetzungen sind bei Veldeke Braunes und Behaghels Auffassung unvergleichlich günstiger als bei den mittelniederdeutschen Poeten des 12. und 13. Jahrhunderts.

2) Zu streichen ist bei Behaghel der Reim *hûs* : *blôz*, den Sauerland Zs. 30, 25 einleuchtend emendirt. Hochdeutsch sieht ausser dem von Behaghel Verzeichneten etwa noch aus *verre* : *deferre* 774 (aber vielleicht unrein *verne*), die Reimformen *giht*, *geschiht* 963. 1159 (*spricht* : *gesiht* 679. 913 kann auch *giht* : *gesiht* meinen), *lîn* (d. i. nd. *liggen*) : *vorzîen* 624 (vgl. auch 133), *ziet* : *lît* (nd. in

darum die oldenburgische Heimat beanstanden möchte: denn das von Haupt fortconjicirte zweimalige *nôsen* (244. 605) „schädigen" weist, sicherlich zu dem *nôsada* der Lipsianischen Glossen, mnl. niederrheinisch *nôsen* gehörig, frappant ins tiefe Niederdeutschland, vielleicht auch in seinen Westen [1]). Darüber hinaus freilich nichts Schlagendes [2]) im Wortmaterial! Kein Wunder, dass man Wernher lange für einen Thüringer gehalten hat und noch hält [3]). Der Heiligenstädter Caplan hatte auf hochdeutschem Sprachgebiet lebend ebensowohl von seiner Umgebung gelernt, wie es der Scholasticus von Jechaburg getan zu haben scheint. Dass Behaghel Albrecht v. Halberstadt nicht unter den hochdeutsch Dichtenden nennt, soll einen Zweifel schwerlich bedeuten: er schien ihm wol selbstverständlich. Längst als hochdeutsch anerkannt ist von Reimpaardichtern ferner Eilhart v. Oberge [4]); ebenso Brun v. Schonebeck, bei dem sich die niederdeutschen Elemente freilich in Reim und Wortschatz schon weit stärker fühlbar machen als bei den Frühern. Zu dem sprachlichen Bilde Bruns, das Arw. Fischer auf Grund des Hohenliedes gezeichnet hat, stimmt sein Theophilus und die anschliessenden geistlichen Reime der Göttinger Handschrift [5]), abgesehen von den platt-

der Regel *liggt*) 1198; *tritit* : *stritit* 827 hat Haupt z. Neidh. 48, 14 emendiert. Dagegen wird *zên* (*ziehen*) : *gejên* 1057 als niederdeutsch gelten dürfen. *kurz* : *durft* (d. i. *durht*, vgl. *vorchte* : *dorfte* 280 und *durchtige* 386. 401 in b) 583 führt zwar auf *kurt* (so 579), aber das ist dem Mitteldeutschen nicht fremd. Selbst *tuon* : *geruo(we)n* 269. 825. 929. 1077 ist besser als md. *tûn* : *gerûn* denn als nd. *dôn* : *gerauwen* (*gerowen*) zu verstehn.

1) Doch auch Brun von Schonebeck schätzt das bequeme Reimwort: vgl. Fischers Glossar 417ᵇ und Van der almisse 212ᶜ (wo die Handschrift *nv se*, im Reim zu *almuse* schreibt).

2) Ich notire als nd. noch *sich flien* 133, *undige* 916 (auch in der Braunschweigischen Reimchronik; vgl. Elm. 912), *vermuoten* c. gen. „begehren" 435. Andres was etwa noch auffällt, wie *aleine* „obgleich", *entrâten* „fürchten", *erværen*, *gelenden* ist der mitteldeutschen Litteratursprache auch gemäss.

3) Ich bin Sauerlands Aufstellungen oben gefolgt, ohne zu verkennen, dass sie auf unsichern Stützen stehn; vgl. Edw. Schröder, Anz. 17, 77. Wie dem sei, dass Wernher Niederdeutscher war, scheint mir durch die Reime von hd. *t* : *z* bewiesen (3 sichere, vielleicht gar 8 Belege: 197. 831. 1193; 583. 603. 867. 919. 1167): denn von unreinen Consonantenbindungen ist häufiger nur *b* : *d* : *g*; *f* : *ch* 125, *nn* : *nd* 571, *mm* : *nd* 987 (*heizet* : *leistet* 603) sind alle nur je einmal vertreten und, zumal im klingenden Reim, immer noch leichter als *t* : *z* wäre.

4) Edw. Schröder schreibt mir an den Rand: „Ich bin längst der Ueberzeugung, dass auch der Graf Rudolf auf niederdeutschem Boden entstand".

5) *van Schônebeke Brûn* nennt sich cod. theol. Gott. 153 fol. 212ᵇ im Schlussgebete der kleinen Theophilusdichtung, die, obgleich streckenweise in wörtlichem Zusammenklang mit der Theophilusepisode des Hohen Liedes, doch bis in den Inhalt hinein einen selbständigen Charakter trägt. Das ihr in der Handschrift unmittelbar folgende Gedicht, „*van der almissen*" u. s. w., das in losester Folge, oft sprungweise, auch wol lückenhaft (vgl. W. Meyer, Verzeichnis der Göttinger Hss. 2, 384) den Wert von Almosen, Gebet, wahrer Minne, Messe, zum Teil durch gut erzählte Beispiele, erweist und dann zu den Seligpreisungen überlenkt, dies Gedicht ähnelt in Reimtechnik und Wortgebrauch, in stilistischer Manier und wörtlichen Uebereinstimmungen den für Brun gesicherten Dichtungen so schlagend, dass es nur von ihm selbst, was ich kaum bezweifle, oder einem unmittelbaren Nachahmer herrühren kann. Dass Brun auch ausser den Cantica noch *vele gûdes gedichtes* verfasst hat, bestätigt die Magdeburger Schöppenchronik. Ich gedenke auf die auch inhaltlich interessierende Dichtung demnächst zurückzukommen und dann auch zu erörtern, ob wir es da mit einem oder mehreren Gedichten zu tun haben.

deutschen Formen des Schreibers, in den wesentlichen Zügen so genau, dass ich an dieser Stelle von der näheren Erörterung ihrer Sprache absehen darf[1]).

Behaghel fügt auch die Braunschweigische Chronik hinzu; ich stimme unbedingt bei; nur bedürfen seine Angaben, die im Wesentlichen auf den ersten 2000 Zeilen beruhen, der Ergänzung, ebenso wie Weilands kurze Bemerkungen (Deutsche Chron. II 1, 457 f.). Ich hebe die Hauptsachen heraus. Die Untersuchung wird wiederum behindert und unsicher durch die Unreinheit der Reime, die sich namentlich im Vocalismus fühlbar macht. Behaghel legt berechtigten Nachdruck auf die consonantische Tatsache, dass in mehr als 9000 Versen nur dreimal [nicht zweimal] hd. *t* : hd. *z* gebunden wird (4570. 5672. *Arnolt* : *holz* 6087); die dadurch empfohlene Verschiebung des *t* > *z* wird gestützt durch *dôz* (Lehnwort) : *grôz* 3339. 9072, *wîz* : *glîz* 2422 (nd. *witt* : *glîz*, das Lehnwort ist), *glîze* : *vlîze* 2892, und *vlîze* : *antlitze* 2775 (*antlitze* ist Lehnform für nd. *antlât*)[2]). In der Labialreihe steht dem einmaligen *strâfen*, *straffen* (Lehnwort) : *pfaffen* 174[3]) zwar in vier Fällen der Reim *geschapen* : *knappen* gegenüber (6779. 8437. 9037. 9114), ferner *papen* : *knappen* 4834: aber das sicher unreine *straffen* : *knappen* 8899 lässt auch die Auffassung *geschaffen*, *pfaffen* : *knappen* zu, umsomehr als die Verschiebung in den md. Reimen *biscof* (: *orlof*, *lof*, *hof*, *stôf*, 9 Belege oder mehr), *kouf* (: *rouf*) 8284, *-scaf* (: *gaf*, *af*, sehr oft) und *traf* (: *af*) 7018 keinen Bedenken unterliegt. *sprach* (: *tach*, *untwach*, *mach*, *lach*, *mâch*, *nâch*, *sach*, *jach*, *geschach* u. s. w.) ist ungefähr 20mal, aber auch *stach* 3052, *dach* 3943, *gemach* 4425, *brach* (5mal), *bach* 6291. 9229 belegt; *loch* (: *hôch*) 6190, *buoch* (: *genuoch*) 981; zu Dutzenden wider *-lich*, *-rich*, *Brûneswich* (: *zwich* „Zweig"; *wich* „Kampf"; *sich* „siehe"; *-ich* [*kreftich* u. s. w., *twentich* u. s. w.]); auch *brachte* : *machte* 7766, *overdacht* : *gemacht* 4157[3]). Der Reim *werken* „wirken" : *kirchen* 4568. 6535 erweist noch kein *kerken*, da auch *werch* : *-berch* (1370. 1393. 8011. 8121) für eine Ueberverschiebung von *-rc* zu *-rch* spricht. Die zahlreichen (mindestens 17) Reime *Hinrîche*, *-lîche* : *wîge* (*Ludewîge*) werden demgemäss besser als *-iche* : *-îje*, denn als *-ike* : *-ige* aufgefasst[4]); ebenso *wuchet* : *vorsluchet* 9121 (?). — Für hochdeutsch *t* könnte man ins Feld führen Reime wie *râte* : *senâte* 2765, *strîte* : *quîte* 2230. 8219. 8775, *gebote* : *rotte* 3231. 5042. 5484. 5855. 5966. 6607[5]), *orte* : *vuorte* 5118, : *hôrte* 5500[3]), *irkente* : *pavimente* 4537, *irkante* : *presante* 8425 (vgl. auch 5284. 5488. 7142); da aber Reime wie *nôte* : *tôde*, *strîte* : *vride*, *leide* : *seite* „sagte" nicht minder zahlreich sind, die nur niederdeutsch consonantisch rein wären, so wage ich den Schluss auf hochdeutsch *t* nicht. Dass aber eher die zweite Gruppe unrein ist, bestätigt die Behandlung des *dd*: *Otte* reimt nicht nur auf *spotte* (9mal), sondern

1) Den Reim *gêt* (3. Pers. Plur. Ind. *als uns de wisen papen gêt*, d. i. *jehent*) : *drôfhêt* 218a kennt Fischer freilich bei Brun nicht; doch könnte auch *lugent* (Hs. *beati qui lugent van der drôfhêt*) das Reimwort gewesen sein. Bruns normale Pluralendung wäre md. *-en*.

2) Unklar ist der Reim *Adelîze* : *vlîze* 8576; die Dame heisst sonst Adelheid.

3) Der Reim fehlt in der Wolfenbüttler Handschrift, die ich nach Leibnitz Abdruck Script. Brunsv. illustr. 3, 1 ff. hie und da heranziehe.

4) Auch Brun v. Schonebeck reimt z. B. *klûge* : *bûche* Cant. 1152. Alm. 220a.

5) Die Wolfenbüttler Handschrift schreibt für *rotte* meist *rade* oder *lage*.

auch auf *hodde* „hütete" (8mal), das also wol als *hötte* (nicht niederdeutsch *hodde*) anzusetzen ist; *Atte* : *hatte* 1597; *satte* „setzte" : *hatte* 4532. — Ausgesprochen hochdeutsch ist endlich der Reim *sehse* : *ekse* „Axt" 8966; ich notire noch *braste* (nd. *barste*) : *glaste* 3330. 8000, *brunne* (nd. *borne*) : *sunne* 9227. — Demgegenüber nur éine scharf niederdeutsche Eigenheit des Consonantismus, die zahlreichen Reime *cht* : *ft*; den beliebtesten, *berichte* : *gestichte* könnte der Chronist aus seiner Gandersheimer Quelle gelernt haben [1]). Auf die Annahme, dass diese Reime *ft* : *cht* eher als unrein denn als niederdeutsch anzusehen seien, könnte *schrift* : *Eebricht* 1730 führen; *schrift* (sonst auf *gifft* reimend) ist schwerlich zu *schricht* geworden. Aber dieser vereinzelte Fall wiegt doch kaum schwer genug. — Von vocalischen Erscheinungen hebe ich hervor: mitteldeutsch *û* (mhd. *uo*) wird erwiesen durch die Reime *gût* : *trût* (1740. 1844. 1927. 2100. 2269. 2577), : *lût* 2860, : *Assût* 8547, *behût* : *Gertrût* 1955, *mût* : *Gertrût* 2067, *gûte* : *liute* 3760, *bûche* : *siuche* 4597; mitteldeutsch *î* (mhd. *ie*): *knî* : *sî* 1316. 1345, *hî* (nd. *hîr*) : *sî* (oft) [2]): die für niederdeutsch *ô*, resp. *ê* beweisenden Reime überwiegen allerdings beträchtlich (*ô* zumal vor *rd* und in den Reimen *mochte*, *tochte* : *suochte*, *ruochte*). *ŭ* (nd. *o*, auch md. oft) steht fest durch die Reime: *sun* : *Brûn* 1520, : *Lugdûn* 7645, wol auch durch *lügen* : *ziugen* 1485 [3]), *beschûrte* : *gehurte* 9253; *ĭ* (nd. *e*, auch md. oft) wird fixiert durch die häufigen Reime *site*, *mite*, *vride* : *wite*, *strîte*, *zîte* (17 Belege), *vile* : *wile* 5856. 6285, *sige* : *swige* 7110, *pfliget* : *nîget* 3359 [4]), : *stiget* 8205, *schinen* : *sînen* 5844, *wizzen* : *vlîzen* 7025 (*blich* : *Brûneswich* 2035 u. a.); stets *hin* [5]) und *vil* (oft : *wil*); anderseits ist auch nd. md. *o*, *e* reichlich gesichert [6]). Der niederdeutsche Uebergang von *a* > *o* vor *ld*, *lt* prägt sich in den Reimen nicht aus: *manicvalt*, *balt*, *gewalt* reimen nicht nur unter einander, sondern auch auf *gezalt* 1384. 3073. 3078. 3108. 5508. 6941. 7370. 8130, auf *gemalt* 8322, auf *galt* 8405. 9336, auf *gestalt* 8575. 8963, Reimworte, die der *o*-Färbung nicht günstig sind; *geholt* „geholt" : *balt* 2055 beweist nicht für *bolt*, da auch *gehalt* gemeint sein kann, wie beide Hss. schreiben. Im Ganzen betrachtet verrät der Vocalismus der Reime den niederdeutschen Autor deutlicher als ihre Consonanten: fast jede Einzelerscheinung, nicht aber das vocalische Gesamtbild wird mitteldeutsch so nachzuweisen sein [7]). — Nun die Flexion. Die niederdeutsche

---

1) Ausser *stiften* wird so gereimt: *hafte* (: *achte*) 3102, vgl. 5168. 7376; *luft* (: *vrucht*) 6485; vielleicht auch *besûfte* (: *lûchte*) 819, wo Strauch allerdings an *besuochen* denkt; der Sinn scheint *bevruchte* zu verlangen. *echte* : *slechte* 1114.

2) Unsicher *hilt* : *schilt* 4210.

3) *mugen* : *zûgen* 2886 könnte auch *mogen* : *tôgen* meinen.

4) Die Wolfenbüttler Handschrift hat *neget*.

5) *hin* : *in* 3200. 3803. 3954 6671. 9112; : *sin* 3324. 6677; : *juncvrowelin* 6575; : *Conradin* 2684; : *begin* 847.

6) Ein unreiner Reim wie *rike* : *breke* (*bræche*) 2259 schwächt die Beweiskraft beider Reihen, ist aber doch isolirt. Hat der Dichter etwa an ein hyperhochdeutsches *briche* gedacht, auf Grund der Gleichung hd. *ich briche* = nd. *ek breke*?

7) So reimt z. B. *sehen*, *jehen*, *spehen* : *ziehen*, *vliehen* (*sên*, *jên*, *spên* : *tên*, *vlên*) 87. 168. 1693. 1925. 3985. 4691. 8147. 8472; nicht nur hd. *uo* : hd. *ô*, *o* (sehr oft, aber auch md.), sondern weiter hd. *uo* : hd. *ou* (*-tuom* : *boum* 620. 3744. 4935. 7813; *ruowe* : *vrouwe*, *ouwe* 391. 401. 426. 4758. 5514. 5806. 7782. 7791); nicht nur hd. *ie* : hd. *ê*, *e* (sehr oft, aber auch md.), sondern weiter hd. *ie* : *ei*

Pluralendung *-et* fehlt in der 1. und 3. Person Praesens vollständig; es heisst stets *-en*, ja 8860 *hânt* (: *verbrant*), 1919. 7504. 9306 *sint. ir sîn* 7245. 9326 (*ir sît* 4748). Dass die 2. Plur. Praet. auf *-en* ausgeht (1379. 2504. 4337. 4724), verträgt sich auch mit mitteldeutscher Sprachform. Ob der Dichter im Plur. Praet. *wâren* oder *wêren* gereimt hat, ist darum zweifelhaft, weil er unreine Reime von *â* : *æ* nicht scheut[1]): die sichern Belege für die hochdeutsche *â*-Form überwiegen so weit[2]), dass trotzdem die Absicht des Dichters auf die hochdeutsche Form als gesichert gelten darf. Die hochdeutschen Praeterita *irkande*, *nande*, *sande*, *brande*, *rande* (27 Belege oder mehr) schlagen die niederdeutschen *sende* 991, *irkente* 4538. 4695[3]) weit aus dem Felde; die Participia *genant*, *bekant*, *gesant*, *gebrant*, *gewant*, *gerant* u. s. w. haben überhaupt kein *gesent* u. ä. neben sich[4]). Auch die umlautlosen Praesensformen wie *draget*, *valt* (*volt*)[5]) fehlen. Von *geben* heisst die 3. Pers. Sing. Praes. in niederdeutscher Art *gift* (: *schrift*) 209. 296. 671. 1411. 1536. 1923 u. s. w.[6]); von *liggen* aber mehr hochdeutsch *lît* 6089. 7318. 9240, von *dôn* nie *deit*, wie niederdeutsch zu erwarten wäre, sondern nur *tût*. Neben dem sehr häufigen *gît* (d. i. hd. *giht*) steht hd. *gicht* 4072, *geschicht* 1872. Hochdeutsch *ist* (: *list*) 134. 2022, (: *vrist*) 1985. 3296. 4740, (: *vermist*) 7324 überwiegt über das ganz seltne *is* 47 und 6952. *du wilt* (: *schilt*) 4687. Das Praet. von *stân* stets *stunt*. Für die hochdeutschen Formen *hân*, *haben*, *habe* (4342), *hât*[7]); *sagen*, *saget*,

(z. B. *diet* : *streit* 691. 1079. 1750 u. s. w., : *reit* 5615, *riet* : *streit* 4115, *schiet* : *leit* 6308 (4435); *liep* : *bleip* 4663. 4773, : *treip* 3245. 8276; *brief* : *bleip* 7991. 8223, : *screip* 4494; *hiez* : *sweiz* 3640, : *kreiz* 2104; *liez* : *reiz* 8264, : *weiz* 7319; *schiede* : *beide* 7014; *geheizen* : *liezen* 6040); hd. *ei* : *ê*, *e* (*sêle* : *teile*, *veile*, *heile* 1020. 1834. 7223. 7296. 8350. 9190; *eische* : *lesche* 4625; *Michahêl* : *teil* 8652); hd. *ei* : *i* (nd. *ê* : *e* : *verswigen* : *eigen* 2475. 2531, : *neigen* 8492; also vielleicht auch *phliget* : *neiget* 3359). Daneben massenhafte Reime kurzer und langer Vocale, auch im klingenden Ausgang, umgelauteter und nicht umgelauteter. Da selbst *e* und *a* reimen (*rent* „rennt" : *gewant* 4805, *geslagen* : *segen* 5510, *gevelle* : *alle* 4085. 8362. 8835), so wird auch *zamt* (: *amt*) 4644. 9176 wol besser als *zemt* (so die Wolfenbüttler Hs.) verstanden, denn als falscher hochdeutscher Vertreter eines niederdeutschen *temede* (Behaghel): ist es doch beidemal Praesens.

1) So *Bâre* : *mære* 2409; *wære* : *jâre* 2624. 7209. 7848. 8655, : *scare* 2663. 2750. 2937. 3433, : *vâre* 4269; *mære* : *jâre* 3570; *mæren* : *sparen* 3461; *hôrsame* : *quæme* 6032; *tage* : *sæge* 4285, : *phlæge* 3866; *brâhte* : *dæht e* 4287.

2) *wâren* z. B. reimt auf *êren* (609. 1070) 4034 (4377. 6520. 7734. 7930), : *burgêren* (5369. 7496), : *sweren* (5138); *quâmen* : *næmen* 748. 3609 (?); *nâmen* : *quæmen* 2835; *quâmen* : *nemen* 6306, : *Bremen* (5744); *gâben* : *bliben* (5131 ?), : *gescriben* (1071); *phlâgen* : *segen* (6764); *trâten* : *grêten* 6762; *tæten* : *steten* (6610): im Grunde nur fünf sichere Fälle, da die eingeklammerten Zahlen auf Nebensätze verweisen, in denen der Conj. wenigstens nicht gradezu ausgeschlossen ist, so unwahrscheinlich er namentlich in der Formel *dhe dâ wêren* sein mag; die unsichern Belege liessen sich vielleicht noch mehren. Dagegen fand ich *wâren* (: *jâren*, *varen*, *sparen*, *barn*) 11mal, *quâmen* (: *namen*, *samen*) 8mal, *gâben* (: *Swâben*, *Walraben*) 1379. 4962, *phlâgen* (: *slagen*, *tagen*) 3479. 8731, *lâgen* (: *slagen*, *Hagen*) 2730. 7500, *sâgen* (: *tagen*, *hagen*, *irslagen*) 4794. 4972. 6139, *bâten* (: *râten*) 4040, *sâzen* (: *lâzen*) 6650, *brâchen* (: *swachen*) 3059, im Ganzen 30 Fälle.

3) Von vielleicht conjunctivischen Formen seh ich ab.

4) *gezalt* oben S. 39; *gezelt* 2762.

5) hd. *bevelt* vielleicht 731. 930 (: *helt* „hielt").

6) Ob auch hd. *gît*? V. 5599 *sô mir de scripht urkunde gît* spricht dafür, verglichen mit 5717. 7472. 8138 u. m. Aber 694 *nchein scripht mir urkunde jach* legt doch die Ableitung von *jên* näher.

7) md. Part. *gehat* (: *stat*) 5346. 7593. 7770.

seit, *gesaget* (3647. 4243. 7083. 8591), *geseit*, *seite* (5546. 6986. 8381), *sagete* (7346)[1]) genügen im Ganzen Behaghels Belege; *leite* z. B. 5027. 5315. 5477. 5585 u. ö., *geleit* 4281. 4435. 7451. 7508 u. ö. Hd. *lân* steht 5288. 7029 fest[2]). — *gûter* als nachgesetztes starkes Adj. Femin. (!), auch nach Artikel (2072. 4241. 4262. 8169) ist anscheinend gradezu ein Kennzeichen dieser hochdeutsch dichtenden Sachsen: man wusste bei der Anwendung der den Niederdeutschen ursprünglich fremden Endung *-er* nicht Bescheid und geriet so in eine starre „ungrammatische" Formelhaftigkeit hinein, die Arw. Fischer bereits (Brun v. Schonebeck S. LIV) für Brun und unser Gedicht beachtet hat und die wir bei Konemann wiederfinden werden. Dass bei allen drein grade *gûter* so bevorzugt wird oder allein so vorkommt, mag lediglich an dem bequemen Reimwort *mûter* liegen. *lazzer*, das man masculin 4060. 4628. 9043 : *wazzer* reimen findet. kann alle drei Mal allenfalls auch Comparativ sein. Auch das Versinnre zeigt die hochdeutsche Endung *-er* oft[3]), besonders in der Verbindung *werder vrowe* u. ä. 401. 455. 697. 715. 1955 (ausserdem 12 Masculinfälle), die wol für den Dichter in Anspruch genommen werden darf[4]). — Hd. *her* „er" reimt 53 auf den Gen. Sing. Fem. *dher*, 8327 auf *sêr*, 1525. 7409 *mocht er* : *tochter*; *mir* : *ir* 4298; dagegen ist niederdeutsch der nicht seltene, anscheinend dativische Gebrauch des reflexiven *sich*, z. B. 3027. 4471. 4491 im Reim. — Gesichert sind im Reim die hochdeutschen Wortformen[5]) *wochen* (: *gesprochen*) 3906. 5579, *bach* 6291. 9229. *wol* (nur : *sol* und : *vol*), *hin* (s. o.). *hî* 177. 858. 1051. 1380. 4761. 6183, *dâ* 569. 2707. 2754. 2949. 2955. 3155. 8038 (etwas seltner *dâr*), *ê*, *mê* (14 beweisende Reime. nie *êr*, *mêr*), *dannen* 1808. 2977. 3179. 3852. 6580. 8310 (nd. *dan* 2025. 3437): die hochdeutschen Endungen *-lîn* (sehr oft)[6]), *-scaf*, *-scaft* (nie die nd. Form). *-unge* 968. 2088. 3542. 4275. 6664. 6758[7]); die niederdeutsche Endung *-te* fehlt in den Collectiven *gebeine* (: *eine*) 510[8]), *gesteine* (: *reine*) 4547, die niederdeutsch beliebte Endung *-de* in den oft reimbildenden Abstracten *schône* „Schonung" und *hône*. *-bar* und das hd. *-bêre* sondern sich in der guten Hamburger Handschrift annähernd nach bestimmten Worten: im Reim *offenbar* (sehr oft)[9]), *achbar*, aber auch *vluchtbar*

1) *seggen* : *leggen* 1453, : *ligen* 5567. *secht* : *gerecht* 405 nur in der Wolfenbüttler Handschrift und sicher unrichtig.

2) Dagegen sieht mehr nd. aus *bevilte* (: *milte*) 4860, *bevol* 7423; *vorslûzen* d. i. *vorslûten* (: *ûzen*) 606-.

3) Fem. *grôzer* 3413; *brûner* 8504; *schôner* 2649; *sigehafter* 2188; in der Wolfenbüttler Hs alle beseitigt, die auch das feminine *werder* nie duldet und selbst von dem masculinen *-er* nur dies und das Beispiel versehentlich stehn lässt.

4) Als nd. vermerke ich *drê* (: *ê*) 3002. 5682. Auch das Ntr. Plur. *bôke* 2021. 6624 entspricht mehr niederdeutschem Gebrauch.

5) Das im Reim auf *knappen* oft bezeugte *wâpen*, *wappen* ist auch md., nicht nur nd.

6) *-kin* nur in dem Eigennamen *Willekin* 8060.

7) Für *-inge* könnte sprechen *wiginge* 6657, *Grôninge* 8702, *lôsinge* 4975, alle: *degedinge*. Da aber die ältre hochdeutsche Handschrift immer, die jüngre niederdeutsche meist *degedunge* zu schreiben scheint, so liegt der Verdacht nahe, ob der Dichter nicht misverständlich und hyperhochdeutsch auch das *i* von *degedinge* zu *u* gemacht habe.

8) Die Gandersheimer Chronik hat an entsprechender Stelle, 339, *gebeinte*; die Wolfenbüttler Handschrift schreibt 1285 im Versinnern *gebeten* (d. i. *gebênte*).

9) *offenbâre* : *wâre* „esset" 2885 : : *mâre* 7333

9127; dagegen *tugentbère* 344. 432. 966. 1288, *sèldenbère* 8118, *sorgenbère* 3994, auch *vluchtbère* 9097; im Versinnern hat die hochdeutsche Handschrift ausserdem das ausgesprochen nd. *vorbar*, *kostenbar* 2892, *vruchtber* 2655; dagegen *wunderbère* 10[1]). 1642, *vlustbère* 7084[2]); es ist schwerlich ein Zufall, dass das mittelniederdeutsche Wörterbuch die *-bar*-Bildungen alle verzeichnet (ausser dem doppelt gebrauchten *vluchtbar*), die *-bère*-Bildungen alle nicht kennt; es werden vornehmere hochdeutsche Entlehnungen sein. — Sie führen uns zur Wortwahl. Bei der Lückenhaftigkeit unsrer mittelniederdeutschen Lexika, die ich aus eigner Belesenheit nicht befriedigend zu ergänzen weiss, können meine Bemerkungen zumal über die hochdeutschen Elemente nur einen provisorischen Charakter tragen[2a]). Voran stell ich das zahllos bezeugte hd. **nennen*, das nur éinmal, 7817, **nômen*[3]) neben sich hat; die ständigen Lehnverba *zîren* 2115. 4529. 4536. 8577 (**zîrheit* 6753. 6992), **zagen* 3282[4]), **vorzagen* 3066. 3256 (**zagheit* 4619. 9092, *zagchaft* 5381. **unzachaftigkeit* 1874. **unvorzaget* oft), **strâfen* 174. 8899[5]) fehlen nicht. **nâhen* (nd. *nâlen*, *nâken*) steht 5387 im Reim auf das mittelniederdeutsch gleichfalls gemiedene **gâhen*[6]), vielleicht auch 885 (: *machte*), oft im Versinnern; **valwen* (nd. sehr selten *valen*) 7059 (vgl. 4937). **vordagen* 1362[7]) „verschweigen", obgleich altsächsisch[8]), ist dem mittelniederdeutschen sonst fremd; ebenso **zünden*[9]) 1899. 4611. 4621. 8917 (wol aber nd. *tunder*); *dulden* sichert das vereinzelte Zeugnis im Innern V. 5113 nicht hinreichend. Auch **salwen* „beschmutzen" 3500. 4936. 7060. **glesten* 4076, die starken Verba *nîden* 4214, **entbîten* „warten" (mnd. *beiden*) 6978. 7045, **brinnen* (Inf. 2428[4]). *bran* 7934. 8855[10]); mnd. *brennen*, *brende*) gehören meines Wissens nicht zu dem geläufigen mittelniederdeutschen Sprachschatz. Von Sub-

1) Die Wolfenbüttler Handschrift hat hier denn auch die Var. *wonderliken*.

2) In der Wolfenbüttler Handschrift *vluchtigen*.

2a) Vorgesetzte Sternchen deuten an, dass unter den Belegen des Wortes auch ein Reim ist.

3) In der Wolfenbüttler Handschrift auch 1500. 1919. 2386 u. ö., aber nicht im Reim.

4) In Wolf. ganz anders.

5) Doch hat die Wolfenbüttler Handschrift zufällig beide Belege nicht. — Wenn in ihr *minne*, *minnen* zuweilen durch *lère* ersetzt und zu *winnen* misverstanden, wenn es in der Gandersheimer Chronik durch *lère* glossirt wird, so deutet das wol nur darauf hin, dass das Wort im 15. Jahrhundert nicht mehr edeln Sinnes geläufig war.

6) Die niederdeutsche Handschrift reimt hier *jageden* : *naleden*, schreibt 885 *naede*.

7) Wolf. hat misverstanden *vordragen*.

8) Die Erscheinung kehrt, ohne dass ichs jedesmal betone, öfter wieder, dass Worte, die das Altsächsische recht gut kennt, im Mittelniederdeutschen der Entlehnung aus dem Hochdeutschen verdächtig sind. Litteratur wirkt auf den in sie eingetretenen Wortschatz nicht nur verbrauchend, sondern auch erhaltend: so kann es nicht auffallen, dass sich in der um mehr als zwei Jahrhunderte älteren hochdeutschen Litteratur manches Wort lebendig conservirt hat, das der niederdeutschen Rede veraltet oder verloren war. Natürlich bleibt der Lehncharakter solchen Wortes immer etwas zweifelhafter, als wenn auch das altsächsische Zeugnis fehlt.

9) In Wolf. stets mit *z* geschrieben.

10) Der Reim 1910 *gebrunnen* : *untrunnen* ist unsicher, da er in *gebrant* : *untrant* (so in der niederdeutschen Handschrift) umsetzbar wäre: wahrscheinlicher ergibt er noch ein zweites mehr hochdeutsches Verbum, *rinnen* (nd. in diesem Sinne meist *rennen*). 2428 hat Wolf. ganz umgeändert. 7934 reimt *bran* auf **unstân*, in der hd. Bedeutung „entstehn".

stantiven kennzeichnen sich als Lehnworte ohne Weitres **megetîn* (sehr oft), *zagel* 949, **glîz* 2423. 2892, **dôz* 3339. 9072, **antlitze* (nd. *antlât*) 2775; wol auch *anger* 1677[1]. 5409; in *zârn* „Zähre" 3246. 6435[2]) ist dem entlehnten md. *zâr* eine Umbildung nach dem Muster des nd. *trân* widerfahren. Einer gehobenen, unmundartlichen Sprache entstammt weiter **jungelinc* oft, **barn* 4901[3]). 6293. 7534. 7958. 8770. Hochdeutsch sieht ferner aus **dult* „Fest" 3806 (?, die Bedeutung doch fraglich), *vinsternisse* 283 (im Versinnern, nicht sicher; Wolf. *dûsternisse*), *ast* 4343 (?, seltsam feminin); auch die häufige Redensart **sunder twâl* ist wol nicht echt niederdeutsch. *almôse* (nd. *almisse*) steht 264. 4585, aber nicht im Reim; das regelmässige Masc. *der touf* ist dem Niederdeutschen fremd[4]). — Das Adjectivum *michel*, sicher entlehnt, konnte der Chronist ebenso bei Eberhard v. Gandersheim wie in der Sächsischen Weltchronik[5]) finden; eine gewisse Unfreiheit des Gebrauchs verrät sich darin, dass das Wort nur (23mal) nach *ein* und zwar mit 3 Ausnahmen sogar nur in den festen Bindungen *ein michel her*, *herrart*, *strît*, *teil* vorkommt[6]). Hochdeutsche Lehnadjectiva sind ferner **zart* (Lehnreim!) 1647. 3975. 7942. 8120. 9236. **glanz* (Lehnreim!) 2604. 3357. 8254[7]), **trût* (?), wol auch *uendelich* 2410, das die Wolfenbüttler niederdeutsche Handschrift falsch verstanden hat. Man erwäge ferner *spæhe* „hübsch" 8949 (nd. *spê* hat ganz andre Bedeutung), *üppiclîchen* 676[8]). **offenlîche* 865. 5097 (fehlt Wolf.), *rôselicht* (poetisch gehobner Ausdruck?) 3248, *namhaft* 4659. 6210[9]); auch die Construction **eine* c. Gen. „ohne" 764. 1958[10]). 7718. 7985. 9276 ist meines Wissens im Mittelniederdeutschen nicht üblich, das auch die bequem reimenden Adjectivbildungen auf *-var*[11]), zumal in übertragnem Sinne, minder zu begünstigen scheint als das Hoch-

1) In der niederdeutschen Wolfenbüttler Handschrift in *ander* misverstanden.

2) Wolf. hat an erster Stelle *tran*, an zweiter *torne*.

3) In Wolf. *kint*; das alts. Wort *barn* (in friesischen Gegenden noch heute) war mnd. völlig veraltet; zur Entlehnung stimmt das häufige Auftreten im Reim. Freilich, *barn* : *wâren* reimt hd. schlecht, aber auch dieser zweisilbige Reimgebrauch lässt sich aus hd. Reimvorbildern wie *barn* : *varn* (mnd. *vâren*) ableiten.

4) Die Wolfenb. Handschrift pflegt denn auch das Feminin einzuführen. — Ich verzeichne noch als in dem mittelniederdeutschen Wörterbuch fehlend, hochdeutsch aber geläufig *brunst* 55. **ûp* „Landbau" 971. 2854, **wage* „Wiege" 3364 (Wolf. *wege*), *haz* „Jagd" 8059, **grim* „Grimm" 9226, **blic* im Sinne von „Augenblick" 9189. Von den zahlreichen ritterlichen Worten romanischer Herkunft, die meist auch hd. vermittelt wurden, seh ich hier ab. Manches, wie *rûme*, *orke*, *albe*, *orde*, *zime* u. ä. mag der Dichter auch direct aus dem Latein oder sonsther übernommen haben.

5) Strauch verzeichnet aus ihr im Glossar 3 Belege: davon ist einer, 92, 36, sicher nach Kaiserchr. 1117 gearbeitet; 91, 33 weist mindestens auch auf eine poetische Vorlage zurück (Reim *sêre* : *êre*); die dritte Stelle 78, 10 steht in einer Umgebung, die mehrfach auf hochdeutschen Lautstand hindeutet. Doch kommt das Adj. in der Weltchronik auch weiterhin noch vor.

6) *lützel* 1131 hat Wolf. nicht in *luttel*, sondern in das mnd. weit vorherrschende *luttic* umgesetzt.

7) Von **ganz* und **kranz* seh ich hier und später ab; ihre frühe und weite Verbreitung über die hd. Grenzen hinaus raubt ihnen für diesen Zusammenhang die Beweiskraft.

8) An der entsprechenden Stelle Eberhards V. 500 fehlt das Adverbium.

9) Leibnitz druckt hier *manhafftig*.

10) In Wolf. beidemal *reine*; die übrigen Fälle stehn in Wolf. nicht mehr.

11) *wolgevar* 7921. 7994. 8683, *purpurvar* 7818. 9237, *tugentvar* 4167 (Wolf. *klâr*) 8510, *blôtvar* 2772

deutsche. — Von hochdeutschen Partikeln der Chronik stehn *niene* (sehr oft)[1]), *sam*, *alsam* (7 Belege[2])), *unz* (sehr oft[3])), *dort* 2866. 8386 nicht im Reime, ohne dass ich sie irgend anzweifle; **sân*, worüber unten, tritt 6054. 6340 im Reim, 7325[4]) im Versinnern auf[5]). Wichtiger ist, dass es z. B. stets *dannoch*, nie *nochtan*, stets *dicke*, nie *vaken* heisst u. ä. — Gegenüber diesen mehr oder minder sicheren hochdeutschen Zügen des Wortschatzes, deren Zahl natürlich noch manche Erweiterung verträgt, fehlt denn freilich eine grosse Anzahl rein niederdeutscher Elemente nicht, die doch, da es sich meist nur um vereinzelte Erscheinungen handelt, nicht ausreichen, der Rede des Chronisten ein eigentlich niederdeutsches Gepräge zu geben. So gebraucht er die dem Hochdeutschen fremden Verba **behôven* „bedürfen“ 74. 1566, **bestrîden* „beschreiten“ 2987. 4788 (?), **schurren* 7010, die Substantiva **echt* (*tô echte*) 1114. 3105. 4216. 4258. 4372, *blach* „Tinte“ 1634, **stovêre* „Badeknecht“ 1887. 1905, **blich* „Fleck“ 2034. 2561. 2676. 2738, **lote* „Sprössling“ 2649, *unere* „Vetter“ 3281, **haf* „Meer“ 3617. 6265. 7002. 7858, *persem* „Wucher“ 4552 (fehlt Wolf.), **vlucht* „Flug“ 4791, *grôt* „Wiese“ 5411 (Wolf. *velt*), **wrêde*[6]) „Streit“ 6487, *wedderstow* „Stauung“ 6621, *tagerât* „Morgenrot“ 6749, **spê* „Spott“ 8315, **grât* „Hunger, Gier“ (?) 8713, die Adjectiva *vorbar* 423. 5229. 5858. 6212[7]), **unvêlich* „unsicher“ 5010, **greselich* 7290, das häufige **worch* „lässig“[8]), die Adverbia *men* „nur“ 346, **ummentrent* 2803. 7069, *of* „oder“ 7020, wobei ich absehe von dem niederdeutschen Sprichwort 7004, von den mannigfachen Form[9])-, Bedeutungs[10])- und Geschlechtsdifferenzen[11]), die nach Niederdeutschland hinweisen, absehe endlich von allerlei Zweifelhaftem[12]). Nicht

1) Die Wolfenbüttler Handschrift setzt dafür gern *nicht en* oder beseitigt das Wort sonst.

2) In Wolf. zuweilen ausgelassen oder durch *also* ersetzt.

3) In Wolf. meist durch *wente* ersetzt.

4) Im Reim geschützt, wurde das Wort doch im Innern des Verses von Wolf. beseitigt.

5) *istunt* „jetzt“ 5418. 6338. 6398. 6483 u. ö. (nicht im Reim), in Wolf. ausgelassen oder ersetzt, meint vielleicht nur das hd. *ietzunt*.

6) Der Anlaut *wr* auch in *wringen*, *wrâche*.

7) Wolf. schreibt für *vorbaresten* lieber *vornemesten*, *vornomesten*.

8) Wenn die Wolfenbüttler Handschrift dies Wort anscheinend nicht verstand, so prägt ihm das archaischen Stempel auf.

9) z. B. **zoln* (: *Coln*) 3881; *ich turne* (hd. *turre*) 6205 (aber nicht im Reim); *kunst* (md. selten, hd. *kunft*) oft; **verne*, so immer im Reim, nie *verre*: die beliebten Genitivadverbia wie *overmiddes*; die bildungslosen Adj. Adv. wie *rûm* „geräumig“ 74, *mâze* „mässig“ 5460, **dranc* „gedrängt“ 6123, *vlêhe* „flehentlich“ 7279.

10) z. B. *einem bestân* „zugehören“ 1426 u. ö.; *einen wringen* „schmerzen“ 1550. 8679; **untvegen* „erwägen“, oft; **zôquemen* „zergehn“ 2019; **sich prisen nâch* 5109 u. ö.; *mich verlanget* „mich berilt“ 4503; **sich anewinden* c. Gen. „sich unterwinden“ 5705; *verschiezen* „excommuniciren“ 6045; *wahten* „warten“ 6768; *ûzlâzen* „Sprossen treiben“ 7815; **slîzen*, *erslîzen* intr. „enden“, oft; **buole* „Bruder“ 7422; **strâle* (am Pferdefuss) 8973; *liep* „teuer“ 6086 u. a. m.

11) *der ende* 237. 794, *der bant* 2771, *die gruoze* 2960. 9292, *die grunt* 2996. 3426. 5348. 5457. 7845. 7973. 8814, *die eische* 4625, *daz sweiz* 3641, *daz halm* 7458, *daz gürtel* 7345 u. a., alles nach der hochdeutschen Hamburger Handschrift.

12) Das ausgesprochen niederdeutsche *betengen* der Wolfenbüttler Handschrift 7167 gehörte dem Original sicher nicht an.

aber darf ich absehen von einigen Worten, die auch mitteldeutsch (selbst oberdeutsch) zwar vorhanden sind, dort aber zur niedrigen Sprache gehören, während der Braunschweiger Reimchronist sie als edel und poesiegemäss empfindet, so **trecken*, *getrecke*, ferner **kîf* „Kampf", **quît*, *kerl*, **kaf*, **vorvârt* „erschreckt", **zôgatere*, **algater*, die Adv. Präp. *boven*, *beneven*, *binnen* [1]), meist sehr häufig [2]). So erweist der Wortschatz der Chronik mehr als ihre erkennbaren lautlichen und flexivischen Verhältnisse, dass beträchtliche niederdeutsche Eigenheiten in der braunschweigischen Dichtung dem Hochdeutschen beigemischt sind: das entspricht aber ganz der Zeit ihrer Entstehung und macht mich an der, mir zweifellosen, hochdeutschen Abfassung der Chronik in keiner Weise irre. Freilich, sie redet ein papiernes Hochdeutsch: *site* : *strîte* ist nur ein Augenreim; ihr Verfasser kannte die Litteratursprache wirklich nur litterarisch.

Vermisst hab ich bei Behaghel Berthold v. Holle. Sollte ihn Leitzmann an der hochdeutschen Sprache des Demantin und Crane ernstlich irre gemacht haben? Mir genügen schon die vielumstrittenen Reime, um an des Dichters schriftsprachlichen Bemühungen nicht zu zweifeln. Das gravirende Moment ist lediglich der Umstand, dass Berthold zwar zahlreiche sichere Belege für den niederdeutschen Reim von hd. *t* : *z* (*bat* „bat" : *dat* „das"), aber nicht einen sichern Beweis für hd. *z* biete. Nun, unreine Reime wie *daz* : *was* konnte er auch in seinen hochdeutschen Quellen nicht finden, und aus den Reimen auf *dôz* (s. S. 47) wenigstens möcht ich auch *grôz* und *schôz* erschliessen. Umgekehrt ist wohl zu beachten, dass er — ich zähle nach Leitzmanns Listen [3]) — nur verschwindend selten (4mal) hochdeutsch inlautendes *d* auf *t* reimt [4]). Die eclatant hochdeutschen Reime der Gutturalreihe halten den niederdeutschen der Dentale völlig das Gegengewicht. Den Reim hd. *uo* : *ô* hat Berthold 8mal vor *r*, resp. vor *rt*, *rd*, ähnlich wie der Hochdeutsche Herbort, sonst nur 3mal. Einen Reim hd. *ie* : *iu* macht Vogt Btr. 16, 462 für Crane 1571 wahrscheinlich, während Dem. 7249 anders zu beurteilen ist; *hüeten* wird da = ags. *hŷdan* sein (s. u. S. 49. 55). Berthold reimt hd. *ei* : *ê* nie (!), hd. *ie* (hildesheimisch *ê*) : hd. *ê* nur, wo dies *ê* aus *ehe* entstand, aber auch in md. Weise *ie* : *î*. Ständig reimen *vil* : *wil*; immer heissts im Reime *hin* (: *sin*, *gewin*, *künigin* u. a.); keine Spur eines *old*, *holden* (*alt*, *gewalt* : *gestalt*, *gevalt*, *galt*). *bruste* : *luste* Dem. 6847, *brust* : *lust* 3334; *brast* : *gast* 3336. Die Verhältnisse werden noch deutlicher, wenn man auf das Gebiet der Wortbildung und Flexion übergeht, was Leitzmann nur

1) Die Wolfenbüttler Handschrift hat die Zahl derartiger Adverbia und der von ihnen abgeleiteten Adjectiva (z. B. *de bûtere*) noch reichlich vermehrt.

2) Mehr niederdeutsch als mitteldeutsch wirken auch **vornomen* „berühmt" 636. 3660. 3675. 7342. 9093, **kot* „Kate" 3790 (in Wolf. anders), **clâge* 3791. 8004, **sloz* in der Bedeutung „Schloss" 5710, *bate* „Vorteil" 7354 u. a.

3) Diese Listen (Btr. 16, 15 ff.) und die sprachlichen Bemerkungen Bartschs (Einl. z. Berth. v. Holle XLI ff.) und Vogts (Btr. 16, 452 ff.) setz ich voraus, im Folgenden nur einiges stärker betonend und namentlich ergänzend, was mir grade aufstiess.

4) Hd. *t* (nd. *d*) wird wol gar erwiesen durch *lûden* : *trûten* Cr. 4488. Vgl. auch Cr. 1585.

unzureichend und befangen getan hat. Berthold hat die Endungen *-schaft* und *-lîn*, dies besonders reich im Crane, während der Demantin noch zurückhaltender ist und im Versinnern (4828. 5956. 6904. 8913) sogar *-chen*, *-chin* zeigt (wenn das nicht das Werk eines, jedesfalls nicht verhochdeutschenden, Schreibers ist); ausser dem Reim haben beide auch *-el* (*mundel*). Die hochdeutschen Formen *gât*, *gêt*, *stât*, *stêt*. *tût* (Sing.) [hildesheimisch in der Regel *geit*, *steit*, *deit*] herrschen ausschliesslich oder mit verschwindenden Ausnahmen, ebenso hd. *hân*, *lân*, *sagen*; dazu *seit*, *leit* (neben *leget*) u. ä., kein *leggt*. *seggt*, *heft*, *gift* u. ä. Die 3. Pers. Sing. Ind. Präs. *geschicht* steht durch den Reim auf *nicht* fest, das sonst fest mit *bericht* gebunden wird. Das Prät. von *stân* heisst *stunt* (: *kunt*). Die 3. Pers. Sing. Ind. Präs. von *tragen*, *varn* lautet stets *treget* (*treit*), *vert* (z. B. Dem. 1199. 1805. 8822; 1155. 1654. 7429. 10334), ist nie ohne Umlaut erweisbar. *wâren* (nd. *wêren*) wird durch den Reim: *jâren* (Dem. 100. 7109. 7342. 7669. Cr. 682), : *sparen* (Cr. 4848) erwiesen; kein *ê*. Stets *kande*, *nande*, *sande*, *wande* u. ä.; ebenso *genant*[1]), *geschant*, *gerant*, *gelant* (von *lenden*, Dem. 10621) u. ä.; der Reim *ungezalt* : *manigvalt* (nd. *ungetelt* : *manigvold*) Dem. 301. 8569. 9695. Cr. 1005. 1867. 2457. Ueber *wochen* : *gesprochen* u. ä. Vogt Btr. 16, 459. Dass Berthold die 1. Pers. Sing. Ind. Präs. auf *-et* kennt, belegt Leitzmann (Btr. 16, 48); über das Verhältnis der pluralen *-et-* und *-en*-Formen hat er kein Wort. Die Sache wird dadurch schwierig, dass, wie syntaktisch begreiflich, die grosse Mehrzahl der Reimbelege im Nebensatz steht und da die Notwendigkeit, mit dem Conj. zu rechnen, den Wert der *-en*-Zeugnisse ein wenig beeinträchtigt. Immerhin steht das md. *-en* im Hauptsatz fest Dem. 11662. Cr. 3182, daneben viele Dutzende von Belegen im Relativsatz, nach *daz*, *sint*, *ob*, *alsô* u. s. w., wo der Conj. höchst unwahrscheinlich ist. Das nd. (hildesheim.) *-et* in der 1. und 3. Pers. Plur. hab ich im Demantin 21mal, im Crane an 5 sichern Stellen gezählt, was immerhin auf einen Rückgang der niederdeutschen Form bei dem Dichter deuten könnte. Wie unsicher Berthold im Gebrauch der ihm fremden *-en*-Form ist, zeigt vielleicht grell der Vers Dem. 952 *di besten, die de erde tragen* (: *tagen*; 8822 richtig *treget* : *irweget*): ich erkläre mir den sinnlosen Plural so, dass der Poet hier, da für ihn Sing. und Plur. *draget* zusammenfiel, fälschlich hd. *tragen* statt des hier zutreffenden hd. *treget* setzte[2]). *sint* : *blint* Dem. 7251. — Der niederdeutsche Plur. Ntr. *kinde* nur zweimal Dem. 8128. 8846, nicht im Crane; niemals *lande* u. ä., so günstig der Reim dem war. Hd. *der* „ille“ (: *her*) Cr. 4079; nie im Demantin. Bertholds hochdeutsche Absichten stehn mir schon durch die Reime fest. Vogt hat (Btr. 16, 462 f.) gut gezeigt (und meine eignen Beobachtungen stimmen dazu), wie sich im Fortgange von Bertholds Dichtung die bewusste Vermeidung der niederdeutschen Formen steigert. Und die Absicht entscheidet, nicht das Gelingen. —

Dazu kommt nun aber die geschlossne reichliche Ueberlieferung, die mitteldeutsche Grundlage mit niederdeutschen Einzelheiten verbindet, und nicht zum

1) *ungenennet* Dem. 11249. Cr. 1246.

2) Aehnlich als pseudohochdeutsch liesse sich z. B. Dem. 11665 die Pluralform *enspricht* st. *ensprechet* oder *ensprechen* erklären, die allerdings nicht im Reime gesichert ist.

wenigsten die Wortwahl. Es ist geradezu überraschend, wie gering die Beimischung niederdeutscher Worte in Bertholds epischer Rede sich erweist. Bei einer allerdings hastigen Lectüre hab ich mir notirt **knuken* Demantin 859, *boldern* ebda. 4799. 7481 (hd. erst später auftauchend), *sperke* ebda. 5590. Crane 3533, **gropelîn* Dem. 7284 (Verbindung des niederdeutschen Wortes mit dem hochdeutschen Suffix), *nâlen* ebda. 7484. 8741 (nicht gesichert), *pus* ebda 4001 (nicht sicher), *vormiddens* Cr. 2976, *inte* Dem. 10566 u. ö., dazu etwa noch das häufige, aber auch mitteldeutsch belegte *trecken* Dem. 625. 637. 647. Cr. 1219 u. ö. (ausser Reim)[1]: auch die Redensart *daz vôder binden* Dem. 8560. 9025. 10921. Cr. 250. 1610 ist wol niederdeutsche Gepflogenheit. Dies in 17000 Versen. Die Liste mag grosse Lücken haben: das Gesamtbild wird sich auch bei ruhigerer Sammlung schwerlich anders gestalten. Diese Kargkeit des niederdeutschen Wortschatzes, von der schon der Braunschweiger Chronist und Konemann auffällig abstechen, gibt einen Begriff davon, welche Kluft hier gähnt zwischen Schrift- und Muttersprache: die geprägte Norm des hochdeutschen Epos hat, sorgsam befolgt, die Idiotismen der Bertholdschen Sprache überraschend verkümmern lassen; die Erscheinung stimmt gut zu der reimtechnischen Anlehnung an hochdeutsche Kunst, die ich S. 14 streifte. — Die Gegenprobe, ein Verzeichnis der hd. Lehnworte, muss und darf ich kurz halten (vgl. oben S. 32 f.). Wesentlich aus V. 1—1500 des Demantin hab ich das Folgende notirt: vor Allem sagt auch Berthold stets **nennen*, sehr oft im Reim (nie bei Berthold *nômen*!). **nâhen* (nd. *nâlen* oder *nâken*), im Versinnern 255. 1001. wird 3165 durch den Reim gestützt. Ich nenne von Verben ferner *blicken* (nd. „glänzen") im Sinne unsres „blicken" 57 (*blic* 1471 u. ö.); **ergetzen* 140; *strûchen* 394 und sehr oft, *stûchen* 1169 (nd. nur *strûkeln* so); **erhellen* „erhallen" 426 (das Adj. *hel* z. B. Dem. 9950); **vîren* „schmücken" 499; *untzunden* „entzünden" 731 u. ö.; *gekrochen* 872 (?); *vorstechen* „verstechen" 1348; **entstân* „entstehn" 1407. 1423: vgl. auch *dulden* Cr. 2149, (**rinnen*,) **trûten*, dazu **zîren*, **vorzagen* (und andre Ableitungen von *zage*), *strâfen*; von den romanischen termini technici des Ritterwesens seh ich wieder ab. Von Substantiven **megetîn*, ferner Collectiva auf -*e* wie **gesteine* 1005 (: *reine*, oft), *gestôle* u. a. Dann das hochdeutsche Lehnwort *kolze* (mehrfach); *spitze* 1238 (?): *sprîzeln*, *sprinzelen* 748. 799 (oft); **dôz* „Getöse" 667. 10203, als Prät. von **diezen* 2567. Cr. 1405; *schorge* „Angriff" 857. 875; *anger* (oft); **bach* (Vogt Btr. 16. 460): *vels* (in hd. Bedeutung) 2568; *getemere* 1162[2]). Adjectiva und Adverbia: *michel* oft; **wundirliche* 522 u. oft; **glanz* 532; *rôselecht* 63; auch *gevôge* im höfischen Sinne (nd.

---

1) Noch weniger beweisen **gruoze* Fem. „Gruss" oft (im Reime Dem. 9440. 10938. Cr. 1557. 1592. 3173), *getlich* Dem. 356, *zwiden* ebda. 3572, **uncorvêrt* ebda. 6018, **untfinc* „entzündete" ebda. 2011. 6598, das adverbielle *misse* ebda. 3741. *versetzen* „ersetzen" Cr. 393, *komst* „Kunft" Cr. 1511. 1560. 2987, *zôkein* (nd. *tegen*) Dem. 423, *mêr* „ausser" ebda. 2291 u. ä., alles auch oft mitteldeutsch. Vogts Deutung von Dem. 752 (**sprên* = Staar) leuchtet mir nicht ein: steckt *rate* „Unkraut" und *spriu* darin, so würde das die hochdeutschen Worte mehren. Uebrigens mag noch dies und jenes niederdeutsche Wort an ein paar mir unklaren Stellen Bertholds zu finden sein.

2) **sturz* (von der Kleidung) ist zwar im mittelniederdeutschen Wörterbuche nicht belegt: die Reimform *stort* 1466 erweist die Bedeutung aber wol als auch niederdeutsch.

„klein“) 38 u. oft, ja selbst das beliebte **wolgezogen* schmecken hochdeutsch; ebenso **zart* Cr. 3454; vor Allem das im Reime sehr häufige **dort*, ein in mittelniederdeutscher Zeit anscheinend wesentlich hochdeutsches Wort[1]). —

Schwerer wird mir die Entscheidung bei zwei andern Reimpaardichtern: doch will ich den vorläufigen Eindruck nicht zurückhalten, wie er sich mir aus raschen Sammlungen ergab, die zur Orientierung ausreichen werden. Die Reimchronik Eberhards von Gandersheim ist nur niederdeutsch erhalten, erst in einer Handschrift des 15. Jahrhunderts. Schon die hochdeutschen Spuren der Orthographie (namentlich *t* für *d*: *gute, state, geleite, bereite, wisete, turesten, togende, twinge* u. a.; *se* [d. i. *ze*] f. nd. *tô* 91, *alles* [d. i. *allez*] 73̄3, *uns* [*unz*] 872, auch *roche* 1941, öfter *-lich*[2]); *ie, i, û, u, ei* f. hd. *ie, uo, ei*; *side* [nd. *sede*]; *unser* 599; *er, her* f. *he* 516. 543; *von*; *samfte* 631. 1890; auch *luttel* 1271, *kegen* 1740 sei wenigstens verzeichnet[3])) deuten auf eine hochdeutsche Vorlage zurück: besonders gewichtig scheint mir das *wat* 339. 873 für *was* „erat“, also eine misverständliche Rückverniederdeutschung: im Original hat *s* statt hd. *z* gestanden, wie sich das noch in *unvorsaget* 1163, *sagel* 1390 zeigt (vgl. oben S. 36)[4]). Die Reime werden durch ihre archaische Unreinheit in der Beweiskraft stark beeinträchtigt: doch ist es deutlich, dass Eberhard hd. *ô* : *uo* unbedenklich reimt[5]); hd. *ie* reimt auf *ei* (*riet* : *geit* 295, *gedient* : *gesteint* 277), aber auch auf *ê* (*vlên* [= *vlichen*] : *bestên* 1316; vgl. *sê* [hd. *sie*] : *wê* 706) und *ehe* (*vlên* : *geschên* 694. 1137, : *gesên* 1444; *itteswê* : *sê* [*ek sehe*] 1613), dies *ehe*[6]) widerum auf *ê* (*schê, sê* [*sehe*] : *wê* 120. 365); ferner *ei* : *e* [*i*] (*Hildensem* : *em* 1925) und hd. *æ* (*klêde* [*kleide*] : *hedde* [*hæte*] 418); all das entschieden niederdeutsch, wenn ich gleich nicht abgrenzen will, ob überall der Monophthong *ê* oder auch *ei* vorauszusetzen ist und wie weit Unreinheit vorliegt. Auch *vrauwen* : *gerauwen* (ruhen) 1859 ist wol niederdeutsch, ebenso *lêren* : *werden* 234. *berichten* : *stichten* u. ä. ist ein Lieblingsreim Eberhards, auch *nichten* : *berichten* 1657, *kreften*[7]) : *vechten* 1800 können rein sein; verdächtigt werden diese Reime aber doch durch *stiftede* : *begiftede* 112 und *nicht* : *scrift* 431, wo nur Unreinheit wahr-

---

1) Dagegen heisst es *dâ* nur im Text (im Reime *dár, dar* und im Dem. ganz selten *dô*); *hî* nie im Reim, so bequem es dafür gewesen wäre; ebenso nie *verre* im Reim, sondern stets nd. *verne*; *wie* oft im Texte, aber nicht im Reime belegt (nd. *wô*).

2) *michel*, regelmässig, darf als hochdeutsches Lehnwort nicht hierher gerechnet werden.

3) Weist das falsche *oppern* 1557 für *openen* auf ein *offenen* der Vorlage zurück? Das würde das *pp* erklären. Freilich steht *oppere* zwei Zeilen vorher. — Das *lijd* 491 meint vielleicht *liggt*, nicht hd. *lît*; doch schreibt die Handschrift auch *tijt* „Zeit“.

4) Auch in dem Misverständnis 1103 schimmert ein hd. *togende* des Originals sicher durch; ebenso durch das *vor* 1735 ein hd. *von*.

5) *tô* (hd. *zuo*) : *só* 77. 121. 460; *dó* (hd. *tuo*) : *só* 363; *dón* : *Salomôn* 324; *môt* (= *mótet*, hd. *müezen*) : *nót* 768; *tóde* : *móde* (*muote*) 1797; *Róme* : *-dôme* (*-tuome*) 70. 342. 814. 1898. 1927; *rómen* : *mogen* 240; *mochte* : *geróchte* 213, : *sóchte* 800. 1386. 1410; zweifelhaft ist *tô dônde* : *begonde* 270. 609 neben *stunde* : *begunde* 869; ferner *heimóden* : *behóden* 1199 (vgl. S. 49).

6) Merkwürdig *geschein* „geschehen“ : *anerân* 1279.

7) Die Handschrift schreibt auch *krechtig* 981, *klucht* 1078.

scheinlich ist. Hd. *t* : *z* reimt nur einziges Mal [1]), *stâte* : *mâte* 532, mit Sicherheit; das in jeder Hinsicht abnorme [2]) *leit* : *nôt* (*liez* : *nôt*) 1441 muss gewis in (*ge*)*bôt* : *nôt* corrigirt werden; Eberhard hat sich grade dieser belastendsten niederdeutschen Reime mit offenbarer Absichtlichkeit enthalten. Hd. *t* : *d* lässt er intervocalisch gegen niederdeutsches Recht nur dreimal reimen (*kleide* : *hête* 418, *rîten* : *mîden* 1708, *tôde* : *muote* 1798): bei Eberhards anspruchsloser Reimtechnik auch das bemerkenswert selten. Man beachte weiter, wie er *i* und *e* in offner Silbe nur zweimal bindet (*vorgeten* : *gescreven* 89, *geven* : *bleven* 1774 [3])), wie er selbst die Tonlängung nur sehr sparsam im Reime zum Ausdruck bringt (*rômen* : *mogen* 240, *hertoge* : *hôgen* 475 [4])). Nd. reimt *wê* [*wer*] : *sê* [*sihe*] 1615. Von niederdeutschen Flexionsformen bemerke ich *claget* : *draget* 29 (?) [5]). Ueber die seltnen niederdeutschen Pluralformen auf *-et* (1. Pers. 768 [?], 2. Pers. 1293, 3. Pers. 217) dominirt die Endung *-en* (2. Pers. 52. 1920, 3. Pers. 162. 170. 181. 196. 311. 457. 841. 953. 1129. 1753, *sîn* 12 u. ö., lauter Nebensätze; im Hauptsatz nur 17); ja das prononcirt hochdeutsche *begânt* (3. Plur.) reimt 193 auf *genant*. Und damit sind wir bei den positiv hochdeutschen Reimen, die Behaghel a. a. O. S. 32 grösstenteils verzeichnet. *alt* (nd. *olt*) reimt 1314, *gewalt* 1917, *halde* (nd. *bolde*) 1400 auf *gezalt* (nd. meist *getelt*) [6]). Gegenüber den Reimen hd. *ô* : *uo* möchte man etwa verweisen auf md. *üe* : *iu* in *behûden* : *brûden* 262. Doch wird *behûden* hier in der Bedeutung „verhehlen" auch mnd. *û* haben; V. 1200, wo das Verbum auf *heimôden* reimt, gehört es trotz einer gewissen Aehnlichkeit des Gebrauchs, doch wol zu „hüten". Ich zweifle, ob die beiden, in der Bedeutung verwanten und mnd. wol wirklich vermischten Verba sich scharf aus einander halten lassen. Und diese Vermischung wird Mitschuld tragen, wenn grade *hôden* zuweilen auf *û*, *iu* reimt. Die Reime *klageden* : *hadden*, *hedden* 482. 1058 weisen, wie man sie auffasse, auf die mehr hochdeutsche Contraction des *-age-* zu *â* oder *ei* hin. Für nd. *k* : *ch* hat Behaghel drei Fälle (*sprach* : *plach* 904, : *geschach* 1612, *lesterlich* : *nicht* 1229). Dazu tritt *bôk* : *genôch* 777 und wol auch *sachte* „verursachte" (nd. *sakede*) : *brachte* 1471; etwa noch *sprechen* : *bewegen* 107? *-schaf* : *dach* 65 wäre reiner als *-schap* : *dach*. Neben der niederdeutschen Form *nicht* (: *-lich* 1230, : *licht* [*liggt*] 1236. 1284, : *scrift* 431, : *sticht* 67) kennt und reimt Eberhard das md. *niet*, *nît*, *neit*,

1) Reiner wäre auch *wat* : *schat* 562, *dat* : *schat* 761. 909 als *waz*, *daz* : *schatz*: aber das beweist bei Eberhards Technik gar nichts. Dagegen ist *netten* : *vormeten* 1207 in beiden Mundarten unrein, und in *sitten* „sedere" : *weten* „scire" 358 spricht der Vocalismus mehr für die hochdeutsche Form *sitzen* : *wizzen* (doch ist der Reim nachlässig auch niederdeutsch möglich, zumal grade in der Braunschweiger Gegend).

2) Eine gewisse Parallele bietet Konemanns Reim *beslês* (*beslôz*) [*Got dorch tôbrokene bot dem paradŷs beslês*] : *stês* (*stiez*) Wurzgarten 1624, wo der Dichter auf md. *slizen* (nd. *slûten*) wol die Flexion von nd. *sliten* (hd. *slizen*) übertragen hat. Oder knüpfte er ein halbhd. *slêzen* an *hêzen* (hd. *heizen*, nd. *hêten*) an?

3) *sprekit* : *timebit* 372.

4) *sêge*, *sâge* (hd. *sæhe*) 303. 798. 824. 1115.

5) Oder meint Eberhard hd. *cleit* : *treit*?

6) Aber *golt* : *gemalt* 9.

oft mit *steit*, dann mit *diet* 976. 1451, *riet* 1465. 1760, *tit* 1556 gebunden: die niederdeutsche Handschrift nimmt an dieser Gestalt der Negation denn auch Anstoss und glossirt *nit* 586, *neit* 970. 1076. 1452. 1759. 1815: *id est nicht. schicht* (nd. meist *schût*) wird durch den Reim auf *nicht* 370 bei der Doppelform dieses Wortes nicht gegen jeden Zweifel an der überlieferten hochdeutschen Flexion gesichert. Neben *steit* (oft), *geit* 295, *entpheit* steht im Reime einmal auch nd. *deit* 54, sonst *dôt*, was md. *tût* meinen könnte (34. 355. 428. 1696). Der Indic. Prät. *wêren* u. ä. ist nirgend sicher (auch 481. 1500. 1581, *nêmen* 1845 werden Conj. sein), *wâren* aber 1025. 1164. 1781. 1834 wahrscheinlich [1]), *plâgen* 316, *lâgen* 1422, *brâken* 1497 (*dâden* 59. 436. 1501 u. ö., *bâden* 1655. 1069). In die Augen fällt das sehr häufige und völlig durchgehende hd. Part. *genant* [2]). Für die zahlreichen typischen Reime mit *sagen, hân* [3]), *ist* verweise ich auf Behaghel a. a. O. Im Reim Part. *begunnen* 289. 492 (die Handschrift schreibt im Versinnern *begunt* [4])). *Uoten* : *behuoten* 546 wäre reiner als *Ôden* : *behodden*. *entverren* : *werren* 642 ist, wenn rein, hochdeutsch; überliefert ist *entvernen*. Ueber *sitten* : *wetten* 358 sprach ich oben. *zwâ* (Hs. *twu*) 424 ist md. Die Endung *-unge* scheint 1571 erwiesen (Hs. meist *-inge*, doch auch *-unge*). Auch dass *dâ* (nd. *dar* reimt 1056, *dare* 655) im Reime vorherrscht (88. 227. 415. 588), sei beachtet; im Versinnern stets *dar*. *wole* (: *hole*) 1264. Das Ergebnis spricht nicht unzweideutig für sich, muss interpretirt werden: eine Zurückhaltung gegen die scharf niederdeutschen Lauterscheinungen, die Aufnahme gewisser hochdeutscher Züge scheint mir gesichert. — Auch die Wortwahl redet nicht deutlicher. Immerhin erscheint an markanter Stelle 1260 in durchaus edelm Sinne das Adj. *drîste* f. „tapfer“, hochdeutsch etwa *küene*, *balt*; sehr beliebt ist **nochtan* (neben *dannoch* 203), 843. 980 auch im Reime; *bâgen* „prahlen“ 181. 430, **erheven* „überheben, eines Dinges schonen“ 1256. 1271, *vorheven* „unterlassen“ 1815, **vorlangen* „zu lang werden“ 1901, **tô râde tên* „entraten“ 993, *angest* „Angst“ (öfter) zeigen wenigstens eine besonders niederdeutsch belegte Bedeutung; auch *unecht* 197, *mutte* 912, *drechlik* „erträglich“ 1675, *men* „nur“ 564, *icht* „wenn“ 582 fallen ins Gewicht; dies und das könnte dem niederdeutschen Schreiber gehören [5]). Abgesehen von *nochtan* durchweg ganz

1) Zweifelhaft ist der Reim 1433 *wâren* : *bewâren* (mhd. *bewæren*), das mnd. meist umlautlos erscheint.

2) Verdächtig ist auch das Prät. *bekande* (nd. *bekende* bei Eberhard nie bezeugt, da 1104 Conj. ist) 116. 302. 468 u. ö., *wande* 509, aber dem Reime auch sonst mnd. nicht ganz fremd; ebenso das Part. *vorwant* 661. 942. 1176, *gesant* 1223 u. ä.

3) Besonders häufig reimt *hadde, hadden* : *drâde, râde, dâde, bâden* [das meint wol *hâte* : *drâte, râte, tâte* (als Ind. Prät. nur pseudohochdeutsch), *bâten*] und *hedde* : *dêde, stêde* [d. i. *hæte* : *tæte, stæte*]. 758 *hedde* : *redde* [*redete, rette*].

4) Dass in der Braunschweiger Chronik, wo sie Eberhard benutzt, diesem *begunt* stets *begunnen* entspricht (490 *begunt* in der Wolfenbüttler Hs.), das gestattet noch keinen Schluss auf durchgängiges *begunnen* der Vorlage: der Vergleich ergibt auch sonst, wie viel entschiedner der hochdeutsche Charakter des Braunschweigers ist.

5) Diese naheliegende Möglichkeit beeinträchtigt die Bedeutung von Worten wie *leng* „länger“ 261, *drîe* „dreimal“ (md. *dries*) 1927, *bevellich* „passend“ (hd. *gevellic*) 390, **bevallen* (hd. *gevallen*) 1520, *hopene* „Hoffnung“ (hd. *hoffe*) 53?, *rust* „Rast“ 911, *antlât* (hd. *antlitze*) 1153, *entigen* 1801,

Vereinzeltes und wenig Augenfälliges; es fehlen grade die eigentlichen mittelniederdeutschen Lieblingsworte einer spätern Epoche. Doch auch das Wenige ist um so weniger zu übersehen, als der Wortschatz Eberhards im Ganzen gering und einförmig ist. Demgemäss sind auch die hochdeutschen Erscheinungen des Wortschatzes ärmlich. Aber auch Eberhard hat sehr oft **nennen* (nicht *nômen*), dann die verbreiteten *z*-Worte *zirheit* 6. 1663, *unvorzaget* 1163, *zagel* 1390, *kerze* 17; ferner *michel*, das er besonders gern zu *michellich* weiterbildet, in der Form der Handschrift *michelk* eine sonderbare Mischung von hoch- und niederdeutsch [1]); dass **nîden* 196 ihrem Schreiber fremdartig war, zeigt die Glosse *haten*; **rinnen* stark flect. (nd. in engrer Bedeutung) 1273; *lernen* 1028 (im Innern, unsicher); endlich **alsameliche* 1245, etwa *grim* (Subst.; mnd. wäre eher *gram*) 706. 1270 [2]); durch das Suffix gehören her *luttel* 1271 und die Deminutiva auf *-lîn* 878. 1393. 1763 (ausser Reim!). Nichts Entscheidendes. Aber gewis auch hier nicht die unbefangne Heimatssprache. — Die Gandersheimer Chronik stammt schon aus dem Jahre 1216, gehört also unter die frühsten mittelniederdeutschen Dichtungen; der rein locale Charakter ist ihr viel schärfer aufgeprägt als dem grossen Braunschweiger Reimgedicht. Während sein Verfasser aus der mittelhochdeutschen Ritterdichtung wohl zu lernen verstand, lag für Eberhards ärmliche Klosterhistorie ein irgend zwingendes Vorbild hochdeutsch nicht bereit. Die von der höfischen Poesie ganz unberührte Technik des Gedichtes zeigt sich obendrein in den durchweg sehr stark gefüllten Versen, die uns eine Vorstellung von leidlich unbeeinflussten mittelniederdeutschen Reimzeilen geben mögen; jedesfalls heben sie sich von der Tactfüllung der übrigen mittelniederdeutschen Gedichte des 13. Jahrhunderts deutlich ab: die Braunschweigische Reimchronik kürzt, wo sie Verse Eberhards übernimmt, regelmässig, Worte auslassend oder den Vers zerteilend, was ihr bei ihrer Enjambementsfreiheit keine Schwierigkeiten macht. Mit dem Nachlassen des hochdeutschen Einflusses im 14. Jahrhundert steigert sich die Silbenzahl der mittelniederdeutschen Verse alsbald wieder. Das Gedicht entstand abseits vom litterarischen Leben der neuen Art. Um so gewichtiger freilich die hochdeutschen Reime: wo sollte Eberhard ums Jahr 1216 eine niederdeutsche Tradition dafür vorfinden? Auch er konnte, wenn er deutsche Verse schrieb, die Anknüpfung an hochdeutsche Gedichte, gleichviel ob hochdeutscher oder niederdeutscher Autoren, nicht umgehen: aber ohne jede Fühlung mit höfischem Leben und höfischer Poesie wird er, des Hoch-

overwêken „erweichen" 1729, *dûsternisse* 1432 (md. *dinsternisse*), *luttic* öfter (243. 316. 562. 596 u. s. w., aber *luttil* 1271), *nein* sehr oft (hd. *kein* oder *enhein*); hier überall genügte ein Federstrich, um daz specifisch Niederdeutsche aus etwaigem Hochdeutsch herzustellen. Anderes wie *twiden* 1842, *drôvich* „betrübt" 481, *êrwerdikeit* „Ehrfurcht" 734, **wat* c. Gen. „etwas" 562 ist auch dem Mitteldeutschen nicht fremd.

1) Die Braunschweiger Chronik ersetzt das *michelk* Eberh. 380 denn auch V. 521 durch *grôz*.

2) Für *grimmich* (mnd. meist *gremich*) 1145. 1237, *grimme* 1370 ist die Entlehnung minder gesichert. Leitzmann belegt *grim*, *grimmich* bei Gerh. v. Minden zu 10, 57. 47, 37, aber nur im Versinnern und aus einer hochdeutschen Handschrift. — Auch *einmôde* 1650, *eintmôtliken*, *einmôdichlik* 965. 978. 1496, von dem Braunschweiger Reimer 769 übernommen und öfter angewendet, fehlt im mittelniederdeutschen Wörterbuch.

deutschen nicht frei mächtig, sein Niederdeutsch dämmend, nur reim- und wortarm, und für uns ist die schlecht aufgetragene hochdeutsche „Tünche“ bis auf ärmliche Reste abgefallen; man mag hier wol von Tünche sprechen, nur tünchte der Dichter selbst.

Der Pfaffe Konemann umgekehrt steht ganz am Ausgange der Periode, die ich hier ausschliesslich ins Auge fasse. Seinen grossen „Wurzgarten Mariä“ (Göttingen, cod. theol. 153, fol. 159 ff.)[1]) vollendete er *an Sünte Mathias nacht* 1304 zu Goslar. Schon früher hatte er (Wurzg. 199ᵃ) *an eynem brêff* über die Messe (*van düsser misse vnd deme stilnisse*) die Einsetzung des Abendmahls behandelt, jedesfalls auch deutsch und poetisch, da er die Leser des „Wurzgarten“ dorthin verweist. Ebenfalls früher hätte Konemann den Kaland abgefasst, den er, damals Priester zu Dingelstedt am Huy, für den Kaland des nahen Eilenstedt geschrieben hat: vorausgesetzt dass die Handschrift wirklich noch dem 13. Jahrhundert angehört[2]); es empfiehlt sich wol, einfach zu datiren: um 1300. Grade diese Handschrift, die wirklich früher dem Eilenstedter Kaland gehört hat, besitzt für uns hohen Wert dadurch, dass sie entweder direct das Dedicationsexemplar Konemanns bildet — Sellos Gegengründe (Zs. d. Harzvereins 23, 102) sprechen höchstens gegen die Eigenhändigkeit — oder doch aus ihm abgeleitet sein wird: Ort, Zeit und Wert (vgl. oben S. 35) stimmen trefflich zusammen. Und diese Handschrift ist hochdeutsch; auf eine hochdeutsche Vorlage lässt so Manches in der Handschrift des „Wurzgarten“ zurückschliessen (s. oben S. 36). So besteht von vornherein eine Wahrscheinlichkeit für die hochdeutsche Abfassung. Obendrein wird sich voraussichtlich beweisen lassen, dass Konemann mit hochdeutscher Dichtung bekannt war: Brun von Schonebeck hat er höchstwahrscheinlich gelesen; seine saubere, mässige Tactfüllung deutet auf hochdeutsche Schulung. Dem entspricht denn auch eine ganze Anzahl hochdeutscher Worte: **dulden* (oft im Reim), *zeswe* und **link* Kal. 1104. 1107, **guft* (: *luft*) Kal. 1059. Wurzg. 195ᵇ, **nennen* (sehr oft im Reim; **nômen* nur Kal. 87. Wurzg. 171ᵈ, öfter im Versinnern), **dort* Kal. 920. 1281. 1407. Wurzg. 187ᵇ·ᵈ. 210ᵇ (im Reim; öfter im Versinnern), **sân* (?) Wurzg. 170ᵇ. 191ᵇ. 203ᵈ. 206ᵃ, **sam, alsam* (oft, auch im Reim), **megetîn* Wurzg. 172ᵈ. 174ᵃ. 175ᵃ. 186ᶜ. 189ᵃ; von *z*-Worten **vorzaghen*, **unvorzaghet* (sehr oft im Reim), **zîren, zîrheit* Kal. 1294. 1336. Wurzg. 177ᵃ. 187ᵇ.

1) Borchling hat einiges über ihn mitgeteilt in einem Vortrag, der auf der Pfingstversammlung des Vereins für niederdeutsche Sprachforschung zu Eimbeck 1898 gehalten wurde und im Niederd. Jahrb. 23, 103 ff. erschienen ist. Eine Ausgabe des Gedichtes wird vorbereitet.

2) Sello schliesst (Zeitschr. des Harzvereins 23, 102), das Gedicht müsse „um diese Zeit“ (1272) vorhanden gewesen sein, weil in der jetzt Magdeburger, früher Eilenstedter Handschrift hinter ihm ein 1272 bezeugter Wernerus de Serstede als tot verzeichnet werde. Er kann damit nur meinen, die Handschrift werde nicht grade Generationen später fallen: denn sonst versteh ich nicht, warum nicht ein 1272 lebender Mann zum Beispiel 1310 und später als verstorben registrirt werden konnte. — Der von Schatz (Progr. d. Halberstädter Domgymn. 1851 S. 2) seit 1185 (!) nachgewiesene „Dominus Hinricus de Eylenstede“ ist natürlich nicht der frater antiquus vivens, den die Handschrift Bl. 35, Col. 1 nennt.

194[c], *irzeighet (: neighet) 193[d]. Kal. 896, *untzunden Wurzg. 174[b]. 197[a], *irczegelt 207[c] (?), (zetern 165[c]. 182[b],) reizen 210[b], glanz 169[b], *antlitze 200[d], *glîz 174[a]; *trût 177[b]. 204[b], *trûtinne 196[d], *trûten 205[d], *bîten „warten" (: zîten) Kal. 678. Wurzg. 165[b]. 189[d]. 196[a], *strâfen, *nâhen (?)[1]), *lernen „lehren" (md.) 202[a 2]), *irschrecken Wurzg. 179[b]. 200[b]; michel Wurzg. 181[c]. 203[c], *barn 166[c]. 201[c]. 203[a] (nur im Reim), *ast 176[a], *(t)rechtin (: schîn) 165[b 3]), *tougen[4]) 187[b]. 198[c]. 202[d]. 204[b]. 206[c], vlins, vlinsich 172[a]. 182[b]. 206[c], *hantgetât „Geschöpf" 164[c], gheschefte „Geschöpf" 182[c], *selde „Wohnung" 182[d] (?, as., aber nicht mnd.), vinsternisse Kal. 1003, *untstân „entstehn" Kal. 240. Wurzg. 165[a]. 169[a]. 192[d]; 188[b] reimt kumpst : vornuft, was auf hd. *kunft (sonst im Wurzg. kumst „Kommen"; Kal. 1073 im Innern zûkumft) hinführt[5]): die Fälle werden sich mehren lassen. — Andrerseits aber unbefangne Verwendung der alltäglichen, auch rein niederdeutschen Rede: im Kaland z. B. *rîve „freigebig" 237 (Wurzg. 160[c]. 172[b]. 193[b]. 197[a]), *quât 287. 399. 1129. 1401 (Wurzg. 205[d]), *picht 375. 534, kiverne 435, *schûlen „verborgen sein" 451. 1089 (Wurzg. 173[b]. 196[c]), *bôle „Bruder" 600, echt 483, *unecht 719, *nâken im Reim 754 (Wurzg. 176[b] im Versinnern nâlen), *kûle „Höhle" 1088 (Wurzg. 196[c]), *alle gader 1116 (im Wurzg. ein ganz ständiges Reimwort: vater, blater; ich zählte 19 Fälle), kreter „Sachwalter" 1139, *rîkedage 1365 (auch Wurzg. 160[c]. 164[d]. 207[d]; *woldage 181[b]), *antlât (: trinitât) 1321, (: dat) 1234, wispeln „sich bewegen" 1352, wankeln 202, *dichte „dicht" 1096, bernendich 1328 (Wurzg. 172[d]), wichtich, even-, overwichtich 958 (Wurzg. 164[b]. 165[b]. 184[c]), kûlde 1000 (Wurzg. 186[d]); im Wurzgarten ausserdem noch lîster 205[c], vorlîstert 163[b], krûpen 162[b], *sachte, sachten 167[a]. 203[b] (im Versinnern noch öfter), *kolk 172[a]. 200[a], icht „wenn" 160[c]. 178[b]. 179[b]. 180[a]. 185[c]. 187[a]. 199[d] (natürlich ausser Reim), *quâdîe 187[a], bademôder „Hebamme" 192[b], vüste 192[c], *vêlich „sicher" 193[c], vaken 196[d]. 198[d], *brâke „Mangel" 164[b]. 175[a], *hast 178[b]. 191[d]. 203[d], *tôch „Zeugnis" 161[b]. 167[b], *welde „Gewalt" 185[a]. 193[d] 196[b], breghen „Hirn" 207[a], *wrange „Krummholz" 198[a], sît „niedrig" 187[c], *bange 184[b], vorvencliken „gefährlich" 181[d], bedênst „dienstbar" 191[d], *berichtich „unruhig"

---

1) Der Reim swachte : nachtede Wurzg. 182[d] könnte zwar auch swakede : nâkede meinen, führt aber wahrscheinlicher auf swachte : nâhte.

2) Kal. 937 hat die Handschrift lernen im hochdeutschen Sinne; der Reim auf kêren erweist da aber lêren in der niederdeutschen und mitteldeutschen Gebrauchsweise.

3) Dass dies vom Schreiber schon nicht mehr verstandene Wort nicht nur archaisch, sondern auch hochdeutsch sei, legt wol der e-Vocal der Stammsylbe nahe.

4) Die Entlehnung verrät sich ebenso durch die vorherrschende t-Schreibung wie durch den festen Reim : ougen.

5) Vgl. noch *ungevîret Wurzg. 187[b], *habedanc 176[c]. 208[a], *erge 178[b]. 182[b], *grim (Subst.) 195[d] und seine Ableitungen (sehr oft), *zil (? öfter), *lôsen „betrügen, scherzen" 178[a]. 171[b] u. ö., *rinnen 203[d], *entwenken 165[a]. 181[a], *scheinen „zeigen" 159[b]. 208[c]. Kal. 467 (Wurzg. 201[c], Hs. irzeigen : stenen), *besachen „einrichten" 168[b]. 170[b], gen(i)slich 209[a], auch die Composita *durchgrundich 171[a]. 188[b], grunde-, kunste-, vroudelôs, *zuchten-, *sûften-, *wunnenbar, *rûwen-, *sunnenvar gehören der gehobnen, hochdeutsch bestimmten Sprache an. *amme 172[b] kommt zwar auch mnd. vor (so Dorows Denkm. I 37. 36. Zeno 607), aber (es fehlt im mnd. Wb.) nicht oft: bei Konemann könnte es mit dem hd. Reim eingeschleppt sein. — Ist *nüsche 169[d] das bairische nuosch „Traufe"?

200^{a}, **sik geknütten* 167^{d}, **behôven* „bedürfen" 183^{d}, *sik dûpen* 186^{c}, **dwerlen* „wirbeln" 193^{d}, *blîven* „werden" 170^{d} (vgl. oben S. 27 f.), **vordroghen* 208^{a}, *echter*, *echt* „wieder" 174^{a}. 186^{a}, *vormiddelst* 175^{d}, *men* „sondern" 178^{c}.[1] Ich sehe dabei ab von Worten wie **krigen*, **vôden*, **mang* „zwischen", *quîten* „frei machen", **trecken*, *getrecke*, **lêren* „lernen", **sunder mis*, **blas* „Licht", **begaden* „bearbeiten", **slicht* „schlecht" (im bösen Sinne), **kaf*, *wrangen*, **entegen* „entgegen", *hopen* (st. *wænen*), **twîden*, **nômen*, **bœren* „erheben", **vor-*, **erværen* „erschrecken", **boven* „oben", **enboven*, *wat* c. Gen. u. ähnl., die zwar auch mitteldeutsch vorkommen, aber jedesfalls nicht zur gewählten Schriftsprache gehören und ein niederdeutsches Präjudiz erwecken dürfen. —

Auch die Reime[2] zeigen, dass Konemann sich der rein niederdeutschen Formen ganz sorglos bedient, um so mehr als seiner lässigen Reimweise zumal der bequeme Vocalismus behagt. Die erschöpfende Darstellung der Reime, zumal der niederdeutschen, bleibe dem künftigen Herausgeber des Wurzgarten überlassen: ich gebe hier zur Charakteristik nur, was ich gerade zur Hand habe. Hd. *ô*, *œ*, *o*, *u*, *ü*, *ou*, *öu*, *uo*, *üe*[3], andrerseits hd. *ê*, *æ*, *e*, *i* (in offner Silbe), *ie*, *ehe*, *iehe*, *ei* reimen aufs Bunteste unter einander; dort wird langes oder tonlanges *o*, hier langes oder tonlanges *e* (seltner *ei*) in der Regel den Vereinigungspunct bilden. Kurze und lange Vocale reimen auch in Zweisilblern (*dragen* : *vrâgen*) sehr oft. *e* und *a* trennen sich nicht streng, z. B. *maken* : *irbreken* Wurzg. 169^{d}, *knecht* : *gedecht* 160^{a}, *darn* : *kern* 184^{b}, *berch* : *unkarch* 175^{b}, *jâren* : *geberen* 187^{a}, namentlich *was* : *des* (vgl. S. 56). *nîe* „neu" reimt massenhaft auf *î*. *a* wird *o* vor *ld* : *wolde* : *balde* 191^{a}[4]. Der Umlaut stört die Reimfähigkeit nirgend. Ueberschiessendes *e*, wie *bade* „Bad" Wurzg. 194^{c}, *môte* „Mut" 170^{b}, *blôte* 170^{c}, *schûre* „Schutz" 172^{c}, *jâre* 201^{d} u. ä. ist nicht selten; der Umfang der Erscheinung ist nur in metrischer Untersuchung festzustellen: die Ueberlieferung gibt da keinerlei Sicherheit. — Der Reim verrät niederdeutsche Metathesis, z. B. *vrochte* „Furcht" : *brochte* Wurzg. 178^{b}, *dorste* : *vrorste* „Froste" 195^{c}, : *borste* 205^{c}. — Reime von hd. *d* : *t* (*rede* : *vermede* [*vermite*]) sind nicht selten, von hd. *t* : *z* sehr

1) Nicht gesichert sind natürlich Worte wie *nein* (*nên*) „kein", *jenich* „irgendein", die auch dem Schreiber angehören können, selbstverständlich wie sie in niederdeutschem Texte sind. Ich verzeichne noch **killen* „Qualen" Kal. 773. Wurzg. 161^{a}. 167^{a}. 204^{c}. 206^{a}, *dûsternisse* Wurzg. 172^{c}. 201^{b}. 207^{c}, *stûpe* 200^{d}, **nanne* als Kosewort 200^{c}, **nutsamekeit* 176^{a} (diese umständlichen Bildungen sind niederdeutsch beliebter als hochdeutsch), *middelman* 184^{b}, *spê* „feindselig" Kal. 83 (?), **barhaft* (: *wârhaft*) Wurzg. 192^{a}, *warachtich* 176^{b}. 177^{d}, *lustafftich* 207^{d}, *wenne* „einst" 194^{a} (?), **bûgen* „rühmen" 191^{b}, *sik vlicken* 192^{d}, **sper(r)en* „hindern" 196^{b}, **gischen* „seufzen" 204^{b}, **up schoren* 201^{d} (?), *sik gevelligen* Kal. 427, *erstân* c. Gen. „zugestehn" Kal. 1193. Geschlechtsverschiedenheiten beachte ich hier nicht, da die späte niederdeutsche Handschrift des Wurzgarten in dieser Hinsicht keinerlei Gewähr gibt. Er enthält auch Worte, die ich weder hochdeutsch noch niederdeutsch kenne und an dieser Stelle um so mehr bei Seite lasse, als ich sie nicht alle verstehe.

2) Behaghels Zusammenstellungen über die Reime des Kaland (a. a. O. S. 83) sind schon darum unzulänglich, weil sie von Eulings Ausgabe ausgehen.

3) Auch *ouw* : *iuw* (*vrouwen* : *riuwen*).

4) Doch auch *mochte* : *brâchte* (*brochte*?) Wurzg. 205^{d} (178^{b}), : *dâchte* 204^{b} u. ö.; *jâren* : *geboren* 189^{d} (schwerlich schon = *gebaren*); *uphôr* : *vâr* Kal. 83, : *wâr* Wurzg. 166^{b}; *gehôrt* : *wart* 199^{d}.

häufig (besonders im Auslaut, aber auch im Inlaut: *prophêten* : *hêten* [*hiezen*] Wurzg. 168[c]. 175[a], *dûten* : *grûten* 186[c], *sneden* : *reten* [*rizzen*] 202[d], *bôte* [*buoze*] : *môte* [*muote*] 166[b]. 170[d] u. m.; ferner z. B. *rât* : *ik entfâ't* 202[c] u. s. w.). Nichts beweisen die auch mitteldeutsch normalen Reime von inl. hd. *b* : *v* (*lêve* : *brêve*, *prôven* [*prüeven*] : *bedrôven* [*betrüeben*], auch *gheven* : *neven* „Neffen"), ausl. hd. *p* : *f* (*lif* : *kif*), sowie das inlautende *g* in *hôghe* „Höhe" : *moghe* Wurzg. 161[b]. 177[a]. 187[b]. 207[a], *hôgen* : *bôgen* [*böugen*] 175[c], *hôghest* : *ghevôgest* 167[d], : *soghest* 194[d], *geschâge* [*geschæhe*] : *lâge* 166[b], *sâghen* : *slagen*, *plâgen* 203[c.d], *vrâgest* : *nâghest* 164[d]. Unumgelautetes *k* scheint gesichert: *irschrac* : *sprak* Wurzg. 179[b]. 200[b], *sik* : *strik* 196[d], *ôk* : *stok* 160[d], *stok* : *brok* 173[a], *waken* : *nâken* Kal. 753, *naket* : *gesaket* 834[1]); unumgelautetes *p* gleich im Eingang des Kaland *papen* : *knappen*[2]), minder sicher *Jacob* : *schôp* Wurzg. 188[b]. — Der Reim beweist die Formen *sticht*, *kracht* Kal. 961. 1278. Wurzg. 206[d], *lucht* 209[a], *behacht* 166[d]. 180[d]. 188[c]. 196[d]. 199[d], *sachte* 167[a]. 183[c]. 203[b], *gherochte* 169[c]. 195[a], *echte* Kal. 719, zum Teil noch öfter. Ueber *genêden* vgl. S. 25. *was* [hd. *wahs*] : *das* Kal. 350. — Die Dative *mî*, *dî*, die mit den Acc. *mik*, *dik* nach niederdeutscher Art syntaktisch oft durch einander geraten[3]), reimen z. B. auf *vrî* 163[c]. 179[c]. 185[c], *sî* Kal. 795. Wurzg. 163[c]. 205[b], *bî* 190[c]. 202[d], *die* 169[c], *Hêlî* 205[c], *geschê* 160[a]. 190[d], *sê* [*sihe*] Kal. 1303, *beghê* Wurzg. 189[c], *wê* Kal. 1125. Durch Reim erwiesen sind z. B. die Formen *is* „ist" (mindestens 23 Fälle), *gifft* „gibt" Wurzg. 162[b]. 171[b], *plicht* „pflegt" (: *nicht*) Kal. 574, *belecht* (: *knecht*) 166[c], *gesecht* „gesagt" 184[a], *sechte* 183[b], *seget* (: *liget*) 180[c], (: *pfliget*) Kal. 170, (: *leget*) Wurzg. 209[a], (: *beweget*) Kal. 1074; *deit* Kal. 569. 599. 851. 971. Wurzg. 159[d]. 169[b]. 170[d]. 177[b]. 180[b]. 192[a]. 201[d]; *steit* Kal. 690. 890. Wurzg. 163[c]. 165[c]. 169[c]. 176[a]. 185[a] u. ö., *geit* 177[a]. 179[b]. 187[c]. 191[b]. 201[d], *veit* 190[a], *entfeit* 172[d]. 192[a]. 193[d]. 201[a], *beveit* 188[c]. 190[a]; *ghehat* „gehabt" 208[a]; *geschûde* „geschah" 202[d], *vorgûde* „verjach" 191[d]; *wel* „volo" (: *dûvel*) 182[b], (: *snel*) 193[c], *ik wille* 179[b]. 197[b], *wult* „vis" (: *schult*, *irvult*) 167[b]. 180[c]; Prät. wie *wende* „wandte", *sende*, *kende*, *blende* 161[c]. 162[p]. 166[d]. 180[a], das Part. *irheven*, *vorheven* z. B. Kal. 66. Wurzg. 169[d]. 170[c]. 175[a]. 196[b], *begunt* Kal. 271. Wurzg. 164[a]. 196[a], die 3. Pers. Sing. Präs. *bevalt* (: *manicvalt*, *balt*) 169[d]. 196[d], *halt* „hält" (: *scalt*) 180[c]; *ik darn* 184[b]. 203[a] u. ö.; die Neutra Plur. auf *-e*, wie *kinde* Kal. 1306, *dinge* Wurzg. 107[d]. 194[d] u. a.; das Pron. *desse* (: *Yesse*) 171[c]. 174[b], *de jûwe* (: *rûwe*) 203[d]; *umber*, *number* (: *kumber*, *dumber*) Kal. 709. Wurzg. 182[a], *hêre*, der Compar. *leng* „diutius" 192[b]. 208[c], die Endung *-inge* 165[c]. 171[a]. 180[c]. 184[d]. 188[c], sehr selten die Pluralendung *-et* (so Wurzg. 177[c]. 184[d]. 191[b]. 193[d]), das Adv. *verne* [hd. *verre*].

Aber der Speer lässt sich wieder umdrehen. Hd. *ie* reimt in md. Weise auf *î* : so *mî* : *die* Wurzg. 169[c], *knie* : *sî* 186[b]. 200[d], *bî* : *nie* Kal. 732; *uo* ebenso auf *û*, *iu* : *gût* : *brût*

---

1) Unsicher ist *deken* : *spreken* Kal. 277. 540, : *wreken* 415.

2) Allerdings würde *pfaffen* : *knappen* vocalisch reiner reimen, wie denn auch *gescaffen* : *rasten* Wurzg. 191[c] (wenn richtig) besser reimte als *gescapen* : *rasten*. Auch *drapen* (Tropfen) : *open* 202[c]. 206[d] ist nicht unzweideutig.

3) Ein hochdeutsch unmögliches dativisches *mik*, *dik* im Reim z. B. Wurzg. 176[b]. 177[b]. 181[a]. 188[b]. 189[d]. 206[b]. 208[b].

167^{c}. 191^{b}, : *trût* 177^{b}. 204^{b}; *rûn* „ruhen" : *paulûn* 171^{a}, *dûden* [*diuten*] : *grûten* [*grüezen*] 186^{c}(?), *muste* [*muoste*] : *kuste* 206^{b}, *must* [*muost*] : *lust* (schwerlich *lost*) 190^{b} [1]). *u, ü* (nd. *o*), tritt zu Tage in *müre* „mürb" : *nâtûre* 161^{d}, : *tûre* 166^{b}; *kumt* : *versûmt* Kal. 939. 1046. Wurzg. 191^{d}. 202^{a}; ebenso *ĭ* in *hin* : *sîn* Kal. 286. Wurzg. 182^{a}, *in* „eum, eis" : *sîn* 200^{a}. Kal. 406, *hinne* : *sinne* Wurzg. 203^{c}, : *minne* 165^{a}. Das *a* in *halden, gewalden* u. ä. sichert namentlich der Reim : *sâlden* Kal. 25. 206. Wurzg. 166^{a}. 206^{a}, aber auch Reime wie *walt, balt* : *gestalt* 159^{d}. 176^{d}, : *gevalt* 177^{c}. 185^{a}, : *gesalt* 192^{c}, : *gezalt* Kal. 212. Wurzg. 169^{b}. 189^{b}. — Die hochdeutsche Form *von* (neben seltnerem *van*) ist durch Reime auf *son* (159^{d}. 173^{a}. 191^{c}. 204^{d}), *Abiron* (174^{d}), *dôn* (185^{a}), *Salomon* (Kal. 107), *vone* : *schône* (Wurzg. 186^{c}) reichlich gesichert. *sol* (neben *scal*) reimt oft auf *wol*, z. B. 159^{c}. 168^{b}. 178^{d}. 191^{a}. 195^{c}; da nun *wol* 159^{d}. 187^{d} : *stôl*, Kal. 369 : *kôl*, Wurzg. 160$^{b.d}$. 162^{d}. 169^{b}. 171^{a} u. ö. Kal. 1207. 1387 (13 Belege) : *vol* reimt, so wird es auch das Reimwort *sol* ergeben, das 173^{a} in dem Dreireim *scal* : *wol* : *vol*, ferner 178^{c} : *vol* unumgänglich ist [2]). Hd. *nase* reimt Wurzg. 207^{b} auf *âse*; nd. wäre *nese*. — Stets *vrist, Crist* (nd. oft *verst, Kerst*) im Reime; *brunne* reimt 169^{b} : *hopenunge*, *brust* 192^{a} : *lust*, 205^{d} : *ghekust*. — Den sicher hochdeutschen Reim *z* : *s* hat der Kaland nur einmal (*mâze* : *quâse* 314); im Wurzgarten kommen dazu: *wîz* : *glîz* 174^{a} (*glît* gibt es mnd. nicht), *vlîte* : *antlitze* 200^{d} [3]); *vôte* : *môste* [*vüeze* : *müese*] 207^{d}; *crûce* : *ûz güze* 202^{d}; vielleicht auch ein paarmal *was* : *daz* [4]); endlich sind einige Reime von *slûten* auf ein Verbum *lüten* oder *lücen* zu

---

1) 193^{a} würde ich den Reim: *dit wiflike bilde Mariam uns bedûdet, de dar decket und hûdet* zwar zunächst fassen *diutet* : *hüetet*; da aber sonst an klaren Stellen (162^{b}. 172^{b}. 184^{b}. 189^{d}, unsicher 160^{b}) bei Konemann *hûden* im Reim auf *dûden, lûden* „verbergen" bedeutet, so seh ich auch hier lieber das Verbum mnd. *hûden* (ags. *hŷdan*), das auch sonst in Bedeutungsberührungen und weiter in lautliche Verquickung mit *hôden* (Wurzg. 198^{b}. Kal. 804. 815) geraten ist. Auch Kal. 1087 heisst *gehûde* „Versteck". Vgl. oben S. 49.

2) 190^{d} *sol* : *stôl*? (Hs. *scal* : *stal*).

3) Vielleicht auch 209^{a}: dort heisst es vom Kaladrius: *he heft minschen antlis, sîn gheverde dat is wys*. Ich würde dies *wys* zunächst als „weise" fassen; zu der Farbenbezeichnung „weiss" passt das Wort *gheverde* minder und auch wol der Zusammenhang, dem es lediglich auf die ärztlichen Prognostika des Wundertiers ankommt. Aber freilich der Kaladrius ist nicht nur ein weiser, sondern auch ein weisser Vogel; Megenberg 173, 23 beginnt gleich mit dieser Angabe. — *gezzen* : *letzen, setzen* 167^{a}. 179^{a}. 193^{b} ist reiner und also wahrscheinlicher als *gheten* : *letten, setten*; besonders aber wird *weten* : *hitten* 186^{d} vielmehr *wizzen* : *hitzen* meinen. Auch *ichteswaz* : *mach* 159^{a} wäre um eine Nüance reiner als nd. *wat* : *mach*.

4) Im Kaland 350 reimt *winwas*, 543 *Gracias* auf *das*, beidemal so, dass *das* den Gen. *des* zu meinen scheint. Ebenso liegt Wurzg. 162^{c}. 168^{d}. 173^{c}. 181$^{a.d}$. 186^{a}. 200^{d}. 206^{c}. 208$^{b.c}$ der Genetiv nah, ohne überall sicher zu sein; geschrieben ist stets *das*. Und *daz* scheint vorzuliegen 163^{b} *dô de minsche sus was vorbistert unde das worden was an imme, dat he tô godes minne . . . mochte komen*; 185^{b} *Got sulven gheloven scal das, de des minschen schepper was* (vgl. auch 177^{d}); wer auch in diesem *das* den Gen. sehen will, wird die syntaktische (?) Vermischung von *dat* und *des* heranziehen, die Lübben Mnd. Gr. 110, Mnd. Wb. 1, 509 und Nissen Middelnedertysk Syntax S. 53 constatieren. Ob aber nicht auch diese Vermischung durch die Klang- und Schriftähnlichkeit von hd *daz, dez* (Hss. oft *das, des*) mit dem nd. hd. Genetiv *des* begünstigt wurde? Konemanns sonderbarer Reimgenetiv *das* liesse sich so gleichfalls begreifen.

erwägen (179^{d}. 185^{b}. 188^{c}. 206^{b}), das sonst (159^{d}. 168^{c}. 196^{b}. 204^{c}) auf *crûce* reimt: gemeint ist wol *lûzen*, *lûschen* „latitare“ (Schiller-Lübben 6, 205^{b}. Brun 12618) und *lûten* eine hyperniederdeutsche Entstellung, so dass sich in jenen Reimen *slûzen* ergäbe; doch wird das noch der Nachprüfung bedürfen. Hochdeutsches *t* empfehlen die Reime *bitter* : *ridder* 199^{b}, *lûden* : *trûten* 205^{d}, *porte* : *hôrde* 175^{a}, *porten* : *bôrden* 203^{d}. Die Verschiebung von *p* : *f* hat Kal. 74. Wurzg. 210^{a} in dem Reim *papen* : *straffen*, an dessen hochdeutschem Charakter Euling nicht hätte mäkeln sollen. Auch *schâf* : *af* 163^{b} (hd. *schâf* : *ap*, nd. *schâp* : *af*), *schûf* : *grûf* „grub“ 196^{c}, *-schaf* : *gaf*, *kaf* (S. 58), *rêf* : *drêf* (hd. *rief* : *treip*) 164^{a} u. ä. sind offenbar mitteldeutsch und verschoben. Besonders reich ist wieder hochdeutsches *ch* vertreten: *sprach* : *geschach* Wurzg. 180^{b}. 191^{d}. 205^{d}. 208^{b}, : *nâch* (Hs. zuweilen *nak*) 167^{d}. 199^{d}. 200^{c}. 201^{b}. Kal. 517, : *sach* Wurzg. 163^{d}. 169^{c}. 173^{d}. 175$^{a.d}$. 181^{d}. 183^{c}. 190^{d}. 198^{b}. 199^{c}. 201$^{c\,d}$. Kal. 849, : *jach* Wurzg. 169^{c}. 188^{a}; *ghemach* : *sach* 206^{b}, : *geschach* 161^{d}. 180^{b}; *mich* : *sich* „vide“ 189^{d}. 205^{b}; *sêch* „krank“ : *sunder vêch* 209^{a} (?); *spricht* : *sicht* 207^{c}, : *nicht* 174^{c}. 208^{a}, : *plicht* 208^{a}; ferner: *spruch* : *mach*[1]) 160$^{a.b.b}$. 180^{d}. 182^{c}. 194^{a} u. m., : *lach* Kal. 860. Wurzg. 166^{a}, : *dach* Kal. 1036; *brach* : *mach* Wurzg. 184^{a}, : *lach* 197^{d}, : *nâch* 196^{c}; *stach* : *mach* 202^{a}; *bôch* : *genôch* 169^{a}. 186^{d}. 210^{a}; *dich* : *krîch* 203^{b}, : *swîch* „schweige“ 182^{d}, : *stîch* 187^{b}; *-lich*, *dich* : *umbevindich* 170^{a}. 187^{b}; *dich* : *alweldich* 164^{a}; *mich* (Dat.) : *gnêdich* 164^{c}; *billich* : *willich* 197^{a} u. s. w. Hierher gehört auch *sôken* : *irklôken* (d. i. *suochen* : *irkluogen*) Kal. 1354. Wurzg. 199^{c}. 204^{c}; ferner *berch* : *werch* Wurzg. 175^{a}. 197^{c}. — Neben *gâ*, *gâs*, *hô* und *nâ* stehn auch *gâch* 159^{c}. 163$^{a.d}$ u. ö., *hôch* 175^{d} und *nâch* (S. 56) im Reime fest. *genêden* zeigt bei Konemann auch die hd. Reimvariante *genenden* (oben S. 25). — Neben *mî* ist auch *mir* im Reime : *gir* Wurzg. 179^{a}, *mer* : *lôser* 166^{d} (?), *der* : *vinder* 190^{c} (?) erwiesen; im Reime stehn ferner die Pron. *in* „eum“ (: *sîn*) 200^{a}, „eis“ Kal. 406. *imme* „ei“ (: *minne*) 163^{b} (*eme* Kal. 183). Md. *zwâ* (Fem.) Kal. 488. Das starke masc. Adj. *guoter*, als erstarrter Casus (s. oben S. 41), wird gebraucht für den Plural Kal. 103. 285, für das Feminin Wurzg. 169^{a}. 170^{a}. 189^{c}. 194$^{a.b}$. 202^{a} (Dat. Fem. 198^{b}), für das Masc. nach Artikel Wurzg. 166^{c}. 184^{b}. 195^{a}. 201^{b}, attributiv nachgestellt 208^{c}, im Acc. 204^{a}, im Voc. 204^{b}. 206^{a}. Aber Konemann beschränkt sich nicht auf das eine Wort, sondern construirt *du dummer!* Wurzg. 183^{c} (Voc. Fem.)[2]) und *clôker* 176^{c} (prädicativ: *de seyer is sô clôker*, auch hochdeutsch nicht unmöglich) nach demselben Beispiel. Und im Versinnern hat die authentische Kalandhandschrift 781 *ein vûler âs*, obgleich *âs* natürlich auch nd. Neutrum ist; die Endung *-er* wurde von Konemann lediglich als hochdeutsch, aber nicht als masculinisch empfunden. Die Wurzgartenhandschrift hat ebenso 186^{c} *ein grun-*

1) *mach* : *geschach* z. B. Wurzg. 196^{b}. Kal. 186, : *gâch* 183$^{a.d}$, : *nâch* Kal. 680. Wurzg. 185^{a}; *lôch* : *doch* „log“ Wurzg. 166^{b}, : *tôch* 166^{b}; *droch* „Trug“ : *doch* 200^{a}; *drôch* „trug“ : *tôch* 200^{d}; *slôch* : *tôch* 200^{a}; *ghenôch* : *tôch* 188^{b}. 206^{b}; *lach* : *sach* 203^{b}, : *nâch* 201^{c}, : *geschach* 207^{b}; *plach* : *geschach* 187^{c}; *dach* : *nâch* Kal. 570. Aber *mac* : *Ysaac* 196^{a}.

2) *ein tumber* (: *number*) Kal. 709.

delôser mere, 204^{a} *ein grimmiger lût* (niederdeutsch meist Neutrum): beides mehr hd. Adjectiva. Charakteristisch ist ferner in ihr *de ûtworpender dîch* 171^{b} und die festen, vom Hochdeutschen übernommenen Verbindungen *ein sigerîker*, *starker degen* 197^{d}. 208^{d}, *mîn dummer sin*, *môt* 159^{c}. 165^{d}. 202^{c}: der Gebrauch dieses *-er* ist unfrei [1]). — *ist* : *bist* 164^{a}. 194^{a}, : *genist* 181^{d}, : *bewist* 208^{b}, : *gerrist* Kal. 949. Die Pluralendung *-en* überwiegt sehr beträchtlich über das nd. *-et*; sichere Indicativbelege des *-en* aus dem Hauptsatze sind Kal. 917 (*wir*). 1131. Wurzg. 176^{a}. 182^{c}. 193^{a}; der wahrscheinlichen *en*-Indicative in Nebensätzen liesse sich das Zehnfache und mehr anführen: ich verzeichne hier nur Belege der 2. Pers. Plur.: *ge bîten* Kal. 678, *gi lêren* Wurzg. 160^{c}, *gi vân* 198^{d}, *gi sîn* 199^{b}, *gi sôken* 199^{c}, *gi willen* 204^{c}. *sint* : *kint* Kal. 1196. Wurzg. 189^{d}. 198^{b}. 203^{c}, : *blint* 164^{d}. — Die regelmässigen hochdeutschen Formen von *sagen*, *hân haben*, *lân*, contrahierte Formen wie *treit*, *geleit*, ferner *tût*, *gât*, *stât*, *lît* sind alle reichlich im Reim bezeugt [2]). *sicht* (: *crîcht*) 172^{c}, (: *nicht*) Kal. 203 (neben *sût* Wurzg. 162^{c}. 209^{a}); *geschicht* (: *plicht*) Kal. 597, (: *nicht*) Wurzg. 201^{b}; die Präterita *geschach*, *jach*, *sach* stechen die ganz vereinzelten nd. *geschûde*, *vorgûde*, *geschâ* (Wurzg. 175^{c}) weit aus. Eine 3. Pers. Sing. mit Umlaut ist z. B. *vert* (: *beschert*) Kal. 928. 1135. Wurzg. 186^{b}. Nd. Präterita wie *nende* haben z. B. *brande* (: *pande*) Wurzg. 172^{a}, *sande* (: *lande*) 207^{c}, (: *Kalande*) Kal. 348, (: *mande*) Wurzg. 200^{c} zur Seite; die zugehörigen Participia heissen ausnahmslos *genant*, *gewant*, *gezalt*, *gesalt* u. s. w. Das starke Part. *verstôzen* (nd. *vorstot*) steht Wurzg. 161$^{a.c}$. 176^{d}. 183^{b}. Ueber *beslês* [*beslôz*] vgl. S. 49 Anm. 2. Plur. Prät. *wâren* (: *naren* „Narben") 164^{c}. 165^{a}, (: *barn*) 201^{c} u. ö.; *sâten* (: *gelâten*) 177^{b}, (: *mâten*) 166^{a}; *quâmen* (: *samen*) Kal. 36; *sâgen* „viderunt" (: *slagen*, *plâgen*) Wurzg. 203$^{c.d}$, während *wêren* u. ä. nicht erwiesen ist, da *wâren* : *swæren* (Hs. *swaren*!) 201^{c} (: *missebâren* 206^{b}) bei Konemanns Reimart nichts ergibt und *sprêken* (: *têken* „Zeichen") 208^{d} Conj. sein wird. Sehr bemerkenswert die 2. Pers. Sing. Prät. *du wære* Wurzg. 194^{d} (sonst immer *-est*). Immer *stunt* „stand". — Im Reim nur *-lîn* (*minschelîn* Kal. 1351, *wortelîn* Wurzg. 179^{d}), während das Versinnere wenigstens im Wurzgarten neben *vogelîn* (öfter) und *lovelîn* (174^{a}) auch *nichteken* 191^{d} besitzt [3]). *-unge* ist im Reim weit öfter bezeugt als *-inge*, im Wurzg. 166^{a}. 169^{b}. 170^{a}. 175^{d}. 184^{a}. 186$^{a.d}$. 188^{b}. 204^{c}. Kal. 662. *-schaft* wird in dieser Form durch den Reim: *haft* Kal. 48, : *kraft*

1) Ich habe mir ausserdem notirt *ik vil armer wicht* 202^{b}, *lêver hêre!* 166^{d}, *ik bin einer* 164^{c}; im Kalant 1025 *alle degeliker*, auf *ordeil* bezüglich; 419 *dummer man*, 952 *lêver selle!*

2) Im Wurzgarten z. B. *sagen* (: *zagen*, *wagen*, *tagen*, *vrâgen*) 165^{d}. 173^{d}. 199^{d}. 202^{a}, Imper. *sage* (: *vrâge*) 162^{a}. 189^{a}. 190^{d}. 202^{d}, *ik saghe* 170^{c}. 174^{d}. 201^{d}, *saget* 3. Pers. Sing. (: *maget*, *geplâget*) 174^{d}. 188^{c}. 199^{d}, Part. *gesaget* 169$^{a.c}$. 202^{a}. 210^{a}, *sageten* (: *clageten*) 200^{c}, *seit* (: *wârheit*) 166^{c}. 195^{a}; *hân* 168^{d}. 199$^{b.c}$. 210^{a}, *hât*, *hat* 163^{c}. 167^{d}. 169^{b}. 173^{a}. 174^{a} und sehr oft, *hâst* 177^{d}. 200^{b}, *haben* 206^{b}, *habe* Conj. (: *gâbe*) 189^{d}; (*lân* Kal. 387. 470;) *treit* 168^{c}; *geleit* (: *-heit*) 168^{b}. 169$^{b.c}$. 173^{b}. 177^{c}. 178^{d} u. ö.; *dôst* Kal. 813. Wurzg. 177^{d}. 204^{b}, *dôt* 186^{c}. 206^{c} u. ö.; *stâst* 166^{a}, *gâst* 177^{d}, *gât* 169^{c}; *lît* (: *zît*) Kal. 660. Wurz. 206^{c}, (: *vlît*) 174^{d} (: *gît* „sagt" 169^{a} könnte auch *licht* : *gicht* meinen). *wil* (: *vil*, *zil*) ist nicht unzweideutig: doch spricht die herrschende Schreibung für *i*; auch könnte das mnd. seltne *zil* (Leitzmann zu Gerh. v. Minden 6, 9) poetisches Lehnwort sein.

3) *voteken* 198^{c} versteh ich nicht.

Wurzg. 161[d], sonst als *-schaf* (nd. wäre *-scop*, *-scup*) im Gleichklang mit *kaf* Kal. 224, mit *gaf* Wurzg. 171[c]. 198[d] erwiesen. — Das weit vorherschende nd. *dar*, *dare*, *war* hat doch auch das hd. *dâ*, *wâ* an der Seite (: *Mannâ* Wurzg. 173[b], : *ghâ* 182[b], : *nâ* 205[a], besonders im Kaland : *nâ* 268, : *untfâ* 442, : *zwâ* 488, : *dwâ* 527, : *gâ* 877, : *pessima* 982). *mê* „mehr" reimt : *ê* „Gesetz" Kal. 160, : *drê* 215, : *sê* Wurzg. 190[a.d] (meist *mêre*; *mêr* Wurzg. 185[d]. 207[d]). *dannen* 179[a]. Können sich diese hochdeutschen Reime an Zahl mit den niederdeutschen nicht messen, so sind sie doch durch ihre Existenz gewichtig genug. Ich zweifle nicht, auch Konemann wollte, wie seine Vorgänger, auf seine Art hochdeutsch schreiben. Aber er tats, ohne sich darum Entsagung in der Ausdrucksweise aufzuerlegen, ohne auf bequeme Reime, wie sie ihm die Muttersprache reichlich bot, zu verzichten: die alte Kalandhandschrift mag ein ganz leidliches Bild davon geben, wie ein Manuscript dieser Sorte zwiefarbiger Poesie aussah. Grade Konemann in seiner Nachgiebigkeit zugleich gegen die hochdeutsche Tradition und gegen die eigne sprachliche Gewohnheit lässt ahnen, wie ohne schöpferische Tat aus diesem hochdeutschen Missing doch so etwas wie eine mittelniederdeutsche Schriftsprache entstehn konnte. —

Von Lyrikern hat Behaghel lediglich Heinrich v. Morungen als hochdeutsch dichtenden Niederdeutschen vermerkt. Nun, auch der Graf von Anhalt und Markgraf Otto IV. von Brandenburg, beide, oder doch der zweite, Nachzügler des Minnesangs aus einer Zeit, da er im Süden schon zum Welken sich geneigt, auch sie waren sicherlich niederdeutsch zu sprechen gewöhnt, und doch enthielten sie sich in der Dichtung jeder niederdeutschen Nüance: ihre Reime schimmern hie und da höchstens ins Mitteldeutsche, ihr Wortschatz weicht von der guten oberdeutschen Tradition kaum ernstlich ab [1]). — Die Spruchdichtung, stoffreicher, minder vornehm und minder gebunden als der Minnesang, lässt auch sprachlich die Eigenheiten des Poeten leichter durchkommen. Reinolt von der Lippe, schon durch seinen Namen verraten, offenbart sich in dem Reim *leben* : *heben* (d. i. Himmel, engl. *heaven*) II 1 als Niederdeutschen, seine übrigen Reime sind ausgesprochen mitteldeutsch [2]). Dass Raumsland von Sachsen nicht die Sprache seiner Heimat geschrieben, hab ich schon ADB. 30, 97 betont;

1) Der Brandenburger hat, um von anderm abzusehen, den durchschlagend hochdeutschen Reim *machen* : *lachen* : *swachen* V 2; md. reimt *wê* : *ich sê* VI 1, Inf. *sêhen* : *jêhen* klingend V 1; sein Wortvorrat ist streng conventionell hochdeutsch, abgesehen etwa von *sich prîsen ze* VI 1. — Die zwei Liedchen des Anhalters haben einen leidlich charakteristischen Reim nur I 3: *getân* : *lân* (also nicht niederdeutsch) : *gehân* (ebenso) : *versmân* (mitteldeutsch). Auch die Reimworte *nieten* I 3 (in dieser Bedeutung), *dræjen* „duften" II 1 sind mir mittelniederdeutsch nicht bekannt. *al* „obgleich" (I 1, 2) das Bartsch wol richtig herstellt, ist nicht nur niederdeutsch, wie er Liederd.[3] 344 behauptet. Wenn *uht und uht* II 1 (nicht im Reime) wirklich *ût und ût* (*ûz und ûz*) meinen sollte, so würde das höchstens auf einen niederdeutschen Schreiber in der Textvorgeschichte zurückdeuten.

2) Er reimt z. B. *brach* : *pflach* I 3, *loch* : *och* : *joch* : *noch* I 1, *ist* : *list* I 3, hat im Reime *hât, stât, gît, gesaget.*

genaures jetzt bei Panzer, Rumzlants Leben und Dichten S. 25 ff. Die hochdeutsche Grundlage ist durch die Reime gesichert, und die niederdeutschen Züge in Lauten und Wortwahl berühren den sprachlichen Gesammtcharakter auffallend wenig für einen Poeten, der sich auf sein Sachsentum etwas zu Gute tut. Dass das Wolfenbüttler Fragment einer Handschrift, die vielleicht nur Sprüche Raumslands enthielt, hochdeutsch ist (Zeitschr. f. d. Alt. 32, 85), sei immerhin bestätigend erwähnt. — Endlich Hermann Damen. Auch von seinen Gedichten haben anscheinend Separatausgaben in hochdeutscher Sprache existirt (Germ. 24, 16). Die lautlichen Spuren des Niederdeutschen sind etwas stärker: die Tonlängung kurzer Vocale in offnen Silben ist häufiger (I 39. III 3. 10. V 4. 5. 7. 7); die beiden Reime *zwein* : *drein*, *zwier* : *drier* (IV 3. 4) stimmen glatter zu niederdeutscher als zu mitteldeutscher Sprachgewohnheit; *vrint* (: *sint* IV 7, : *gewint* IV 8) mag auch eher niederdeutsch sein; vgl. *suîde* : *strîte* IV 4. Anderseits kein Zweifel, dass der Dichter an der hochdeutschen Tradition fest hielt (*er* : *ger* IV 11, *mir* : *ir* VI 1; *verre* : *êre* V 1, vgl. I 8; *Crist* : *ist* I 22. III 1. IV 3. 5. VI 2; *du wære* : *du gebære* : *swære* I 22; *uns* : *suns* III 1; *niht* : *bricht* II 6, *-unge* I 11. III 5, daneben das Uebliche), was sich um so bestimmter constatieren lässt, da er keineswegs die abgetretenen Pfade der Reimtechnik wandert. Und eine lexikalische Betrachtung, in die ich hier nicht des Näheren eintrete, ergibt das Gleiche: Damen gehört zu den Männern, denen die Grenzen des classisch abgestempelten mittelhochdeutschen Sprachschatzes zu eng sind; und doch, wenn er darüber hinaus geht, z. B. in seiner grossen Prunkstrophe VI, er bereichert sich aus mitteldeutschen Worten, spricht von *duz*, *grâz*, *glanz*, *glîzen*, hat aber, soviel ich sehe, nicht ein Wort von ausgeprägt niederdeutschem Charakter. Und dabei hat er wie Raumsland ausschliesslich an norddeutschen Höfen gesungen. Das litterarische Centrum aber, das zeigen sie in Lob und Schelte, es liegt für sie im Süden. Wenn so die Lyrik noch viel schärfer die hochdeutsche Gestalt der norddeutschen Poesie im 13. Jahrhundert beweist, so zwingt uns das wiedrum einen Schluss auf das Publikum auf. Wenn es las, fühlte es sich trotz den Versen dem Alltag näher; im Gesang aber verlangte es die ideale hochdeutsche Gestalt rein und unverfälscht, und es muss sie gut verstanden haben, vielleicht besser als das litterarisch ungewohnte und zu höfisch poetischer Formung wenig vorbereitete Platt. Auch rein hochdeutsche Dichter haben im Norden bis nach Dänemark hin eine geeignete Stätte des Wirkens gefunden: unzweifelhaft begünstigte die musikalische Kraft des Südens diese litterarische Herrschaft. Aber sie bestand, über die höfischen Hörer anscheinend noch stärker als über die höfischen Leser.

Die einzige Abweichung von dieser Regel zeigt Fürst Wizlaw v. Rügen, vielleicht der talentvollste niederdeutsche Dichter des 13. Jahrhunderts. Er macht uns Philologen Not, will sich unsern Kategorien nicht recht fügen. Früher hat man ihn allgemein für niederdeutsch erklärt, und Ettmüller hat ihn ins Niederdeutsche zurückübersetzt, was er freilich auch dem ersten Vorredner des Sachsenspiegels hat angedeihen lassen; dann hat Seelmann den Fürsten ebenso bestimmt für einen hochdeutschen Dichter erklärt, und Behaghel hat das non liquet proclamirt. Unsre Ratlosigkeit deutet hier vielleicht auf die Keimzelle neuen Lebens. Der fahrende Sänger war an das höfische Publikum und seine Wünsche oder Gewohnheiten gebunden: der Fürst konnte diese Fesseln bei Seite werfen, konnte es um so eher, wenn er so abseits sass wie Wizlaw. Und dieser Fürst, auch melodisch begabt, tut wirklich einen befreienden Schritt. Freilich nur einen, wo ein Dutzend nötig gewesen wäre. Das Forum der Meister respectirt auch er. Aber die Meister liebten eine capriciöse, schwierige Ausdrucksweise, wo der normale Minnesang nur die geprägtesten Wendungen gelten liess. Vielleicht hat kein deutscher Poet des Mittelalters der poetischen Sprache mit Bewusstsein so viel neues Material zugeführt, wie das Frauenlob aus seiner Mundart getan hat. Es lässt sich doch vergleichen, wenn Wizlaw Wendungen von fast gesuchter Mundartlichkeit in den Reim schob, wie etwa *grât* (berlinisch *jrât*, Nd. Correspondenzbl. 14, 24), noch dazu in der minniglichen Wendung „*ûz herzen grâte*“ IX 2. XI 2, „aus herzlichem Verlangen“: das muss befremdend gewirkt haben, zumal im Minneliede, wie wenn heute etwa ein Moderner reimen wollte „aus Herzensgieper“ oder ähnlich. Und solche, auch für ihn schwerlich nächstliegende, niederdeutsche Dinge hat Wizlaw grade in den Reim[1]) gerne gepackt: *lach* „Gesetz“ XII 2[2]), *lêr* „Wange“ XVI 2, *gêr* „Gährung, Duft“ (?) XVI 2. *kûlde* „Kälte“ XII 1. XVI 2 (im Innern X 1); *ert* „Erbse“ I 5 (wahrscheinlich hat Wizlaw so gar nicht gesprochen); *aflât* (?) I 3; *echter* VII 2. Nun, hier hat er zum Sprachgut der Mundart gegriffen, nicht weil er in ihr den natürlichen und gemässen Ausdruck fand, nicht weil er unwillkürlich in sie verfiel wie so oft die Reimpaardichter, sondern lediglich als Reimneuerer à la Frauenlob: ich beurteile jene niederdeutschen Ausdrücke nicht anders als andre gesuchte, nicht specifisch niederdeutsche Reimworte, wie etwa die gezierten Verba *glüeten* X 2, *blüeten* X 2. XI 2, *nozzen* X 1, wie *entzwicken* X 2, *entlücken* u. s. w. XV 1, *swiften* XII 2, *krachen* XII 3, *strengen*, *mengen* XIV 3, *zouwen* XI 2, *speren* X 3, *gebit* (schw. Part.) XV 3, *gezarte* VIII, *druht* I 2. XV 3, *kerze* V 3. X 3, *drû* VII 1, *knouf* XV 3 und manche ähnliche, die zumal im Reim der Minnedichtung ungewöhnlich waren und grade dadurch Wizlaws Geschmack zusagten. Im Versinnern hat er derartige Wendungen nicht so gesucht. Sehen wir von jenen niederdeutschen Reimworten ab, so bleibt der schlagenden Saxonismen nicht besonders viel im Reime: *gekleidet* : *bereitet* : *breitet* (3. Plur.): *feitet* XI 1, *blüetet* (? Hs. *bluozet*) : *grüezet* (3. Plur.): *süezet* : *büezet* XI 2, beide in milderndem Vierreim, vielleicht auch *gesticket* : *entzwicket* X 2; *güete* : *süeze* XIII 1; *dî* (*dir*) : *bî* XII 2; *lît* : *wit* (weiss) XV 1 hat schon ein doppeltes Gesicht, da *lît* hochdeutsche Form, *wit* niederdeutsch kurzvocalisch ist; dass

1) Ausser dem Reim fand ich von ausgesprochen niederdeutschem Sprachgut nur *wort* I 3 V. 2, wenn Ettmüllers Deutung richtig sein sollte; das Wort ist rügisch (vgl. Fabricius, Urkunden z. Gesch Rügens 4, 35a). — *entsên* „fürchten“, *speren* „hindern“, *spê* „feindlich“, alle X 3 im Reime, zeigen nur in der Bedeutung die niederdeutsche Farbe.

2) Leitzmann zu Gerb. v. Minden 92, 18 sieht in *lach* mit Ettmüller das nd. *lak* „Fehler“.

Wizlaw Accusativ und Dativ nicht sauber trennen kann, sagt über seine dialektischen Absichten nichts aus [1]). Und die hochdeutschen Reime sind zum Teil sehr gewichtig (Seelmann Anz. XX 348 ff.): ich hebe hervor *nâhen : enpfâhen* IX 1, *nâhet : versmâhet : gâhet* VI (das erste Mal sicher, das zweite Mal sehr wahrscheinlich zweisilbig; obendrein nicht *nâken* oder *nâlen*; *gâhen* ist mnd. ungeläufig; mhd. *versmâhen* heisst mnd. meist *vorsmân* oder noch lieber *vorsmâden*; *nât : enpfât* noch XI 2); *herze : kerze* V 3. X 3; *nente : lente : rente* I 2; *du bære* (nd. *bârest*) : *swære* I 2; *genuoch : ruoch* (nd. *rôke*) XVII 1; *tuoch* (so die Hs.): *ungevuoch* XII 1; *geschach : brach* I 4; (*lach : dach* XII 2?;) *dû : zû* II 1[2]); (*liuten : hücten*? XII 1;) *brust : lust* I 7. XV 2; ferner Belege für *hân*, *hât*, *gât*, *stât* (rüg. *steit*), *tuot* (rüg. *doit*), *lât*, *gît* (rüg. *gift*), *lît* (rüg. *licht*), *meit*, *treit*, *ist*, *hin*, *-lîn* u. a.; die 2. 3. Plur. auf *-en* ist wiederholt bezeugt (I 1. X 1. XII 1)[2]); die Tonlängung, fast regelmässig im Reim (Balt. Stud. 34, 287), herscht doch noch nicht ausnahmslos (I 1 *geben : leben*; I 10 *jugent : tugent*; V 3 *gevlogen : betrogen : gezogen*). Das Alles genügt jedesfalls, um es unwahrscheinlich zu machen, dass Wizlaw mit der hochdeutschen Grundform, in der seine ganze poetische Ausdrucksweise wurzelt[3]), gebrochen haben sollte. Allerdings darf nicht ausser Acht bleiben, dass der Text der Jenaer Handschrift grade bei Wizlaw Erscheinungen zeigt, die auf eine Vorlage mit stärker niederdeutschen Elementen zurückdeuten möchten[4]). Jedesfalls geht Wizlaw in der Aufnahme heimischer Sprachzüge über

1) Behaghel citirt noch *ze muote : blüete : verhüete* X 1; aber *muote* (statt *muoze*) ist doch auch hochdeutsch eine geläufige Form. Ettmüllers Reim (I 2) *vroht* „Furcht“ : *droht* beruht auf falscher Conjectur: *dîn süeze vruht* steht jedesfalls in nordischer Weise (Gramm. IV[2] 352 f.) für *dû süeze vruht*. Ob *vlughet* I 9 den Plural *vlêghet* meint, ist mindestens zweifelhaft. Dagegen sind noch zu erwägen, wenn gleich auch mitteldeutsch denkbar: *schœne : kœne* „kühn“ I 7, *grôz : buoz* VII 3 (nicht ganz sicher), *blüetet : gerœtet* X 2, *dében : leben* X 3 (falls so richtig, ist die Stelle ein weiterer Beleg für mhd. *lâzen* c. Dat., vgl. Meissner Zs. 42, 125); der Plural Ntr. auf *e* (*velde*) steht XI 1, andre überschiessende *e* IV. XIII 2. Von der sehr wenig einleuchtenden Conjectur *bote* IV (für *lute*) seh ich natürlich ab; ist *lute* „Laut“, so würde der Reim für *ruote* einen mehr mitteldeutschen Vocalismus ergeben (doch vgl. Anm. 2).

2) Doch schwanken auch die rügischen Urkunden zwischen *ó* und *û* (hd. *uo*), *-en* und *-et*.

3) Aus hochdeutscher (meist litterarischer) Anregung dürften von Einzelheiten etwa stammen: von Substantiven *_ast_ XVI 1, _anger_ (oft), *_albe_ XIII 1, *_swanz_ XV 2, *_kerze_ V 3. X 3, *_haft_ I 9 (technisch poet. Ausdruck), *_blic_ „Blick“ XIII 2, *_twâl_ I 7, die Abstracta *_hœne_ I 7 und *_melde_ XI 1, die poetisch vielgebrauchten Worte *_wunderære_ I 6, *_leitvertrîp_ XIII 2. 3; selbst die Vorliebe für das Wort _wunne_ beruht wol auf dem Einfluss der hd. Dichtung; — von Adjectiven: *_trût_ III. VII 2, *_hel_ XIII 3, der Reim *_sal_ (: *_kal_; auch dies mnd. nicht oft) XVI 1; *_brœde_ II 2, *_zündic_ I 4, *_gezarte_ VIII, die die wol poetischer Sprache entnommenen *_vröudenbære_ V 1 (*_offenbar_ XV 2, vgl. S. 41 f.), _grundelôs_ I 3, _senende_ IV. V 1 (öfter); — von Adverbien: *_tougen_ III. XIII 2, *_dort_ XV 2, _sam_ I 10. X 3, *_sân_ I 4. X 2. XIII 2; — von Verben *_nennen_ I 10, *_zieren_ : *_wieren_ : *_vieren_ X 2, *_feiten_ XI 1, *_bîten_ XV 3, *_entzwicken_ X 2, *_entnücken_ XV 1, _zünden_ V 3. X 3, _brinnen_ (_bran_, durch die stumpfe Caesur sicher) I 4, _triuten_ VII 2; auch *_swiften_ XII 2 lässt sich ebenso gut aus dem Hochdeutschen als aus dem nl., höchstens westnd. _swichten_ herleiten. — Viel gewichtiger als dies Einzelne ist der hd. Gesamtcharacter der Wizlawschen Dichtung.

4) Von dem, was Knoop Balt. Stud. 34, 278. 303 ff. fleissig zusammenstellt, ist manches mitteldeutsch ganz geläufig, vieles beruht auf Misverstehn der elenden Ettmüllerschen Varianten, vieles schlechthin auf Ettmüllers zahllosen groben Fehlern: v. d. Hagens Angaben sind weit zuver-

seine lyrischen Vorgänger bereits beträchtlich hinaus. Aber auch er dichtet, wie Konemann, ganz zu Ende des Jahrhunderts. —

Ich habe diese grob und ungleich gearbeitete Uebersicht über die niederdeutschen Poeten des 12. und 13. Jahrhunderts nicht unterlassen wollen, so sehr ich mir bewusst bin, dass sie aller Orten der Ergänzung und wol auch Berichtigung bedürfen, dass schon die Auffassung der durchmusterten Tatsachen zu manchen Zweifeln[1]) Anlass geben wird. Aber auch so wird der Gang gelehrt haben, dass es bis zum Schlusse des 13. Jahrhunderts keine einzige Dichtung Niederdeutschlands[2]) gibt, die nicht dem Verdacht hochdeutscher Abfassung unterläge; am schwächsten noch ist er für die rein locale Gandersheimer Chronik. Wer nicht annehmen will, dass uns die Ueberlieferung gebend und zerstörend den seltsamsten Streich gespielt habe, dem drängt die Summe der auffallenden Einzelerscheinungen notwendig die gleiche Erklärung für sie alle auf: im 13. Jahrhundert war die sogenannte mittelniederdeutsche poetische Litteratur lediglich ein provincieller Auswuchs der hochdeutschen, innerlich und des zum Ausdruck auch äusserlich unselbständig; eine schöne Litteratur, die den Namen „mittelniederdeutsch“ verdient, entstand erst im 14. Jahrhundert[3]). Nicht als ob man nicht auch früher auf norddeutschem Boden gedichtet und gesungen und gesagt hätte: aber dieses poetische Leben von Mund zu Munde, das man sich nach seinen Spuren würdig und reich vorstellen mag, war eben keine Litteratur, die sich mit dem Anspruch wörtlicher Dauer an Leser wendet. Dass es zu einer wirklichen nd. Litteratur erst so spät gekommen sein soll, darf nicht

lässiger: man sollte nie nach Ettmüllers Machwerk citiren. Gewichtig scheint mir nur etwa *e* f. *ei* (*reph* „rieb“ I 7), *t* f. *z* (*touwen* f. *zouwen* XI 2; dagegen ist *putte* I 3 und vielleicht *blot* XVI 1 auch mitteldeutsch), *k* f. *ch* (*welk* X 2), *cht* f. *ft* (*stichtest, swichtest* XII 2, *bedrocht* XVI 2), die 3. Pers. Sing. *trift, ripht, koyft* I 5. 8. II 2, der falsche scheinbare Sing. *tuot* I 9, *unphat* XV 1, *weren* f. *wâren* I 7, *steten* „gestatten“ I 6. II 1, vor Allem die hyperhochdeutschen Formen *hurzet* XV 2, *haz* I 10 Z. 8 (später in *hat* verbessert), *druft* XV 3, *tucht* I 7 (*dùhte*; *vorterben, mitten* dagegen sind nicht beweiskräftig); vielleicht deutet auch die offenbar verderbte Stelle III Z. 3 *herzctrute sich min ein par vrouwe* auf ein nd. *enparmen* (*herzetrût, sich* [*dich*?] *mîn enparme vrouwe*) zurück. *der grözer* I 8 kann sehr wol von Wizlaw herrühren: vgl. oben S. 41. 57 f. und *einer* (f. *einiu*?) XV 2.

1) So liegt es nahe, z. B. die starken Verba *brinnen, rinnen*, die starken Part. *begunnen, verstözen*, das Adv. *dannen* (s. u.) nicht für hd., sondern für frühmnd. zu halten, liegt um so näher, als die Gothaer Hs. der Weltchronik manches davon enthält. Aber die Weltchronik mit ihren hd. Quellen und ihrer doppelsprachigen Ueberlieferung ist an sich schon ein sehr verdächtiger Zeuge für echten mnd. Sprachgebrauch (s. u.); die Gothaer Hs. zeigt obendrein mehrfach hd. Spuren. — Aehnliche Scrupel betreffen die Wortwahl (vgl. S. 33. 42 ö.). Ich fasste, wo ich zweifelte, das als hochdeutsch auf, was sich aus hochdeutschem Reimgebrauch ableiten liess.

2) Das Gerhard v. Minden um ein Jahrhundert zurückzudatiren sei, davon haben mich Leitzmanns Gründe nicht überzeugt, trotz Seelmanns gewichtiger Zustimmung (Nd. Correspondbl. 1898 S. 47); ich sehe von ihm als einem Dichter des 14. Jahrhunderts hier um so mehr ab, als Seelmann eine Untersuchung seiner Sprache in Aussicht gestellt hat.

3) Edw. Schröder, dem diese Bogen im ersten Abzuge vorlagen, schreibt mir an den Rand: „Also fällt die Entstehung der eigentlichen niederdeutschen Litteratur mit dem Emporkommen der niederdeutschen Urkundensprache um 1320 zeitlich zusammen, genau so wie gute zwei Menschenalter früher die mittelniederländische Litteratur mit der mittelniederländischen Urkundensprache“.

Wunder nehmen. Wie alt war sie denn im hochdeutschen Gebiet? Auch da entstand sie nicht vor der zweiten Hälfte des 11. Jahrhunderts. Denn jener Trümmerhaufen von Formeln, kleinen Reimen und Uebersetzungen, den wir „althochdeutsche Litteratur“ zu nennen pflegen und dessen Perlen zufällige, durch schreibfrohe Hände erhaltne Reste der unlitterarischen Poesie sind, verdient jenen Namen weder selbst, noch erlaubt er den Rückschluss auf die einstige Existenz einer verlornen Litteratur. Es sind wol Ansätze vorhanden, der rühmlichste, aussicht- und wirkungsreichste durch Otfrid gemacht; aber auch er ist im Grunde nur ein deutsch dichtender Vertreter der lateinischen Poesie jener Tage, seine künstlerische Würdigung muss in erster Linie aus dem Gesichtspunct der lateinischen Litteratur gewonnen werden[1]). Zu litterarischem Sonderleben der althochdeutschen Dichtung aber, zu grösserem Zusammenhange in ihr kommt es nicht: es fehlt Gehalt, Publikum, Verkehr und in Folge dessen auch die lebendige Dauer. Die lateinische Poesie dominirt litterarisch vor dem Ausgange des 11. Jahrhunderts in ganz Deutschland ebenso unbedingt, wie nun im 13. Jahrhundert die hochdeutsche Dichtung das eigne litterarische Leben im Sachsenlande zunächst erdrückt oder doch auf die Prosa einschränkt.

Man constatire nur ruhig die Tatsachen. Vor unsern Augen übernimmt Mitteldeutschland, zumal Thüringen und Meissen, die litterarische Vermittlerrolle. Die ganze ältere Gruppe der mittelniederdeutschen Dichter, Eilhard ausgenommen, sitzt entweder auf mitteldeutschem Gebiet oder doch dicht an der Grenze, die sich hier deutlich fruchtbar erweist (trotz Behaghel a. a. O. S. 8). Wernher von Elmendorf und Albrecht von Halberstadt werden erst in der neuen Heimat productiv; Heinrich von Morungen hat dienstliche Beziehungen ins Meissnische herüber; noch die beiden Reppichauer und der Graf von Anhalt gehören nahe an die Grenzsphäre. Albrecht, er hat es ganz unbefangen ausgesprochen[2]), denkt an ein hochdeutsches Publikum und empfindet es unbehaglich, dass er geborner Sachse ist; er fürchtet sich Blössen zu geben in der fremdartigen Sprache und bittet im Voraus um Nachsicht. In der 2. Hälfte des Jahrhunderts ist das Selbstgefühl dann freilich grösser geworden: Raumsland entschuldigt es nicht, sondern betont mit nachdrücklichem Stolz, dass er Sachse ist: um so gewichtiger, dass auch er hochdeutsch dichtete; indem er den Uebermut des Schwaben abwehrt, der der beste deutsche Sänger sein will, verrät er doch selbst, wo sein Massstab litterarischer Leistung liegt: nicht in der Heimat, obgleich er

1) Seemüllers „Studien zu den Ursprüngen der altdeutschen Historiographie“ dehnen diesen von Schönbach u. A. mit Recht vertretenen Gesichtspunct erfolgreich jetzt auch auf kleinere Erzeugnisse der althochdeutschen Dichtung aus.

2) Die künstliche Erklärung, durch die Paul das Zeugnis Albrechts (Gab es eine mittelhochdeutsche Schriftsprache S. 10 f.) zu entwerten sucht, will ich hier nicht erörtern. Nur das sei bemerkt, dass *rîm* mhd. nicht nur „Reim“ sondern auch „Reimvers“ bedeutet, dass also kein Anlass vorliegt, bloss an die unreinen Reime zu denken, die entstehen sollen, wenn — das setzt Pauls Albrecht als selbstverständlich voraus, ohne ein Wort davon zu sagen — hochdeutsche Schreiber (und Leser) sein Niederdeutsch ins Hochdeutsche umsetzen werden.

die Braunschweiger Chronik gekannt haben mag: der Meissner und Konrad von Würzburg fallen ihm zuerst ein, wenn er der besten Dichter denkt. Inzwischen hatte sich das litterarische Productionsgebiet in Sachsen ja erweitert: aber doch: Gandersheim, Braunschweig, Hildesheim, Magdeburg, Goslar, der Huy, es ist — von den fahrenden Sängern müssen wir natürlich absehen — durchweg nur die nächste Zone: die grosse Masse des sächsischen Gebiets im Norden und Westen ist noch ganz unbeteiligt: der Zusammenhang mit dem litterarischen Mutterlande wirkt eben noch fort. Eine selbständige Physiognomie fehlt denn auch formell wie inhaltlich. Dass Wolfram für die Spätern der massgebende Meister ist, stimmt wieder gut zu den thüringischen Anregungen. Die Lyrik und Epik unterscheidet sich nicht charakteristisch von der höfischen hochdeutschen Art; auch die Braunschweiger Reimchronik verleugnet den Einfluss des höfischen Epos nicht, während Eberhard auch litterarisch abseits steht; der dem Norden später so glücklich zufallende Ton humorvoller Didaktik erklingt nicht einmal bei Raumsland, der bei realistischer Beobachtungskraft doch humorlos ist. Und die lehrhaften Reimpaardichter werden schon dadurch gehemmt, dass sie lateinische, meist geistliche Texte übersetzen oder paraphrasiren: sammt und sonders können sie es nicht lassen, ihr Latein bis in die deutschen Verse hineinzutragen: die lateinischen Citate finden sich bei Wernher, Eberhard, Brun von Schönebeck, noch bei Konemann in oder ausser der Reimzeile: Raumsland verstand zum Glück kein Latein. Solche Sprachmischung erweist wieder die in sich unsichre Form: die gute hochdeutsche Dichtung hatte solche archaische Geschmacklosigkeit längst überwunden.

Der Nährboden, auf dem diese hochdeutsche Poesie des plattdeutschen Nordens erwächst, ist zunächst der Hof; für ihn, für den geistlichen und weltlichen Adel sind diese Dichtungen zunächst bestimmt; erst später folgt das Patriciat der Städte. In adlichen Kreisen las man die berühmte und verbreitete höfische Litteratur des Südens, las sie für sich und las sie vor: im Munde des niederdeutschen Lesers mag da manchmal ein seltsames Hochdeutsch zu Tage getreten sein, wie es sich in den unmöglichen Schriftreimen z. B. der Braunschweiger Reimchronik uns widerspiegelt. Welch starken Anteil an diesem mittelniederdeutschen Hochdeutsch die rein litterarische Entlehnung hat, das bewährt schon die verhältnismässig grosse Menge der hochdeutschen Worte, die recht eigentlich durch den Lehn r e i m eingeführt worden sind. Nicht ganz lückenlos aber erklärt sich so, rein litterarisch, der ausgesprochen mitteldeutsche Reimcharakter dieser Dichtung (*mach* : *sprach*, vgl. Behaghel S. 38; *klûgen* : *sûchen*; *gût* : *trût*; *knî* : *sî*; *bischof* : *hof*, *-schaf* : *gaf* u. s. w.; vor Allem die 2. 3. Pers. Plur. auf *-en*). Man wird ja die Lectüre der sprachlich ähnlicheren mitteldeutschen Dichter bevorzugt, auch die oberdeutschen Classiker oft in mitteldeutschen Handschriften gelesen haben; bei der überragenden Bedeutung und Verbreitung der oberdeutschen Dichtung empfiehlt es sich doch, hier noch einen andern Factor, wenn auch zweiten oder dritten Ranges, den mündlichen Verkehr mit den mitteldeutschen Nachbarn, in die Rechnung einzustellen. Für die ältere Gruppe steht dieser Verkehr fest.

Gaben sie den Ausschlag? Oder waren mitteldeutsche Höfe und Burgen dem Sachsen zeitweilig Schulen höfischer Bildung? Galt es etwa gar hie und da bei dem sächsischen Adel als elegant, ein wenig zu thüringern oder meissnern, nicht nur im Verse, nicht nur mit der Feder, sondern auch in der höfischen Conversation? —

Jedesfalls: im 13. Jahrhundert lediglich hochdeutsche Dichtung auf niederdeutschem Boden.

Individuellen Zügen der Selbständigkeit hab ich hier nicht nachzugehen. Der Trieb zur Befreiung von der übernommnen hochdeutschen Sprachform ist aber doch nicht nur individuell. Und er war des Sieges um so sichrer, als auch er ein Trägheitsmoment zum Bundesgenossen hatte. Es war nicht bewusste Emancipation, wenn man zuerst die, lässig gehandhabt, sehr viel bequemeren niederdeutschen Reime unter die hochdeutschen zuliess, wenn man dem litterarisch geprägten Wortschatz dann auch aus der eignen Sprache dies und das beimischte. Nicht bewusst; aber diese Duldsamkeit trug den Keim zur Steigerung in sich. Ist die älteste Grenzgruppe spröde, so nimmt diese Sprödigkeit sichtlich, fast chronologisch ab: die niederdeutschen Reime und, etwas langsamer, die niederdeutschen Worte schwellen immer mehr an: Eberhard ist auffallend weit darin für seine Zeit, Berthold und Raumsland sind zurück für die ihre; im Uebrigen stimmt die Stufenleiter ganz gut: der Braunschweigische Reimchronist, dann Konemann und Wizlaw zeigen den Umschlag ins rein Niederdeutsche durchaus vorbereitet, obgleich wenigstens den ersten beiden der revolutionäre Gedanke sicher fern gelegen hat. Wizlaw vielleicht nicht so ganz: er ist deutlicher berührt von der parallelen Erscheinung in Mittel- und Süddeutschland, dem Aufsteigen der Mundarten namentlich mit ihrem Wortschatz in die Schriftsprache hinein. Die hochdeutsche Litteratursprache musste auch im Norden ihre Macht verlieren, als sie aufhörte, sich ihre aristokratische Abgeschlossenheit zu wahren, als ihre imponirende Vornehmheit aus der Rede des Tages heraus vulgarisirt wurde. In dem Masse, wie es mit der mittelhochdeutschen Kunstsprache auf ihrem eignen Boden zurückgeht, erstarkt auch die sprachliche Selbständigkeit der sächsischen Dichtung. Nicht dass es da je zu einem scharfen, durch eine bestimmte litterarische Tat bezeichneten Abschnitt gekommen wäre. Die Grenzen verfliessen: es gibt hochdeutsche Dichter plattdeutscher Mundart noch durchs ganze 14. Jahrhundert und weiter: ich brauche nur an Eberhard von Zersen zu erinnern. Aber das ruhige Zunehmen der niederdeutschen Reime und Worte führte bald an den Punct, wo das hochdeutsche Gewand im Ganzen als überflüssig und lästig fallen konnte. Nun aber ereignet sich ein Seltsames, das sich grade durch den Mangel jedes schroffen Absatzes erklärt. Im 12. und 13. Jahrhundert hat man hochdeutsch dichten wollen, so gut oder übel es ausfallen mochte; im 14. und 15. Jahrhundert will man im Ganzen niederdeutsch sein, aber die Periode der hochdeutschen Dichtungen wirkt nach: schlichen sich früher unwillkürlich die niederdeutschen, so drängen sich jetzt ebenso unwillkürlich die hochdeutschen Elemente in die Dichtung ein. Ganz ist die mittelniederdeutsche Litteratur die Reste ihrer archaischen hochdeutschen Periode in Reimkunst und Wortschatz niemals los geworden: und grade diese Reste legen Zeugnis dafür ab, welche feste Herrschaft die hochdeutsche Dichtung gewiss mehr als ein Jahrhundert auf sächsischem Boden ausgeübt hat. Auch die weitere Betrachtung der litterarischen Entwicklung Niederdeutschlands wird die dauernden Einflüsse der ihren Anfang völlig leitenden hochdeutschen Poesie stets zu einem wichtigsten Gesichtspunkt nehmen müssen: jene Einflüsse schleppen sich bei den conservativen Sachsen, unter manchen Rückfällen schwächer und schwächer werdend, doch fort, bis eine neue Hochflut hochdeutscher Cultur im 16. Jahrhundert dem Sonderleben einer niederdeutschen Litteratur überhaupt ein Ende macht. Es wiederholte sich da im Grunde nur ein schon Dagewesenes: jetzt aber erwies sich die Kraft der hochdeutschen Schriftsprache, Dank dem Druck, als dauerhafter, und sie verlor das niederdeutsche Terrain nicht wieder, weil sie sich selbst nicht verlor, wie ihrer Vorläuferin das einst im Gange des 14. und 15. Jahrhunderts geschehen war. —

IV.

Ich kehre zu meinem Ausgangspuncte zurück. Die lange Abschweifung wird uns jetzt doch bestimmter sprechen lassen. Eikes Praefatio fügt sich nach Zeit und Ort gut in die Reihe. Freilich sind die Symptome der sprachlichen Mischung hier noch gedämpfter als sonst; zumal der Wortschatz bietet nirgend eine grellere dialectische Färbung. Aber vorhanden sind auch hier geringe niederdeutsche Züge neben etwas reicheren hochdeutschen. Die leisen Winke der Ueberlieferung kommen hinzu. So spricht grade aus der sprachgeschichtlichen Gesamtbetrachtung heraus eine hohe Wahrscheinlichkeit für mitteldeutsche Abfassung der Reime.

Nur eins bleibt unbehaglich. Wie seltsam! M i t t e l d e u t s c h e V o r r e d e z u n i e d e r d e u t s c h e m W e r k? Welch Widerspruch in sich! Die Handschriften des Sachsenspiegels, mit Ausnahme von En, zeigen einen solchen Gegensatz denn auch nicht (vgl. oben S. 28). Eine niederdeutsche Handschriften-Gruppe des 15. Jahrhunderts, die dem Landrecht einen poetischen Epilog hinzufügt (Hom. I S. 379. 53), hat diesen in der Sprache des Uebrigen, also niederdeutsch, gehalten: sollten wir das vom Autor nicht erst recht erwarten? Jener Gegensatz von Reim und Text ist doch nicht ganz undenkbar: waren poetische und hochdeutsche Form unlöslich verbunden, so könnte man in der sprachlichen Verschiedenheit die grade Folge des formalen Unterschiedes von Poesie und Prosa sehen [1]). Und das um so mehr, als der Zwillingsbruder

1) Unter diesem Gesichtspunkt sieht Walther (Nd. Correspbl. 19, 38) die schon oben (S. 34) erwähnte Tatsache an, dass der niederdeutschen Bremer Handschrift der Weltchronik eine hochdeutsche Widmung vorangeschickt wurde. Aber diese Dedication hat einen andern Autor: das Merkwürdige läge in dem verschiedenen Verhalten desselben Autors bei demselben Werk.

des Sachsenspiegels, als die sächsische Weltchronik, einen ähnlichen Zwiespalt aufweist: auch dieses niederdeutsche Prosawerk hat eine poetische Vorrede, die dem dringenden Verdacht hochdeutscher Sprache unterliegt (Frensdorff, Hans. Geschichtsbll. 1876 S. 113; Behaghel a. a. O. 36). Ihre hochdeutschen Reimformen *hât* (9. 24), *hûs* (30), *stât* (79. 90 neben *steit* 68), *lît* (39), *sol* (: *wol* 83 neben *sal* 20), *dû* (: *stâ* 53) haben, an sich schon unverkennbar, obendrein nichts ausgeprägt Niederdeutsches neben sich (auch *van* 69 kann mitteldeutsch sein). Und Behaghel legt mit Recht Gewicht darauf, dass drei der niederdeutschen Handschriften des Werkes grade in der Reimvorrede viele hochdeutsche Spuren zeigen: in der Gothaer Handschrift ist sie nahezu so hochdeutsch geschrieben, wie die Reimvorrede der Sachsenspiegelhandschrift En. Aber freilich, grade diese Handschrift zeigt auch sonst vereinzeltes Hochdeutsche, und die Bremer Handschrift 16, mit der die Berliner 17 anscheinend nur als éine Quelle gelten darf, hat ein *z* grade nur in den Reimworten *zît*, *zorn*, so dass auch hier Möglichkeiten sich aufdrängen, wie ich sie oben S. 28 für die ganz gleichartigen Erscheinungen der Eikeschen Praefatio erwägen musste. Immerhin, die Wahrscheinlichkeit spricht für die hochdeutsche Abfassung. Es ist weiter angezweifelt worden, ob die Vorrede überhaupt vom Verfasser der Weltchronik herrühre: ihre blasse Inhaltlosigkeit liesse einen Zweiten als Autor wol zu; Weiland, dem z. B. Wattenbach beistimmte, fasste sie als ein Begleitwort Eikes auf; die Verschiedenheit der Verfasser würde für uns die verschiedne Sprache von Leitreim und Text gut erklären. An Eikes Autorschaft glaub ich nun freilich nicht, schon Gründe der Vers- und Reimtechnik sprechen dagegen [1]), und die Anklänge, die Weiland S. 56 sammelt, würden, wenn sie überhaupt etwas beweisen [2]), zu der Annahme zwingen, dass der Vorredner der Weltchronik schon die Doppelvorrede des Spiegels gekannt hätte [3]). Das ist an sich wol möglich: bildet der

---

1) Der Prolog der Weltchronik zeigt bei dem gleichen frei füllenden Grundcharacter der Verse doch unverkennbar jüngere Technik: die Tactfüllung ist gleichmässiger, die Senkung fehlt seltner und meist im Innern der Worte; es fehlen die geschwellten Verse, auch die allzukurzen; die klingenden Reime bilden kaum ein Drittel der Gesamtzahl. Dazu das wiederholte Reimwort *sol* und *stât*, beide in doppeltem Gebrauch, das in Eikes Reimen vermiedene *daz* : *baz*, die Betonung *urkünde* 96. Auch das niederdeutsche Wort *rêlich* 38 hat Eike sonst nicht. Zu wenig, um eine überlieferte Identität des Autors anzuzweifeln, aber genug, um zu der vermuteten ein dickes Fragezeichen zu setzen. Freilich würd ich Eikes gesunder Weltkunde auch sonst diesen in frommer Betrachtung sich erschöpfenden Prolog nur ungerne zutrauen; Eike hätte bei diesem Anlass wol Besseres zu sagen gewusst.

2) Der Reim *algemeine* : *got der reine* Weltchronik V. 1. 2, Sachsenspiegel V. 6. 6; *unde iegelichen man sînes rehten gûdes gan* Weltchronik 11 f. ist ähnlicher Sachsenspiegel 20 *iegeweme ich rechtes gûtes gan* als Sachsenspiegel 111. Dazu kommt noch der Zusammenklang von Weltchronik 77 f. und Sachsenspiegel 97 f., der aber die bei Eike schlechter bezeugte Lesart *vollenbrâcht* voraussetzt. Man bezog früher Weltchronik 88 *logene sal uns wesen leit, daz ist des von Repegouwe' rât* auf die Sachsenspiegel 88 gescholtene *lügenlich achtersprâche*, nicht grade einleuchtend.

3) Die andere Möglichkeit, dass der Verfasser der 1. Praefatio die Reime der Weltchronik

Prolog der Weltchronik doch erst in ihrer jüngsten Recension C einen regelmässigen Bestandteil. Aber Eike wäre damit als Dichter der Weltchronikreime ausgeschlossen. Wie dem nun sei, dass der Chronist den Spiegel gekannt hat, ist sicher; dass der Vorreimer mit seinem Hinweis auf *des van Repegouwe rât* Eike citiren oder gar als Dichter der Verse fingiren wollte, liegt wenigstens nahe: ich glaube an den merkwürdigen Zufall nicht recht, dass grade die beiden einzigen niederdeutschen Prosaiker des 13. Jahrhunderts, beide in ihrer Art epochemachend, demselben Geschlecht angehört haben sollten. Unter allen Umständen besteht eine Beziehung, ein Zusammenhang. Damit aber wird aus dem doppelten seltsamen Phänomen der mitteldeutschen Vorrede zu niederdeutschem Werk ein einfaches: das zweite kann das nachgeahmte erste höchstens bestätigen, nicht erklären. Wenn eine Erklärung möglich und nötig ist — und ich halte sie für nötig —, so kann sie nur der Sachsenspiegel selbst uns geben.

Sachsenspiegel und Weltchronik bilden ein völlig isolirtes litterarisches Paar. Was sonst das 13. Jahrhundert an n i e d e r d e u t s c h e r P r o s a hervorgebracht hat[1]), vielleicht (?) die abseits entstandnen, örtlicher Heiligenverehrung dienenden kunstlosen Freckenhorster Legenden, sicher eine ganze Reihe von Stadtrechten (Hamburg, Lübeck, Braunschweig, etwa noch Hildesheim), das ist Alles locale Arbeit, zunächst nur für den Bedarf des Orts, ohne jeden litterarischen Anspruch und also niederdeutsch, wie man bald urkunden lernte. Merkwürdig genug, dass doch éine niederdeutsche Stadt und zwar grade die Eikes-Sphäre zunächst gelegene, die zudem anscheinend zuerst ihr Recht deutsch niederschrieb und den Sachsenspiegel oft und stark benutzt, dass grade Magdeburg, so viel wir wissen, für seine systematischen Rechtsaufzeichnungen von je die mitteldeutsche Gestalt bevorzugt hat[2]): hat man dabei wirklich nur an die Wirkung in die Ferne gedacht? und zwar an die hochdeutsch redende Ferne? Oder war die Wahl der mitteldeutschen Sprache auch in diesem Falle der Ausdruck einer gewissen Würde? Jedesfalls darf man diese ganze Production den beiden grossen Prosawerken in keiner Hinsicht vergleichen. Eikes Verse, wie eventuell die der Chronik, erweisen, dass sich die Autoren mit dem Bewusstsein einer litterarischen Leistung an ein grosses Publikum wenden: Eike weiss, welch einen Schritt er tut. Für die Verse hatte er hochdeutsche Vorbilder; für die sprachliche Gestaltung des Rechtsbuches nicht. Der Einfluss einer litterarischen hochdeutschen Tradition kann ihn nicht bestimmt haben. Aber auch die Tradition der mündlichen niederdeutschen Rechtssprache bedeutete ihm keine innere Nötigung: hatte sie ihn doch nicht verhindert, zunächst lateinisch zu schreiben. Eike war frei: a priori war es ebenso wol möglich, dass er sich der litterarisch

---

gekannt haben sollte, ist minder wahrscheinlich, da eine Beziehung der Chronik, auch wol der Vorrede, zu Eike doch besteht.

1) Von Augenblicksproductionen wie Urkunden, Protokollen und ähnlichem seh ich natürlich ab

2) Nur das winzige Recht der Dienstmannen des Gotteshauses zu Magdeburg (Gaupp, Das alte Magdeburger Recht S. 353) ist niederdeutsch geschrieben.

üblichen hochdeutschen Rede auch für die Prosa bediente, wie dass er das jungfräuliche Gebiet mit den ungenützten Waffen der heimischen Rede eroberte. Fällt die mitteldeutsche Sprachform der Vorrede für jene Annahme ins Gewicht, so steht der consensus doctorum bekanntlich für diese ein. Dass der Weltchronist, nachdem Eike einmal voran gegangen, dessen Wege gleichfalls eingeschlagen habe, ist möglich, vielleicht wahrscheinlich. Sprachliche Rückschlüsse von der Chronik auf den Spiegel möcht ich trotzdem nicht empfehlen: ein tieferer Unterschied in der Wortwahl wenigstens scheint mir fühlbar, und obendrein: die beiden Denkmäler sind sich leider auch darin ähnlich, dass sie die sprachlich zwiespältige Ueberlieferung mit einander teilen, die ein jedes begründete Urteil über den Wortlaut des Originals so sehr erschwert.

Ein entscheidendes Wort über die Sprache der Eikeschen Reimvorrede setzt voraus, dass, wer es wagt, sich auch über die Sprache des Spiegels selbst eine Ansicht erworben hat. Ich will mit meiner Meinung nicht zurückhalten.

Homeyers Ueberzeugung, dass der Sachsenspiegel in niederdeutscher Sprache abgefasst war, ruhte auf 3 Säulen: Verfasser, Gesamtcharakter der Ueberlieferung, einzelne Lesarten. Ich fürchte, alle drei haben Sprünge bekommen.

Gewis, Eike von Repkow war auf niederdeutschem Boden geboren; sein Handgemahl und sein Schöffenstuhl stand in einer niederdeutschen Grafschaft; er war gewohnt, in niederdeutscher Sprache das Recht zu finden. Aber der treffliche Rechtskenner war über die Grenzen seines Gaus tätig: wir wissen jetzt, dass er auch Rechtsgeschäften beigewohnt hat, die in andern Grafschaften sich abspielten: er ist 1218 in Grimma, 1224 in Delitzsch, wahrscheinlich im Landding tätig, bezeugt (v. Posern-Klett, Beitr. z. Gesch. d. Verf. Meissens S. 29 f.; Winter, Forschungen z. d. Gesch. 14, 307 ff.). Also auf hochdeutschem Boden, im meissnischen Osterlande: und das schon, bevor er den Sachsenspiegel schrieb. Er hat sein Rechtsbuch, darüber lässt die Reimvorrede keinen Zweifel, ausdrücklich und ausschliesslich für Sachsen bestimmt: er weiss sehr wohl, dass anderswo andres Recht zu Rechte besteht. Aber was versteht er unter Sachsen als rechtlichem Bezirk? Von der Vorrede über der sächsischen Herren Geburt, die in der ältesten Recension ganz fehlt, will ich absehen: aber Landr. III 62 erscheinen als *vanlên inme lande tô Sassen* neben einander *die lantgrafscap tô Doringen*, *die marke tô Mîsene*, *die marke tô Lusitz*, gleich drauf als sächsische Bistümer auch Naumburg und Meissen; unter den 4 sächsischen Königspfalzen sind Wallhausen und Allstedt; im Lehnrecht 4 § 1 werden für die Männer *in ôsterhalf der Sale* (Var. *in Ôsterlant*) besondre Bestimmungen gemacht; Eike hat diese hochdeutsch sprechenden Gegenden, in denen er auch persönlich gewirkt hat, in vollem Masse mit berücksichtigt, wenn er für die Sachsen schreibt. Hat er bei der Wahl seiner Sprache an dies grosse Publikum gedacht — und wie sollte er anders? —, so lag es gewis näher, den Niedersachsen das litterarisch geläufige Hochdeutsch zuzumuten, als den Thüringern und Meissnern die fremde plattdeutsche Mundart. Ich will nicht mit solchen Erwägungen operiren: jedesfalls sind die Schlüsse höchst anfechtbar, die Homeyer aus Eikes Wirkungskreis und Herkunft zieht. Dass für Eike, wenn er schriftstellern sollte, die litterarisch ganz unausgebildete niederdeutsche Sprachform an sich näher gelegen hätte, muss ich unbedingt bestreiten. Wählte er sie für sein Rechtsbuch, nun, so musste er statt éines schöpferischen Schrittes zwei vollziehen. Ich bilde mir nicht ein, dem Schaffen des bedeutenden Mannes so nachrechnen zu können. Der schaffende Geist geht seinen eignen Weg. Man soll nur nicht behaupten, dass a priori ein Wahrscheinlichkeitsgrund für die niederdeutsche Form spräche. Eike stand eben nicht abseits vom litterarischen Leben wie etwa der Freckenhorster Legendenmann.

Nun Nr. 2. „In derjenigen Ordnung der Handschriften, welche die älteste Entwickelungsstufe des Sachsenspiegels darstellt", überwiegt die Zahl der niederdeutschen Texte durchaus. Die Tatsache ist richtig. Gruppe A hat nur 2 mitteldeutsche Glieder (ausserdem ein oberdeutsches, über das ich nicht näher orientirt bin), und von diesen geht die alte Quedlinburger Handschrift (Aq) unzweifelhaft auf eine niederdeutsche Vorlage zurück; Ai, die Mainzer, ist leider zu Grunde gegangen. Trotzdem ist Homeyers Schluss unzulässig. Alter der Recension und sprachliche, textliche Verlässlichkeit ist keineswegs identisch. Mit demselben Grunde müsst ich schliessen, die sächsische Weltchronik sei mitteldeutsch oder gar oberdeutsch abgefasst: denn von den 13 Handschriften der kürzesten und nach Weiland ältesten Gestalt sind 10 bairisch, 2 mitteldeutsch, 1 kölnisch. Weiland hat sich aber wohl gehütet, jenen Schluss Homeyers zu ziehen. Wenn der Deutschenspiegel nach einer niederdeutschen Handschrift gearbeitet ist[1]), so ergibt das zwar, dass in den sechsziger Jahren etwa, also min-

1) Von den Irrtümern, aus denen Ficker WSB. 23, 195 f. 215 die niederdeutsche Vorlage des Deutschenspiegels erschliesst, ist im Grunde nur Dsp. 162 *enweiz* von Gewicht, das aus nd. *hevet* (Ssp. II 60) misverstanden scheint. Die übrigen Momente seines Beweises sind schwach: *fůret* Dsp. 149 kann das folgende Verbum *vůrt* vorweg genommen haben und braucht nicht grade aus nd. *vret* (Ssp. II 39, 2) entstellt zu sein; das berühmte *dike* Dsp. 136 wäre auch aus einem md. *dîche* zu begreifen. Und *man lehen* Dsp. Lehnr. 152 führt eher auf hd. *manlichen* (oder mit andern Hss. *manlechen*) als auf nd. *manlike*. Aber Ficker hat trotzdem Recht. Schon in der ersten, frei umgestaltenden Partie des Deutschenspiegels deutet sich mir Dsp. 46 die Doppellesung *man . . . . tůnt oder ziehent* nur aus einem *tiet* (Vulg. *sculdeget*) der Vorlage und aus der Neigung, nd. *-et* in *-ent* umzusetzen (Dsp. 290 *sagent man*). Dsp. 113 ist *mit* aus nd. *mut* (hd. *muoz*: Ssp. II 15, 1) grell misverstanden. Und diese Misverständnisse häufen sich weiterhin im Landrecht, wo der Deutschenspiegel nur eine Sachsenspiegelhs. bildet: Dsp. 138 *fluz* (Ssp. II 28, 3 *vlût* d. i. *vliuzet*), 165 *mite* (Ssp. II 54, 6 *müte* d. i. *müeze*), 203. 337. 346 *tůn* (III 5, 2. 78, 2. 79, 3 *tô* d. i. *zû*), 270 *slichte* (III 38, 4 *slite* d. i. *slîze*), *setzet ez* (*sette't*), 283 *pote* (III 45, 1 *bute* d. i. *bûze*), 305 *wendet* (III 58, 2 *wend it* d. i. *ez*), 315 *heten* (III 62, 1 = *heizen*, schon von Homeyer, Abhandlungen d. Berl. Akad. 1859 S 109 bemerkt), 348 *lande sit* (III 80, 2 *landsêten*), 349 *und* (III 81, 1 *ût*) u. m.; falsche Umsetzung in *z* 332 (*aller zeit*); falsche Auffassung des nd. *-et* 235. 247. 319. 340 (Lehnr. 1. 3) u. ö.; 276 *von* (aus *nên* Ssp. III 41, 1), 347 *wan* (aus *van* III 80 1); (Lehnr. 1 *die herscilt*, d. i. *der h.*;) *den man* als Nom (aus *ên man*? oder nd. f. *der*?) Dsp. 155. 169 u. m.; auch *d* (hd. *t*), *gerüchte*, *echt* stand in der Vorlage. Dem gegenüber sind die Spuren md. Lautstandes ganz zweifelhaft: im Landrecht stiess mir auf *richten*, *gerichte* Dsp. 1. 280 (f. *riten*, *gerête*), *schepfrechten* 146 (f. *schifriche*), *richtes* 187. 229 (f. *riches*), was sich Alles leichter

destens 30 Jahre nach dem Entstehen des Werkes, schon niederdeutsche Ausgaben des Sachsenspiegels existirt haben müssen, weiter aber auch nichts. Zählungen, wie die Homeyers I S. 48, wonach unter den Pergamenthandschriften die niederdeutschen, unter den Papierhandschriften die mitteldeutschen ein (nicht sehr starkes) Uebergewicht zeigen, sind lehrreich für die Verbreitungsgeschichte des Buches; für die Frage der Originalfassung sagen sie gar nichts aus. Nicht stichhaltiger wär es freilich, wenn ich aus dem Umstand, dass die ältesten datirten Handschriften mitteldeutsch sind (Frensdorff, Hans. Geschichtsbll. 1876, S. 110), irgend etwas für mitteldeutsche Abfassung folgern wollte. Das Werk hat alsbald eingeschlagen, hat sofort eine Reproductionstätigkeit hervorgerufen, die in wenigen Decennien das originale Bild bunt verkehrt haben wird. Grade die sprachliche Geschichte der Sachsenspiegelhandschriften ist keineswegs so einfach, dass man ohne Weiteres hochdeutsche Handschriften für hochdeutsches Original, niederdeutsche Manuscripte für niederdeutsche Abfassung ins Feld führen dürfte. Die Handschriften selbst verraten oft ein gut Stück Geschichte, das vor solchem plumpen Argument warnen sollte.

Homeyer ist es nicht entgangen, dass gerade der sehr alte und hochgeschätzte Quedlinburger Codex (Aq), obgleich h o c h d e u t s c h, doch viel mehr der Z e u g e e i n e r ä l t e r e n n i e d e r d e u t s c h e n H a n d s c h r i f t sei. Er begründet das hauptsächlich (S. 17 Anm.) durch Fälle, in denen der hochdeutsche Schreiber das niederdeutsche Plural-*et* für einen Singular angesehen hat. Das ist nun allerdings bei vorsichtiger Anwendung — zuweilen kann bei solcher Differenz eine syntaktisch verschiedne Auffassung zu Grunde liegen (vgl. II 13, 5. 6. 56. 1), zuweilen kann das Misverständnis auch auf der niederdeutschen Seite sein — ein wertvolles Kennzeichen niederdeutscher Vorlage, wenn es auch schwerlich auf die Fassung des Originals zurückweist: sprach Eike doch wahrscheinlich *-en*. Aber man braucht auch sonst nur in Göschens Abdruck zu blicken, um sich zu überzeugen, wie durchsichtig die hochdeutsche Hülle ist, nicht mehr als eine inconsequente Lautumsetzung, die gedankenlos gemacht vor Unformen wie *tarn* (nd. *darn*) oder gar *zurneie* (Vorlage *turneie*) II 71 § 2 nicht zurückschreckt. Und dass die verlorne Mainzer Handschrift Ai an dieser Stelle gleichfalls *zurneie* las, verdächtigt sie mit, wie denn Ai auch sonst niederdeutsche Formen durchblicken lässt (vgl. Var. zum Sachsenspiegel I 6 N. 3). — Die andre gedruckte mitteldeutsche Handschrift, der Leipziger Codex El, weist nicht minder auf niederdeutschen Ursprung zurück: von anderm abgesehen heb ich nur Sachsenspiegel I 22 § 3 *alle houbete spise* hervor, misverstanden aus nd. *horede* d. i. *gehorete*, und namentlich II 58 § 2, wo nach der Handschrift *der zehnde* über die Saat geht, nd. *de tegede*, was aus *egede* „Egge" um so eher werden

---

aus den hochdeutschen Formen erklärt; ein hd. *der* schimmert vielleicht 118 (*der sunder getât*, Ssp. II 17, 2 *die sone der dat*), 253 (*iener dar*, Ssp. III 32, 9 *iene die*) durch; das so verschwindend und unsicher, dass ich auf irgend welche hd. Elemente in der Vorlage des Deutschenspiegels nicht zuruckzuschliessen wage.

konnte, als rings herum vom Zehnten die Rede ist. — Wenn die mitteldeutsche Berliner Handschrift Dσ III 45, 7 die Lassen des Sachsenspiegels *latin*, 44, 3 gar *latinen* und I 6, 2 *lute* nennt, so hat sie in der Vorlage sicher *laten* gefunden und nicht begriffen. Das wird bestätigt durch Singulare wie *schriket* I 3, 3 (auch die mitteldeutschen Handschriften Bht lesen hier *-et*) oder *gibt* III 45, 10, wo der Plural zu erwarten wäre, vielleicht auch durch Hyperhochdeutsches wie *entzwer* „entweder" I 63, 1 oder *thúmhantschnn* I 63, 4, das freilich auch sonst nicht unerhört ist, wie ich denn *enczwider* auch in der mitteldeutschen Breslauer Handschrift Bv finde. Dass auch diese irgend einen niederdeutschen Ahnen gehabt hat, darauf könnte es deuten, wenn z. B. I 2, 4. III 91, 1 *frogen* f. „rügen", nd. *wrôgen*, I 19, 2 *entweicht* f. nd. *entweiet* (hd. *enzweiet*), I 24, 3 *aken* (mhd. *lachen*) steht; dass auch diese Handschrift oder eine ihrer Quellen sich gewöhnt hat, aus dem Niederdeutschen ins Hochdeutsche umzusetzen, darauf weisen Versehen wie *furen* „führen" I 3, 2 st. *fort* (Adv.), weist eine unsichere Doppelangabe wie *tut adir czewhit* II 4, 2. Diese Stichproben [1]) mögen hier genügen: auch der Deutschenspiegel gehört hierher; Homeyers Varianten aus hochdeutschen Handschriften enthalten noch dies und das, was man auf niederdeutsche Spuren zurückführen könnte [2]). Der Vorsprung des Niederdeutschen scheint unverkennbar.

Nun aber die Gegenprobe. Sind die niederdeutschen Handschriften von hochdeutschen Spuren frei? Keineswegs. Freilich die besonders überzeugenden Misverständnisse darf man hier nicht leicht erwarten: der mannigfaltigere Lautstand des Hochdeutschen, die reicher differenzirte Orthographie hinderte die groben Irrtümer: ausserdem waren die niederdeutschen Abschreiber des Hochdeutschen begreiflicherweise kundiger als umgekehrt. Dafür dürfen hier erhaltene Reste des hochdeutschen Lautstandes eintreten. Die hochdeutschen Züge der berühmten Oldenburger Bilderhandschrift hat schon Lübben S. 7 seiner Ausgabe bemerkt; sie sind um so beachtenswerter, als grade diese Handschrift den niederdeutschen Lautstand viel exclusiver darstellt als etwa En; hinzufügen möcht ich noch *niftele* I 20, 7, das häufige *verre* und *keghen* „gegen", das neben *o* für hochdeutsch *uo* nicht ganz seltene *u*, die wiederholten *over*, *in*, *an* f. *boven*, *binnen*; von synonymischen Momenten (z. B. *utenen* II 62 § 1, *irarnen* II 66 § 2 u. ä.) nicht zu sprechen. — Aus der niederdeutschen Heidel-

1) Ich bemerke gleich hier, dass es mir gar nicht einfällt, aus solchen Einzelheiten, die aus irgend einer niederdeutschen Handschrift hereingeweht sind, für alle diese Handschriften wirklich eine niederdeutsche Vorlage zu erschliessen. Für Bv und Dσ seh ich dazu keinen ernstlichen Grund, für El ist mindestens eine niederdeutsche Mitquelle wahrscheinlich, für Aq die niederdeutsche Vorlage wol sicher; s. u. S. 74 f.

2) So liesse sich I 3 N. 40 das *erkennet* in Bcotu gegenüber der Vulg. nd. *rekenet*, hd. *rechenet* aus nd. *rekenet* bequem herleiten: allerdings kann das inhaltlich mögliche *erkennet* synonymische Variante sein. Sicherer entstand aus *rekenen* (schwerlich aus *rechenen*) das *irkennen* der Celler Lehnrechtshs. Vx 26 § 1 N. 13. — *geteiling* in Bg II 31, 1 soll vielleicht *gededing*, *begriffet* in Bh III 90, 1 das *begrevet* der Vorlage verhochdeutschen.

berger Handschrift Eb hab ich mir gelegentlich, ohne zu suchen, nach Sachses Abdruck notirt *dritte* I 3, 1, *urveide* I 7, 3, *getript* (f. *gedrept*) I 22, 1, *alter* I 42, 1, *mortbrenner* II 13, 4; auch das *antlüte* des Prologs setzt ein hochdeutsch geschriebenes *antlütze* voraus, und das sonderbare *wetle, wetlen* I 52, 1 sieht aus wie der hyperplatte Misverstand eines mitteldeutschen *wezle, wezlen*. — Die Bremer Handschrift Aw, von dem niederdeutschen Schreiber Hinric Bese v. Rostock geschrieben, hat ausser auslautendem *ch* f. nd. *k* auch inlautendes, hat *daz* (nur in der Reimvorrede), *ist, her* (f. *he*), *der* (f. *de*), *twinghen, ghetan, irwerben, uber* (f. *über*, nd. *over*), *ob, umbe, durch, heilighen, verre*, recht oft *vater, mûter*, auch sonst *û* (*bûch, mût* u. ö.) ein paarmal, *gutes, mittlesten*, ferner *ouc* (f. hd. *ouch*), vereinzelt *iegheliker, jener, dirre*, die Pluralendung *-ent*[1]. Aw teilt mit andern niederdeutschen Handschriften Fehler wie *hebben* f. *erheven* II 26, 4 und *richte* f. *rike* I 18, 3, die sich am besten aus voranliegendem hd. *erheben* und *rîche* erklären; auch dass Aw *laten* ähnlich entstellt wie Dσ, könnte auf eine hochdeutsche Vorstufe deuten. — Wenn Cz und andre niederdeutsche Handschriften II 27, 2 *genennen* f. nd. *genêden* schreiben, wenn niederdeutsche Handschriften anderswo (z. B. II 22, 3) *tut* „zieht" statt nd. *dôt* zeigen, wenn niederdeutsche Handschriften II 62, 1 *ut theen* für *ûteren*, III 42, 4 *rechte, gerechte* f. *gerêde* lesen, so erklärt sich das alles aus den misverstandnen hochdeutschen Formen *genenden, tût, ûzenen*, (*ge*)*rête*; und der alte niederdeutsche Druck, der II 41, 1 aus dem *crûze* ein *strunkelken crûdes* machte, liefert einen Beleg für hyperplattdeutsches Zurückschrauben eines für hochdeutsch gehaltnen Wortes. Das hd. *swie, swê* „wie" statt nd. *wô, wû* finde ich z. B. in En III 9, 2, in Cz Praef. 113. Es würde keine Mühe kosten, derartige Dinge zu mehren.

Mir geht aus diesen schnell herausgegriffenen Kleinigkeiten nur eben das hervor, dass in der Ueberlieferung des Sachsenspiegels sich hoch- und niederdeutsche Texte aufs Bunteste gemischt, beeinflusst, abgelöst haben: der Stammbaum so mancher Handschriften wird sowol hochdeutsche wie niederdeutsche Vorfahren zählen: sehr oft haben sicherlich vereinzelte Züge einer niederdeutschen Ueberlieferung sich in eine im Grunde hochdeutsche eingemischt und umgekehrt: wir kennen diese seltsamen Mischungen der Lesarten ja auch sonst zur Genüge, und der starke praktische Bedarf hat hier besonders complicirte Verhältnisse geschaffen. Ein Argument für hochdeutsche oder niederdeutsche Fassung des Originals ist unter diesen Umständen aus dem sprachlichen Hauptcharakter der Handschriften nicht zu gewinnen: wie spät sind unsere datirbaren Codices in der Gesamtgeschichte des Textes! Wenn wirklich die niederdeutschen Handschriften in der Textgeschichte eine etwas grössere Rolle zu spielen scheinen, so erklärt sich das einfach daher, dass auf niederdeutschem

1) Dass der Schreiber selbst nicht frei von hochdeutschen Schreiberneigungen war, zeigt sein Schlussvers (abgedr. v. Lonke, Beitr. z. Brem. Gesch. S. 177). Aber diese Schreiberverse wollen wol wieder hochdeutsch sein, wie Bese sich denn auch bei der ihnen vorhergehenden Abschrift der goldnen Schmiede an die hochdeutsche Vorlage einigermassen zu halten sucht.

Boden der Sachsenspiegel am stärksten benutzt wurde; jeder Rückschluss auf das Original wäre vom Uebel.

Die geschilderten Verhältnisse gefährden auch Homeyers drittes Argument. Er glaubt ein paar Mal die echte Lesart nur auf der plattdeutschen Seite und drüben Misverstand oder mechanisches Abschreiben zu finden. So einfach liegt auch das nicht: aber tatsächlich hat Homeyer auf einige beweiskräftige Momente hingewiesen. Es ist sehr wahrscheinlich, dass I 59, 2 im Original *dingslete* „Gerichtsauflösung", das offenbar zu hd. *slîzen* gehört, in dieser niederdeutschen Form gestanden hat: auch die hochdeutschen Handschriften halten das *t* durchweg fest, wenn sie das unverstandene Wort nicht einfach ersetzen: nur eine einzige Handschrift (und das — eine niederdeutsche! wieder ein Beweis der Kreuzungen) schreibt *dingeslise*, das meint hd. *dingesliz*[1]. Kaum zweifelhafter steht es im Lehnrecht 4, 1: nach Walthers überzeugenden Ausführungen[2] (Nd. Jahrb. 18, 61 ff.) wird im Original *scatrouwe* („Lanzenruhe") oder allenfalls *scachtrowe* gestanden haben: das hd. *schaftrûwe* zeigt nur eine hochdeutsche Handschrift. Nun beachte man aber: beides sind termini technici, deren Bedeutung kaum mehr lebendig empfunden wurde: *dingeslete* ist gepaart mit dem gleichfalls grundarchaischen *unlust* „Lärm": dass Eike diese und jene festgeprägten Ausdrücke des ihm zunächst geläufigen niederdeutschen Rechtslebens, gleichsam in Gänsefüsschen, benutzt hat, sagt für die Gesamtsprache nichts aus: sie zu vermeiden oder in hochdeutsche Laute umzuzwingen, wäre gesucht gewesen.

Es wird noch mehr derartige Symptome geben: das anscheinend viel misverstandne *laten* (Homeyers Angaben geben kein Bild; vgl. S. 73. 74) könnte auf Eike zurückweisen; auch Worte wie *echt* und *gerüchte* sind solche in niederdeutscher Lautform fest gewordnen Termini, die uns nur darum nicht mehr auffallen, weil sie sich auch hochdeutsch durchgesetzt haben. — Was Homeyer aber sonst anführt, hält minder Stich. *blôt gerüchte* I 62, 3 „blosses Gerücht" würde nach seinen Angaben nur in 3 hochdeutschen Handschriften richtig als „bloss" gefasst, sonst zu „Blut" misverstanden sein, was auf die Grundform *blot* zurückführe. Erstens ist *blôz* doch viel häufiger: es steht auch in der Leipziger Handschrift Nr. 948 (Sachsenspiegel hsg. v. Hildebrand S. 32 Anm.), es steht ferner in der Berliner Handschrift Dσ und endlich auch in Bv, freilich am Rande, während im Texte *blut* steht: wenn ich aus meiner ganz geringen Handschriftenkenntnis gleich 3 Zeugen nachtragen kann (d. h. sämtliche von mir eingesehnen hochdeutschen Handschriften ausser den sicher auf niederdeutsche Vorlage zurückgehnden Handschriften Aq, El und dem Deutschenspiegel), so muss hier irgend etwas bei Homeyer nicht in Ordnung sein. Uebrigens darf auch die Variante von Em *ein schlecht* als Zeugnis für *blôz* (nicht *blût*) gefasst werden. Aber gesetzt selbst, dass

1) Auch das *dingslit* von Aw dürfte unmittelbar auf ein voranliegendes *dingsliz* hindeuten.

2) Vgl. dazu jetzt auch Edw. Schröder, Zs. der Savignystiftung 19, 144, der aus einem Lehnrechtsfragment des 14. Jahrhunderts die Variante *scat rowe* für die Gruppe O nachweist. Der Deutschenspiegel liest *schaitrovwe*.

die Ueberlieferung ein originales hsl. *blot* oder *blut* nahe legte, grade dies Wort ist zweideutig. Zu den mitteldeutschen Worten mit zuweilen unverschobnem *t*, wie der Sachsenspiegel an *houbetgat* I 63, 1 eins aufweist, scheint es nicht zu gehören[1]). Aber es hat nicht nur oberdeutsch, sondern auch im Norden (hessisch z. B. bei Vilmar S. 45, nassauisch bei Kehrein, Volksspr. in Nassau 83, westerwäldisch bei Schmidt Idiot. S. 28, nach Beitr. 12, 535 auch siegerländisch) eine bedeutungsverwante Nebenform *blutt* gegeben, deren specielle Nüancirung „unfertig, kümmerlich" für diese im Anfang stecken gebliebne Klage nicht übel passen würde: das Misverstehn zu „Blut" bot sich von diesem minder nahliegenden Wort aus besonders leicht. — Ganz nichtig endlich ist Homeyers Argumentation zu I 55, 2. Die mannigfachen Irrtümer, die da, nicht nur in hochdeutschen Handschriften, passirt sind, gehn aus von dem Worte *gaen* oder *geen*, das verschiedentlich als „gehn" statt „jähen" gefasst worden ist: diese falsche Auffassung hat Weiteres nach sich gezogen. Für den zu Grunde liegenden Text ergibt sich allenfalls die Schreibung *die gaen dat* „die jähe Tat", und das ist ebensogut mitteldeutsch als niederdeutsch: man mag meinetwegen schliessen, Eike hat intervocalisches *h* zuweilen fortgelassen und germanisches *d* im Anlaut zuweilen *d* geschrieben, beides für unsre Frage von geringer Bedeutung. Das Gesamtergebnis von Homeyers drittem Argument bleibt also wesentlich, dass Eike juristische Termini zuweilen in niederdeutscher Lautgestalt seinem Werke einverleibt hat.

Demgegenüber stehn mindestens 2 Fälle, die nach genau demselben Princip für die Grundgestalt hochdeutsche Formen erweisen. Der eine ist Homeyer nicht entgangen, aber in seiner Bedeutung von ihm merkwürdig verkannt worden. II 47, 3 ist die Rede von einem Pferde, *dat wrensch is* („brünstig"). Mit Ausnahme von En und einer späten Wolfenbüttler Handschrift (Dw; vgl. noch die mitteldeutsche Handschrift Dq) scheint die Ueberlieferung leidlich einig[2]) über den Anlaut *r*, so wenig sonst das Wort immer verstanden sein mag. Eike hat also mit hoher Wahrscheinlichkeit gleichfalls *r* geschrieben, nicht *wr*, und das hat sich glücklich auch in ndd. Texten gehalten, eben weil das Wort den Schreibern wenig geläufig war; gesprochen hat wol auch Eike *wr*: leider kommt in den wortarmen Akener Büchern nichts Beweisendes vor, doch sei auf Namen wie *Wraghe* Nr. 922. 1047, *Wrensch* 493. 586 (meist *Wrens*, *Wrensz*, *Wrenz*) u. a. hingewiesen, die freilich slavisch sein mögen. Wenn Schambach, Götting. Wörterb. 170ª, als göttingisch *reisch* verzeichnet, so stammt diese Wortgestalt sicher lehnweise von dem nahen hochdeutschen Gebiet: auch Göttingen ziemt nur *wr* im Anlaut. — Und ebenso hat sich in einem zweiten unverstandnen Wort die hochdeutsche Lautform fast einhellig er-

1) Das *blot* der Jenaer Handschrift Wizl. XVI 1 kann aus der niederdeutscheren Vorlage stammen. Aber auch Aq schreibt Lehnr. 74, 2 *blot*.

2) Bestimmter zu sprechen verbietet wieder die Beschaffenheit des Homeyerschen Apparats; man würde gewis fehlen, schlösse man, dass die nicht citirten Hss. *wrensch* haben; ich fand in den von mir eingesehnen Handschriftabdrücken (ausser En) nur *r* im Anlaut, so auch in den bei Homeyer fehlenden ndd. Codd. Cy Cz.

halten: es heisst I 44 mit grosser Uebereinstimmung (ein paar hochdeutsche Handschriften haben *irsale*) *man gift êgen in ursale.* Das Wort *ursale* ist nicht klar, ist Terminus; ich möcht es mit Hildebrand für das Subst. zu *irsellen* halten: Homeyer wagt die Conjectur *ursate* „Ersatz" (Glosse *irstadinge*; aber ihr ist auch *vluchtsale ên irstadinge sîner vlucht*). Wie dem sei, das unterliegt kaum einem Zweifel, dass *ur-* das betonte Präfix ist. Und das wäre ausgeprägt hochdeutsch statt niederdeutsch *or-*, das hier nirgend bezeugt ist. — So schwankt bei diesem dritten Teile von Homeyers Beweisführung die Wage hin und her: mir will sogar scheinen, sie sinke nach der hochdeutschen Seite.

Mich aber befriedigt dieses Beweisen aus Buchstaben überhaupt nicht. Wer steht uns denn dafür, dass Eikes Originalhandschrift eine gleichmässige Lautform hatte? Warum soll er nicht selbst *bloz* und *blot*, *tat* und *dat*, *ur-* und *or-* neben einander geduldet haben? Auch die volle Gleichmässigkeit der Schreibung muss erst erlernt werden, und wo sollte Eike die erlernt haben? Mag der Anatom sich aus einem Knöchelchen ganze grosse Organismen mit Sicherheit construiren können, der Philologe erdreistet sich solcher schematischen Schlüsse besser nicht; am wenigsten da wo es sich um geschichtliche Wendepuncte handelt. Je bedeutender der Mensch, um so weniger ist er durch die verallgemeinernde Methode zu fassen. Es ist die Wonne und der Schmerz der Philologie, dass der Wert ihrer Objecte und ihrer Ergebnisse so oft im umgekehrten Verhältnis steht zu ihrer methodischen Sicherheit. Und Eike ragt über den berechenbaren Durchschnitt.

V.

Das Eine hoff ich gezeigt zu haben, dass Homeyers gesamte Beweisführung hinfällig ist. Manch Körnlein feiner und sorgsamer Beobachtung bleibt übrig: aber selbst diese Körnlein fallen, recht betrachtet, nur teilweise für niederdeutsche Abfassung ins Gewicht. Homeyers Weg führt mit Notwendigkeit in eine Sackgasse. Gleichviel: die Bahn ist frei.

Haben wir erst einmal eine kritische Ausgabe des Sachsenspiegels, die die Handschriftenfiliation deutlich übersehen lässt und das sprachliche Variantenmaterial ausreichend angibt, so wird man vielleicht eine Auswahl von Wegen haben. Vielleicht auch nicht. Wenn ich mich in diesem Augenblicke frage: an welcher Stelle kann ich mit irgend einer Aussicht auf Erfolg einsetzen? wo ist bei aller Buntheit und Willkür der Ueberlieferung, bei aller Unzulänglichkeit der kritischen Vorarbeit und des von mir überschauten Materials noch am ehesten die Möglichkeit geboten, zum Ursprünglichen durchzudringen? — nun ich sehe nur einen Weg, der nicht schon nach wenigen Schritten ungangbar würde. Und das ist die Wortwahl.

Darin liegt von vornherein eine Art Verzicht. Wenn wir fragen, ob Eike hochdeutsch schrieb oder niederdeutsch, so wollen wir zunächst wissen: hat er *daz* und *ich* geschrieben oder *dat* und *ik*: gleichgiltig an sich, ist das doch entscheidend als Symptom. Eine directe Antwort auf diese Frage halt ich vorläufig nicht für möglich: das reimlose Prosawerk in seiner complicirten und mannigfaltigen sprachlichen Erhaltung versagt sich der unmittelbaren Erkenntnis des ursprünglichen Lautstandes, wo nicht vereinzelt ein besonders glücklicher Zufall hilft. Die Uebereinstimmung hochdeutscher und niederdeutscher Handschriften scheint zu verraten, dass für mhd. *ei*, *uo*, *ie* bei Eike wenigstens vereinzelt (schwerlich ausnahmslos) *ei*, *ú*, *î* gestanden hat: ich möchte glauben, dass die Ueberlieferung den Auslaut *ch* (inl. *g*), dass sie *sal*, *halden* (nicht *sol*, *holden*), aber *wol*, ferner *sus* (nicht *dus*), das Präfix *vor-*, vielleicht die Gerundialendung *-nde*, volle Dativformen wie *deme*, das Prät. *stunt*[1]), das Pron. *uns*[2]) (nicht *ús*) und so noch dies und das durchschimmern lässt: aber selbst das ist vielleicht schon zu viel gesagt; es sind das obendrein alles Grenzerscheinungen, die das Mitteldeutsche und das Niederdeutsche auf weite Strecken hin teilt; für *selp* (resp. *self*) und *verre*, die etwas deutlicher sprächen[3]), wag ich mich auf die Spuren einer handschriftlichen Eintracht schon kaum mehr zu berufen. Nur diese und jene Einzelheit ist vielleicht zu fassen[4]).

Zunächst zwei wenig ergiebige Etymologien Eikes: II 66, 2 leitet er *sundach* von *besûnen* ab, was allenfalls auch *sondach* und *besônen* meinen kann. Wenn er III 58, 2 *vorste* erklärt als *vorderste* und daraus sogar juristische Folgerungen zieht, so empfiehlt das höchstens die nd. md. Lautgebung *vorste*, der das besprochne *ursale* nicht grade günstig ist.

Einträglicher sind immer noch die eingestreuten Reime: sie legen wenigstens (I 16, 2. 51, 1) die Form *echt* (: *recht*) fest. Das Wort dringt, gewis bestenteils durch den Sachsenspiegel, bald auch in den mitteldeutschen Sprachschatz ein: dass es doch mit seiner Sippe (*echt*, „Ehe", *unecht*, *echtlôs*, *echtliche*) im 14. Jahrhundert noch als eigentlich niederdeutsch empfunden wurde, zeigen die mitteldeutschen Handschriften; El z. B., das I 51, 1 das *echtelôs* des Reimes duldet, geht doch unmittelbar darauf zum *êlich* über, wie es denn gerade im Sinne von „ehlich, Ehe" überall ändert; aber auch *recht* setzt es gern an die Stelle und respectirt höchstens in den terminologischen Bindungen *echt nôt*, *ding*, *hof* das fremde Wort; Dσ zieht auch da zuweilen das *êhaft* vor. So tritt das *cht* von *echt* neben *scachtrowe*. Es liegt nahe, weiter zu schliessen auf das auch in

1) Vielleicht auch *leich* st. mhd. *lêch*, ebenfalls sowol md. wie nd.: in Aken bezeugt *vorteich*.

2) *gense*, ohne Varr., (?) II 40, 5 in einem Zusatz. Calbe 232 hat *gense* (so heute), aber 21, 76 *güse*.

3) In den Stadtbüchern stets *verne*; *sulf* und *self* wechseln (Halle *selve*, *silve*).

4) Ich bemerke ein für allemal, dass ich lediglich den in der Handschriftengruppe A stehenden Bestand des Sachsenspiegels meinen Beobachtungen zu Grunde lege und die Zusätze der umfänglicheren Fassungen nur ausnahmsweise heranziehe: ist für sie Eikes Autorschaft doch minder gesichert. — Citirt werden weiterhin die Hallischen Protokolle nach den Nummern des ersten Schöffenbuchs, das Calbische Wetebuch nach den Seitenzahlen des 20. Bandes der Magdeb. Geschichtsbll. Das 2.—4. Schöffenbuch Halles und die nach 1410 liegenden Partien des Wetebuchs sind nur gelegentlich herangezogen.

mitteldeutschen Handschriften bezeugte *gerüchte* (*rüchte*); Aq El lesen so, Dσ Bv aber *gerüfte* [1]). Homeyers Angaben lassen im Stich; wenn ich auch hier an die Echtheit des *cht* glaube, so ruht mein Glaube nicht sowol auf den Sachsenspiegelhandschriften als auf der Verbreitung der *-cht*-Form weit über die niederdeutschen Grenzen hinaus: sie wird z. B. im Breslauer Recht von 1261 verwant, während allerdings das spätere Breslauer Schöffenrecht *gerüfte* hat. Noch weiter kommen wir mit dem *cht* nicht: bei *niftel* - *nichtel* trennen sich wieder die hochdeutschen und niederdeutschen Codices (Ei einmal *niftel*); das vereinzelte *in hechte* (II 34, 2) wird sogar schon durch die meisten niederdeutschen Handschriften widerlegt (Ei [2]) hat *hechte*, aber Aw Cz Eb *ft*), wie denn die Ueberlieferung für ein *cht* ausser jenen 3 Worten nicht zu sprechen scheint. Und jene 3 Worte sind sämtlich juristische Termini [3]).

Dass *t* in *dingeslete* unverschoben blieb, sahen wir; *houbitgat* tritt auch sonst mitteldeutsch als Lehnwort auf (hochdeutsche Varianten haben vielfach *houbtloch*); das häufige Falschverstehen und Umdeuten von *laten* würde sich am leichtesten aus einem *laten* des Originals erklären, das hochdeutsch oft verschoben wurde. Wieder geprägte Termini, die eine Verallgemeinerung ausschliessen. — Eher wäre man dazu versucht für den Anlaut von *dât* (s. o.). Wirklich zeigen auch hochdeutsche Handschriften Spuren dieses *d*-Anlauts, z. B. *dagen* in El I 61, 1. III 12, 2, *dar* f. *tar* in Dσ. Bekanntlich schwanken aber gerade in diesem Puncte die mitteldeutschen Handschriften sehr stark; dies anlautende *d* (germ. *d*) vertrüge sich sporadisch auftretend mit mitteldeutschem Text vortrefflich. Aber dasselbe *d* tritt, nicht mehr sporadisch, in dem Worte *râde*, *gerâde*, *ûzrâden* „weibliches Erbe, Ausstattung, Mitgift" auf, das trotz seinem weiblichen Geschlechte und trotz seinem *d* nichts Anders sein wird als hd. *geræte*: das Neutrum bricht in hd. Handschriften hie und da durch [4]). Nur, es ist wieder ein juristischer Terminus, der mit seinem erstarrten *d* auch sonst in md. Sprachgebiet herüberreicht [5]).

Eine Tatsache des Vocalismus enthüllt sich etwa II 28, 2 *barende boume* und I 33 *barehaft*. In beiden Fällen, namentlich aber im zweiten, bestätigen Misverständnisse auch hochdeutscher Handschriften das *a*; für *barehaft* oder *barhaftich* hat man, häufiger als Homeyer angiebt, *wâraftich* verstanden, das *a* dominirt durchaus, und bei *barende* weisen vereinzelte *warende*, *gebrante* denselben Weg. — Möglicherweise hat in Eikes Manuscript entsprechend auch *waren* („Gewähr bieten" und „dauern") gestanden, wie in der Sächs. Weltchronik: die niederdeutschen Handschriften (Aw Cγ Ei, vgl. Homeyers Var. zu Lehnr. 78, 1)

---

1) Der Deutschenspiegel, der *echt* nicht gebrauchen kann, hat das *ch* von *gerüchte* darum meist bewahrt, weil er es in *gerichte* misverstand; im Landrecht hat er *rûfe* 300, *gerüffe* 329.

2) Ei liest aber auch *lifhagtich* I 33, *wonachtich* I 60, 3, *unercht* I 49; derartiges z. B. auch in Aw (*achter, barachtig, plechachten, hanthachtich*), alles bedeutungslos weil vereinzelt.

3) In Halle *luft* 644.

4) *in* (*von*) *deme rade* hat Aw I 5, 3. III 38, 5.

5) Auf inlautendes *d* weisen vielleicht auch die Varianten zu I 50, 2 hin, wo *leiden*, *geleiden* st. hd. *leiten* auch in hochdeutschen Handschriften erscheint.

geben viel Belege [1]; nirgend aber die hochdeutschen, und so fehlt gerade, was das *a* von *baren* stützt [2]).

Nd. *ô* f. hd. *ou* ist wahrscheinlich in *gelôf* (s. u.): wieder in versteinerter juristischer Formel.

Was so von Lauten leidlich festzulegen war, schien wesentlich niederdeutsch: aber alles vereinzelt, meist prononcirte Rechtsausdrücke und schon darum nicht entscheidend; das hd. *ur-* und anl. *r* < *wr* behält sein Gewicht.

Etwas greifbarer bereits ist Eikes Wortbildung. Von Abstractsuffixen dominirt *-unge*, das namentlich in der einförmigen Casuistik des Lehnrechts sehr reich vertreten ist. Dass Eike oft *-unge* geschrieben hat, ist nahezu sicher, vielleicht schrieb er es immer: die hochdeutschen Handschriften kennen nur *-unge*, von den niederdeutschen ist, so weit ich sehe, nicht éine ohne Belege des *-unge*. Wenn Homeyers En z. B. I 3, 3 *tweinge* hat, so haben Aw Cyz Ebi ebenda *tweyunghe* oder *twiunge*, und ob das Uebergewicht des *-unge* in diesem Falle auch stärker sein mag, als sonst (Ei scheint das *-unghe* auf dies Wort zu beschränken, wol weil ihm das Zusammenstossen von *ei* und *i* misfiel), so bestehn Doppelformen in den niederdeutschen Handschriften wol durchgängig; in der späten niederdeutschen Handschrift des Lehnrechts cod. jur. Gott. 60 herscht das *-unghe* sogar weit vor. In Aken aber sprach man wol *-inge* (1343. 1390 *vesting*, 1674 *secczinge*, 1850. 1851 *teringe*; *vestunge* 1652, *wonunge* 1614 stehn in der Nähe hochd. Sprachspuren, auch *dêlunge* 2000 mag also auf hochdeutschem Einfluss beruhen); ebenso herscht *-inge* in den ältesten Aufzeichnungen von Calbe (*vestinghe*, *missehandelinghe* 52, *bewysinge*, *betalinge* 46 u. s. f., aber schon S. 58 [1386] ein *-unge*, wofür sich die Belege dann schnell mehren, doch treten zugleich auch andre sicher hochdeutsche Erscheinungen auf); die Hallischen Bücher setzen gleich mit *-unge* ein, ohne es immer fest zu halten; die Anhalter Urkunden schwanken. Schrieb Eike nur éine Form, so wars die hochdeutsche; aber auch er könnte geschwankt haben. — Daneben *-schaft* (so hd. Codd.); in nd. Hss. *-scap* und *-scup* neben einander, in den Stadtbüchern *-schap* und *-schop*. Eike sprach wol *-schop*, schrieb etwa *-schaf*. — Das niederdeutsche *-dage* hat Eike Abstracta bildend nicht gebraucht, Lehnr. 24 N. 60 ist *sükedage* nur ganz schwach bezeugt [3]). — Die juristische Bildung auf *-zal* (*-tal*) ist in *jârzal*, *sibbezal*, *erbezal* auch dem mitteldeutschen Sprachgebrauch nicht fremd; daneben im Sachsenspiegel noch *dingzal*, aber nur in einem Zusatz III 87, 3, und ganz unsicher *mâchtale* II 30 N. 2. — Das niederdeutsche Suffix *-sle* erscheint in dem *lemesle* mancher niederdeutschen Handschriften, so I 63, 2, nach Homeyers Angaben fast ohne Varianten: das ist nicht richtig: ausser den hochdeutschen Handschriften, die *lamheit*, *lemede* lesen, steht

---

1) Vgl. auch die Variante *warent* st. *gewere* II 26 N. 10. 36 N. 36. 40.

2) Ob *barch* „Getreidehaufe" III 45, 8 (seltene Var. *berch*) hierhergehört, ist sehr fraglich; vgl. Hildebrands Glossar z. Sachsensp. S. 127.

3) *leredage* in Calbe belegt.

hier auch in Aw Eb *lemede*, in Cγ Ei stets *lemnisse* [1]); dass Eike *lemesle* geschrieben habe, ist also mindestens nicht erwiesen. — Die niederdeutschen Collectiva auf *-te* (*gedingete*, *tûnete*) wären an sich auch mitteldeutsch denkbar (Germ. 10, 395 ff.), und das *czinss* Bvw (I 20 Nr. 4) könnte etwa ein mitteldeutsches (*ge*)*ziuneze* meinen; indessen lässt das sehr reich, auch niederdeutsch, bezeugte *gedinge*, *geziune* zweifeln, ob Eike jenes *-te* überhaupt gebraucht hat.

Wichtiger ist die Deminutivbildung. Das niederdeutsche Suffix *-ke*, *-ken*, md. *-chîn*, ist II 61, 5 mit einiger Wahrscheinlichkeit anzusetzen, in der Wendung „wenn das Korn *ledeken* hat": zwar wimmelts von Varianten, namentlich in hochdeutschen Handschriften, aber die verschiedne Weise, wie sich diese mit dem Ausdruck abfinden, verdächtigt sie: möglich wäre nur etwa, dass Eike *gelide* „Glieder" (*lede*, in hd. und nd. Hss. bezeugt) geschrieben hätte. Es wird sich hier um einen formelhaften Ausdruck handeln, den Eike nicht ändern mochte. Denn sonst scheint er allerdings *-lîn* gesagt zu haben. III 69, 1 heisst es in der Verbindung *noch hût noch hûtelîn* weit überwiegend eben *-lîn*, soviel ich sehe auch in den nd. Hss.; *hüdeken* haben die niederdeutschen Aw En, *hütechin* hat El (nach nd. Vorlage?), dagegen *hütelin*, *hodelin* Aq (nach nd. Vorlage!) Bv, Dsp. 328, die nd. Cγ Cz Eb Ei. Dazu stimmt das fast durchgängige hd. *zickelîn* III 51 (nd. *hoken* ganz selten), allerdings in einem Zusatz; II 54, 1 sondern sich die *verkene* (für Calbe und Halle bezeugt) und die *verkel* (*verkelîn*) annähernd nach nd. und hd. Hss., doch fand ich in der nd. Cγ *verkelen*. Aehnlich trennen sich *vingeren* und *vingerlîn*; doch dies auch in der nd. Göttinger Lehnrechtshandschrift (Lehnr. 67, 1). Ausgesprochen hochdeutsch ist wieder das allgemein herrschende *ermel* (*ermelîn* Aq Ei) I 63, 4; *mundel* „Mündel" (I 42, 2, *mundelîn* Ebi Cγ) und *niftel* sind auch dem Niederdeutschen vertraute *-l*-Formen. Das Gesamtergebnis deutet auf *-lîn* hin. Stünde das fest, so wäre es von hoher Bedeutung. Denn so verbreitet das *-lîn* in der mittelniederdeutschen Dichtung ist, so fremd ist es der Prosa: selbst die Gothaer Handschrift der Sächsischen Weltchronik sagt in der Regel *-kin*, *-ken* [2]). Dass Eike nicht unbefangen dem heimischen Deminutivgebrauch mündlicher Rede folgt, verrät vielleicht schon die Seltenheit der Fälle: wie wimmelts in den Akener Schöffenbüchern von deminutiven Namen, natürlich auf *-ke*, *-ken* (sogar *Mûsekensteker* 874), und ein *strêteken* (106) hat sich selbst in diese unsäglich wortarmen Protokolle geschlichen [3]).

Wesentlich niederdeutsch ist das feminine Geschlecht von: *die râde* (nur vereinzelt das Neutrum), *die wesle* (Lehnr. 71, 6, sonst nur in Zusätzen; einige hochdeutsche Handschriften haben Masculinum), *die wâge* II 28, 1 (Bv *wilden* statt *wilder*). Dazu vielleicht noch *die nut* („Nutzen"; so auch Halle 622) und *die plûch* „Pflug"; bei beiden Worten, namentlich bei *plûch*, ist aber das Masculinum auch in niederdeutschen Handschriften belegt. Das nd. Neutrum *vrî* „Freiheit" III 32, 5. 7

1) So Halle; aber erst im vierten Schöffenbuch Nr. 1057.

2) Wo sie *-lîn* hat (so *vingerlîn* in der Astrolabiusgeschichte), da deutet das auf hochdeutsche Quellen und Vorbilder zurück.

3) Auch in Halle und Calbe stets *stoveken*, *ômeken*, *redeken* u. s. w.; *vingerlîn* (neben *groscheken*) erst im 4. Schöffenbuch Nr. 119; vorher (1, 1395) *vingerlinc*.

steht so vielen Zeugen für *vrîheit* gegenüber, dass es gar keine Gewähr hat. *des bankes bitten* III 69, 3 sieht dagegen hochdeutsch aus, obgleich ich zufällig grade nur aus hochdeutschen Handschriften die schwach gestützte Variante *der bang* kenne; alle drei Schöffenbücher haben das Femininum. — Die Zehe heisst II 16, 6 nd. *tên* (Singular, nicht Plural, wie Homeyer meint); das *n* wird gesichert durch die häufige Verwechslung mit *zan*, namentlich in hochdeutschen Handschriften; Eike kann sehr wohl *zên* geschrieben haben: die Formen *zin*, *zien* sind noch heute thüringisch lebendig (Hertel, Thür. Sprachsch. 263).

In Homeyers Text erscheint teils *luttel*, teils *luttic*; besser bezeugt ist *luttil*; einmal bringen es die hochdeutschen Handschriften (*lützel*), soweit sie nicht, namentlich bei jüngerem Datum, *cleine* oder *wênic* an die Stelle setzen; dann aber hat auch in den niederdeutschen *luttel* stets diesen und jenen Vertreter: z. B. III 42, 2 steht *luttel* in Aw Cγz Ein gegen *luttic* Eb; 45, 10 bringt grade Eb *luttel* gegen Aw Cγ En (Ei Cz *clenen*); 47, 1 (Zusatz) nur *luttel* Cz Ein; Lehnr. 7, 1 vertritt Aw Ei *luttel*. Möglich dass Eikes Sprache beide Formen geläufig waren (das älteste Hallische Schöffenbuch zeigt nur *luttic*): wenn er *lüttel* wählte oder bevorzugte, so war das die Form, die er für hochdeutsche Fassung allein brauchen konnte. — Von den niederdeutsch besonders beliebten Genitivadverbien[1]) ist *willes* (*willens*, *willinges*, *willendes*) II 36, 2 dem Hochdeutschen fremd; das hd. *dankes* ist wol gesichert in dem Zusatz III 48; an jener Stelle aber mag *willes* im Recht sein. *zwies*, *drîes*, obgleich namentlich in hochdeutschen Handschriften zuweilen durch *zwir*, *drîstunt*, *zû drin mâlen* u. ä. ersetzt, ist gewis im Recht und auch mitteldeutsch möglich. — Hat Eike Lehnr. 67, 8 wirklich *stilleken* geschrieben? Die Varianten (*stille*, *stillichen* u. ä.) lassen das nicht erkennen, in Aw und der Göttinger Lehnrechtshandschrift fehlts[2]), I 62, 9. 11 findet sichs nur in wenigen niederdeutschen Handschriften. Und II 16, 9, wo niederdeutsch eher *sûverken* (*sûverlîken*) zu erwarten wäre, steht einfach *sûver*. — *unhâlinge* II 36, 1 ist auch niederdeutsch selten. aber doch bezeugter als hochdeutsch. Das Adverb steht so bei Eike nicht allein[3]); für das an sich unsicher bezeugte *nôtweringe* II 62, 2 könnte grade die befremdliche Bildung sprechen. — Ob Eike II 53. 68. III 68 *dannen* gesagt hat, ist nicht ganz sicher, da in nd.Hss. (Aw Cz Eb) die mnd. herschenden Formen *dennen*[4]), *dan* oder auch *af* gerne dafür eintreten: die Ueberlieferung spricht immerhin für *dannen*. Aber selbst wenn dies feststünde, möcht ich hier im Sachsenspiegel weniger Wert darauf legen als bei den hd. beeinflussten Reimen der Braunschweiger Chronik: so unerhört, wie es nach Lübbens Angaben scheinen möchte, ist die Wortform auch mnd. nicht.

---

1) Ich notire die merkwürdige adjectivische Construction von *jârliches*, *tegeliches* III 2. 56, 3, die offenbar von Eike stammt und in den Handschriften nur vereinzelt corrigirt wurde. — *vormiddes* in dem Zusatz II 56, 3 hat sehr viele Varianten neben sich.

2) *stillechen* Dsp. Lehnr. 205 mag aber wol auf einem *stilleken* der nd. Vorlage beruhen.

3) *unhâlinge* noch in dem Zusatz III 89.

4) *van dennen* Anh. Urk. 3, 328 Nr. 492 v. J. 1325 (gleichzeit. Copie).

Von Verbalbildungen erwähne ich nur schnell die auf *-igen*:*bekostigen*, *bescheinigen*, *bestætigen*, *bepflichtigen*, *beschuldigen*, *ge-*, *entweldigen*; hochdeutsch sind die Verba ohne *-ig-* (*bekosten* u. s. w.) üblicher oder allein üblich, so dass jene Verba in hd. Hss. zum Teil ersetzt werden, *bescheinigen* z. B. durch *bewisen*. Indessen es handelt sich hier wieder durchweg um feste juristische Wendungen, an die Eike nicht wol Hand hätte anlegen können, selbst wenn sie dem Mitteldeutschen fremder gewesen wären, als es in Wahrheit der Fall ist[1]).

Auch die Wortbildung lässt wieder den niederdeutschen Autor erkennen, der, ohne die niederdeutsche Grundfarbe seiner Sprache ganz zu verleugnen, doch das grell Niederdeutsche meidet, das Gemeinsame des Mitteldeutschen und Niederdeutschen bevorzugt und hie und da auch wol ein wenig hochdeutsche Retouche aufsetzt (*-lîn*; vgl. auch *-unge*, *lützel*, *dannen*?).

Ueber die Syntax darf ich — oder muss ich schneller hinweg gehen; ich fühle mich ausser Stande, auf diesem Gebiete zusammenhängende Grenzlinien von einiger Verlässlichkeit zwischen niederdeutscher und mitteldeutscher Art zu ziehen[2]). Zudem ist der Satzbau des Sachsenspiegels, ein paar Capitel des Landrechts ausgenommen, höchst einförmig in seiner kunstlosen Schärfe: voran die Voraussetzung im Vordersatz, im Nachsatz die gesetzliche Bestimmung, nähere Bedingungen dazwischen gepackt, wenig Partikeln (s. oben S. 21), gar keine stilistischen Winke; die Inversion im Nachsatz wird, selbst für einen mittelniederdeutschen Autor, besonders karg angewendet; auch sonst bietet die Wortstellung, in der die Handschriften allerdings merkwürdig auseinander gehn, oft mehr Erschwerung als Hilfe. Die knappe Sachlichkeit, die eins unvermittelt, aber in gehöriger Ordnung ans Andre reiht, soll für sich sprechen. Das ermüdet den Leser und strengt ihn an; juristische Vorzüge wird es haben: ich hörte von Frensdorff, dass grade das Lehnrecht, mir eine qualvolle Lectüre in seiner tiftelnden Unanschaulichkeit, bei Juristen auch stilistisch hoch geschätzt wird. Unleugbar überragt Eikes Satzbau an fester Klarheit das Gros der spätern (nicht juristischen) mittelniederdeutschen Prosaschriften bei Weitem; aber wenn man seinen Sätzen das litterarische Debut einer bisher nur gesprochnen Prosa so wenig anmerkt, so dankt er das seiner lateinischen Autorschaft, nicht hochdeutschen Vorbildern.

Leider hat die spröde Stilform syntaktische Armut zur Folge gehabt. Hier mögen wenige Einzelheiten genügen. Die niederdeutsche Unsicherheit zwischen Accusativ und Dativ fehlt in den niederdeutschen Handschriften nicht, zumal nach Präpositionen; was davon auf Eike zurückgeht, weiss ich nicht festzustellen; die hochdeutschen Handschriften scheinen im Ganzen

1) Das in den Stadtbüchern häufige *begiftigen* hat er gemieden.

2) Nissens Forsøg til en meddelnedertysk Syntax (Kjøb. 1884) bietet eine recht nützliche Zusammenstellung: doch ist der Verf. im älteren Hochdeutschen anscheinend nicht so bewandert, dass er gerade mittelniederdeutsche Sonderheiten als solche zu erkennen und zu betonen im Stande wäre. Und das Gebiet der speciell mitteldeutschen Syntax ist noch so gut wie unangebaut.

frei; doch haben auch sie öfters *gegen* c. Acc., wie Eike wol auch in der Praefatio (V. 135) schrieb und wie man in Aken (nr. 2071. 2072) und Halle sprach. Adjectivische Nominative auf *-en* (*selven*) fehlen in den niederdeutschen und den ihnen nahestehenden hochdeutschen Handschriften nicht, weisen aber, da sie doch nur vereinzelt auftreten, auf das Original schwerlich zurück; wer weiss, ob Eike das *-en* überhaupt schon sprach; anderseits scheint er auch das hd. *-er* nicht gesagt zu haben [1]). Abgehetzt werden die Constructionen mit *zû* c. Inf., in dieser ihrer Ausdehnung der guten mittelhochdeutschen Syntax ganz fremd. Dagegen sind die sonst charakteristisch niederdeutschen Bindungen des Part. Präs. mit *sîn* und *werden* im Sachsenspiegel nur sehr schwach vertreten. nicht über hochdeutschen Sprachgebrauch hinaus [2]). Die Verbindung von *lâzen* mit dem Part. Prät. (z. B. II 36, 3 *er hab ez geworht lâzen*) ist in den niederdeutschen Anhalter Urkunden sehr beliebt, auch in den Calber (S. 127) und Hallischen Schöffenbüchern (z. B. S. 339) belegt, dem Hochdeutschen dagegen ziemlich fremd (doch z. B. auch thüringisch: vgl. Gramm. IV² 147). Eike scheint das Prät. von „sein" mit *haben* gebildet zu haben (z. B. III 34. 45, 2), niederdeutsche Weise, die sich aber auch ins Mitteldeutsche verbreitet hatte: übrigens setzt Bv Dσ stets *sîn*. Die häufige weite Trennung des *dar* von den dazu gehörigen Präpositionen wie *abe, von* etc., die auch Jacob Grimm auffiel, als er nach Göttingen kam, ist heute wol mehr als im 13. Jahrhundert niederdeutsches Symptom. Die Phrase *tû gliker, dirre wîs* (z. B. I 2, 2. 3, 2) findet sich, mir sonst wenig vertraut, auch in den Hallischen Schöffenbüchern. *koufen wider* II 36, 4 („von einem kaufen", Gramm. IV² 1015) ist abermals auf das Niederdeutsche und seine Grenznachbarschaft beschränkt; niederdeutsch die Präpos. *under* zur Bezeichnung des Inhabers (Nissen S. 109). Im Ganzen verleugnen diese syntaktischen Kleinigkeiten den niederdeutschen Autor nicht: ich wüsste ihnen keinen scharf hochdeutschen Zug entgegen zu setzen, den ich mit Sicherheit für Eike in Anspruch nehmen könnte [3]).

Der Eindruck bestätigt sich und modificirt sich zugleich bei einem Blick auf die syntaktischen Formwörter, deren Eike sich bedient zu haben scheint. Er hat oft die zusammengesetzten Präpositionen wie *binnen, bûzen, boven, beneden* gebraucht, aber schwerlich in der Ausdehnung, wie Homeyers Aus-

1) Schon im ersten Hallischen Schöffenbuch neben häufigem *seluen* auch vereinzelt *seluer*, so 752. 984, dies natürlich von hd. Anregung. — Das feminine *-er* nach Artikel I 18, 3 *der kristenliker ê* hat nicht einmal die niederdeutschen Handschriften für sich (Eb *cristeliken*, Ei *kerstene*) und wird auch durch den sonstigen Sprachgebrauch des Sachsenspiegels nicht gestützt.

2) Wenn Eike nie das accusat. und nominat. Relativum fehlen lässt, wie das z. B. in dem ersten Hallischen Schöffenbuch N. 9 (*den hof* [*de*] *bi heren Tylen Kozzen leget*) und oft vorkommt, so bewährt das seine Abneigung gegen die Lässigkeiten der Alltagsrede. Die Auslassung ist nicht etwa nur niederdeutsch (Gramm. IV² 545).

3) Wenn die im Sachsenspiegel sehr beliebte Verbindung *ein sîn genôz*, *ein sîn bote* u. ä. sonst mittelniederdeutsch seltner scheint als mittelhochdeutsch, so mag das mehr Gründe der Zeit als des Orts haben: die Construction ist im Veralten, und die mittelniederdeutschen Denkmäler sind im Ganzen jünger als die hochdeutschen.

gabe das darstellt: die hochdeutschen Handschriften räumen ihnen durchgehend ein weit geringeres Gebiet ein, zu Gunsten von *in*, *ûz* (*ûzer*), *über*, *under*, und auch niederdeutsche, wie die alte Oldenburger Bilderhandschrift, verwenden sie sparsamer. Auffällig ist das wilde Schwanken der Handschriften zwischen *in* und *an*: auch das könnte schon bei Eike sich vorbereitet haben. Auffälliger noch das vollständige Fehlen der niederdeutschen Präposition *teghen*, die Eike doch in der heimischen Sprache geläufig war (Akener Schöffenb. 1684. 1719, *tôgen* 1714 [1])); nur in dieser und jener Handschrift des Sachsenspiegels hat sich das Wort vereinzelt eingeschmuggelt (II 24 N. 12; Lehnr. 31 N. 7). Eike hat das niederdeutsche Wort also vermieden. Warum? die Antwort wird sich finden. — Die Pronomina geben nichts Aufklärendes. Dass wo niederdeutsche Handschriften *ienich* und *nên* haben, es hd. *ichein* und *nichein*, *dehein* heisst, das versteht sich fast von selbst. Es sieht so aus, als ob im Lehnrecht wiederholt (29, 2. 65, 16. 69, 3) das niederdeutsch [2]) flectirte *swelkir* (so auch Fem. und Neutr., Gen. *swelkires*, Dat. *swelkirme*) aufträte, das mir im Landrecht nicht aufstiess [3]): dass Homeyer zu den fraglichen Stellen des Lehnrechts keine Varianten angibt, sagt noch nichts aus; Aw Ei stimmen zu Homeyers Text; leider fehlt mir grade hier eine geeignete hochdeutsche oder sonst reichere handschriftliche Controle [4]). Ebenso enthält sich das Landrecht durchaus des niederdeutschen indefiniten *wat*: nur im Lehnrecht steht *gûtes wat* („boni aliquid") 8, 1 im Contexte; wenn Ei III 47, 1 (in einem Zusatz) *des sînes wat* sagt gegen *icht* der Vulgata, ebenso Aw I 70, 2 (gegen Ende), so bestätigt das eben nur, dass niederdeutschen Schreibern das *wat* näher lag als das *icht* des Verfassers. Ob Eike in Land- und Lehnrecht wirklich verschieden verfuhr, will ich nicht entscheiden: jedesfalls entspricht die Art des Landrechts, die *swelkir* nur unflectirt, also auch dem Hochdeutschen gemäss, gebraucht und das *wat* als vulgär fortlässt, besser Eikes sonstiger Sprachgewohnheit. — Das in der Praefatio mehrfach überlieferte *niene* (V. 112. 164) ist mir auch in der alten niederdeutschen (!) Bremer Handschrift Aw begegnet, so II 61, 4 (statt *nicht ne*).

Im Conjunctionengebrauch hat der Sachsenspiegel manches Lehrreiche. Für „obgleich" sagt Eike *al*; sehr oft, namentlich in jüngern und in hochdeutschen Handschriften, aber doch auch schon in den alten niederdeutschen Handschriften Aw und Ei (*allen*, *alne*) ist dafür *aleine*, *aleine daz* geschrieben; auch das blosse *al* ist in jenem Sinne dem Mitteldeutschen nicht fremd (Bech, Germ. 5, 503); rein niederdeutsch wäre *wattan* (so in Ck II 23, N. 5). — „So dass" heisst im

---

1) *tôgheghen* in Halle z. B. N. 156, *tgegen* 652. 665 u. ö. *thegen* in Calbe S. 360, *tigen* 366 u. o.

2) Dies *swelkir* entsprach doch wol Eikes Mundart: vgl. Halle N. 677. 685.

3) Die beiden Fälle I 61, 2 stehn in einem Zusatz; die hochdeutschen Handschriften schreiben da statt *welkirme* einfach *wilcheme*, *weme*.

4) Bv sagt zwar in der Regel einfach hd. *welchir*, *welch*, aber 29, 2 verrät die Schreibung *welchin iren*, dass *welchirn* zu Grunde liegt; man könnte auch im Landr. II 7 das *welchir dirre sachen* ebenso auffassen.

Sachsenspiegel gern *alse* (z. B. I 50, 2. 63, 1. III 45, 8. Lehnr. 24, 1. 65, 18 a. E., aber auch in den Zusätzen II 48, 7. III 71, 1), ein Gebrauch, den ich nicht localisiren kann[1]). Noch häufiger *deste*, dies bestimmt niederdeutsch (auch in der Bedeutung „falls"), aber in der Ueberlieferung sehr stark schwankend: die hochdeutschen Handschriften schreiben. ohne es ganz auszumerzen, oft *daz, ob*; die niederdeutschen sind zum Teil noch ablehnender; Ei schreibt ganz consequent *êrste*; auch in Aw Eb fand ich mancherlei Ersatzversuche. Offenbar hat diese Verwendung von *deste* hochdeutsch wie niederdeutsch befremdet, ohne ganz unmöglich zu erscheinen; es mag hier eine Art Kanzleimanier in Eikes Buch geraten sein. — Für „bis" hat Eike wol *wente* wie *biz* gesagt; in hochdeutschen und auch sonst in jüngern Handschriften gewinnt *biz* (*bet*) an Terrain; bekanntlich ist auch das eigentlich niederdeutsche *wente* dem mitteldeutschen Sprachgebiet lehnweise ganz eigen geworden. *wan* „ausser, als" nach Negation und auch nach Comparation, neben *denne*, hat noch einen weitern Concurrenten an dem nd. md. *mêr* („ausser, aber, sondern"), das Eike offenbar gebraucht hat, wenngleich ihm in den Handschriften wiederum viel Boden abgegraben ist; nicht dagegen hat Eike *men* in dem Sinne von „ausser, nur, aber" gesagt, obgleich es sporadisch in niederdeutschen Handschriften (z. B. vgl. I 62 N. 20; in Cz Praef. 230; in Aw II 34, 1 *nicht men* u. ö.), besonders oft für *wen* und *mêr* in Ei, auftritt. Die bei Eike dominirende Adversativpartikel[2]) ist *aver* (nicht *over*, wie mnd. in diesem Sinne meist); das an sich hochdeutscher Einwirkung verdächtige Wort[3]) steigert den Verdacht hier durch seinen gebundnen Gebrauch, nie im Satzanfang, was schon Jacob Grimm beobachtete. Es ist jedesfalls bemerkenswert, dass bei Eike das hd. geläufige *aber* dem nd. *mêr* den Rang abläuft und dass er das bestimmt nd. *men* gemieden hat, grade so wie er nicht *dus*, *aldus* gesagt haben wird (*sô, sus, alsus* in Eb En Cz, dem Gött. Lehnrecht, *dus* häufiger in Aw, es herrscht in Ei), wie niederdeutsche Specifica, z. B. *wattan, nochtan* „dennoch", *icht* „wenn", *al* und *rêde* „schon" (dies Calbe S. 224. 237 ö.) ausgeschlossen sind; es ist wiederum lehrreich und bestätigend, dass niederdeutschen Schreibern das störend war: *nochtan* taucht in Homeyers Varr. II 58 N. 35, III 1 N. 7. 14. 90 N. 8. Lehnr. 59 N. 13 auf, *icht* in Cγ I 3, 3. Dem entsprichts weiter, dass Eike *oder* sagt, vielleicht auch *eder*, aber nie in diesem Sinne *ofte*, *efte*, während seiner Mundart das keineswegs fremd war (Aken. Schöff. N. 2083, *echte* Halle N. 663)[4]).

---

1) Nissen, Mnt. Syntax S. 126, belegt das consecutive *als* nur aus dem Sachsenspiegel; hochdeutsch kenn ich es gar nicht. Bildete Eike lat. *ut* („wie" und „so dass") nach? Schwerlich. Er verschluckte eher ein *dat* hinter *alse*.

2) *ôk* (*ouch*) ist im Sachsenspiegel wesentlich fortleitend, hd. und nd. Art entsprechend.

3) Bekanntlich fehlt es alts., fries., nl., ags.; der heutigen sächsischen Sprache ist es in Fleisch und Blut übergegangen. Die Ausdehnung und der Charakter des mnd. Gebrauchs bedarf noch der Untersuchung. Dass es in den Hallischen Schöffenbüchern vereinzelt vorkommt (so 1368; öfter = „iterum"), widerspricht natürlich der hochdeutschen Entlehnung nicht.

4) Diese Bevorzugung von *eder*, *oder* braucht allerdings nicht individuel zu sein, da nach Tümpels Beobachtungen (Nd. Stud. S. 18 ff.) jene Formen im ältern Mittelniederdeutsch durchweg

So verwendet er denn *darumme* lediglich in dem auch hochdeutschen Sinne von „deswegen“ (die niederdeutschen Handschriften, z. B. Ei, setzen gerne *dor dat, up dat*), während er für die niederdeutsch nicht minder beliebte conjunctionelle Bedeutung *sint* oder doch *darumme dat* (II 12, 6. IV 71, 21) zu wählen scheint. Dass Eike sonst den behaglichen mnd. Pleonasmus des *dat* bei Conjunctionen (*sint, de wîle, aleine* u. m.), bei Fragewörten etc. (Nissen §§ 17—20) nicht liebt, stimmt zu gut zu seinem ganzen lakonischen Stilcharakter, als dass es da hochdeutsche Rücksichten brauchte. Fremd sind ihm solche Rücksichten grade im Conjunctionsgebrauch nicht.

Eine Sonderbetrachtung verlangt *sân*. Eike liebt das Wort heiss, aber was er eigentlich für eine Bedeutung damit verknüpft, weiss der Himmel: ich verweise nur auf Hildebrands Glossar S. 163. Den Schreibern hat das Wort denn auch viel Kopfschmerzen gemacht. Von hochdeutschen schonen es ganz Aq El, meist Dσ, das es aber zuweilen auch durch *ouch* ersetzt oder fortlässt; Bv streicht es in der Regel, ein paar Mal bleibt es aus Trägheit stehn oder lugt durch Misverständnisse hervor (III 78, 2 liest Bv statt *sân* vielmehr *sal is*, ebenda § 5 *sam*), auch durch *zûhand* oder *ouch* wird es verdrängt. Von niederdeutschen behält es das conservative En, Eb gestattet sich nicht ganz selten die Auslassung, Aw beseitigt es in der Regel streichend oder ersetzend (*jo, joch*), auch in Cz und Cγ sind nur noch geringe Trümmer des alten Bestandes, zum Teil misverständlich stehn geblieben, und Ei räumt radical auf: ein einziges Mal (I 5, 2) hat es der Schreiber stehn lassen, eben genug um zu verraten, dass ers in der Vorlage fand, sonst blieb es fort oder ward in *dan, den* verwandelt [1]). Dass auch in andern Handschriften die Verhältnisse ähnlich liegen, lassen Homeyers dürftige Angaben vermuten. So weit ich sehe, ist das Wort den Niederdeutschen noch störender als den Hochdeutschen: Lübben bezeichnet es (Sachsenspiegel S. VII) gradezu als „dem Niederdeutschen sonst unbekannt“. Häufiger als das mittelniederdeutsche Wörterbuch zeigt ist es nun doch, und der Gedanke an alts. fries. *sân*, ags. *sôna* scheint jeden Zweifel an dem niederdeutschen Charakter des Wortes zu verbieten. Dennoch wird Lübben Recht haben. Als ich *sân* in der sächsischen Weltchronik suchte, musste ich bis 81, 9 lesen, und da fand ichs in einem Reim, der aus der Kaiserchronik herrührte. Auch in Eikes Praefatio fehlt es nicht als Reimwort (V. 121), und im Reim kennen es so Eilhard, Berthold v. Holle, Brun v. Schonebeck, Konemann in beiden Werken, Damen, Wizlaw, durch den Reim hat sichs in der mittelniederdeutschen Dichtung auch noch weiter gehalten [2]). Und in den Reim wird es aus der hochdeutschen, speciell mittel-

---

das *ofte, efte* zurückdrängen: das liegt eben an dem Uebergewicht des Hochdeutschen, das selbst solche Gesamterscheinungen hervorzubringen vermochte.

1) Wenn der Deutschenspiegel das seiner hd. Sprache gemässe *sâ, sâ zehant* nur verschwindend selten aufweist, so wird diese Zerstörung des alten Bestandes auf die nd. Vorlage zurückgehn.

2) Die von Lübben im Nachtragsbande des mittelniederdeutschen Wörterbuchs gegebnen Belege aus dem Spiegel der Sünden könnten auch auf mnl. Einflüssen beruhen.

deutschen Poesie[1]) gelangt sein; höchstens dass man dabei an ein veraltetes niederdeutsches Wort anknüpfen konnte. Trifft das zu, so hätten wir Eike hier auf einer hochdeutschen Litteraturvocabel ertappt, deren Sinn ihm ersichtlich unklar geblieben war.

Eh wir uns in die Untersuchung der Wortwahl noch weiter vertiefen, ein Blick auf das Material, mit dem wir arbeiten müssen. Wie ganz ungewöhnlich stark die lexikalischen Abweichungen der Handschriften grade beim Sachsenspiegel sind, das lehrt selbst Homeyers Apparat schon. Für diese Art von Varianten hat Homeyer sichtliches Interesse gehabt, er hat sehr fleissig gesammelt und verzeichnet, und von der Buntheit dieser variabeln Synonyma legt er ausreichend Rechenschaft ab, wenn er sich auch oft begnügt, regelmässige Abweichungen nur einmal zu vermerken, und wenn ers auch nie für seine Aufgabe gehalten hat, alle Handschriften zu registriren, die eine abweichende Lesung bezeugen. Sicher also ist unser Boden noch immer nicht, aber doch fester als bisher, und jeder Philologe wird sich freuen an dem Verständnis, mit dem Homeyer in seinen Glossaren der varia lectio Rechnung trägt, besonders gut beim Lehnrecht, das leider weit weniger Material bietet. Sie verdient dieses liebevolle Interesse. Grade sie erweist, wie tief der Sachsenspiegel auch in seiner Nachgeschichte dem frischen Leben angehört: als praktisches vielbenutztes Handbuch muss er sich bei aller Ehrfurcht, die er geniesst, wandeln können nach Zeit und Ort. Dazu reichen nicht Zusätze und Glossen aus, dazu brauchts auch eine stete leise Modelung der Sprache. Und der Sachsenspiegel erlebt sie. Sehr oft mit respectvoller Zurückhaltung: dann wird das dem Schreiber geläufige Wort mit einem „oder“ an das alte gereiht; noch häufiger ohne solche Umständlichkeit. Der sprachlichen Untersuchung des Originals legt diese Verjüngungsfähigkeit des Buchs freilich Schlingen. Indessen, das Gesetz der Trägheit sorgt schon dafür, dass vom Alten doch immer ein gut Teil bewahrt bleibt, und die Varianten haben anderseits für den Philologen ihre gute Seite. Sie schärfen ihm das Auge, sie lassen ihn merken, dass dies oder jenes Wort später oder in andrer Gegend nicht mehr gang und gäbe war; sie erleichtern es ihm also auch wahrzunehmen, was dem Hochdeutschen, was dem Niederdeutschen geläufiger war. Ich denke dabei nicht zumeist an jene Fälle, wo sich hochdeutsche und niederdeutsche Handschriften in grosse Gruppen scheiden: ausnahmslos ist das bei der Kreuzung der Handschriften sowieso fast nie. Wenn etwa II 28, 4 die hochdeutschen Handschriften fast alle *schrîten*, die niederdeutschen fast alle *strîden* haben, so sehn wir wol: dies ist niederdeutsch, jenes hochdeutsch, aber, was Eike schrieb, das geht dabei verloren. Nein, grade die vereinzelten Varianten, die das Original nicht verdunkeln, auch nicht in der grossen Gefolgschaft einer Urhandschrift unbekannter Sprachform einherziehen, sondern dem einzelnen unbefangen Schreibenden halb unwillkürlich ihr Dasein danken, grade sie können uns oft sehr förderlich sein, indem sie zeigen: was

1) Bekanntlich schätzte auch Wolfram das Reimwort, wenigstens in den Anfängen seiner Dichtung.

lag hier dem Hochdeutschen oder Niederdeutschen? Mir scheint, dass die niederdeutschen Handschriften an solchen Varianten beträchtlich reicher sind: vielleicht weil ihre Schreiber doch minder disciplinirt waren als die der ältern hochdeutschen Buchlitteratur, die an einen Verzicht auf die Worte des täglichen Lebens längst gewöhnt hatte; gewis aber auch darum, weil Eikes Sprache sich geflissentlich der niederdeutschen Idiotismen enthalten hatte.

Wenn ich mich nun anschicke, möglichst mit Hilfe der Varianten Eikes Wortschatz auf seine mundartlichen und seine litterarischen Elemente hin — darauf läuft niederdeutsch und hochdeutsch in diesem Falle hinaus — zu durchmustern, so sondere ich zunächst zwei Gruppen von Worten aus, die, kaum von einander trennbar, beide hier, wo es sich um die sprachliche Heimat handelt, besser für sich gestellt werden: das sind gewisse archaische Worte und die termini technici der Rechtssprache.

Der Sachsenspiegel enthält eine Anzahl von Ausdrücken, die schon zu Eikes Tagen einen Schimmer altertümlicher Würde an sich getragen haben mögen, die aber Eike vielleicht grade um dieses unmodernen Hauches willen gerne benutzt hat, da er das gute alte Recht kündete. Zum Teil hatten sie sich in der formelhaften Rede des Rechts eine erstarrte Dauerhaftigkeit erworben; auch sonst wird der conservative Geist des litterarisch unverbildeten Sachsenlandes für den feierlichen Reiz solcher altersschwachen Elemente empfänglicher gewesen sein als die litterarisch schnellebigeren Hochdeutschen. Natürlich musste sich über diese Archaismen in Handschriften des 14. und 15. Jahrhunderts unweigerlich eine Flut von Varianten und Misverständnissen ergiessen, für die wir nicht nach dialektischen Gründen suchen dürfen. Ich zähle hierher z. B. neben den gleichartigen Terminis *dingeslete* und *scatrowe* das jenem gepaarte *unlust* „Unruhe" (ein echt niederdeutsches Wort, zu alts. *hlust*), das wol nur darum ohne ernstliche Varianten blieb, weil man es falsch verstand; als gerichtlicher Terminus hat es denn auch ausser dem Sachsenspiegel noch, selbst über die niederdeutschen Grenzen hinaus, ein Scheinleben geführt. Aehnlich steht es mit juristischen Phrasen wie *balemunden* I 41, wie *mûsdêle* (oft md.), *biergelde*, mit *overvundich* II 13, 3, mit dem schwierigen *erstadelêge* oder wie es sonst heisst (III 56, 3) u. a.[1]. Das völlig veraltete *dâr* „passend" I 63, 2 hat erst Homeyers und Hildebrands Scharfsinn aus dem Schutt der Ueberlieferung hervorgegraben; in demselben Cap. § 1 steckt ein andrer verzwickter Ausdruck, der die schöpferische Kritik der Schreiber lebhaft anregte, die Wendung *dat ik nicht undûrer ensî* u. s. w.; auch das isolirte *al weder die* III 64, 10 entfesselte eine Veränderungslust, die jedesfalls beweist, dass man Eike bald nicht mehr verstand. Das häufige *art*, im Sinne von „Boden" (Belege in Hildebrands Glossar zum Landrecht S. 127) völlig sinnlich gefasst (*uppe*, *binnen sessischer art*), wird von Varianten wenig behelligt; doch haben

1) Ich notire noch *afsweke* (mit vielen Varianten) Lehnr. 72, 2; *gelöset sin* im Sinne von „verloren gegangen sein" (Varianten *verlorn*, *abgegangen*) I 23, 1, vgl. III 6, 2; *borchwart* (mlat. *burcwardia*) Lehnr. 65, 22, vgl. Bech, Petr. v. Naumburg S. 25.

hochdeutsche Handschriften ein paarmal (II 25, 2. III 33, 3. Lehnr. 69, 7) die erklärende Lesung *lant*, auch *ort*. Geläufig war das alte Wort dem Hochdeutschen längst nicht mehr, aber auch dem Niederdeutschen schwerlich in dieser Bedeutung[1]), während es als „aratio" noch in beiden Sprachen lebte: offenbar hat Eike abermals eine archaische Formel gewählt; ich glaube grade bei diesem formelhaften Charakter des Ausdrucks zunächst nicht, dass er Lehnr. 4, 1 selbst *zunge* dafür eingesetzt haben sollte, obgleich alle nd. und viele hd. Hss. dafür zu stimmen scheinen und obgleich Eike Wechsel der Ausdrücke (z. B. *antwort* und *gegenwart*) auch sonst nicht ganz fremd ist, wenn unsre Texte nicht trügen. Es war auch nicht eigentlich die Mundart, die *beswâs* I 27. III 42, 1 meist durch *liep*, *nâ*, *besibbe* verdrängen machte: auch dies Wort ist mnd. im Aussterben, während hd. *geswâs* und verwandte Bildungen etwas länger bestehn; Wernher von Elmendorf mag sein *geswâsheit* dem md. Wortschatz der neuen Heimat entnommen haben, für Eike wäre die gleiche Vermutung gewiss falsch. Archaisch sieht endlich noch eine Wendung wie *die erde wunden* I 20, 2 aus; hierher vielleicht auch *gewunnen*, *ungewunnen lant* (II 27, 4. 47, 5, Variante *geeret*, *gevruchtet*), sonst nur niederld. nachgewiesen[2]).

Wie sich Eikes formelhafte und seine freigewählte Sprache trennen können, machen deutlich die Ausdrücke für „Erlaubnis". Eike sagt in der Regel *urloub*, nd. wie md. geläufig. Daneben aber in der festen Verbindung *mit erven gelove* (I 20, 1. 21, 1. 34, 1. 52, 1. 2) ein Wort, das seine Bedeutung von md. *gelübe*, nd. *lof* (III 41, 1) zu trennen scheint und das, abgesehen von der Formel, auch nd. kaum mehr lebendig war. In Homeyers Ausgabe kommt *gelof* zwar auch ausser jener Bindung mit *erven* ein paarmal im Sinne von *urloub* vor (I 25, 4. 45, 2. Lehnr. 31, 1), aber auch hier stets nur nach *mit* oder *âne* und neben einem Genetiv, dazu jedesmal mit so viel Varianten, dass es zweifelhaft wird, ob Eike da nicht *urloub* (*willen*, *vulbort*) geschrieben hat. Grade *mit erven gelove* ist eine ständige nd. Rechtsphrase, zumal eben der Hallischen Schöffenbücher (Nr. 11. 19. 20. 44. 78 u. s. w.), in denen andre Genitive bei *gelof* verschwindend selten sind; Eike fand die geprägte Bindung vor und behielt sie bei, als ob sie éin Wort war[3]).

Das vielgebrauchte Verbum *winnen* mit seinen Compositis ist in seiner selbständigen Existenz um diese Zeit auch hochdeutsch gefährdet: es geht in *winden*

1) Die niederdeutsche Handschrift Eo versteht in hübschem Localpatriotismus *binnen dûdescher art* zu *binnen Duderstat* um.

2) Auch *sume* III 42, 3 (Cz En, sonst hochdeutsch und niederdeutsch ganz oder teilweise misverstanden oder geändert) wirkte auf die jüngern Schreiber wol archaistisch befremdend. Die Braunschweiger Reimchronik liebt das Wort noch.

3) Es liegt nahe in *gelof* hd. *ou* zu suchen, so dass *gelôf* (*geloup*) unmittelbar neben *urloup* gehörte (Lübben verzeichnet auch ein mnd. *mit lôf* „mit Verlaub"): ist das richtig, so würde sich wieder einmal in der Rechtsformel die niederdeutsche Heimat enthüllen, und nur in ihr. Bedenklich wird diese Auffassung durch die Nebenform *gelauc* der Hallischen Bücher (Nr. 781. 785. 786 u. ö.), die zunächst auf *ō* zu führen scheint: aber sie steht grade in einer wesentlich hochdeutschen Partie der Protokolle und hat weithin keine andern nd. *ā* < *ō* neben sich: so mag md. *â* < *ou* gemeint sein.

auf; wenn sich *vorwinnen* in den Handschriften des Sachsenspiegels allmählich zum *überwinden* wandelt, so ist das beiden Sprachen gemein. Die Verwandlung des *vor-* in *über-* (*over-*) kennzeichnet noch eine andre Art Veraltens, der grade die Rechtssprache des Sachsenspiegels vor unsern Augen unterliegt. Sie hat eine Stärke in der feinausgebildeten Terminologie ihrer Verba, die sich, durch Präfixe präcis geschieden, ebenso leicht wie scharf anwenden lassen. Aber dies wohlgeschliffne Instrument stumpfte sich grade darum schnell ab, weil die Unterschiede fein waren; man sucht zu verstärken, und so verwandelt man etwa das *nemen* ins *benemen*, das *besetzen* ins *versetzen*, das *geboren* ins *züboren*, das *entsagen* ins *widersagen*, das *bereden* über *vorreden* ins *überreden*, bis das Alles nicht mehr ausreicht und für *besachen* etwa das plumpere *lougnen* eintritt. Mag sein, dass das Hochdeutsche schneller zu diesen Verstärkungen und Vergröberungen greift: es würde doch falsch sein, solche Unterschiede zu dialektischer Gruppirung zu benutzen, mögen auch Ueberlieferung und Lexikon dazu gelegentlich verlocken.

Dass Eikes Rechtssprache in seiner Heimat wurzelt, das lehrten uns schon lautliche Tatsachen, wie sie für *echt*, *gerâde*, *dingeslete* u. a. zur Sprache kamen. das lehrt uns weiter, wenn es dessen noch bedarf, die volle Abwesenheit speciell hochdeutscher Termini wie etwa *strâfen*, *gesuoch* „Zins", *schup* „Beweis", *geschefte* „Testament" etc., die nur ganz selten einmal in einer hochdeutschen Variante auftauchen. Doch braucht darum diese Rechtssprache des Sachsenspiegels keineswegs einen einseitig niederdeutschen Charakter in ihrer Wortwahl tragen. Laut- und Wortgrenzen sind verschiedne Dinge: wie sich das Gebiet des sächsischen Rechts an die Linie der Lautverschiebung nicht bindet, ebenso wenig sicherlich das Gebiet seiner Rechtssprache, vom rein lautlichen abgesehen. Tatsächlich lässt sich der juristische Wortschatz des Sachsenspiegels der Hauptsache nach in niederdeutschen wie in mitteldeutschen Rechtsbüchern nachweisen. und wenn uns erst das Wörterbuch der deutschen Rechtssprache vorliegt, auf das wir hoffen dürfen, dann wird auch der geringe Rest, den ich heute bei der Unzulänglichkeit meiner Hülfsmittel und meiner Belesenheit noch als specifisch niederdeutsch ansehen müsste, voraussichtlich ganz einschrumpfen: Eikes juristische Terminologie stellt sich uns, zum Teil vielleicht Dank eben seinem Erfolge, als norddeutsch, nicht als speciell niederdeutsch dar; jeder Versuch, in ihr das Niederdeutsche und das etwa vorhandne Mitteldeutsche zu sondern, scheint mir bei der vorbildlichen Macht, die der Sachsenspiegel über alle seine litterarischen Nachfahren ausgeübt hat, fruchtlos: er würde nur Zufallsentscheidungen zur Folge haben. Was will das sagen, dass etwa für *wette* einmal eine md. Hs. *pfant*, dass für *schelten* eine ganze Anzahl hd. Hss. *strâfen* schreibt: wissen wir doch, dass *wette* wie *schelten* dem mitteldeutschen Rechtsleben geläufigst waren. Und an andern Stellen sind es grade nd. Hss., die etwa für Eikes *gesprêche* (I 62, 9. 11. 63, 1) lieber *achte* oder *berât* schreiben; *hantgemâl* I 51, 4 ist hd. weit verbreiteter als in unsern nd. Quellen; in den Varr. tauchen neben hochdeutschen auch nd. Rechtsausdrücke auf, die Eike verschmäht oder nicht gekannt hat, z. B. *momber* „Vormund" I 42 N. 18. *lider* „Angeklagter" I 63 N. 83 (vgl. die Glosse zu III 16). Ueberhaupt wäre es wol eine falsche Vorstellung, wenn wir bei Eike einfach die gewöhnliche Rechtssprache des Gaues Scrimunt suchten. So überaus arm lexikalisch die Akener Bücher sind, das zeigen sie doch, dass ihre juristischen Kunstausdrücke sich nicht mit Eike decken: gleich in Nr. 1 die typische Wendung *an sime rêdesten gûde* (auch Halle und Calbe) sticht ab [1]); das häufige *râdelêve* (736 u. oft, auch Halle und Calbe; Ssp. *gerâde*), dann *ingedûmde* „Eingebrachtes der Frau" (1807, auch Halle; Ssp. *swaz sie zû irme manne brâchte*), *rechticheit* (1874 u. ö., auch Calbe; Ssp. nur *ansprâche*), *overtael* (1698; Ssp. nur *vestunge*), *unmunder* „unmündig" (1845), *bewegelich* (1921, auch Calbe; Ssp. *varnde*), *mechtich* „potens" u. s. w. [2]) fehlen im Ssp., insbesondre und sehr auffallend die Verbindung *ding, bank hegen*, die zumal in den Hallischen Büchern das tägliche Brod ausmacht. Zu dem festesten Bestande der Stadtbücher gehören die Phrasen *lôs und ledich, dôn und lâten*, beide von Eike lakonisch verschmäht. Das in den Protokollen ganz unentbehrliche, immerfort auftretende *redelik* „den gesetzlichen Anforderungen entsprechend" braucht Eike adjectivisch nur Lehnr. 4, 2 (wenig häufiger adverbiell). In Halle ist ein besonders beliebter Terminus *dursal* (*dûrsal*? „traditio durans"?, vgl. *ursale*); weiter abweichend vom Ssp. *ingelt* „Zins" (auch Calbe), *bîticht* „Anklage" (Calbe *tîch*), *krich* „Streit", *medegift, medeban* (Frensdorff, Recht und Rede 486 ff.); in Calbe *irclaghen, irwerven* „vor Gericht durchsetzen" (sehr oft), *sellen* „tradere" (Eike *ûflâzen*), *schelinge* „Rechtsstreit", *besate* „Arrest" [3]), *afticht* „Verzicht", *ein dinc ûtstân* u. s. w. In Halle und Calbe heisst es oft *untrichten, untscheiden, erscheiden*, wo der Ssp. nur *richten* und (*er*)*teilen* kennt [4]). Es ist nicht wahrscheinlich, dass das Alles Neurungen sind: grade der Sachsenspiegel hat eher zur Festigung des Sprachgebrauchs beigetragen. Gleichviel wie sich jene Differenzen erklären, man darf schwerlich in Eikes Rechtssprache das getreue Spiegelbild von den Gepflogenheiten sei-

---

1) In den Städten spielte die *reideschop* „Baarschaft" (Aken, Halle, nicht im Ssp.) allerdings eine grössere wirtschaftliche Rolle als auf dem Lande, an das Eike zunächst denkt; doch meint das *rêdeste, rêdigiste gût* der Stadtbücher offenbar nicht nur Baarschaft, sondern jede *varnde have*, jedes *gût*, das nicht zum *erve* gehörte.

2) Dies *mechtich* (seltner *weldich*, *ein hêre*) *sîn* der Stadtbücher entspricht etwa dem *under ime haven, halden, besitten* u. Ä. Eikes Er sagte adjectivisch wol *geweldich* (III 44, 1, aber nicht streng juristisch), vgl. auch *ge-*, *entweldigen*.

3) Eike sagt *bestêtigen, ûfhalten*; *besetzen* nur in vereinzelten Varianten.

4) Aken hat ferner von wichtigeren abweichenden Rechtsausdrücken *vergiften*, *begiftigen* (auch Calbe; Halle *begâven* [sehr oft], *undergiftigen*), *vorlâten* „relinquere" (f. *erven, erve geven*, erst in den spätern Partien), *bevreden*; Halle: *engen* „gerichtlich zusetzen", *vellich werden* „unterliegen" (vor Gericht), *nâ dôder hant*; Calbe: *tô gûder hant, in sînen vêr pêlen* (*bepêlen* Halle), *vor sittenen râde, vordûstern* oder *vordelgen* (von einer Schuld), *untwei setten, overlofte, inholt* etc. Edw. Schröder weist mich hin auf *hîge* „Hofgehöriger", das im Halberstädter Urkundenbuch mehrfach vorkommt und dem Sachsenspiegel gleichfalls fehlt. Auch aus den Schöffenbüchern liesse sich noch recht Vieles anführen. Zum Teil liegen die Unterschiede der Rechtsterminologie im Stoffe: dass z. B. die Schiedsgerichte und Sühnungen in den Stadtbüchern eine grosse Rolle spielen, prägt sich in Ausdrücken, wie *middeln, vruntschoppen, sik vorminnen, overman, schêdebode* u. s. w. deutlich aus (hierher auch *unt-, erscheiden*?): der Sachsenspiegel braucht sie nicht. Aber dieser stoffliche Gesichtspunct reicht nicht aus.

nes Dinges suchen. Es ist unlebendig, aber wissenschaftlich für jeden Begriff nur éinen, dén Ausdruck zu haben: der erfahrne, weit über die Grenzen seines Gaus kundige und geschätzte Rechtskenner wird in der mannigfaltigen, ihm bekannten Terminologie Auswahl geübt und vielleicht selbst tiftelnd construirt haben, wie er das sonst auch tat. Wie weit er dabei etwa auf Verständlichkeit auch in den hd. Gebieten des Sachsenrechts bedacht war, das wag ich grade für die Rechtssprache nicht zu entscheiden[1]: der Sachsenspiegel selbst in seiner überschattenden Bedeutung hat uns das Material für diese Untersuchung verdunkelt.

Sie lässt sich eher führen, wenn wir, ohne ängstliche Abgrenzung, von den feststehnden Kunstausdrücken absehen; sie lässt sich da, wo Eike freiere Bewegung hatte, führen direct und indirect. Ich gehe so vor, dass ich, das weit überwiegende indifferente Sprachmaterial bei Seite lassend, lediglich die Worte mustere, die nach Form oder Bedeutung eine sprachgeographisch fassbare Physiognomie zur Schau tragen. Das ist nicht viel, aber hoffentlich genug, um die Sachlage zu veranschaulichen; schon dass es so wenig ist, klärt.

Zunächst die niederdeutschen Elemente des Wortschatzes.

Dahin zählen voran einige Concreta des täglichen Lebens: *barch* „Getreidehaufen" III 45, 8 könnte rechtsymbolisch sein[2]; aber auch *spade* (III 66, 3. 68, 1; in hochdeutschen Handschriften zuweilen *grabeschît*) und *bromese* (Lehnr. 68, 7) sind niederdeutsch. Vor Allem *wort* „Hofstatt" (I 34, 1. Lehnr. 13, 4. 65, 3. 72, 1; in hochdeutschen Handschriften oft *hovestat*, daneben Misverständnisse, die das Wort für das Original sichern): Eike kannte es aus Reppichau, die Schöffenbücher von Aken und Halle brauchen es oft; dass es im Lehnrecht auch einen gerichtlichen Nebensinn („Gerichtsstätte") zeigt, mochte immerhin dazu beitragen, dass Eike es aufnahm. Wahrscheinlich hat er auch nd. *warf* verwendet „Kampfplatz" (I 63, 4. II 12, 15): auch das konnte der juristische Nebengeschmack empfehlen; die häufige hochdeutsche Variante *kreiz* (auch nd. *krête*) hat minderen Anspruch auf Authentie. Ob Eike II 51, 2 das nd. *sparke* oder das zugleich hd. *vunke* geschrieben hat, ist nicht sicher; noch zweifelhafter das nd. *stake* III 66, 3 (oft *stecke*, *stange*, *planke*). Zahlreiche hochdeutsche Varianten kennzeichnen *ovese* II 49, 1[3] (hd. oft *trouffe*), *helde* III 39, 1 (hd. oft *vezzir*), *telge* II 52, 2 (hd. *zwelge*, *zwige*, *este*), *grûve* „Dorfgraben" II 66, 1 (hd. *grabe*), *mesgrepe*, *mistgrape* III 45, 8 (hd. *misthacke*, *mistgabel*), *hôvetgat* I 63, 1 (hd. oft *houbtloch*, *-venster*) als Worte, die nicht überall der mitteldeutschen Rede bequem lagen: sie sind aber sämtlich auch hochdeutsch, namentlich thüringisch, nachzuweisen. Merkwürdig sondern sich

---

1) Ich will aber doch nicht unbemerkt lassen, dass Eike das wesentlich nd. *plege* (III 76. 77. Lehnr. 60, 2; Hall. Schöff. 3, 1381) niemals allein, sondern stets nur in der Verbindung *tins oder plege* anwendet, während *tins* oft für sich gebraucht wird.

2) Auch den oberdeutschen Dialekten fehlt das Wort nicht ganz, wohl aber der mhd. md Schriftsprache (Lexer belegt es nur aus Jeroschin und da übertragen). Eike entnahm das Wort gewis aus dem Niederdeutschen, aus der Heimat der „Heuberge".

3) Das in Halle und Calbe geläufige Alltagswort ist aber nicht etwa *ovese*, sondern *druppe*: doch hat Halle 2, 390 *osene* und ebenso Calbe S. 138 *ôzen*, *ôsvall*.

I 63, 4 *ortisern* (anscheinend nd.) und *ortbant* (in hochdeutschen Handschriften und in Aw): dies mehr technisch als sprachlich von Interesse. Dass Eike den heimatlichen, übrigens auch mitteldeutsch nicht unbekannten *hellinc* III 45, 7 einem hd. *helbelinc* vorzieht, ist grade bei dem Namen der kleinen Münze begreiflich; auch sprach da wieder das traditionelle juristische Element mit [1]). Die *virchlage* Lehnr. 4, 4 haben etwas Niederdeutsches nur in ihrem *l* [2]); Homeyers Varianten lassen wieder nicht erkennen, ob dies *l* für Eike gesichert ist. — Andere Substantiva bekommen durch ihre Bedeutung einen niederdeutschen Geschmack. *vadem* als Längenmass III 45, 8 ist niederdeutsch (hd. Variante *clâfter*). Ueber *plege* „Zins" sprach ich schon (oben S. 93) [3]).

Auf niederdeutsche Rede würd ich auch das in Homeyers Text häufige *borst* „Bruch" zurückführen, das md. zwar nicht fehlt (Germ. 23, 144), aber ein nd. Vorurteil für sich erwecken darf. Jedoch scheinen nicht bloss die hochdeutschen Handschriften, was Homeyer nur im Glossar ahnen lässt, dem gegenüber geschlossen *bruch* zu bieten [4]), sondern *brake*, *broc* fand ich auch in niederdeutschen Handschriften nicht selten: so schreibt II 15, 2. 36, 5 Cγ, Lehnr. 68. 6. 69, 3 die Gött. Lehnrechths. *brok*, II 15, 2 Ei *brake*. Für *bruch* spricht obendrein II 15, 2 (und I 15, 1) die enge stilistische Verbindung mit dem Verbum *brechen* und weiter der Sprachgebrauch Akens (1932), Calbes (S. 129), Halles (486. 1459) und der Anhaltischen Urkunden (Bd. III S. 143. 270), endlich auch der Weltchronik in der Gothaer Handschrift. Das Alles entscheidet nicht, nimmt aber dem Worte *borst* jede Sicherheit. Und *bruch* ist gut hochdeutsch.

Von Adjectiven sehen niederdeutsch aus *stamer* [5]) I 61, 3, heute aber z. B. auch thüringisch, und namentlich die Umschreibung *vordere hant* st. „rechte Hand" I 18, 3. II 12, 8. 15, 1 [6]); ebenso das Part. *glûmende*, *glûpende* II 62, 1, das den hochdeutschen Schreibern manche Schmerzen gemacht hat.

Nun die Verba. Ob Eike II 28, 4 *strîden* oder *schrîten* geschrieben hat, weiss ich nicht. Wohl aber hat er das nd. *hûden* (*hûden*) „verstecken" II 13, 6. Lehnr.

---

1) Dafür zeugt vielleicht, dass in den Schöffenbüchern, soviel ich sah, *hellinc* nicht vorkommt, sondern nur *scherf* und später *heller*, die Eike beide nicht hat. Ihm fehlt von den geläufigen Münzen jener Protokolle auch *gulden*, *grosche*, *quint*, vor Allem der häufige *ferdinc*.

2) In den Schöffenbüchern häufig *twischelwant*, *twischeltûn*.

3) *bescheit*, das als „Bedingung" (so Lehnr. 57, 1) auch hochdeutsch belegt ist, scheint II 26, 5 den hochdeutsch unerwiesenen Sinn von *underscheit* oder von hd. *gebræche* (so eine hd. Hs.) zu haben; ich weiss das freilich auch niederdeutsch sonst nicht nachzuweisen; doch zeigt das Wort da bunteren Gebrauch. — Der geistliche Sinn von *bîsorge* III 59, 1, der verwantschaftliche von *gedelinc* II 31, 1 scheint überwiegend in niederdeutschen Zeugnissen zu Hause. — Ob I 23, 1 das mehr nd. *bederp* oder das auch hd. *nut* (*nutz*) gestanden hat, kann ich nicht entscheiden.

4) Das *gebreste* des Dsp. weist natürlich auf ein *brost* oder *borst* der nd. Vorlage zurück.

5) Die Varianten *stamerohi*, *stamernde* bestätigen die *r*-Form für Eike; doch gibt es jedesfalls auch hochdeutsche Belege mit *l*; Homeyer schweigt, aber Bv liest *stammelnde*.

6) Die hochdeutschen Handschriften ändern freilich öfters in *rechte*; aber in der Form *rechter*, die z. B. Dσ I 18, 3, andere Handschriften an den andern Stellen zeigen, tritt der niederdeutsch vorherrschende Comparativ, vielleicht im Anschluss an die Originallesart, doch zu Tage.

50, 3. 66, 1: es gibt zu denken, dass sich neben den vielen hochdeutschen Varianten (*behalden*, *verbergen*, *heln*) doch auch das nd. *schûlen* findet. Das ausschliesslich nd. *hûden* geriet mit dem bedeutungsnahen *hôden*, *hüden* in so enge Berührung, dass sie zumal in einer Gegend, der mhd. *iu* und *uo* ziemlich zusammenfiel, sich direct mischen mochten: scheidet sie doch nicht einmal das mittelniederdeutsche Wörterbuch. So mag auch Eike das Wort gar nicht als speciell niederdeutsch empfunden haben. Eine besonders niederdeutsche Phrase ist *sigevechten* I 63, 4. *benûmen* „nennen" ist auch mitteldeutsch sehr verbreitet, und ich führe es hier nur an, weil seine Herrschaft im Text einen Gegensatz zu dem *nennen* der Praefatio bildet [1]). Ich verzeichne ferner ihrer Bedeutung wegen *bejegenen* „widerfahren" (hd. Varr. *geschên*) I 55, 2. 60, 1, *blîven* „werden" (s. o.), *warden* „warten" (?) (I 28. III 40, 1; hd. und nd. Varr. *beiten*). Nicht kenn ich hochdeutsch in der Bedeutung des Sachsenspiegels die 4 Composita mit *up-*: *uphouwen* I 21, 2. III 1 „ab-, niederhauen" (so auch in der Weltchronik; hd. Var. *abehouwen*). *upbreken* III 74 „abbrechen", *upschêten* III 66, 3 „Erde aufwerfen", *upnemen* I 3, 1 „ansetzen, berechnen", niederdeutsch sind sie so nachweisbar; ein fünftes, *upheven* I 24, 3 war in seiner Anwendung, wie die Varianten zeigen, den Schreibern vielfach unverständlich. Schliesslich: der fast regelmässige Gebrauch des Hilfsverbums *müezen* = „dürfen" (*durfen* bedeutet im Sachsenspiegel meist „brauchen"), allenfalls „können", ist, grade in seiner Regelmässigkeit, niederdeutschen Charakters; der Deutschenspiegel bezeugt das indirect dadurch, dass er so und so oft *mugen* (auch *soln*) f. *müezen* eingesetzt hat.

Das ist zugleich ungefähr der wertvollste Ertrag der Jagd auf niederdeutsches Gut. Eike hat seiner Mundart sehr wenig, überraschend wenig Zutritt gestattet bei der Wortwahl: seh ich vom Unsichern ab und von dem speciell juristischen Sprachgut, dann bleiben fast nur Bagatellen.

Wie stehts nun mit der Gegenprobe? Von vornherein ist wol ausgeschlossen, dass Eike in ein Buch dieser Art hochdeutsche Worte aufnehmen konnte, deren Verständnis seinen niederdeutschen Volksgenossen Schwierigkeit bereiten musste. Aber das wäre möglich, dass er etwa die täglich geläufigen besondern Worte der engern Heimat zurücktreten liess zu Gunsten von Worten einer weitern und höhern Sphäre. Ich glaube, er hat wirklich so gehandelt: ein paar positive Symptome dafür finden sich wol. Hier stehn die Verba, meist die Träger der feineren, geistigeren Beziehungen im Satze, billig im Vordergrunde. *dulden* fehlt im grossen mittelniederdeutschen Wörterbuch. Es ist tatsächlich kein niederdeutsches Wort, am wenigsten in der Bedeutung „leiden". Aber es ist damit ähnlich gegangen wie mit *sân* (s. o.). Der bequeme Reim: *schulden*, *hulden* hat es in die mittelniederdeutsche Litteratur getragen: es dauert

---

1) Für *nôdegen* „notzüchtigen" I 37. II 13, 5. III 1 u. ö. sagen die hochdeutschen Handschriften meist *nôtzogen*, auch ein nd. *vorcrachten* tritt als Var. auf; *nœtegen* ist auch dem Mitteldeutschen nicht ganz fremd. — *gebôren* „aufheben" (auch md.) III 45, 8 wird von hd. Schreibern z. T. durch *heben*, *erheben* ersetzt.

bis auf Arnold von Immessen; Konemann lässt es aus dem Reim wol auch einmal ins Versinnere. Dennoch ward es als fremd empfunden: auch im Sachsenspiegel ist es stets von einem Gefolge niederdeutscher Varianten (*lîden*, *dolen*, *doghen*) begleitet: zuweilen verdrängen es diese Varianten aus dem grössten Teil der niederdeutschen Zeugen (so I 31, 1); andre Stellen (z. B. I 54, 1. Lehnr. 60, 1) sorgen dafür, dass kein Zweifel bleibt, Eike hab es mit Vorliebe gebraucht. Ein häufiges und für Eikes Methode wichtiges Wort. — Die Varianten deuten darauf hin, dass *irre gên*, *varen* den niederdeutschen Schreibern anstössig war: im Prolog (Hom. S. 138) wird *irre* in niederdeutschen Handschriften durch *bîster* (so auch Cz), *dwelende* ersetzt, andre lassen es aus (so Ei), An hat es töricht misverstanden als *êrre* und übersetzt *vortîden*. Das wiederholt sich, mutatis mutandis, III 42, 3: da versteht alle Welt, wenigstens die niederdeutsche, *irre varen* als *irvaren*, um so sonderbarer als *irvaren* keineswegs ein niederdeutsch naheliegendes Wort ist: jedesfalls hat man sich an *irre varen* gestossen. Das Gleiche bestätigt sich weiter am Verbum *irren*: es ist im Texte des Sachsenspiegels nicht selten (I 34, 3. 63, 4. 5. II 7. Lehnr. 24, 9. 59, 4. 69, 10), aber wenigstens im Landrecht fast ausnahmslos umrankt vom buntesten Kranze der niederdeutschen Varianten, die lieber *hindern*, *weigern*, *verkêren*, *wern*, *bespreken*, *rôren*, *sûmen*, *merren*, *vernen* sagen: wo solche Varianten bei Homeyer fehlen (II 7), da mistrau ich zunächst Homeyer, ohne ihn aus dem mir Zugänglichen widerlegen zu können. Offenbar sind *irre*, *irren* im Sinne von „auf falschem Wege", resp. „hindern", obgleich sie mittelniederdeutsch nicht fehlen, doch Worte edlerer Gattung, haben etwas Gewähltes, vielleicht unter hochdeutsch litterarischem Einfluss: gut niederdeutsch bedeuten sie „zornig", „erzürnen". So gebraucht Eike sie aber nie. Die Schöffenbücher sagen im Sinne von Eikes *irren* stets *hindern*. — Fiel es uns eben auf, dass niederdeutsche Handschriften *irrevaren* durch *irvaren* ersetzten, so muss es um so mehr auffallen, wenn im Lehnrecht Art. 80, 1 tatsächlich *irvaren* „certior fieri" variantenlos aufzutreten scheint; Jac. Grimm hat behauptet, dass dies „ein specifisch hochdeutsches Wort" sei. Im Grunde hat er wol Recht. Spärliche Belege für *irvaren* im Sinne von „erforschen, in Erfahrung bringen" kommen mnd. aber doch vor: auch das Calber Wetebok hat S. 49 *dirvaren*; hier aber ist schon das (bairisch, mitteldeutsch, ostelbisch auftretende) Präfix *dir-* der Annahme md. Herkunft günstig, ohne sie zu entscheiden. — Gehört das md. *innern* (I 6, 2. III 25, 1. Lehnr. 57, 1. 4) zum geläufig niederdeutschen Wortschatz? Das Wörterbuch gibt fast nur Belege, die aus dem Sachsenspiegel selbst stammen oder sonst in Beziehung zu ihm stehn; die niederdeutschen Handschriften variiren wenigstens im Landrecht wieder sehr lebhaft (*vorwinnen*, *overtûgen*, *manen*, *informêren*), und die Variantenangaben des Lehnrechts sind unzuverlässig. Als niederdeutscher erschien vielleicht *innen* (*erinnen*), das ich, nicht regelmässig, in den nd. Handschriften Aw, Cz und dem Gött. Lehnrechtscodex (*eynen*) finde. Das Material reicht zum Urteil nicht aus. — Auch *krenken*, ein niederdeutsch gut belegtes Wort (im Sachsenspiegel I 5, 2. 42, 1. III 54, 2. 63, 2. 79, 1), ist in niederdeutschen Handschriften oft ersetzt worden (*breken*, *weren*, *kroeden*, *nemen*, *mindern, ergern*); das ist an sich unerheblich, deutet aber doch wol darauf hin, dass auch dieses Wort vielen Niederdeutschen einen gewählten, unvertrauten Klang hatte. — *zogen* (Lehnr. 69, 4) hebt sich (neben *vorzîhen*) deutlich von der niederdeutschen Ueberlieferung ab, die *togern* verlangt: die hochdeutsche Form hat in der Ueberlieferung ausreichende Unterstützung. — *nennen* fehlt der Prosa des Sachsenspiegel; so weit wir sehen können, hat Eike das im Reim so gern gebrauchte Wort hier gemieden. Indessen, nicht nur in dem Zusatz I 24, 3 taucht *nennen* auf — und auch das ist nicht gleichgiltig, da die Zusätze die Sprache des Originals, wie sie sie kennen, geflissentlich copiren —, sondern, was wichtiger, III 57, 2 in einem Zusammenhang, der *benûmen* tatsächlich ausschloss: hier hat Eike sicher *nennen* gesagt. Ob nicht auch in der Prosa des Originals *nennen* eine grössere Rolle gespielt hat als jetzt erkennbar, kann ich nicht entscheiden: die mitteldeutschen Handschriften zeigen es nicht selten für *benûmen*, *nûmen*, das ihnen an sich doch genügen konnte. — II 62, 1 weisen die Missverständnisse niederdeutscher Handschriften vielleicht auf ein *ûzenen* der Vorlage hin, dem die Ueberlieferung auch sonst günstig ist; dies *ûzenen* wäre hochdeutsches Lehnwort; in Eikes Heimat lebte wol nur *ûteren*, so in den Calber Stadtbüchern S. 54. 57. 127. — Ueber *genenden* vgl. oben S. 26 [1]).

Hochdeutsch sind weiter: *ermel* (nd. Hss. *mouwe* [2])) I 63, 4, *rinke* Lehnr. 67, 1, *spange* [3]) ebda.; *gare* I 63, 4 ist mir in dieser Form mittelniederdeutsch sonst nicht bekannt, und auch *garwe*, *gerwe* pflegt sich da nach dem Lexikon auf das Priestergewand, nicht auf die Rüstung zu beziehen. — Hochdeutsch ist vielleicht auch *gadem* III 66, 3, in der Bedeutung „Stockwerk": der niederdeutsche Ausdruck wird *dele* sein, wie Eike daneben hat: der Deutschenspiegel hat es misverständlich in *taile* verwandelt und der Schwabenspiegel beidemal *gadem* geschrieben. Im Niederdeutsch des 18. Jahrhunderts war *gâm* heimisch (DWb. IV 1, 1131), aber es fehlt dem Altsächsischen und den verwanten altniederdeutschen Sprachen, es fehlt auch noch den ältern Partien der an Ausdrücken für das Haus und seine Bestandteile nicht armen Stadtbücher; erst in dem vierten, zum Teil schon hochdeutschen Hallischen Schöffenbuche kommt es vor, synonym mit *kamer* oder *dornse*. — *die meiste* oder *mêre menie* ist niederdeutsch so häufig in *mêninge* [4]) verwandelt worden, dass diese, natürlich unfreiwillige, Satire auf die Majoritätsverehrung des Sachsenspiegels eine geringere Gängigkeit des hochdeutsch abgetretnen Ausdrucks zu

1) Ich registrire noch *in kunde komen, bringen* Lehnr. 68, 9. 78, 2 (dies = Präf. 217); ferner, ganz zweifelnd, die Zusammensetzungen mit *zû-* d. i. „zer-" (*zûstân, zûtûn*, nd. *tôstân, tôdôn*, vgl. Hom. S. 482), die im Sachsenspiegel mehr blühen als sonst mittelniederdeutsch.

2) Dass man in Eikes Heimat *mouwe* sprach, daraus deutet vielleicht der Zerbster Name *Buntemouwe* (Calbe S. 45).

3) *spange* im vierten Hallischen Schöffenbuch N. 324 wird mitteldeutsches Lehnwort sein (nd. *span*).

4) Dies *meninge* mit Lübben Mnd. Gr. S. 40 nur phonetisch aus Nasalirung zu erklären, hindert mich ebenso die weitre Variante *meininge*, wie die Variante *volge, vulbort*.

verraten scheint. — Der rechte niederdeutsche Ausdruck für Ehebruch ist auch nicht *overhûre* (II 13, 5), sondern *overspel*, das hier nur in wenigen niederdeutschen Zeugnissen zu Tage tritt. — Wenn der Mörder aus Notwehr bei seinem Opfer nicht bleiben will *vor sînes lîves angeste* „wegen seiner Lebensgefahr" (II 14, 1), so ersetzen niederdeutsche Handschriften das *angest* durch *nôt*, weil in dem niederdeutschen Wort der Gefühlsgehalt unsers heutigen „Angst", der hier nicht hingehört, viel lebendiger ist als hochdeutsch (vgl. die Var. III 41, N. 13 *van angestes wegen* „aus Angst"); Eike weist *angest* die objectivere hochdeutsche Bedeutung zu[1]). — Dass *sûver* II 16, 9 f. „ganz und gar" keineswegs der nächstliegende Ausdruck war, lehren die Varianten, und zwar war man auf niederdeutschem Boden befremdeter als hochdeutsch: niederdeutsch sagt man *sûverk*, nicht *sûver*, und dies *sûverk* entspricht nicht ganz der hier gemeinten Bedeutung.

Endlich noch ein paar adverbielle Wendungen, die uns den Weg zu der indirecten Betrachtung hochdeutschen Einflusses weisen. Eike sagt II 53 *hinden*: gewis, das kennt man ja auch niederdeutsch; aber der rechte niederdeutsche Ausdruck ist *achter*, für ihn zeugen denn auch die Varianten, die Homeyer wieder unvollständig angibt (so hat auch Aw hier *achtere*); aber freilich, *hinden* ist besser bezeugt. Aken wechselte zwischen den beiden Worten. — Hat Eike *anderwerve* oder *anderweide* gesagt? Beide Worte sind weder dem Hochdeutschen noch dem Niederdeutschen ganz fremd; aber *anderwerve* ist mehr niederdeutsch, *anderweide* (*-stunt*, *-mâl*) mehr hochdeutsch das rechte Wort. *anderweide* bevorzugen demgemäss die hochdeutschen Handschriften; aber es steht Lehnr. 60, 2 auch in En; und an der ersten Stelle seines Auftretens, I 39, stimmen sogar Cγ Eb Ei ein, auch *anderen wech* Aw ist aus *anderweide* misverstanden, wie denn Aw auch sonst noch öfter *anderweide* zeigt; das Gleiche gilt von Cγ und dem Göttinger Lehnrecht. Nach dem Material, das ich kenne, hat das hochdeutsche *anderweide*, das übrigens in dem *voranderweiden* der Hallischen Schöffenbücher 276 steckt, mehr für sich: doch mag Eike gewechselt haben, die Handschriften gruppiren sich an verschiednen Stellen verschieden. — I 27, 2 heisst es, anscheinend übereinstimmend, *zweier wegene*; dass der Ausdruck den Hochdeutschen unbehaglich war, zeigen die Varr. zu II 48, 8; doch hat Eike sicher so geschrieben. Gestossen aber hat er sich an der vom selben Worte gebildeten und mitteldeutsch sehr verbreiteten Verbindung *von-wegen*; sie fehlt zwar in niederdeutschen Handschriften keineswegs, tritt aber, soviel ich sehe, immer nur so vereinzelt auf, dass sie als überliefert nicht mehr in Betracht kommt als das hochdeutsch hie und da auftauchende *von-willen*; Eike aber hat stets *von-halben* gesagt. Ich lege um so mehr Wert darauf, als die Akener, Calber und Haller Protokolle und die Anhalter Urkunden regelmässig und oft *von-weghen* sagen: Eike hat seinen Alltagsausdruck verschmäht.

1) Wenn der *kerkener* II 71, 3 in niederdeutschen Handschriften den *opperman*, den *koster*, den *kerkhoyder* neben sich hat, so spiegelt das kleinere Localunterschiede, die für die Frage: „hochdeutsch oder niederdeutsch?" nicht in Betracht kommen.

Und was hat er nicht sonst noch Alles verschmäht! Die Varianten der niederdeutschen Handschriften geben eine überraschende Lese niederdeutscher Worte her, die Eike nicht gebraucht hat, obgleich sie nahe lagen, wie eben die Handschriften zeigen. Ich erwähnte bereits die geläufigen Formwörtchen wie *nochtan* „dennoch“, *wattan* „obgleich“, *men* „nur“, *al* und *rêde* „schon“, *eft* „oder“, *icht* „wenn“, *dus* „so“ (?), die Präp. und Adv. *tegen* und *achter*; hinzuzufügen ist *elk* „jeder“ (II 28 N. 4; Sachsenspiegel *manlich*), *somich* (II 20 N. 5; Text *ettelich*), *wannêr* (I 71 N. 2; Ssp. *swenne*), das niederdeutsch sonst so überaus häufige *vaken* (II 2 N. 3. Lehnr. 80 N. 37; Ssp. *ofte, dicke*), *deger* „ganz“ (II 16 N. 32; Ssp. *sûver*), *âlinc* „ganz“ (Lehnr. 71 N. 53; Ssp. *ganz*); das allbeherrschende *zû samen* lässt neben sich noch *zû mâle* (I 63, 1) zu, nicht aber die recht eigentlich niederdeutschen Phrasen *tô gadder* (I 3 N. 38; vgl. Leitzmann zu Gerh. v. Minden 53, 28), *up ên* (I 63 N. 24), *tô hôpe* (Calbe S. 144). Von Adjectiven und Adverbien nannte ich bereits *bister*, *dwelende* (Ssp. *irre*); ich finde ferner nur in Varr. *veilig* „sicher“ (II 27 N. 12), *late* „spät“ (I 36 N. 6, Anh. Urk. 3, 278. 349; Ssp. *spâte*), *behaghel* (Praef. 68), *môderstille* (ebd. 132), *halfte* „halb“ (II 28, 1 in Aw Cγ Cz; die Stadtbücher wie der Ssp. *half*), den Comp. *lenc* „mehr“ (Lehnr. 78 N. 6); ja sogar *quât, quâtlic* (Praef. 106. I 63 N. 40; Text *übel, wirs*) ist nicht vertreten. Von Substantiven wurde erwähnt *mouwe, lider, momber*; ich reihe dem an *behôf* (I 23, 8, Aken 1894; hd. *nutz*), *bederf* (ebd.), *tale* (I 62 N. 15; Ssp. *rede*), *quec* „Vieh“ (II 36 N. 47; Ssp. *vê*), *putte* „Brunnen“ (II 38 N. 4ª; Ssp. *brunne*), *scheme* (III 45 N. 35; Ssp. *schate*), *achterding* (I 2 N. 9), *treck, getrecke* (III 42 N. 52; Ssp. *geræte*), *wanhoed* (II 38 N. 2; Ssp. *warlôse*); ferner *liclauwe, litêken* (I 63 N. 19; Ssp. *nar*), *strunkelken* (II 41 N. 6), *mengelen* (II 12 N. 18; Ssp. *becher*), *dorstel* (II 41 N. 8; das Wort ist in den Hallischen Acten häufig), *schelinge* (Lehnr. 11 N. 18, Calbe 52), *opperman* (II 71 N. 9) u. A. Von Verben nannte ich schon *dolen, doghen* (I 31 N. 10; Ssp. *dulden*), *schûlen* (Lehnr. 50 N. 14; Text *hûten*), dazu *lien* „zugestehn“ (Hom. Gl. S. 456, aber nicht nur nl.), *betengen* (Lehnr. 65 N. 74; Ssp. *beginnen*), *legeren* „entschädigen“ (Lehnr. 4 N. 25; Text *lôsen*), *kroeden* (III 63 N. 11; Eike *krenken*), *beschutten* (Lehnr. 72 N. 33; Ssp. *besliezen*), *wicken*, Subst. *wickelinge, wickelîe* (II 13 N. 31; Ssp. *zouber*)[1]), *bornen* (II 40 N. 13; Ssp. *trenken*), *behôven* (I 1 N. 19 u. ö.; Ssp. *bedurven*), *poten* „pflanzen“ (II 28 N. 7; Ssp. *setzen*), *rensen, vrêsen* (Lehnr. 68 N. 21ª. 22; Ssp. *jeschet, nûset*), *underschôten* (I 63 N. 72; Ssp. *understechen*) u. s. w[2]).

Die Liste spricht für sich. Ein niederdeutscher Schriftsteller, bei dem all das fehlt, obgleich seine Darstellung ihm das nahe legte, bei dem man nach cha-

---

1) Lercheimer, Christl. Bedenken herausg. v. Binz, S. 10: *Zauberey ist ein vermeynte anzeigung verborgener ding (welches auff altfränckisch heisst vorsagen, in Sachsen wicken, bei vns warsagen).*

2) Die Zahl dieser niederdeutschen Varianten liesse sich aus den Zusätzen noch beträchtlich mehren; neue Züge kommen doch nicht ernstlich dazu, wie denn die Sprache der Zusätze sehr ähnliche Verhältnisse zeigt wie der Haupttext; sie haben sich, soweit sie nicht Eikes Werk sind, jedesfalls eng an sein Vorbild geschlossen.

rakteristisch niederdeutschen Worten mit der Laterne suchen muss, ist jedesfalls eine Merkwürdigkeit: alle die hochdeutsch schreibenden Dichter wie Eberhard, der Braunschweiger Reimchronist, Brun von Schonebeck, Konemann, Wizlaw sind reicher an niederdeutschem Sprachgut, wenn das auch auf den ersten Blick durch Eikes niederdeutsche Kunstausdrücke verwischt wird. Wie ist die Tatsache aufzufassen?

Ein Gedanke läge nahe: vielleicht gehörte Eikes Heimat Reppichau, wenn sie auch *dat* und *ek* sagte, doch in ihrem Wortgebrauch nicht zu dem niederdeutschen Gebiet: die niederdeutschen Wortgrenzen haben mit der Grenze der Lautverschiebung keinen innern notwendigen Zusammenhang, und Eike lebt in einer Uebergangsgegend, wie die spätre Sprachentwicklung verrät. Das ist Alles richtig, es reicht aber nicht aus. Wer die Gothaer Handschrift der Weltchronik als Zeugnis gelten lässt, kann schon in ihr einen beträchtlich sächsischeren Wortschatz finden: da gibt es z. B. *behôven, dogen* „dulden“, *schûlen* „verstecken“, *vêlich* „sicher“, *tale* „Rede“, *deger*, *vormiddes*, Deminutiva auf *-ken*, Abstracta auf *-inge*; da giebt es daneben eine reichste Fülle niederdeutscher Ausdrücke wie *bôten* „feuern“, *krûpen, nâlen, ôken, reven, rûgen, bôle* „Bruder“, *düster, grope* „Topf“, *haf* „Meer“, *heven* „Himmel“, *hoke, kot* „Hütte“, *lerse* „Stiefel“, *picht* „Streit“, *spôk*, *start*, *storlinge*, Adverbia wie *âvelinge* u. s. w.; allein schon aus Strauchs Glossar ist es leicht, Beispiele zu häufen. — Aber auch die Akener Schöffenbücher mit ihrem winzigen Wortmaterial raten von jener Erklärung ab. Ich habe schon darauf aufmerksam gemacht, dass Eikes Rechtssprache sich mit den Termini jener Protokolle nicht immer deckt; ich erinnere daran, dass in ihnen Deminutiva auf *-ken*, dass *von-wegen, achter, teghen, behûf, efft* „oder“, *yo* „je“ vorkommen; ich notire noch *grope* „Topf“, *mône, medder* „Muhme“, *bode* „Bude“, *holle*, *hôp*, *scherne*, *harke*, *knuppel*, *overlegge* „übrig“ (Calbe *overlei*), *brêderinne* „Strickerin“, die beliebte Phrase *tô kort werden* für „sterben“ (Germ. 10, 405): auch die Namen zeigen vielfach niederdeutsche Bildung. Es ist, um auch den für Halle und Calbe bezeugten Wortschatz zu streifen, gewis charakteristisch, dass Eike, wie er *ermel* wählt st. *mouwe*, so auch *mantel* sagt und nicht *hoike*, *fürspan* und nicht *bretze, kaste* oder *lade* und nicht *schidele, bûtel* und nicht *nêser*, *küssen* und nicht *pust* oder *kolte*, *konflûte* und nicht *hoken, becher* (als Mass) und nicht *nôtsel* oder *stoveken*, *stat* und nicht *blek* u. s. w., dass er mit einem Worte der rein localen Ausdrücke seiner Heimat sich enthält zu Gunsten des Gemeindeutschen [1]).

Ich notire endlich aus den Akener Aufzeichnungen (auch in Halle oft) die sehr häufige Wendung *kinder telen* oder *krîgen*, ferner *vôden* „ernähren“ 2067, *quît* 1955. Auch diese Worte, denen ich noch *trecken* und *kîfen* anreihe, fehlen im Sachsenspiegel, während allerdings niederdeutsche Handschriften sie bringen. Ich habe diese Gruppe für sich genommen, weil sie nicht exclusiv nieder-

1) *echt* „ferner“ ist in den Anhalter Urkunden sehr beliebt: wie nahe lag es für Eike statt des überleitenden *ôk* (*ouch*)!

8

deutsch ist: *trecken*, *vôden* und *kîfen* kommen mitteldeutsch nicht ganz selten, *krigen* und das Lehnwort *quît* sogar sehr häufig vor: ihr eigentümliches Gebiet ist freilich durchaus der niederdeutsche Boden, wo sie sämtlich beliebteste Worte sind. Die andern, auch die hochdeutsch dichtenden Schriftsteller Sachsens im 13. Jahrhundert teilen denn auch Eikes Sprödigkeit nur sehr bedingt. Ja, warum zieht denn nun Eike I 62 N. 6 das *zût* dem *trecket* vor, warum II 36 N. 17. 46. 40 N. 12. 54 N. 5 ebenso das *zîn* oder *etzen* dem *vôden*, warum lässt er nicht *kîfen*, das niederdeutsch durchaus einen edeln Begriff haben kann, statt *zweien* zu (Lehnr. 70 N. 3), warum sagt ihm *gewinnen* und *bekomen* (c. Gen.) mehr zu als *krigen*, das I 31 N. 14. 48 N. 8ª. 70 N. 19 und jedesfalls noch öfter in niederdeutschen Handschriften sich zeigt? Was empfahl ihm *ledic*, *ânic*, *gelôset* II (11 N. 20.) 24 N. 4. III 6 N. 5. 10 N. 12. 34 N. 9 u. ö. vor diesem *quît*, zu dem niederdeutsche Handschriften so gern greifen? Hier war nicht die Frage: hochdeutsch oder niederdeutsch; hier entschied ein Umstand, den wir namentlich bei *krigen* und *kîfen*, aber auch bei den andern, Eike noch heute nachfühlen können: es waren Worte der A l l t a g s r e d e[1]). Und das bestimmte wol auch sonst Eikes Wortwahl. Eike strebt nach einer erhöhten Sprache, die litterarischen Ansprüchen genügen kann, und das verbannt im Ganzen die niederdeutschen Besonderheiten der Heimat, nicht weil sie niederdeutsch, sondern weil sie vulgär waren. Denn den Massstab musste bei solchem Bemühen das Hochdeutsche abgeben: auch Eike hat nicht den Mut, gegenüber der herschenden Schriftsprache dem Wortschatz der Mundart sein Recht auf edlen Gebrauch zuzugestehn: diesen Mut erwirbt sich die mittelniederdeutsche Litteratur erst ganz allmählich, ihn steigernd bis ins 15. Jahrhundert herein.

Dass Eikes eigentümliche Wortwahl aus seinem Thema, aus den Anforderungen juristischer Darstellung hervorgegangen sein sollte, ist von vornherein unwahrscheinlich: stammten doch aus der Rechtssprache grade die frappantesten plattdeutschen Bestandteile seiner Rede. Das ist ja wahr: das Recht drängt zu einer gleichmässig präcisen Darstellung, die zu verarmender Auswahl nötigt, und unzweifelhaft erlegen sich auch spätere mittelniederdeutsche Rechtsdenkmäler Beschränkungen im Wortgebrauch auf, die das freie Spiel der Mundart ausschliessen. Aber, für sie bildete einmal der Sachsenspiegel selbst das übermächtige Vorbild, und anderseits: von der leidlich geschlossnen, jedesfalls bewussten Enthaltsamkeit Eikes ist in ihnen keine Rede. Selbst die Richtsteige, die schon durch ihren Inhalt sich zu engstem Anschluss an Eike bekennen, sagen doch z. B. *wannêr*, *nochtan*, *lîster*, *deger*, *tegen*, *krigen*, *kîf*, führen Worte wie *drist*, *enkede*, *twîden*, *stolinge*, *sîde* „niedrig", *echt* „abermals" und manches Aehnliche, schroff Niederdeutsche ein. Und das lübische Recht, das ich durch Frensdorffs Güte in der ältesten Elbinger Handschrift[2]) lesen durfte, hat von

1) Ich verkenne nicht, dass über das, was in Mitteldeutschland als alltäglich, als nicht litteraturfähig galt, zum Teil der oberdeutsche Sprachgebrauch entschied.

2) Auch seine Abschrift der Kopenhagener Handschrift hab ich eingesehen.

Worten, die wir bei Eike gradezu vermissten, *ofte* „oder" (sehr häufig), *tô hôpe, tô gadder, achter, deger, dus,* ferner *krîgen, vôlen, behôven, behôf, bîster, legern, tô kort werden, schelinge, van-wegen, lene, halfte,* gar nicht zu reden von den vielen ausgesprochen niederdeutschen Worten, die es sonst auf viel, viel kürzerm Raume als der Sachsenspiegel vereinigt. Jeder solcher Vergleich bestätigte mir Eikes sprachliche Sonderstellung.

Ihr Wesen ist, dass Eike eine temperierte Sprache wählte. Ich bilde mir nicht ein, erwiesen zu haben, dass er hochdeutsch schrieb; das aber hoffte ich erweisen zu können, dass er nicht in unbefangnem Niederdeutsch sich bewegt. Die gewählte Litteratursprache temperirt stets: temperirend steht gleich die mittelhochdeutsche Dichtersprache über den Mundarten. Sie erreicht damit ein Doppeltes: sie ist weit über die engen Grenzen des Dialekts verständlich und wahrt sich ausserdem eine über das Alltägliche herausragende Würde. Beides konnte auch Eike brauchen. Die Grundstimmung des Sachsenspiegels ist immer noch niederdeutsch: wie sollte es anders sein? Aber was Eike selbst als dialektisch empfand, das hat er wol gemieden. Nicht die paar hochdeutschen Ausdrücke, die sich vielleicht im Sachsenspiegel aufspüren liessen, sind die Hauptsache: das Entscheidende liegt mir in dem, was Eike fern hält.

Im Grunde ists mit der Sprache der sogenannten mittelniederdeutschen Dichter des 13. Jahrhunderts nicht viel anders. Trug Eike der Rechtssprache obligate, meist niederdeutsche Termini zu, so mussten die Epiker und Lyriker eine ebenso obligate süddeutsch gefärbte Minne- und Ritterterminologie übernehmen. Was sonst übrig bleibt, trägt ähnlichen Charakter: ja Eike ist fast spröder gegen die niederdeutschen Idiotismen. Hatte ich Recht, wenn ich bei den hochdeutsch scheinenden Worten *dulden* und *sân* an den Reimgebrauch erinnerte, so ist die Anknüpfung an die hochdeutsche poetische Litteratursprache noch näher gelegt.

Und nun greifen wir zurück zu der Reimvorrede! Sie trug genau denselben sprachlichen Charakter, wie wir ihn jetzt dem ganzen Texte vindicirt haben: nicht ausgeprägt hochdeutsch, nicht deutlich niederdeutsch, und doch mit Spuren von beiden, alles Scharftrennende grade im Reime fast geflissentlich vermeidend, daher in beiden Lautgestalten allenfalls denkbar und in beiden Lautgestalten tatsächlich verbreitet. Bei der Reimvorrede aber entschied der Gesamtcharakter der mittelniederdeutschen Reimsprache des 13. Jahrhunderts; wir können kaum zweifeln, dass es in ihr *daz* heissen sollte. Es ist nicht der geringste Grund, die Sprache des Textes anders zu beurteilen. Wenn Eike das Dialektische mied, nun, sollte er *dat* nicht als dialektisch empfunden haben? Ich bin überzeugt, dass in Eikes Originalhandschrift meist *daz* und *zû* gestanden hat; sie mag sonst orthographisch bunt genug ausgesehen haben. Musste Eike wählen, so diente er dem zwiesprachigen Publikum, für das er schrieb, durch die mitteldeutsche Lautform — nur sie ist natürlich gemeint, wenn ich an eine hochdeutsche Abfassung denke — weitaus am besten. Es war ebenso für ihn, den auf mitteldeutschem Boden Vielbekannten, natürlicher wie für seine Leser praktischer, wenn er die geprägte Litteratursprache auch in der Lautform wählte, wie sie ihn sonst leitete. Wohl möglich, dass die Sprache des Magdeburger Rechts unmittelbar an Eikes entscheidenden Vorgang anknüpfte.

Aber ich tue alsbald einen Schritt zurück. Müssen wir denn wirklich sagen aut — aut? Gibt es hier nicht auch ein et — et? Soll tatsächlich die grosse, von eigentümlichen Vorzügen begleitete niederdeutsche Ueberlieferung nur quasi per nefas entstanden sein? Soll sich Eike, dem Menschenkenner, nicht alsbald aufgedrängt haben, dass die hochdeutsche Fassung grade bei einem Werke, wo jede Silbe ins Gewicht fallen konnte, die niederdeutsch Sprechenden unter Umständen irreführen oder doch unsicher machen musste? Warum soll er nicht selbst niederdeutsche Ausgaben veranstaltet haben? Warum soll er die Temperierung nicht alsbald unter dem praktischen Gesichtspunct einer möglichen sprachlichen Doppelform angesehen haben?

Die deutsche Philologie beachtet, will mir scheinen, nicht genug die Wahrscheinlichkeit, dass das Interesse, ja die Arbeit eines Schriftstellers an seinem Werke nicht aufhöre mit dem Augenblicke, da er es publicierte. Mit doppelten Fassungen, die bis auf den Autor zurückgehn, wie sie Edw. Schröder für das Passional erwiesen hat, sollte man wahrscheinlich mehr rechnen als geschieht. War doch der Dichter in der Regel wol auch sein Verleger, wenigstens der Epiker und Didaktiker, der nicht durch den musikalischen Vortrag seiner Dichtungen ernten konnte. Sollte denn der Gedanke, eine erfolgreiche, vielverlangte Dichtung für sich selbst gewinnbringend zu machen, diesen mittelalterlichen Autoren so fern gelegen haben? Dass die berühmten althochdeutschen Schriftsteller Otfrid, Notker, Williram Abschriften vertrieben, wissen wir, bei Williram zumal sind wir der finanziellen Hintergedanken ganz sicher. Warum sollte es im 12. und 13. Jahrhundert anders gewesen sein? Jedes Dedicationsexemplar konnte einen Anspruch auf Lohn in sich schliessen: wir wissen das aus den Tagen der Humanisten. Noch Hans Sachs veranschaulicht die geschäftliche Betriebsamkeit des mittelalterlichen Poeten. Ich zweifle z. B. gar nicht, dass Wolfram für Vervielfältigung seiner Dichtungen auch geschäftsmässig gesorgt hat: erleichterte er sich doch die Controle, ob die beauftragten Schreiber richtig schrieben, nichts ausliessen, durch seine bekannten dreissigzeiligen Spalten. Es ist nur wahrscheinlich, dass eine solche Production unter den Augen des Autors auch vermehrte und verbesserte Auflagen zur Folge hatte.

Weiland sieht bekanntlich in den verschiednen Fassungen der sächsischen Weltchronik lauter verschiedne Bearbeitungen des Verfassers. Auch die Ansicht, Eike habe wenigstens einen Teil der Zusätze verfasst, die in der A-Redaction des Sachsenspiegels fehlen, ist viel vertreten. Nichts hindert anzunehmen, dass Eike auch sprachlich verschiedne Redactionen ausgehn liess, wie sie der praktische Bedarf schnell heischen musste: die gewählte Sprachform machte eine Uebertragung ins Niederdeutsche zum Kinderspiel. So würde sich alles gut erklären. Zuerst ein einheitliches Werk in der Eike geläufigen mitteldeutschen Litteratursprache; dann niederdeutsche oder hochdeutsche Ausgaben, nach Ver-

8

langen; dabei mags denn vorgekommen sein, dass auch einmal die hochdeutsche Reimvorrede neben den niederdeutschen Text geschrieben wurde. Eine derartige niederdeutsche Ausgabe könnte dann der niederdeutschen Originalprosa direct den Weg gebahnt haben; sie würde es allenfalls erklären, wenn in der Sächsischen Weltchronik wirklich auf hochdeutsche Verse ein niederdeutscher Text von vornherein folgte. Der Text der Gothaer Handschrift scheint mir, trotz sehr beträchtlichen hochdeutschen Zügen, in der Hauptsache niederdeutsch, auch abgesehen von dem Lautlichen. Aber das schliesst nicht aus, dass etwa das Original der (nur hochdeutsch erhaltnen) ältesten Redaction A auch hier zunächst hochdeutsch war. Ich bin nicht gewillt und nicht gerüstet, in diese verwickelte Frage einzutreten, und es bedarf dessen hier nicht. Die Verbindung hochdeutscher Verse mit niederdeutschem Text, bei Eike erst ein Resultat der Textgeschichte, kann der Nachfolger nach dem gegebnen Muster von vornherein gewagt haben.

Und so stünde Eike schliesslich doch am Eingang der wirklich mittelniederdeutschen Litteratur, stünde etwa da mit einer Selbstübertragung. Den Schritt von der mitteldeutschen Schriftsprache zur niederdeutschen, wozu die niederdeutsche Dichtung anderthalb Jahrhunderte brauchte, ihn würde der erfahrne, vielbewanderte und selbständige Mann gefunden haben schlechthin aus dem Drange des Lebens heraus. Die Befreiung von der hochdeutschen Tradition vollzog sich nur halb; die niederdeutschen Ausgaben erschienen auch ihrem Autor gewiss als Ausgaben zweiten Ranges: aber jeden Folgenden drängten sie weiter auf der Bahn. Und solchen Fortschritt könnte immerhin schon die Weltchronik bedeuten: wie ihre erste Fassung auch beschaffen war, ihre letzte (C) scheint in der Wortwahl über Eike hinausgegangen.

VI.

Als stud. Wolfgang Goethe anno 1771 die Positiones juris rüstet, über die er pro licentia disputiren will, da fällt ihm auch (LIV) die lex Saxonica ein, „quae non nisi confessum et convictum condemnari vult“. Kein sehr präcises Resumé; man möchte zweifeln, ob er den Sachsenspiegel überhaupt meint: doch zielt er vielleicht[1]) auf das seltsame sächsische Sonderrecht I 18, 2, das dem Sachsen den Reinigungseid gestattet, selbst wenn seine Schuld offenkundig ist. Freilich: lex aequissima? Vier Jahre drauf bewährt er eine um so bessere Kenntnis der ersten Praefatio, die er, wie Homeyer wusste längst eh die Philologen das nochmals entdeckten, zu köstlichen Spottversen auf Nicolais philisterhaft niedrige Wertherkritik verwertete: es ist gesund und wolbegreiflich, dass den in allen Stürmen des Beifalls und der Entrüstung seiner selbst Frohsichern grade diese Praefatio anzog, die mit einem übermütigen Selbstgefühl die Kläffer scheucht, wie es das Mittelalter selten so herzhaft aussprach. Vielleicht aber

---

1) Ich gebe hier einen Gedanken Frensdorffs wieder.

hat sich noch ein weitres Mal jene Reimvorrede, und diesmal Eikes eigne Verse für den jungen Juristen bewährt, der grade an dem alten Juristen deutsche Art und Kunst wol schätzen durfte.

Ich meine das Epigramm „Sprache", das Goethe im Frühjahr 1773 verfasst haben wird [1]):

„Was reich und arm! Was stark und schwach!
Ist reich vergrabner Urne Bauch?
Ist stark das Schwert im Arsenal?
Greif milde drein, und freundlich Glück,
Fliesst Gottheit von dir aus!
Fass an zum Siege, Macht, das Schwert,
Und über Nachbarn Ruhm!"

Das Ganze ist eine Art Rätsel, dessen Auflösung der Titel gibt. Ein Gespräch ist etwa vorangegangen über Reichtum und Kraft deutscher Sprache im Vergleich zu andern, und Vorwürfe sind vielleicht laut geworden, wie sie der Dichter der Venetianischen Epigramme besser verstand. Aber der Jüngling glaubt mit Klopstock die Muttersprache „an mannigfacher Uranlage zu immer neuer, und doch deutscher Wendung reich"; nur der Mann tut Not, der ihre Schätze hebe und spende, der ihr den rechten Arm leiht und sie zu brauchen weiss. Und auch den Mann glaubt er wol zu kennen, die Männer. So wagt er denn auf der Stelle etwas. Das Epigramm ist trefflich gegliedert: zwei Bilder für die schlummernde Fülle und Kraft der Sprache wechseln gleichmässig, in genau entsprechender Construction, jedesmal etwas voller: zuerst je ein Halbvers, dann je ein Einzelvers, endlich je ein Verspaar; der Parallelismus geht bis ins Kleine, er muss und kann bei der Erklärung leiten. Und trotzdem macht das Gedichtchen dem Verständnis Schwierigkeit: der Poet hat, in dem Wunsche die „wahre Inschriftsprache" zu treffen, Wortstellungen gewagt, die der antike Dichter wagen durfte, nicht der deutsche. Man erinnre sich: es ist die Zeit, da Goethe feiert „tändelnden ihn Anakreon", *παίζοντ' αὐτόν*. Das Schwere sind die letzten Zeilen. Voran je einer jener hübschen conditionalen Imperative: „Greif milde drein", „Fass an zum Siege", d. i. wenn du herein greifst, anfasst. Den Nachsatz leitet beidemal „und" ein. Beide Nachsätze haben das gemeinsame Verbum „fliesst von dir aus", ein leises Zeugma kann nicht beirren. Und beide Nachsätze zeigen zwei asyndetische Subjecte. In Prosa also: „Greifst du, freigebig auszustreuen, in die Schatzurne, so fliesst freundliches Glück, fliesst Gottheit von dir aus. Greifst du, Sieg zu erringen, zum Schwerte, so ist Ruhm über die Nachbarn, ist Macht über die Nachbarn dir beschieden". Das Stärkste vom Starken ist die Stellung von „Macht", das eigentlich letztes Wort des ganzen Gedichtchens sein müsste und jetzt, obgleich Subject des Nachsatzes, sich zwischen Verbum und Object des Vordersatzes drängt. Hier mutet Goethe den „am Kreuz der Grammatik" steif gewordnen Gliedern der Sprache denn doch

1) Ich interpungire genau, wie es der Göttinger Musenalmanach von 1774 (S. 75) tut.

etwas zu, was sie nicht leisten konnte; hier spielt er und künstelt in forcirter Verwegenheit. Immerhin, es vergleicht sich, wenn einst Logau (II 1, 59), freilich einfacher, wagte:

Das Reichthum ist die Frau; die Tugend ist die Magd;
Der mit der Magd, der triffts, es für die Frau gewagt.

Auch hier der Vordersatz durch den Nachsatz zerrissen: ungeduldig drängt sich das Resultat herein in die Vorbedingungen. Zu Beobachtungen über eine künstliche Symmetrie, wie man sie grade in dieser Zeit und in diesen Gedichten am Wenigsten erwartet, geben auch die übrigen freirhythmischen Gedichte jener Frankfurter Jahre überraschende Gelegenheit.

Minor hat an verschiedenen Stellen (vor allem Stud. z. Goethephilol. 47 ff. 85 ff.) den Gedankengehalt des Goethischen Epigramms mit Hamann und Herder in Verbindung gebracht. Im Kerne gewis richtig: sie waren die begeisterten Propheten des sprachlichen Schatzgräbertums, zu dem sich auch Goethe bekennt. Aber das Bild vom Schatze, wie Goethe es braucht, stimmt nicht zu den ähnlichen und doch verschiednen Schatzbildern, die Minor anführt: wenn Hamann von dem Schatze redet, des das Genie allein würdig waltet, so denkt er an einen grossen Staatsschatz, und wenn Herder mahnt, das Innere unsrer Erde, in deren Schooss noch unbekannte Schätze ruhen, hervorzugraben, so nimmt er das Bild vom Bergbau: das Genie „gräbt in die Eingeweide der Sprache wie in die Bergklüfte, um Gold zu finden“. Goethe aber denkt an den Geizhals, der ängstlich seinen Schatz verbirgt: ihn mahnt er: „greif milde drein!“ Das Bild hat mit Herder und Hamann nichts zu schaffen.

Es ist dasselbe Bild, das uns schon oft beschäftigt hat, das Bild vom Schatze der Kunst, das beherschend im Mittelpunct von Eikes Versen steht. Und zwar verwendets Goethe grade in der Ausprägung, die Eike dem biblischen Gleichnis gegeben: auch bei Goethe liegt neben Jesus Sirachs Spruch der Gedanke des Sprichworts „der Milde gibt sich reich, der Geizhals nimmt sich arm“ im Hintergrunde. „Greif milde drein“ und du bist reich; „fass an das Schwert“ und du bist stark.

Wie sollte Goethe hier nicht wirklich an Eike gedacht haben, dessen Verse er so gut kannte! Nur bei ihm fand er Alles, was er brauchte, zusammen: den vergrabnen Schatz des Geizigen, das Thema: was reich und arm?, die abstracte Anwendung auf den geistigen Schatz, auf die Kunst, die Goethe natürlich als unser „Kunst“ gefasst hat; ja, er fand hier auch die Mahnung: *und wese milde!* „greif milde drein!“ Vielleicht verrät ihn dies „milde“. Burdach hat schon Zs. f. östr. Gymn. 1882 S. 668 sich feinfühlend an dem Worte gestossen; er zieht seine Bedenken dann freilich zurück. In dem alten Sinne von „freigebig“ war das Wort dem 17. Jahrhundert noch geläufig, im 18. veraltet es sichtlich. Das ist ja richtig: die ältern Dichter brauchen es noch unbedenklich: 1779 leugnet AlHafi Nathans „Milde“ und beklagt sich über Saladins „Milde“. Aber eben zwischen Lessing und Goethe liegt die sprachliche Kluft, die in

e

diesem Falle Volkslied und Sprichwort immerhin überbrücken mochten. Burdach hat gewis richtig gefühlt: Goethe braucht das Wort hier anders, als es ihm sonst geläufig ist: warum eine andre Quelle suchen als Eike? Der Dichter hat das Ethos der Eikischen Mahnung gradezu misverstanden, er bemüht sich, das „milde“ der Quelle mit dem „milde“ seines Sprachgefühls zu vermitteln und lässt nicht „Reichtum“, sondern „freundlich Glück“, ja „Gottheit“ von dem Spendenden ausfliessen; er trägt mehr Gemütsgehalt in das Wort herein als das bei Eike der Fall und als es im Zusammenhang des Goethischen Epigramms irgendwie erfordert wird: es sieht aus, als ob die Differenz sprachlichen Empfindens ihm die Gedankenbahn störend gekreuzt habe.

Und statt Eikes „Kunst“ setzt Goethe „Sprache“. Fiel grade dem Dichter doch beides nahe zusammen! In diesem Tausch wird wirklich Herders, Hamanns, Klopstocks Einfluss sich fühlbar machen. Uns aber hat das Quidproquo einen erwünschten Nebensinn. Es ist doch ein hübscher Zufall, dass der Gewaltigste deutscher Sprache in seinen frühsten Versen zu ihrem Lobe, in dem Almanach niederdeutschen Bodens nicht nur die grossen norddeutschen Erneurer der modernen deutschen Sprache Klopstock, Hamann, Herder zu Worte lässt, dass hier auch Worte und Gedanken des alten Juristen erklingen, der mehr als ein halbes Jahrtausend früher der norddeutschen Litteratursprache, im Grunde als Erster, den Weg geöffnet hat.

Inhalt.

Nachträge und Berichtigungen: S. 38 Z. 31 streiche man die Worte: „*orte* — 5500 [3])". — S. 43 Z. 7: Bech schlägt Germ. 23, 153 *rast* st. *ast* vor. — S. 43 Z. 19 ist *offenliche* besser zu streichen; das mnd. Wörterbuch kennt freilich nur *openbarliken* und *opekeliken, opelken*, und Walther bezeichnet *opentlik* ausdrücklich als spätes Wort: aber as. ist *opanliko* vorhanden, und z. B. in den Anhalter Urkunden dient *openlike, opentlike* u. ä. als ständiges Einleitungsingrediens (z. B. III 194 N. 299, Apr. 1315 [Cop.], 268 N. 409, Mz. 1321 [gleichzeit. Cop.], 438 N. 611, Oct. 1332 [Orig.]; *opeliken* oft). Das mnd. *-like*, das so oft zu *-leke, -lke* wurde, war zu Reimen z. B. auf *rike, riche* überhaupt weniger geeignet als hd. *-liche*; für *offenlich* : *kreftich* : *Heinrich* 5036 ist auch diese Erwägung nicht von Belang. — S. 44 Z. 15: *vlucht* ist vereinzelt auch hd.; **twint* 8359 (hd. *quint*) ist sonst nur mnl. belegt (Weiland vermutet *wint*). — S. 59. 63. 65: Ob in diese Reihe auch das Loccumer Fragment eines nd. überlieferten Artusgedichtes gehört, das Borchling eben GGN, gesch. Mitt. 1898 S. 186 ff. mitteilt? Es zeigt engen Zusammenhang mit Wolfram; unter den wenigen gesicherten Reimen befindet sich *gescah*:*sprach*; auch *seluer* und andere *-er*-Formen, dann etwa *hertes gewige* (nd. *twich, horn*), kaum die *z*-Worte *ciren, strûz, sc ȝe* (?), liessen sich für md. Einflüsse oder Vorlage anführen. Andere möglicherweise md. Züge, wie die Negat. *nict*, wie *hîr, dannen* (mnd. selten), *jungelinc* (mnd. selten und nur poet.), an sich schon wenig beweisend, sind hier besonders zweideutig, da gewisse Spuren in der Schreibung der Hs. (so *cū, ons*) nach dem fränkischen Westen deuten und mnl. Einwirkungen in Gesichtsweite rücken. Alter und Charakter der nd. Ueberlieferung trennen das Gedicht von den übrigen besprochenen. Zu einer Antwort auf die Frage reichen die geringen, schlecht erhaltnen Reste nicht aus.